Isa Breitmaier

Lehren und Lernen in der Spur des Ersten Testaments

Beiträge zum Verstehen der Bibel

herausgegeben von

Prof. Dr. Manfred Oeming
und
Prof. Dr. Dr. h. c. mult. Gerd Theißen

(Heidelberg)

Band 8

LIT

Isa Breitmaier

Lehren und Lernen in der Spur des Ersten Testaments

Exegetische Studien
zum 5. Buch Mose und dem Sprüchebuch
aus religionspädagogischer Perspektive

LIT

Meinen Eltern

Umschlagbild: Mose empfängt das Gesetz
(Stuttgarter Bildpsalter, zwischen 820 und 830),
aus: Karl-Heinz Göttert, *Geschichte der Stimme,* München 1998

Ich danke der Badischen Landeskirche für die
Unterstützung bei der Drucklegung

Bibliografische Information Der Deutschen Bibliothek
Die Deutsche Bibliothek verzeichnet diese Publikation in der Deutschen
Nationalbibliografie; detaillierte bibliografische Daten sind im Internet
über http://dnb.ddb.de abrufbar.

ISBN 3-8258-7703-5

© LIT VERLAG Münster 2004
Grevener Str./Fresnostr. 2 48159 Münster
Tel. 0251–62 03 20 Fax 0251–23 19 72
e-Mail: lit@lit-verlag.de http://www.lit-verlag.de

VORWORT

Dieses Buch hat eine intensive Vorgeschichte, die mir zu vielfältigen neuen Einsichten verhalf. Es entstand aus dem Interesse heraus, meine Unterrichtserfahrungen im Fach Religion, die ich u. a. an einer kaufmännischen Berufschule und einem hauswirtschaftlichen Gymnasium in Karlsruhe sammeln konnte, mit meinem bibelwissenschaftlichen Interesse zu verbinden. Neben meiner Tätigkeit als Pfarrerin im Schuldienst bin ich seit über zehn Semestern Lehrbeauftragte an der Pädagogischen Hochschule in Karlsruhe. Dort wurde diese Arbeit im vergangenen Sommer als Habilitationsschrift angenommen.

Immer wieder wurde mir gegenüber in den Jahren meiner wissenschaftlichen und praktischen Tätigkeiten der Vorbehalt geäußert, beides hätte wenig miteinander zu tun. Dieses Buch ist der bescheidene Hinweis darauf, dass das Gegenteil ebenso gelten kann. Ich bin der Überzeugung, dass die wissenschaftliche Theologie sich darin bewährt, dass sie ihre Anwendung mit bedenkt. Das heißt ganz und gar nicht, dass ich Wissenschaft auf Fachdidaktik oder Homiletik reduzieren möchte, sondern dass es sich zu leicht macht, wer die Rezeption nicht mit bedenkt. Die Praxis des Unterrichts profitiert ihrerseits davon, dass die Lehrperson sich im wissenschaftlichen Diskurs befindet und wenigstens bei einigen Themen ihres weitgespannten Themenkatalogs sorgfältiger zu arbeiten gewöhnt ist und diese Haltung auch weitergeben kann.

Ich wurde auf verschiedene Weise auf meinem Weg begleitet, es eröffneten sich mir neue Gesprächshorizonte, und ich konnte wertvolle Bekanntschaften schließen. In der Anfangsphase meines Habilitationsprojektes half mir ein Wiedereinstiegsstipendium des Landes Baden-Württemberg im Rahmen des Hochschulförderprogramms für Frauen. Im Forschungskolloqium der Pädagogischen Hochschule Karlsruhe unter der ökumenischen Leitung der Professoren Peter Müller und Lothar Kuldt konnte ich Teile meiner Arbeit vorstellen, wurde angeregt und ermutigt, weiterzuarbeiten. Dem Hedwig-Jahnow-Forschungsprojekt, einem Arbeitskreis von Alttestamentlerinnen, schulde ich wertvolle exegetische Hinweise und Kritik. Die Diskussionen in den Tagungen der Projektgruppe „Intertextualität" der Wissenschaftlichen Theologischen Gesellschaft waren mir hilfreich. Auch dem Kreis der Religionspädago-

Vorwort

ginnen in der ESWTR auf der Internationalen Tagung in Salzburg und beim jährlichen Treffen in Mainz stellte ich meine Ergebnisse vor und bekam freundlich-kritische Rückmeldungen. Mit Unterstützung der Deutschen Forschungsgemeinschaft hatte ich Gelegenheit, das erste Kapitel dieser Arbeit im Rahmen eines Gastvortrags an der Partium-Universität in Oradea, Rumänien vorzustellen. Ich danke vor allem der dortigen Dekanin Professorin Maria Eszenyene Széles für ihre konstruktive Kritik aus einem mir bis dahin fremden Kontext. Nicht missen wollte ich außerdem, dass ich besonders die exegetischen Ergebnisse im Rahmen meiner Lehrtätigkeit an der Pädagogischen Hochschule und bei Veranstaltungen im Rahmen der Evangelischen Erwachsenenbildung in Karlsruhe vorstellen und diskutieren konnte. Meine bibeldidaktischen Unterrichtsversuche in der Schule stießen auf interessierte und geduldige Schülerinnen und Schüler, denen ich Dank schulde.

Besonderen Dank sage ich Professor Peter Müller für das Aufgreifen meines Projekts und manche anregenden exegetischen und religionspädagogischen Hinweise im Verlauf seiner Betreuung, Dr. Robert Schuster für Gespräche über das biblische Hören, Albrecht Häußler für Kommentare zu den religionspädagogischen Kapiteln, Professorin Marie-Theres Wacker für interessante Einsichten zur Bibeldidaktik in der Postmoderne, Dr.Gerlinde Baumann für präzise Hinweise zum Sprüchebuch, Professor Eberhard Bons und Professor Manfred Oeming für wertvolle Literaturhinweise. Die Aufnahme der Arbeit in die Reihe „Beiträge zum Verstehen der Bibel" ist mir eine besondere Freude.

So manches Mal musste ich in den zurückliegenden Jahren intensive Arbeitsphasen einlegen. Ich konnte nicht erwarten, dass meine Familie, besonders mein Mann und meine beiden Kinder diese Zeit selbstverständlich mittragen würden. Dass sie es dennoch taten, und mir mein Mann vielfältige Hilfe in Gesprächen, beim Gegenlesen von Texten und im Umgang mit der Technik bot, ist mir eine besondere Freude und Grund zur Dankbarkeit!

Karlsruhe, im Juni 2004   Isa Breitmaier

Inhalt

Inhalt

Vorwort

1	*Einführung*	10
1.1	Eine Erzählung zu Beginn: Die Unterweisung am Wassertor	10
1.2	Die exegetische Fragestellung der Untersuchung: Unterweisung hat geschichtliche und hermeneutische Aspekte	17
1.3	Die religionspädagogische Fragestellung der Untersuchung	18
1.4	Kontext und Methoden	19

Teil I: Religionspädagogische Voraussetzungen

2	*Die Bibel im Unterricht – Versuch einer Bestandsaufnahme*	23
2.1	Voraussetzungen der Bibellektüre	23
2.2	Ausgangspunkt: Bibelrezeption im Spiegel neuerer Studien	24
2.3	Zum Wahrheitsverständnis im Pluralismus	36
2.4	Keine absolute Wahrheit sondern Lesesituationen	42
2.5	Die Besonderheit der biblischen Texte	45

Teil II: Exegetische und Hermeneutische Erarbeitung

3	*Wie wurde im Alten Israel unterrichtet? Ein Forschungsüberblick*	49
3.1	Vorbemerkungen	49
3.2	Unterricht in der Familie oder Sippe	53
3.3	Rückschlüsse auf Schulen aus religionsgeschichtlichen Parallelen und Schulen als „Sitz im Leben" der Sprüche	57
3.4	Die Begründung der Schulthese mit archäologischen Funden	71
3.5	Kritik an der These vom dreigliedrigen Schulsystem im biblischen Israel	76
3.6	Die Wende hin zur Frage nach der Bildung	77
3.7	Schlussfolgerungen für die weitere Analyse	87

Inhalt

4	*Semantische Analyse und historische Einordnung*	89
4.1	Die Verben des Lehrens und Lernens, ihre Statistik und Grundbedeutung	89
4.2	Die ältesten Belege und ihre konkreten Bedeutungen	93
4.3	Lehren und Lernen in Funktionsbereichen	94
4.4	Thematische Ausgestaltung des Lernbegriffs in einigen Büchern des Ersten Testaments	104
4.5	Hören (שמע) und Furcht Gottes (ירעת יהוה) als semantische Brücken zwischen dem 5. Buch Mose und dem Sprüchebuch	110
5	*Lehren und Lernen im 5. Buch Mose*	111
5.1	Annäherungen an das 5. Buch Mose im Blick auf das Thema	112
5.2	Die Verben des Lehrens und Lernens im 5. Buch Mose	129
5.3	Der Lehrbegriff der למד - Verse im 5. Buch Mose	148
	Exkurs zum Verb שמע *(hören) im 5. Buch Mose*	158
5.4	Schriftlichkeit und Mündlichkeit im 5. Buch Mose	163
5.5	Weiterführende Ergebnisse	174
6	*Intertextuelle Aspekte des Lehr- und Lernverständnisses, eine hermeneutische Vergewisserung*	178
6.1	Der Beitrag der „innerbiblischen Schriftauslegung" zum Verständnis des Ersten Testaments und zum Textverständnis	179
6.2	Anregungen von rabbinischer Schriftauslegung zum Umgang mit biblischen Texten	189
6.3	Textbezüge im Rahmen der Intertextualität	204
7	*Exegetische Durchführung I: Kommentare zum Sch^{e}ma Jisrael in Dtn 6*	222
7.1	Zum Verständnis der Kommentare als Unterweisung	222
7.2	Das Sch^{e}ma Jisrael (Dtn 6,4f)	225
	Exkurs zum Gedanken der JHWH-allein-Verehrung ausgehend vom 5. Buch Mose	236
7.3	Die Einleitung 6,1-3 und ihre Lesart des Sch^{e}ma	245
7.4	Die Lesart des Sch^{e}ma Jisrael in Dtn 6, 6-9	257
7.5	Die Lesarten des Sch^{e}ma Jisrael in Dtn 6,10-19	274
7.6	Die Lesart des Sch^{e}ma Jisrael in 6,20-25	285

Inhalt

7.7 Schlussfolgerungen zum Lehren und Lernen im
 5. Buch Mose 294

8 *Exegetische Durchführung II: Erziehung im Buch der Sprüche* 298
8.1 Vorbemerkungen 298
8.2 Lehre (מוסר), Zurechtweisung (תוכחת), und Weisung (תורה) in Spr 1-9 309

Exkurs zu dem Verhältnis von מוסר/יסר und παιδεύειν/παιδεία 326

8.3 Lehre (מוסר), Zurechtweisung (תוכחת) und Weisung (תורה) in Spr 10,1- 31,31 351
8.4 Zum Verhältnis von Lehre und Furcht Gottes im Sprüchebuch 379
8.5 Zusammenfassung 381

9 *Zusammenfassung des biblischen Lehrverständnisses* 383

Teil III: Religionspädagogischer Ausblick

10 *Der Beitrag der exegetischen Erkenntnisse über Lehren und Lernen im Ersten Testament zu einer heutigen Religionspädagogik* 397
10.1 Die Spur führt zu einer Didaktik des Hörens 397
10.2 Aspekte der neueren Bibeldidaktik 399
10.3 Entwürfe einer Didaktik des Hörens 416
10.4 Wie können biblische Texte in der Spur des Ersten Testaments unterrichtet werden? 432

Literatur 444

1 Einführung

1.1 Eine Erzählung zu Beginn: Die Unterweisung am Wassertor

„Hanna, was ist das, die Tora?" Joab stellte der Magd schon zum dritten Mal an diesem Nachmittag die gleiche Frage. Müde stapfte er vor sich hin. Der Weg nach Jerusalem war noch weiter, als er es sich vorgestellt hatte, nun sah er die Stadt endlich vor sich liegen. Am Morgen hatte er die Großen sprechen hören: Boten waren vorausgesandt worden, um Esra zu bitten, dass er aus der Tora, dem unbekannten heiligen Buch, vorlese. Seitdem war Joab richtig gespannt. Seine Frage ließ ihm keine Ruhe mehr. Hanna wurde nicht müde, immer wieder neue Worte zu suchen: „Ich habe sie auch noch nicht gesehen, weißt du. Aber es sind die Geschichten aus alter Zeit, als Gott sein Volk begleitete. Sie sind auf Leder geschrieben. Die Leute sagen, es sei eine dicke, schwere Rolle, du wirst schon sehen!" Joab konnte es sich einfach nicht vorstellen, wie Worte auf einer Lederrolle standen und wie man sie von dort herausrufen konnte.

Es war sein erstes Laubhüttenfest in Jerusalem. Seine Familie hatte zu den späten Rückwanderern vom Euphrat gehört. Er hatte die lange Reise aus Babylonien noch gut in Erinnerung. Wochenlang hatte er fast nur auf dem Rücken eines Esels gesessen, und wenn Hanna ihm die Zeit nicht damit vertrieben hätte, dass sie ihm die Geschichten aus der alten Zeit erzählte, wäre es sehr langweilig gewesen. In Gilgal am Jordan siedelte sich die Familie schließlich an. Erst langsam hatte er sich an Israel gewöhnt. Alles war hier kleiner und ärmlicher als am Euphrat: der Jordan war nicht so breit und führte weniger Wasser, das Land war steiniger als dort. Selbst die Götter hielten sich hier zurück: In Israel wurde nur Gott angebetet. Gott Jahwe schien allerdings mächtiger als alle anderen zu sein. - Zwei Jahre lang hatten sie keine Reise mehr unternommen, seitdem sie in Gilgal, in Benjamin, Wohnung gefunden hatten. Es war viel Arbeit gewesen, das Feld zu bestellen und das Vieh an die neue Umgebung zu gewöhnen. Joab musste es hüten und sorgfältig darauf achten, dass kein Jungtier verloren ging. Erst nach dieser Zeit war die Reiselust wieder in ihnen erwacht, als sie vom neuen Tem-

Einführung

pel erzählen hörten, von der mächtigen Stadtmauer und einer eigenartigen Wortrolle, die Tora genannt wurde. So hatten Joabs Eltern beschlossen, sich dieses Jahr der Gruppe der anderen Festpilger aus Gilgal anzuschließen. Zwar musste die Großmutter zu Hause bleiben, sie war zu schwach für die neuerlichen Strapazen. Aber sie konnte versorgt werden. Joab durfte mit. An seiner Stelle hütete in der Zwischenzeit ein Knecht das Vieh.

Endlich war es soweit! Sie bogen um eine Ecke der Stadtmauer und Joab sah das mächtige Wassertor. Davor lag ein großer, freier Platz. Darauf stand ein hohes Holzgerüst, und rund herum hatten sich viele Menschen gelagert. Hinter dem Platz ragte ein Berg über die Häuser und darauf war ein prachtvolles Haus errichtet. Das musste der Tempel des einen Gottes sein, den sich Joab unbedingt in nächster Zeit aus der Nähe anschauen wollte. Aber für heute war er erschöpft und froh, dass er sich lagern und seine Mahlzeit einnehmen konnte. Morgen war der 1. Tag des 7. Monats. In aller Frühe sollte das Laubhüttenfest beginnen. Dann würde er auch die Tora sehen. Voller Vorfreude legte er sich nieder und schlief schnell ein.

Noch vor dem Morgengrauen des folgenden Tages wurde es auf dem Platz wieder lebendig. Die Menschen erhoben sich, verstauten die Decken und entfachten kleine Feuer. Bald duftete es nach Gewürztee und Fladenbrot. Als es hell wurde, weckte Hanna Joab mit einem sanften Rütteln. Der streckte sich und rieb sich die Augen, als er plötzlich Musik hörte. Die Menschen auf dem Platz bildeten eine Gasse und begannen „Hosianna" zu rufen. Dann sah Joab eine Reihe von Männern über den Platz schreiten. Wie ein Lauffeuer verbreiteten sich die Namen der beiden ersten unter dem Volk. Es waren Esra und Nehemia, die Schriftgelehrten. Hinter ihnen schritten 13 weitere Männer. Schon näherten sie sich dem Holzgerüst, und stiegen hinauf. „Das sind Priester und Leviten" flüsterte Hanna ihm zu. „Sieh nur, sie tragen die Tora!" Joab stieg auf einen Eselsattel, um genauer sehen zu können. Hanna half ihm, das Gleichgewicht zu halten. Mit offenem Mund starrte Joab nach vorne. Hinter Esra und Nehemia trugen zwei der Priester eine in Stoff eingewickelte Rolle mit sich. Es dauerte eine Weile, bis sie mit der schweren Rolle oben auf dem Gerüst angekommen waren. Dort wurde sie, für alle gut sichtbar, vor Esra aufgelegt. Der begann lang-

Einführung

sam, mit Hilfe eines Leviten, den Stoff zu entfernen und die Rolle zu öffnen.

Da kam Bewegung in das Volk. Es entstand ein kurzes Gemurmel, und dann erhoben sich alle. Joab kam sich trotz seines Eselsattels plötzlich sehr klein vor. Mühsam spähte er durch eine Lücke zwischen den Menschen. Da hörte er, wie Esra zu singen begann. Er lobte Gott, und das Volk auf dem Platz antwortete mit „Amen. Amen" und erhob die Hände. Dann verneigten sich die Menschen und fielen nieder im Gebet. Joab konnte gerade noch rechtzeitig vom Sattel springen und sich bücken, sonst wäre er zu sehr aufgefallen.

Dann begann die Lesung. Es kehrte eine große Stille ein auf dem Platz. Das Volk stand und sah und hörte zu. Esra blickte auf die Lederrolle und formte Worte. Joab konnte es erst nicht glauben, dass ein Zusammenhang zwischen diesem Leder und Esras Worten bestand. Aber mit der Zeit fiel ihm auf, dass die Rolle langsam weitergewickelt wurde, so als hätte Esra die Zeichen darauf mit seinen Augen verspeist. Erst allmählich konnte Joab sich auch auf die Worte konzentrieren, die Esra sprach. Manches kam ihm bekannt vor, z.B. die Erzählungen von Abraham und Sara. Danach sprach Esra von Geboten, die man einhalten sollte. Joab wollte sie sich einprägen, hatte aber Mühe damit, sie sich zu merken. Zwischendurch schwieg Esra. Dann sprachen die anderen Priester und erklärten Esras Sätze. Leviten standen auch auf dem Platz unter den Menschen und beantworteten während der Unterbrechungen der Lesung Fragen zu dem Gelesenen.

Über dem Lesen und Hören ging die Sonne auf, ohne dass jemand darauf achtete. Sie zog langsam über den Himmel bis die Schatten immer kürzer wurden. Joab spürte nicht, wie er immer müder wurde vom Hören und Staunen und wie ihn die Sonne durstig machte. Er war ganz versunken. Einmal spürte er ein leichtes Zucken. Hanna neben ihm weinte. Sie rieb sich die Augen und schluchzte leise. Joab sah sich um, ob sie jemand trösten würde, und bemerkte, dass auch noch anderen Großen die Tränen über die Wangen flossen. Es musste mit den Worten Esras zusammen hängen. Er drückte sich ein wenig näher an Hanna heran, mehr wusste er nicht zu tun. Wie mächtig müssen die Zeichen in der Tora sein und wie kraftvoll die Erzählungen und Gebote von dem einen Gott, dass sie die Großen zum Weinen bringen! Da hörte er Es-

Einführung

ras Worte "Dieser Tag ist Gott heilig. Seid nicht traurig und weint nicht, sondern esst und trinkt und feiert und denkt auch an alle, die heute nicht hier sein können".

So endete der Tag, der so feierlich begonnen hatte, mit einem Freudenfest! Musiker spielten, Jongleure zeigten ihre Kunst, alle teilten ihr mitgebrachtes Essen, es wurde gelacht und gescherzt bis in den späten Abend hinein. Hanna nahm Wein, Fleisch und Olivencreme und gab sie dem Knecht, der nach Gilgal zurücklief, damit die Großmutter auch Teil hatte an ihrer Freude. Joab war am Abend satt von den vielen neuen Eindrücken. "Ich weiß jetzt, was die Tora ist" sagte er zu Hanna, bevor er einschlief. "Sie ist ein Band, das uns alle zusammenhält." (vgl. Neh 8,1-11)

Kein biblischer Text ist aus den Augen eines Kindes, einer Schülerin oder eines Schülers geschrieben worden. Nur eine fiktive Erzählung kann diese Leerstelle füllen, und solche Erzählungen gibt es in großer Zahl. Die kurze Skizze vom Fest am Wassertor reiht sich in diese Form der biblischen Nacherzählungen ein.

Neh 8,1-11, der Ausgangstext der Nacherzählung, ist der idealtypische Bericht von einer Toralesung.[1] Ob es sich dabei um eine gottesdienstliche Handlung oder eher um eine Vorlesung handelt, ist offen. Fest steht, dass die Tora öffentlich vorgetragen wird. Ihre Anwendung ist die „Begründung des Kults, des Rechts und der Bildung".[2] So mag der Bericht in Neh 8 Elemente eines synagogalen Gottesdienstes aufweisen,[3] aber er bietet auch Gelegenheit, wichtige Punkte des alttestamentlichen Lehrverständnisses darzustellen:

1. Lernen findet nicht in einer „Schule" statt. In Neh 8 wird im Rahmen eines Volksfestes gelehrt, das in 8,14 mit dem achttägigen Laubhüttenfest identifiziert wird. Der Text verortet das Lernen in einer religiösen Volksversammlung mit Festcharakter. Es findet sich tatsächlich keine Stelle im Ersten Testament, die auf

---

[1] *Karrer* 1998, S. 156, vgl. Esr 7-10.
[2] *Willi* 1995, S. 102.
[3] *Becker* 1990, S. 89.

Einführung

eine Schule im Sinne einer Unterrichtsinstitution hinweist.[4] Andererseits ist dem alten Israel Unterweisung nicht fremd, der biblische Wortschatz kennt eine Reihe von Verben und Nomina, die das Wortfeld des Lehrens und Lernens umfassen. Dieses Wortfeld wird in der vorliegenden Arbeit untersucht werden, um einen Überblick über die alttestamentliche Sprachgewohnheit zu gewinnen und die Bezüge zu umreißen, in denen gelehrt und gelernt wurde.

2. Neh 8 ist die früheste Beschreibung einer öffentlichen Verlesung der Tora.[5] Sie ist zugleich Anwendung (applicatio) der Tora in dem Sinn, dass ihre Texte Teil der Festliturgie sind, und sie ist Auslegung (explicatio), denn die Texte werden abschnittsweise vorgelesen und erklärt. Die heutige Exegese pflegt aus Gründen einer sinnvollen Distanzierung vom Text die Belehrung über die biblischen Bücher von ihrer Anwendung zu trennen.[6] Diese Trennung findet in Neh 8 nicht statt. Dort geschieht die Verlesung des biblischen Textes im kultischen Rahmen, der im Gotteslob und in der liturgischen Antwort des Volkes mit dem doppelten Amen und dem Kniefall erkennbar ist (8,6). In diesem liturgischen Rahmen hat die Lesung verkündigenden Charakter. Das Element der Auslegung findet sich in Lesung und Erklärung der Tora. Die Auslegung ist als Volksunterweisung gestaltet.[7]

---

[4] Im folgenden werden die Bezeichnungen „Altes Testament" und „Erstes Testament" alternierend gebraucht. Zur Begründung s.u. Kapitel 6.1.3.

[5] Vgl. *Petuchowski* über Neh 8: „Also begann die Erläuterung des Pentateuchs schon mit seiner ersten ‚Veröffentlichung', und dies hat sich dann durch die Generationen hindurch fortgesetzt" (1982, S. 12).

[6] „Das Alte Testament wird, so wie die biblischen Texte insgesamt, in sehr verschiedener Weise und mit verschiedenen Fragestellungen gelesen. Im Großen und Ganzen lassen sich zwei Formen unterscheiden (aber nicht völlig voneinander trennen): Einerseits Zugänge und Fragestellungen, bei denen es um Erklärung (explicatio) des Textes geht, und andererseits Zugänge, die vor allem auf Aktualisierung und Anwendung (applicatio) zielen." *Kreuzer/Vieweger* 1999, S. 13.

[7] Vgl. מבינים (Meister, Lehrer) in Neh 8,7 und 8,9 und den Ausdruck ושום שכל (Einsicht geben) in 8,8, ebenso הודיעו להם אשר בדברים הבינו כי (denn sie hatten Einsicht erhalten in die Worte, die sie ihnen vermittelt hatten) in 8,12 außerdem die dreimalige Bezeichnung Esras als Schriftgelehrter in 8,1.4.5. Er wird auch Priester genannt (8,2.9).

Einführung

3. Die nicht von der Verkündigung zu trennende Unterweisung hat Folgen im Handeln des Volkes. Das lässt sich am Bericht über dessen Reaktion ablesen (Neh 8,9.11f). Das Volk ist zunächst erschüttert und weint, als es die Worte des Gesetzes hört, lässt sich dann aber beruhigen und feiert ein Freudenfest, in das Abwesende durch das Verschicken von Gaben einbezogen werden. Die Reaktion des Volkes ist nicht von vornherein verständlich, warum sollte es sich durch die Lesung derart erschüttern lassen? Diese offene Frage wird im Anschluss geklärt werden. Hier soll nur betont werden: Auf das Lesen der Tora folgt ein Handeln derer, die gehört haben.

Das gilt auch für die zweite Lesesituation der Tora in Neh 8,13f. Dort wird das Studium der Tora mit Esra, dem Schriftgelehrten, im Kreis von Familienoberhäuptern, Priestern, Leviten geschildert. Sie versammeln sich, *um Einsicht in die Worte des Gesetzes zu gewinnen* (להשכיל 8,13). Sie finden geschrieben, dass die Israeliten an dem Fest im siebten Monat in Laubhütten wohnen sollen. Diese Entdeckung wird sofort in die Tat umgesetzt (8,15-17).[8] Die Tora hat hier gesetzgebende Bedeutung. Auch in dieser zweiten Lesesituation steht also die Anwendung des Gelesenen im Vordergrund und die Beschäftigung mit der Tora zielt auf ein Tun. Neben der verkündigenden und gesetzgebenden Funktion kann Schriftauslegung auch belehrenden Charakter haben.

4. Neh 8,1-11 ist nicht aus sich selbst heraus verständlich. So verweist die Szene, in der das kollektive Weinen geschildert wird (8,9b), auf andere Texte, an die Neh 8 anknüpft. Zwei solche Bezugstexte finden sich in 2 Kön 22,11 und 2 Chr 34,19. In diesen Paralleltexten wird berichtet, dass der König Josia von Juda seine Kleider zerreißt, als er die Worte der gerade aufgefundenen Tora hört. Er tut es aus Trauer darüber, dass die Worte des Buches nicht eingehalten wurden (2 Kön 22,13; 2 Chr 34,21). Das Weinen des Volkes in Neh 8,9 ist vor dem Hintergrund dieser Erzählung erklärbar. Erst der Bezugstext macht es verständlich.

---

[8] Die Fortführung von 8,14 erfolgt mit אשר, d.h. es wird nicht einmal ein neuer Satzanfang zwischen der Entdeckung der Vorschrift in der Tora (Lev 23,34.42) und ihrer Umsetzung zugelassen.

Einführung

Ein anderer Hintergrundtext zu Neh 8,1-11 ist Dtn 31,9-13. Bereits in den ersten Versen fällt eine sprachliche Übereinstimmung auf: *und Mose schrieb dieses Gesetz auf* (ויכתב משה את־התורה הזאת Dtn 31,9) – *das Gesetz des Mose* (ספר תורת משה Neh 8,1). In beiden Texten werden Männer und Frauen eingeladen, im 5. Buch Mose zusätzlich Kinder und Fremde (Neh 8,2; Dtn 31,12). Ziel ist, dass sie ‚hören' (Neh 8,2; Dtn 31,12). Dtn 31,12 ergänzt: *damit sie hören und damit sie lernen*. Aus Sicht der deuteronomischen Tradition wird also die liturgische Lesung als ein Lernvorgang gedeutet. Für Neh 8 kann Dtn 31 als bekannt vorausgesetzt werden.[9] Neh 8 verwendet statt למד (lernen Dtn 31,12f) die Verben בין (einsehen) und ידע (kennen, wissen Neh 8,12), was auf eine andere Akzentsetzung hinweist. Die Verben erinnern eher an den Sprachgebrauch der Proverbien.

Bei genauerem Hinsehen finden sich noch weitere Parallelen zwischen Neh 8 und Dtn 31,9-13, die darauf hinweisen, dass Neh 8 als Ausführung von Dtn 31,9-13 inszeniert wurde.[10] Andererseits lässt der Hinweis auf das Laubhüttenfest in Dtn 31,10 und Neh 8,14 beide Texte als Ausgestaltung der Einsetzung des Laubhüttenfestes in Lev 23,34-43 erscheinen. So ergeben sich unterschiedliche Deutungsmöglichkeiten.

Die Texte des Alten Testaments sind auf eine Weise ineinander verzahnt, die zur Mitarbeit der Leserin oder des Lesers auffordert und es in gewisser Weise ihrer Kenntnis und Intuition überlässt, ihr eigenes Wissen zu schärfen und die Texte zu verstehen. Die hier vorgelegte Untersuchung des Lehr-und Lernverständnisses im Alten Testament wird auf diese Beobachtung zurückkommen.

---

[9] *Braulik* hält Dtn 31 für dtr vorexilisch (1997b, S. 121). In Neh 8 handelt es sich wohl um die Ausgestaltung der Esraüberlieferung, die um die Mitte des 5. Jahrhunderts datiert wird. Vgl. *Steins* 1996a, S. 181.

[10] In Dtn 31,11 wird die Lesung der Tora gefordert, in Neh 8,3 wird diese Lesung ausgeführt. Das ganze Volk soll mit seinen Ohren bei der Lesung sein (Dtn 31,11), es ist mit seinen Ohren dabei (Neh 8,3). Beide Texte sprechen von dem Laubhüttenfest, das in Dtn 31,10 als bekannt vorausgesetzt wird und in der Inszenierung von Neh 8,14 aus dem Gesetz neu entdeckt wird.

Einführung

1.2 Die exegetische Fragestellung der Untersuchung: Unterweisung hat geschichtliche und hermeneutische Aspekte

Die vorliegende Untersuchung setzt auf zwei Ebenen an. Zunächst wird nach den geschichtlich verfizierbaren Lernorten und -inhalten gefragt. Zu diesem Zweck wird ein ausführlicher Forschungsüberblick über die Diskussionen zur Schulfrage im 20. Jahrhundert gegeben. Ferner wird das 5. Buch Mose auf diese Fragen hin untersucht. Auf einer zweiten Ebene werden die biblischen Texte selbst als Unterweisung verstanden.

Es wird hier die These vertreten, dass sich in den Texten und ihren Bezügen Belehrung spiegelt, die ursprünglich wohl hauptsächlich mündlich unternommen wurde.Innerbiblische Schriftauslegung lässt sich nicht nur als Auslegung verstehen, sie ist auch Anwendung und als solche, im entsprechenden Kontext, Belehrung. Es soll daher im Anschluss an eine hermeneutische Vergewisserung gefragt werden, wie Texte Texte vermitteln, wie sich Belehrung in Texten niederschlägt. An der Art, wie sich Texte aufeinander beziehen und einander ergänzen, lässt sich in der schriftlichen Gestalt der vorliegenden Texte ein Aspekt von Belehrung ablesen. Dass damit erst wenig über die tatsächliche Art der (historisch überwiegend mündlichen) Unterweisung gesagt ist, muss hier zugestanden werden. Einige interessante Beobachtungen lassen sich aber dennoch aus den Texten erheben.

Bei der Untersuchung der Textbezüge werde ich mich auf Dtn 6 und auf die Texte im Sprüchebuch, die „Lehre" thematisieren, konzentrieren. Das hat verschiedene Gründe: Die Wortstatistik weist im 5. Buch Mose und im Sprüchebuch „Ballungsräume" auf, in denen die Thematik gehäuft auftritt.[11] Der Überblick über die Forschungsgeschichte zur Schulfrage wird zeigen, dass besonders das Sprüchebuch im Mittelpunkt der Frage nach der Unterweisung im alten Israel stand.[12] Das Sprüchebuch und das 5. Buch Mose haben einen unterschiedlichen Umgang mit der

---

[11] Vgl. die semantische Analyse in Kapitel 4 dieser Arbeit und *Weinfeld* 1992; *Hermisson* 1968; *Golka* 1994a.
[12] *Gerstenberger* 1965; *Hermisson* 1968; *Lemaire* 1984; *Golka* 1994a u.a.

Einführung

Thematik. So verwenden sie u.a. verschiedene Verben. Die Konzentration auf diese beiden Bücher bringt also Einblick in die breite Streuung der Begrifflichkeit. Dtn 6 bietet sich für die hermeneutische Vergewisserung an, da gerade in diesem Kapitel intensiv über Belehrung und ihre Methoden nachgedacht wird. Schließlich handeln das 5. Buch Mose und das Sprüchebuch ausdrücklich von Unterweisung und Weitergabe von Wissen an Kinder und Erwachsene. Damit ist der religionspädagogische Grund benannt, der dazu veranlasst, diese beiden Bücher in den Mittelpunkt zu stellen.

Die historische Herangehensweise an die biblischen Texten bildet auch in dieser Arbeit die Grundlage. Aus meiner Erfahrung in der Lehre erscheinen aber zwei methodische Ergänzungen nötig. Die eine ist die Einbeziehung moderner sprachwissenschaftlicher Methoden. Biblische Texte können wie andere historische Texte auch untersucht werden. Man muss zu ihrem Verständnis nicht erst ein speziell entwickeltes Instrumentarium erlernen. Die zweite Ergänzung betrifft die Perspektive auf die Texte. Wissen erschließt sich reflexiv, indem Erfahrungen reflektiert und verarbeitet werden und so Veränderungen bei den Lernenden herbeigeführt werden.[13] Soll die Bibel Relevanz im Unterricht haben, dann ist es nötig, Schüler und Schülerinnen stärker in den Verstehensprozess einzubeziehen und sie nicht mit fertigen Wahrheiten zu konfrontieren. Bei der Untersuchung des Lehr- bzw. Lernprozesses in den biblischen Texten ergänzen daher rezeptionsgeschichtliche Überlegungen die textanalytischen Schritte. Exegese ist aus dieser Sicht ein Prozess zwischen Text und Leserinnen bzw. Lesern, der zu unterschiedlichen Ergebnissen führen kann.

1.3 Die religionspädagogische Fragestellung der Untersuchung

Die Arbeit ist vor dem Hintergrund meiner Tätigkeit als evangelische Religionslehrerin an beruflichen Schulen entstanden und wird durch meine Lehrtätigkeit an der Pädagogischen Hochschule begleitet. Dabei stellt sich mir nicht nur die Frage, wie **in** der Bibel gelehrt und gelernt wurde sondern auch wie **die Bibel** gelehrt wurde. So gelange ich neben

---

[13] *Otto* rechnet im Blick auf diese Merkmale eines Lernverständnisses wenigstens tendenziell mit einem Konsens (2001, Sp. 1218).

Einführung

der exegetischen zu einer religionspädagogischen Fragestellung. Kapitel zwei und zehn greifen aktuelle, bibeldidaktische Fragen des heutigen Religionsunterrichts auf. Im zweiten Kapitel wird die Frage gestellt, ob und wenn ja, unter welchen Bedingungen Bibel in einer „nach-biblischen" Zeit noch gelehrt werden kann. Im zehnten Kapitel werden Schlüsse aus den gewonnenen Erkenntnissen im Ersten Testament für eine heutige Bibeldidaktik gezogen. Die beiden Kapitel umrahmen die exegetischen Untersuchungen.

1.4 Kontext und Methoden

1.4.1 Der eigene Ausgangspunkt

Ich reflektiere bewusst als Frau und als Bibelwissenschaftlerin. Nicht weil ich glaube, dass eine Frau von vornherein die Bibel anders lehrt, sondern weil Frauen eine andere Geschichte mit diesem Buch haben als Männer. Die Bibel verdankt ihre Entstehung, zumindest was die Redaktion und Tradierung ihrer Teile anbelangt, Männern. Wenn Frauen an der Entstehung der Texte beteiligt waren, dann wurde es jedenfalls nicht expliziert. Jahrhunderte lang wurde die Bibel aus der Sicht von Männern gelesen und ausgelegt. Frauen spielten dabei eine ähnlich untergeordnete Rolle wie im Entstehungsprozess. In den letzten Jahrzehnten haben Frauen verstärkt danach gesucht, wie sie sich kritisch in den biblischen Texten wiederfinden oder sich davon abheben können und so die Rezeptionsgeschichte aus weiblicher Sicht ergänzt. Es mussten überkommene Denkstrukturen dekonstruiert werden, um Texte in einen neuen Verstehenskontext stellen zu können und neu zu deuten.[14] Bibelwissenschaftlerinnen haben dadurch die Entwicklung hin zur Pluralisierung der Interpretation der biblischen Texte gefördert, haben kritisch nach der Legitimität der Bibel im theologischen Diskurs gefragt und Frauenerfahrungen zum hermeneutischen Ausgangspunkt der Exegese gemacht. Feministinnen sind durch ihre bibelkritische Haltung an der Pluralisie-

---

[14] Ich möchte hier nicht auf die patriarchatskritischen Aspekte der feministischen Forschungen an der Bibel eingehen. S. dazu: *Jahnow* 1994, S. 9ff, vgl. auch *Schüssler Fiorenza*: „Patriarchale Unterdrückung ist ein gesellschaftspolitisches System und eine Gesellschaftsstruktur von abgestuften Unterwerfungsweisen und Unterdrückungsformen" (1988a, S. 36).

Einführung

rung der Bibelauslegung beteiligt. Dies wirkt sich auf die Vermittlung biblischer Inhalte aus.

1.4.2 Der interreligiöse Aspekt der Untersuchung

Die zeitgenössische Pädagogik und Religionspädagogik finden ihre Wurzeln im griechischen Altertum. Weniger wird bisher beachtet, dass auch alttestamentliches Erbe in die Religionspädagogik einfließt, gründet doch die Sprache des Neuen Testaments im Alten. Das Erste Testament vermittelt eine gegenüber dem griechischen Denken selbständige Art des Lernens. Im Laufe der hier entwickelten Analyse wird sich die These bestätigen, dass eine christliche Religionspädagogik auch im Alten Testament wichtige pädagogische Anregungen finden kann. Indem der Unterricht der Bibel im Folgenden aus der Sicht des Ersten Testaments reflektiert wird, bekommt die Arbeit einen interreligiösen Aspekt. Der Dialog zwischen christlichen und jüdischen Verstehensweisen des Ersten Testaments, der nach dem Zweiten Weltkrieg schließlich in Gang kam, ist Hintergrund dieser Arbeit und fließt, soweit er die hermeneutische Debatte betrifft, ein.

1.4.3 Der pluralistische Kontext des Lernens

Diese Untersuchung des biblischen Lehrens und Lernens hat nicht den Anspruch, bei den Quellen die ursprüngliche Wahrheit über das Lernen zu finden. Sie geht von der Erkenntnis aus, dass auch die biblische Wahrheit Dialogcharakter hat. Das zeigt sich bereits in der Bibel selbst und gerade in den Texten, in denen lehren und lernen thematisiert wird. Das Studium dieser Texte und eine hermeneutische Vergewisserung werden erweisen, dass ein bewusster Umgang mit der Bedeutungsvielfalt bereits in der Bibel selbst statt findet. Auch in der heutigen Zeit findet Lehren und Lernen in einem pluralistischen Kontext statt. Die Bibel kann in heutiger Zeit nur eine der Grundlagen des Religionsunterrichts sein. Auch stellen biblische Texte nur einen Teil der Themen des Lehrplans. Darauf werde ich im folgenden Kapitel näher eingehen.

Einführung

Teil I
Religionspädagogische Voraussetzungen

Die Bibel im Unterricht

2 Die Bibel im Unterricht – Versuch einer Bestandsaufnahme

2.1 Voraussetzungen der Bibellektüre

Welche Rolle spielt die Bibel in unserer Zeit? Ist sie ein altes Buch geworden, das wir wie andere antike Zeugnisse in der Schule nicht mehr als Unterrichtsstoff verwenden sollten? Muss man von unserer Zeit als von einer „postbiblischen" sprechen?[1] Die Bibel ist eine Bibliothek mit rund 70 Bänden. Sie ist in Jahrhunderten geschichtlich gewachsen und durch die Erfahrungen von Generationen von Menschen geprägt. Schon aufgrund dieser Entstehungsgeschichte ist sie ein plurales Gebilde. Auch wenn es Versuche gab, die Überlieferungen zu glätten und einander anzugleichen, hat doch gleichzeitig ein respektvoller Umgang mit dem Erfahrungs- und Deutungsreichtum der Bibel die Vielfalt bewahrt. Das 20. Jahrhundert hat diese Vielfalt als Chance wieder entdeckt. Unterstützt u.a. durch Anfragen der feministischen Bibelauslegung und durch weltweite, politisch-kulturelle Befreiungsbewegungen ist die Bibelauslegung vielfältiger und kontextbezogener geworden. Angesichts des spielerischen Umgangs mit Tradition in der Kultur der Postmoderne haben Bibel und Bibelzitate in Werbung, Popsongs und in der Unterhaltungsbranche Eingang gefunden. Wenn die Bibel im Unterricht an der Berufschule und der Hochschule, aber auch in der Erwachsenenbildung und in der Familie zum Thema wird, dann treffen sehr verschiedene Zugänge aufeinander und bewirken im besten Fall Fragen und Diskussionen, oft aber auch Rückzug und Abwehr. Eine Religionspädagogik, die die An-

---

[1] Der Begriff begegnete mir zuerst auf dem Symposium „Teaching the Bible in a post-biblical Context" Dez. 1999 Münster, zu dem Marie-Theres *Wacker* im Anschluss an die Arbeit zum Kompendium Feministische Bibelauslegung eingeladen hatte. Er ist doppeldeutig, da unter „postbiblisch" bisher die Zeit nach der in der Bibel bezeugten Zeit gemeint war. In heutiger Zeit bringt er die These auf den Begriff, dass der Einfluss der Bibel auf Theologie, Kirche und Leben immer weniger bewusst oder akzeptiert ist bzw. dass die Bibel nicht mehr als Erklärungsmuster für eine Welt dient, die sie als „christliches Abendland" 2000 Jahre lang geprägt hat. Die Bibel ist Symbol der „Herkunft unserer Kultur" aber ist sie auch Symbol der Zukunft? Vgl. *Daiber/Lukatis* 1991, S. 51.

fragen der Schülerinnen und Schüler und ihre Interessen ernst nehmen will, ist gerade bei dem Thema Bibel zur Reflexion über das Verhältnis von Pluralität und Tradition aufgefordert.

Hier soll zunächst nach dem aktuellen Stand der Bibelrezeption in Religionsunterricht und Lehrerausbildung gefragt werden. Dazu dienen eine eigene Befragung von Lehramtsstudenten und ein Literaturüberblick.

2.2 Ausgangspunkt: Bibelrezeption im Spiegel neuerer Studien

2.2.1 Der Stellenwert der Bibel bei Studierenden und Unterrichtenden

Ich stellte vor einigen Semestern in einem Seminar zur Bibeldidaktik für Studierende an der Pädagogischen Hochschule die Frage nach der Bedeutung der Bibel. Beim Entwurf der Fragestellung ging ich davon aus, dass die Bibel für jemanden, der sich mit ihrer Didaktik beschäftigt, eine gewisse Bedeutung habe. Mein Anliegen war es, auf Unterschiede im Zugang der Lehrperson und auf vermutete Schülerinteressen aufmerksam zu machen.

Es folgen die Texte, die Studierende zu den vorgegebenen Zeilen verfassten: „Die Bibel hat mir heute noch etwas zu sagen, weil..." und „Die Bibel ist für die SchülerInnen wichtig, weil....".

1. „Die Bibel hat mir heute noch etwas zu sagen, weil sie facettenreichen Einblick in Anschauungen, Glaube/Religion, geschichtliche Ereignisse, Lebensweise, Politik ihrer Zeit(en) gibt und trotzdem in vielem heute noch gültig ist." - „Die Bibel ist für die SchülerInnen wichtig, weil sie ihnen zeigt, wie ähnlich bzw. sogar gleich die Emotionen und Ansichten damals den heutigen sind/waren. Außerdem zeigen die Geschichten..." *Text bricht ab.*

2. „Ich finde es schwierig, die Bibel zu lesen und vor allem, sie zu verstehen. Ich lese kaum in der Bibel, aber wenn ich Texte aus der Bibel höre, empfinde ich Trost und Ruhe." - *Kein Text zum zweiten Halbsatz.*

Die Bibel im Unterricht

3. „Die Bibel hat mir heute noch etwas zu sagen, weil sie Menschen durch ihre Texte Zuversicht gibt." – „Die Bibel ist für die SchülerInnen wichtig, weil sie an Beispielen zeigt, wie Menschen sich sozial verhalten."

4. Die Bibel hat mir heute noch etwas zu sagen, weil sie mich über die Geschichte der Religion informiert. Sie zeigt mir, wie die Menschen damals mit ‚Religion' umgingen." – „Die Bibel ist für die SchülerInnen wichtig, weil ich denke, dass sich in ihr (einige) Ideen verbergen, die zur Menschlichkeit beitragen."

5. „Die Bibel hat mir heute noch etwas zu sagen, weil sie das Buch meines Lebens ist. Ich lese nicht in der Bibel, um meine großen und kleinen alltäglichen Sorgen und Probleme zu lösen, aber bewusst oder unbewusst ist die Bibel das Gerüst um mein Leben. Besonders wichtig für mich sind einerseits die in der Bibel vermittelten Werte (Umgang der Menschen miteinander) und andererseits das Wissen um die Existenz Gottes, das mich stützt, wenn ich ins Zweifeln komme." – „Die Bibel ist für die SchülerInnen wichtig, weil sie auch für die SchülerInnen ein solches Gerüst sein kann und damit Orientierungshilfe und Schutz in ihrem Leben (- besonders in einer Gesellschaft, die durch Schnelllebigkeit und Wertewandel gekennzeichnet ist)."

6. „Die Bibel hat mir heute noch etwas zu sagen, weil..." *Text bricht ab.* – „Die Bibel ist für die SchülerInnen wichtig, weil sich viele der Feiertage auf die Bibel beziehen, - sie das meistgelesenste Buch ist, - sie quasi ein Regelwerk für richtiges Verhalten ist, - sie aufzeigt, was man mit Glauben erreichen kann, - sie eine Stütze für die Lebensbewältigung sein kann."

Vier Aspekte fallen ins Auge:

- Einige Texte haben einen historischen Zugang zur Bibel: Die Rede ist von „facettenreicher Einblick in Anschauungen", „geschichtliche Ereignisse", „Einblick in die Geschichte der Religion". Diese Texte konstatieren eine Ähnlichkeit der Emotionen und Verhaltensweisen damals und heute und halten die Bibel deshalb für lehrreich.

Die Bibel im Unterricht

- Einer der acht Texte erwähnt Gott. Die anderen kommen ohne Gott aus. Dieser Text hält die Bibel für eine Orientierungshilfe und einen Schutz im Leben auch der Schüler und Schülerinnen, der gerade in der pluralistischen Gesellschaft notwendig sei.

- Einer der Texte nennt keinen persönlichen Aussagewert der Bibel. Stattdessen werden fünf Gründe aufgezählt, weshalb sie für die Schüler wichtig wäre. Daraus lässt sich schließen, dass es Studierende gibt, die davon ausgehen, die Bibel könne wie ein Fach unterrichtet werden, mit dem man sich nicht identifizieren müsse. Sie lassen kein Verständnis für die kerygmatische Bedeutung der Bibel erkennen, die den Zuspruch und Anspruch des Glaubens vertritt.

- Ein weiterer Aspekt ist der subjektiv erlebte, hohe Schwierigkeitsgrad der biblischen Texte. In diesem Fall wird dem Hören der Texte der Vorrang gegeben. Dieser Gedanke ist didaktisch sehr interessant: Was ändert sich, ob ich einen Text lese oder ihn höre? Bei dem oben zitierten Text bleibt nichts für die SchülerInnen weiterzugeben.

Beim Betrachten bereits dieser wenigen Äußerungen Studierender fällt auf, dass verschiedene Vorstellungen von Bibel nebeneinander stehen. Besonders zwei können hervorgehoben werden: Eine sieht die Bibel als historisches Buch, das Denkanstöße für die Gegenwart bereithält. Eine andere betrachtet die Bibel als Bastion gegen den Zeitgeist, in der Gott am Werk ist. Die Studierenden sind unterschiedlich religiös geprägt.[2] Dementsprechend unterschiedlich sind bereits ihre Herangehensweisen an die Bibel.

Diese Beobachtung wird durch eine explorative Gruppendiskussion mit Studierenden, die Bröking-Bortfeldt im Vorfeld seiner empirischen Un-

---

[2] *Nipkow* spricht von der Pluralität von Religion in „Lebenslauf und Lebenswelten" (1998, S. 236 u.ö). Er rechnet im Blick auf die Schüler und Schülerinnen mit Situationen gegebenen Einverständnisses im Glauben, mit Situationen zu suchenden Einverständnisses und mit Situationen nie vorhanden gewesenen Einverständnisses und religiöser Indifferenz (ebd. S. 223ff). Auf die je unterschiedlichen und auch gegebenenfalls wechselnden Situationen hat sich der Unterricht einzustellen.

Die Bibel im Unterricht

tersuchung zur Bibelrezeption 1984 unternommen hat, ergänzt.³ Auf die Frage nach aktuellen Orientierungen zur Bibel und nach Verarbeitungsprozessen antworteten die Studierenden sehr disparat. Ihre Voten spiegeln neben unterschiedlicher religiöser Sozialisation verschiedene Entwicklungsstadien wider:

„Die Voten reichen von der Intention, die Bibel quasi verwissenschaftlicht ‚jetzt möglichst neutral zu sehen', über das Interesse an Inhalten ‚von Bestand' und ‚wirklicher Gültigkeit' bis zu stark affektbesetzten Äußerungen, die einen unabgeschlossenen Verarbeitungsprozess kennzeichnen (‚ziemlich unsicher'; ‚große Schwierigkeiten'; ‚diese Autorität'; ein bestimmtes ‚Gottesbild ... jetzt durch schwere Kämpfe langsam ablegen')."⁴

Im Laufe seiner Untersuchung über die Zusammenhänge zwischen religiösen, auf die Bibel bezogenen Orientierungen und Motiven einer generellen Lebensorientierung bei Studierenden kommt Bröking-Bortfeldt zu dem Schluss, dass „Verarbeitungsprozesse der Studenten mit dem Ziel einer Neuorientierung am Ende der Adoleszenzphase eher noch unabgeschlossener und dynamischer verlaufen als bei Schülern...".⁵

Es liegt bisher keine Studie vor, die das Bibelverständnis von Religionslehrerinnen und -lehrern gezielt untersucht. Aus der neueren Studie unter niedersächsischen ReligionslehrerInnen geht allerdings ‚nebenbei' hervor, dass ihr Bibelverständnis sehr unterschiedlich ist. In siebzehn Fallstudien werden Berufsentwicklung und -praxis vorgestellt. Davon seien im Folgenden einige beispielhaft zitiert.⁶

- Es ist von einem kritischen Verständnis die Rede, das „distanzlos- ‚glaubende' Naivität" oder „einen in erster Linie rituell gottesdienstlich geprägten Umgang" ablehnt. Die Bibel müsse erst dechiffriert werden, dann könne sie gehört und ernst genommen werden.⁷

---

³ Der Verfasserin ist keine aktuellere Studie zur Bibelrezeption bei Studierenden bekannt. Auch bei *Bröking-Bortfeldt* handelt es sich nur um eine Voruntersuchung für die Studie „Schüler und Bibel", die insofern begrenzt aussagekräftig ist.
⁴ *Bröking-Bortfeldt* 1984, S. 106f.
⁵ Ebd. S. 108f.
⁶ *Feige* 2000, S. 55-141.
⁷ Ebd. S. 62f.

- Ein anderer Lehrer sieht die neutestamentlichen Gleichnisses als mögliche Orientierungshilfen in Distanz zur Kirche.[8]

- Eine Religion unterrichtende Pfarrfrau (sic!) versteht die Bibel als Lebenshilfe mit dem Ziel der Motivation zum „Projekt Kirche".[9]

- Einer ethischen Perspektive dienen Bibeltexte, weil „in ihnen lebensnahe Situationen kondensiert sind, in denen Menschen handeln".[10]

- Religionsunterricht wird als vorwiegend alttestamentlich gespeiste Erzähl- und Sensibilisierungsaufgabe mit kulturellem Schwerpunkt aufgefasst.[11]

- Nach einer weiteren Auffassung geht der Religionsunterricht fast ganz in der sozial-therapeutischen Aufgabe auf und biblische Texte, „wenn sie denn überhaupt unterrichtlich vorkommen, werden ... übertextet, d.h. textlich bis zur Unkenntlichkeit verfremdet", und dabei werde, so der Interviewer, einer religionsdidaktischen Begründungsleistung aus dem Weg gegangen.[12]

2.2.2 Die Bibelrezeption nach den Aussagen empirischer Studien

2.2.2.1 Direkte Befragungen zum Bibelgebrauch

Bröking-Bortfeldts Studie über „Schüler und Bibel" wird heute als religionspädagogische Pionierarbeit betrachtet.[13] Er stellte 750 überwiegend evangelischen Schülerinnen und Schülern zwischen 13 und 16 Jahren aus Haupt-, Realschule und Gymnasium 49 Fragen, von denen

---

[8] Ebd. S. 69.
[9] Ebd. S. 74, allerdings sei von der Interviewpartnerin nicht spezifiziert, wofür Bibel und Kirche konkret stehen.
[10] *Feige* 2000, S. 84.
[11] Ebd. S. 88.
[12] Ebd. S. 93.
[13] Es war im religionspädagogischen Kontext die erste Studie, die nach der faktischen Bedeutung der Bibel im Leben Jugendlicher fragte und mit gründlichen statistischen Analysen aufwartete. Vgl. zur Bewertung *Hanisch/Bucher* 2002, S. 90.

Die Bibel im Unterricht

sich 27 direkt auf die Bibel bzw. auf die Gestalt Jesu bezogen. Seine Studie ist im Kontext der religionspädagogischen Auseinandersetzung mit dem ‚problemorientierten Religionsunterricht' der 70er und 80er Jahre zu verstehen. Mit ihrer Hilfe sollte aus einem anderen Wissenschaftsbereich als der Theologie theorie-und kriterienbildend auf die Debatte Einfluss genommen werden.[14] Dieser Hintergrund prägt die Fragen bzw. die Antwortvorgaben.[15] Hier können nicht alle Ergebnisse referiert werden. Ich greife die Thematik der Lesehäufigkeit und die der zukünftigen Beschäftigung mit der Bibel heraus.

Auf die Frage, wie häufig sie in der Bibel lesen, antworten etwa 10% der befragten Jugendlichen mit „ziemlich oft" bzw. „sehr häufig, regelmäßig".[16] Die Jugendlichen mit gymnasialer Bildung liegen bei 15%, die mit Hauptschulabschluss bei 6%. Das Ergebnis wird zusätzlich vom Bildungsgrad der Eltern beeinflusst. Mit Daiber, der in einer Repräsentativerhebung bei der evangelischen Bevölkerung der BRD zu einem vergleichbaren Ergebnis gekommen war, schließt Bröking-Bortfeldt, dass Bibellektüre als Hinweis auf individuelle Bibelfrömmigkeit bei der Jugend in Westdeutschland marginal sei.[17] Auf die Frage, ob sie sich, wenn sie erwachsen sind, mit der Bibel beschäftigen werden, äußern sich die Jugendlichen in der Mehrheit mit „weiß noch nicht". Die Hälfte der Befragten, die angeben, jetzt selten oder nie in der Bibel zu lesen, will sich später entweder mehr mit der Bibel beschäftigen oder ist sich darüber noch unschlüssig. Die Anzahl der Schülerinnen, die mit einem eindeuti-

---

[14] *Bröking-Bortfeldt* 1984, S. 13.
[15] Vgl. Frage 15: „Wenn die heutigen Menschen Probleme haben, glaubst Du, dass man ihnen mit der Bibel bei der Lösung ihrer Probleme helfen kann, oder geht das nicht?" und Frage 20: „Wie sollte Deiner Meinung nach ein guter Religionsunterricht aussehen? – Er sollte sich vor allem mit der Bibel beschäftigen. – Er sollte sich vor allem mit politischen und sozialen Fragen beschäftigen. – Er sollte sich vor allem mit Problemen der Schüler beschäftigen. – Er sollte Probleme behandeln und dabei auch Texte aus der Bibel berücksichtigen." *Bröking-Bortfeldt* 1984, S. 402f.
[16] Ebd. S. 150.
[17] A.a.O. In diese Schlussfolgerung fließt deutlich das Vorverständnis des Fragestellers ein. Wenn durchschnittlich 10% der Jugendlichen häufig in der Bibel lesen, könnte man das auch als eine überraschend hohe Zahl betrachten.

gen „Nein" zur Beschäftigung im Erwachsenenalter antworten, ist mit 8% nur halb so hoch wie die der Schüler (16%).[18]

„Die Ergebnisse bestätigen die Annahme, dass ein erheblicher Teil der befragten Schüler bei der eigenen, vielfach belasteten und verunsicherten Lebensperspektive Bezugnahmen zu religiöser Wirklichkeitsdeutung und Sinnvermittlung herstellt."[19]

Bröking-Bortfeldt fasst zusammen:

„Die Teilergebnisse der Untersuchung, die sich auf biblische Inhalte und den Umgang mit der Bibel beziehen, ergeben ein ambivalentes Bild: Auf der einen Seite berechtigen die Ergebnisse nicht zu der generellen Feststellung, dass die Bibel für 13- bis 16-jährige Schüler eine umfassende Bedeutung besitzt oder durchgehend zentrale Funktionen bei der Wirklichkeitsdeutung der Jugendlichen ausübt. Auf der anderen Seite zeigt sich mit einem hohen Maß von Konsistenz in ganz unterschiedlichen Themenstellungen der Untersuchung, dass ein Großteil der Schüler, durchgehend in den verschiedenen Schultypen, Alters- und Klassenstufen, bestimmte einzelne biblische Traditionselemente aufgreift und mit erheblichen Bedeutungsgehalten in die eigene – vielfach problembesetzte – Wirklichkeitsdeutung integriert. Diese biblisch-religiösen Motive kristallisieren sich wesentlich um die Begriffe Frieden, Gerechtigkeit und Befreiung, die Schüler bei einer gewissen Präferenz für das Alte Testament in verschiedene Wirkungskontexte ihrer Lebenswirklichkeit einordnen."[20]

1989 kam Berg in einer nicht empirisch angelegten Befragung zu ähnlichen Ergebnissen, als er einen Teil der Fragen von Bröking-Bortfeldt Schülerinnen und Schülern aus der Sekundarstufe I und aus Berufsschulen in Baden-Württemberg stellte. Auf die Frage „Gibt es Geschichten in der Bibel, die du besonders gern hörst oder liest?" wurden genannt: Das Gleichnis vom verlorenen Sohn (Lk 15), die Exodusüberlieferung (eher bei den jüngeren Schülern), Geburtserzählungen Jesu, Bergpredigt, Schöpfungstexte, Heilungswunder und das Gleichnis vom Barmherzigen Samariter.[21]

---

[18] *Bröking-Bortfeldt* 1984, S. 153. Er leitet an anderer Stelle aus den Ergebnissen die Prognose ab, „dass nach der jetzigen Erwartung der Befragten Jungen mehr Distanz zur Bibel haben und auch aufrechterhalten werden als Mädchen und dass Hauptschüler in der Zukunft weniger Umgang mit der Bibel für sich erwarten als Absolventen der Realschule oder des Gymnasiums" (ebd. S. 154).
[19] Ebd. S. 307.
[20] Ebd. S. 309f.
[21] *Berg* 1989.

Diese Studien erscheinen erneuerungsbedürftig, da die Themen Frieden, Gerechtigkeit und Befreiung als wesentliche Zugänge zur Bibel nicht mehr den gleichen Stellenwert in der öffentlichen Diskussion haben wie vor 15-20 Jahren.

Eine vergleichbare Studie haben in jüngster Zeit Hanisch und Bucher vorgelegt. Sie untersuchten die Bibelrezeption von Viertklässlern in eher ländlicher Umgebung und in großstädtischem Milieu.[22] Insgesamt wurden 2402 Mädchen und Jungen aus vierten Klassen in Baden Württemberg und Berlin befragt. Etwa 78% der Befragten waren evangelisch, 22% katholisch.[23] Im Gesamtergebnis der Studie zeigen die Kinder ein mehrheitlich positives Verhältnis zur Bibel, die Mädchen ein positiveres als die Jungen. Diese Einstellung hängt, so die Studie, mit der Erzählhäufigkeit biblischer Geschichten im Elternhaus und der eigenen Bibellektüre zusammen.[24] Ähnlich wie bereits bei Bröking-Bortfeldt und Berg favorisierten die befragten Kinder alttestamentliche Erzählungen, an erster Stelle die Exoduserzählungen, die Sintfluterzählung und die Schöpfungsgeschichte. Aus dem Neuen Testament sind die Kindheitsgeschichte, die Passion und Auferstehung Jesu und die Gleichnisse wie die vom barmherzigen Vater, vom barmherzigen Samariter und vom verlorenen Schaf am ehesten bekannt. Der Vergleich mit den vorangehenden Studien hat aber seine Grenze darin, dass Hanisch und Bucher sich auf die Befragung von 9-11 Jährigen beschränkten. Sie referieren aus anderen Studien, dass die hohe Akzeptanz der Bibel im Laufe der persönlichen Entwicklung der Schülerinnen und Schüler zurückgeht, differenzieren diese Entwicklung aber nicht.[25] Ihr Fazit ist eine Bibeldidaktik, die in ein breiteres Spektrum von religiöser Aktivität eingebettet ist und den Kindern anbietet, sich die Relevanz der Erzählungen für ihr eigenes Leben anzueignen.[26] Die Erzählhäufigkeit im Elternhaus, die ja entsprechend ihrem Ergebnis die Einstellung zur Bibel bis zum Ende der

---

[22] *Hanisch/Bucher* 2002.
[23] Die Studie differenziert nicht zwischen dem Angehören einer Konfession und dem Besuch des jeweiligen Unterrichts. So ist es möglich, dass Kinder als „evangelisch" erfasst wurden, obwohl sie konfessionslos sind oder einer anderen Konfession angehören und aus Gründen der Schulorganisation bzw. der Unterrichtspflicht am evangelischen Religionsunterricht teilnahmen.
[24] *Hanisch/Bucher* 2002, S.78.
[25] Siehe dazu die Studie *Kliemann/Rupp* 2000 und ihre Kommentierung unten.
[26] *Hanisch/Bucher* 2002, S. 98.

Die Bibel im Unterricht

Grundschulzeit beeinflusst, können sie allerdings mit einer Bibeldidakik nicht beeinflussen.

2.2.2.2 Der Stellenwert der Bibel, wie er sich aus Studien zur Einschätzung des Religionsunterrichts erschließt.

Im Frühjahr 1995 führte das Institut für Religionspädagogik der Universität Salzburg eine Umfrage unter 2700 überwiegend römisch-katholischen Teilnehmerinnen und Teilnehmern des Religionsunterrichts an Hauptschulen und Allgemeinbildenden Höheren Schulen durch.[27] Die Fragen bezogen sich auf die Beurteilung des Religionsunterrichts. Für den Bibelgebrauch lassen sich daraus nur mit Vorsicht Schlüsse ziehen.[28] Am ehesten sind die Items über das Ausmaß religiöser Sozialisation verwertbar.[29] (Bucher hält bereits in dieser Studie das Elternhaus für den Begegnungsort vieler Kinder mit Gebet und biblischen Geschichten.) 47% der Kinder gaben an, ihre Eltern hätten ihnen „nie aus der Bibel erzählt", 36% „gelegentlich", 17% „oft". Es gibt nach Bucher „deutliche Indizien, dass sie Religiosität und Glaube auf biblisch-christliche Semantik sowie die Kirche beziehen, auch dort, wo dies in ablehnender Weise geschieht".[30]

Von einer Aufsatzaktion, in der Schüler und Schülerinnen der 12. und 13. Klasse auf den Religionsunterricht ihrer Schulzeit zurückblicken sollten, wurde im Jahr 2000 von Kliemann und Rupp berichtet.[31] Es fällt auf, dass viele Texte die Bibel erwähnen[32] und dass einige den Umgang mit biblischen Texten bestimmten Entwicklungsphasen zuordnen: Aus den Jahren des Religionsunterrichts in der Grundschule und in der Unterstufe des Gymnasiums ist das Erzählen und Malen der biblischen Geschichten oft in positiver Erinnerung geblieben. Manche heben hervor,

---

[27] *Bucher* 1996, S. 3.
[28] Bei der Übertragung der Ergebnisse von Österreich auf die Bundesrepublik Deutschland ist Behutsamkeit angebracht, da in Österreich bei Erscheinen der Studie noch 78% der Bevölkerung der katholischen Kirche angehörten. Eine weitere Schwierigkeit ergibt sich daraus, dass die Fragen nach dem Bibelgebrauch nicht zu den Leitfragen der Studie gehörten. Ebd. S. 4 und S. 12.
[29] Ebd. S. 51-53, Erfassung mit 7 Items.
[30] Ebd. S. 113.
[31] *Kliemann/Rupp* 2000.
[32] Das Thema „Bibel" wird zusammen mit dem Thema „Andere Religionen" am häufigsten genannt. Vgl. ebd. S. 203f.

dass dieser Unterricht für sie eine Einführung in die Bibel oder sogar eine Erstbegegnung war.[33] In der Mittelstufe, zur Zeit der Pubertät, sind „Jesus und die Bibel sowieso out".[34] In dieser Zeit seien Themen wie „Wer bin ich?" oder „Verhütung" wichtig.[35] Erst in der Oberstufe erlangten manche Schülerinnen und Schüler wieder einen Zugang zu biblischen Texten:

> „In der Oberstufe erfreue ich mich dann doch wieder eher am Unterricht, was daran liegt, dass die Themen eine nette, und doch recht unterhaltsame Abwechslung zum restlichen Unterricht bieten, und ich jetzt wenigstens die Bibeltexte wieder verstehen kann."[36]

Eine kritische Sicht der Dogmen und der Bibel scheint vielen Gymnasiasten wichtig zu sein:

> „Ich denke, es ist der falsche Weg, den in gewisser Weise ‚hilflosen' Schülern (vor allem bis etwa zur 9./10. Klasse) mehr oder weniger unkritisch irgend welche unbestreitbaren Dogmen christlichen Glaubens zu verabreichen. Denn dies hat eher die Folge, dass die Schüler vom christlichen Glauben abgeschreckt werden und sich dagegen verwehren." – „Ebenfalls gut finde ich, dass man auch durchaus kritisch mit der Bibel umgehen darf."[37]

Sie lehnen Druck oder Zwang ab:

> „Sehr positiv fand ich, dass in den gesamten 13 Jahren kein Lehrer versucht hat uns einzutrichtern, dass in der Bibel alles richtig und wahr ist, was dort steht."[38]

Für einige steht die Beschäftigung mit der Bibel im Gegensatz zum Lebensbezug:

> „Doch gerade im aktuellen Bezug (nicht in der ständigen Bibelarbeit!), im kontroversen Gespräch mit den Schülern (nicht im Vortrag!) könnte die Institution Kirche Stärke und Selbstbewusstsein an die Schüler weitergeben."[39]

---

[33] Ebd. Nr. 10.4; 10.5; 11.1; 14.2; 14.10; 16.2 u.ö.
[34] *Kliemann/Rupp* 2000, Nr. 16.2. Vgl. die oben zitierte Studie von *Bröking-Bortfeldt* 1984, der gerade diese Altersstufe der 13-16 Jährigen untersuchte.
[35] *Kliemann/Rupp* 2000, Nr.16.2. Andere Texte erwähnen die Themen „Tod" oder „Okkultismus".
[36] Ebd. Nr.12.1. Vgl. 5.5; 9.8; 14.4; 27.9; 30.13. Vgl. zur entwicklungspsychologischen Sicht den Beitrag von *Schweitzer* 2000.
[37] *Kliemann/Rupp* 2000, Nr.5.5. und 9.3 Vgl. Nr.3.14; 14.1; 15.2 u.ö.
[38] Ebd. Nr. 27.5.

Die Bibel im Unterricht

Die ergebnisse zur Bibelrezeption der Kinder und Jugendlichen aus den zitierten Studien zusammenfassend lässt sich sagen, dass Kinder (eher Mädchen) sich etwa bis zur 6. Klassenstufe im Rahmen des Religionsunterrichts von biblischen Geschichten stärker ansprechen lassen als Jugendliche. Mit zunehmendem Alter wird die Problematik der biblischen Texte erkannt, die Mühe, sie zu verstehen, ihre äußere Unvereinbarkeit mit naturwissenschaftlichen Erkenntnissen und die Relativität verschiedener Auslegungen. Biblische Texte werden auf ihren Nutzen für das eigene Leben und seine Fragen hin geprüft. Nicht immer gelingt der Transfer der Inhalte. Dann können biblische Texte in den Augen der Befragten bedeutungslos werden.

2.2.2.3 Bibel und Jugendkultur

Die bisher referierten Untersuchungen gingen alle vom Religionsunterricht aus und damit von einem im weitesten Sinn kirchlichen Rahmen, in dem die Bibel bereits seit Jahrhunderten überliefert wird. Die Schüler und Schülerinnen im Religionsunterricht bilden eine „positive Auswahl". Sie nehmen jahrelang am Religionsunterricht teil und tun das ab dem vierzehnten Lebensjahr auf der Basis einer Wahlmöglichkeit.

Was aber lässt sich über die Bibelrezeption in der Jugendkultur sagen? Hier kann nur exemplarisch argumentiert werden. Nach einer Analyse von Gutmann bezieht man sich auch im kirchenfernen Bereich stückweise auf jüdisch-christliche Symboltradition. Gutmann untersucht populäre Hollywood-Filme auf ihr Faszinosum. Darauf, wie in diesen Filmen, die er trotz ihrer marktwirtschaftlichen Entstehungskonzepte als Kunstwerke auffasst, Wahrheit Gestalt gewinnt.[40] Dabei stößt er unter anderem auf das Motiv der Apokalypse:

- „Apokalypse-Filme leben aus einem *radikalen Dualismus*".

- Gestalten des Bösen und der Erlösung werden in einer Weise präsentiert, „dass *zentrale Symbole der Religionsgeschichte, insbesondere der jüdisch-christlichen Religionstradition* in Anspruch genommen werden".

---

[39] Ebd. Nr. 29.2, vgl. 14.5.
[40] *Gutmann* 1998, S. 71.

Die Bibel im Unterricht

- Die Apokalypsefilme inszenieren „eine *zeitliche Struktur*, in der der ‚kommende Äon'[...] als Zeit der katastrophalen Vernichtung allen Lebens geachtet wird".[41]

Gutmann arbeitet als einen biblischen Bezug in Filmen wie „Twelve Monkeys", „Terminator 2" oder „Titanic" z.B. die Gestalt des Retters heraus:

„Er ist der Prophet, dem niemand glauben will, der wegen seiner Botschaft eingesperrt und misshandelt wird: Jeremia. Er ist der Prophet, dem sein Auftrag zu übermächtig wird und der ihm entfliehen will: Jona. Er ist der an Leib und Seele geschundene Mensch, er ist der Körper, der keine Schönheit hat, der missachtet und geschlagen ist um der Rettung des menschlichen Lebens willen: der Gottesknecht nach Jes 53. Ja, man muss noch weitergehen: Der Bote ist derjenige, der alles weiß, der die Zukunft kennt, der um die Möglichkeit des Verderbens wie des Heiles der Welt weiß: das sind göttliche Prädikate. Aber er ist zugleich wie ein Gott, der nicht allmächtig ist, sondern sich mit denen gemein macht, die nichts vermögen: das ist eine Anspielung auf die Christusgestalt, die Brechung der Allmacht Gottes durch die Inkarnation."[42]

Gutmann kommt zu dem überraschenden Schluss, dass massenwirksame Apokalypse-Filme nur „funktionieren", wenn man annimmt, dass die Symbole der religiösen Tradition noch gültig sind. „Die These vom ‚Zerfall' der symbolischen Ordnung der Religion und vom ‚Sterben' ihrer Symbole hat weniger Erklärungskraft, als man ihr oft zutraut."[43]

Wendet man Gutmanns These um, dann ist die viel zitierte „Postmoderne", die ein kreatives Spiel mit Trümmern und Versatzstücken treibt, im Kern doch noch „modern", d.h. auch sie kommt nicht ohne gesellschaftlich verbindliche Meta-Erzählungen aus. Der postmoderne Umgang mit den überkommenen Werten mag allerdings unbefangener geworden sein. Bei Gutmann bleibt auf dieser Analyseebene die Frage unbeantwortet, ob denn Jugendliche die biblischen Hintergründe der gesellschaftlich verbindlichen Werte noch kennen und wie ein kritischer Umgang damit eingeübt werden kann.

---

[41] Ebd. S. 123.
[42] Ebd. S. 134.
[43] Ebd. S. 135.

Die Bibel im Unterricht

2.3 Zum Wahrheitsverständnis im Pluralismus

2.3.1 Pluralismus und religiöse Bildung

Die moderne Gesellschaft in Deutschland versteht sich als ‚pluralistisch'. Der Begriff des Pluralismus nimmt die Vielzahl von Interessen in einer Gesellschaft ernst.[44] Nipkow beschreibt die pluralen Bezüge, in denen der Religionsunterricht heute steht, und die damit einhergehenden Interessenkonflikte.[45] Religiöse Bildung umgreift zwar weitere Kreise als allein den Religionsunterricht. Sie findet auch im Elternhaus und im Kindergarten statt, im Konfirmandenunterricht, in der gemeindlichen Kinder- und Jugendarbeit und in der Erwachsenenbildung. Die Toleranz der Gesellschaft gegenüber religiöser Bildung und die Flexibilität der Kirchen bzw. religiösen Gemeinschaften gegenüber den gesellschaftlichen Anforderungen wird aber besonders kritisch im Bereich des schulischen Unterrichts registriert. Hier sollen einige der Konstellationen, in denen der Religionsunterricht steht, angesprochen und die Rolle der Bibel darin kurz umrissen werden.

1. Die Kirche hat Mitverantwortung an der staatlichen Bildung. Religiöse Bildung muss daher angemessen mit weltanschaulich-religiöser Pluralität und Freiheit umgehen. Der Kruzifixbeschluss des Bundesgerichtshofs von 1995 und die Diskussion um die Weigerung des Landes Brandenburg, einen Religionsunterricht gemäß dem Grundgesetz einzuführen, sind beispielhafte Schauplätze für die Interessenkonflikte auf politischer und rechtlicher Ebene.[46] Gerade weil es aber z.B. im Kruzifixurteil um die Deutung des Kreuzes ging, ist solide biblische Kenntnis unerlässlich, will man nicht einer irrigen Deutung erliegen und „das Kreuz Jesu Christi als Symbol des Zwanges" missverstehen.[47]

---

[44] *Narr/ Charpentier/ Moede* 1992.
[45] *Nipkow* 1998, S. 19-301.
[46] Ebd. S. 157-181.
[47] *Nipkow* berichtet, dass im Streit die Auslegung des Kreuzes gleichsam in die Höhe getrieben wurde, so dass sich schließlich Christen wunderten, dass das Kreuz zum Symbol des Zwangs wurde (ebd. S. 173). Vgl. auch *Reents*, die in Argument und Gegenargument die Assoziationen zum Bild des Gekreuzigten darstellt (1999, S. 340).

Die Bibel im Unterricht

2. Religiöse Bildung setzt sich heute mit dem Verhältnis zur Pädagogik auseinander[48] und umgekehrt.[49] Pädagogik „fühlt sich für die Abwehr von indoktrinären Einflüssen gegenüber Kindern und Jugendlichen zuständig."[50] Das Christentum und insbesondere die protestantische Tradition ist aber in den Augen mancher Pädagogen bis heute nicht frei von einem totalisierenden Konzept von Bildung.[51] Auch ist das Vertrauen in den Religionsunterricht geschwunden, dass er noch in der Lage sei, für den freiheitlichen, säkularisierten Staat den Rahmen bereitzustellen, innerhalb dessen sich die pluralen Kräfte frei entfalten dürfen. Den Rahmen kann der demokratische Staat bekanntlich nicht mit seinen eigenen Mitteln garantieren. Der Religionsunterricht steht aber selbst vor den massiven Problemen

„der Säkularisierung und Paralysierung der christlichen Erziehungsmilieus in der Gegenwart [...]. Das Mitschleppen religiös verbrämter Erziehungsziele [...] erscheint vielfach – zumal gegenüber der inzwischen angewachsenen Zahl anderer Bekenntnisse in Deutschland - als Privilegierung der christlichen Großkirchen und ist jedenfalls, wie auch die Entwicklung in den Neuen Bundesländern zeigt, mit Aussicht auf praktischen Erfolg nicht mehr zu realisieren."[52]

Nun wäre es zu kurz gegriffen, Religion bereits als Vergangenheit abzutun. Es gibt vielmehr Stimmen, die auch eine latente Rolle von Religion und Theologie noch als bestimmend für pädagogische Reflexion erkennen.[53] Dialogpartner können Pädagogik und Theologie nur sein, wenn sie ihre gemeinsamen Wurzeln verstehen lernen, gesellschafts- und autoritätskritische Bildung ermöglichen und sich von einem Bildungsbegriff verabschieden, der als einseitige Prägung durch eine geschlossene, sei es eine konfessionelle oder weltanschauliche Erziehung ausgewiesen ist.[54]

---

[48] *Nipkow* 1998, S. 96-108.
[49] Vgl. zum Verhältnis der Pädagogik zur Religion und Theologie *Oekers/ Osterwalder/Tenorth* 2003.
[50] *Benner/Tenorth* weisen auf die Urteilsbegründung im Kruzifix-Streit hin, die das Lernen „unter dem Kreuz" als Indoktrination deutet und betrachten diese Begründung als eine „starke pädagogische These" (1996, S. 4).
[51] So *Osterwalder* 2002, S. 65 und S. 77.
[52] *Leschinsky* 2002, S. 238.
[53] *Oelkers/Osterwalder/Tenorth* 2003, S. 9.
[54] Vgl. *Nipkow* 2002, S. 31.

Die Bibel im Unterricht

Kooperation zwischen Pädagogik und Religion bietet sich besonders da an, wo der Zukunftsbezug der Erziehung bedacht wird. Der ist nicht in einem Zweck-Mittel-Denken rationalisierbar, sondern eher mit den Begriffen Hoffnung und Utopie zu beschreiben. Diese wiederum sind zentrale Topoi des jüdisch-christlichen Denkens, sowohl in religiöser als auch säkularisierter Form.[55] Was die Bibel anbelangt, so kann auf ihr kritisches semantisches Potential verwiesen werden, das sich im Alten Testament etwa in den Erzählungen von Aufstieg und Königtum Davids findet (1 Sam 16-2 Kön 2) oder in der sozialen Anklage der Propheten (vgl. z. B. Jes 1-5). Sie bietet ebenso Bilder und Erzählungen, die Zukunft gerade in ihrer Unwägbarkeit und Gebrochenheit zur Sprache bringen (Ps 23; 126; Mt 5,3-12; Lk 6,20-23 u.a.).

3. Religiöses Lernen spielt sich zwischen den Polen der konfessionellen Isolation einerseits und der profillosen Anpassung andererseits ab.[56] Ziel einer pluralitätsfähigen Religionspädagogik ist es, dass die Verständigungsfähigkeit des Individuums auch ökumenisch und interreligiös gefördert wird, ohne konfessionelle Bezüge zu leugnen oder absolut zu setzen. In diesem interreligiösen, ökumenischen bzw. religiös-philosophischen (im Fall der Gegenüberstellung zwischen Religion und Ethik) Spannungsfeld setzt Pluralismusfähigkeit Kooperation voraus, die den eigenen Standpunkt kennt und in die Zusammenarbeit einbringt. Die Bibel kann die ökumenische Konsensbasis der christlichen Kirchen und Denominationen sein, wenn diese den Kanon der biblischen Bücher nicht dazu missbrauchen, ihre Position durch Spezialausgaben zu begründen. Im interreligiösen Dialog ist die Bibel neben Tora und Koran eine der drei prägenden Textsammlungen, die für Identität aber auch für Verständigung stehen kann.

4. Religiöse Erziehung hat es schließlich auch, wie jeder Unterricht, mit Menschen verschiedenster Sozialisation zu tun seien es nun Schüler und Schülerinnen oder Lehrperson bzw. Leitungsteam. Stärker als in anderen Fächern sind hier die Personen die inneren Bedingungen des Faches. Religiöse Erziehung gelingt nur *mit* der Schüler- und Religionslehrerschaft, nicht über sie hinweg. „Darum müssen die Einstel-

---

[55] *Oelkers* 1990, S. 25.
[56] *Nipkow* 1998, S. 182.

lungen zu Religion, Christentum und Kirche bei den Lernenden und Lehrenden genau wahrgenommen werden."[57] Wenn religiöse Erziehung die Vorstellungen und Fragen der zu Unterrichtenden ernst nimmt, dann lässt sich das auch biblisch begründen. Wie zu zeigen sein wird, gibt es biblische Traditionen, die das Hören aller am Lernprozess Beteiligten aufeinander betonen. Nicht zuletzt aufgrund eines hörenden und verarbeitenden Leseprozesses, der sich schließlich auch schriftlich niederschlägt, weisen biblische Texte selbst eine zugleich verwirrende und faszinierende Pluralität auf. Religionsunterricht, der die Bibel als eine der Grundlagen betrachtet, kann sich auf den Weg machen, mit den Schülerinnen und Schülern zusammen auf Texte zu hören und sie in ihre plurale Gegenwart hinein zu übersetzen.

Wie nun mit der Pluralität innerhalb der Bibel selbst methodisch umzugehen ist, soll im Folgenden dargestellt werden.

2.3.2 Zur Kritik am Wahrheitsverständnis der historisch-kritischen Textarbeit

Etwa anderthalb Jahrhunderte lang hatte das historisch-kritische Methodenwerk in der Bibelwissenschaft eine hervorragende Stellung. Gerhard Ebeling vertrat noch Anfang der 60er Jahre die These, dass „die Bejahung der historisch-kritischen Methode in einem tiefen inneren Sachzusammenhang mit der reformatorischen Rechtfertigungslehre steht".[58] Er rief dazu auf, dass auch die Systematische Theologie und die Verkündigung diese Methode und ihre Problemstellung im Ansatz aufnehmen sollten, damit sich auch bei ihnen die kritische Destruktion aller vermeintlichen Sicherheiten vollziehe und sie im Wissen um ihre eigene Geschichtlichkeit seien.[59] Ohne Zweifel gehört es nach Ebeling zu den Vorzügen der historisch-kritischen Bibelwissenschaft, dass sie den modernen Anforderungen der Vernunft entspricht: „Mit dem Postulat, so auszulegen ‚etsi deus non daretur', entspricht sie der modernen Autonomie der Vernunft. Sie führt den theologischen Diskurs mit der atheistischen Welt in den Kategorien des Historischen."[60] Aber schon wenige

---
[57] Ebd. S. 192.
[58] *Ebeling* 1967a, S. 43f.
[59] Ebd. S. 48.
[60] *Oeming* 1998, S. 42.

Die Bibel im Unterricht

Jahre nach der Veröffentlichung von Ebelings Aufsatz wurden Zweifel laut. Walter Wink wandte ein, die historisch-kritische Textarbeit lasse den Praxisbezug vermissen und ihr vordergründiger Objektivismus nehme dem Interpreten jede Möglichkeit des inhaltlichen Engagements:

„Einerseits studiert er [der Theologe, d. Vin.] die Bibel, weil sie Zeugnis ablegt für die Wirklichkeit Gottes, und weil er dieser Wirklichkeit in seinem persönlichen und gesellschaftlichen Leben Raum geben möchte. Andererseits muss er sie funktional-atheistisch studieren. Die Methode selbst entfremdet ihn von seinem eigentlichen Ziel."[61]

Manfred Oeming formuliert in neuerer Zeit sein Unbehagen mit ähnlichen Worten. Bibelwissenschaftler entfernen sich seiner Meinung nach immer weiter vom biblischen Text und isolieren sich vollkommen vom theologischen Diskurs um die Glaubensfragen der Gegenwart. Das Wort Gottes zerfalle in ein Bündel von textkritischen, literarkritischen, formkritischen, überlieferungsgeschichtlichen, religionsgeschichtlichen, historischen Hypothesen.[62]

Heute wird zwar immer noch an der historischen Herangehensweise an biblische Texte festgehalten, denn es gilt nach wie vor, die Entstehungssituation der biblischen Texte ernst zu nehmen. Das Bündel der methodischen Zugänge, die als wissenschaftlich verantwortet gelten, hat sich allerdings erweitert. Seit einigen Jahrzehnten ist in der Bibelwissenschaft von einem „Methodenpluralismus" die Rede.[63]

Allerdings wird dieser zuweilen überschätzt. Ulrich Luz stellt im Vorwort zu dem Buch „Zankapfel Bibel" verschiedene Auslegungsmethoden nebeneinander, die nicht miteinander verglichen werden können. Zwar mag er die historisch-kritische Methode neben die fundamentalistische stellen, deren Vergleichspunkte u.a. die unterschiedliche Bewertung des Historischen sind. Der historisch-kritische Ansatz sucht

---

[61] *Wink* fordert im Duktus seiner gut begründeten Darstellung eine „zweite Naivität", als postkritisches Äquivalent zur vorkritischen, ursprünglichen Einheit (1976, S. 38). Der Begriff der „zweiten Naivität" geht auf Paul *Ricoeur* zurück, der sie als eine Naivität bezeichnet, die durch die Kritik hindurchgegangen ist (*Ricoeur* 1974, S. 41). Vgl. auch *Bucher*, der den Begriff im Zusammenhang der Symboldidaktik gebraucht hat (1990, S. 205ff), und ders. 1997, S. 202ff.
[62] *Oeming* 1998, S. 43f.
[63] Vgl. z.B. ebd. S. 175.

zunächst nach der Textgrundlage, mit der er arbeiten wird, der fundamentalistische aber geht von dem Endtext aus, den er für verbal inspiriert hält. Eine spezifisch evangelikale „Methode der Schriftauslegung" gibt es aber nicht.[64] Als zweiter origineller methodischer Ansatz kann der strukturalistische bezeichnet werden, dessen Grundlage der französische Schweizer Ferdinand de Saussure mit der Unterscheidung zwischen Zeichen und Bedeutung legte und der besonders in der Literaturwissenschaft in Frankreich rezipiert wurde. Die strukturalistische Methode geht ebenfalls vom Endtext aus und nimmt diesen als „Gewebe" ernst, an dem eine Art Entschlüsselungsarbeit zu leisten ist.[65] Es ist aber sachlich falsch zu sagen, die feministische Exegese und die materialistische Auslegung seien jeweils eigene Methoden. Eher machen feministische Exegetinnen und Materialisten von der strukturalistischen und der historisch-kritischen Methode mit unterschiedlichen erkenntnisleitenden Interessen Gebrauch. Ihre Zugangsweisen zu den Texten unterscheiden sich jeweils entsprechend ihrer Ausgangserfahrungen, die sie offen legen. Eine dritte Methode ist der psychoanalytische Ansatz, der ja, etwa bei Drewermann, explizit in Abgrenzung gegenüber der historisch-kritischen Methode situiert ist,[66] was Drewermann aber nicht davon abhält, die historisch-krtische Methode ständig vorauszusetzen. Auch wenn die Methodenvielfalt so groß nicht ist, wie Luz sie darstellt,[67] so wird doch deutlich, dass die Interpretation stärker von Entscheidungen der Interpretin oder des Interpreten abhängt, als man es in der Blütezeit der historisch-kritischen Methode gerne wahrhaben wollte. Luz stellt sich die Vielfalt als Identitätsproblem im Blick auf sein protestantisches Selbstverständnis dar: „Für mich als Neutestamentler ist die Frage, ob es heute noch möglich ist, beim protestantischen Schriftprinzip zu bleiben, die schwierigste für meine evangelische theologische Identität."[68]

---

[64] Vgl. *Bittner*: „Bei den Evangelikalen handelt es sich in erster Linie um eine Basisbewegung, nicht um eine theologische Schule. Damit versteht es sich von selbst, dass verschiedene Ansätze der Schriftauslegung darin ihren Platz haben" (1993, S. 56).
[65] Vgl. die Darstellung von *Füssel* 1993, S. 95.
[66] *Drewermann* 1984, S. 23ff.
[67] Vgl. die überspitzte Aussage: „Je nachdem welchen Standpunkt man hat und welche Auslegungsmethode man wählt, kann man der Bibel ganz Verschiedenes entnehmen." *Luz* 1993, S.7. Allerdings entsteht leicht der Eindruck, der Pluralismus sei bedeutend größer und tiefgreifender, als er es in Wirklichkeit ist.
[68] *Luz* 1997, S. 28.

Er fasst seine Problemanzeige so zusammen:

„Die Betrachtung der Einzigartigkeit geschichtlicher Situationen und die Entdeckung der Vielfalt der Bibel durch die historische Exegese, die Neuentdeckung der Allmacht der Tradition als Mutter und Auslegerin der Bibel durch den Protestantismus, die Entdeckung der prägenden Kraft einer vielfältigen Wirkungsgeschichte und die Entdeckung des Lesers für die Texthermeneutik erweisen sich als Vorbereitungen und als Spiegel der Situation von Religion in der modernen Gesellschaft: Religion ist [...] zu einer individuellen ‚Bastelei' von einzelnen Menschen geworden."[69]

Die Warnung, dass Vielfalt und Pluralität in Beliebigkeit umschlagen könnten, lässt sich nicht überhören. Behält Luz recht, dann hätte die Bibel als Grundlage des Glaubens und der Moral ausgedient.

2.4 Keine absolute Wahrheit sondern Lesesituationen

Muss der Verlust von Eindeutigkeit aber bereits Beliebigkeit bedeuten? Es gibt auch positive Bewertungen dieser neu gewonnenen Vielfalt der Bibel und der Zugänge zu ihr. Lähnemann sieht in der Pluralität der Bibel selbst Chancen für den interreligiösen Dialog.[70] Die Befreiungstheologie entdeckte die Option für die Armen in der Bibel und ließ die Menschen aus dem Volk die Bibel lesen und interpretieren. Sie fanden gerade in der gemeinsamen Bibellektüre die Hoffnung, die ihnen Kirche und Staat nicht geben konnten.[71] Frauen, die sich bisher nicht in der Bibel wiederfanden, begreifen die Möglichkeit der Relektüre und Dekonstruktion der in die Texte eingeschriebenen patriarchalen Diskurse und deren Macht als Chance, eigene Erfahrungen und damit weibliches Verstehen in der Bibel zu verankern.

Die Texte der Bibel wären falsch verstanden, würde man in ihnen eine Wahrheit im absoluten Sinn suchen, die es nur zu entfalten gälte. Hinter die Entdeckung der historischen Kritik, dass die Texte der Bibel Produkte von Menschen sind, die aus bestimmten Perspektiven und in bestimmter Form zu bestimmten Anlässen geschrieben wurden, können wir nicht zurück. Und auch Interpretin und Interpret beeinflussen das Er-

---

[69] Ebd. S. 31f.
[70] *Lähnemann* 1999, S. 287.
[71] Vgl. *Cardenal* 1976.

gebnis der Arbeit durch ihre Vorentscheidungen. Diese Erkenntnis ist seit Ricoeur nicht mehr zu umgehen.[72] Die Voraussetzung für das Verstehen eines jeden Textes ist der Bezug zur Erfahrung, die sich im Text verbirgt, und zur Erfahrung des Lesers und der Leserin.[73] Insofern wird die Wahrheit, die sich in Texten findet, nie abgeschlossen und „objektiv" sein können. Peter Müller schreibt, es handele sich bei religiösen Texten

„um absichtsvolle, ‚anspruchsvolle' Texte, um Texte, die Beziehungen stiften, zum Erkennen und Handeln führen wollen. Dies tun sie ganz offensichtlich über ihre eigene Zeit und ihren Entstehungsrahmen hinaus. Wahrheit enthalten sie dabei nicht in einem statischen, auf alle Wechselfälle des Lebens gleichermaßen anwendbaren Sinn, sondern so, dass sie mit ihrem Anspruch in verschiedenen Lesesituationen die Wahrheitsfrage neu anstoßen. Von hier aus erklärt sich die Treue der Theologie zur Schrift und ebenso, dass deren Sinn in der Fülle der ihr zugeschriebenen Bedeutungen noch nicht aufgeht, sondern dazu auffordert, Unentdecktes darin zu entdecken."[74]

Wenn die Bibel in diesem Sinn „Ur-Kunde für das Vernehmen der Anrede Gottes" ist,[75] dann wird der Einzelne in der Tat sehr stark gefordert. Die Bibel entbirgt ihren Sinn in dem Maße, in dem sich eine Person mit ihr auseinander setzt. Es wäre eine der Aufgaben des Religionsunterrichts, dieser Auseinandersetzung mit dem Text der Bibel Raum zu bieten, sie zu ermöglichen, zu motivieren und methodisch so zu gestalten, dass ein Gelingen nicht von vornherein ausgeschlossen ist. Die verschiedenen Methoden der Schriftauslegung und die oben erwähnten „Zugänge" könnten dann auch anders interpretiert werden als im Sinne von „Basteleien" an **einer** Wahrheit. Sie wären Hilfen, die Texte für unterschiedliche Menschen in ihrer jeweiligen Situation und Zeit zum Sprechen zu bringen.

In der Geschichte der Bibeldidaktik wurde der vielschichtige Verstehensprozess mit Hilfe des „bibeldidaktischen Vierecks" formal gefasst und visualisiert.[76] Ging es bei Baudler besonders darum, mit Hilfe dieses Vierecks die Erfahrung der Texte heutigen Rezipienten zu vermitteln, so

---

[72] Vgl. *Wink* 1976, S. 38.
[73] Vgl. dazu *Bühler* 1999, S. 44 ff, der sich besonders um die Auseinandersetzung mit dem Wahrheitsverständ-nis des Fundamentalismus bemüht.
[74] *Müller* 1994, S. 144.
[75] *Dienst* 1999, S. 74.
[76] Vgl. *Baudler* 1975a, S. 336f.

Die Bibel im Unterricht

hat Oeming diesen kommunikationstheoretischen Ansatz neuerdings hermeneutisch fruchtbar gemacht. Vier Faktoren sind demnach im Verstehensprozess involviert:

„1. ein *Autor*, der aus seiner Welt heraus etwas Verstandenes oder Erlebtes mit bestimmten Interessen ausdrücken und mitteilen will;[77] 2. der Text, der über die Zeiten hinweg zumindest partiell festhält, was ein Autor vermitteln wollte; 3. ein *Leser*, der – indem er sich mit dem Text und seiner Welt befasst – Kontakt aufnimmt zum Autor und seiner Welt. ... 4. Die *Sache*, auf die Autor als auch Text als auch Leser rekurrieren. ... In der immer wieder neuen Bewegung von einem Pol zum anderen *vertieft* sich das Verstehen; der Terminus ‚hermeneutischer Zirkel' sollte besser durch ‚hermeneutische Spirale' ersetzt werden. Zugleich wird deutlich, dass es zwischen Autor und Rezipienten keine direkte Verbindung geben kann: Verstehen ist nur mittelbar über das Medium Sprache möglich. In jedem Fall aber ist ein gemeinsamer Bezug von Autor und Rezipient auf die Sache als gemeinsam erschlossener Welt notwendig."[78]

Dem Rezipienten kommt im Verstehensprozess eine besondere Rolle zu. Im Unterricht handelt es sich nicht um einen Leser, sondern um Leserinnen und Leser, die zusammen eine Interpretationsgemeinschaft bilden und sich die Mühe machen, biblische Texte zu verstehen. Daiber/Lukatis weisen darauf hin, dass die Gruppenarbeit mit der Bibel auch unter Jugendlichen geschätzt wird, sofern sie mit der Bibel in Berührung kommen. Bei in kirchlichen Jugendkreisen Befragten erhalten die

„relativ größten Gewichte ... Bibelbegegnungen im Gottesdienst und aus Anlass von Kasualien, dicht gefolgt von individueller Bibellektüre und Arbeit mit der Bibel."[79]

Letztere erfolgt in Gruppen. Schüler und Schülerinnen bereichern sich gegenseitig durch ihre Phantasien zum Text, durch Ergänzung und Relativierung von Interpretationen. Der Unterricht bietet die Chance, Entdeckungen in der Bibel zu teilen und miteinander zu bewerten. Eine Institutionalisierung hat die Interpretationsgemeinschaft im Bibliodrama erfahren, das bisher hauptsächlich im Rahmen der Aus- und Weiterbil-

---

[77] Ich werde an späterer Stelle (Kapitel 6.3.2.1) ausführen, dass es für die meisten alttestamentlichen Texte keinen expliziten Autor gibt, der sich vorstellt und seine Position klärt. Es gibt allenfalls einen impliziten Autor in dem Sinn, dass jemand einen Text geschrieben hat, den wir lesen. Und es gibt Redaktoren, die sich durch eine bestimmte Art des Umgangs mit biblischer Überlieferung kenntlich machen.
[78] *Oeming* 1998, S. 5.
[79] *Daiber/ Lukatis* 1991, S. 92f.

Die Bibel im Unterricht

dung von Erwachsenen eingesetzt wird. Darin fließen Methoden der Humanistischen Psychologie und der Spiel- und Theaterpädagogik zusammen. Gerhard Marcel Martin beschreibt als Grundanliegen des bibliodramatischen Prozesses, dass

„Situation/Person(en) der Bibel aus Klischees heraus und in neue lebendige Bewegung kommen. Angestrebt wird die Beförderung und Konfrontation eigener und fremder Erfahrung, die wechselseitige Auslegung von Situation und Tradition."[80]

2.5 Die Besonderheit der biblischen Texte

Was soll nun mit der Bibel dem Religionsunterricht zugrundegelegt werden? Die eben gemachten Bemerkungen beziehen sich bereits auf die Bibeldidaktik, die mit der Frage nach der Interpretation zusammenhängt, den Blick aber stärker auf die Vermittlung dessen richtet, was interpretiert wurde. Bevor die Problematik der Vermittlung hier besprochen wird, ist zunächst die Frage zu beantworten, was mit der Bibel dem Religionsunterricht zugrundegelegt werden soll? Ein Fundament kann verschieden aussehen. Es kann die Basis sein, auf die sich der Unterricht jede Stunde zu beziehen hat.[81] Es kann aber auch die Tiefendimension sein, die Sinnstruktur, aus der sich Religionsunterricht speist. In diesem zweiten Sinne ist die Bibel hier als Fundament des Religionsunterrichts bezeichnet und kommt gerade in ihrer oben beschriebenen Vielfalt und in ihrem Charakter als Urkunde der Anrede Gottes an den Menschen zur Geltung. Sie birgt semantisches Potential, mit dem Grundoptionen eines menschenwürdigen, solidarischen Lebens buchstabiert werden bzw. in Erinnerung zu halten sind.[82] Unverzichtbar ist auch der Anspruch ihres sozialkritischen Potentials, sind die Anstöße, über den Status quo hinauszudenken, ihre utopischen Reserven, d.h. die Ermutigung zur Hoffnung auf Veränderungen gegen den Augenschein aufgrund von Visionen, die unsere menschliche Wirklichkeit übersteigen.

---

[80] *Martin* 1986, vgl. auch *Wink* 1976 zur exegetisch-hermeneutischen Begründung des Ansatzes.
[81] Im Rahmen der Christlichen Unterweisung wurde die Bibel als Mitte des Religionsunterrichts betrachtet. Vgl. *Baldermann* 1969, S. 16. In der vorliegenden Arbeit wird eine andere Positionierung vorgeschlagen.
[82] Vgl. *Wacker* 1998, S. 326.

Die Bibel im Unterricht

Nipkow schreibt von der Reflexion in einer „zweiten Sprache des Glaubens", in der der Religionsunterricht die Anrede Gottes und die Antwort des Menschen reflektiere, die sich in der ersten Sprache des Glaubens ereignen. Das jüdisch-christliche Erbe bilde im Alten und Neuen Testament den „lebendigen Wurzelgrund".[83] Mit der Frage „Wer ist Gott?" statt der abstrakteren Aussage, „dass Gott existieren könnte", ströme in den Religionsunterricht die Fülle der jüdisch-christlichen Traditionen ein. Bereits im Alten Testament, so Nipkow, sei eine Ethik des Rechtsschutzes für die Schwachen, die Frauen, die Kinder und auch die Sklaven entwickelt worden. Die Kultur des Erbarmens, verbunden mit einer Ethik der Solidarität, erreiche in der sozialen Botschaft der Propheten einen ersten Höhepunkt und finde in der Ethik Jesu seine Fortsetzung. Eine zweite biblische Traditionslinie erkenne die Andersheit des anderen als Fremden an und habe zur Kultur der Gastlichkeit und Toleranz beigetragen. Diese Linie habe Jesus im Gebot der Feindesliebe radikalisiert. Der Schalom Gottes schließe den sorgsamen Umgang mit der Natur ein.[84]

Nipkow fasst hier wesentliche inhaltliche Anliegen der Bibel für die heutige Zeit zusammen. Bleibt er aber dabei nicht in einem moralisierenden Denken befangen? Gerade wenn Religionsunterricht in der Frage nach Gott sein Spezifikum behalten soll, müsste diese Frage auch in ihrer ganzen biblischen Breite als menschliches Ringen um Gott den Schülern und Schülerinnen zugänglich gemacht werden. Die biblische Rede von Gott ist immer auch eine kritische Rede von Gott. Texte, in denen Gott *gerade nicht* auf der Seite der Schwachen steht, müssten ihnen ebenfalls zugemutet werden (vgl. z.B. Ri 11, 28-40). Daraus könnten sich Fragen ergeben, warum solche Texte überhaupt in der Bibel überliefert wurden, was denn das Anliegen der Tradenten war. Nachvollziehbar wird die Bibel durch ihre auch aus feministischer Sicht kritisch zu lesenden Inhalte und ihre negative Wirkungsgeschichte. Gerade die Gebrochenheit der von Nipkow genannten, selbst in biblischer Zeit idealen Vorstellungen, ihre innerbiblische Wirkungsgeschichte und ihre Rezeption in der späte-

---

[83] *Nipkow* 1998, S. 536f.
[84] Ebd. S. 190f.

Die Bibel im Unterricht

ren Christenheit können pädagogisch fruchtbar gemacht werden.[85] Diese Auseinandersetzung mit dem biblischen Gott hebt Bibelunterricht nicht von kirchlicher Tradition ab, versteht sie aber als zweite Sprache des christlichen Glaubens.[86] Ein Verständnis der Bibel ohne Gott, wäre allerdings ebenso ein Missverständnis. In der Bibel des Alten und Neuen Testamentes ist vom ersten bis zum letzten Satz von Gott bzw. dem Heiligen die Rede. Allerdings nicht im Sinne einer eindeutig dogmatisch festgelegten Lehre, sondern in Form kritischen Ringens und Zitierens und manchmal in zeitverhafteter Rede, die es von den Leserinnen und Lesern kritisch zu hinterfragen und der es eine aktuelle Sprache entgegenzustellen gilt. Religionsunterricht ist den heutigen SchülerInnen gerade in einer pluralistischen Gesellschaft die Fortführung der innerbiblischen Auseinandersetzungen um die Gottesfrage und die kritische Rezeption der Auslegungsgeschichten außerhalb zu eng geführter kirchlicher Rede schuldig.

So kann die Bibel als eine Grundlage des Religionsunterrichts betrachtet werden. Nicht im Sinne der einen Wahrheit. Nicht im Sinne des einen Maßstabs, an dem sich ein guter Religionsunterricht zu messen hat, nicht im Sinne einer Stofforientierung, sondern im Sinne einer Schülerorientierung. Ich wünsche mir mit Ingo Baldermann die Wiedergewinnung des Schriftprinzips als ein lebendiges ökumenisches Prinzip, das die Bibel nicht als ein Lehrbuch, sondern als ein Buch beständig neuen Lernens versteht.[87]

---

[85] Vgl. z. B. Jes 1,17 wo der Prophet das Recht für Waise und den ordentlich geführten Rechtsstreit für Witwen einfordert mit Gen 38, wo Tamar um ihr Recht als Witwe kämpft, weil sie gerade nicht Recht bekommt Gen 38,14b.

[86] Vgl. *Nipkow* der den Religionsunterricht an Kirche koppelt: „Im Zwielicht einer ihr eigenes Selbstbewusstsein verlierenden, mutlosen Kirche wäre auch der Religionsunterricht nur noch der Schatten seiner selbst. Er fiele als Kooperationspartner aus, weil er in eins mit seinem Lebensrückhalt in lebendigen Gemeinden und einer theologisch argumentationsstarken Kirche seine theologische Substanz verlieren würde" (1998, S. 189f). Vgl. die *EKD-Denkschrift*: „Der Religionsunterricht ist missverstanden und überfordert, wenn er sein Ziel in Tauf- und Abendmahlunterweisung, in gottesdienstlicher und gemeindlicher Sozialisation und Mitgestaltung sieht. Dennoch ist er eine Chance für die Kirche. Der Religionsunterricht erprobt unter den unterrichtlichen Voraussetzungen der Schule als ein Angebot an alle die Sprach-, Toleranz- und Dialogfähigkeit christlichen Glaubens in der Gesellschaft" (1994, S. 45).

[87] *Baldermann* 1996, S. 8.

Teil II
Exegetische und Hermeneutische Erarbeitung

3 Wie wurde im Alten Israel unterrichtet? Ein Forschungsüberblick

3.1 Vorbemerkungen

3.1.1 Zur Zielsetzung des Forschungsüberblicks

Dieses Kapitel erfüllt drei Funktionen: Es fasst erstens die Debatte über Schulen im 20. Jahrhundert zusammen und erwähnt Details, wie z.B. die Bewertung von Ausgrabungsfunden. Damit bietet es einige Informationen, die zwar im Weiteren nicht vertieft werden können, die aber dem Leser und der Leserin der Arbeit nicht vorenthalten werden sollen.

Zweitens möchte es zeigen, wie sich die „Schuldebatte", die bis heute von religionsgeschichtlichen Entdeckungen inspiriert war und sich dann an der Frage nach dem Sitz im Leben besonders des Sprüchebuches bzw. der Weisheitstradition abarbeitete, in den 90er Jahren neue Fragen zu stellen begann. Sie hat heute im wesentlichen von der formgeschichtlichen Frage nach dem „Sitz im Leben" biblischer Texte und Textgattungen Abschied genommen und stellt stattdessen die Frage nach der Fähigkeit zu lesen und zu schreiben und nach dem Grad der Literalität. In diesem Zusammenhang geraten Schriftlichkeit bzw. Mündlichkeit in das Zentrum der ehemaligen „Schuldebatte", eine Thematik, die in den hier schwerpunktmäßig untersuchten Büchern 5. Buch Mose und Sprüchebuch eine besondere Rolle spielt.[1]

Das Kapitel macht drittens hoffentlich nachvollziehbar, warum die vorliegende Untersuchung im weiteren Verlauf nicht bei der Frage nach

---

[1] Ein weiterer Begriff von „Schule" ist der einer institutionalisierten Verbindung zwischen Lehrperson und mehreren Schülern und Schülerinnen, bei der philosophische Traditionen, die auf einen Gründer zurückgeführt werden, gelehrt und gelernt und zugleich weitergeführt werden. In diesem Sinn hat *Lohfink* gefragt, ob es eine deuteronomistische Schule gab, diese Frage aber auf Grund der Quellen eher verneint, vgl. *Lohfink* 1995c. Für die neutestamentliche Zeit hat *Schmeller* 2001 diese Frage untersucht und kommt etwa für den Kolosserbrief zum Schluss, dass eine nachpaulinische Schulbildung sich aus der Pseudepigraphie begründen ließe. Eine johanneische oder paulinische Schulbildung hält er für unwahrscheinlich (s. bes. S. 340-351).

Unterricht im Alten Israel

"Schulen" im Ersten Testament stehen bleibt, sondern die andere Frage nach der Art der Vermittlung in den Texten stellt. Insofern beschreibt der Forschungsüberblick eine Weichenstellung der gesamten Untersuchung.

3.1.2 Das Rätsel, das die Frage nach der Schule aufgibt

Der Rabbiner Rab (3. Jhd.) gibt folgenden Bericht über die Entstehung der Schulen in Israel:

„Im Anfange wurde jedermann von seinem Vater unterrichtet; wer keinen Vater hatte, lernte eben nichts. Später verordnete man, dass in Jerusalem Kinderlehrer angestellt werden, wobei es aber noch immer das Übel gab, dass, wer einen Vater hatte, nach Jerusalem gebracht und unterrichtet wurde, der Vaterlose jedoch ohne Unterricht blieb. Darum verordnete man, dass man in jedem Bezirke Lehrer anstelle, zu denen man Schüler im Alter von 16 bis 17 Jahren einführte. Da ergab es sich, dass, wem der Lehrer zürnte, diesen verschmähte und davonging. Da kam nun Josua ben Gamla und verordnete, dass man in jeder Stadt Lehrer anstelle, zu denen die Kinder im Alter von 6 bis 7 Jahre eingeführt wurden."[2]

Dieser Text gibt in mehrfacher Hinsicht zu denken. Zunächst wird klar, dass über den Beginn regelmäßigen Unterrichts in Israel schon sehr lange nachgedacht wird. Zweitens fällt auf, wie hoch die Bedeutung der Familie als Ort der Unterweisung, hier besonders des Vaters als Lehrperson, veranschlagt wird. Weiter überrascht aus unserer heutigen Sicht, dass selbst im 3. Jhd. nach Chr. der Text ohne ein Wort für „Schule" auskommt. Unterricht steht zwar im Mittelpunkt und wie er dem Kind bzw. dem Jugendlichen ermöglicht werden kann, nicht aber die Institution.

Die Frage nach der Schule im Ersten Testament stellt die biblische Forschung bis heute vor ein Rätsel. Einerseits werden im Ersten Testament Schulen nicht erwähnt,[3] andererseits ist häufig von lehren, lernen und Erziehung die Rede. Der lehrhafte Impuls der Texte des Tanach ist besonders an den Stellen groß, an denen Tora, Propheten und Schriften aneinander grenzen, so dass der gesamte alttestamentliche Kanon als

---

[2] Zitiert nach *Krauss* 1966, S. 200f unter Auslassung der hebräischen Begriffe.
[3] Erste Erwähnung einer wie auch gearteten „Schule" im außerkanonischen Buch Jesus Sirach 51,23.

„didaktisch" bezeichnet werden konnte.[4] Wie kann es also sein, dass gerade in Texten, in denen die Weitergabe der Tradition so offensichtlich eine große Bedeutung hatte, über die Form dieser Weitergabe nicht reflektiert wurde? Oder waren „Schulen" etwa so selbstverständlich, dass sie in die Texte des Alten Testaments keinen Eingang fanden? Es wird auch vieles andere Alltägliche und Selbstverständliche in den Schriften des Alten Testaments nicht erwähnt, man kann also vielleicht daraus, dass nicht darüber geschprochen wurde, auf Schulen schließen. Oder gab es eher keine festen Institutionen, in denen unterrichtet wurde, sondern war Unterricht in den Alltag der Familie eingebunden? Auch muss gefragt werden, ob für die gesamte Zeitspanne, die die Überlieferungen des AT abdecken, die gleiche Situation vorausgesetzt werden kann, oder ob sich in dieser Zeit eine Entwicklung in Richtung einer Schule abzeichnet. Es ist sehr wohl denkbar, dass zwischen der Königszeit und der nachexilischen Zeit bis ins 2. Jhd. vor Chr., als Jesus Sirach eine „Schule" erwähnt, institutionelle Veränderungen eintraten, die zu berücksichtigen sind. Der fehlende Begriff im oben zitierten Text mahnt jedenfalls zur Vorsicht. Wir sollten die biblischen Texte nicht voreilig an unseren modernen Vorstellungen von Schulunterricht messen.

3.1.3 Frühe Belege für Schulen

Zum ersten Mal taucht ein Ausdruck für „Schule" im Schlusskapitel des Buches Jesus Sirach auf, das etwa um 190 v.Chr. entstand[5] und außerhalb des masoretischen Textes überliefert wurde. Selbst in diesem, aus der Perspektive des Alten Testaments späten Buch, ist der Ausdruck noch eine Einzelerscheinung:

Wendet euch mir zu, ihr Ungebildeten, und ruht im Haus meiner Lehre (οἴκῳ παιδείας, בית המדרש).[6] *Wie lange noch wollt ihr Mangel leiden an*

---

[4] So *Zenger* 1996a, S. 25f, der „Lernen" für diese These eng mit dem Tun der Tora verbindet. Vgl. den Übergang zwischen der Tora und den „vorderen Propheten" in Dtn 34,9; Jos 1,7f; den Übergang von den Prophetenbüchern zu den Schriften in Mal 3,22; Ps 1,1-3. Sehr allgemein *Lemaire*: «...le qualificatif de ‚didactique' peut probablement être employé pour tous les textes bibliques» (1981, S. 45).
[5] *Sauer* 2000, S. 22.
[6] Die hebräische Wendung findet sich in der Kairoer Geniza-Handschrift B. Vom griechischen Ausdruck her vermutet man aber eher בית מוסר, woraus *Riesner* schließt, dass es sich möglicherweise um eine „rabbinische Überarbeitung" handelt. Siehe

Unterricht im Alten Israel

diesem und jenem und wollt durstig gar sehr bleiben? Meinen Mund tat ich auf und redete von ihr, kauft euch Weisheit ohne Geld! Euren Nacken beugt unter ihr Joch und tragt selbst ihre Last (Jes Sir 51,23-25)![7]

Hier ist von einer Art „Lehrhaus" die Rede, in dem der Lehrer Jesus Sirach von Weisheit spricht. Um den Besuch dieses Lehrhauses wird in poetischer Redeweise geworben. Es scheint nicht selbstverständlich zu sein, dass man dort hinein geht. Die Weisheit wird mit einer Last verglichen, die getragen werden muss. Ob das „Haus" ein Schulhaus im modernen Sinne ist, bleibt offen.

Ein zweiter Text aus dieser Zeit belegt ein „Gymnasium" in Jerusalem, das etwa 175 v.Chr. errichtet wurde.[8]

Seleukus starb, und Antiochus mit dem Beinamen Epiphanes übernahm die Herrschaft. Da erschlich sich Jason, der Bruder des Onias, das Hohepriesteramt. Bei einer Unterredung versprach er dem König nämlich dreihundertsechzig Talente Silber, dazu noch aus anderen Einkünften achtzig Talente. Außerdem wolle er sich schriftlich verpflichten, weitere hundertfünfzig Talente zu zahlen, wenn er die Vollmacht erhalte, eine Sportschule und einen Übungsplatz für junge Leute zu errichten - denn daran sei ihm sehr gelegen - sowie den Einwohnern Jerusalems das antiochenische Bürgerrecht zu verleihen. Der König war einverstanden. Sobald Jason das Amt an sich gebracht hatte, führte er unter seinen Landsleuten die griechische Lebensart ein (2 Makk 4,7-10).[9]

Im Text ist deutlich die antihellenistische Tendenz des Makkabäerbuches zu greifen. Es umfasst Texte, die aus der Sicht frommer, nationalistisch orientierter, jüdischer Kreise geschrieben sind und sagt etwas über damalige Frontstellungen aus. Eine Sporteinrichtung nach griechischem Vorbild, die wohl auch der geistigen Erziehung diente,[10] in Jerusalem

---

dazu *Liwak* 1994, Anm. 4, und *Riesner* 1988, S. 167, Anm. 2. Zum Haus der personifizierten Weisheit, in das die eingeladen werden, die unerfahren sind und ohne Verstand, vgl. Spr 9,1-4.

[7] Übersetzung bei *Sauer* 2000, S. 349.

[8] Dem „hellenistischen Geist der Zeit entsprach es, dass der Umsturz sich als Bildungsreform vollziehen sollte". *Gunneweg* 1976, S. 153.

[9] Zitiert nach dem Text der Einheitsübersetzung, s. auch 1 Makk 1,14.

[10] Vgl. die Notiz bei *Gunneweg*: „... in Jerusalem wurde 175 ein Gymnasium errichtet, wo die Epheben sportlich in Nacktkämpfen geübt und geistig gebildet und so zu

Unterricht im Alten Israel

errichtet, wurde in streng jüdischen Kreisen gerade angesichts des starken hellenistischen Einflusses in dieser Zeit als Provokation empfunden. Wenn daraus gefolgert werden kann, dass eine solche Form des Unterrichtens nicht der ersttestamentlichen Tradition entsprach, wie sie von Strenggläubigen verstanden wurde, wie sah Unterricht in Israel dann aus?

Der folgende Überblick über die Debatte geht, soweit möglich, chronologisch vor und orientiert sich an dem methodischen Ansatz der Diskussionsteilnehmer und -teilnehmerinnen. Vorweggenommen wird die Diskussion über die Unterweisung im Rahmen der Großfamilie, die nur selten bestritten wird. Über ihre Dauer und Bedeutung als Belehrung im Lebenslauf eines Menschen herrscht aber Uneinigkeit.

3.2 Unterricht in der Familie oder Sippe

3.2.1 Die Unterweisung durch den Vater

„Auch wenn wir dafür keine Belege haben, kann als selbstverständlich und natürlich angenommen werden, dass der *Familie* eine zentrale Bedeutung in der Unterweisung zukam".[11] Wanke verleiht einem allgemei-

---

Vollbürgern der neuen hellenistischen Gesellschaft erzogen werden sollten" (1976, S. 153). Bereits *Platon* gebrauchte das Wort γυμνασίας gelegentlich im übertragenen Sinne. Z.B. für den philosophischen Diskurs: „Denn gar mancher Herakles und Theseus, mächtig im Reden, hat sich mir schon gestellt, und mich tüchtig zusammengehauen; aber ich lasse deshalb doch nicht ab, eine so gewaltige Liebe hat mich ergriffen zu solchen Kampfübungen (ταῦτα γυμνασίας). Und so missgönne auch du es mir nicht, dich mit mir zu unterreden zu unserem beiderseitigen Nutzen." *Platon*, Theaetet, 169c. Es ist daher nicht auszuschließen, das am Gymnasium auch „geistige Übungen" vollzogen wurden. Vgl. zu den Konnotationen des Begriffs *Oepke* 1957, S. 775.

[11] *Wanke* drückt hier einen breiten Forschungskonsens aus (1989, S. 56). Siehe bereits *Klostermann*: „Und in erster Linie ist es der Vater, der an seinen Kindern diesen Unterricht vollzieht" (1908, S. 196). Er begründet diese These mit Gen 18,19, verweist aber auch auf die Stellen Dtn 6,7ff; 11,19ff; 6,20ff (a.a.O., S. 197f). Nach *Dürr* war der Jugendliche erst mit der Vollendung des zwanzigsten Lebensjahres der Erziehung und Gewalt der Eltern entwachsen (1932, S. 107). *Demsky* schreibt: "One institution, the family, has remained a vital educational influence in Israel from biblical times to the present" (1971, Sp. 387). Er betont aber, dass die Belehrung der Kinder im alten Israel eigene Akzente gegenüber anderen Gesellschaft entwickelte, so die Förderung der Fähigkeiten der einzelnen Kinder (Spr 22,6) und die enge Be-

Unterricht im Alten Israel

nen Konsens in der Forschung Ausdruck. Er kann sich auf Ex 12,26; 13,8ff; Dtn 6,7.20 und 11,19 stützen und auf Verse im Sprüchebuch, in denen der Vater bzw. die Mutter in belehrender Absicht den Sohn anreden (Spr 1,8; 2,1; 3,1 u.ö.). Auch gibt es Hinweise, dass Schreiber ihre Kunst die Söhne lehrten, so Schischa seine Söhne Elihoref und Ahia (1 Kön 4,3a; vgl. 2 Sam 20,25; 1 Chr 18,16),[12] ebenso Schafan seinen Sohn Gemarja (Jer 36,10; vgl. 2 Kön 22,8-10; 2 Chr 34,15.20). Dass in der Familie unterwiesen wurde, steht also nicht in Frage, unklar ist aber, wie sich eine etwaige Lehreinrichtung zur Familienunterweisung verhielt.[13] Eine kleine Gruppe von Untersuchungen, die einen eher phänomenologischen Zugang zum Thema haben und jüdische Arbeiten, belassen die Erziehung und Unterweisung im Rahmen der Großfamilie bzw. der Sippe:

„Der Anlässe für die Kinder zu fragen und wissen zu wollen ist die Fülle. Nicht alle Väter werden ihnen immer haben Genüge tun können. Aber es gab Alte, Weise, Kundige, Priester, Erzähler; und ihre Worte fanden wissbegierige Ohren; ... So etwa haben wir uns die Schulung der jungen hebräischen Geschlechter zu deuten, ohne Buch, ohne Schulstube, von Mund zu Mund."[14]

---

ziehung zwischen Mutter und Sohn in der polygamen Familie (ebd. Sp. 387). Ähnlich *Crenshaw* „Now if a royal school cannot be documented, where did education take place? An answer to this question can certainly be given: Parents instructed their children in their own homes. No one contests this fact, for the evidence is compelling indeed" (1985, S. 614). Er nimmt an, dass die Väter ihre Söhne in ihrem Beruf unterrichteten (ebd. 1998, S. VIII). *Golka* zieht aus dem soziologischen Vergleich mit Ägypten den Schuss: „Die Erziehung des entwöhnten israelitischen Knaben liegt in der Hand des Vaters" (1994a, S.18).

[12] Der Name שישא (Schischa) scheint ein aramäischer Name zu sein, er ist textkritisch umstritten und wird in der Forschung mit שושא (Schawscha) aus 1 Chr 18,16 in Verbindung gebracht. Näheres s. *Lipinski* 1988, S. 159 u. S. 162.

[13] *Lang* versteht den „Vater" in Spr 1-9 als „Lehrer", der seine Schüler, nicht seine leiblichen Kinder unterrichtet (1979, S. 192). *Liwak* fragt, ob zuerst der Tempel Ort religiöser Unterweisung war oder die Familie (1994, S. 177). Auch *Hermisson* bezweifelt, dass die Familie der einzige Ort der Ausbildung war: „Es ist nicht vorstellbar, dass die gesamte Ausbildung jeweils in den Familien durchgeführt wurde. Wo das Erfordernis einer höheren Erziehung ein solches Ausmaß annimmt, muß es wohl notwendig zu entsprechenden Institutionen kommen" (1968, S. 116).

[14] *Köhler* 1980, S. 67f. Ich zähle auch *Crenshaw* zu der phänomenologisch interessierten Gruppe: „Communicating across generations, transmitting parental teaching to successive generations – that is what this book explores" (1998, S. VII), ebenso die weitgespannte Untersuchung *Schmidts*, der sich, was die Schulfrage anbelangt, auf Klostermann und Dürr stützt und sich eher zurückhaltend gegenüber Schulen in

Demsky, einer der konsequentesten jüdischen Vertreter der Familienthese, stellt sich die Unterweisung in folgendem Rahmen vor: In der Regel erlernte der Sohn das Handwerk des Vaters. Um die soziale und berufliche Ausdifferenzierung der Berufe zu erklären, rechnet er damit, dass die Familien sich spezialisierten und eine Art „Gildenwesen" entwickelten. Der Gründer war der „Vater", die Mitglieder der Gilde waren „Söhne".[15] Ähnlich seien die israelitischen Nachbarn verfahren.

Wie im folgenden Kapitel dargestellt wird, ist für andere, meist formgeschichtlich arbeitende Forscher, die Unterweisung in der Familie nur ein Übergangsstadium in den ersten Lebensjahren, wie es in 1 Sam1 von Samuels Erziehung beschrieben ist. Für sie beginnt der eigentliche Unterricht nach der Zeit, die das Kleinkind in der Familie verbringt.[16]

3.2.2 Die Unterweisung durch die Mutter

Unterschiedliche Positionen bestehen auch in der Frage der Erziehung der Mädchen und der Belehrung durch die Mutter. Während Lang die Belehrung durch die Mutter in Spr 1,8; 6,20 und 31,1.26 als stilistische Floskel abtut,[17] widmet Demsky der Erziehung der Frauen einen ganzen Abschnitt.[18] Er beschreibt sie als generell limitiert durch den Status der Frau in der Gesellschaft. Dieser Status basierte auf bestimmten religiösen und sozialen Auffassungen und ökonomischen und sozialen Interessen der israelitischen Gesellschaft. Bis zu ihrer Heirat stand die Frau unter dem Schutz des Vaters oder des älteren Bruders, danach unter dem ihres Ehemanns, der ihre Interessen in der Öffentlichkeit vertrat.

---

ersttestamentlicher Zeit äußert: „Die herangezogenen Anhaltspunkte sind nun gewiß nicht schlüssiger Erweis für das Vorhandensein von Weisheitsschulen" (1953, S. 308). Zur Bedeutung der Familie für die Bildung jüdischer Identität siehe *Breidenbach* 1999, S. 55ff. *Riesner* stellt fest, dass seit der Wende vom 1. zum 2. Jahrhundert die Schule das Elternhaus als älteste und einflussreichste jüdische Bildungsinstitution nach und nach zu ersetzen beginnt (1983, S. 211).

[15] *Demsky* 1971, Sp. 388.
[16] Dies gilt für die Erziehung von Beamten und für die Volkserziehung bei *Volz* 1921.
[17] *Lang* 1979, S. 134, dazu *Liwak*: Es ist „mehr als eine stilistische Fehleinschätzung, wenn die Parallelität zwischen Vater und Mutter als ornamentales Adiaphoron beurteilt wird" (1994, S. 180, vgl. auch Anm. 31). Gegen Lang auch *Crenshaw* 1998, S. 96 und Anm. 20, der die Ansicht Langs auf *Fox* 1968 zurückführt.
[18] *Demsky* 1971, Sp. 397f.

Das drücke sich darin aus, dass sie neben ihrem eigenen Namen bei dem ihres Mannes genannt wurde (z.B. Deborah, eine Prophetin, die Frau von Lappidoth Ri 4,4) und dass ihr persönliches Siegel sie immer zu einem Mann in Beziehung setzte. Ihre Aktivitäten waren nach Demsky allgemein auf den Haushalt und die Kinder beschränkt. Die Mutter war natürlicherweise die erste Lehrerin des Mädchens und ihr Vorbild. Die Mutter lehrte sie mit den Mitteln der Beobachtung und Nachahmung die religiösen Verpflichtungen, die Hausarbeiten und ihre besonderen Fähigkeiten. Mädchen hüteten die Schafe (Gen 29,6), halfen bei der Ernte (Hld 1,6; Rut 2,8) und spielten auf den Plätzen und Straßen (Sach 8,5). Ein besser gestelltes Mädchen wurde von ihrer Amme erzogen, die ihr gelegentlich in das Haus ihres Mannes folgten (Gen 35,8). Verwaiste sie früh, wurde sie von einem nahen Verwandten aufgezogen (Est 2,7). Hatte sie keine Brüder, erbte sie vom Vater (Num 27, 8).[19] Demsky verweist im Folgenden auf Gen 2,18: die Frau ist zur „Hilfe" des Mannes erzogen, ihre Berufe waren Geburtshelferin (Ex 1,21), Weben und Kochen (1 Sam 8,13) und berufsmäßiges Trauern (Jer 9,19). Unvermittelt kommt er aber auch auf höher qualifizierte Berufe zu sprechen, die seiner Meinung nach eine Ausbildung der Frau voraussetzten:[20] Sie sang am Hof des Königs (2 Sam 19,36; Koh 2,8); andere Frauen waren bekannt für ihre prophetischen Gaben und ihren poetischen Ausdruck (Ex 15,20f; Ri 5; 2 Kön 22,14); es gab weise Frauen, die Fabeln erstellten, andere praktizierten schwarze Künste und Magie (1 Sam 28,7). Bei Demsky bleibt aber völlig offen, wie er sich eine solche Ausbildung vorstellte. Die Forschung insgesamt steht hier vor einer ungeklärten Frage.[21] Lag auch die weitergehende Bildung der Mädchen in der Ver-

---

[19] Vgl. zu dieser Darstellung Demskys die ähnliche Einschätzung bei *Gerstenberger/ Schrage* 1980, S. 24ff.

[20] „Such skills indicate a formal training, learned from experts." *Demsky* 1971, Sp. 398.

[21] Eine ähnlich unvermittelte Gegenüberstellung zwischen „den üblichen" Tätigkeiten der Frau und ihrer untergeordneten Stellung in der Gesellschaft und den beruflich hervorstechenden Frauen findet sich bei *Gerstenberger/ Schrage*. „Wie dem auch sei, das israelitische Mädchen wird durch seine Mutter auch mit der Rechts- und Gesellschaftsverfassung vertraut gemacht worden sein" (1980, S. 25). Woher aber hatte die Mutter diese Kenntnisse, wenn sie nicht an der männlichen Unterweisung teilgenommen hatte? *Krauss* ist selbst erstaunt über die auch von ihm gesehene Diskrepanz: „Von einer Frauenerziehung hören wir allerdings sehr wenig, und sicher ist es, dass die Mädchen die öffentliche Schule nicht besuchten, besteht doch sogar ein Verbot, Mädchen in die Thora einzuweihen und drin zu unterrichten, aber

antwortung der Mutter? Oder trennte die Gesellschaft im alten Israel doch nicht so scharf zwischen Mann und Frau, wie es heute angenommen wird? War die Unterweisung von Jungen (vgl. die Rede von „Vater" und „Sohn" in Proverbien) vielleicht doch auch gelegentlich eine von Mädchen und Jungen?[22] Hier besteht Forschungsbedarf. Die eigentliche „Schuldebatte" setzt allerdings andere Schwerpunkte.

3.3 Rückschlüsse auf Schulen aus religionsgeschichtlichen Parallelen und Schulen als „Sitz im Leben" der Sprüche

3.3.1 Die Anfänge der Schuldebatte im 20. Jahrhundert

Im 19. Jahrhundert erhielt die Bibelforschung durch Erkenntnisse der altorientalischen Wissenschaften, etwa die Entschlüsselung der Hieroglyphen anhand des Steins von Rosette durch Francois Champollion 1822, eine neue Perspektive.[23] Es fanden sich Texte, die auf eine Weisheitstradition und Schulen in Ägypten und Mesopotamien hinwiesen.[24]

---

dennoch gab es in der damaligen Zeit gelehrte Frauen – diesen Ausdruck (חא ילידה את) gab es wirklich... – und es liegt wohl nur an der Beschaffenheit unserer Quellen, dass wir von ihnen so wenig wissen" (1966, S. 239). Er nennt Berurja und Jaltha, die Frau des RNachman (a.a.O.).

[22] *Herner* schreibt aufgrund seiner Sichtung der Quellen zum Schreiben und Rechnen: „Wäre es nun zu kühn anzunehmen, dass israelitische Mädchen nicht nur im Rechnen und Lesen (und Schreiben?) unterrichtet wurden, sondern auch dass sie später als Mütter häufig die Lehrerinnen ihrer Kinder in diesen Fächern waren? Im allgemeinen hatten ja die Mütter besser als die Väter Gelegenheit dazu, die Kinder zu unterrichten. Zwar ist es wahr, dass in den Schulen, die in einer späteren Zeit unter den Juden eingerichtet wurden, nur Knaben Unterricht erhielten, aber die Tatsache kann nicht das Zeugnis des Alten Testaments umstoßen, dass es israelitische Frauen gab, die rechnen und lesen konnten" (1926, S. 64).

[23] *Haarmann* 1991, S. 101.

[24] Vgl. aus Ägypten: die Sprüche Ptah-hotpes, die Sprüche des beredten Bauern, die Lehre des Königs Merikere, die Sprüche des Duauf, die Lehre (Sprüche) des Ani und die Sprüche des Amenemope, in Auszügen übersetzt von Hermann Ranke, in: *Gressmann* 1926, S. 33-46. Vgl. die babylonisch-assyrischen Texte: Klage eines Weisen über die Ungerechtigkeit der Welt, Weisheitssprüche, eine Pflanzenfabel, übersetzt von Erich Ebeling in: ebd. S. 287-295. Diese und weitere Texte kommentiert *Crenshaw* 1998, S. 144-169, vgl. auch *Meinhold* 1991, S. 26-37 und *Dietrich/Loretz* 1991, die eine ugaritische Übungstafel diskutieren. *Lang* teilt die Forschung der Bibelkritik auf in eine Epoche „vor der Entdeckung der altoriental-

Für die Schuldebatte manifestierte sich dieser Einschnitt 1924 in der Veröffentlichung des Ägyptologen Ermann über die Parallelität von Spr 22,17-24,22 zu dem Buch der Sprüche des Amenemope. Ermann zeigte für die damalige Zeit überzeugend, dass ägyptische Texte biblische beeinflussten.[25] Die Auseinandersetzung mit den außerisraelitischen Quellen Griechenlands und des Alten Orients und die Debatte, ob und in welchem Ausmaß Analogieschlüsse auf Israel möglich sind, bilden bis heute einen wichtigen Hintergrund der Forschungen zur Schulfrage.

3.3.2 Biblische Ansatzpunkte für Unterweisung

1909 wies Rießler in der Theologischen Quartalschrift auf die Parallele zwischen Jes 50,4-6 und altägyptischen Papyri hin, die er nach Erman zitierte.[26] In der Jesajastelle ist zu lesen: *Adonaj JHWH, hat mir die Zunge eines Jüngers (לימודים) gegeben, damit ich weiß, den Müden durch ein Wort aufzurichten. Morgen für Morgen weckt er mir das Ohr, damit ich höre, wie Jünger (לימודים). Adonaj JHWH, hat mir das Ohr geöffnet, und ich, ich bin nicht widerspenstig gewesen, bin nicht zurückgewichen. (Jes 50,4-6)*

Rießler legte Gewicht auf die Disziplinierung der Schüler im Unterricht, was er besonders aus den ägyptischen Quellen erschloss. Sein noch etwas vorschnelles Fazit war: „Diese Jesajastelle lehrt, dass auch im alttestamentlichen Zeitalter bei den Israeliten Schulen existierten und dass in ihnen der gleiche Schulbetrieb herrschte, wie in den Schulen des alten Aegyptens und des heutigen Orients."[27] Klostermann hatte diesen Text bereits ein Jahr zuvor als einen von drei signifikanten Bibelabschnitten bezeichnet, die sich seiner Meinung nach als Schulunterricht in vorexilischer Zeit deuten lassen.[28] Hatte er besonders Analogien zur griechi-

---

schen Nachbarn Israels" und die danach (1972, S. 1). Dass diese Nachbarn, z.B. Ägypten, bereits schon einmal, nämlich in der Renaissance im 17. Jahrhundert, die Bibelwissenschaft revolutioniert hatten, übersieht er bei dieser Aufteilung, vgl. *Assmann* 1998, S. 85, 133 u.ö.

[25] *Erman* 1924.
[26] *Rießler* 1909, S. 606f.
[27] *Rießler* 1909, S. 607.
[28] *Klostermann* 1908, S. 210ff. Er sah in Jes 50, 4-9 den Elementarunterricht an den Unmündigen verdeutlicht. Die anderen beiden Belege sind der schwer deutbare Text Jes 28,9ff und Spr 22,17-21, ein Abschnitt, der aus der Parallele zur ägyptischen Schrift Amenemopes stammt, und damit auf den ägyptischen Unterricht hinweist.

schen Erziehung im Blick,[29] so ist die Abhandlung von Dürr der erste umfassende Versuch, die neuen Erkenntnisse aus dem Alten Orient einzubeziehen.

Dürrs 1932 erschienene Monographie trägt den Titel: „Das Erziehungswesen im Alten Testament und im Antiken Orient".[30] In den ersten beiden Teilen beschäftigt er sich ausführlich mit der Darstellung der ägyptischen, babylonischen und assyrischen Quellen. Der dritte Abschnitt dient der Erörterung der Erziehung und Erziehungslehren im Alten Testament mit dem Ziel, neben dem allgemeinen, altorientalischen Lebensideal „noch ganz besondere Erziehungsziele und Motive" in Israel zu entdecken.[31] Dabei stützt er sich auf die Untersuchung Klostermanns und nimmt an, dass es vor dem Exil die Möglichkeit gab, Unterricht bei einem einzelnen Weisen zu nehmen, der entlohnt wurde.[32] Eine allgemeine Schulbildung komme auch für die nachexilische Zeit noch nicht in Frage. Dürr schließt aus rabbinischen Quellen, dass frühestens im ersten Jahrhundert nach Christi Geburt die Einführung des allgemeinen Unterrichts für Kinder durch den Hohepriester Josue ben Gamla (um 63 n.Chr.) erfolgte.[33] Ein wichtiger Schritt auf dem Weg dorthin war, nach Dürr, das Aufkommen des Schriftgelehrten bzw. Ge-

---

Zur Diskussion dieser Stellen, die wohl die Beweiskraft für einen Schulunterricht nicht tragen können vgl. *Golka* 1994a, S. 12ff; *Liwak* schreibt von den Bibelstellen, auf die sich Klostermann im Blick auf Schulen bezieht: „Von einem Lehrer-Schüler-Verhältnis ist dort kaum die Rede, geschweige denn von einer Schule" (1994, S. 180).

[29] *Klostermann* 1908, S. 206.
[30] *Dürr* 1932.
[31] Ebd. S. 99.
[32] Ebd. S. 110. Vgl. Spr 4,5; 17,16, wo vom „Erwerb" der Weisheit die Rede ist, und den Kommentar *Why-brays* zu 17,16, der meint, der Spruch müsse eher so verstanden werden, dass der Narr sich lächerlich macht, wenn er meint, dass Weisheit käuflich sei (1974, S. 34).
[33] *Dürr* 1932, S. 112, vgl. dort Anm. 1 „Schulreform". Siehe auch das Eingangszitat zu diesem Kapitel und *Krauss*, der neben Josua ben Gamla noch Simon ben Setach aus der Zeit 70 v. Chr erwähnt. Er war der Bruder der Königin Salome Alexandra und Führer der Pharisäer. Von ihm wird im jerusalemischen Talmud berichtet, er habe verordnet, dass die Kinder in die Schule gehen (*jKethub* 8,11, 32c4). *Krauss* zieht daraus, dass Philo und Josephus das jüdische Unterrichtswesen in glänzenden Farben schildern, den Schluss, dass „zumindest ein halbes Jahrhundert vor der Katastrophe Jerusalems ein jüdisches Schulwesen bestanden haben muß" (1966, S. 201).

Unterricht im Alten Israel

setzeskundigen, wie ihn Esra in der früh nachexilischen Zeit verkörpert (vgl. Esr 7,25).

Auf vorexilische Zeit geht wohl der Bericht der Chronik von Joschafat (870/69-848) zurück, der den Unterricht bzw. die Rechtsprechung für das Volk organisierte: *Und im dritten Jahr seiner Regierung sandte er seine Obersten Ben-Hajil und Obadja und Secharja und Netanel und Michaja, daß sie in den Städten Judas lehren sollten, und mit ihnen die Leviten ja und Netanja und Sebadja und Asael und Schemiramot und Jonatan und Adonija und Tobija und Tob-Adonija, die Leviten, und mit ihnen die Priester Elischama und Joram. Und sie lehrten in Juda, und sie hatten das Buch des Gesetzes JHWHs bei sich und zogen in allen Städten Judas umher und lehrten das Volk.* (2 Chr 17, 7-9).

Deuteronomistische Überarbeitung lässt der Text aus 2 Chr 19 erkennen: *Was für ein Rechtsstreit auch immer vor euch kommt von seiten eurer Brüder, die in ihren Städten wohnen, zwischen Bluttat und Bluttat, zwischen Gesetz und Gebot, Ordnungen und Rechtsbestimmungen, so sollt ihr sie verwarnen, damit sie nicht an JHWH schuldig werden und damit nicht ein Zorn über euch und über eure Brüder kommt. So sollt ihr es machen, damit ihr nicht schuldig werdet.* (2 Chr 19,10)[34]

Eine dritte grundlegende Entwicklung in Richtung einer religiösen Unterweisung findet Dürr neben der Unterweisung beim einzelnen Gesetzeslehrer und der Unterweisung durch Schriftgelehrte und Gesetzeskundige in der Ausbreitung der Synagogen, deren Ursprung er im Exil sieht. War sie ursprünglich „Gebetshaus", so wird sie sich immer mehr zum „Lehrhaus" entwickelt haben, einer „Stätte der Erklärung des Gesetzes".[35] Dürr zieht hier Verbindungen zu Jes Sir 51,23. Er ist zurückhaltend, was die Form des Unterrichts anbelangt, denn darüber „wird

---

[34] *Dürr* 1932, S. 111. Zur neueren Diskussion der Frage, ob es sich in 2 Chr 17, 7-9 und 19, 5ff, wo vom Jerusalemer Obergericht die Rede ist, um ein historisches Faktum oder eine Fiktion handelt, siehe *Crüsemann* 1997, S.113ff, der mit einer älteren Überlieferung rechnet, die deuteronomistisch oder chronistisch überformt wurde. Er stellt die Frage, ob die Tradition nicht eher Josia zugewiesen werden müsste, und verweist auf die Parallele zu Dtn 17,8ff (ebd. S. 115).
[35] *Dürr* 1932, S. 111. Nach ihm *Riesner*, der in alttestamentlicher Zeit mit Unterricht im Elternhaus, an den Synagogen und in einer Elementarschule in allen größeren Städten Israels rechnet. Die Standardmethode an diesen Unterrichtsstätten sei das Auswendiglernen gewesen (1983, S. 211-215).

etwas Bestimmtes im A.T. nicht gesagt"; man war wohl in der Hauptsache auf mündlichen Vortrag und Auswendiglernen des Gehörten eingestellt.³⁶ Grundlage der Erziehung aber war das Gesetz (Dtn 6,7; 32,7.46; 6,2-25) und die „echte, gesunde Frömmigkeit, und zwar israelitisch gesprochen: Treue und Gewissenhaftigkeit gegen Jahwe und die von ihm übernommene Bundesverpflichtung (Ez 20,2ff.)".³⁷

Im Sinne der liberalen Theologie des 19. Jhds findet Dürr das „Wesentliche und Unterscheidende des AT" gegenüber den altorientalischen Religionen in der Konsequenz, mit der die Propheten „das Sittliche" in den Vordergrund rückten, als Beispiel nennt er Spr 15,8: „,Das Opfer der Gottlosen ist ein Gräuel für JHWH.... Aber das Gebet der Rechtschaffenen gefällt ihm wohl.'"³⁸

Der apologetische Charakter („das Wesentliche gegenüber anderen Religionen") in Dürrs Abhandlung ist wohl ein Zug seiner Zeit. Festzuhalten ist, dass weder Klostermann noch Dürr von Schulen im vorexilischen oder nachexilischen Israel ausgehen, auch wenn sie bisweilen in dieser Richtung verstanden wurden.³⁹ Ähnlich schätzt Krauss die Lage ein, der Esra als ersten nennt, der im Sinne der Quellen, die allerdings mit Vorsicht zu verwerten seien, dem Schulwesen einen Impuls gegeben habe. Er schließt das aus „zahlreichen" auf Lehren und Lernen anspielenden Stellen im Buch der Chronik, das er etwa gleichzeitig mit Esra ansetzt.⁴⁰ Darüber hinaus nennt Krauss die Synagogen als mögliche Stätten des Unterrichts, schließt das aber wohl aus späteren rabbinischen Schriften.⁴¹

---

[36] Ebd. S. 115.
[37] Ebd. S. 119 und 121f, die Hervorhebungen wurden weggelassen.
[38] Ebd. S. 126.
[39] „Klostermann hat als erster die Notwendigkeit erkannt, die Existenz von Schulen in Israel aus dem Alten Testament selbst erweisen zu müssen .... Leider hat er bei diesem Unternehmen wenig Erfolg gehabt." *Golka* 1994a, S. 12. Vgl. auch *Liwak*, der Klostermann unter die Befürworter der Schulen rechnet (1994, S. 175, Anm. 2). *Klostermann* spricht in der Regel von „Unterricht" und geht nur an zwei Stellen so weit, von „Schule" zu sprechen (1908, S. 213 und S. 231), was sich wohl aus der Analogie zu griechischen und römischen Schulsystemen erklärt, die ihm vorschweben (ebd. S. 218 u.ö.). Der Duktus seiner Untersuchungen am Text ist aber von Beobachtungen zum Unterricht zwischen einem Lehrer und einem Schüler bestimmt.
[40] *Krauss* 1966, S. 200.
[41] Ebd. S. 204f.

3.3.3 Die Weisheitsschulen-These

Schon früh verband sich der Gedanke an Schulen eng mit der Analyse der Weisheit und besonders des Sprüchebuches. Die Suche nach dem „Sitz im Leben", den Begriff hatte Gunkel seit 1895 in der alttestamentlichen Exegese entwickelt,[42] bestimmt die Debatte bis etwa in die achtziger Jahre des 20. Jahrhunderts hinein. Bereits Klostermann hatte angenommen, dass „das Buch der Sprüche Salomos für den Unterricht der Jugend in der rechten Lebenskunst" geeignet war.[43] Zu diesem Zweck seien Spr 10,1ff in Unterrichtspensen eingeteilt worden, denen jeweils eine Rede aus Spr 1-9 hinzugefügt wurde.

Volz[44] sprach wohl als erster von Beamtenschulen im Zusammenhang mit weisheitlicher Lehre und begründete sie aus Analogien mit den Nachbarkulturen.[45] Eine Vorstufe in der Königszeit nennt er nach ägyptischer Analogie „Schreiberschulen":

„Die Annahme ist gewiß erlaubt, dass es auch im alten Israel eine solche Schreiberschule gab, in der die jungen Beamten und sonstige Freunde der Bildung vorbereitet wurden. Bestimmte Nachrichten fehlen darüber, aber wir sind über die kulturgeschichtlichen Verhältnisse Israels überhaupt sehr dürftig unterrichtet, und es liegt in der Natur der Dinge, dass es solche Bildungsstätten gab."[46]

Für das 5. Jhd nimmt er die „geistliche Weisheitsschule" an, in der die „Bibel zur Fibel" wurde und für die auch weitere Schriften geschrieben bzw. fleißig verwendet wurden wie z.B. Abschnitte im Sprüchebuch. Volz spricht von „Weisheitslehrern", die er sich als „öffentliche Religi-

---

[42] *Gunkels* grundlegende Arbeiten waren „ Schöpfung und Chaos" 1895 und „Grundprobleme der israelitischen Literaturgeschichte" 1906. *Gunkel* stellte damit die exegetische Arbeit in das größere, umfassendere Bezugssystem der altorientalischen Literatur und lenkte den Blick von „den Schriftstellerpersonen" auf die „schriftstellerische Gattung" (1906, S. 31).
[43] *Klostermann* 1908, S. 203, so auch *Lang*: „Jede Lehrrede dürfen wir als kunstvolle Unterrichtseinheit verstehen; sie galt es niederzuschreiben und zu memorieren. Primäres Unterrichtsziel ist das Beherrschen der Schrift, jedoch wurde gleichzeitig in das rechte Verhalten des Erwachsenen eingeführt: der junge Mann wurde mit den Regeln bekannt gemacht, die in dieser Gruppe der ‚Gerechten' gültig sind" (1972, S. 39).
[44] *Volz* 1921.
[45] Vgl. *Lang* 1979, S. 187, der diese Einschätzung teilt.
[46] *Volz* 1921, S. 103, ohne die Hervorhebungen im Text.

ons- und Sittenlehrer" und als „Volkserzieher" vorstellt. Sie bildeten im Laufe der Zeit einen eigenen Stand und sammelten die Tradition der Weisen.[47] Aus analogen griechischen Weisheitsüberlieferungen im 6. Jhd v.Chr. entwickelt Volz die These einer der Aufklärung vergleichbaren Weisheitsbewegung:

„Durch die alte Welt ging damals ein großes Verlangen nach Wissen, man wollte die letzten Wurzeln der Welt und des Seins aufdecken, die Gottheit und fast noch mehr den Menschen erkennen. Weite Kreise begehrten Anteil am höheren Geistesleben, und die besten Geister bemühten sich, Bildung, Menschlichkeit, Sittlichkeit zu verbreiten, den einzelnen frei und selbständig zu machen. So entstand da und dort der freie Beruf des Volkserziehers, der einem Bedürfnis entsprach und sofort eine glückliche Gestalt erhielt. Das Judentum nimmt lebhaften Anteil an dieser Bewegung, denn in seiner besten Zeit war es internationalem Austausch stets offen."[48]

Dieser großangelegte Entwurf von Volz hat seine Wirkung in der Forschung nicht verfehlt und erst in einer Zeit mit größerem Differenzierungsbedürfnis sind seine Thesen kritisiert worden.[49]

3.3.4 Die Verbindung der Weisheitsschule mit einem gehobenen, gesellschaftlichen Stand

Fichtner arbeitet seit den 30er Jahren am Thema der Weisheit. Er schließt sich Volz an, sucht aber nach dem spezifischen Gepräge der israelitischen Weisheitslehre:

„Aus diesen Beobachtungen mag man schließen, dass die israelitische Schulweisheit in starkem Maße aus der Weisheit des Alten Orients geschöpft hat und den Traditionen ihres Volkes offenbar ferner stand. Andererseits kann man freilich nachweisen, daß die Weisheit Israels auch schon bei diesen älteren Vertretern ihr spezifisches Gepräge trägt: ... sie kennt nur e i n e n Gott, den sie Jahwe nennt, den Schöpfer und Vergelter, dem man vertrauen kann; und dieser Jahwe ist heilig und gerecht. Die ethischen Weisungen stehen daher auch in einem Teil der Proverbien-Sammlung stärker im Vordergrund der Unterweisung als gemeinhin im Alten Orient."[50]

---

[47] Ebd. S. 104.
[48] Ebd. S. 110.
[49] *Lang* 1979 erwähnt Volz als eine Art Pionier der Beamtenschule, *Whybray* 1974 demontiert aber bereits die Gesamtschau eines Standes der Weisen und seiner Schulen.
[50] *Fichtner* 1965a, S. 10.

Er hält die Weisheitlehre für den Ausdruck „eines bestimmten Standes", der „Fühlung" mit der internationalen, außerisraelitischen Weisheit hatte.[51] Die Entwicklung des „Standes der Beamten" für den Hof des Königs hat nach Fichtner bereits in vorexilischer Zeit begonnen, an seine Stelle tritt nach dem Exil immer mehr der „Schriftgelehrte", der in den mündlichen und schriftlichen Traditionen seines Volkes lebt, sie studiert und weitergibt.[52]

Gordis feilte diesen Gedanken aus und vertrat in den vierziger Jahren die Ansicht, dass die Weisheitsliteratur das Produkt der gesellschaftlichen Oberklasse in nachexilischer Zeit war:[53] „By and large, the only youths who could afford to spend their days in school in ancient times would be the scions [sic!] of the wealthy classes. The sons of the poor lacked the leisure as well as the means."[54] Er unterscheidet von den Weisheitsschulen in nachexilischer Zeit die Schulen, die von Pharisäern und ihren Vorgängern, den Sopherim, geleitet wurden.[55] In diesen Schulen wurden hauptsächlich die Kinder der Armen unterrichtet. Aus vormakkabäischer Zeit sei über diese Schulen allerdings wenig bekannt.[56]

Im Gegenzug zur fast ausschließlichen Verankerung des Unterrichts in der Oberschicht verwies Gerstenberger auf die Sippe als Lernort. In seiner Studie über das Apodiktische Recht fand er die „direkte Weisung" neben Sentenzen in den Sprüchen und wies ihr den Ort in der mündlichen Unterweisung durch den Vater oder das Familienoberhaupt zu.[57] Zu dieser Unterweisung gehört die „vertrauliche du-Anrede", die ihre Parallelen im Alten Orient findet.[58] Diese Sippenordnung wurde mündlich weitergegeben und war jedermann bekannt. In der „Hand des Weisen" wie im „juristischen und kultischen Bereich" fanden sie ihre schriftliche Gestalt.[59]

---

[51] Ebd. S. 13, vgl. auch *Baumgartner* 1933, S. 19ff.
[52] *Fichtner* 1965a, S. 15.
[53] *Gordis* 1943/44, S. 81.
[54] Ebd. S. 84.
[55] Vgl. *Dürrs* Beobachtung, dass Schriftgelehrte bzw. Gesetzeskundige eine Zeitlang die Unterweisung durchführten.
[56] *Gordis* 1943/44, S. 87, vgl. auch Anm. 15.
[57] *Gerstenberger* 1965, S. 100 u. 107.
[58] Ebd. S. 113.
[59] Ebd. S. 117.

Dem widersprach einige Jahre später Hermisson,[60] der die Vorstellung der Weisheitsschulen aufnahm und sie als Schulen für Beamte und Tempelpriester verstand. Hermisson leugnete nicht, dass es Volkssprüche gibt, was ein Argument für die Unterweisung im Rahmen der Sippe ist. Die Volkssprüche haben aber nach seiner Meinung in einer zurechtgeschliffenen Form Eingang in das Sprüchebuch gefunden.[61] Er schließt aus der Überlegung, dass hauptsächlich Beamte lesen und schreiben können mussten, dass sie die Trägergruppe der Weisheitsliteratur waren.[62] Eine berufliche Ausdifferenzierung der Beamtenschaft nimmt er seit der Zeit Salomos an. Seit dieser Zeit wurden Beamte an Schulen unterrichtet. Dass es Schulen in Israel gab, leitet Hermisson aus altorientalischen Analogien her.[63] Er hält das Buch der Sprüche wenigstens von der Form her für ein geeignetes Unterrichtsmaterial für Beamte. Da einige Sprüche von Ackerbau handeln, vermutet er, dass sich Söhne des Landadels unter den Schülern befanden.[64] Letztlich seien die Sprüche wohl aus dem Bereich der Schule hervorgewachsen, aber doch mehr das Ergebnis „‚gelehrter' Beschäftigung und erst sekundär an der *schul*pädagogischen Zweckmäßigkeit orientiert".[65]

Auch im Blick auf den Tempel geht Hermisson „wenigstens in Jerusalem und in den Blütezeiten des Tempels" von eigenem Unterricht aus, in

---

[60] *Hermisson* 1968.
[61] Ebd. S. 50.
[62] Ebd. S. 129, ihm schließt sich *Olivier* 1975 an. Anders *Crenshaw*: "In all probability, scribal training for royal administrations in Israel had a purely pragmatic character. Potential scribes learned to write royal correspondence, keep records of inventory, and promote the reigning monarch through effective propaganda" (1998, S. 107). Hier sei angemerkt, dass der Ausdruck „Beamter" in der Literatur nicht hinterfragt wird. Er wird auch bei *Brunner* 1957 ohne mir ersichtliche Erläuterung für den entsprechenden ägyptischen Stand verwendet. Was genau in der Königszeit darunter zu verstehen ist, ist unklar. Ebenso, ob das Phänomen in Ägypten und Israel das gleiche war. Nach 2 Sam 8,15-18; 20,23-26; 1Kön 4,1-6; 1Chr 18,14-17 gab es neben den Söhnen des Königs, Männer mit bestimmten Zuständigkeiten bzw. seine Berater, sicher aber keine „Diener des Staates" im Sinn des 19. und 20. Jahrhunderts.
[63] *Hermisson* 1968, S. 102ff, vgl. auch S. 117, wo er erwägt, ob bei den Beamtenschulen in Israel mehr ägyptischer oder mehr babylonischer Einfluss vorherrscht. Für ägyptisch inspiriert hält auch *Shupak* die ersten israelitischen Schulen. Das Buch der Proverbien diente darin seiner Meinung nach als Lernmaterial (1987, S. 117).
[64] *Hermisson* 1968, S. 123f.
[65] Ebd. S. 124.

dem „mehrere Priestersöhne zu gemeinsamem Unterricht zusammengefasst wurden".[66] Beamtenschulen und Tempelschule werden bis gegen Ende des jüdischen Staates trotz einiger Kontakte ihr Eigenleben geführt haben, denn erst in nachexilischer Zeit tritt die Beziehung zwischen beiden Traditionen in den Weisheitspsalmen deutlicher hervor.[67]

Hermissons Versuch, Schulen in alttestamentlicher Zeit zu rekonstruieren, erscheint im Rückblick fragwürdig, weil er zu selbstverständlich Analogien zu ägyptischen Schulen bzw. zu Schulen in der heutigen Zeit knüpft. Ist die Frage nach den Trägern der Tradition nicht von der nach „Schulen" zu trennen bzw. wird hier nicht mit zwei verschiedenen Begriffen von „Schule" gearbeitet? Warum sollten gerade schulische Institutionen die Träger der biblischen Traditionen gewesen sein? Gewisse Züge von heutigen Universitäten haften den sogenannten „Beamtenschulen" an.

Lang setzte sich mit solchen Bedenken nicht auseinander. Er veröffentlichte 1972 eine Studie mit dem Titel „Die weisheitliche Lehrrede". Darin schloss er, wie viele vor ihm, aus der Verbindung von formgeschichtlichen Überlegungen zum Sprüchebuch und altorientalischen Analogien auf eine Schule in Israel: „Was für das Verhältnis von Unterweisung in der ägyptischen Familie und Unterweisung in der ägyptischen Schule gilt, darf man auch für Israel annehmen."[68] Lang nahm sogar für das erste Jahrhundert v. Chr. eine allgemeinbildende Schule an, in der jeder ungeachtet seiner sozialen Herkunft lesen und schreiben lernen konnte und musste.[69] Diese sei bezeugt, seit sich hellenistischer Einfluß bemerkbar machte. Er fand zwar biblische Belege nur für eine Prophetenschule in der Elisaüberlieferung (2 Kön 4-6), aber er nahm an, auch

---

[66] Ebd. S. 129. Er setzt sich mit den Vertretern der Tempelschulthese, *Gunneweg* und *Jansen*, auseinander und kommt aufgrund des von ihm beobachteten „völligen Desinteresses an Tempel und Kult" im Sprüchebuch zur Auffassung, dass die Weisheit nicht „ein Produkt der Tempelschule" war. Auch in Ägypten sei zwischen Tempelschulen und Beamtenschulen unterschieden worden (ebd. S. 130, dort auch weitere Literaturangaben). *Vetter* vertritt die These, dass der Tempel Zentrum des Lehrens und Lernens im Alten Testament sei und dass zu Festzeiten dort auch das Volk unterrichtet wurde. Er folgert das u.a. aus dem hoseanischen Sprachgebrauch und besonders aus den Psalmen (1989, bes. S. 221 u. 225).
[67] *Hermisson* 1968, S. 132.
[68] *Lang* 1972, S. 41, er bezieht sich mit dieser Aussage auf *Brunner* 1957.
[69] *Lang* 1972, S. 37.

Priester, Leviten und Schreiber hätten eine Ausbildung bekommen. Das Famulus-System, wie es etwa in 1 Sam 1-3 bei der Erziehung Samuels durch Eli beschrieben werde, „reiche nicht hin".[70]

3.3.5 Einsprüche gegen die Schulthese und die formgeschichtliche Argumentation

Dem Gedanken der Weisheitsschulen wurde von Whybray und Westermann aus unterschiedlichen Perspektiven widersprochen. Whybray kam auf der Grundlage einer genauen Begriffsanalyse von חכמה zu dem Schluss, dass es einen Stand der Weisen im Alten Testament überhaupt nicht gab.[71] „The phrase ‚the wise men' in connection with the Old Testament is a modern phrase which does not correspond to the facts."[72]

Er untersuchte drei Stellen genauer, um zu zeigen, dass es keine institutionalisierten Weisheitslehrer gegeben habe:[73]

Die Weisung des Weisen ist eine Quelle des Lebens, um den Fallen des Todes zu entgehen. (Spr 13,14) Er argumentierte, „Weisung" (תורה) sei im Sprüchebuch keine professionelle Unterweisung, sie könne auch von der Mutter gesagt werden (1,8; 6,20) oder von der tüchtigen Frau (31,26). In 3,1; 4,2; 7,2 scheint es eher der Vater anstelle eines professionellen Lehrers zu sein, der seinem Sohn Weisung erteilt. Der Ausdruck „Quelle des Lebens" sei nicht auf professionelles Lehren beschränkt.

Der Spötter liebt es nicht, daß man ihn zurechtweist; zu den Weisen geht er nicht. (Spr 15,12) Nach Whybray meidet der Spötter die Weisen, um nicht getadelt zu werden. Auch dieser Vers muss also nicht als Hinweis auf einen institutionalisierten Begriff des Weisen verstanden werden.

Ein Ohr, das auf heilsame Mahnung hört, wird inmitten der Weisen bleiben. (Spr 15,31) Auch dieser Vers muss nicht so ausgelegt werden, dass die Weisen professionelle Lehrer sind, denn ein Mann, der guten Rat schätzt, wird viel Zeit in Gesell-

---

[70] Ebd. S. 38.
[71] Vgl. *Whybray* 1965, S. 19, wo er noch die Schulthese vertrat, die er damit begründete, dass er von dem Grad der Organisation des Israelitischen Staates auf ein höheres Bildungssystem zurückschloss und den Einfluss der Umgebung Israels annahm. Seit 1974 hat sich seine Sicht nachweislich geändert. „Whether these connections with foreign wisdom literature, or other external evidence which has been adduced, prove the existence of schools in Israel remains debatable" (*Whybray* 1990a, S. 71).
[72] *Whybray* 1974, S. 54.
[73] Ebd. S. 43f.

schaft von Menschen verbringen, die man für weise hält bzw. er wird gerne selbst als ein solcher gelten.

Mit dieser, am Sprachvergleich orientierten Methode, die nur ansatzweise vorgeführt werden kann, gelingt es Whybray aufzuweisen, dass die Hypothese einer Weisheitsschule durch Zirkelschlüsse untermauert ist. Er selbst vertritt die These, dass keine Institution die Tradition über die Jahrhunderte in Israel weitertrug, sondern einige gebildete und belesene Autoren für eine beachtliche Zahl gebildeter Männer in Israel schrieben, die ihre Leser waren. Alle nahmen Teil an den Traditionen Israels, die mit dem täglichen Leben oder mit religiösen Belangen beschäftigt waren. „They constituted a separate ‚tradition' only in the sense that they concerned themselves more than the majority of their contemporaries in an intellectual way with the problems of human life."[74]

Auch Whybray entgeht in seiner Darstellung der „intellektuellen Tradition" nicht der Gefahr des Zirkelschlusses.[75] Interessant ist aber die Deutung der Weisheitstradition als Rezeptionsvorgang, in dem Autoren und Rezipienten in den Blick genommen werden. Weisheit ist eine Tradition unter anderen, die in ihren Rezipientenkreisen weitervermittelt wird. Sie ist nicht als Institution erkennbar sondern an ihrer Begrifflichkeit und an der Tatsache, dass sie überliefert wurde und also immer wieder Leser fand. Dieser Ansatz Whybray´s erweist sich aus heutiger Sicht als wegweisend. Hermisson, dessen Studie von 1968 noch fest in der formgeschichtlichen Betrachtungsweise verhaftet ist und von einer Weisheitsschule ausgeht, gab neuerdings zu, dass eine Weisheitsschule als Kern der Weisheitstradition doch auch eine historische Abstraktion sei, man könne also auch von intellectual tradition sprechen „doch scheint mir jene Bezeichnung Whybrays zu weitläufig und der Begriff Weisheit/ חכמה einerseits variabel genug und andererseits bezeichnender zusein".[76]

In eine ganz andere Richtung weist Westermanns Kritik an einem „elitären" Weisheitsverständnis. Er verstand Weisheit und besonders die Spruchweisheit als Ausdruck vorschriftlicher Kulturen bzw. mündlicher Überlieferungen und widersprach damit indirekt einer soziologischen

---

[74] Ebd. S. 70.
[75] Vgl. seine eigenen Schlussbemerkungen ebd. S. 155.
[76] *Hermisson* 1998, Anm. 17, S. 274f.

Einengung auf eine bestimmte soziale Schicht.[77] Er trennte, wie bereits Lang, zwischen Lehrgedichten (überwiegend in Spr 1-9) und Spruchsammlungen (überwiegend in Spr 10-31). Die Sammlungen Spr 10-21 und 25-29 seien allgemein als die frühesten Sammlungen anerkannt. In ihnen sind kurze Sprüche vorherrschend, die sich auch bei anderen Völkern nachweisen lassen. „...bei ihnen haben sie die Bedeutung einer noch vorschriftlichen ‚Literatur' in einem Frühstadium."[78] Die kurzen Sprüche sind mündlich aus einer Situation entstanden, in die hinein sie gesprochen wurden. Die Ausdrücke wurden von Hörern akzeptiert.[79]

Golka, ein Schüler Westermanns, setzte diese Argumentation fort, indem er aus der Analogie mit afrikanischer Spruchweisheit Schlussfolgerungen für das Sprüchebuch zog.[80] Er widerlegte eine bis dahin angenommene Konvergenz zwischen der Schulhypothese und der Königshofhypothese, indem er die Sprüche mit königskritischen Sprüchen aus afrikanischer Spruch-weisheit verglich und argumentierte:

„Es gibt keinen Königs- oder Hofspruch, bei dem die Entstehung im Volksmund ausgeschlossen ist. Bei hof- oder königskritischer Tendenz läßt sie sich sogar sehr wahrscheinlich machen. Die Parallelen der afrikanischen Volkssprichwörter machen eine Entstehung der Königssprüche von Spr 10-29 im Volksmund in allen Fällen wahrscheinlicher als eine solche am Königshof, denn die Perspektive der Sprüche ist die des kleinen Mannes, und nicht die der Höflinge."[81]

An diesem Beispiel wird deutlich, wie sehr Analogieschlüsse von ihren Voraussetzungen abhängig sind. Obwohl Hermisson und Golka beide mit Analogien arbeiten, Hermisson mit ägyptischen Analogien, Golka mit afrikanischen, kommen sie zu völlig unterschiedlichen Ergebnis-sen. Golka macht in dieser Lage den Vorschlag, den Vergleich mit den ägyptischen Quellen soziologisch zu differenzieren: Nicht die Quellen aus

---

[77] *Westermann* ordnet Weisheit, obwohl sie „ein profaner Begriff ist", der Erschaffung des Menschen zu (1990, S. 9).
[78] Ebd. S.10.
[79] A.a.O.
[80] Er konnte sich dabei auf *Crüsemann* 1978 stützen, der in seinem Buch über den Widerstand gegen das Königtum seine These von der segmentären Gesellschaft aus afrikanischen Gesellschaftsformen begründet und diese Methode auch diskutiert.
[81] *Golka* 1994b, S. 45f. Golka übersieht hier, dass heutige afrikanische Gesellschften nicht „vorliterarisch" sind und Parallelen auch auf biblischem Einfluss beruhen können (vgl. *Loader* 2001, S. 218).

dem Mittleren und dem Späten Reich Ägyptens seien mit dem Israel des 1. Jahrtausends vergleichbar, obwohl sie etwa zeitgleich entstanden seien. Verglichen werden müsste vielmehr mit dem Ägypten des Alten Reiches, da sich damals das Staatswesen erst konsolidierte, ähnlich wie im Israel der Königszeit.[82] Im Alten Reich aber sei von Schulen noch nichts bekannt.

„Nach Brunner stellt sich das Erziehungswesen und die Beamtenbildung im AR [im Alten Reich, d.Vin.] so dar: Es wird ein sog. Magister-Famulussystem vorausgesetzt. Dieses Famulussystem entspricht etwa dem Meister-Lehrlingsverhältnis des altdeutschen Handwerks. Ein erfahrener, weiser Beamter nimmt einen Schüler in sein Haus auf und erzieht ihn. Diese Schüler heißen ‚Söhne'. Der angenommene ‚Sohn' wird dabei oft dem leiblichen Sohn als Vorbild vorgestellt. Auf diesem Famulussystem beruht, nach Brunner, die Kontinuität der altägyptischen Gesellschaftsordnung. Ja, es hat sogar den Anschein, dass bereits der Elementarunterricht im Lesen und Schreiben im AR auf dieser Basis erteilt wurde."[83]

Ein weiteres Argument Golkas zur Widerlegung der Beamtenschulen am Königshof war die Feststellung, dass die Beamtenschaft am Hof des Königs David gar nicht so groß war, dass sie eine Schule nötig gemacht hätte. Es genügte, wenn die Ämter, wie nachweislich das des Schreibers, in den Familien erblich waren und vom Vater an den Sohn weitergegeben wurden. Im 2. Samuelbuch und 1. Chronikbuch werden zudem die „Beamten" des Königs David recht sorgfältig aufgezählt, aber ein Lehrer oder Schulvorsteher befindet sich nicht im Thronrat.[84]

---

[82] Ebd. S. 18. Dagegen *Wanke,* der meint, die Entwicklung verschiedener Staaten verlaufe nicht in jedem Fall parallel und ein weniger entwickelter Staat könne auch von den Erfahrungen eines entwickelteren profitieren (1989, S. 55f).

[83] *Golka* 1994a, S. 18. Gegen dieses zunächst einleuchtende soziologische Argument wendete sich bereits *Crenshaw*: "The fallacy of the argument lies in the fact that nations do not develop at the same rate, especially when one country can benefit from another's long experience" (1985, S. 609f). *Loader* entlarvt sowohl die Weisheitsschulthese von Hermisson u.a. als auch die „Kleine-Leute-Schul-These" von Westermann und Golka als von Vorverständnissen gefärbt (2001, S. 214, 217 u.ö.).

[84] *Golka* 1994a, S.16. Zur Auseinandersetzung mit Golkas Thesen vgl. auch *Lemaire* 1984.

Unterricht im Alten Israel

3.4 Die Begründung der Schulthese mit archäologischen Funden

Durch Lang und Lemaire wurde die Schulthese auch mit Hilfe archäologischer Funde gestärkt. Diese fokussierten besonders auf Zeugnisse der Schreibkunst, was der Debatte eine weitere Richtung gab. Lemaire wertete Funde aus Izbet Sartah aus, die 1976 in der Küstenebene in der Nähe von Aphek gemacht wurden. Eine Tonscherbe aus der Zeit 1100 v. Chr. enthält Buchstaben und eine Reihe, die als Alphabetübung interpretiert werden kann. Sie ist entgegen der späteren Praxis von links nach rechts geschrieben. Jeweils zwei Buchstaben wurden darin verwechselt.[85]

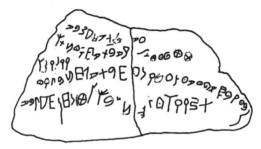

Stilisiertes Abbild des Ostrakon aus Izbet Sartah,
12./11. Jhd.V. Chr. Es zeigt das Alphabet.
In: Lemaire 1981, S. 9

Pfeil oder Speerspitze
Aus El-Hadr bei Bethlehem, spätes 12. Jhd.
In: Niemann 1998, S. 129

---

[85] *Lemaire* 1981, S. 7f, vgl. auch *Niemann* 1998, S. 127, der neben diesem Ostrakon noch weitere aus dem 12.-10. Jahrhundert. nennt: Es sind etwa 40 phönizisch beschriftete Speerspitzen mit dem Wort für „Pfeilspitze"+ dem Personennamen, bei denen die Buchstaben gelegentlich vertikal oder, gemessen an der späteren Schreibung, verkehrt herum geschrieben sind. Vgl. dazu genauer *Naveh* 1982, S. 38f. *Haran* hält die Deutung als Schultext nicht für zwingend. Es könnte auch die Schrift des Töpfers sein, der den Topf mit Worten und Segen verzieren wollte (1988, S. 92).

Unterricht im Alten Israel

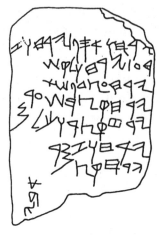

„Geser-Kalender" aus dem 10. Jhd. v. Chr.
In: Lemaire 1981, S. 9

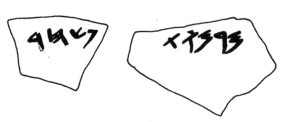

Inschriften 50 und 54 aus Arad.
Sie zeigen Anfänge des Alphabets,
In: Lemaire 1981, S. 21

Unterricht im Alten Israel

Der Geserkalender stammt aus dem 10. Jhd. und ist eines der ältesten bekannten hebräischen Schriftstücke. Er verwendet die später klassischen Buchstabenformen und die übliche Schreibrichtung. In einer Liste der zwölf Monate und des Jahreslaufs sind die zugehörigen landwirtschaftlichen Tätigkeiten eingetragen. Lemaire deutet auch diesen Kalender nach ägyptischen Parallelen als schulische Übung.[86] Dementsprechend könnte der Name, der links unten vertikal geschrieben ist, der des Schülers sein.

Weitere ABCdarien aus Lachisch, Arad, Kadesh-Barnea und Kuntillet-´Ajrud dienen Lemaire als Indizien für Schulen in Stadt und Land.[87] Andere Funde mit unterschiedlichen Buchstabenfolgen weisen für ihn in die gleiche Richtung. Auch Bilder und Übungen in einer fremden Sprache sind solche Indizien. Nach Lemaire wurden die billigen Materialien wie Stein, Gips und Ton für den Elementarunterricht verwendet, während der teurere Papyrus wohl eher für den Unterricht der Älteren eingesetzt wurde. Solche Zeugnisse zu finden sei aber aufgrund des feuchten Klimas in Israel leider sehr unwahrscheinlich.[88]

---

[86] *Lemaire* 1981, S. 11. Vgl. *Negev*, der diese Deutung relativiert: „Der Zweck dieses Kalenders ist umstritten. Einige Forscher interpretieren den Personennamen *Abi* am unteren Rand der I. [Inschrift] als Amtsperson, die eine Regelung über den jahreszeitlichen Ablauf der Landwirtschaft unterschrieb. Andere sehen in dem Kalender eine von einem Bauern verfaßte Monatsliste, ein Übungsstück eines Schuljungen oder gar ein Volkslied, um nur einige der Deutungen zu nennen" (1991, S. 194). Auch *Lang* spricht von „Bedenken, die gegen die ‚unterrichtliche' Deutung des Geser-Kalenders bestehen" (1979, S. 188).
[87] Vgl. zu dieser Einschätzung den Einwand *Youngs*, dass ABCdarien nicht unbedingt immer an einen Unterrichtsprozess gebunden sein müssen, noch weniger an Unterricht, der in einer Schule gehalten wurde (1998, S. 242). Zur ausführlichen Diskussion der Funde vgl. *Crenshaw* 1998, S. 100ff. Er fragt, warum die so bezeichneten Schülerübungen nicht wie entsprechende ägyptische oder mesopotamische Funde Spuren einer Korrektur von Lehrern aufweisen. Ihre Verbindung mit Schulen wäre dann deutlicher. Auch *Delkurt* bezweifelt im Blick auf die Lakischfunde die eindeutige Interpretation als Schülerübung (1991, S. 44 und Anm. 8a).
[88] *Lemaire* 1981, S. 32f. Vgl. dazu *Rüterswörden*, der Tonbullae als indirekte Zeugnisse von Papyri bezeichnet. Mit ihnen wurden Dokumente versiegelt und auf ihrer Rückseite finden sich Abdrücke der Papyrusfasern. Er schließt daraus, dass es Archive mit Papyrusdokumenten außerhalb vom Jerusalemer Tempel und Palast also für eine bestimmte Öffentlichkeit zugänglich gab (1996, S. 66).

Lemaire schließt aus diesen Funden und aus Bibeltexten, dass sich das israelitische Schulsystem zwischen dem 13. und dem 10. Jahrhundert v. Chr. in Stufen entwickelte und dabei wenigstens zum Teil das Erbe der bereits existierenden kanaanäischen Schulen übernahm.[89] Aller Wahrscheinlichkeit nach habe das Zentrum jedes kleinen kanaanäischen Königreiches wenigstens über eine Schule verfügt, um die Funktionäre auszubilden. So nimmt Lemaire an, dass es im späten Bronzezeitalter nicht nur in Jerusalem, sondern auch in Meggido, Sichem, Lachisch, Aphek und Geser Schulen gab. Die Schule in Jerusalem sei im 11. Jahrhundert v. Chr. nach der Kapitulation der Stadt von David übernommen worden. Dieser habe besonders Bedarf an Beamtenschulen gehabt, um die technische und traditionsgemäße Leitung seines Großstaates zu garantieren. So gab es Hof-Schulen[90] nach ägyptischem Vorbild. Im Folgenden stellt Lemaire das israelitische Schulsystem vor und teilt es auf in

- die Schulen (hauptsächlich die Schulen der Hauptstädte Jerusalem und Samaria)
- die regionalen Schulen (in den großen Verwaltungszentren wie Lachisch im Nordreich und wahrscheinlich Hebron für Juda)
- die lokalen Schulen (wenigstens zum Teil wird es solche an königlichen Hauptverwaltungsorten wie Arad, Qadesh-Barnea und Kuntillet-´Ajrud gegeben haben).

Er endet mit einer originellen These: „Insgesamt scheinen die bibl. Bücher als Handbücher für den Unterricht an königlichen, prophetischen und priesterlichen S[chule]n entstanden zu sein."[91] Es ist erstaunlich, wie weitreichende Schlüsse Lemaire aus dem von ihm selbst als frag-

---

[89] «Comme le laissent supposer l´ostracon alphabétique d´ `Izbet Sartah et la tablette de Gézer, les Israélites ont, peu à peu, du XIIème au Xème siècle, assimilé, au moins en partie, l'héritage culturel transmis dans les écoles ‚cananéennes'». *Lemaire* 1981, S. 46.

[90] Ebd. S. 47. Man beachte den Plural: „des écoles royales". Er denkt dabei wahrscheinlich an eine Schule für verschiedene Altersstufen.

[91] So *Lemaire* bereits 1981, S. 84f . Das Zitat stammt aus *Lemaire* 1999, Sp. 529. Vgl. die Kritik von *Höffken*: „Didaktisierung der Überlieferung muß nicht eo ipso Verschulung heißen" (1984, Sp. 452). *Barr* fragt besonders nach Lemaires Schulverständnis: „Israelite schools, as here described, are remarkably modern institutions – much simpler, no doubt, than those of modern France, but having a similar general concept and system of education" (1983, Sp. 140).

mentarisch beurteilten Material zieht.[92] Seine These von der Entstehung der biblischen Bücher passt sehr gut in sein Gesamtkonzept, bedenkt aber aus exegetischer Sicht nicht genügend, dass der didaktische Impuls in den biblischen Büchern ein jeweils später ist. Das kann sowohl für das 5. Buch Mose als auch für das Sprüchebuch nachgewiesen werden. Auch die zu Beginn dieses Kapitels erwähnte didaktische Einbindung der biblischen Bücher ist in der Rahmung der Bibelteile zu finden, ist also eine in der Entstehungsgeschichte sehr spät entstandene Einbettung der Bücher, die nichts mit ihrer Herkunft zu tun hat.

3.5 Kritik an der These vom dreigliedrigen Schulsystem im biblischen Israel

Lemaire und Lang[93] sind bis heute die überzeugtesten Befürworter der Schulthese im Alten Israel. Die These vom dreigliedrigen Schulsystem geht aber von einem sehr harmonischen Geschichtsverständnis aus, in dem Schule nicht anders denkbar ist, als wir sie in der heutigen Zeit vor Augen haben. Barr brachte diesen Aspekt in seiner Besprechung Lemaires auf den Punkt: „What I miss here is any idea that Israelite education worked on principles substantially different from our own. Can we not imagine a quite different picture?"[94] So nahm die Debatte auf dem Höhepunkt der Schulthese zugleich eine Wende, denn seither wird nach Zugängen gesucht, die stärkere Evidenz in biblischen Texten haben, und neuere archäologische Methoden anwenden, um die Diskussion zu bereichern.[95] Auch die Analogieschlüsse aus der religionsgeschichtlichen

---

[92] „...nous serons obligés de travailler à partir de données très fragmentaires ..." (*Lemaire* 1981, S. 6). Kritisch sieht auch *Maier* Lemaires Entwurf eines dreigliedrigen Schulsystem (1995, S. 16, Anm. 87).
[93] Vgl. *Lang* 1979, den *Lemaire* mehrfach zitiert.
[94] *Barr* 1983, Sp. 140.
[95] Vgl. *Isserlin* 1984, der nach der „säkularen" Bildung in Israel fragt. Er versucht das architektonische Können aus der Königszeit einzuschätzen (vgl. z.B. die Palastanlage in Tell ed-Duweir/Lachisch, Stratum III, ca. 8. Jhd.) und von daher auf die Bildung zu schließen. Er rechnet im Kontext des Königshofs mit einem Bildungsstand, der mit entsprechenden ägyptischen und mesopotamischen Bauten vergleichbar ist, und konstatiert eine weniger ausgefeilte Technik bei den Befestigungsanlagen in ländlicheren Gebieten. *Jamieson-Drake* fragt nach übergeordneten Methoden für eine Auswertung des archäologischen Materials. Er kommt zu dem Schluss: "Formal scribal training would, therefore, takes place primarily if not exclusively in Jerusalem" (1991, S. 151). Zur Kritik an diesem Ansatz vgl. *Davies* 1995,

Debatte sind zurückhaltender geworden. Von ausdifferenzierten schulischen Institutionen spricht in neuerer Zeit kaum noch jemand.[96]

Im Blick auf Proverbien und die Weisheitsschulen wird ebenfalls zurückhaltender argumentiert. Maier weist auf das doppelte Konstrukt der These hin, dass das Sprüchebuch im Unterricht verwendet wurde. Die Annahme baue erstens auf der These auf, dass es überhaupt Schulen gab, was umstritten ist, und zweitens darauf, dass sich Spr 1-9 als Unterrichtsmaterial eignen. Der Stoff in Spr 1-9 spreche aber eher ein erfahrenes Publikum an und es sei fraglich, ob sich die zum Teil mit erotischen Metaphern beschriebenen Gestalten der Weisheit und der ‚fremden Frau' zum rhetorischen Mittel reduzieren lassen, die Aufmerksamkeit träger Schüler zu fesseln.[97] Auch Plöger hält Spr 1-9 als Unterrichtsstoff für nicht sonderlich geeignet, „mag er auch späterhin sekundär einer schulischen Lern- und Schreibtechnik zur Verfügung gestanden haben".[98]

3.6 Die Wende hin zur Frage nach der Bildung

Eine Wende in der Schuldebatte lässt sich darin ablesen, dass seit den 90er Jahren die Forschungen eher um das nicht weniger umstrittene Problem der Literalität kreisen. Man versucht, aus der Tatsache, dass gelesen und geschrieben wurde, vorsichtige Rückschlüsse auf „ein Unterrichtswesen" zu ziehen.[99] Die Frage nach etwaigen Schulen im Alten

---

S. 207ff, der weitere Funde auflistet und Zweifel an der Vollständigkeit des Materials bei *Jamieson-Drake* anmeldet.
[96] Vgl. *Davies*: „Viewed as a whole, the tenor of scholarly discussion has moved from confident assertion to doubt and even denial in recent years" (1995, S. 199).
[97] *Maier* 1995, S. 18.
[98] *Plöger* 1984, S. 112, anders *Kieweler*, der *Lang* folgt und in Spr 1-9 ein „Lesebuch für den Unterricht" sieht, „das sich dem Inhalt als auch der kompilatorischen Form nach in ägyptischen Lehrerhandbüchern wiederfindet". Für Spr 25-29 fasst *Kieweler* zusammen, dass die Hiskianische Sammlung einen „typischen Schulstil" aufweist (2001, S. 245). Nach dem Studium der Morphologie und Syntax von Spr 25-29 folgert er, dass es sich um ein Buch zur Ausbildung eines Schülers zur vollwertigen Gemeinschaft handele. Bei diesem Unterricht könnte besonderes Gewicht auf mündliche Ausdrucksfähigkeit, richtige Aussprache und Intonation gelegt worden sein (ebd. S. 238-245).
[99] Die Frage nach der Literalität im Alten Israel ist nicht neu. *Herner* vertritt die These, dass das Rechnen ein älteres Unterrichtsfach war als Schreiben und Lesen

Unterricht im Alten Israel

Israel verlagert sich dadurch und wird zur Frage nach dem anzunehmenden Grad der Literalität im alten Israel.

3.6.1 Was bedeutet Literalität?

Das Thema ist komplex und die ungeklärten Fragen müssen in einen größeren soziologischen Zusammenhang gestellt werden, um angemessen beantwortet werden zu können:[100]

Zunächst ist unklar, was mit „literacy" gemeint ist: die Fähigkeit zu schreiben, zu lesen oder beides? Die Fähigkeit zu rechnen? Außerdem ist unklar, bis zu welcher Fertigkeit es jemand bringen muss, um des Lesens und/oder Schreibens und des Rechnens kundig genannt werden zu können.[101] Selbst wenn angenommen werden kann, dass es im vormonarchischen Israel eine gewisse Fähigkeit zu lesen und zu schreiben

---

und dass im Alten Testament gerade Frauen rechnen konnten, z.B. 1 Sam 18,7 (1926, S. 63f). Die Eltern unterweisen ihre Kinder in Rechnen und Schreiben (ebd. S. 58 und 60). *Hermisson* blickt auf eine Debatte über das Problem der mündlichen und schriftlichen Überlieferung im Alten Israel zurück, in der auch Fragen nach der Schreibkunst behandelt wurden (1968, S. 98). Vgl. auch *Millard*, der archäologische Evidenzen auswertet und daraus folgert, dass nicht wenige Israeliten lesen und schreiben konnten: „Few places will have been without someone who could write, and few Israelites will have been unaware of writing" (1985, S. 308, ähnlich ders. 1995). Zur neueren Diskussion vgl. *Liwak*, er fragt nach Schreiberschulen am Königshof (1994, S. 182ff). *Niemann* macht sich Gedanken über das „Buchwesen" im Alten Orient (1998, S. 132ff). *Rüterswörden* betrachtet die zufälligen oder beabsichtigten Überlieferungswege der antiken Schriften, und kommt über archivgeschichtliche Fragestellungen zur These, dass Priester und Älteste wohl zur Tradierung der Schriften beitrugen (1996a, S. 68). Bei ihnen setzt er Literalität voraus und knüpft damit an eine gemäßigte Schulthese an, die Unterricht der „Weisen" am Hof oder am Tempel voraussetzt (ebd. S. 67).

[100] Vgl. den Überblick zur amerikanischen Literatur bei *Niditch* 1996, S. 39-45 und den grundlegenden Aufsatz von *Warner* 1980.

[101] *Warner* hebt die Wichtigkeit dieser Fragen hervor. Er rekurriert auf die Geschichte der Erziehung und darauf, dass in vielen Gesellschaften zu Beginn eines regelmäßigeren Unterrichts das Lesen im Vordergrund stand. Um als kundig zu gelten, reichten Grundlagenkenntnisse aus (ebd. S. 81f, dort auch Literatur zu dieser These). Er definiert „literacy" als funktionale Literalität: "the ability to read and write written symbols at a level of competence adequate for carrying out functions of the individual´s role in his customary social system" (ebd. S. 82).

gab, was biblische Texte[102] und archäologischen Funde nahe legen, dann ist noch unklar, in welchem Maß diese Fähigkeiten das Leben bestimmten.[103] Meyers geht von einer „pragmatischen" Kenntnis aus: Lesen konnte bereits, wer genug gelernt hatte, um eine Liste zu lesen, Namen und einige Zahlen.[104] Warner zeigt sich zurückhaltend gegenüber dem Begriff „widespread literacy", denn abgesehen davon, dass es keine Definition dieses Begriffs gebe, könne man ihn aus den Quellen nicht ausreichend erhellen.[105] Kulturen, die drei Jahrtausende lang das Alphabet benutzten, waren erst in den letzten dreihundert Jahren „Schriftkulturen".[106] Auch wenn das Alphabet noch so leicht zu erlernen war, haben sich wohl lange Zeit nur wenige Menschen darum bemüht.[107]

Naveh schließt aus der Qualität der archäologischen Funde auf den Grad der Kunstfertigkeit.[108] Selbst in geschriebenen Texten könne sich noch ein höherer oder niedrigerer Grad von Oralität ausdrücken, je nachdem, wie geschickt und gleichmäßig geschrieben wurde und in welchem Maß auf Orthographie und Abschnitte im Text geachtet wurde.

---

[102] Ein in diesem Zusammenhang oft zitierter Text ist Ri 8,14, wo ein junger Mann aus Sukkot Gideon die Namen von siebenundsiebzig Obersten und Ältesten aus seiner Stadt aufschreibt. Diese Episode wird in der Forschung manchmal als Zeichen für eine weite Verbreitung der Kunst des Schreibens bereits in der Richterzeit selbst gedeutet, so *Haran*, der diese Meinung bei I. J. *Gelb*, E. A. *Speiser* und W.F. *Albright* findet. *Haran* selbst hält dagegen, dass diese Bemerkung vom Schreiben des Jünglings eher ein Anachronismus sei, der schwerlich vor der Königszeit in die Erzählung gelangt sei (1988, S. 81f; 84 und Anm. 2).
[103] *Naveh* definiert eine des Lesens und Schreibens kundige Gesellschaft („literate society") als eine, in der es auch außerhalb der professionellen Schreiberkreise und der Elite Menschen gibt, die schreiben können. Aufgrund dieser Definition war das Volk von Juda im späten 7. und frühen 6. Jahrhundert „a literate society" (1982, S. 76). Vgl. *Coogan* 1999, S. 47f, der Navehs These aufgrund neuerer Daten bestätigt findet, anders *Young* 1998, s.u.
[104] *Niditch* 1996, S. 40.
[105] *Warner* 1980, S. 83, ähnlich *Haran* 1988, S. 95.
[106] Zur genaueren Beschreibung von „Schriftkultur" siehe unten die These von *Harris* 1989.
[107] *Warner* 1980, S. 84.
[108] *Naveh* 1982, S. 42, vgl. auch *Niditch* 1996, S. 40.

Unterricht im Alten Israel

3.6.2 Wie hat sich die Einführung des Alphabets auf den Bildungsgrad ausgewirkt?

Es wird unterschiedlich bewertet, wie sich die Überschaubarkeit des hebräischen Alphabets auf die Literalität auswirkte. Crenshaw warnt zur Vorsicht gegenüber allzu viel Optimismus und verweist auf China, wo trotz der Komplexität der Schrift eine hohe Literalität herrsche. Ein einfaches Alphabet müsse also nicht notwendig zu einer hohen Alphabetisierungsrate führen.[109]

3.6.3 Was ist im antiken Verständnis ein Text?[110]

Stand „Text" im Gegensatz zu dem gesprochenen Wort? Oder fand die herrschende mündliche Kultur nicht auch in „Texten" Einlass? Teilweise sind orthographische Unterschiede in den Textfunden erkannt worden und unregelmäßige Schrift ist als „Schülerarbeit" verstanden worden. Wie, wenn die „Unfertigkeit" der Ausdruck einer erst im Anfang begriffenen Literalität wäre, die sich im „Text" ausdrückt? Schwierigkeiten könnte es gemacht haben, an einer einmal abgebrochenen Stelle der Pergamentrolle wieder weiterzulesen oder eine bestimmte Stelle in den Rollen aufzufinden.[111]

3.6.4 Wie und für wen wurden Texte aufbewahrt?

Auch die Frage nach der Archivierung muss differenziert werden.[112] Es ist anzunehmen, dass im Tempel Schriftrollen archiviert wurden (2 Kg 22,8; Ez 44,23f). aber es ist nicht klar, nach welchen Kriterien Schriften aufbewahrt wurden und es ist offen, inwieweit die Öffentlichkeit Zugang zu privaten oder offiziellen Archiven hatte. Es ist zu unterscheiden zwi-

---

[109] *Crenshaw* 1998, S. 39. Dieses Argument begegnet, etwas vorsichtiger formuliert, bereits bei *Haran*: "... the fact that Chinese writing, for example, contains thousands of signs did not prevent its extensive usage in certain periods of Chinese history, just as this has not hindered widespread literacy in modern China" (1988, S. 82f), vgl. auch *Warner* 1980, S. 84. Hier soll darauf hingewiesen werden, dass nicht allzu leicht von der Komplexität eines Schriftsystems auf seine Verbreitung geschlossen werden kann. Zu Diskussionen im modernen China wegen einer eventuellen Einführung des Alphabets kann hier nichts gesagt werden.
[110] *Niditch* 1996, S. 41.
[111] A.a.O.
[112] Vgl. dazu *Rüterswörden* 1996.

schen dem Dokumentieren für amtliche Zwecke, dem Aufbewahren der Akten und ihrer Wiederverwendung bzw. dem Verweis auf Akten. Dies sind drei Stadien der Entwicklung hin zum modernen Umgang mit Schriftstücken, die nicht automatisch aufeinander folgten. Im Blick auf die Inschriften auf Steinen und Mazzeben ist die Frage, ob sie auch gelesen wurden. Hatten sie nicht eher einen symbolischen Wert, der das Lesen weniger bedeutungsvoll machte?[113]

3.6.5 Welche Rolle spielten Schreiber in der Tradierung?

Im 5. Buch Mose wird mehrfach recht selbstverständlich von Schreiben und Lesen gesprochen. Auch lassen sich an diesem Buch Überarbeitungsspuren relativ deutlich erkennen. Kann man also annehmen, dass es Schreiberschulen gab, die das Buch tradierten und fortschrieben?[114] Veijola leitet die Vorstellung einer „permanenten Lehrpraxis"[115] aus seinen Studien zum 5. Buch Mose und zum deuteronomistischen Geschichtswerk ab. Er denkt sogar an eine Verbindung zwischen den Deuteronomisten und den Schriftgelehrten in rabbinischer Zeit. Die Deuteronomisten haben, seiner Meinung nach, neben juristischen und exegetischen Aufgaben auch unterrichtet.[116] Schams vertritt im Gegensatz dazu die Minimalposition. Schreiber waren ihrer Meinung nach keine eigenständige Berufsgruppe, sondern hatten sehr verschiedene Rollen und Funktionen inne. Erst aus hellenistischer Zeit stamme die Bezeichnung der Schriftgelehrten und Rechtsexperten mit Titeln, die gewöhnlich berufsmäßigen Schreibern zuerkannt werden. Besonders in den Synoptikern und Targumim werden Schreiber als Ausleger der Schrift bezeichnet.[117] Schams bezweifelt die Historizität der hervorragenden Rolle Esras als Gesetzeslehrer und im öffentlichen Lesen der Tora, die ihm im Esra- und Nehemiabuch zugeschrieben wird. Es waren wohl Aufgaben unter anderen, die er in persischer Zeit ausführte. Sie hinterfragt auch die historische Aussagekraft der Quelle insgesamt, wenn sie davon ausgeht, dass

---

[113] *Niditch* 1996, S. 43.

[114] So z. B. *Puech*, der auf Grund von archäologischem Material annimmt, dass es wohl Schreiberschulen in Funktionärskreisen des Palastes, des Tempels und befestigter Städte gab (1988, S. 202).

[115] *Veijola* 2000, S. 221 u.ö. Auch an dieser Formulierung lässt sich das vorsichtige Abrücken vom „Schulbegriff" ablesen.

[116] Ebd. S. 221f.

[117] *Schams* 1998, S. 318f.

der Autor religiöse Geschichte schreiben wollte und die Rolle des Gesetzes in einer Zeit der Restauration betonte.[118] Für die Achemenidenzeit nimmt Schams Schreiber in der Provinzverwaltung an, deren Personal möglicherweise mit der des Tempelpersonals überlappte. Die einzige sicher nachgewiesene Funktion von Schreibern in dieser früh nachexilischen Zeit sei die Aufsicht über die Verteilung des Zehnten an die Priester und Leviten (vgl. Neh 13,13). „Furthermore, scribes on the middle and lower levels may have taught reading and/or writing on a very limited scale to priests and Levites."[119] Sie begründet diese These mit den Stellen aus Chronik, die über die Samuel/Könige Quelle hinaus gehen.[120]

Es ist umstritten, ob in 1 Chr 2,55 סופרים „Schreiber" bedeutet, oder „Siphriten" als Bezeichnung für die Einwohner von Kiriath-Sepher. Andere Berufe wie Kunsthandwerker und Töpfer werden in 1 Chr ebenfalls Orten zugeordnet. Dasselbe könnte für die Schreiber gelten.[121] Wenn nun lauter Schreibersippen Kirjath-Sepher (sepher heißt übersetzt „Buch") bewohnten, dann könnte 1 Chr 2,55 ein Beleg dafür sein, dass der Schreiberberuf von Generation zu Generation weitergegeben wurde. Damit würden andere Unterrichtsmöglichkeiten für Schreiber keinesfalls ausgeschlossen.

Die Tatsache, dass die Untersuchung Schams über Schreiber praktisch keine Ergebnisse zur Schulfrage zeitigt, reflektiert die sparsamen Aussagen über Unterricht in den Quellen selbst. Dennoch ist zu fragen, ob ihr radikal exklusiver Ansatz, der nur Verse berücksichtigt, in denen das Nomen „Schreiber" explizit genannt werden, weit genug reicht, um das gesamte Phänomen zu erfassen.[122] Sie bleibt hinter Antworten zurück,

---

[118] Ebd. S. 310.
[119] Ebd. S. 311. Eine ähnliche Unterscheidung zwischen „Straßenschreibern" bzw. untergeordneten Schreibern und solchen, die zur Regierungsschicht gehörten, macht *Lipinski*. Er lässt die Frage nach enger Kooperation unter Schreibern offen (1988, S. 163). *Crenshaw* dagegen geht ohne zu differenzieren davon aus, dass Schreiber Gilden bildeten, die aus Eigeninteresse versuchten, die Verbreitung der Schreibkunst so weit wie möglich zu kontrollieren (1998, S. 39).
[120] *Schams* 1998, S. 66ff. In Chronik werden Schreiber als Berater des Hohenpriesters und Provinzleiters genannt (1 Chr 27,32), als Organisatoren der Armee (2 Chr 26,11, vgl. 2 Kön 25,19), einige der Leviten, die den Tempel reparierten, waren Schreiber (2 Chr 34,13; vgl. 2 Kön 22,3-7). Auch werden Schreiberfamilien aus dem Ort Jabez erwähnt (1 Chr 2,55).
[121] Vgl. *Willi* 1995, S. 124.
[122] Vgl. die Auseinandersetzung Veijolas mit dem Entwurf *Schams*. In seiner Kritik wird Veijola dem ernst zu nehmenden Versuch Schams, möglichst wenig in die Quellen hineinzulesen und sie kritisch zu lesen, nicht gerecht. Die Frage, die sie stellt, ob in der Vergangenheit nicht allzu kräftig über die Lückenhaftigkeit der

die bereits erarbeitet wurden.[123] Die Fragen bleiben unbeantwortet, wie Schreiber zu ihren Kenntnissen kamen und wie die Stellen interpretiert werden sollen, die von „schreiben oder lesen" handeln.

3.6.6 Welches war das Verhältnis von Oralität und Literalität?

Oralität und Literalität können nicht als statische Entwicklungsstadien einer Gesellschaft betrachtet werden, sondern sie existieren oft nebeneinander in verschiedenen Gesellschaftsschichten. Literalität entwickelt sich allmählich, ohne dass Oralität bereits verschwunden ist, sie existieren nebeneinander.[124] Niditch kommt nach der Sichtung der archäologischen Funde zu dem Schluss, dass die meisten Funde einen kurzen, pragmatischen Anstrich haben und im Kontext von militärischen oder kommerziellen Anlässen entstanden sind. Schreiben war in der späteren Königszeit eher üblich als in der frühen Königszeit. Es blieb aber weitgehend die Arbeit von Schreibern; das Lesen war die von Sekretären. Schreiben außerhalb von militärischen oder kommerziellen Zwecken hat eher einen ikonischen, symbolischen Zweck.[125] Sie hält es mit Jamieson-Drake für hypothetisch, mehr als eine Schule in Jerusalem und vergleichbaren städtischen Zentren in der späten Königszeit anzunehmen.[126] Die Argumente stützten sich auf biblische Texte, die mehrere Interpretationen zulassen. So sei etwa Dtn 6,6-9 bei Lemaire und Millard ein Beispiel für allgemeine Literalität in der späten Königszeit.[127] Niditch sieht dagegen bei diesem Text den Akzent auf der mündlichen Weitergabe. Auch der Rückschluss von Schriftfunden wie dem Gezer Kalender oder ABCDarien auf eine Schule am Fundort hätte dazu beigetragen, die Häufigkeit von Schulen zu überschätzen. Es sei nicht auszuschließen, dass ABCDarien auch magische oder symbolische Bedeutung gehabt hätten.[128]

Quellen hinweg ein Bild des „unverwechselbaren Profils" von Schriftgelehrten gezeichnet wurde, bleibt im Raum. Vgl. dazu *Vejiola* 2000, S. 207ff.

[123] *Young* arbeitet an den alttestamentlichen Texten heraus, dass „Schreiben" in der alten Welt gewöhnlich durch das Diktat stattfand und „Lesen" oft ein Vorlesen bedeutete (1998, S. 248f).

[124] *Niditch* 1996, S. 44.

[125] Ebd. S. 58.

[126] *Niditch* 1996, S. 70, vgl. *Jamieson-Drake* 1991, S. 151.

[127] *Millard* 1985, S. 308; *Lemaire* 1981, S. 58.

[128] *Niditch* 1996, S. 70.

Unterricht im Alten Israel

Young untersucht die Kultur der Mündlichkeit im alten Israel genauer. Er zieht methodische Analogien zum alten Griechenland. Im Athen des 5. und 4. Jahrhunderts v. Chr. waren nach Schätzungen, die von Untersuchungen in modernen „unterentwickelten Gesellschaften" abgeleitet sind, nicht mehr als 10% der Einwohner des Lesens und Schreibens kundig und diese kamen aus der Oberschicht bzw. waren Handwerker, denen das Schreiben Nutzen brachte.[129] Nach einer These von Harris ändert sich die Beschränkung der Literalität auf eine Elite nur dann, wenn gewisse Bedingungen erfüllt sind und wenn positive Kräfte diese Änderung herbeizwingen.[130] Zu diesen positiven Kräften gehören u.a. die Möglichkeit, viele Texte billig zu produzieren und ein Schulsystem. Es wird aus diesen Vergleichen klar, dass die Vorstellung einer allgemeinen Literalität eine moderne Vorstellung ist, die das Druckmedium voraussetzt und wohl auch erst durch dieses Medium entstehen konnte.

3.6.7 Der Ertrag der Diskussion über die Bildung für die Frage nach Schulen im alten Israel

3.6.7.1 Von einer allgemeinen Schulbildung kann keine Rede sein

Nach dem heutigen Stand der Diskussion war Schreiben und Lesen in der Zeit des Alten Israels wohl nicht so weit verbreitet, wie die Texte auf den ersten Blick annehmen lassen. Es ist daher eine Unterweisungspraxis vorstellbar, die ohne eine Institution „Schule" auskam. Noch die späteren Rabbinen bezeugten nicht einstimmig ein flächendeckend funktionierendes Schulsystem in ihrer Zeit. Immerhin muss auch die Diasporasituation der Juden wie Christen mitbedacht werden.[131] Viele der

---

[129] *Young* 1998, S. 243.

[130] "'*Only* when certain preconditions are fulfilled and *only* when strong positive forces are present to bring the change about'". *Young* 1998, S. 241, das Zitat stammt von *Harris* 1989, S.11f. Kräfte, die eine hohe Alphabetisierungsrate eher verhinderten, sind nach *Warner*: - "the tendency to secrecy in societies with strong scribal and priestly traditions", "the richness of the already present indigenous oral culture", "the barriers of class, caste or occupation", "the ‚guru' tradition which gives teachers a preminent role of education given by the state or priesthood, and the ‚materials' used to preserve writing" (1980, S. 87, dort auch die Literaturangabe).

[131] *Young* 1998, S. 253. Vgl. auch *Markschies*, der auf Grund kirchengeschichtlicher Studien christliche Erziehung im Rahmen der Familie ansiedelt. Eine seiner Thesen lautet: „Ansonsten dürften in vorkonstantinischer Zeit eine überwiegend pagane

Belege für eine weiter verbreitete Schreibkunst verlieren bei näherem Hinsehen ihr Gewicht.[132] Young bezweifelt auch, dass die Propheten und ihre Schüler alle des Lesens und Schreibens kundig waren. Seiner Meinung nach hatte zwar der größte Teil der israelitischen Gesellschaft Zugang zum Schreiben aber in der Regel nur durch Schreiber.[133]

3.6.7.2 Zurückhaltung bei dem Vergleich mit anderen Kulturen ist angemessen

Nicht immer leuchten die Vergleiche des alten Israels mit Ägypten, Griechenland und vormodernen Gesellschaften unmittelbar ein. In moderner Zeit werden „vormoderne Gesellschaften" natürlich am Druckmedium gemessen, d.h. mit Schriftkulturen verglichen, aber damals gab es diese noch nicht in dem modernen Ausmaß. Dass Israel eine frühe, enge Bindung an das Medium der Schrift hatte, lässt sich meines Erachtens aufgrund der Quellenlage nicht bezweifeln. Bereits die Tatsache, dass es nach dem Exil ein Buch, die Tora, gab, auf das man sich berief (2 Chr 17,9), beweist einen besonderen Umgang mit diesem Medium, der das Interesse an der Schrift unter den Israeliten möglicherweise steigerte. Auch ist in neuerer Zeit die Warnung vor Einträgen aus moderner Zeit in die Schuldebatte nicht zu überhören.[134] Selbst der Begriff „oral literature" ist ein in sich widersprüchlicher Begriff. Antike Literatur ist selbstverständlich schriftlich niedergelegt worden, anders hätte sie nicht die Zeiten überstanden. Aber sie war auch mündliche Literatur, insofern sie laut gelesen und vorgelesen wurde.[135] Es ist also denkbar, dass Israel seinen eigenen Weg auch in Bezug auf die Unterweisung ging.

Elementarbildung im öffentlichen Rahmen und die private christliche Erziehung der Kinder weitgehend unverbunden nebeneinander gestanden haben" (2002, S. 103).

[132] So kann z.B. der Ausdruck für Knabe (נער) in Ri 8,14 und Jes 10,19 auch mit „Knecht", „geübter Krieger" oder „Schreiber" übersetzt werden. Unabhängig von der Datierungsfrage des Textes ist demnach die Möglichkeit zu erwägen, ob es nicht sogar ein Schreiber war, den Gideon nach den Namen seiner Stadtgenossen ausfragte.

[133] "However, for the present, the hypothesis that scribes, priests and the upper class formed the literate segment of ancient Israelite society seems to be the best reading of the evidence." *Young* 1998, S. 420.

[134] So *Barr* 1983. Hier kann nicht auf die Untersuchungen zur Lesepraxis in der Antike eingegangen werden. Vgl. dazu *Müller* 1994 und für die Schriften aus Qumran, *Snyder* 2000.

[135] *Coogan* 1999, S. 57, vgl. *Müller* 1994, S. 18ff.

Unterricht im Alten Israel

3.6.7.3 Es gab keine Schulen aber ein effizientes Famulussystem, das durch andere Lehrinstitutionen unterstützt wurde

Die Kunst des Lesens und Schreibens war wohl hauptsächlich am Königshof und am Tempel verbreitet, was nicht heißt, dass alle Könige schreiben und lesen konnten.[136] Dort wurde sie wohl auch gelehrt, ohne dass an eine schulische Institution gedacht werden muss. Es gab auch außerhalb des Königshofes Schreiber, die das Handwerk von Schreibern erlernten und es in einem weiteren räumlichen Umkreis nach Bedarf ausübten. Diese These wird durch die Beobachtung Youngs gestützt, dass an einigen Stellen des Alten Testaments כתב (schreiben) auch im Sinne von „durch jemanden schreiben lassen" verstanden werden kann, was auch für das Lesen gelte.[137]

Allerdings wäre es zu kurz gegriffen, Unterweisung allein am Grad der Literalität zu messen. Es gab noch weit mehr zu erlernen als Lesen und Schreiben.[138] Lernen stellt sich im Ersten Testament als ein vielfältiges Phänomen dar:[139] Eltern unterweisen ihre Kinder (Dtn 6, 7. 20-24 u.ö.). Anlässlich von Festen wurden größere Volksgruppen mit Hilfe des Buches der Tora unterwiesen (Dtn 31,9-13; Neh 8; 2 Chr 17,7-9). Es gab ein Famulussystem, bei dem Geübte Schüler unterwiesen.[140] Nachzuwei-

---

[136] Schreiber werden unter den Beamten am Königshof aufgezählt: 2 Sam 8,17; 1 Kön 4,3. Vgl. 2 Kön 22,8ff, wo der Schreiber Schafan dem König vorliest. Bei Dtn 17,19 handelt es sich wohl um eine idealisierte Vorschrift. Ob David schreiben konnte (2 Sam 11,14) oder sich eines Schreibers und Boten bediente, muss offen bleiben, ebenso bei Isebel (1 Kön 21,8f). Ester und Mordechai versammelten Schreiber um sich (Est 8, 8f).

[137] *Young* 1998, S. 248f, dagegen *Coogan*, der im Falle Jeremias darauf hinweist, dass allein das Faktum, dass Jeremia seinem Schreiber seine Gedanken diktierte (Jer 36,32) noch kein Hinweis auf die Unfähigkeit zu schreiben sei (1999, S. 50f). Er nimmt an, dass Jeremia schreiben und lesen konnte (vgl. Jer 51,60-63) und in Rechtsprozesse eingriff, ohne der Vermittlung durch einen professionellen Schreiber zu benötigen. *Crenshaw* teilt die Einschätzung Youngs auch im Blick auf Ägypten, Griechenland und Rom (1998, S. 29-49).

[138] Ein Überblick erfolgt in Kapitel 3 dieser Arbeit.

[139] Zu diesem Schluss kommt auch *Crenshaw*: „...considerable diversity characterized education in ancient Israel ..." (1985, S. 615).

[140] Diese These stützt sich besonders auf das Sprüchebuch, vgl. Kapitel 8 dieser Arbeit. *Youngs* Arbeit über bildhafte Darstellungen des „Paidagogos" in der griechischen Antike ist insofern interessant, als er herausarbeitet, dass ein solcher Erzieher eher mit einer Amme vergleichbar war als mit einem Lehrer. Er war Sklave, brachte

Unterricht im Alten Israel

sen ist auch Prophetenunterweisung (2 Kön 6,1) und es gab Unterweisung für Berater und Schreiber an Hof und Tempel. Der Unterricht für diese Berufsgruppe kann am ehesten als Schule charakterisiert werden. Ihre genaue Gestalt ist aber nicht fassbar.Geht man davon aus, dass die Übergänge zwischen Unterweisung und kultischer Belehrung fließend waren, dann muss auch die Einrichtung der Synagoge als Ort erwähnt werden, an dem Unterricht stattfand. Ihre Anfänge liegen im Dunkeln, werden aber oft in der Exilszeit angesetzt.[141]

3.7 Schlussfolgerungen für die weitere Analyse

Nach dem bisher Erarbeiteten ist deutlich, dass die formgeschichtlichen und die religionsgeschichtlichen Analysen in der Schulfrage wichtige Diskussionen angestoßen haben. Die Suche nach möglichen schulischen Einrichtungen in Israel ist aber auf Grund der Textlage von vornherein erschwert. Dass unterwiesen wurde, kann nicht bestritten werden. Im Folgenden soll daher nach dem Akt der Vermittlung selbst gefragt werden. Der Blick richtet sich auf Textstellen, die von Vermittlung sprechen. Ausgangspunkt werden die Verben des Lehrens und Lernens sein, die in der folgenden semantischen Analyse untersucht werden.

Der Schwerpunkt wird auf der Analyse des 5. Buches Mose und des Sprüchebuchs liegen. Beide Bücher spielten in der Schuldebatte bisher eine gewisse Rolle. Sie interessieren hier nun nicht mehr unter formgeschichtlichen Aspekten. Die folgende Analyse knüpft stattdessen an die Deutung der Tradition als Rezeptionsvorgang an, wie sie sich in der Schuldebatte bereits andeutete.[142] Die Frage wird sein, wie Tradition bereits damals in neue Situationen hinein vergegenwärtigt wurde. Von der Antwort auf diese Frage erwarte ich mir Aufschlüsse für den Umgang mit Tradition in den biblischen Texten und einen Einblick in israelitisches Lehrverständnis. Im Deuteronomium, wo das Verb למד (lehren/lernen) überwiegt, werden hauptsächlich diese Verse untersucht. Nach einer hermeneutischen Klärung wird dann Dtn 6 genauer in seinen inter-

---

das Kind zur Schule und wohnte bisweilen dem Unterricht bei (*Young* 1990, S. 82). Er konnte harte disziplinarische Maßnahmen ergreifen. Oft hatte der Erzieher ein enges Verhältnis zu seinen Zöglingen, wurde von ihnen genarrt und geliebt (ebd. S. 84).

[141] *Reeg* 1996, Sp. 594.

[142] Vgl. *Whybray* 1974 und *Vejiola* 2000.

textuellen Bezügen analysiert. Für das Sprüchebuch erweist sich die traditionsgeschichtliche Analyse der Verse mit מוסר, תוכחת und תורה als ertragreich im Blick auf die rezeptionsgeschichtliche Fragestellung.

4 Semantische Analyse und historische Einordnung

Zur Auswahl der Verben des Lehrens und Lernens wurde von dem Verb ausgegangen, das am häufigsten vorkommt: למד (lehren/lernen).[1] Bei der Untersuchung dieser Verse fanden sich andere Verben, die dem Ausgangsverb synonym oder parataktisch zugeordnet waren, dh. sie wurden im Satz parallel verwendet oder in einer vergleichbaren Satzstruktur anstelle von למד gebraucht. Bei יסר (erziehen) und חכם (weise machen) stellte sich im Laufe der Untersuchung heraus, dass auch die Nomina und das Adjektiv חכם hinzugezogen werden müssen. Sie werden deshalb an entsprechender Stelle in die semantische Analyse einbezogen.[2] In der folgenden Darstellung sind, aus Gründen der besseren Übersicht, nicht alle Belege der untersuchten Lexeme erwähnt. Es werden eher thematisch wichtige Linien aufgezeigt und historisch verortet.

4.1 Die Verben des Lehrens und Lernens, ihre Statistik und Grundbedeutung

- Das Verb למד (lehren/lernen) ist das Verb, das in der hier untersuchten Bedeutung am häufigsten vertreten ist. Es wird mit qal „lernen" und pi/pu „lehren, belehrt werden" übersetzt.[3] Die Wurzel hat einschließlich der Derivate 94 Belege, die sich über 17 Bücher des Ersten Testaments verteilen.[4] „Lehren" kommt etwa doppelt so häufig vor wie „lernen".

---

[1] Das Vorkommen des Verbs אלף I beschränkt sich auf das Buch Hiob und wird daher nicht berücksichtigt. זהר (glänzen) hat erst in der Rezeptionsgeschichte die belehrende Bedeutung erhalten (vgl. den Sohar in der Kabbala). Ein eher meditatives Nachsinnen kann mit שיח ausgedrückt werden und gehört am Rande in das Wortfeld (vgl. Prov 6,22; Hi 12,8; Ps 119,23). Die Belege schienen aber nicht ertragreich genug, um hier aufgenommen zu werden. In der Analyse von Prov 6 ist שיח erwähnt, s.u. Kapitel 8.
[2] Das Substantiv תורה (Tora) ist in einem ausführlichen Exkurs bei *Willi* 1995, S. 90 ff in seinen verschiedenen Bedeutungen dargestellt worden. Darauf wird hier nicht gesondert eingegangen.
[3] *Kapelrud* 1984, Sp. 576f, und für den englischen Sprachraum *Clines* 1998.
[4] Vgl. zu diesen Zahlen *Jenni* 1978b.

Semantische Analyse

Häufungen von למד qal finden sich in den Büchern Deuteronomium, Psalmen, Jesaja. Häufungen von למד pi/pu erscheinen in Deuteronomium, den Psalmen und im Jeremiabuch.[5]

Derivate der Wurzel למד sind:

a) לִמֻּד 1. gewöhnt, geübt (Jer 2,24; 13,23). 2. Schüler, Jünger (Jes 8,16; 54,13; 50,4).

b) תַּלְמִיד Schüler bzw. Lehrling im Gegensatz zu מבין Meister (hapax legomenon in 1Chr 25,8).

c) מַלְמָד hat eine umstrittene Bedeutung: „Ochsenstachel" nach der Syriaca, „Pflugbaum" nach Theodotius (hapax legomenon in Ri 3,31).

Ausgehend von diesem letzten Begriff wird die Grundbedeutung von למד abgeleitet, die mit „stechen", „anstacheln" angenommen wird.[6] In dieser Bedeutung kommt das Verb im Alten Testament aber nicht vor. Die frühesten Belege im Tanach verwenden das Verb in der Bedeutung eines technischen Übens. Es hat seit der Zeit des Exils seinen „Sitz im Leben" in der dtn/dtr Überlieferung erhalten und ist in diesem Kontext auch methodisch ausdifferenziert worden.

- Das Verb יסר (erziehen) hat 43 Belege.[7] Köhler/Baumgartner nennt die Bedeutungen „unterweisen", „züchtigen", „zurechtweisen", „erziehen", „anleiten" und „sich warnen lassen". Die Septuaginta übersetzt durchweg mit παιδεῦσαι, mit Ausnahme von 1Chr 15,22, wo sie ἄρχων (Oberster) verwendet. Zweimal ist das Verb in Dtn 8,5 und Jer 31,18 belegt. Es häuft sich besonders im 5. Buch Mose, in den Psalmen, im Sprüchebuch und Jeremia. Die Verse stammen aus der Königszeit, aus der Zeit des Exils und danach. Seinen Sitz im Leben hat das Verb in der Eltern-Kind-Erziehung, die auch auf die Erziehung des Volkes durch

---

[5] *Köhler/Baumgartner* sehen in Hi 11,12 einen Nifal- Beleg und lesen dort יִלָּמֵד (gezähmt, gelehrig werden) statt יִוָּלֵד (von ילד ni, geboren werden, 1974, S. 49). Diese Konjektur ist bei den Masoreten nur schwach belegt. Doppelte Belege finden sich in Dtn 4,10, Jes 40,14 (fehlt in der Septuaginta), Jer 12,16 und Jer 32,33.
[6] *Kapelrud* 1984, Sp. 577.
[7] Zählung nach *Branson* 1982.

Semantische Analyse

den König oder durch Gott übertragen wird.[8] Es kann einen strafenden Akzent haben.

Das Nomen מוסר (Lehre) ist öfter belegt als das Verb. Allein im Sprüchebuch findet es sich 29 mal (das Verb nur 3mal).[9] יסר überschneidet sich mit למד (lehren/lernen) nur in wenigen Versen.[10]

- Das Verb ירה (weisen) hat zwei Homonyme, Wurzeln, die exakt gleich lauten, aber eine andere Bedeutung haben: ירה I, (werfen) und ירה II hi, (regnen lassen). ירה III ist in der Bedeutung „lehren" immer im hi belegt. Derivat ist מורה (Lehrer). Ob תורה von ירה I oder III abstammt, wurde in der Vergangenheit diskutiert. Heute wird davon ausgegangen, dass Tora „Weisung" bedeutet und von ירה III abstammt.[11] Dieses Verb hat 54 Belege im Ersten Testament,[12] die sich auf 16 Bücher verteilen mit Häufungen in den Psalmen (8x), Hiob (6x), 5. Buch Mose (4x) und Jesaja (4x). Bei sechs Belegen handelt es sich um ein substantiviertes Partizip (מורה Lehrer, Weisender) und bei drei Belegen um Namen (מורה Moräh). Das Verb bezeichnet ein Lernen in personaler Beziehung, es gibt jedoch keine Auskunft über eine Methode.[13]

Neben diesen drei häufigsten Verben für lehren und lernen seien hier noch vier weitere genannt, die eine andere Grundbedeutung haben, aber im Hifil auch mit der Konnotation „lehren" verwendet werden.

- Das Verb בין (einsehen) hat nach Köhler/ Baumgartner die Grundbedeutung „unterscheiden". Im Hifil kommt eine rein kausative Konnotati-

---

[8] *Branson* nennt als natürlichen Sitz im Leben die „Weisheitsliteratur" (ebd. Sp. 690), die gerade im Sprüchebuch die Eltern-Kind-Erziehung als Folie verwendet, auch wenn die Schüler und Schülerinnen nicht immer die eigenen waren. Ich halte daher die hier verwendete Formulierung für die präziesere.

[9] *Branson* hat durch die Einbeziehung von Qeres geringfügig andere Zahlen, worauf hier nicht näher eingegangen wird (ebd. Sp. 689).

[10] Ps 94,10.12; Jer 31,18; 32,33. Zu einer ausführlicheren traditionsgeschichtlichen Betrachtung von מוסר s.u. Kapitel 8.

[11] Die These *Wellhausens*, das Nomen sei von ירה I „Los werfen" abzuleiten, stützte sich allein auf Jos 18,6. und wird heute „allgemein abgelehnt" *Liedke/Petersen* 1984, Sp. 1032. Nach Liedke/Petersen richtet sich auch *Willi* 1995, S. 90ff.

[12] Vgl. zu dieser Zählung *Wagner* 1982, Sp. 920.

[13] Ebd. Sp. 921.

Semantische Analyse

on hinzu, die das Ergebnis des Lehrens/Lernens benennt.[14] Die Wirksamkeit des Lehrens wird mit מבין ausgedrückt: 1 Chr 25,8; 35,3; Esra 8,16; Neh 8,7.9. Diese Stellen werden in die Analyse mit einbezogen.

- ידע bedeutet im Hifil „mitteilen", „belehren", „vekündigen".[15] Es überschneidet sich mit einigen Versen von למד (Ps 25,4; Jes 40,14), ירה (Ez 44,23) und בין (Neh 8,12; Jes 40,14) und ist insofern von Interesse. Seine drei hi-Bedeutungen können in den Texten nicht scharf voneinander getrennt werden. Nicht immer ist daher die pädagogische Übersetzung eindeutig.

- Nach Koenen ist das Verb שׂכל I ein Denominativum des Abstraktnomens שׂכל „Einsicht". Eine Grundbedeutung lasse sich bei diesem Verb nicht ermitteln.[16] Es trägt in seinem hi-Stamm zu den Bedeutungen „verstehen", „einsehen" die Konnotation des Gelingens bei, denn ein Schwerpunkt des Verbs liegt auf den Bedeutungen „einsichtig", „klug machen", „Erfolg haben", „Gelingen haben". Köhler/ Baumgartner geben die Bedeutungen „unterweisen", „belehren" unter der Überschrift „einsichtig, klug machen" für folgende Stellen an: 1Chr 28,19; Neh 9,20; Ps 32,8; Pr 21,11; Dan 9,22.[17]

- חכם bedeutet im Grundstamm „weise werden" und „weise sein". Das Piel bezeichnet die Herbeiführung dieses Zustands: „weise machen", „unterrichten", ebenso das passive Partizip „unterrichtet" und der hi-Stamm.[18] Das Verb findet sich in dieser Bedeutung in Ps 19,8; Ps 58,6; Ps 105,22; 119,98 und Hi 35,11. Parallelen zu den bisherigen Verben

---

[14] Nach *Ringgren* 1970, Sp. 625 und *Köhler/Baumgartner* 1974, S. 118 sind dies: Jes 28.9.19; 40,14; Ps 119,34.73.125.130.144.169; Dan 8,16; 11,33; Hi 6,24; Esra 8,16; Neh 8,7.9; 1 Chr 15,22; 1 Chr 25,8; 2 Chr 26,5; 35,3.
[15] *Gesenius* 1962, S. 288.
[16] *Koenen* 1990, Sp. 781ff.
[17] *Koehler/Baumgartner* 1974, Sp. 1238. Als besonders Eingeweihte werden die משכלים (Einsichtige) in Dan 12,10 vorgestellt. Weitere Erwähnungen in Dan 11,33-35; 12,3. *Davies* nimmt an, dass sie die Trägerkreise des Danielbuches waren, eine Gruppe von Schreibern, die Gerechtigkeit lehrten (Dan 12,3). Er erwägt Zusammenhänge zwischen dieser Gruppe von Einsichtigen und den Trägerkreisen von Qumran. Vgl. besonders *Davies* 2001, S. 258-264.
[18] *Müller* 1977, Sp. 927.

Semantische Analyse

sind Ps 105,22[19] (zu יסר erziehen) und Ps 119,98 (zu שׂכל einsichtig machen in 119,99).

4.2 Die ältesten Belege und ihre konkreten Bedeutungen

Die ältesten Texte, die von Vermittlung zeugen, gebrauchen ירה (weisen). Es ist von konkreter Unterweisung, die den Weg betrifft (Gen 46,28), die Rede[20] und davon, dass Gott Worte in den Mund legt (Ex 4,12.15), oder zu einer Wundertat anweist (Ex 35,34). Auch die Bezeichnung מורה (Moräh) für eine Orakelterebinthe in Gen 12,6, von der ohne diesen Namen in Gen 35,4; Jos 24,16 und Ri 9,37 noch die Rede ist, könnte auf einen alten Begriff von Unterweisung hindeuten, hier im Sinn von Orakelbelehrung.[21]

Handwerkliche Unterweisung im Kunsthandwerk wird in Ex 35,34 mit ירה (weisen) ausgedrückt. In diesem Zusammenhang finden sich allerdings häufiger Ausdrücke mit חכם/חכמת/חכמה (Weisheit/weise): כל־חכם־לב (ein sehr weises Herz, Ex 31,6; 35,10), und חכמת־לב (weisheitliches Herz, Ex 35,25). Als weise in diesem handwerklichen Sinn sind in den angegebenen Exodustexten Frauen und Männer bezeichnet.

Die am frühesten greifbaren Belege von למד haben die Konnotation „üben", „sich an etwas gewöhnen" und im Piel-Stamm „einüben", „trainieren", „erfahren sein". Auch diese Verwendung deutet auf ein konkretes Lernziel. Trainiert werden der Kampf/Krieg bzw. die Finger zum Bogenschießen,[22] die Totenklage,[23] der gottesdienstliche Gesang[24] und Schrift und Sprache der Perser.[25] Wo in diesen Belegen eine Lehrperson

---

[19] In diesem Vers gehe ich von der in der Septuaginta vorgeschlagenen Übersetzung aus. Sie liest ליסר.

[20] In dieser konkreten Bedeutung und ohne Objekt wird ירה nur hier verwendet. Der Text ist möglicherweise fehlerhaft überliefert und stattdessen die Septuagintaversion vorzuziehen, die mit „ihm entgegen" zu übersetzen ist, vgl. *Westermann* 1982, S. 179.

[21] Vgl. *Wagner* 1982, Sp. 928.

[22] Ri 3,2; Jes 2,4; Mi 4,3; Hld 3,8; 1 Chr 5,18.

[23] Jer 9,19; 2 Sam 1,17; 2 Chr 35,25.

[24] 1Chr 25,6f; Hld 3,8; (Dtn 31,19.22 eher im tradierenden Sinn).

[25] Dan 1,4.

genannt wird, ist es Gott (Ex 35,34; 2 Sam 22,35; Ps 18,35; 144,1). Einige der Verse lassen sich in die Königszeit datieren (Ps 18,35 vgl. 2 Sam 22,35; Ps 144,1; Jer 9,19; 2 Sam 1,17).[26] Die Bedeutung „üben, trainieren" findet sich auch in exilischer und nachexilischer Zeit (Ri 3,2; 1 Chr 5,18; 25,6f; Hld 3,8; Jes 2,4; Mi 4,3; Dan 1,4).[27]

4.3 Lehren und Lernen in Funktionsbereichen

Die Verben ירה (weisen), יסר (erziehen) und למד (lehren/lernen) werden in unterschiedlichen Bereichen verwendet, die sich etwa seit der Königszeit deutlicher identifizieren lassen. Die Zuordnung zu Funktionsbereichen schließt Überschneidungen allerdings nicht aus. Sie soll im Folgenden dargestellt werden.

---

[26] Ps 18 und 144 gehören zur Gattung der Königspsalmen, die zumindest in ihrer ursprünglichen Form in die Königszeit datieren, vgl. *Smend* 1981, S. 200 und *Seybold*, der Ps 18,33-51 als eines der ältesten Teilstücke des Psalms betrachtet, das auf vorexilische Zeit zurückgehe (1996, S. 83). Ps 144 kann als „anthologische Kurzfassung" von Ps 18 verstanden werden (a.a.O., S. 530). Jer 9,19 wird zur Frühzeitverkündigung des Jeremia gezählt (Jer 1-10), vgl. *Meyer* 1996, S. 322. Der Text 9,16-21 nimmt die ältere Tradition der Totenklage von Frauen auf und ironisiert damit die (dtr?) Lehre des Gesetzes: „Lehrt eure Töchter die Totenklage". 2 Sam 1,17 gehört zur Aufstiegsgeschichte Davids (1 Sam 16-2 Sam 5.7-8), die als vordtr literarischer Komplex gilt, vgl. *Niehr* 1996b, S. 155.

[27] Der Vers Ri 3,2 ist nach *Zimmerli* dtr einzustufen (1982, S. 158), vgl. auch *Niehr* 1996a, S. 141. 1 Chr 5,18 ist Teil des Berichts über den Krieg (5,18-22), der sich im Vergleich zur Meša-Stele als unhistorische Darstellung herausstellt (*Oeming* 1990, S. 138-141). Der Text gehört also zur Bearbeitung, die 1 Chr 1-9 im 3. Jahrhundert v. Chr. in das chronistische Geschichtswerk einfügte. Zur selben Überarbeitungsschicht gehört 1 Chr 25,7f (*Steins* 1996b, S. 170, der M. *Noths* und W. *Rudolphs* Ergänzungsmodell beschreibt) und 2 Chr 35,25. Die Datierung von Hld 3,8 ist schwer. Das Hohelied ist als Sammlung in der späten Perserzeit zusammengestellt worden (4. od. 3. vorchristliches Jahrhundert), vgl. *Krinetzki* 1980, S.5. Das Beschreibungslied 3,6-8 ist älter als 3,9-10 (Gräzismus), aber nicht genauer zu datieren. Nach einer neueren Untersuchung von *Kessler* wird Mi 4,1-5 in frühnachexilische Zeit datiert. Das Umfeld beschreibt Kessler ausgehend von Hag 2,1-9, der sich recht präzise auf das Jahr 520 v. Chr. datieren lässt. Von Micha ist, nach *Kessler*, der Text nach Jesaja gelangt (1999, S. 178-183). Dan 1,4 gehört zur Einleitung des Danielbuches, die in 1,8-16 erweitert wurde. Es ist ungeklärt, ob Dan 1,1-7.17-20 zusammen mit Dan 2-6 zum ältesten Bestand des Buches gehören (*Collins*) und im 5./4. Jahrhundert anzusiedeln sind oder ob Dan 1 bzw. 1-3 eine später hinzugefügte paränetische Einleitung bilden (*Lebram*, *Haag*), was auf eine Entstehung im 3. Jahrhundert schließen ließe, vgl. die Übersicht in *Niehr* 1996c, S. 363.

Semantische Analyse

4.3.1 Lehren als priesterliche Unterweisung

ירה (weisen) kommt gehäuft in Texten vor, in denen von der Belehrung durch Priester die Rede ist. Zu den ältesten Belegen zählt die Aussage im Levi-Spruch des Mosesegens: *Sie lehren deine Rechtsbestimmungen Jakob und deine Weisung Israel. Sie legen Räucherwerk vor deine Nase und Ganzopfer auf deinen Altar.* (Dtn 33,10)[28]

Priesterliche Belehrung ist von da an bis in exilische Zeit mit dem Verb ירה (weisen) belegt. In der Königszeit lehrt der Priester Jojada den jungen König Joas (2 Kön 12,3). In 2 Kön 17,27f lehrt ein Priester das Volk Samarias in Bethel. Lehrinhalte sind das Gesetz (משפט) und die Furcht JHWHs (יראת יהוה). Die priesterliche Belehrung wird in der vorexilischen Prophetie und in ihren späteren Überarbeitungen negativ bewertet. In Micha wird beklagt, dass die Priester für Lohn lehren (Mi 3,11). In Jes 9,14 und Hab 2,18 wird ein Prophet als מורה שקר (Lügenlehrer) bezeichnet.[29]

Schwierige Gerichtsangelegenheiten werden im dtn/dtr Kontext vor die levitischen Priester gebracht, die eine bindende Entscheidung fällen (Dtn 17,9-11).

Die im Exil entstehende Priesterschrift verwendet das Verb ירה für priesterliche Weisung in Einzelfragen auf Grund von Satzungen, wie die Frage nach rein und unrein (Lev 10,11; 14,57). So auch in Dtn 24,8.[30] Im Kontext des chronistischen Geschichtswerks spricht der Prophet Asarja zu Asa von einem Priester, der lehrt. Das Partizip der Wurzel (מורה), wird hier als Begriff für „Lehrer" benutzt: *Und viele Tage war Israel ohne die Treue Gottes und ohne einen priesterlichen Lehrer und ohne Tora.* (2 Chr 15,3)

---

[28] *Wagner* erwägt eine frühe Datierung von Dtn 33,10 (1972, Sp. 926); anders *Braulik*, der zwar für den Mosesegen zumindest teilweise eine Entstehung im 11. Jahrhundert v. Chr. annimmt aber vermutet, dass die historischen Reminiszensen in Dtn 33,8-11 die priesterlichen Funktionen, die Betätigung des Losorakels und die Vollmacht zur Weisung des Levistammes legitimieren sollen (1992, S. 240). Dann wäre ein älterer Levispruch verloren gegangen.

[29] *Wagner* weist darauf hin, dass מורה (Lehrer) in den Qumranquellen eine weitaus größere Rolle spielt (1982, Sp. 928).

[30] Zur priesterschriftlichen Einordnung dieser Stelle vgl. ebd. Sp. 925.

Semantische Analyse

In nachexilischer Zeit löst למד (lehren/lernen) das Verb ירה (weisen) zur Bezeichnung der priesterlichen Volksbelehrung ab. Im 2. Chronikbuch wird berichtet, dass Joschafat seine Obersten, Leviten und Priester in die Städte Judas schickt. Sie tragen die Tora bei sich, ziehen umher und lehren (למד) das Volk (2 Chr 17,7-9). Wie eine Konkretisierung dieser Notiz liest sich Esra 7,1-7, wo geschildert wird, dass Esra als Schriftgelehrter aus priesterlichem Geschlecht mit einem Gefolge, das u.a. aus Priestern und Leviten bestand, nach Israel zieht, um das Volk zu belehren: *Denn Esra hatte sein Herz darauf gerichtet, das Gesetz JHWHs zu erforschen und zu tun und in Israel Ordnung und Recht zu lehren* (למד). (Esra 7,10)[31]

4.3.2 Lehren als Erziehen

4.3.2.1 Menschliches und göttliches Erziehen

Das Verb יסר (erziehen) hat im Sprüchebuch die Bedeutung der Kindererziehung.[32] So z. B. in Spr 29,17, einem Vers der Sammlung III, die bereits in der Königszeit schriftlich vorlag:[33] *Erziehe dein Kind, so wird es dich zufrieden machen und deiner Seele Freude geben.* Im 5. Buch Mose bezeichnet das Verb die Erziehung des Sohnes durch Mutter und Vater (Dtn 21,18-21). Im nachexilisch datierten Rahmen des Sprüchebuches (Spr 31,1) werden die Worte zitiert, mit denen Lemuels Mutter ihn unterwies.

Die Erziehung verlief nicht immer konfliktfrei. יסר (erziehen) hat neben dem neutralen einen strafenden Akzent. In Spr 19,18 wird ausdrücklich davor gewarnt, ein Kind zu töten. Es kann also davon ausgegangen werden, dass auch mit Schlägen erzogen wurde. In Dtn 22,18 wird beschrieben, dass ein Ehemann, der seine Frau nachweislich verleumdet hat, durch die Ältesten zur Rechenschaft gezogen wird (יסר). Ob es sich

---

[31] Interessant ist hier der Ausdruck „das Gesetz JHWHs erforschen". Er setzt das Vorhandensein der Tora voraus (vgl. Dtn 29,20). Esra erforscht sie, mit dem Ziel, sie „zu tun" und in Israel Ordnung und Recht zu lehren. Die Wurzel למד ist eingebettet in dtn/dtr Sprachgebrauch.

[32] In dieser Arbeit wird aus Gründen, die in Kapitel 7.3.2.1 Anm. 80 und Kapitel 8.2.4 erklärt werden, בן sowohl im Deuteronomium als auch im Sprüchebuch mit Kind übersetzt.

[33] Zur Datierung der Teile des Sprüchebuches s.u. Kapitel 8.1.

Semantische Analyse

dabei nur um eine verbale Ermahnung handelt oder um eine härtere Strafe, ist nicht gesagt. König Rehabeam bezeichnet sein grausames Verhalten gegenüber dem Volk mit diesem Verb: *Mein Vater hat euch mit Peitschen erzogen, ich aber will euch mit Skorpionen erziehen.* (1 Kön 12,11b)[34]

Eine größere Anzahl von Belegen kennt die Vorstellung, dass Gott den Einzelnen erzieht und auch im Zorn straft. Dieser Gedanke mag sich aus der Krise Einzelner entwickelt haben (Ps 6,2; 38,2; 39,12), er wird in exilisch/nachexilischer Zeit auf den Umgang Gottes mit seinem Volk übertragen: *JHWH, dein Gott erzieht dich, wie ein Mann seinen Sohn erzieht.* (Dtn 8,5)

Gott erzieht nach dieser Vorstellung zur Stärkung des Volkes: Dtn 8,5; 4,36; Hos 7,15, oder auch mit strafender Konnotation: Lev 26,18.23.28; Ps 94,10; Jer 2,19; 30,11; 31,18; 46,28; Hos 7,12; 10,10. יסר (erziehen) hat die strafrechtliche Konnotation „korrigieren", „berichtigen", wenn es in der Verbindung mit יכח (zurechtweisen, jemandem Recht schaffen) steht: Ps 2,10; 6,2; 38,2; 94,10; Spr 9,7; Jer 2,19.

Erfahren wird aber auch die als beglückend empfundene Erziehung durch Gott: Ps 94,12 preist den Mann glücklich (אשרי), den JHWH erzieht (יסר), und den er aus seiner Tora unterrichtet (למד) vgl. Ps 16,7). In Jes 28,26 erscheint das Verb im Zusammenhang mit Gottes Rat in der Bedeutung von „anleiten": *So leitete ihn sein Gott zum richtigen Verfahren an* (יסר)*, er unterwies ihn* (ירה)*.*

4.3.2.2 Erziehung zur Weisheit

In dem ältesten Teil des Sprüchebuches, Spr 10,1-24,34,[35] wird die Erziehung öfter in den Zusammenhang mit Weisheit/weise gebracht (10,1[36]; 13,1.14; 15,12.33; 19,20). Es ist aber nicht von einer systematischen Belehrung zur Erlangung von Weisheit die Rede.[37] Weise ist in

---

[34] Vgl. 1 Kön 12,14b und 2 Chr 10,11b.14b. In Ri 8,16 und Jer 16,21 hat ידע (belehren) diese strafende Konnotation.
[35] Zur zeitlichen Einordnung s.u. Kapitel 8.1.2.
[36] Zur Auslegung von Spr 10,1 s.u. Kapitel 8.3.3.1.
[37] Eine Ausnahme bildet 15,33, wo der Lehre der Weisheit die Furcht JHWHs gegenübergestellt wird. Hier ist an eine systematische Unterweisung wie in Spr 1-9

Semantische Analyse

diesen Versen das Annehmen von Lehre im Sinn von Geboten und Richtlinien (vgl. 10,8). Es hat die Bedeutung „klug" (vgl. 13,1) in einem lebenspraktischen Sinn. „Lehre" und „Rat" sind auf einer Ebene angesiedelt (12,15; 13,10; 19,20; 21,30). Weisheit gehört zu einem Leben, das den Fallen des Todes entgeht (13,14). חכם (weise) kann sich mit שכל hi (klug machen, belehren) verbinden (16,23 vgl. 21,11).

In nachexilischer Zeit (Spr 1-9) ist Weisheit Erziehungsziel (vgl. 2,2.10; 4,5; 7,4). Sie ist Voraussetzung für das Leben (4,10-13, bes. 4,11). Weisheit (חכמה) wird im programmatischen Vorspruch zusammen mit Lehre (מוסר) erwähnt (1,2) und mit weise (חכם) in 8,33. Die Weisheit tritt in Spr 1,20-33 und Spr 8 als Lehrende auf.[38] Damit hat die Lehre der Weisheit in Spr 1-9 einen anderen Stellenwert bekommen. Es geht nicht mehr um lebenspraktisches Lernen sondern um eine weisheitliche Prägung der Persönlichkeit und ihre Ausrichtung auf Gottes Gebote. In 8,35 spricht die Weisheit: *Denn wer mich findet, Leben findet und Gefallen erlangt, ist vom Herrn.*[39]

4.3.2.3 Das göttliche Erziehen (מוסר) außerhalb des Sprüchebuches

מוסר hat im Sprüchebuch fast immer den neutralen Akzent von „Lehre", die durch menschliche Lehrpersonen vermittelt wird.[40] Das Vorkommen im übrigen Alten Testament unterscheidet sich davon. Auf diese Belege soll hier eingegangen werden.

Sie finden sich hauptsächlich in den Prophetenbüchern und dort besonders bei Jeremia. Außerhalb der Propheten ist מוסר in Dtn 11,2; Hi 5,17; 20,3; 36,10 und Ps 50,17 belegt. Das Nomen bezeichnet in diesen Ver-

---

gedacht. Die Beobachtung, dass חכם einen breiten lebenspraktischen Bedeutungsbereich hat bestätigt *Whybray* in seiner kurzen Untersuchung zu den Weisen am israelitischen Königshof. Könige wurden nicht von Weisen beraten. Als Weise wurden eher die Intriganten bezeichnet (2 Sam 13,3; 17,6-14 u.ö.). Sie waren möglicherweise auch die Gegner Jesajas und Jeremias am Königshof, was allerdings religiöse und moralische Qualitäten bei Schreibern nicht ganz ausschließt, vgl. Jer 25,24; 29,3; 39-43 (1990b, S. 135 und 139).

[38] S. u. Kapitel 8.2.3.
[39] Die Punktierung von מצאי ist textkritisch umstritten. Ich entscheide mich für das Ketib, das in der *Biblia Hebraica* 1976/77 vorgeschlagen ist
[40] S. u. Kapitel 8.

Semantische Analyse

sen fast immer die „Lehre Gottes"[41] und drückt Gottes geschichtliches Handeln am Volk oder ein persönliches Schicksal aus. In Dtn 11,2 ist מוסר יהוה אלוהיכם (Lehre JHWHs, eures Gottes) eine Deutung der Ereignisse des Auszugs aus Ägypten, des Durchzugs durch das Schilfmeer und der Wüstenzeit (11,3-6).[42] Sie steht in Parenthese und ist leicht als dtr Redaktion zu erkennen. Die Ereignisse sind rückblickend pädagogisch gedeutet worden, sie werden so zur Lehre Gottes für sein Volk.[43]

Die Belege im Hiobbuch haben Gottes Verhältnis zum Einzelnen im Blick. In Hi 36,7-11 wird מוסר als kritische Besinnung in der Krise verstanden, die mit einer bestimmten Deutung des eigenen Tuns einher geht. Der Ansporn zur Umkehr ist damit verbunden. In Hi 5,17 ist מוסר die „Lehre Gottes" wie in Spr 3,11. In Hi 5,18ff folgen grundsätzliche Gedanken zur Erfahrung von Leid und Segen durch Gott, die wie eine Belehrung über Gottes Umgang mit dem Einzelnen klingen (vgl. Hi 5,27).

In Ps 50,16 entlarvt Gott einen Gottlosen als einen, der die מוסר gehasst hat und Gottes Worte „hinter sich geworfen" hat. 50,21 kündigt an: *Ich werde dich zurechtweisen* (יכח) *und es dir vor Augen stellen.* Hier ist מוסר die Richtigstellung des Verkehrten.

In den Versen der Prophetenbücher ist מוסר, ähnlich wie in Dtn 11,2, eine Sache zwischen Gott und Volk. Sie steht in Verbindung mit einer Katastrophe, die über das Volk Israel gekommen ist. So in Jes 26,16, wo der schwer rekonstruierbare Text eine erfahrene Not als Lehre (מוסר) deutet.[44] Bei Jeremia wird der Aspekt der Umkehr besonders betont. In Jer 5,3 hätte das Volk Lehre (מוסר) annehmen sollen (לקח), hat sich aber geweigert, umzukehren (שוב). In Jer 7,28 wird לקח מוסר (Lehre annehmen) mit der aus dtr Kontext stammenden Formulierung „hören auf die

---

[41] Ausnahmen: Hi 20,3, dort spricht Zofar über die Lehre Hiobs.
[42] Eine ähnliche Lehre aus der Geschichte zieht Ps 78, der mit „höre, mein Volk" eingeleitet ist und in 78,5 ידע hi in der Bedeutung von „lehren" verwendet.
[43] Ich halte 11,1 für den Schlusssatz des Abschnitts 10,12ff. Er ist also nur durch seine Voranstellung mit 11,2ff verbunden. In 11,8 folgt eine weitere Gebotsparänese, so dass es wahrscheinlich ist, dass der Gedanke der מוסר Gottes daran anknüpft, vgl. auch *Branson* 1982, Sp. 695.
[44] Der Text gehört zur Jesajaapokalypse und ist wohl in persischer Zeit entstanden. Zur Diskussion vgl. *Wildberger* 1978, S. 905ff.

Semantische Analyse

Stimme" parallelisiert (vgl. Dtn 4,36 u.ö.). Die Bedeutung von Lehre rückt in die Nähe von „Gehorsam". Dahinter steht immer der Besinnungsgedanke, der Umkehr bewirken könnte. Ähnlich können Jer 17,23; 32,33; 35,13-15 und Zeph 3,2.7 verstanden werden.

Eine Verhärtung der Bedeutung ist dort zu beobachten, wo der Freiraum zur Besinnung fehlt und der lehrhafte Aspekt praktisch völlig dem der Disziplinierung weicht.[45] Die Klage Gottes über sein Volk in Jer 2,30 wäre nur verständlich, wenn dort לקח מוסר mit „Lehre annehmen" übersetzt würde.[46] „Schläge" weisen aber auf Bestrafung hin. Hier haben sich die Motive so verdichtet, dass מוסר nur noch Disziplinierung durch Schläge bedeutet. Damit gewinnt der Text an Intensität, die auf eine große Dramatik zur Zeit seiner Entstehung schließen lässt. In Jer 30,14 steht die Gewalt vollends im Vordergrund. Gott spricht darin durch den Mund Jeremias: *All deine Liebhaber haben dich vergessen, sie fragen nicht nach dir. Denn ich habe dich verwundet wie man einen Feind verwundet. Deine Lehre/Strafe (מוסר) war grausam um der Größe deiner Schuld willen, weil deine Sünden zahlreich sind.* (Jer 30,14) מוסר ist an dieser Stelle vollends zur Strafe geworden, denn es ist keinerlei Umkehr mehr in Sicht.[47]

Die Texte zeigen, dass מוסר eine gewisse Bedeutungsbreite aufweist. Die Lehre Gottes schafft die Möglichkeiten zur neuen Einsicht und zur Umkehr. In anderen Texten, die keine Umkehrmöglichkeit mehr für das Volk sehen und völlige Ausweglosigkeit zeigen, ist Gott direkt mit der Gewalt verbunden. An diesen Stellen wird מוסר zum Medium für die Bestrafung durch Gott. Ich halte diese Konnotation für eine nachexilische Deutung der geschichtlichen Ereignisse, die besonders Jeremia

---

[45] Dass sich die Angesprochenen dem Umkehrgedanken verschließen und sich weigern, darüber nachzudenken, schlägt sich in einigen der Verse in der Körperhaltung nieder. Das Gesicht ist härter als Fels (Jer 5,3), das Ohr ist nicht geneigt, der Nacken verhärtet (Jer 7,26;17,23), der Rücken ist zugekehrt und nicht das Gesicht (Jer 32, 33).

[46] Die Elberfelder Übersetzung hat „sie haben keine Züchtigung angenommen". Züchtigung ist aber nach heutigem Sprachgebrauch etwas rein passives, das einem geschieht.

[47] So auch *Branson* 1982, Sp. 694. Weitere Verse mit diesem Aspekt sind: Jes 26,16ff; Jes 53,5; Jer 2,30; 5,3; 30,10ff; Ez 5,15.

verwendet. Es ist nicht gerechtfertigt, in allen מוסר – Stellen das strafende Element mit zu lesen.

4.3.3 Lehren und Lernen im dtn/dtr Zusammenhang als Weitergabe der Tradition

4.3.3.1 Die zeitliche Einordnung der Verse im 5. Buch Mose

למד (lehren/lernen) ist das Verb, das im 5. Buch Mose die Weitergabe der deuteronomischen Gesetze und der Vätertradition insgesamt bezeichnet. Im Rahmen der Tora tritt dieses Verb erst im 5. Buch Mose auf und ist dort die am häufigsten gebrauchte Bezeichnung für lehren und lernen.[48] Die siebzehn Belege sind in eine formelhafte Sprache eingebettet.[49] Mose lehrt im Auftrag JHWHs die Volksversamlung, die aus Männern, Frauen, Kindern und Fremden besteht (Dtn 31,12). Er lehrt Ordnungen und Rechtsbestimmungen (החקים, משפטים 4,1.5.14; 5,1.31 und 6,1 dort mit מצוה Gebot) bzw. die Worte der Weisung (דברי תורה 17,19; 31,12) oder meine Worte (gemeint sind JHWHs Worte דברי 4,10).

Die siebzehn Verse gehören nach Braulik verschiedenen deuteronomistischen Bearbeitungsstufen an.[50] Folgt man seiner Einordnung, dann hat deuteronomische Belehrung vor dem Exil zunächst das „Höre Israel" (6,4f) zum Inhalt und das Gesetzeskorpus, dessen bearbeitete Form in Dtn 12-26 vorliegt. Noch vor der Zerstörung Jerusalems durch die Babylonier wurde die Gebotsrede und die Ermahnungen zur Einhaltung um die Zehn Gebote erweitert (5,6-21). Im Exil wird sie, in Weiterführung von 5,31, mit der Perspektive versehen, dass das Volk in das verheißene Land hinüberzieht (18,9; 4,1) und dort nicht den kanaanäischen Göttern folgen soll (18,9; 20,18), sondern in der Furcht Gottes leben wird

---

[48] ידע hi (wissen lassen, belehren) wird in Dtn 4,9 mit der gleichen Konnotation wie למד verwendet.
[49] Zur Zählung vgl. *Jenni* 1978b, Sp. 872.
[50] Die redaktionsgeschichtliche Arbeit am 5. Buch Mose ist in der Forschung unbestritten, ihre zeitliche Einordnung wird aber stark diskutiert vgl. *Lohfink* 1991a. Ich orientiere mich in dieser Arbeit an *Braulik*. Er bezeichnet Dtn 5,31; 6,1 als dtr vorexilisch. Etwas später seien 5,1; 11,18.21 und 31,9-13 eingefügt worden, 11,18.21 könnten auch exilisch sein. Dtr-exilisch seien 14,23 (könnte nach *Braulik* auch älter sein), 17,19; 18,9; 20,18; 31,19.22. Spätexilisch datiert *Braulik* 4,1.5.10.14 (1997, S. 121).

Semantische Analyse

(14,23; 17,19; 31,12f auch 4,10). Spätexilisch wird die Auseinandersetzung zwischen dem einen gestaltlosen Gott, der in der Erinnerung des Volkes an den Horeb und in den Geboten lebendig ist und den greifbaren Göttern geführt (4,3.7.15-20.23.28). Das Tun der Gebote bekommt Identitäts-stiftende Bedeutung (4,6). Ihre Geltungsdauer geht jetzt über das Wohnen im verheißenen Land hinaus und gilt *alle Tage, solange sie auf dem Erdboden leben* (4,10).

4.3.3.2 Verben, die den Lernbegriff des 5. Buches Mose beeinflussen

In den Versen im 5. Mosebuch tauchen einige Verben auffallend häufig im Kontext von למד (lehren/lernen) auf und prägen den Lernbegriff dieses Buches mit:

- שמע (hören) geht dem Verb למד (lehren/lernen) an den Stellen, an denen sie zusammen erwähnt werden, immer voraus (4,1.10; 5,1; 31,12f). Es ist, semantisch betrachtet, die Voraussetzung des Lernens. Hören und Lernen sind in 6,4 austauschbar. Der Ausdruck „hören auf die Stimme Gottes"[51] berührt sich mit dem Lernbegriff. Damit ist ein „gehorchendes Hören" benannt, das die vollständige Annahme des von Gott Gesagten erwartet.[52]

- דבר (sprechen) ist die Grundform des Lehrens Moses, der Reden an die Volksversammlung hält. In 5,1.31 und 11,19 wird das Verb eng mit dem Lehren verbunden.

- עשה (tun) ist das Verhaltensziel der Belehrung des Mose. Die Gebote sind auf das Handeln der Angesprochenen ausgerichtet (4,1.5.14; 5,1.31; 6,1; 17,19; 31,12).

- שמר (bewahren, achten auf) bezeichnet in den למד-Versen eine Verstärkung des Vorsatzes, die Gebote in Handeln umzusetzen (5,1; 17,19; 31,12).

- ירה (fürchten) bezeichnet in 4,10; 14,23; 17,19; 31,12f das inhaltliche Ziel der Belehrung. Gott zu fürchten ist die Haltung,

---

[51] Dtn 8,20; 13,19; 15,5; 21,18; 26,14; 27,10; 28,1.2.15.45.62; 30,8.10.
[52] Vgl. dazu *Arambarri* 1990, S. 99ff.

Semantische Analyse

die dem Bund Gottes mit den Menschen entspricht, den er durch seine Gebote bekräftigt.

4.3.3.3 Die Anknüpfung an den Lernbegriff des 5. Buches Mose außerhalb des Buches

Nach der Bedeutung, die der Lehr/Lernbegriff im 5. Buch Mose erlangte, würde man erwarten, dass im deuteronomistischen Geschichtswerk ebenso nachdrücklich vom Lernen gesprochen wird. Das ist aber nicht der Fall. Die Belege sind selten. למד hat in den Büchern Josua, Richter, Samuel und Könige, außer den oben aufgewiesenen konkreten Belegen, keine weiteren.

Die formelhafte Verwendung des Verbs למד (lehren/lernen) im 5. Buch Mose prägt aber einige Belege in den Psalmen und lässt dort dtr Überarbeitung erkennen. Es wird in Ps 132,12 mit למד vom Erlernen des Bundes Gottes und seiner Zeugnisse gesprochen. In Ps 78,5 bezeichnet ידע (mitteilen, belehren) in ansonsten deuteronomistischer Sprache die Weitergabe von Tradition.[53] In Ps 106,35 wird beklagt, dass das Volk die Werke der Nationen lernte (למד vgl. Dtn 18,9; 20,18).[54]

Die Belege für למד (lehren/lernen) häufen sich in Ps 119. In diesem nachdeuteronomistischen,[55] akrostischen Torapsalm finden sich 13 Belege. Ein Hinweis auf die deuteronomistische Verwendung ist, dass das Verb eine der im 5. Buch Mose genannten Gesetzesbestim-mungen zum Objekt hat (Ps 119,7.12.26.64.68.71.73.108.124.135.171). Die Folge des Lehrens/Lernens ist in 119,7.12.64. 68.108.171 der Lobpreis Gottes. Die Belehrung durch Gott wird als Gnade oder besondere Zuwendung empfunden: 119,24.135.

Beim Propheten Ezechiel findet sich ebenfalls der dtn/dtr Lernbegriff, allerdings mit ידע hi (mitteilen, belehren). Erkennbar ist der dtn/dtr Kontext am Objekt und am Handlungsappell: *Menschensohn, zeige Jerusalem ihre Gräuel!* (Ez 16,2 vgl. Dtn 18,9; 20,18).[56]

---

[53] Dtr Einfluss findet auch *Seybold* in Ps 132 und 78 (1996, S. 498 und S. 309).
[54] *Seybold* zieht Parallelen zum Privilegrecht in Ex 23,32f; 34,11ff; Dtn 7,16 (ebd. S. 424).
[55] Diese Datierung hat *Seybold* ebd. S. 472.
[56] Vgl. Ez 20,4 und 22,2.

Und ich gab ihnen meine Ordnungen, und meine Rechtsbestimmungen lehrte ich sie (ידע), durch die der Mensch lebt, wenn er sie tut. (Ez 20,11)

Als Weiterführung des dtn/dtr Lernbegriffs ist auch 2 Chr 17,7-9 zu verstehen.[57] Diese idealtypisch gefärbte Notiz gehört zum Sondergut der chronistischen Geschichtsschreiber und ist ein Bericht über die Einführung gesetzestreuer Verhältnisse in den Städten Judas (vgl. 2 Chr 19,5f). In Neh 8 wird Belehrung in nachexilischer Zeit in Jerusalem am Laubhüttenfest mit der Person des Esra und seinem Gefolge erzählerisch ausgestaltet. Die Verben בין (einsehen) und ידע (mitteilen, belehren) bezeichnen den Erfolg des Vortrags: *... denn sie hatten Einsicht gewonnen (בין) in die Worte, die man sie gelehrt (ידע) hatte.*[58] Diese jüngsten Bezüge auf deuteronomisches Lehren im Alten Testament außerhalb des 5. Buches Mose kommen ohne das Verb למד (lehren/lernen) aus.

4.4 Thematische Ausgestaltung des Lernbegriffs in einigen Büchern des Ersten Testaments

4.4.1 Lehren als persönliche Begleitung im Lebenslauf in den nachexilischen Psalmen

In 1 Sam 12,23 verspricht Samuel, das Volk auf dem „guten und richtigen Weg" zu weisen. Im Tempelweihgebet des Salomo (1 Kön 8,35), das vermutlich in exilisch-nachexilischer Zeit stark überarbeitet wurde, bittet Salomo, dass Gott den guten Weg weisen möge. Besonders in einigen nachexilisch einzuordnenden Psalmen (Ps 25; 27; 51; 71; 86; 119)[59] steht lehren und lernen im engeren oder weiteren Zusammenhang

---

[57] S.o. zur Priesterbelehrung.
[58] Neh 8,12. Ein Codex der Septuaginta übersetzt: ἐνεφυσιώθησαν „die ihnen eingeblasen worden waren".
[59] *Wagner* ordnet Ps 25 unter die individuellen Klagelieder ein und datiert ihn nachexilisch (1982, Sp. 923). Bei Ps 27 handelt es sich um den Psalm eines/einer Angeklagten, die auf Rettung vertraut. *Seybold* sieht Beziehungen zu Ps 25 (1996, S. 108). Er datiert Ps 27 zusammen mit Ps 26 und Ps 28 nachexilisch (ebd. S. 115). Ps 51, einen Bußpsalm, datiert *Seybold* aufgrund der Parallelen zu Tritojesaja zwischen 520 und 450 v. Chr. (ebd. S. 211). Nach *Westermann* gehört Ps 71 zu den Klagepsalmen des Einzelnen. Er sei ein später Psalm, da der Voluntativ gehäuft auftrete (1977, S. 56). Ps 86 tematisiert die persönliche Zueignung des Heils und den eigenen

Semantische Analyse

mit dem Verb דָּרַךְ hi (betreten lassen, leiten),[60] mit dem dazugehörigen Nomen דֶּרֶךְ (Weg) oder mit ארח (Weg, Pfad). In Ps 25,8.12; 86,11; 119,33 mit ירה (weisen) und Ps 25,4.5.9; 51,15 mit למד (lehren/lernen).

Der beziehungshafte Aspekt von ירה (weisen) zeigt sich in Ps 25,8.12, in denen ein anderer Akzent als in den למד (und ידע)-Versen (25,4.5.9) gesetzt wird. ירה ist in diesen beiden Versen mit ב (in, auf) konstruiert, was den Aspekt der begleitenden Unterweisung stärkt. Es wird nicht der Weg selbst gewiesen, sondern die Person wird auf dem Weg unterwiesen. „Weisen auf dem Weg" hat einen Aspekt von „begleiten" oder „beraten". So auch, zusammen mit שׂכל (Einsicht verleihen), in Ps 32,8: *Ich will dich klug machen (שׂכל) und dich weisen (ירה) auf dem Weg, den du gehen sollst, ich will dir raten, meine Augen über dir.*

Der zweite Halbsatz unterstreicht den Aspekt der Begleitung auf dem Weg. Vgl. auch Ps 27,11: *Weise mir, JHWH, deinen Weg, und leite mich auf dem Pfad der Ebene[...].* Die persönliche Begleitung durch Belehrung im Lebenslauf, die sich in der Wegmetapher ausdrückt, sofern sie in Bezug auf Einzelne gebraucht wird, fasst Ps 71,17f mit למד zusammen: *Gott! Du hast mich gelehrt (למד) von meiner Jugend an, und bis hierher verkündige ich deine Wundertaten. Und auch bis zum Alter und zum grauen Haar verlass mich nicht, Gott, bis ich verkündige deinen Arm dem Geschlecht, dem, das kommt deine Stärke.*

In Deuterojesaja, einem Text, der vermutlich in frühnachexilischer Zeit entstand, wird das Motiv der „Belehrung über den rechten Weg bzw. auf dem Weg" in einem Hymnus auf Gott aufgenommen und dichterisch umgestaltet (Jes 40,12-17). Gefragt wird, wer Gott den Pfad des Rechts und den Weg der Einsichten lehrte (40,14). Die drei verwendeten Verben des Lehrens sind בין (einsehen), למד (lehren) und ידע (belehren).[61]

Anteil an der Heilswende. Er entstand nach *Seybold* am Ende der Exilszeit (1996, S. 335). Ps 119 ist nach *Kraus* eine Sammlung von Äußerungen „der individuellen Thora-Frömmigkeit der nachexilischen Zeit", er setzt den Abschluss des Deuteronomiums voraus (1960b, S. 823).

[60] Die zweite Bedeutung „leiten" hat *Gesenius* nicht. Sie ist in der Elberfelder Übersetzung angeboten und scheint schlüssig.

[61] Vgl. zu der Anhäufung von Lehr- und Lernbegriffen Jes 40,21.

4.4.2 Neue Akzente des Lehr- und Lernbegriffs bei den Propheten

4.4.2.1 Lehren und Lernen als Grundlage eines positiven Verhältnisses zu Gott bei Jesaja und Deuterojesaja

Das Verb למד findet sich im gesamten Jesajabuch häufiger in der Bedeutung von „lernen" als in der von „lehren". „Lernen" rückt bei Protojesaja in den Kontext sozialer Prophetie. Der dtn Ausdruck „das Gebot tun" wird in Richtung des sozialen Handelns präzisiert (Jes 1,17; 26,9). Gottes Furcht ist in 29,13 nur angelerntes Gebot, nur befohlen, nicht mit dem Herzen ausgeführt. „Lehren" wird im Protojesajabuch mit ירה (weisen), בין (einsehen) und יסר (erziehen) ausgedrückt. Jes 28,9 fragt, wer zu lehren ist (ירה, בין), da doch keiner hört (28,12). In Jes 28,26 wird die Ackerbaukunst des Bauern auf Gottes Belehrung zurückgeführt (יסר und ירה). Der Text erwähnt es in einem Lobpreis Gottes.

Deuterojesaja versteht „lernen" als nützlich und als rechte Wegführung durch Gott (Jes 48,17 למד, vgl. Jes 2,3 ירה). Er greift damit das Wegmotiv der nachexilischen Psalmen auf.

Bemerkenswert ist bei Jesaja und Deuterojesaja, dass sie von „Schülern" (לִמֻּד) sprechen (Jes 8,16; 50,4 und 54,13). Jesaja „versiegelt" in ihnen die Weisung in krisenhaften Zeiten (8,16). Die Schüler helfen, die Weisung in der Zeit überdauern zu lassen. In deuterojesajanischen Belegen wird das Verhältnis des Einzelnen zu Gott mit dem zwischen einem Schüler und seinem Lehrer verglichen. Es ist eine Vorstellung der Heilszeit, die in diesem Bild ausgedrückt wird.

4.4.2.2 Die Lehre als Verblendung bei Jeremia

Anders als im jesajanischen Kontext wird im Jeremiabuch mit den Verben למד (lehren/lernen) und יסר (erziehen) der Akkzent auf die Belehrung gelegt. Belege des Verbs יסר (erziehen) weisen die strafende Konnotation auf und erstrecken sich, nach der Einteilung von Meyer, über alle drei Teile des Buches (Jer 2,19; 6,8; 10,24; 30,11; 31,18; 46,28).[62]

---

[62] *Meyer* 1996, S. 322.

Semantische Analyse

למד hat die konkrete Bedeutung von „gewöhnen", „abrichten" und dient zur Verurteilung des Fremdgötterglaubens. Das Volk wird mit einer hemmungslosen Wildeselin verglichen, die sich auf Fremde stürzt (2,24), Jeremia warnt davor, sich an den Weg der Völker zu gewöhnen, die Götzen anbeten (10,2), er hält Juda bzw. Jerusalem vor, fremde Liebhaber an sich gewöhnt zu haben und gewohnheitsmäßig Böses zu tun (13,21.23).[63] Lernen ist hier „Verblendung", Hingabe an falsche Taten. Ob mit diesen Vergleichen bewusst der dtn/dtr Lehrbegriff ironisiert wird oder ein unabhängiger Gebrauch von למד vorliegt, ist schwer zu sagen. In anderen Versen mit למד, aus der gleichen Zeit, bekommen die bisherigen Konnotationen des Verbs, wie sie aus dem 5. Buch Mose und den Psalmen bekannt sind, allerdings nachweislich eine polemische Wendung. Statt der Gesetze werden Lügen gelehrt (9,4). In Jer 2,33 werden die falschen Wege gelehrt (vgl. Ps 25, 4.5.9; 51,15), in 9,13 lehren Väter ihre Kinder, den Baalim nachzulaufen.

Jeremia kennt auch die positiven Konnotationen von למד: In der Weissagung über benachbarte Völker (12,16) ist Erbarmen möglich, wenn die Völker die Wege des Volkes lernen, bei Gott zu schwören (vgl. Dtn 6,13). In Jer 32,33 wird „hören" und das „Annehmen der Lehre" als angemessene Reaktion auf die Belehrung erwartet (vgl. Dtn 5,1 u.ö.). Im eschatologischen Rahmen von Jer 31,34 wird die herkömmliche (dtr?) Form der Weitergabe des Bundes für überholt erklärt. Es wird nicht mehr einer seinen Bruder lehren, sondern Gott wird sein Gesetz in ihr Inneres legen und es auf ihr Herz schreiben, dann wird jeder, vom Kleinsten bis zum Größten, Gott erkennen.

4.4.3 Die Grenzen der Belehrung bei Hiob

Im Hiobbuch, dessen Entstehung zwischen dem 5. und 3. Jahrhundert angenommen wird,[64] ist lehren am häufigsten mit ירה ausgedrückt (6,24; 8,10; 12,7f; 27,11; 34,32), außerdem mit בין (einsichtig machen 6,24), ידע (kundtun 12,9; 38,3; 40,7) und למד (lehren/lernen 21,22). *Unterweist mich* (ירה), *so will ich schweigen! Lasst mich verstehen* (בין), *worin ich geirrt habe.* (Hi 6,24) Hiob ringt um die richtige Überzeugung. „Weisen" ist bei ihm keine Wegbegleitung, bei der sich das Er-

---

[63] Jer 31,18 gehört wohl nicht in diese Reihe.
[64] *Schwienhorst-Schönberger* 1996a, S. 238.

Semantische Analyse

gebnis entwickelt, sondern es ist Klarstellung des Sachverhaltes, belehren in der Bedeutung von „erklären" und „überzeugen". Die Parallele zu בין hi (Einsicht verleihen) unterstreicht diese Deutung des Lehrbegriffs im Hiobbuch. Hiob gibt sich aber nicht mit dem Erklären von Tatsachen zufrieden. Es scheint, als wäre der explizite Lernbegriff im Hiobbuch ein anderer als der implizite. Explizit werden Tatsachen verhandelt, implizit aber wird um Weisung im Leiden gerungen, die erst in der Antwort Gottes in 38f und 40,6-41,26 aufgehoben ist.

An anderer Stelle setzt Hiob auf die Natur als Wissensvermittlerin: *Aber frage doch das Vieh, und es wird es dich lehren* (ירה), *oder die Vögel des Himmels, und sie werden es dir mitteilen, oder rede zu der Erde, und sie wird es dich lehren* (ירה), *und die Fische des Meeres werden es dir erzählen! Wer erkennt nicht an dem allen, dass JHWHs Hand das gemacht hat?* (Hi 12,7-9)[65] Auch hier lässt sich das Wissen auf den Punkt bringen: Die Natur lehrt, dass JHWH alles gemacht hat. Die Erklärung ist da, die Fragen bleiben. Ironisiert ist das vordergründige Ergebnis der Belehrung in einer Aussage Hiobs (27,11ff) und in der Rede des Elihu (34,32), in der dieser Hiob unterstellt, Gott belehren zu wollen.[66] In Ijob 38,3 und 40,7 antwortet Gott in ähnlicher Ironie auf diese Herausforderung: *Gürte doch wie ein Mann deine Lenden! Dann will ich dich fragen, und du sollst mich belehren!* (Hi 38,3) Hinter der Ironie als stilistischem Mittel in der Rede über Belehrung steht nicht die Belustigung, sondern die Ratlosigkeit angesichts des Leids und der Frage nach Gottes Handeln am Menschen. Eine Antwort darauf findet sich nicht in der Belehrung durch Worte sondern in Hiobs Bewährung im Leid.

4.4.4 Der Lernbegriff in den Weisheitsbüchern

In als weisheitlich bezeichneten Texten wie dem Sprüchebuch, Prediger, Hiob und Hohes Lied ist למד (lehren/lernen) nicht im Gebrauch. Das Verb taucht in den genannten Büchern insgesamt nur 4x auf (Spr 30,3[67];

---

[65] *Wagner* hält Hi 12,7-25 für einen weisheitlichen Einschub in die Hiobrede Hi 12-14 (1982, Sp. 923).
[66] Nach *Schwienhorst-Schönberger* stammen die Elihu-Reden Hi 32-37 aus einer späteren Redaktion als die Dialogteile Hi 3-27; 29-31; 38-42,4. Dann wäre die Unterstellung des Elihu bereits im Blick auf die Gottesrede eingefügt (1996a, S. 235).
[67] In 5,13 wird das Partizip מלמדי (meinen Lehrern) substantiviert verwendet.

Semantische Analyse

Koh 12,9; Hi 21,22; Hld 8,2[68]). Im Sprüchebuch und Prediger handelt es sich dabei jeweils um spätere Zusätze.[69] Ob dieser auffällige Befund auf einen wachsenden deuteronomistischen Einfluss nach dem Exil schließen lässt, ist fraglich. Der Begriff למד war schließlich auch außerhalb des deuteronomisch/deuteronomistischen Sprachstils geläufig (vgl. Jer 9,19; Jes 40,14; 48,17).

Verben des Lehrens und Lernens sind in diesen Büchern ירה (weisen), יסר (erziehen) und ידע (kundtun). Über die Bedeutung von ירה (weisen) im Hiobbuch wurde bereits gehandelt. Im Sprüchebuch findet sich das Verb zweimal in der jüngsten Samlung (Spr 1-9). In 4,4 bezeichnet es die Vaterunterweisung (vgl. Hi 8,10), in 6,13 den Wink mit den Fingern. Häufiger ist neben יסר (erziehen), das oben breiter dargestellt wurde, das Verb ידע (kundtun, lehren). In Spr 9,9 steht es im synonymen Parallelismus zu נתן: *Gib* (נתן) *dem Weisen, so wird er noch weiser; belehre* (ידע) *den Gerechten, so fügt er Belehrung* (לקח) *hinzu!* In Spr 22,17.19.21 ist ידע (kundtun, lehren) dreimal mit der Konnotation des weisheitlichen Lehrens bzw. der Lehre belegt. Die Verse gehören zum Abschnitt Spr 22,17-23,11, der eine Parallele zu Ausschnitten aus der Lehre des Amenemope darstellt. Ob die Wahl dieses Verbs mit der Parallelisierung zu tun hat, muss hier dahingestellt bleiben. Auch Ps 90,12 hat weisheitliche Konnotationen: *Lehre* (ידע) *zählen unsere Tage, damit wir ein weises Herz erlangen.*

4.4.5 Lehren und Lernen in den Geschichtsbüchern

ירה (weisen) bezeichnet, wie oben bereits dargestellt, prophetische Unterweisung (Ri 13,8; 1 Sam 12,23) und Priesterlehre 2 Kön 12,3; 17,27). Mit dem Verb ידע (mitteilen, belehren) wird in 1 Sam 28,15 die Belehrung Sauls durch den verstorbenen Samuel benannt.

In nachexilischer Zeit tritt das Verb שכל hi (einsichtig machen) gelegentlich mit der Bedeutung „lehren" auf. In 1 Chr 28,19 übergibt David sei-

---

[68] Der Beleg ist textkritisch umstritten. Er spricht von der Mutter, die die Sängerin unterrichtete. Die Konjektur, die von der Septuaginta und der Syriaca vorgeschlagen wird, wäre jedoch eine Anleichung an Hld 3,4 und ist daher wenig gewichtig.
[69] Nach *Meinhold* 1991 ist Spr 30 etwa im 4. Jahrhundert dem Sprüchebuch angefügt worden. Koh 12, 9 ist Bestandteil der Ergänzung eines Schülers des Kohelet vgl. *Schwienhorst-Schönberger* 1996b, S. 265.

nem Sohn Salomo den Plan des Tempels mit den Worten: *Dies alles lehre er mich* (שׂכל) *aus einer Schrift von der Hand JHWHs, alle Arbeiten des Plans.* Im Bußgebet der Leviten wird Gott für die Begleitung seines Volkes in der Wüste gedankt: *Und deinen guten Geist hast du gegeben, um sie zu unterweisen* (שׂכל). (Neh 9,20) [70]

4.5 Hören (שׁמע) und Furcht Gottes (ירעת יהוה) als semantische Brücken zwischen dem 5. Buch Mose und dem Sprüchebuch

Lehren (למד) und erziehen (יסר) verwenden trotz ihrer unterschiedlichen Bedeutungen und Verwendung שׁמע (hören) als Voraussetzung des Lernens. Das gilt für למד (Dtn 4,1.10; 5,1; 31,12.13; Ps 34,12)[71] und für יסר (Dtn 4,36; Spr 1,8; 4,1; 8,33; 13,1; 28,9).[72] „Hören" ist ein Schlüsselwort für den Lehr/Lernprozess in diesen Texten. Das Verb und sein Inhalt werden daher bei der Untersuchung des Lernbegriffs im 5. Buch Mose und im Sprüchebuch eine wichtige Rolle spielen.

Eine weitere semantische Brücke zwischen den beiden Verben bildet die Rede von der Furcht JHWHs bzw. davon, dass JHWH zu fürchten ist (Spr 1,7; Dtn 17,19; 31,12.13). Im Sprüchebuch ist die Furcht Gottes der Anfang der Erkenntnis, im 5. Buch Mose ist sie das Ziel des Lernens.

---

[70] רוח (Geist) kann im hebräischen das männliche und das weibliche Geschlecht haben. An dieser Stelle ist das Nomen durch das Adjektiv „gut" weiblich bestimmt.
[71] In Jes 32,33 ist hören das Ergebnis der Belehrung.
[72] In Dtn 21,18 ist hören das Ergebnis der Erziehung, in Spr 19,27 irrt ab, wer Lehre hört.

5 Lehren und Lernen im 5. Buch Mose

Das fünfte Buch Mose bietet sich als Ausgangspunkt für eine Untersuchung des Lehrbegriffs im Ersten Testament an. Zahlreich sind in den letzten Jahren die Beobachtungen, dass dieses Buch „Katechesen" und ausdrückliche „Kinderbelehrung" enthält.[1] Lohfink hebt hervor, dass in diesem Buch „zum ersten Mal in der Geschichte Israels zugunsten des Jahweglaubens geradezu technokratisch zum ‚Lernen' gegriffen wurde".[2] Zenger spricht davon, dass im 5. Buch Mose und ausgehend von seinem Denken der Versuch gemacht wurde, Israel zu einer „‚familiären' Tora-Lerngemeinschaft" zu gestalten.[3] Der Impetus zu lehren, der sich im Buch findet, hat selbst über die theologische Disziplin hinaus Wissenschaftsgeschichte geschrieben. Die Thesen des Ägyptologen Jan Assmann zum kulturellen Gedächtnis gründen im Deuteronomium. Er nennt das Buch ein „Paradigma der Mnemotechnik" und greift dabei auf Dtn 6; 11 und 31 zurück.[4]

Blickt man auf die Geschichte der neueren Schuldebatte, dann erweist es sich, dass bei der Erforschung des Schul- bzw. Lehrthemas nicht immer das 5. Buch Mose als Ausgangspunkt galt. Klostermann erwähnt zwar Abschnitte aus diesem Buch (Dtn, 6,24f und Dtn 11, 2.7, auch 4, 9f; 14,23; 31,10ff) und hebt die Verwendung der Gesetze im Unterricht der Gemeindeversammlung hervor.[5] Für ihn enthalten Dtn 5-11 aber „homiletische Ansprachen", die dem Gesetzesunterricht vorangestellt sind. Er deutet diese Kapitel also im Kontext des Gottesdienstes. Die homiletischen Ansprachen waren dazu bestimmt, „der Rezitation und Auslegung des objektiv vorliegenden, wahrscheinlich in Pensa geteilten Gesetzes als empfehlende Einleitungs- oder Abschliessungsworte [sic!] des Rezitators voranzugehen oder nachzufolgen".[6]

Deutlicher stellt Klostermann das Sprüchebuch und das Buch des Propheten Jesaja in den Lehrzusammenhang. Das Sprüchebuch ist für ihn

---

[1] Vgl. dazu *Fabry* 1982.
[2] *Lohfink* 1987, S. 153.
[3] *Zenger* 1996a, S. 24.
[4] *Assmann* 1991, vgl. auch *Greve* 1999, S. 33-40.
[5] *Klostermann* 1908, S. 197f.
[6] Ebd. S. 203.

das Buch „für den Unterricht der Jugend in der rechten Lebenskunst".[7] Darauf kommt er im gesamten Aufsatz immer wieder zu sprechen und entnimmt diesem Buch seine Thesen zum Unterricht im alten Israel.

Die Einschätzung Lohfinks, dass das Deuteronomium „einer langen Tradition kultischer Gesetzespredigt" entstammt,[8] wurde bereits durch von Rad in seinen Deuteronomium-Studien vertreten. Es scheint, besonders in der formgeschichtlich arbeitenden Forschung, eine Gegenüberstellung von Kult und Weisheit als Sitz im Leben der Texte stattgefunden zu haben. Das Deuteronomium wurde lange dem kultischen Sprechen zugeordnet, das belehrende Sprechen den weisheitlichen Schriften. Auch Hans Jürgen Hermisson verortete seine Untersuchung zu Schulen im Alten Israel im Zentrum der Weisheit und meinte damit zunächst nicht das Deuteronomium. Weinfeld versuchte zu vermitteln, indem er den weisheitlichen Einfluss auf das Deuteronomium herausarbeitete. Ein eigenständiges Lehr- und Lernverständnis des Deuteronomiums wurde in jüngster Zeit besonders von Braulik und Lohfink vertreten.[9]

5.1 Annäherungen an das 5. Buch Mose im Blick auf das Thema

5.1.1 Das 5. Buch Mose als Nahtstelle im Kanon

Im jetzigen Kanon hat das 5. Buch Mose die Funktion einer Nahtstelle. Es weist einerseits zurück auf die Erzählungen über das Volk Israel in den ersten vier Mosebüchern. Die Eingangskapitel enthalten eine Art „Resumé des Vorangegangenen".[10] So ist von der Wüstenwanderung die Rede (Dtn 1-3) und vom Ereignis am Berg Sinai, der hier Horeb genannt wird (Dtn 4,10-14; 5,2-33). Es gehört zum Konzept des 5. Buches Mose, die Sinai/Horeb-Überlieferung mit den Vätergeschichten zu

---

[7] A.a.O., vgl. ebd. S. 203-206; 213; 215f; 218-231.
[8] *Lohfink* 1963, S. 42.
[9] Vgl. dazu besonders *Lohfink* 1987. Allerdings schreibt Lohfink noch in seiner Habilitationsschrift in Auseinandersetzung mit Aage *Bentzen*, der mit dem Gesetzesunterricht in der levitischen Volksbelehrung rechnet: „Dass das Dtn einer Volksbelehrung überall im Land entstammt, bleibt fraglich. Das kultische Ich des Moses und die Betonung des kultischen Heute sprechen dagegen." *Lohfink* 1963, S. 39, vgl. *Braulik* 1997. Vgl. zur Geschichte der Schuldebatte Kapitel 3 dieser Arbeit.
[10] *Smend* 1986a, Spalte 821.

verbinden und so die verschiedenen Ursprungskonzepte der Stämme Israels einzuholen. Andererseits verweist es aber auch nach vorne auf die Zeit im Land Kanaan. Mose spricht in seinen Abschiedsreden „mit dem ständigen Blick auf das Land jenseits, d.h. westlich des Jordans, in das sein Volk demnächst ohne ihn einziehen wird".[11] In Dtn 3,28 und 34,9 wird Josua als Nachfolger des Mose benannt (vgl. Jos 1,2), womit der Anschluss an die Überschreitung des Jordans und das Josuabuch geschaffen ist. Die Bücher Josua bis Könige verweisen häufig auf das 5. Buch Mose, seine Ankündigungen und Vorschriften zurück. In diesem „Geschichtswerk" ist das 5. Buch Mose Ausgangspunkt.[12] Das Buch ist also eine Nahtstelle, die zwischen der Tora und dem deuteronomistischen Geschichtswerk vermittelt. Den ersten Teil bilden die fünf Bücher Mose, er wird auch „Tora" genannt. Den zweiten Teil bildet das sogenannte „deuteronomistische Geschichtswerk" (Dtn bis 2 Kön).[13]

Es wird vermutet, dass das 5. Buch Mose einige Vorstufen durchschritten hat, bis es sich zu seiner im Kanon überlieferten Größe entwickelte.[14] Seine jetzige Textgestalt ist größtenteils dieselbe wie in der Zeit der griechisch-sprachigen Juden in Alexandria im 2. Jahrhundert v. Chr. Das ergibt sich aus dem Vergleich mit der griechischen Übersetzung der hebräischen Bibel, der Septuaginta.[15] Schon früher wird mit dem Abschluss der Tora gerechnet. Mit ihrer Verbreitung durch Esra kam „der mehrere Jahrhunderte lebendige Prozess der Traditionsbildung über die Ursprün-

---

[11] A.a.O.

[12] Dieser Befund wird in der These vom „Deuteronomistischen Geschichtswerk" zuerst von *Noth* 1943 zusammengefasst. *Von Rad* formuliert die Grundaussage so: Das Deuteronomistische Geschichtswerk hat sich die Aufgabe gestellt, „das Ende Israels in den beiden Katastrophen von 721 und 587 theologisch zu begründen... Seite um Seite der abgelaufenen Geschichte ist hier überprüft, und das Ergebnis war ganz eindeutig: An Jahwe, an seiner Geduld und Bereitschaft zu vergeben, hat es nicht gelegen, aber Israel hat Jahwe und seine Gebote verworfen; so ist das Gericht, das Jahwe bei Missachtung der Gebote angedroht hatte – damit war gewiss vor allem an den Fluchteil des Dt gedacht (Dt. 28f.) –, über Israel und Juda gekommen" (1978, S. 95).

[13] Inwieweit das Deuteronomium schon zum zweiten Teil zählt oder nur sein Ausgangspunkt ist, kann hier offen bleiben.

[14] „Am Deuteronomium haben sicher mehrere Generationen gearbeitet." *Crüsemann* 1997, S. 239.

[15] *Nielsen* 1995, S. 3.

ge Israels zu einem literarisch fixierten Abschluss".[16] In der Forschung wird angenommen, dass die kanonische Gestalt des 5. Buches Mose nicht vor dem 6. Jahrhundert entstand.

5.1.2 Das thematische Zentrum des Buches: Die Gesetze in Dtn 12-26

5.1.2.1 Die dtn Gesetze und das Bundesbuch in Ex 20,22-23,33

Die Gliederung des Buches ergibt sich daraus, dass Dtn 12-26 überwiegend Gesetze enthalten, deren liturgischer Abschluss der Bundesschluss in 26,10-19 darstellt. Um diesen Gesetzeskern gruppieren sich die Einleitungsreden Dtn 1-11 und die Schlussreden Dtn 27-30. Ergänzt wurde in Dtn 31-34 ein Abschluss der fünf Bücher Mose in ihrer Gesamtheit.[17] Dtn 6-11 sind als eigene Einheit dem Gesetzesteil vorgeschaltet. Dtn 1-5 fallen etwas auseinander in einen Erzählteil Dtn 1-3, Dtn 4, bei dem Fragen nach der Einheitlichkeit und nach der zeitlichen Einordnung diskutiert werden, und Dtn 5, das die Zehn Gebote quasi als übergeordnetes Gesetz dem Gesetzeskorpus in Dtn 12-26 voranstellt.

Das 5. Buch Mose ist also „seiner Substanz nach *Gesetz*" (Dtn 5-28).[18] Dieses Gesetz ist von erzählenden und ermahnenden Abschnitten gerahmt. Es wird sich zeigen, dass von „lehren" und „lernen" besonders in den ermahnenden Abschnitten die Rede ist. Die rahmende Erzählung legt die Verkündigung der Gesetze fiktiv auf den Todestag des Mose (32,50; 34,5.7), an dem dieser die Gebote wie einen letzten Willen weitergibt. Auf der Schwelle zum verheißenen Land (3,23-29) mit Rück-

---

[16] *Zenger* 1996b, S. 47.
[17] *Engelmann* 1998, S. 68 und *Braulik* 1996a, S. 76-79, anders *Achenbach* 1991, der von einem Gesetzeskorpus in Dtn 12-25 mit zwei liturgischen Erweiterungen in Dtn 26 ausgeht, so auch *Perlitt* 1986, Sp. 823.
[18] *Braulik* 1996a, S. 77. Einer anderen Einteilung folgt *Lohfink*. Er teilt das Deuteronomium gemäß der von ihm analysierten Überschriften in vier Reden ein: 1. Rede 1,1-4,43; 2. Rede 4,44-28,68; 3. Rede 28,69- 32,20; 4. Rede 33. Das Gesetzeskorpus ist nach dieser Einteilung Teil der zweiten Moserede. Er wendet sich damit gegen das Vorverständnis des Deuteronomiums als „Gesetzbuch" (1991a, S. 16, vgl. ders. 1963, S.4). Die vorliegende Untersuchung greift die alte und heute wieder übliche Einteilung in Gesetzeskorpus und Rahmen auf, da gerade die Tatsache der Rahmung für das hier untersuchte Thema relevant ist. Im Anschluss an *Lohfink* betrachte ich aber das Deuteronomium gleichwohl als eine Sammlung von Reden.

Lehren und Lernen im 5. Buch Mose

blick und Vorausschau gehalten, sind die Mosereden so als Verpflichtungen zur Anbetung des einen Gottes am einen Ort gestaltet (12,1-19,13) und als Anleitungen zum Wohlergehen im neu zu besiedelnden Land (19, 14-25).[19] Der Erzählzusammenhang verleiht dem Buch die Autorität des Mose[20] und den Charakter einer Grundlegung für das Leben in Kanaan. Gleichzeitig fasst er das Volk als die Größe derer zusammen, die auf Moses Reden hören und danach handeln.[21]

Die Eigentümlichkeit des deuteronomischen Gesetzes lässt sich im Vergleich zum sogenannten Bundesbuch in Ex 20,22- 23,33 erkennen. Dort findet sich die vielleicht älteste Gesetzessammlung, die wahrscheinlich aus der vorstaatlichen oder frühstaatlichen Zeit stammt.[22] Es wird angenommen, das Bundesbuch wurde im Deuteronomium fortgeschrieben und ausgeweitet.[23] Das Deuteronomium fordert, den Opferkult für Gott auf einen Ort, den er erwählt hat, nämlich den Tempel in Jerusalem zu beschränken.[24] Diese Forderung geht über das Bundesbuch hinaus, in dem zunächst nur davon die Rede ist, dass keinen anderen Göttern außer Gott allein geopfert werden soll (Ex 22,19; 34,14). Zieht man in

---

[19] Vgl. zu dieser Einteilung *Nielsen* 1995, S. 3.

[20] „Denn das Dtn greift auf zu seiner Abfassungszeit schon vorhandene Texte des Pentateuch und der Geschichtsbücher zurück und gibt ihnen dabei eigene Akzente und Deutungen von höchster Autorität, aus dem Mund des todgeweihten größten aller Propheten (34,10)." *Braulik* 1996a, S. 79.

[21] *Braulik* weist darauf hin, dass sich die Erzählfolge nicht mit der Ereignisfolge, der „Fabel", deckt. Zum Beispiel wird in Dtn 1-3 schon die Wüstenzeit behandelt, in Dtn 5 erst die Horebgeschichte. Dieser Befund hängt, so Braulik, mit der höchst komplizierten Wachstumsgeschichte des Deuteronomiums zusammen (ebd. S. 77).

[22] *Würthwein* 1989, Sp. 135.

[23] „Das Verhältnis des deuteronomischen Gesetzes zum älteren Bundesbuch zwingt aufs Ganze gesehen zu der Annahme, das jüngere sei als Ersatz für das ältere konzipiert." *Crüsemann* 1997, S. 236. *Braulik* beschreibt das Bundesbuch als eine „Vorlage" (1996a, S. 81); *Lohfink* schließt eine dtr „Endredaktion" des Bundesbuches aus (1995a, S. 41f).

[24] Von Kultzentralisation ist im heute vorliegenden Endtext die Rede in: Dtn 12, 4-7.8-12.13-19.20-28; 14, 22-27; 15, 19-23; 16, 1-8.9-12.13-15.16f; 17,8-13; 18,1-8; 26,1-11; 31,9-13. In diesen Abschnitten ist insgesamt 21 Mal von der „Stätte, die JHWH, euer Gott, erwählen wird" oder einer ähnlichen Formulierung die Rede. Dabei handelt es sich um den unter Salomo erbauten Tempel in Jerusalem. Vgl. *Nielsen*: „...daran ist kaum zu zweifeln, dass hier der königliche Tempel Jerusalems gemeint ist" (1995, S. 6). *Braulik* vertritt die These, dass diese Formulierung aus der Altarformel des Bundesbuchs in Ex 20,24 entwickelt wurde (1996a, S. 82).

Rechnung, wie häufig die Forderung nach der Kultzentralisation im Deuteronomium gestellt wird, so kann man sie als wesentliche Besonderheit dieses Buches betrachten.

5.1.2.2 Die Logik der Gesetzestexte

Die Rechtsgrundlage der Gesetze ist von einer besonderen theologischen und juristischen Logik geprägt. Crüsemann hat das am „Gesetz des Zehnten" gezeigt, dessen Bestimmungen das Gesetz umrahmen.[25]

22 Du sollst gewissenhaft allen Ertrag deiner Saat verzehnten, was auf dem Feld wächst, Jahr für Jahr,
23 und sollst essen vor JHWH, deinem Gott, an der Stätte, die er erwählen wird, um seinen Namen dort wohnen zu lassen, den Zehnten deines Getreides, deines Mostes und deines Öles und die Erstgeborenen deiner Rinder und deiner Schafe, damit du lernst, JHWH, deinen Gott, alle Tage zu fürchten. ...
27 Und den Leviten, der in deinen Toren ist, den sollst du nicht verlassen; denn er hat keinen Anteil noch Erbe mit dir.
28 Am Ende von drei Jahren sollst du den ganzen Zehnten deines Ertrages von jenem Jahr aussondern und ihn in deinen Toren niederlegen.
29 Und der Levit - denn er hat keinen Anteil noch Erbe mit dir - und der Fremde und die Waise und die Witwe, die in deinen Toren sind, sollen kommen und essen und sich sättigen, damit JHWH, dein Gott, dich in allem Werk deiner Hand, das du tust, segnet. (Dtn 14, 22f. 27-29)

Der Zehnte ist nach diesen Versen keine Steuer für den Tempel oder den König, sondern er soll von den Israeliten selbst an der Heiligen Stätte im Tempel in Jerusalem verzehrt werden. An den großen Jahresfesten am Heiligtum in Jerusalem nehmen nicht nur die Familien sondern auch die Sklavinnen und Sklaven, Leviten, Fremden, Witwen und Waisen teil, denen der „Zehnte" zugute kommt (vgl. Dtn 12,6f. 11f.17f; 16,10f.14). Jedes dritte Jahr aber soll der Zehnte dieser „landlosen" Gesellschaftsschicht in den Ortschaften direkt abgegeben werden. Dtn 26,12 ff ist der Eid, der gesprochen werden soll, wenn er den Bedürftigen überlassen

---
[25] *Crüsemann* 1997, S. 252- 256.

wurde. Damit ist aber der Zehnte im Deuteronomium keine Steuer zum Unterhalt des Tempels oder des Königs sondern eine „Sozialsteuer".[26]

Diese sozial motivierte Umdeutung einer (vermuteten) Steuer wirft ein Licht auf das gesamte deuteronomische Gesetz. Es soll neben der kultischen Zentrierung der Anbetung Gottes auf Jerusalem die Gemeinschaft der Israeliten stärken und soziale Ungleichheiten einebnen helfen.

Der Zehnte ist keine deuteronomische Erfindung. Auch in der Umwelt Israels existierte der Brauch, den Zehnten zu erstatten, indem man ihn dorfweise an den König oder an bestimmte Tempel zahlte.[27] Im Nordreich Israel weiß man von einem Zehnten in Bethel, den Jakob auf seiner Flucht vor Esau und Isaak zu geben gelobt (Gen 28, 22) und dessen Praxis Amos kritisiert (Am 4,4).[28] Einige Stellen lassen die Vermutung zu, dass auch ein Zehnter im Südreich abgegeben werden musste: In Num 18, 20ff erhalten die Leviten den Zehnten. In 1 Sam 8, 15.17 ist der Zehnte eine Art Steuer, die an den König zu zahlen ist und, er stellt dort eine der Lasten dar, die durch den König auferlegt werden.[29]

Unter Josia scheint die Reform zumindest teilweise politisch realisiert worden zu sein. Auf die Dauer konnte sie sich aber nicht halten.[30] Die „Spuren und Hinweise auf Fortschreibung und Ergänzung" zeigen aber, dass das Gesetz auch im Exil wegweisend blieb und dass eine Auseinandersetzung damit statt fand.[31]

5.1.2.3 Die Gesetze als Grundlage für eine poltisch-religiöse Reform

Die Regierungszeit des Josia von Juda (641/40-609) begann 80 Jahre nach der Eroberung des benachbarten Nordreichs durch die Assyrer.

---

[26] Ebd. S. 254.
[27] *Crüsemann* verweist auf Ugarit und auf sumerische Stadtstaaten in alt- und neubabylonischer Zeit (ebd. S. 253).
[28] In Gen 14,20 ist vom Zehnten die Rede, den Abram dem Melchisedek übergibt. *Crüsemann* vermutet, dass dieser Text aus nachexilischer Zeit stammt, also keine vorexilischen Praktiken widerspiegelt (1997, S. 253, Anm. 80). Auch Lev 27, 30-33 spricht vom Zehnten, unklar bleibt aber dessen Bestimmung: Er soll Gott „heilig" sein.
[29] Ein ähnliche Einschätzung bietet *Hennig*: „Obwohl die Abgabe des Z[ehnten] aus der Umwelt Israels auch sonst bekannt ist, so ist doch der Z[ehnte] als ein Fest für die ganze Familie und als Unterstützung für den nicht-levitischen Armen nur im AT zu finden" (1990, S. 948f, hier 949).
[30] Siehe zu den Gründen *Albertz* 1992, S. 360-373.
[31] *Crüsemann* 1997, S. 239.

Lehren und Lernen im 5. Buch Mose

Juda, der Südstaat Israels, hatte zwar seine Eigenstaatlichkeit gegenüber Assyrien bewahren können, war aber Vasall des Großreiches geworden. Es wird vermutet, dass „israelitisches Überlieferungsgut in dieser Zeit nach Juda gebracht wurde".[32] In der Mitte des 7. Jahrhunderts war der Höhepunkt der assyrischen Machtentfaltung überschritten. Assyrien geriet unter den Druck der Meder und Neubabylonier. Seit dem Beginn der 30er Jahre verloren die Assyrer nach und nach ihre Kontrolle über die Vasallen und Provinzen in Palästina. Der wiedergewonnene politische Handlungsspielraum in Juda wurde von Reformern möglicherweise nach dem Vorbild des unter Hiskia (716-687/6) begonnenen Neubeginns genutzt.[33] Die Forderung nach einer Kultzentralisation und nach der Durchsetzung einer exklusiven JHWH-Verehrung, wie sie sich im Bericht in 2 Kön 22f niederschlagen, könnten nach dieser biblischen Sicht Ziele der politisch-religiösen Reform unter Josia gewesen sein.

5.1.2.4 Adressaten und Lehrpersonen der Gesetze

Zunächst ist von Bedeutung, dass „das Volk" als Adressat des Gesetzes in der Rahmung differenzierter in den Blick kommt. Nach Nielsen wendet sich das Gesetzbuch

„an den Laien, den Israeliten oder den Judäer, der sich seiner nationalen Identität bewusst ist. Er (die Gesetze wenden sich in erster Linie an die erwachsenen Männer der Gesellschaft) verkörpert das ‚Du', das teils ermahnt wird, Jahwe von seinem ganzen Herzen und von seiner ganzen Seele zu lieben, und teils beraten wird, wo es seine Opfer darbringen soll, welche Tiere es opfern darf, wie es in dieser oder jener Angelegenheit urteilen soll, welche Verpflichtungen und Rechte es als Familienvater, als Ehemann, als Krieger, als Bauer und als Geschäftsmann hat."[34]

Zwar lässt sich die Einschränkung auf „erwachsene Männer" nach Durchsicht der relevanten Texte nicht halten,[35] aber Nielsen ist darin

---

[32] *Soggin* 1991, S. 164.
[33] *Albertz* 1992, S. 307.
[34] Ebd. S. 307
[35] *Nielsen* rührt hier an interessante Fragen, ohne näher darauf einzugehen. Es sind die nach den Adressaten der Gesetze und den Aufgaben der Frau im Rahmen der Gesetzeseinhaltung und ihrer Weitergabe. Gerade die Auffächerung des Volkes im Dtn in Männer, Frauen und Kinder, Israeliten und Fremde scheint mir eine Besonderheit zu sein, die sich auch in der Bemühung um differenzierte Methoden der Weitergabe niederschlägt. Kinder sind Adressaten der Belehrung in Dtn 4,10; 6,7.20; 11,18; 31,12f (vgl. 14,26 du und dein Haus). Die „Familiengesetze" wenden

Recht zu geben, dass ein besonderer Wert auf „Laienbelehrung" gelegt wird. Hier besteht ein Unterschied zur Präsentation der Gesetze in der übrigen Tora. In der Frage, wer diese Laienbelehrung unternahm, kann aber nur vermutet werden. Ein Anhaltspunkt ist der Segen, den Mose den Leviten spendet (Dtn 33,9f): *Denn sie haben dein Wort beachtet, und deinen Bund bewahren sie. Sie lehren Jakob deine Rechtsbestimmungen und Israel dein Gesetz.*

Nielsen betrachtet mit Aage Bentzen und, etwas modifiziert, mit Gerhard von Rad die Leviten als „Initiatoren der deuteronomischen Bewegung".[36] Dagegen kann eingewendet werden, dass „der Levit" im Deuteronomium ähnlich wie „die Waise" und „die Witwe" als Angehöriger einer verarmten Gruppe betrachtet wird, der von Almosen abhängig war.[37] Die Leviten übten Priesterdienste bei den Kulten der Landbevölkerung aus (Ri 17f). Sie hätten wohl keine Kultzentralisation befürwortet. Das schließt allerdings eine Art „levitischen Laienunterrichts" nicht aus.[38] Direkte Spuren dieses Unterrichts findet man nach Nielsen in der ständigen Polemik gegen die Verehrung anderer Götter und in den priesterlichen Lehren über reine und unreine Tiere und Vögel (Dtn 14). Diese Laienbelehrung hat unter der Bevölkerung Anklang gefunden und wurde von reformfreudigen Kreisen in Jerusalem innerhalb von Priestern und Adel in Form des „Urdeuteronomiums" ausgestaltet.[39]

Anders argumentiert Albertz.[40] Er rechnet damit, dass die in Dtn 17,9 erwähnten levitischen Priester Angehörige der Jerusalemer Tempelpriesterschaft sind und bezieht sich dabei u.a. auf eine Textstelle im Chronik-

---

sich ebenso an Frauen wie an Männer. In 31,12 ist auch ausdrücklich von der Vermittlung der Tora an Frauen die Rede. Außerdem ist der Fremde dort Adressat der Toralesung. Vgl. dazu *Engelmann*, deren Frage, welche katechetischen Aufgaben nach dem 5. Buch Mose die Mütter übernommen haben, offen bleiben muss (1998, S. 78). *Braulik* geht davon aus, das Deuteronomium sei „geschwisterlich" konzipiert und führt das Beispiel aus Dtn 15,12 an: Wenn dein Bruder, ein Hebräer oder eine Hebräerin, sich verkauft ... Hier ist „Bruder" eindeutig inklusiv verstanden (1991, S. 129ff).

[36] *Nielsen* 1995, S. 8; *Bentzen* 1926; *von Rad* 1948.

[37] Dtn 12,12; 14,27; der Levit, der Fremde, die Waise und die Witwe (in dieser Reihenfolge) sind erwähnt in 16,11.14; 26,13.

[38] *Nielsen* 1995, S. 8.

[39] A.a.O.

[40] *Albertz* 1992, S. 318ff.

buch, wo von der Einsetzung eines obersten Gerichts in Jerusalem durch Joschafat die Rede ist, dessen Regierungszeit in Jerusalem zwischen 870 und 848 v.Chr. angenommen wird (2 Chr 19, 8-11). Dieses Obergericht hatte Fälle zu behandeln, die im ortsansässigen Torgericht nicht zu klären waren (Dtn 17,8). Es bestand wohl aus weltlichen („Richter" Dtn 17,9) und religiösen Vertretern („Priester", „Leviten" Dtn 17,9).

Dass ein „weltliches" Gericht „religiöse" Gesetze erlässt, hält Albertz deshalb nicht für ausgeschlossen, weil die Unterscheidung damals nicht gemacht wurde. Im Chronikbuch wird im Zusammenhang der Einsetzung von Richtern die Formulierung gebraucht: „Denn nicht im Auftrag von Menschen richtet ihr, sondern im Auftrag JHWHs. Und er ist mit euch, wenn ihr Recht sprecht. Und nun sei der Schrecken JHWHs über euch. Habt acht, wie ihr handelt!" (2 Chr 19,6f) Die hier praktizierte religiöse Grundlegung der Rechtsprechung weist darauf hin, wie sehr religiöskultisches und weltliches Recht miteinander verklammert sind.[41]

Nach Albertz ist es wahrscheinlich, „dass die gesamte dtn Reformgesetzgebung dem Jerusalemer Obergericht entstammt".[42] Die dtn Konzeption, in der alle Priester Leviten sind (Dtn 18,1 u.ö.), hält er für einen künstlichen Archaismus.[43] Nach dem Mosesegen rechnet allerdings auch Albertz damit, dass die Leviten neben ihren kultischen Aufgaben „als Rechtshelfer und -lehrer" tätig waren.[44] Ein gewisser Konsens scheint darin zu bestehen, die Leviten als Lehrer anzusehen, auch wenn die Frage nach der Trägerschaft des Deuteronomiums selbst nicht geklärt ist.

5.1.3 Der Rahmen um die Gesetze

5.1.3.1 Die Verankerung der Gesetze in der Frühzeit

Das 5. Buch Mose wird in der Rahmung als Rede Moses dargestellt. Er hält sie am Tag seines Todes (vgl. 3,23-29; 32,50 und 34,7). Das Gesetz

---

[41] Ebd. S. 318.
[42] A.a.O.
[43] Ebd. S. 92. An diese Möglichkeit denkt auch W. H. *Schmidt*, der sich in einem Exkurs mit der Frage auseinandersetzt, ob Mose von seiner Abstammung her Levit war oder nicht. „Näher liegt die Annahme, dass die Beziehung zwischen Mose und den Leviten ursprünglich keine genealogische, sondern eine sachliche (und damit auch überlieferungsgeschichtliche) ist, nämlich die Übereinstimmung im Eifer für Jahwe" (1988, S. 65-67, hier S. 67).
[44] *Albertz* 1992, S. 93.

Lehren und Lernen im 5. Buch Mose

wird also nachträglich als Moses Vermächtnis gestaltet. Die Fiktion dieser Deutung gründet sich auf vielerlei Beobachtungen:

„...die Charakterisierung des Dtn als Testament Moses ist keine dt, sondern insgesamt eine dtr Vorstellung und dementsprechende literarische Tat. Sie setzt voraus, dass das Dt als literarische Größe bereits einigermaßen abgerundet war und sich in dieser dtr Schule höchster Wertschätzung erfreute. Die Zurückführung eines solchen Dokuments auf Mose, die historisch kaum mehr fassbare, aber zur höchsten religiösen Autorität herangewachsene Gründergestalt Israels, war ein Akt der Dignitätssicherung für das Dt. War das Dt aber einmal als Moses ‚letzter Wille' begriffen, so musste auch die Verbindung zu dem Heilsgut gesucht werden, das diesen dtr Theologen gleichviel bedeutete: das Land. So konnten die Deuteronomisten alles, was ihnen heilig war – das Gesetz, das Land und beider Mittler – kaum genialer zusammenführen als in einem literarischen Entwurf, in dem Mose seine Abschiedsrede an der Schwelle des verheißenen Landes hält. Zu diesem Zweck also musste Mose zuerst an den Ort seiner Rede (und dann seines Todes) gebracht werden. Das geschieht in 1,6-3,29, und darum ist dieser Textblock ein unentbehrlicher Teil sowohl der dtr Geschichtskonstruktion als auch der dtr Dt-Deutung."[45]

Die „geniale" literarische Konstruktion der Verankerung des Gesetzeskerns in der Frühzeit wird in der Literatur homiletisch-theologisch bzw. juristisch-theologisch gedeutet.[46] Das trifft sicher den Kern der Sache.

---

[45] *Perlitt* 1990, S. 28.
[46] *Von Rad* interpretierte das 5. Buch Mose aus theologischer Perspektive: „Unsere Aufgabe hier ist, das Dt selbst theologisch zu verstehen." Er findet vor den Einzelüberlieferungen, die im Dtn Aufnahme gefunden haben, eine „offenbar ausgedehnte Predigtpraxis, deren Träger die Leviten gewesen sein müssen. Das Dt ist ja nichts anderes als ein kunstvolles Mosaik von vielen Predigten über die verschiedensten Gegenstände; in ihm ist die Summe einer offensichtlich umfassenden Predigttätigkeit zusammengezogen" (1978, S. 234). Für von Rad spiegelt sich in der Abfolge der Teile des 5. Buches Mose „der liturgische Fortschritt eines Kultfestes, nämlich des Bundeserneuerungsfestes von Sichem" (ebd. S. 233). Die These vom Bundeserneuerungsfest von Sichem wurde später nur von *Wijngaards* übernommen (vgl. *Preuß* 1982, S. 63), und die wissenschaftliche Diskussion konzentrierte sich seit etwa 1960 auf die Frage, ob der Aufbau des Buches nicht eher hethitischen Vasallenverträgen oder anderen Vertragstexten nachempfunden sei. Dann hätte das Buch juristischen Charakter und die dtr Kreise wären am Gerichtshof beheimatet. Vgl. dazu *Albertz*, der levitische Priester als Angehörige der Tempelpriesterschaft identifiziert, die zusammen mit Richtern das Jerusalemer Obergericht bilden. Von diesem seien die Fortschreibungen des Rechts ausgegangen (1992, S. 317f u.ö.); etwas zurückhaltender *Crüsemann* 1997, S. 280. Dem Vergleich mit den Vasallenverträgen wurde aber auch widersprochen. Vgl. die Kritik an der Vernachlässigung literarkritischer und redaktionsgeschichtlicher Fragen von *Preuß* 1982, S. 67ff, und *Achenbach* 1991.

Lehren und Lernen im 5. Buch Mose

Meine Untersuchungen zum deuteronomisch/deuteronomistischen Lehrbegriff veranlassen mich aber, in dieser Arbeit auf einen weiteren Aspekt aufmerksam zu machen. Ich unternehme den Versuch, diese literarische Konstruktion pädagogisch zu deuten.

5.1.3.2 Der Erzählrahmen des 5. Buches Mose und das Lernen

Die Gesetze in Dtn 12-26 erhielten in späteren Rezeptionsgängen einen immer wieder erweiterten „Erzählrahmen" und damit ihren geschichtlichen Bezug.[47] Der Rahmen benennt nicht nur die Figur des Mose (vgl. Ex 2ff), er spielt in Dtn 1-3 auch auf die Wüstenerzählungen aus Num 10,11ff an. Eine eigene Quelle von Erzählungen über die Wüstenzeit ergänzt die Darstellungen aus dem 4. Buch Mose (vgl. den Bericht von der Auskundschaftung des Landes und der Weigerung der Israeliten, ins Land zu ziehen Dtn in 1,19-46 und Num 13f; den Kampf mit dem Königreich Ogs in Baschan in Dtn 3,1-11 und Num 21,10-35; zur Erzählung von Moses Bestrafung und Nachfolge vgl. Dtn 1,37-40; 3,23-28; 32,48-52; 34,1-8 und Num 20,2-13; 27,12-23).[48] Den Gesetzen hinzugefügt wurden darüber hinaus viele Querverbindungen zu den ersten vier Büchern der Tora, z.B. die Anklänge an das Bundesbuch[49] und die parallele Überlieferung der Zehn Gebote in Dtn 5 oder die Bezugnahme auf die Landverheißung an die Väter, oft mit dem Wort Erbteil (נחלה): Dtn 4,21.38; 6,10; 12,9f; 15,4; 19,10.14; 20,16; 21,23; 24,4; 25,19; 26,1; 29,7.[50]

Aus literarischer Perspektive betrachtet ist also der alte Erzählstoff im 5. Mosebuch unter Aufnahme älterer Überlieferungen auf besondere Weise ausgestaltet, ja inszeniert, dh. auf literarischer Ebene von Redaktoren

---

[47] *Perlitt* fasst zusammen, dass „1,6-3,29 also über das Gesetz hinweg auf den Fortgang der Landnahmegeschichte verweist". Der „Textblock" sei „ein unentbehrlicher Teil sowohl der dtr Geschichtskonstruktion als auch der dtr Dt-Deutung" (1990, S. 28).

[48] „Beinahe alle Erzählstoffe von Dtn 1-3 finden sich nämlich auch in Num – ‚mit einem gravierenden Unterschied: Dort sind sie verstreut, ungeordnet, mit legislativem Material vermischt, in mehrere nicht-dtr Schichten eingebettet und schließlich Priesterschriftlich arrondiert. In Dtn 1-3 dagegen sind sie literarisch komprimiert, geographisch orientiert, in der Redeform aneinander adaptiert und theologisch einheitlich akzentuiert'." *Perlitt* 1990, S. 30, er zitiert ders. 1985.

[49] Vgl. *Lohfink* 1996; *Crüsemann* 1997, S. 235ff.

[50] Zur Auflistung: *Preuß* 1982, S. 193.

(und Redaktorinnen?) der Gesetzesüberlieferung bewusst gestaltet worden. Die Szenen lassen die älteren Traditionen als Moserede statt als Gottesrede erklingen und damit als „Stimme aus einer weit zurückliegenden Vergangenheit".[51] Die „Sekundär-Gestaltung" ermöglicht es, die Worte der Überlieferung zu aktualisieren und zu interpretieren. In der Forschung über das 5. Mosebuch ist das längst erkannt worden:

> „Der dtr Mose wird zum Nacherzähler, er schreibt nicht in der 3. Person des Historikers, sondern er redet in der 1. Person des Beteiligten. Seine Rede ist Vergegenwärtigung von gemeinsam Erlebtem durch den einen Augenzeugen für die vielen anderen. Diese Sekundärgestaltung steht zugleich im Dienst der entscheidenden Theologisierung bekannter Stoffe. Die einzelnen verstreuten Begebenheiten der Überlieferung werden im Gerüst dieses neuen literarischen Zusammenhangs aktualisiert. Dabei wird die Geschichte insgesamt zum Paradigma einer Unglaubens- oder Glaubens-, einer Unheils- oder Heilsgeschichte. So wird in Dtn 1-3 nicht berichtet, was einmal war, sondern vor Augen gerückt, was die Vergangenheit Israels für die Gegenwart Israels paradigmatisch bedeutet".[52]

Wenn aber hier eine solche Inszenierung vorliegt, dann geht diese Form über „Predigt" oder über „Gesetzesauslegung", mit denen das 5. Buch Mose bisher in Verbindung gebracht wurde, hinaus. Hier ist auch ein pädagogisches Interesse am Werk, das sich sehr genau Gedanken über die Art der Vermittlung des dtn Gesetzeskerns gemacht hat. Auffällig ist die Statik der Inszenierung: Mose hält an einem Tag eine lange Rede an sein Volk, in der er Gesetze übermittelt. Er tut das nach vierzig jähriger Wüstenwanderung, vor dem Überschreiten des Jordans. Hier wird von einem Innehalten erzählt, einer Reflexion über das Vergangene und das Kommende. Vergleichbar ist die Situation mit der im 3. Buch Mose, auch dort wird die Handlung nach der Aufrichtung und Einweihung des Heiligtums (Ex 40) unterbrochen und es wird von der Gesetzesübermittlung Gottes an Mose im Zelt der Begegnung gehandelt (Lev 1ff), bevor in Num 10,11 vom Aufbruch berichtet wird. Der Erzählrahmen im 5. Mosebuch umfasst Dtn 1-3; 5,1-5; 31,1-8; 32,48-52; 34.

Die Erzähltechnik des Rahmens ist „ein in mindestens vier Etagen gebautes System", das mit Erzähler, Mose, Gotteszitaten und Mosezitaten

---

[51] *Crüsemann* schreibt vom „Charakter des Deuteronomiums als Mose- statt als Gottesrede, und damit als Stimme aus einer weit zurückliegenden Vergangenheit statt aus der Gegenwart" (1997, S. 236).
[52] *Perlitt* 1990, S. 31.

arbeitet.⁵³ Westermann hat in den Erzvätererzählungen bereits unterschieden zwischen „Erzählen und Erzählung".⁵⁴ Dem Erzählen von den Ahnen im 1. Mosebuch liegen persönlich-alltägliche Erfahrungen zugrunde, die eine Zusammengehörigkeit zwischen Erzählendem und Zuhörendem voraussetzen. Aber es gibt dort auch ausgestaltete Erzählungen, die im Laufe des Überlieferungsprozesses verfeinert und mit literarischen Mitteln gestaltet wurden. Der Erzählrahmen im 5. Mosebuch ist eine literarische Schöpfung, ja eine didaktische Inszenierung des paränetischen Teils und der Gebote mit dem vorhandenen Erzählmaterial. Er setzt die Promulgation der Gesetze des Mose wirkungsvoll in Szene und verleiht ihnen die Autorität eines Testaments. Es ist altorientalische Erzählkunst, die sich hier mit dem Interesse an der Vermittlung verbindet.⁵⁵

Was aber ist didaktisch durch die als Moserede stilisierte Paränese gewonnen? Diese Frage ist, meines Wissens, noch nicht gestellt worden. Ich möchte sie aus pädagogischer Perspektive beantworten:

- Die Erzählfigur des Mose macht es möglich, die Erfahrungen, die in der übrigen Tora ruhen, rhetorisch „wieder" zu holen. Wiederholung ist ein Grundzug allen Lernens und Verstehens. Sie wird hier aber nicht in einem mechanischen Sinn praktiziert, sondern als interpretierende und aktualisierende Wiederholung. Mose verdeutlicht das Gesetz (Dtn 1,5).⁵⁶

- Fiktive Hörerinnen und Hörer werden durch eine aus der Überlieferung bekannte Person direkt angesprochen. Die Angesprochenen sind als Zeugen des Erinnerten gefragt, das, was sie erlebt haben, weiterzugeben. Das ist aus sprachlich-pragmatischer Sicht von hohem Stellenwert, denn Hörerinnen und Hörer dieses so gestalteten Textes aus allen Zeitepochen kön-

---

⁵³ *Lohfink* 2000, S. 49f.
⁵⁴ *Westermann* 1981, S. 38.
⁵⁵ Wie kunstvoll im Alten Orient erzählt wurde, kann man z.B. am Gilgameschepos lernen, in dem verschiedene Handlungsfäden ineinander verflochten sind und „während von einem erzählt wird, auch die Zeit des anderen weiter läuft". Vgl. *Lohfink* 2000, S. 68.
⁵⁶ Zur Bedeutung des Verbs באר (erklären, verdeutlichen) in Dtn 1,5 vgl. *Perlitt* 1990, S. 22.

Lehren und Lernen im 5. Buch Mose

nen sich mit den literarischen Personen identifizieren und die Worte als zu ihnen gesprochen verstehen. Dadurch ist durch den äußeren Rahmen die Grundlage zur ständigen Aktualisierung dieser Texte gelegt, die Fortschreibungen angeregt haben mag.

- Die Inszenierung geschieht durch die Erzählung auf der Schwelle ins gelobte Land. Die Volksversammlung ist einberufen (Dtn 1,1; 5,1 und 29,1) und hört den Reden des Mose zu. Handlung geschieht nur im Rückblick oder im Ausblick. Das 5. Buch Mose wird so einerseits zum retardierenden Moment in der Handlungsfolge der großen alttestamentlichen Fabel, die von Verheißung, Gefangenschaft in Ägypten, Befreiung Einzug im gelobten Land und Königtum erzählt. Insofern die Handlung aber im Ausblick erzählt wird, hat sie pragmatischen Charakter, sie enthält eine Aufforderung. Aus pädagogischer Sicht wird also die Möglichkeit der Verarbeitung des Erfahrenen und Gelernten gegeben und neue Handlung angestoßen. Insofern das 5. Buch Mose Tradition verarbeitet und Basis für neue Überlieferungen wird, entspricht die Inszenierung exakt dem Inhalt.

5.1.3.3 Die Gründungslegende und ihr pädagogischer Impuls

Es ist eine alte These der Deuteronomiumforschung, an der bis heute festgehalten wird, dass die Gesetzessammlung in Dtn 12-27 und möglicherweise einige Rahmenteile mit dem ספר התורה (Tora-Buch) identisch sind, das unter König Josia im Tempel aufgefunden wurde (2 Kön 22f).[57]

---

[57] Diese These wurde zuerst von *de Wette* im Jahre 1805 vorgelegt, vgl. *Nielsen* 1995, S. 5. Er schreibt vom „Ur-Deuteronomium" S. 3. Auch wenn sich dieses nicht mehr genau rekonstruieren lässt, so scheint doch ein Zusammenhang zwischen dem Deuteronomium und 2 Kön 22f zu bestehen, die ein Erzählgefüge Dtn bis 2 Könige umrahmen. *Braulik* vermutet, dass es sich bei dem unter Josia aufgefundenen Tora-Buch um „eine nicht allzu umfangreiche Vorstufe von Dtn 5-28" handelte, „ die als JHWH- Gesetz und noch nicht als von Mose promulgiertes Gesetz formuliert war" (1996a S. 82). *Albertz* findet Übereinstimmungen bei der Zerstörung der Kulthöhen (Dtn 12; 2 Kön 23,5.8.13.19), der Zerstörung der Mazzeben und Ascheren (Dtn 16,21; 2 Kön 23,6f. 14. 15), der Beseitigung assyrischer Gestirnskulte (Dtn 17,3; 2 Kön 23,5) und der Beseitigung von Kinderweihriten (Dtn 18,10; 2 Kön 23,10). Vgl.

Lehren und Lernen im 5. Buch Mose

König Josia schickt nach dieser Legende seinen Schreiber Schafan in den Tempel, um den Hohepriester Hilkia darum zu bitten, die Spenden des Volkes an die Handwerker weiterzureichen, die Risse im Tempelhaus ausbesserten. Hilkija überreicht Schafan ein Buch mit den Worten: *Ich habe im Haus JHWHs das Buch des Gesetzes* (ספר התורה) *gefunden* (22,8).[58] Schafan liest das Buch selbst und trägt es anschließend dem König vor. Der zerreißt daraufhin seine Kleider, da er annimmt, der Zorn Gottes sei groß, da die Väter den Worten des Buches nicht Folge geleistet haben. Er schickt zur Prophetin Hulda, die dem Volk Unheil voraussagt (22,15-17), dem reuigen Josia aber ein friedliches Ende (22,18-20). Josia versammelt das Volk, lässt die Worte des Bundesbuches (ספר הברית 23,2) vor ihren Ohren vorlesen und schließt einen Bund vor Gott. In der Folge werden die Höhenkulte zerstört (2 Kön 23,4ff vgl. Dtn 12,2f) und ein Passahfest in Jerusalem gefeiert (2 Kön 23, 21 vgl. Dtn 16,1-8).[59]

Wenn nun die josianische Reform mehr als eine reine Kultreform war, nämlich zugleich eine „breite, nationale, soziale und religiöse Erneuerungsbewegung",[60] dann kann auch nach den Trägern dieser Reformbewegung in kultischen und politischen Zusammenhängen geforscht werden. Albertz rechnet mit einer breiten Koalition aus dem Volk (עם הארץ „Volk des Landes" 2 Kön 21, 24) und Teilen der Jerusalemer Oberschicht, „eine Gruppe einflussreicher, weisheitlich geschulter Hofbeamte[r] und ein Großteil der Jerusalemer Tempelpriesterschaft".[61] Möglicherweise waren es Jerusalemer Hofschreiber, die „wesentlich an der Konzipierung und Abfassung der dtn Reformgesetzgebung beteiligt waren".[62]

---

dort auch die Argumente gegen *de Wettes* These (1992, S. 309 vgl. dort Anm. 10 und S. 310f).

[58] Vgl. את־התורה הזאת (diese Tora) in Dtn 31,9.11.

[59] Die eigentliche Neuerung des 5. Buches Mose, die Kultzentralisation, wird zwar in 2 Kön 22f nicht ausdrücklich erwähnt, die Anordnungen Josias laufen aber darauf hinaus, vgl. *Crüsemann* 1997, S. 236. Auf den Zusammenhang von Kultzentralisation und Kultreinigung verweist *Hoffmann*: „Der Höhenkult – ursprünglich sicher dem Jahwekult gewidmet – wird vielmehr für die Deuteronomistik stets zum Fremdgötterkult: Auf den Kulthöhen des Landes *kann gar nicht Jahwe verehrt werden*, der Höhenkult ist nicht nur ein Verstoß gegen die Zentralisationsforderung des Dtn, sondern auch eine Übertretung des ersten Gebotes" (1980, S. 214f). Vgl. dazu den Einwand von *Lohfink*. Er will den Unterschied zwischen Kultreinigung und Kultzentralisation nicht verwischt sehen: „Vielmehr ist die Aussage über die Kultzentralisation in die zentrale Position des rhetorischen Aufbaus gerückt..." (1985a, S. 39).

[60] *Albertz* 1992, S. 310.

[61] Ebd. S. 314.

[62] A.a.O.

Lehren und Lernen im 5. Buch Mose

Vor Josia ist bereits von Bestrebungen des Hiskia die Rede, eine Opferzentralisation einzuführen (2 Kön 18, 4.22). Möglicherweise liegen in der Regierungszeit des Hiskia die Anfänge des Deuteronomiums, und das in 2 Kön 22, 8.11 erwähnte ספר התורה (Tora-Buch) wurde schon zu seiner Zeit erstellt. Die josianische Reformbewegung knüpfte dann daran an.

In der Forschung wird allerdings diskutiert, ob und in welchem Ausmaß der Bericht über die Reform des Josia auf historische Tatsachen zurückgeht. Wegen der Radikalität der geschilderten Maßnahmen und der sagenhaften Elemente des Berichts wie z.B. dem Buchfund, wird er angezweifelt.[63] Nach Levin ist der Bericht Teil des deuteronomistischen Programms. Er stellt Josia, den letzten erfolgreichen König Judas, als idealen König dar, der den Jahwekult in Jerusalem konzentrierte. Neben Mose, der gesetzgebenden Sagengestalt aus vorstaatlicher Zeit, wurde Josia als Entwurf eines Königs der Zukunft stilisiert.[64] Auch ohne dass im deuteronomistischen Geschichtswerk „lehren" und „lernen" audrücklich genannt werden,[65] kann man ein solches Programm als politischen, religiösen und vor allem pädagogisch motivierten Entwurf ver-stehen.

5.1.3.4 Der Rahmen als Perspektivwechsel

Eine Besonderheit des Sprachgefüges in der Rahmung hat weitreichende Folgen für das Verständnis des Themas dieser Arbeit. Es ist der Blick auf die Gesetze, der dem Deuteronomium im Vergleich zu den anderen Gesetzestexten in der Tora einen eigenen Charakter verleiht. Nielsen bezeichnet den paränetischen, ermahnenden Ton als das „Grund-Gepräge", „das die deuteronomischen Gesetze von sämtlichen Parallelen aus dem Nahen Orient unterscheidet".[66] Crüsemann hebt die Besonder-

---

[63] „So geht es der Erzählung als ganzer um die Durchsetzung des Deuteronomiums in exilisch- bis frühnachexilischer Zeit und damit um die Konsolidierung des Judentums als des allein Jahwe dienenden Gottesvolkes. Man wird sich also mit dem Gedanken vertraut machen müssen, bei der Rekonstruktion der Literatur- und Religionsgeschichte Israels ohne die Hypothese einer von König Josia aufgrund des Deuteronomiums durchgeführten Reform auszukommen." *Kaiser* 1984, S. 134, vgl. *Würthwein* 1976, S. 417ff und *Levin* 1984, S. 353ff.
[64] *Levin* 2001, S. 58, vgl. ders. 1984, S. 364, wo er die dtr Fortschreibung als „Legende" bezeichnet.
[65] S. o. die semantische Analyse.
[66] *Nielsen* 1995, S. 7f.

heit der Paränesen noch stärker hervor. Er verweist darauf, dass im Deuteronomium im Gegensatz zum Bundesbuch ein ganz neuer Ton angeschlagen wird. Es seien die

„theologischen Reflexionen über das Gesetz, über die Bedeutung dessen, was diese Gabe Gottes an sein Volk bedeutet. Sie finden sich in den Kapiteln 6-11 und 30f... Hier gibt es eine neue theologische Sprache, hier wird *die* Begrifflichkeit geprägt, die jede an der Bibel orientierte Theologie seitdem unausweichlich bestimmt."[67]

Es wird zu zeigen sein, wie aus dem Nährboden dieser neuen Perspektive, die das Gesetz zum Gegenstand der Reflexion macht, der Lehrbegriff des Deuteronomiums erwächst. Die Reflexion über die Bedeutung der Gabe des Gesetzes an das Volk zieht das Nachdenken über die Vermittlung nach sich.

5.2 Die Verben des Lehrens und Lernens im 5. Buch Mose

Zu Beginn dieser Darstellung der Verben des Lehrens und Lernens soll einem Missverständnis begegnet werden: In der Forschung wurden diese Verben im 5. Buch Mose lange Zeit wie Synonyme behandelt.[68] Diese Deutung greift aber zu kurz. Bereits in der Wortfeldanalyse konnte gezeigt werden, dass sich die Konnotationen der einzelnen Verben sehr wohl auf eine bestimmte Bedeutungsbreite beschränken. Im 5. Mosebuch ist es besonders das Verb למד (lehren/lernen), das den Lehrbegriff bestimmt und fest in den theologischen Denkansatz des Buches eingebunden ist. Diesem Verb wird im Folgenden das Hauptinteresse gewidmet. Zunächst sollen aber die Verse der beiden anderen Verben im 5. Mosebuch vor ihrem sozialgeschichtlichen Hintergrund in den Blick genommen werden.

In den ersten vier Büchern der Tora ist nicht mit למד vom Unterweisen die Rede. Die hier verwendeten Verben wurden in der Wortfeldanalyse bereits untersucht: שׂכל hi (einsichtig, klug machen) Gen 3,6; יסר (erziehen) Lev 26,18.23.28; und ירה hi (unterweisen) in Gen 46,28; Ex 4,12.15; 15,24; 24,12; 35,34; Lev 10,11; 14,57.[69] Das

---

[67] *Crüsemann* 1997, S. 237.
[68] *Weinfeld* 1992, S. 203; *Albertz* schreibt allgemein von einem „pädagogischen Impuls", der das Dtn durchziehe (1992, S. 318, Anm. 53).
[69] Das Verb זהר II hi (Ex 18,20), das in der Elberfelder Übersetzung mit „belehre sie" wiedergegeben wird, hat die Grundbedeutung „warnen, mahnen", es kommt aber

Lehren und Lernen im 5. Buch Mose

einzige Verb, das in mehreren dieser vier ersten Bücher der Tora verwendet wird, ist ירה. Wie bereits erarbeitet, ist es das Verb, mit dem die Weitergabe von Handwerkswissen und Priesterunterweisung bezeichnet wird. Mose und Aaron werden von Gott unterwiesen.

Die drei Verben, die im 5. Buch Mose verwendet werden, sind in folgender Weise auf die einzelnen Kapitel des Buches verteilt:

Verbwurzeln	Dtn 1-3	Dtn 4f	Dtn 6-11	Dtn 12-26	Dtn 27-30	Dtn 31-34
למד lehren/lernen	-	7	2	4	-	4
יסר ohne מוסר erziehen	-	1	1	2	-	-
ירה unterweisen	-	-	-	3	-	1

Die Belege von ירה finden sich im Gesetzeskern und im Mosesegen. יסר kommt relativ häufig in drei Teilen des Buches vor. Nimmt man das Substantiv מוסר in 11,2 hinzu, dann fällt es zahlenmäßig noch stärker ins Gewicht.

5.2.1 Weisen (*ירה*) im Zusammenhang juristischer Rechtsprechung

Das Verb hat vier Belege: 17,10.11; 24,8; 33,10. Die ersten drei sind Teil des Gesetzeskorpus. Dtn 33 gehört dagegen zum Epilog des Buches. Es enthält den „alten Mosesegen",[70] der mit der Erzählung vom Tod des Mose verwoben wurde.

- In Dtn 17 steht das Verb zweimal im Gesetz für Streitsachen. Wenn das Urteil im Streitfall die Kompetenz des örtlichen Tor-

---

besonders durch die Gesetzesbezeichnungen und die folgende Verbwurzel ידע hi in die Nähe der Bedeutung von „belehre sie", „lass sie erkennen".

[70] *Braulik* 1996a, S. 84. Dtn 32,49: Steige auf das Gebirge Abarim hier, (auf) den Berg Nebo, der im Land Moab (liegt)... knüpft sprachlich und inhaltlich an 34,1 an: Und Mose stieg von den Ebenen Moabs auf den Berg Nebo.... Das ist ein Hinweis darauf, dass der Mosesegen in Dtn 33 eingeschoben wurde.

Lehren und Lernen im 5. Buch Mose

gerichts übersteigt,[71] dann soll der Israelit an die von JHWH erwählte Stelle, den Tempel, gehen und dort den Priestern, die als Leviten näher bestimmt werden, und dem Richter die Streitsache vortragen. Das hier beschriebene „Obergericht"[72] besteht also aus weltlichen und religiösen Repräsentanten. In 17,9-11 werden vier verschiedene Begriffe für das Urteil genannt und drei verschiedene Verben für dessen Ausrufung.[73] Die Belehrung über den genauen Sachverhalt „der Tora" wird in 17,11 mit ירה (unterweisen) beschrieben. Parallel dazu stehen נגד (mitteilen) und דבר (sagen). Es scheint sich also um gesprochenes Recht zu handeln, das die Leviten, die hier und öfter pointiert als Priester hervorgehoben werden,[74] unterweisen. Die Pointe des Abschnitts liegt weniger auf der Mitteilung als auf dem Tun dessen, was gesagt wird.[75] Die Verpflichtung (vgl. 17,20 und 5,32; 28,14), die sonst religiös umkleidete Vorschriften wie die Zehn Gebote begleitet, gebietet, weder zur Rechten noch zur Linken abzuweichen. 17,12 ordnet bei eigenmächtigem Handeln, das sich nicht an den Worten des Priesters orientiert, die Todesstrafe an. Hier

---

[71] Vgl. Ex 18,26; Dtn 1,17. Vgl. auch die Erzählung vom Sohn der Schelomit, der während eines Streits Gott lästert und dann vor Mose gebracht wird Lev 24,10-23.
[72] *Albertz* 1992, S. 317ff.
[73] Die vier Worte für Urteil sind: דבר המשפט (Worte des Gesetzes), דבר (Spruch), תורה (Weisung), משפט (Gesetz). Bei Hinzunahme der Septuaginta erweitert sich der Wortschatz noch einmal. Hier wird anstelle des Verbs ירה das griechische Verb νομοθετέομαι (gesetzlich verordnen 17,10) und φωτίζω (erleuchten, offenbaren 17,11 אור) gebraucht. Dadurch wird der Akt der Gesetzeseröffnung noch deutlicher.
[74] Vgl. im folgenden Königsgesetz 17,18 und 18,1.7; 24,8; 27,9.
[75] Vgl. die dreimalige Aufforderung zum Handeln in 17,10f und die Genauigkeitsformel. *Willi* erarbeitet an Dtn 17,11, dass התרה (die Tora) nicht Objekt sondern Adverbialbestimmung zu למד (lehren/lernen) ist und dass der Vers daher mit „und aus deiner Tora heraus unterrichte (trainiere) mich" zu übersetzen sei. Er führt aus: „Natürlich kann תורה auch unter dem Aspekt des Lerninhalts betrachtet werden. Diese Seite der Sache ist im Laufe der geschichtlichen Entwicklung immer auch gegenwärtig. Aber weder bei ירה hif. noch beim Substantiv תורה liegt die Betonung auf dem Lerninhalt oder Lernziel, sondern auf dem *Vorgang der autoritativen Unterweisung*, auf dem *aktuellen Lehrgeschehen*, auf der *Lehrmethode*. Es wäre auch späten Schriften wie Chr und Dan unmöglich, im Zusammenhang mit ירה hif. von einem Buch, beziehungsweise einer Sprache und einer Literatur zu sprechen (vgl. nur etwa 2 Chr 17,7.9 und Dan 1,4; Ex 24,12 dürfte die - einzige - Ausnahme sein, die die Regel bestätigt)" (1995, S. 97).

wird also verbindliche, mündliche Weisung im Gesetzeskonflikt neben נגד hi mit ירה hi bezeichnet.

- In 24,8 belehren wieder die Leviten im Priesteramt über das Verhalten im Fall des Aussatzes. Sie geben Weisung über das, was Mose ihnen befohlen hat. Auch hier ist das genaue Einhalten des Gesagten betont (zweimal in 24,8 „darauf achten zu tun"), weniger die Unterweisung an sich.

- Im Segen in 33,10 wird den Leviten zugesprochen, dass sie es sind, die Israel Rechtsbestimmungen und Gesetz lehren.[76] Die Aufgabe der Leviten wird in diesem Segen als eine doppelte beschrieben: Sie lehren Jakob „deine" Rechtsbestimmungen, Israel „dein" Gesetz und sie opfern Räucherwerk und Ganzopfer auf dem Altar. Nach den bisherigen Belegen muss wohl daran gedacht werden, dass sie beides in einer Person taten. Hier weist jedenfalls nichts darauf hin, dass sich verschiedene Untergruppen bei den Leviten bildeten, die sich Kompetenzen in der Lehre bzw. im priesterlichen Vollzug teilten. Den Leviten, die als Priester agieren, wird auch die kultische Lehrkompetenz zugesprochen. Außerhalb des 5. Buches Mose sind es nicht mehr die Leviten, deren Lehren mit diesem Verb bezeichnet wird. Subjekte des Lehrens, das mit ירה bezeichnet wird, sind dort häufig Priester, Propheten oder Gott.[77]

Interessant ist die Übertragung der Aufgabe der priesterlichen Unterweisung im 5. Buch Mose von Mose auf die Leviten (Dtn 10, 8f vgl. 31,9). „Mose" scheint hier der Name für die Legitimierung der gesetzgebenden Instanz zu sein.[78] Stand Mose noch direkt mit Gott in Kontakt (vgl. Lev 24,10-23), dann ist die Frage, aus welcher be-

---

[76] Hier hat Q das ähnlich lautende אור statt ירה. Die Vulgata dagegen lässt das Verb ganz aus. Vgl. *Biblia Hebraica* 1976/77 zu der Stelle.

[77] Es unterweisen: Gott in Ex 4,15; 15,25; Ps 25,8.12; Ps 27,11; 86,11; 119,33.102; Jes 2,3; Jes 28,9.26; Mi 4,2; Aaron und seine Söhne in Lev 10,11; Priester in Lev 14,57; 2 Kön 12,3; 17,27f; 2 Chr 15,3; Ez 44,23; Mi 3,11; ein Mann Gottes in Ri 13,8; der Prophet Samuel in 1Sam 12,23; der Lügenprophet in Jes 9,14.

[78] *Crüsemann* 1997, S. 113-121, er deutet „Mose" als Platzhalter für einen nichtköniglichen Ursprung der Gesetze und gelangt auf diesem Wege zur Betrachtung der Institution des Jerusalemer Obergerichts. Es sei hier dahingestellt, ob diese Institution eine historische Tatsache war oder nicht (vgl. die Diskussion bei *Crüsemann* a.a.O.).

sonderen Quelle die Leviten schöpfen. Ihre Unterweisung ist mündlich, woher aber nehmen sie ihre Anweisungen? Liegen schriftliche Gebote vor, aus denen sie schöpfen? Sind sie durch Einsetzung des Königs legitimiert?

Das Phänomen der Leviten in der vorstaatlichen Zeit lässt sich kaum eindeutig bestimmen.[79] Albertz rechnet bei den Leviten mit einer „religiösen Genossenschaft", die verstreut im Lande lebte. Ein Teil davon versah Priesterdienste, andere waren möglicherweise Omenexperten (Dtn 33,8ff; Ri 17,5f) und wieder andere waren Rechtshelfer und -lehrer (Dtn 33,10a).[80] Meiner Ansicht nach lässt sich allerdings die hier beschriebene Aufteilung auf verschiedene Personen nicht immer durchhalten, da die Tätigkeiten sich, wie oben gezeigt, nicht streng voneinander trennen ließen.

Schmidt verweist auf die Forschung zur genealogischen Verbindung zwischen den Leviten und Mose, die ihren Ausgangspunkt darin nimmt, dass Moses Eltern als Leviten bezeichnet werden (Ex 2,1). Auch der Mosesegen in Dtn 33,8 könnte mit dem mehrdeutigen Wort „Mann, der dir treu ist" auf eine „besondere Beziehung zwischen Levi und Mose" anspielen. Schmidt kommt aber zu dem Schluss, dass die Beziehung zwischen Levi und Mose wohl keine genealogische, sondern eine sachliche war, nämlich ihre Übereinstimmung im Eifer für Gott.[81]

In unserem Zusammenhang erwähnenswert ist der Kommentar zum Mosesegen von Wagner: „Vielleicht muss man die Aussage im Levi-Spruch des sog. Mosesegens (Deut 33,10) zu den ältesten Belegen für den Funktionszusammenhang von Priester und Unterweisung zählen ... . Damit wäre für das AT über einen langen Zeitraum der Gebrauch von *jarah III* für priesterliches Lehren bezeugt."[82]

Aus dem bisher Erarbeiteten lässt sich folgende These entwickeln: ירה bezeichnet im Deuteronomium die verbindliche kultisch-religiöse und weltliche Rechtsprechung. Das Verb ist in diesem Sinn fester Bestandteil des deuteronomischen Rechtskorpus. Die Rechtsprechung hat mündlichen Charakter. Diese Bedeutungsnuance des Verbs lässt sich auch an etlichen Stellen außerhalb des Deuteronomiums verifizieren. „Lehren" ist hier ein juristischer Begriff. Lehrende sind Priester, Leviten und Richter, die Ratsuchende im Streitfall belehren. Die Lehrenden sind Gott verpflichtet (Dtn 17,12).

---

[79] So *Schmidt* 1988, S. 66.
[80] *Albertz* 1992, S. 93.
[81] *Schmidt* 1988, S. 66f.
[82] *Wagner* 1982, Sp. 926.

Lehren und Lernen im 5. Buch Mose

5.2.2 Erziehen (יסר) als Handeln Gottes und der Menschen

Auch das Verb יסר (erziehen) hat 4 Belege im 5. Buch Mose, dazu kommt eine Stelle mit dem vom Verb abgeleiteten Substantiv מוסר: Dtn 4,36; 8,5; 21,18; 22,18 und 11,2 (מוסר Lehre).[83]

Das Verb יסר weist eine andere grammatikalische Struktur auf als ירה, denn es verbindet sich in der Regel nur mit Objekten der Person, nicht aber der Sache. Das heißt, es wird zwar gesagt, wer unterwiesen wird, nicht aber was. Im Deutschen lässt sich diese Struktur mit der Übersetzung „erziehen" nachahmen. Um Sachziele auszudrücken, eignen sich andere Verben eher: „er lehrt die Gebote", „er weist den Weg". Bei dem Verb יסר steht damit die Tatsache der Belehrung im Vordergrund und das Verhältnis zwischen Lehrperson und Schüler oder Schülerin. Wie oben bereits dargestellt, variiert die Strenge der ausgedrückten Belehrung stark. Es kann neutrale Konnotationen haben wie bei „erziehen" aber auch strafende, wenn das Verb in den Zusammenhang mit Rute usw. gestellt wird.

- Die Verse Dtn 21,18 und 22,18 gehören zum Gesetzeskorpus des Buches. Sie sind im familiären Kontext verankert. In 21,18 ist die erzieherische Haltung von Vater und Mutter gegenüber einem unbotmäßigen Sohn mit יסר bezeichnet, die allerdings nicht zum gewünschten Erfolg führt. Der Sohn wird als widerspenstig und störrisch charakterisiert. Der Erziehungsversuch von Vater und Mutter scheint eine gewisse zeitliche Ausdehnung zu haben. Darauf weist die Form von יסר mit ו iterativum hin. Dem Torgericht vorgeführt, wird die Liste seiner Vergehen noch länger, die Anklage lautet zusätzlich „Schlemmer und Säufer". Er soll nach dem Gesetz verurteilt und gesteinigt werden. Das Verb wird also hier für den Krisenfall in der Kindererziehung benutzt.

- In 22,18 wird der Fall besprochen, dass ein Mann, seine junge Frau beschuldigt, sie sei nicht unangetastet gewesen, als er sich ihr nahte (22,15). Im Fall, dass die Unschuld der Frau bewiesen wird, soll der Mann von den Ältesten der Stadt „erzogen" (יסר) werden. Es bleibt unklar, ob eher an eine verbale oder eine körperliche Zurechtweisung gedacht ist. Das Verb לקח (nehmen) lässt aber eher an körperliche Schläge denken: *Und die Ältesten der Stadt sollen den Mann nehmen und ihn erziehen. Diese*

---

[83] Zur Übersetzung von מוסר als Lehre vgl. Kapitel 8 dieser Arbeit.

Lehren und Lernen im 5. Buch Mose

Verbkombination findet sich sonst nicht im Ersten Testament. Insofern bleibt die Deutung unsicher. יסר benennt hier also eine Form der zurechtweisenden Erziehung, die ähnlich wie in 21,18 im Grunde keine „Belehrung", sondern eher eine Grenzsetzung im Streitfall ist.

- Drei der Verse entstammen dem Rahmenwerk des Deuteronomiums. 4,36 und 8,5 tragen einen fremden Zungenschlag in das 5. Buch Mose ein. Ich halte sie für Einflüsse aus dem Sprüchebuch vgl. Spr 3,19 bzw. 3,11.12. Dtn 11,2 spricht von der Erziehung des Volkes durch JHWH. Von Bedeutung ist, dass die Wüstenzeit, an der das Volk die „Erziehung" ablesen soll, auch als Prüfungszeit betrachtet (8,2 נסה) wird und, was im Kontext vielleicht noch interessanter ist, als Zeit der Demütigung (8,2.3.16 ענה II). Der Begriff „demütigen" ist mehrfach im Ersten Testament von Gott gesagt. Dabei schwingt in den Belegen ein Zeitaspekt mit. Die Demütigung durch Gott wird als vorübergehende gekennzeichnet. So in 1 Kön 11,39; Jes 64,11; Nah 1,12; Ps 90,15; 119,75f und Klgl 3,31-33. Dieser hoffnungsvolle Aspekt, der einer Erfahrung von Leid und Demütigung gerade noch abgerungen werden kann, wird nun im 5. Mosebuch pädagogisch gedeutet: Gott demütigte vorübergehend in der Wüstenzeit, um zu erziehen. Aus pädagogischer Sicht hat diese erzieherische Geschichtsdeutung einen zynischen Aspekt. Dieses Verhältnis wird als eine besondere Form der Zuwendung gedeutet und ist daher selbst Gegenstand der Erkenntnis, die das Volk gewinnen soll:[84] *So erkenne* (ידע) *in deinem Herzen, dass JHWH, dein Gott dich erzieht, wie ein Mann sein Kind erzieht.* (8,5) Erziehung durch Gott ist hier Privileg, Teil des erwählenden Handelns. Die Erfahrung der Erziehung Gottes am eigenen Leib gemacht zu haben *denn nicht mit euren Kindern rede ich, die die Lehre JHWHs nicht erfahren haben* (11,2) soll Erkennen

---

[84] Auch Dtn 1,31 zeigt, dass die Begleitung des Volkes durch Gott in der Wüstenzeit mit dem Vater-Kind-Verhältnis verglichen werden kann: „'...dass JHWH, dein Gott, dich getragen hat, wie ein Mann sein Kind trägt". Zur Deutung von Lehre (מוסר) als göttlicher Zuwendung vgl. Kapitel 8 dieser Arbeit und den Exkurs zu מוסר außerhalb des Sprüchebuches.

(ידע) nach sich ziehen. Die „Lehre" Gottes am eigenen Leib verspürt zu haben, verpflichtet zur Einhaltung der Gebote (11,1).

Aus diesen Beobachtungen lässt sich die These entwickeln: יסר bezieht sich im Deuteronomium auf das erzieherische Handeln innerhalb einer Familie oder zwischen Gott und Mensch. Es bezieht sich nur insofern auf einen Lehrinhalt, als die Gesetze und Verordnungen der Hintergrund sind, vor dem erzogen wird. Gottes Geschichte mit den Israeliten wird als erzieherisches Handeln beschrieben und als Zuwendung bzw. als Moment der Erwählung gedeutet. Dieser Lehrbegriff zielt auf das wechselhafte Verhältnis zwischen Lehrer und Schüler, das von gegenseitigem Vertrauen und von Liebe aber auch von Prüfung und Strafe geprägt ist.

5.2.3 Der neue Akzent in der Lehre durch למד

5.2.3.1 Vom Lernen der Furcht Gottes an Stelle der Gräuel der Völker: Das Verb im Gesetzeskorpus

Vier Belege finden sich im Gesetzeskorpus des 5. Mosebuches: Dtn 14,23; 17,19; 18,9; 20,18.

- Dtn 14,23 ist Teil des Abschnitts über das Gesetz des Zehnten. *Du sollst gewissenhaft allen Ertrag deiner Saat verzehnten, was auf dem Feld wächst, Jahr für Jahr* (Dtn 14,22). Wie bereits dargestellt, ist dieses Gesetz eine sozial ausgerichtete Neugestaltung gegenüber früher bestehenden Bestimmungen. Aber nicht nur das. Eine weitere Akzentuierung bietet der Nachsatz in 14,23: *...damit du lernst, JHWH, deinen Gott alle Tage zu fürchten*. Die alte Tradition der Gabe des Zehnten wird hier nicht nur sozialpolitisch sondern auch didaktisch gedeutet. Bei der Freude über das Essen und dem Dank für den Segen Gottes (12,7) soll die Gottesfurcht gelernt werden.

Die „Einübung in das rechte Gottesverhältnis"[85] durch das Erlernen der Gottesfurcht ist neben den sozialen Anliegen und der Bindung an das zentrale Heiligtum der Zweck der Feste. Der

---

[85] *Albertz* 1992, S. 320, siehe auch die Ausführungen zur Furcht Gottes als Lehranliegen in Kapitel 5.2.3 dieser Arbeit.

Lehren und Lernen im 5. Buch Mose

Vollzug dieses Gesetzes wird als „Bildungsarbeit" umgedeutet.[86] Hier überrascht das Medium, mit dem gelernt werden soll. Es ist das fröhliche Fest. An diese Leibfreundlichkeit kommt auch das Medium des Liedes in 31,19.22 nicht heran. Lernen muss im 5. Buch Mose nicht immer im Hören auf das Wort geschehen. Auch das Wort ist nur Hinweis auf das rechte Tun. An der Umsetzung der Gebote misst sich der Lernerfolg. Diese Vorstellung geht so weit, dass auch der Vollzug des Gebotes im Feiern noch als Lernen gedeutet werden kann. Es wäre also eine unzulässige Verallgemeinerung, mit dem Begriff למד ausschließlich schulisches Lernen im Sinn von Auswendiglernen und anderem verbal vermitteltem Lernen zu verbinden.

- Im Königsgesetz 17,19 ist davon die Rede, dass der König Gott fürchten lernen soll. 14,23 und 17,19 sind also durch die Vorstellung der Gottesfurcht miteinander verbunden. Der König lernt, indem er täglich in einer Abschrift der Gesetze liest. Er soll Gott fürchten lernen, um alle Worte des Gesetzes und die Ordnungen zu bewahren und sie zu tun. Dahinter steht die Vorstellung, dass der König von Gott erwählt ist (17,15) und damit in einer besonderen Beziehung zu Gott steht.

Die deuteronomischen Reformer reagieren mit diesem Königsgesetz auf die Hoftheologie, die sich in staatlicher Zeit entwickelt hatte.[87] „Das ganze Königsgesetz ist von Verboten bestimmt, die als Reflex der negativen Erfahrungen, die man mit dem Königtum gemacht hatte, festhalten, was der König nicht machen darf."[88] Gott und seine Gebote stehen in diesem Gesetz über dem König, was im Raum altorientalischer Königsvorbilder eher ungewöhnlich ist. Mag die Vorstellung eines lesenden Königs auch fiktiven Charakter haben, so wird doch deutlich, dass die Macht des Königs durch das Nachbuchstabieren der Gesetze und Ordnungen an diesen ausgerichtet werden soll. Unter Berufung auf

---

[86] A.a.O.
[87] Dazu *Albertz* „Aus dem exzeptionellen Gottesverhältnis des Königs leiten die Hoftheologen – ... hierin dem Konzept der vorderorientalischen Königstheologie folgend – direkt seine politischen und sakralen Funktionen ab: Weltherrschaft, Segensmittlerschaft, Rechtshilfe für die Schwachen und Priestertum" (ebd. S. 181).
[88] Ebd. S. 350.

die Autorität des Mose kann eine solche Aufweisung der Grenzen des Königs gewagt werden.

Das Erlernen der Gottesfurcht hat in diesem Gesetz eine polemische Spitze gegen einen König, der nicht im rechten Gottesverhältnis steht. Dem Halbsatz *den JHWH, dein Gott, erwählen wird* (17,15) korrespondiert der Halbsatz *damit er JHWH, seinen Gott, fürchten lernt* (17,19) und dazwischen sind in 17,15-17 Negativbestimmungen formuliert (8x לא). Sie beschreiben, wie ein König sich verhält, der nichts von der Flucht aus Ägypten weiß und Pferde, Frauen, Gold und Silber mehr achtet als Gott. Für einen König, der genau so handelte, musste dieser fiktive Text wie ein Beichtspiegel wirken. Trotz der gemachten negativen Erfahrungen ist vom „Erlernen" der Furcht Gottes die Rede. Sie wird nicht einfach im Imperativ gefordert. Angesichts der Diskrepanz zwischen Forderung und Wirklichkeit, die im Text durchscheint, muss hier von pädagogischer Langmut und unerschütterlichem Vertrauen in die Lernfähigkeiten der Könige gesprochen werden. Einziges Ziel ist, dass er das Gesetz und die Ordnungen bewahrt. An seinem Handeln wird der König letztlich gemessen, wie es im dtr Geschichtswerk dann ja auch getan wird.

Es soll hier noch auf zwei weitere Aspekte des Königsgesetzes hingewiesen werden:

- Es wird selbstverständlich vorausgesetzt, dass der König die Fähigkeit zu lesen besitzt. Man könnte einwenden, dass im Text auch gemeint sein könnte, dass ein Schreiber ihm aus der Abschrift vorliest. Dann wäre aber die Bestimmung „und sie soll bei ihm sein" nicht nötig, ja der ganze Gedankengang, eine Abschrift für den König selbst anzufertigen, wäre wenig schlüssig. Es gibt Belege außerhalb des Dtn, die ebenfalls das Schreiben am Königshof als selbstverständlich annehmen: In 2 Sam 11,14 schreibt David den Brief an die Front, der Urias Unheil vollkommen macht; in 1 Kön 21,8f.11 wird von der Königin Isebel berichtet, dass sie Briefe im Namen Ahabs schrieb, um Nabot zu Fall zu bringen. Daniel muss lesen und schreiben lernen (למד), als er an den Hof des Königs von Babel gelangt. Er wird drei Jahre lang erzogen (גדל pi Dan 1,3ff). Die Diskussionen im Rahmen der Schuldebatte, die oben dargestellt wurden, knüpfen an diese Texte an und kommen zu dem Schluss, dass es am Königshof einen gewisser Bildungsstand gab. Daraus die These von Beamtenschulen am Hof abzuleiten, führt aber zu weit.[89]

- Das Buch des Königs ist eine Abschrift. Die Frage ist, wovon diese Abschrift denn gemacht wurde. Aus der Perspektive des Endtextes kommt die „Kopie" völlig überraschend, es war ja bisher nur von mündlicher Überlieferung die Rede. Aus der Retrospektive, der Auffindungslegende am Königshof des Josia (vgl. „Abschrift dieses Gesetzes in ein Buch schreiben" in Dtn 17, 18 und „Buch des Gesetzes" 2 Kön 22,8.11) ist es ebenfalls wenig einleuchtend, wie dieses Buch in Vergessenheit geraten konnte, wenn sogar eine Kopie existierte, die am Königshof durch das Gesetz zum täglichen Gebrauch bestimmt war. Diese Fragen unterstreichen einerseits den fiktiven Charakter des Abschnitts 17,18-20, andererseits weisen sie auf ein anderes interessantes Problem hin: die Ambivalenz von Schriftlichkeit und Mündlichkeit, die sich im 5. Buch Mose abzeichnet. Auf beide Aspekte soll in späteren Abschnitten gesondert eingegangen werden.

- Die Verse 18,9 und 20,18 setzen sich beide aus verschiedenen Perspektiven mit der gleichen Gefahr auseinander: Dem Problem des Synkretismus im neuen Land. Wie es nach der Vorstellung des 5. Buches Mose möglich ist, dass die Israeliten lernen, Gott zu fürchten, so kann auch Falsches gelernt werden. 18,9-14 warnt vor den Praktiken der Wahrsagerei, der Magie, Bannsprechung und Totenbeschwörung. Sie werden als Gräuel zensiert. In 20,18 wird mit dem gleichen Argument der Vollzug des Heerbanns begründet: Die Menschen aller besiegten Städte sollen ausgerottet werden, *damit sie euch nicht lehren, nach all ihren Gräueln zu tun.* Diese Verbote sind „erfahrungsträchtig", sie spiegeln religionsgeschichtlich betrachtet die ständige Auseinandersetzung des israelitischen Glaubens mit dem Glauben der Nachbarn wider.[90] Aus der Polemik, die dieser Bedrohung zu entgegnen versucht, erklärt sich die Härte der Verketzerung. In den Verboten, die Gräuel zu lernen, klingt aber auch das dtn

---

[89] Vgl. Kapitel 3 dieser Arbeit.
[90] „Hier zeigt sich so deutlich wie nirgendwo sonst, dass die Fiktion der bevorstehenden Landnahme nur aus einer Zeit zu verstehen ist, die diesen Landbesitz uneingeschränkt voraussetzt, wenn er auch gefährdet sein mag. Das Verbot aller bekannten mantischen Praktiken in V. 10-13 muss nach Meinung der Autoren in jeder Lage gelten und kann nicht durch (exilischen) Landverlust aufgehoben sein." *Crüsemann* 1997, S. 280f.

Konzept der JHWH-allein-Verehrung an, das schon bei der Kultzentralisation im Hintergrund stand.

Unter denen, die die verabscheuten magischen Praktiken ausübten, waren viele Frauen. Ich folgere das daraus, dass Frauen in der Ausübung dieser Praktiken in der Hebräischen Bibel erwähnt werden: die Zauberinnen in Ex 22,17; die Totenbschwörerin von Endor in 1 Sam 28, die Künste der Königin Isebel in 2 Kön 9,22; die wahrsagenden Töchter des Volkes in Ez 13,17-23. Durch die allmähliche Entwicklung von der Monolatrie, einer Vorform des Monotheismus, bei der ein Gott verehrt wird, aber andere Götter zugleich existieren, hin zur radikalen Ein-Gott-Verehrung wurden gerade diese vielfach weiblich besetzten „unterschwelligen" Formen der JHWH-Verehrung verdrängt. Es war oft Wissen von Frauen, das hier als falsches Lernen verdammt wird.[91]

Im deuteronomischen Gesetz wird dazu ermahnt, Gott fürchten zu lernen und die Gräuel der Völker nicht zu lernen, und das sind zwei Seiten derselben Medaille. Es handelt sich hier um ein zentrales Anliegen dtn Theologie, das auch in den Rahmenbestimmungen immer wieder auftaucht. Ausgeführt wird es in den auf Gott bezogenen Geboten des Dekalogs, Dtn 5,6-10. Es ist nichts geringeres als Israels Verhältnis zu seinem Gott, das hier angemahnt wird.

5.2.3.2 Das Verb למד in der Rahmung der Gesetze

Aus der Tabelle zu Beginn des Kapitels 5.2 geht hervor, dass das Verb in einzelnen Teilen der Rahmung der Gesetze besonders häufig vorkommt. Diese Tatsache ist von Bedeutung, denn sie ist ein Anhaltspunkt dafür, dass es nun nicht mehr nur um das Lehren und Lernen von Einzelbestimmungen geht, sondern um die Lehre eben der Gesetze, die von den Texten, in denen von Lehren die Rede ist, umrahmt werden. Die Fragen in diesem Kapitel lauten: Kann man beweisen, dass למד sich auf das Lehren der Gesetze bezieht, wie der äußere Anschein es vermuten lässt? Gibt es eine Satzstruktur, an Hand derer sich dieser Eindruck erhärten lässt?

---

[91] Vgl. dazu den Exkurs zur Monotheismusdebatte in Kapitel 7 dieser Arbeit. Zur Datierung des Königsgesetzes vgl. *Braulik* 1997, S. 121 u.ö. Er hält den Text des Königsgesetzes für exilisch.

5.2.3.2.1 Der Gesetzesteil wird zum Gegenstand der Lehre

Im Vergleich zu den Versen 14,23; 18,9; 20,18 innerhalb des Gesetzes fällt auf, dass sich die Lehr- und Lerninhalte auf eine eigentümliche Weise verschoben haben.[92] In den drei genannten Versen wurde jedes Mal das zu Lernende im Infinitiv an das Verb angeschlossen:

תלמד ליראה את־יהוה (*damit du lernst, JHWH zu fürchten*) 14,23;
לא־תלמד לעשות (*du sollst nicht lernen, es zu tun*) 18,9;
לא־ילמדו אתכם לעשות (*damit sie euch nicht lehren, zu tun*) 20,18.

In der Rahmung sind es nun häufig die Ordnungen und Rechtsbestimmungen (חקים ומישפטים) bzw. andere Ausdrücke für das Gesetz (4,1; 4,5; 4,10 (meine Worte); 4,14; 5,1; 5,31; 31, 19 (Lied); 31,22 (Lied), die gelehrt werden oder deren Tun gelehrt wird.[93]

Die Gesetzesbestimmungen werden häufig im Deuteronomium mit den Nomina חקים ומשפתים (Ordnungen und Rechtsbestimmungen) bezeichnet. Die Forschung diskutiert, ob mit diesen Gesetzesbestimmungen jeweils Teile oder das Ganze der deuteronomischen Gesetzessammlung gemeint sind.[94] Hier ist aber ein anderer Punkt von Belang. Wurde im Gesetzeskorpus der „Lernstoff" direkt genannt, so wird in seiner Rahmung zunächst auf das Verkünden bzw. Erlernen des/der Gesetze/s rekurriert. Es wird also in der Rahmung über den Mittelteil reflektiert. Dort, wo der Mittelteil unter dem Aspekt des „Gesetzes" zusammengefasst ist, wird er zum Gegenstand der Lehre gemacht und seine Weitergabe wird

---

[92] 17,19 wird hier deshalb ausgeklammert, weil darin bereits von einem Buch und von „diesen Gesetzen und diesen Ordnungen" die Rede ist, die im Text erst nach der Lernaussage folgen. Der Vers spricht davon, dass der König Gott fürchten lernen soll und sieht eine mediale Vermittlung vor: die Worte „dieses Gesetzes", die im Buch stehen, das der König zu lesen hat. Insofern bildet der Vers ein Bindeglied zwischen den Versen in Dtn 12-26, die noch keine verbale Vermittlung kennen und den Versen der Rahmung.

[93] Anders in 31,12f. Dort besteht eine syndetische Verknüpfung von „lernen", „JHWH, euren Gott, fürchten" und „alle Worte dieses Gesetzes tun". Der Fokus von 31,9-13 ist aber gerade die schriftliche Niederlegung und das mündliche Ausrufen „dieses Gesetzes" (31, 9.11). Insofern gilt auch für diese Belege, dass sie in erster Linie vom Erlernen des Gesetzes handeln.

[94] *Lohfink* 1991b, S. 231f. Diskutiert wird demnach, ob sich die einzelnen Ausdrücke für Gesetz auf bestimmte Abschnitte beziehen und wenn ja, auf welche. Unbestritten ist aber, dass sie sich auf das Gesetzeskorpus des Dtn beziehen.

angemahnt. Damit hat ein qualitativer Sprung stattgefunden, was den Lehrbegriff anbelangt: Vorher war in der Tora mit verschiedenen Begriffen gelegentlich vom Lernen, Lehren, Erziehen oder vom Unterweisen einzelner Topoi die Rede gewesen. Im 5. Buch Mose wird „lehren" auf eine Gesetzessammlung bezogen und damit zum ersten Mal in der Tora über die lehrende Weitergabe eines Gesetzeskorpus reflektiert. Das dtn Gesetz ist durch die Reflexion über seine Weitergabe nicht mehr nur Gesetz, sondern als solches Lehrgegenstand geworden. Vor unseren Augen vollzieht sich der Beginn des pädagogischen Denkens in der Tora.

Als Beispiel können die Verse 4,10 und 6,1f dienen. Beide zielen auf den Lerninhalt der Gottesfurcht, wie im Nachsatz in 14,23. Aber der Weg dorthin ist ein anderer geworden.

Versammle mir das Volk, dass ich sie meine Worte hören lasse, die sie lernen sollen, um mich zu fürchten. 4,10 Und dies ist das Gebot, die Ordnungen und die Rechtsbestimmungen, die JHWH, euer Gott, geboten hat, euch zu lehren, sie zu tun in dem Land, in das ihr hinüberzieht, um es in Besitz zu nehmen, damit du JHWH, deinen Gott fürchtest alle Tage deines Lebens.... 6,1f

Lehrinhalt ist in den Rahmenversen weiterhin, wie in 14,23, die Furcht Gottes. Jetzt wird aber über ein Medium vermittelt. Das Lernziel, Gott zu fürchten, wird in 4,10 und 6,1 über die Erlernung und Einhaltung des Gesetzeskorpus angestrebt. Der Weg hat sich sozusagen konkretisiert: er führt über die verbale Vermittlung der Gesetze. Diese werden als Medium gedeutet. Das Einhalten der Gesetze vermittelt die Gottesfurcht.

5.2.3.2.2 *Der Subjektwechsel in der Lehre der Gesetze*

Es ist eine in der Forschung bekannte, aber bisher nicht in den Lehrzusammenhang gestellte Tatsache, dass Promulgation, das heißt die Veröffentlichung des Gesetzes, eines der Themen der Rahmung ist. Unter Promulgation wird im katholischen Gesetzgebungsrecht in moderner Zeit die Bekanntmachung bzw. Veröffentlichung der kirchlichen Gesetze und Verordnungen verstanden. Diese geschieht durch kirchliche Verordnungsblätter und in wichtigen Fällen außerdem durch Verkündigung von der Kanzel. Auch wenn der Begriff in Bezug auf das Erste Testament möglicherweise ein Anachronismus ist, weist er doch auf eine wichtige Tatsache hin und soll hier verwendet werden.[95] Dabei geht es nicht darum den Gattungsbegriff zu bestimmen, sondern darum, die Rede über die Gesetze im Rahmen des 5. Mosebuches noch durch ein weiteres sprachliches Detail zu erläutern.

Vers 4,1 beginnt wie eine Einleitung zu den Gesetzen, auf die dann aber nicht die Gesetze folgen, sondern eine Ermahnung zum Hören: *Und nun, Israel, höre auf die Ordnungen und Rechtsbestimmungen, die ich euch zu tun lehre, damit ihr lebt und hineinkommt und das Land in Besitz nehmt, das JHWH, der Gott eurer Väter euch gibt.*

...die ich euch lehre ist ein Promulgationssatz.[96] Der Relativsatz ist mit Partizip konstruiert: *...die ich euch ein Lehrender bin.*[97] Das verweist auf die gerade geschehende Gebotspromulgation, „deren Träger im Unterschied zu Jahwe ‚Mose' ist".[98] Vers 4,1a hat folglich zwei Themen:

- das Hören auf die Ordnungen und Rechtsbestimmungen, um sie zu tun mit Blick auf die Landverheißung.

- die Belehrung über diese Gesetze durch Mose. Der Promulgationssatz bezeichnet die sprachliche Metaebene, lässt Satzungen und Rechtsbestimmungen als Lernstoff für die Israeliten erschei-

---

[95] Zur Definition von Promulgation im juristischen Sinn vgl. *Friedrich* 1913. Verwendet wird der Begriff zur Analyse der Paränesen des Deuteronomiums bei *Lohfink* 1963, S. 59-63; *Braulik* 1997, S. 121 u.ö.; *Achenbach* 1991, S. 107 u.ö.; *Hossfeld* 1982, S. 222.

[96] *Lohfink* erklärt die Beobachtung so: „Den Ausdrücken für ‚Gesetz' schließt sich im Dt meist ein Relativsatz an. Er fasst den Vorgang der einst geschehenen oder gerade ‚heute' geschehenden Verkündigung/Promulgation des Gesetzes reflex ins Wort. Die Erscheinung ist auf das Dt und die dtr Literatur beschränkt" (1963, S. 59). Es geht also um die Sätze, die auf die Ankündigung der Ordnungen und Rechtsbestimmungen hinweisen, also z. B. den Halbsatz „die ich euch zu tun lehre". So auch *Braulik* 1997 b, S. 121 u.ö. *Lohfink* macht auf den „metasprachlichen" Charakter dieser Sätze aufmerksam (1995b, S. 165). Promulgationssätze werden oft mit anderen Verben als למד ausgesagt: vgl. 4,8 נתן (geben); 4,40 צוה pi. (befehlen). Letzteres ist nach *Lohfink* das am häufigsten gebrauchte Promulgationsverb (1963, S. 59).

[97] Vgl. 5,1, wo דבר (reden) mit Partizip konstruiert ist.

[98] *Lohfink* 1963, S. 61, er bezieht sich auf Dtn 5,1.

Lehren und Lernen im 5. Buch Mose

nen.[99] Die folgende Verheißung *...damit ihr lebt und hineinkommt und das Land in Besitz nehmt, das JHWH, der Gott eurer Väter, euch gibt.* (4,1) kann bei einer didaktischen Deutung als Motivationsversuch verstanden werden, der zum Lernen anregen soll. Allerdings ginge es zu weit, die Bedeutung der Verheißung des Landes auf eine Motivation zur Einhaltung des Gesetzes zu beschränken.

Folgende Sätze mit למד pi sind Promulgationssätze:

4,1	*..., die ich euch zu tun lehre*
5,31	*Ich will die Gebote zu dir reden, ..., die du sie lehren sollst*
6,1	*..., die JHWH, euer Gott, geboten hat, euch zu lehren*
11,19	*...und lehrt sie eure Kinder...*

In diesen Sätzen wechseln die Subjekte derer, die die Gesetze weitergeben. Promulgator ist Mose in 4,1. In 5,31 und 6,1 verdoppelt sich das Subjekt sozusagen, denn in 5,31 spricht Gott, empfiehlt aber die Lehre Mose an. In 6,1 spricht Mose und verweist dabei auf Gott, in dessen Auftrag er lehrt. In allen drei Sätzen sind die Gesetze und Rechtsordnungen Ausgangspunkt. Die Art der Promulgation kann unterschiedlich ausgedrückt werden. Ein wichtiges Verb neben „lehren" ist „befehlen". Da die Verben keine Synonyma sind,[100] ergibt sich hier noch eine weitere Konnotation des Promulgationsbegriffs: Die Belehrung hat einen ermahnenden Unterton, denn sie ist verpflichtende Gebotsauflage[101] und zugleich werbende Ermahnung,[102] die Gesetze zu halten. Die Tatsache, dass למד pi einen Promulgationssatz bildet, lässt mehrere Schlussfolgerungen zu:

---

[99] *Lohfink* nimmt in seiner Liste der Promulgationssätze nur zwei למד Sätze auf: 5,31 und 6,1 (1963, S. 297). Das hat mehrere Gründe: 1. sind nur Dtn 4,45-28,68 Untersuchungsgegenstand seiner Analyse. 2. Dtn 11,19 und 20,18 sind keine Relativsätze, die auf einen Ausdruck für Gesetz folgen.

[100] 2 Sam 1,18 ist der einzige Vers, in dem beide Verben miteinander auftauchen und nicht synonym gebraucht sind.

[101] Vgl. die häufige Formulierung des Promulgationssatzes mit צוה (befehlen).

[102] Zur Unterscheidung *Lohfink* 1963, S. 273-275.

Lehren und Lernen im 5. Buch Mose

- Eine wichtige sprachliche Markierung von Lehre im Text ist die Meta-Perspektive. In der Belehrung werden Aussagen über einen Text gemacht bzw. der Text spricht über sich selbst.

- Lehren lässt das Gesetz als „von Person zu Person hinüberschallenden Anruf" erscheinen,[103] es ist eine Form der Gesetzesweitergabe.

- Die Lehrer des Gesetzes wechseln. Am Sinai ist Gott der Lehrer, im 5. Buch Mose ist es Mose, der mit Gott im Gespräch ist, Mose gibt den Auftrag an die Eltern bzw. Verwandten weiter.

5.2.4 Die Satzstruktur in den למד–Versen im 5. Buch Mose

Die למד-Verse im 5. Buch Mose weisen eine bestimmte semantische Struktur auf. Das Verb למד verbindet sich grammatisch mit häufig wiederkehrenden Satzteilen. Es entsteht ein Netz von inhaltlichen Verbindungen, das relativ übersichtlich ist. Diese Satzstruktur gibt dem Verb im 5. Buch Mose sein eigenes Gepräge und soll deshalb dargestellt werden. Die Satzteile sind im Folgenden nach grammatischen Gesichtspunkten zusammengefasst und alphabetisch geordnet.

1. **Anrede „Israel":** mit der Aufforderung zu hören: Dtn 4,1; 5,1. Im Aussagesatz mit בני 31,19: „und lehre es die Kinder Israel".

2. **Ausdrücke für Gesetz:** „die Ordnungen und Rechtsbestimmungen" (hier abgekürzt O. und R.). Sie sind Subjekt in 4,1 mit Relativsatz „die ich euch zu tun lehre" angebunden; in 4,5 Akk-Objekt: „ich habe euch O. und R. gelehrt"; ebenso in 4,14 „und mir gebot JHWH, euch O. und R. zu lehren; 5,1 Suffixanbindung im Qal: Lernt sie! Ergänzt durch המצוה in 5,31; 6,1 und Anbindung durch Relativsatz: „ich will das ganze Gebot, die O. und R. zu dir reden, die du sie lehren sollst"; ergänzt durch דברי התורה und החקים der Furcht Gottes nachgeordnet und mit שמר als Verb in 17,19 „damit er JHWH fürchten lernt, um alle Worte dieser Weisung und diese Ordnungen zu bewahren"; mit דברי התורה in 31,12 und dem Lernen gleichgeordnet „damit sie lernen und JHWH, euren Gott fürchten und darauf achten, alle Worte dieser Weisung zu tun; in 4,10 את־דברי mit Relativsatz: „meine Worte, die sie lernen sollen".

---

[103] Ebd. S. 59.

Lehren und Lernen im 5. Buch Mose

3. **Autorisierung Moses:** „als JHWH zu mir sagte" 4,10; „ ...so wie JHWH, mein Gott, mir geboten hat" 4,5; „Und mir gebot JHWH..." 4,14; „ich will zu dir reden" 5,31; „die JHWH, euer Gott, geboten hat..." 6,1.

4. **Belehrte:** - ausgedrückt mit der Nota Akkusativi, die sich auf „Israel" bzw. „das Volk" bezieht in 4,1; 4,5 (vgl. 4,1); 4,14 (vgl. 4,10); 6,1 (vgl. 6,3) ; 20,18 (vgl. 20,3), - mit dem Suffix, das sich auf „das Volk" bezieht in 5,31, - mit dem Begriff: (את־בינהם) „ihre Söhne" 4,10d; (את־בניכם) „eure Söhne" 11,19; (את־בני־ישראל) „die Kinder Israels" 31,19.22

5. **Bewahren/ Achtgeben auf:** שמר ist nur in den Versen des Grundstamms von למד belegt. In 5,1 sind beide mit „und" verbunden auf gleicher Ebene. שמר regiert selbst kein Akkusativobjekt aber der darauffolgende Infinitiv, wodurch שמר auf ihn hinweist.„Lernt sie und gebt darauf acht, sie zu tun"; in 17,19 wird das „Bewahren der Gesetze" (Inf. + ל) mit dem „Fürchten Gottes" (Inf. + ל) und dem „Tun der Gesetze" (Inf. + ל + Suff. 3.P.m.p.) parallelisiert. Für alle drei Satzglieder ist ילמד das konjugierte Verb. 31,12 steht שמר mit ו copulativum parallel zu ויראו in einer Aufzählung der Folgen des Hörens und des Lernens. Wieder ist שמר ohne Suffix konstruiert und weist auf den Infinitiv „tun" לעשות: „und achtet darauf, alle Worte dieser Tora zu tun".

6. **Der Name Gottes:** „JHWH, der Gott der Väter" 4,1; „JHWH, mein/dein/sein/euer Gott": 4,5; 4,10; 6,1; 14,23; 17,19; 18,9; 20,18; 31,12; 31,13; „JHWH" 4,14 . Die Qal-Stellen: Hier soll gelernt werden, JHWH zu fürchten. Der Name steht in 14,23; 17,19; 31,13 als Akk.Objekt +למד als konjugiertes Verb + ירא Infinitiv abs. + ל „damit er/ du JHWH, seinen/deinen Gott fürchten lernt(st)", ähnlich 31,12 + ו „damit sie lernen und JHWH, euren Gott fürchten". Die Piel-Stellen: JHWH gebietet, die Gebote zu lehren: in 4,5 bezogen auf die Ordnungen und Rechtsbestimmungen mit JHWH als Subj. und צוני כאשר „wie mir geboten hat"; ähnlich 4,14 „und mir gebot JHWH zu jener Zeit, euch ...zu lehren; 6,1"die JHWH, euer Gott geboten hat, euch zu lehren". In 4,1; 4,10; 18,9; 20,18 besteht keine direkte Verbindung zwischen dem Namen und dem zu untersuchenden Verb.

7. **Geschichtlicher Rückbezug:** „Der Tag, an dem du vor JHWH, deinem Gott, am Horeb standest" 4,10. Dieser zeitlich/räumliche Rückbezug korreliert in zeitlicher Hinsicht mit 4,14; בעת ההוא „zu jener Zeit" und in räumlicher Hinsicht mit 5,3: ואתה פה עמד עמדי „Du aber bleibe hier bei mir stehen".

8. **JHWH fürchten:** 4,10 ליראה אתי „um mich zu fürchten"; „JHWH zu fürchten" ist als direkte Folge des Lernens konstruiert. Die weiteren Stellen s. unter 1.

9. **Gräuel der Völker:** „ du sollst nicht lernen, es den Gräueln der Völker gleichzutun" 18,9, auch 20,18.

Lehren und Lernen im 5. Buch Mose

10. **Hören:** Die Wurzel שמע, „hören" tritt 5 Mal auf. Sie geht in allen Stellen dem Lehren bzw. Lernen voraus. 4,1 im Hauptsatz, dem der Relativsatz mit מלמד „die ich euch lehre" untergeordnet ist. In 5,1 ist שמע dem Lernen auf gleicher Satzebene vorangestellt. 4,10 למד Qal ist durch die Relativverbindung dem Hören nachgeordnet. In 31,12 mit למען konstruiert und ebenfalls dem Hören nachgestellt: „damit sie hören und damit sie lernen". Das Hören geht dem „fürchten Lernen" der Söhne Israels auch in 31,13 voraus.

11. **Kinder:** בני „und ihre Kinder sollen sie gewiss lehren!" 4,10 mit nun energeticum. „und ihr sollt sie eure Kinder immer wieder lehren" 11,19; „Versammle das Volk, die Männer und die Frauen und die Kinder und deinen Fremden, der in deinen Toren ist, damit sie hören und damit sie lernen" 31,12; „Und ihre Kinder, die es nicht wissen, sollen zuhören, damit sie JHWH fürchten lernen" 31,13; „schreibt euch dieses Lied auf, und lehre es die Kinder Israel!" 31,19; „und er lehrte es die Kinder Israels" 31,22.

12. **Kultbezug:** 14,23 „Und du sollst essen vor JHWH, deinem Gott...damit du lernst, zu fürchten". Das Essen des Zehnten im Tempelbereich, am Ort, den JHWH auswählt, um seinen Namen wohnen zu lassen, soll Lehre vermitteln.

13. **Land geben:** das/ins/zum Land, das JHWH euch /ihnen/dir gibt (נתן Ptz.): 4,1; 5,31; 18,9. Die verheißene Landgabe ist eine Zweckbestimmung des Lehrens in 4,1 „die Gebote, die ich euch zu tun lehre, damit ihr lebt und hineinkommt und das Land in Besitz nehmt, das JHWH...euch gibt", eine Ortsbestimmung für das Tun der Gebote in 5,31"...damit sie sie tun in dem Land, das ich ihnen gebe..." und eine Zeitangabe mit der Warnung vor falschem Lernen in 18,9 „wenn du in das Land kommst..., dann sollst du nicht lernen..."

14. **Leben:** 4,1: למען תחיו „damit ihr lebt"; Ziel der Lehre ist in 4,1, dass Israel lebt. Die Wurzel חיה findet sich noch dreimal in den zu untersuchenden Versen. Dort jedesmal im Kontext der Furcht JHWHs: 4,10: „...damit sie mich fürchten alle Tage, die sie leben auf der Erde und die sie ihre Söhne gewiss lehren sollen"; 17,19; „...und er soll alle Tage seines Lebens[104] darin lesen, damit er JHWH, seinen Gott, fürchten lernt"; 31,13:„... damit sie (die Kinder), JHWH, euren Gott, fürchten lernen alle Tage, die ihr in dem Land lebt ...".

15. **Lehr- und Lernorte:** 11,19 „wenn du in deinem Haus sitzt, wenn du auf dem Weg gehst, wenn du dich niederlegst und wenn du aufstehst".[105] Vgl. das Buch als Lernort 17,18f, der König soll die Tora abschreiben lassen, sie bei sich haben

---

[104] Die Pluralbildung wird gewöhnlich als pluralis abstractus erklärt, vgl. *Gesenius* 1962, Spalte 225.

[105] Vgl. die ähnliche Formulierung in Dtn 6,7 dort statt למד die Wurzel שנן, Pi (einschärfen).

Lehren und Lernen im 5. Buch Mose

und alle Tage seines Lebens darin lesen soll, damit er JHWH fürchten lernt. Aber auch das Essen des Zehnten im Tempelbereich gehört hierher 14,23.

16. **Lehrperson:** ⁻ Lehrender ist Mose/Gott: in 4,1 (Ptz: „...die ich lehre"); 4,5 (Perf 1.P.s. „ich habe gelehrt"); 4,14 (Inf. + ל „mir gebot JHWH, zu lehren"); 5,31 (Juss. 2.P.s.+ Suff 3.Pm.p. „die du lehren sollst"); 6,1 (Inf.+ ל „die JHWH, euer Gott, geboten hat, zu lehren"); 31,19 (Imp. m.s. + Suff 3.P.f.s. + ו „ und lehre es...", nach einigen Übersetzungen auch Mose und Josua); 31,22 (Impf. 3.P.m.s.+ו cons. +Suff. 3.P.f.s „und er lehrte es"). - Lehrend ist das Volk: 4,10d (Impf. 3.P.m.p + nun energeticum „und sie sollen gewiss lehren"); 11,19 (Perf. 2. P.m.p. + ו „und ihr sollt immer wieder lehren").[106] - Nachbarvölker sollen nicht lehren: 20,18 (Impf. 3.P.m.p. verneint „damit sie nicht lehren").

17. **Tun:** Dieses Verb drückt die Konsequenz aus, die das Hören, Lehren oder Lernen des Gesetzes haben soll.[107] Der Infinitiv לעשות „zu tun" ist konsekutiv zu verstehen in 4,1; 4,5; 6,1; 31,12; לעשתכם „damit ihr sie hieltet" 4,14; לעשתם „sie zu tun" in 5,1; 17,19. In 5,31 liegt das Gewicht der grammatikalischen Unterordnung auf dem Zweck: אשר תלמדם ועשו „die du sie lehren sollst, damit sie tun" 5,31, ein Akkusativobjekt fehlt hier beim Infinitiv. Das Gegenteil zum Gesetz sind im 5. Buch Mose die „Gräuel". „Dann sollst du nicht lernen, die Gräuel der Völker zu tun לעשות: 18,9; 20,18 Es geht um „tun" im Zusammenhang mit „hören" (4,1; 5,1; 6,3; 31,12). למד steht im Zusammenhang mit dem Leben (4,1).

18. **Versammeln:** Die Lehre richtet sich an alle Glieder des Volkes: הקהל־לי את־העם „Versammle mir das Volk" 4,10. „Und Mose rief ganz Israel herbei" 5,1; „Versammle mir das Volk, die Männer und die Frauen und die Kinder und deinen Fremden, der in deinen Toren ist" 31,12.

Diese Übersicht benennt die wesentlichen Aspekte des deuteronomischen Lehrbegriffs, der mit למד bezeichnet ist. Auf der Grundlage dieser sprachlichen Analyse kann nun der Lehrbegriff unter systematischen Aspekten zusammengefasst werden.

5.3 Der Lehrbegriff der למד - Verse im 5. Buch Mose

5.3.1 Der Gedanke des lebenslangen Lernens

Ein Charakteristikum des theologischen Lernbegriffs im Deuteronomium ist es, dass das Lernen sich nicht auf eine bestimmte Lebensphase be-

---

[106] Zur Übersetzung mit iterativer Bedeutung vgl. *Hollenberg/Budde* 1971, §44a.
[107] S.o. unter Punkt 4.

Lehren und Lernen im 5. Buch Mose

schränken lässt. An zentralen Stellen wird darauf hingewiesen, dass Lernen ein Vorgang ist, der das gesamte Leben lang währt.

4,10: *Versammle mir das Volk, dass ich sie meine Worte hören lasse, die sie lernen sollen, um mich zu fürchten all die Tage, solang sie auf dem Erdboden leben.*

17,19: *Und sie soll bei ihm sein und er soll alle Tage seines Lebens darin lesen, damit er JHWH, seinen Gott, fürchten lernt.*

31,13: *Und ihre Kinder... sollen zuhören, damit sie JHWH euren Gott, fürchten lernen alle Tage, die ihr in dem Land lebt, in das ihr über den Jordan zieht, um es in Besitz zu nehmen.*

Im Königsgesetz ist die Formel *alle Tage seines Lebens* eng mit der Aufforderung verbunden, im Buch zu lesen. Es ist damit weniger an einen täglichen Unterricht mit Lehrer gedacht, sondern eher an die meditierende Auseinandersetzung des Königs mit der Abschrift der Tora als tägliche Übung. Der König lernt in der Auseinandersetzung mit den Texten der Tora. Er wird von der dtr Redaktion als Modell-Schüler dargestellt. Lernen rückt in die Nähe eines Rezeptions- oder Interpretationsvorgangs. Die Deutung, Aktualisierung und Umsetzung der überlieferten Texte in tägliche Entscheidungen, hier von Seiten des Königs, wird als Lernvorgang bezeichnet.

31,13 könnte gedeutet werden, dass das tägliche Lernen nur Aufgabe der Kinder ist. Bei genauerer Betrachtung des hebräischen Textes muss aber zwischen 13a und b unterschieden werden, worauf auch der Atnah verweist. Der Numeruswechsel zwischen 13a und b legt es nahe, den Halbsatz *alle Tage, die ihr in dem Land lebt, in das ihr über den Jordan zieht, um es in Besitz zu nehmen* auf den größeren Zusammenhang in 31,9f zurückzubeziehen. Dort spricht Mose mit den Priestern und Ältesten und befiehlt ihnen, das Gesetz dem Volk vorzutragen. An sie ergeht dann auch die Bestimmung, diesen Ritus *alle Tage, die sie im Land leben*, durchzuführen. Eine solche Formel, die den Gültigkeitsbereich einer Bestimmung umreißt, kommt häufig im 5. Buch Mose vor (vgl. 12,1 u.ö.). Mit ihr wird das Gewicht der neuen Bestimmung unterstrichen. Das lebenslange Lernen der Einzelnen ist dann also auch in 31,9-13 ein zentrales Anliegen, das alle Israeliten betrifft und es erfolgt

Lehren und Lernen im 5. Buch Mose

auch hier durch einen Lese- bzw. Hörvorgang: Die Leviten und Ältesten sollen das Gesetz vorlesen. Ging es beim Königsgesetz mehr um die Umsetzung des Wissens in die täglichen Entscheidungen, dann ist in Dtn 31 die wiederholte Vergegenwärtigung der eigenen Wurzeln der Stoff für den lebenslangen Lernvorgang.

In 4,10 bezieht sich die Formulierung, *all die Tage, solange sie auf dem Erdboden leben* nicht allein auf das vorangehende Verb „fürchten" sondern ebenso auf „hören" und „lernen".[108] Mose zitiert Gott und deutet die Theophanie am Horeb als didaktische Inszenierung des Bundesschlusses (4,13). Im Vergleich zu Dtn 31 ist lernen nicht auf einen Lebensabschnitt eingegrenzt, sondern soll ausdrücklich *all die Tage* stattfinden. Die Zeit ist in 4,10 gegenüber 31,13 nicht auf die Lebenszeit beschränkt, sondern ausgeweitet auf alle Tage, solange sie auf dem Erdboden wohnen.[109] Das lebenslange Lernen ist in diesem, gegenüber 31,13 jüngeren Text, Weitergabe der Zehn Worte, die Gott am Sinai verkündigte und der Ordnungen und Rechtsbestimmungen, die Mose am Ende seines Lebens erlässt (4,13f).[110] Das lebenslange Lernen ist Grundbedingung für den Bund mit Gott geworden, der darauf angewiesen ist, dass die Israeliten in der Lage sind, die Gebote im Alltag zu aktualisieren und zu tun.[111]

Lernen ist nach dieser Auffassung eine lebenslange Rezeption, die sich zwischen der Verinnerlichung von Tradition und ihrer Aktualisierung bewegt. Sie intendiert eine eigenständige Anwendung des Gelernten im Alltag. Das unaufhörliche Sich-in-Anspruch-nehmen-lassen durch die Tora bzw. die Gebote wird sowohl im persönlichen Lebensbereich

---

[108] Siehe auch hier die masoretische Trennung mit dem Trenner R^{e}b^{i}a' magnum.
[109] *Lohfink* 1991b.
[110] Zur Frage, welche Gebote am Sinai verkündet wurden, vgl. die Untersuchung von *Breitmaier* 2003a.
[111] Jos 1,8 ergänzt die deuteronomischen Belege zum lebenslangen Lernen: Das Buch des Gesetzes soll nicht von Josuas Mund weichen und er soll Tag und Nacht darüber nachsinnen. Interessant liest sich die talmudische Diskussion über die Grenzen dieses absoluten Lerngebots. Darf man neben dem Torastudium auch griechische Philosophie studieren bzw. sein Feld bestellen oder bleibt dafür keine Zeit? Gilt das Gebot auch für einfache Menschen? Handelt es sich um ein Gebot oder eher um eine Neigung, deren Lohn das lebenslange Studium ist? Vgl. dazu *Krochmalnik* 2003, S. 279-289, dort auch die talmudischen Belege zu Jos 1,8.

(17,19) als auch im Rahmen der Gemeinschaft des Volkes Israel erwartet (4,10; 31,13).

5.3.2 Die Lehre zielt auf das Handeln

למד (lehren/lernen) ist in den meisten Versen seines Vorkommens (in 10 von 16 Versen) mit עשה (tun) semantisch verbunden. Mehrfach ist das Verb die Bedingung für das Tun der Gebote: *Siehe, ich habe euch Ordnungen und Rechtsbestimmungen gelehrt, so wie JHWH, mein Gott, mir geboten hat, damit ihr danach handelt mitten in dem Land, in das ihr kommt, um es in Besitz zu nehmen.* (4,5)

Ähnliche Konstruktionen finden sich in 4,14; 5,31; 6,1; etwas anders 17,19.

Es gibt auch die Beiordnung durch „und": *Mose rief ganz Israel herbei und sprach zu ihnen: Höre, Israel, die Ordnungen und die Rechtsbestimmungen, die ich heute vor euren Ohren rede! Lernt sie und achtet darauf, sie zu tun!* (5,1) Auch 31,12; 4,1 und 17,19 haben solche Nebenordnungen. Aus dieser sprachlichen Zuordnung lässt sich schließen, dass die Belehrung auf das Tun der Gesetze zielt. Es geht nicht um ein theoretisches Wissen, das Mose vermittelt, nicht um ein Bildungsideal für bestimmte Schichten, sondern das Lernen zielt auf die tägliche Umsetzung der Gebote in der Gemeinschaft des Volkes mit Gott. Aus dieser Gemeinschaft und zu ihrem Wohl sind sie entstanden.

Ein weiteres Verb, das den Kontext von lehren/lernen prägt, ist שמר (bewahren, sich hüten vor). Es drückt in seiner ersten Bedeutung häufig das Wahren der Gesetze aus.[112] In dieser Bedeutung überschneidet sich das Vorkommen mit dem Lehrbegriff (5,1; 17,10 ירה; 17,18; 31,12). Allerdings fällt in den Versen die enge Vebindung zum Tun auf. Bubers Übersetzung von 5,1 bringt den Sachverhalt am deutlichsten zur Sprache, der sich ähnlich in allen oben genannten Versen zeigt: „Höre Jisrael die Gesetze und die Rechtsgeheiße, die ich heuttags in eure Ohren rede, lernet sie, wahret, sie zu tun!"

Die Wahrung der Gesetze geschieht, damit sie in die Tat umgesetzt werden. Aber der andere Satz gilt auch: dadurch, dass danach gehandelt wird, werden die Gesetze gewahrt.

---

[112] Etwa 50 Belege im 5. Buch Mose. Vgl. beispielhaft Dtn 7,9-12; 26,16-19.

Lehren und Lernen im 5. Buch Mose

5.3.3 Die Lehre soll die Weitergabe sichern

In 4,10 zitiert Mose Gott, der sagt: *...ich will sie meine Worte hören lassen, die sie lernen sollen...und die sie ihre Kinder lehren sollen.* Dieser Satz kann auf Endtextebene im Zusammenhang mit 5,23-33 gelesen werden, wo ausführlich begründet wird, warum Mose der Promulgator der Gesetze sein muss. Nur er allein kann Gottes Stimme ertragen und wird deshalb von den Oberhäuptern der Stämme und den Ältesten beauftragt, zu hören und weiterzusagen, was Gott spricht (5,27). In Dtn 11 geschieht aber etwas völlig Anderes. Dort wird der Begriff למד aus dem bisher noch denkbaren Zusammenhang der kultischen Vermittlung herausgehoben. In 11,19 werden die Israeliten selbst zu „Promulgatoren" *dieser meiner Worte* (11,18) ernannt: *Und ihr sollt sie eure Kinder lehren, indem ihr davon redet, wenn du in deinem Haus sitzt und wenn du auf dem Weg gehst, wenn du dich niederlegst und wenn du aufstehst.* (11,19)

Die Aufgabe, das Gesetz zu lehren, wird an die Israeliten selbst weitergegeben. Das ist ein wichtiges Indiz dafür, dass „lehren" über die Veröffentlichung der Gesetze im kultisch/ juristischen Zusammenhang hinaus reicht. Hier geht es um die Weitergabe der Gesetze an die nächste Generation, die Kinder. Lehrer sind Vater und Mutter, die die Gesetze als familiäres Überlieferungsgut den Kindern weitergeben. Auch wird gesagt, wie diese Belehrung zu denken ist: Als ständige Vergegenwärtigung im Alltag.[113] Es soll also nicht einmalig in einem wie auch immer gedachten Festakt Tradition weitergereicht werden, sondern die Belehrung findet täglich und stündlich statt, *...wenn du sitzt und wenn du auf dem Weg gehst, wenn du dich niederlegst und wenn du aufstehst.*

Die Verankerung der Gesetzesbelehrung im Alltag überrascht insofern nicht, als sie eine Notwendigkeit widerspiegelt, die den Gesetzeserfordernissen entspringt. Diese regeln eben sehr genau den Alltag und alle seine Lebensbereiche. Bereits die Einhaltung der Gesetze verlangt ja

---

[113] Vgl. dazu *Finsterbusch*, die die Vorschriften zur Kinderbelehrung im 5. Buch Mose als „Programm" zur Unterweisung von fundierender Geschichte, Jahwefurcht und Gesetz versteht, das Jungen und Mädchen aus allen Schichten gelte (2002, S. 120).

tägliche Aufmerksamkeit.[114] Es ist durchaus denkbar, dass sich im 5. Buch Mose aus dem Anspruch, den die Gesetze selbst verkörpern, die Vermittlungsfrage gestellt hat und zu pädagogischen Überlegungen führte. Diese Überlegungen könnten sowohl Angehörige des Kultes als auch des Gerichtshofs angestellt haben. Es muss noch kein weisheitliches Interesse vorliegen, wenn darüber nachgedacht wird, wie die deuteronomischen Gesetze dem Volk vermittelt werden können.[115]

Die Sätze in 31,12f scheinen bereits eine Institutionalisierung der Weitergabe im Blick zu haben. Hier ist anders als in Dtn 4-11 von einem geschriebenen Text die Rede (31,9), der verlesen wird. Die Verse 31,12f sind in konkrete Raum und Zeitvorstellungen eingebettet. Ort der Verlesung der Tora ist der Tempel, die Zeit ist das Laubhüttenfest im Erlassjahr, das sich alle sieben Jahre vollzieht. Es ist von der Verlesung (קרא vgl. 17, 19) *dieser Tora* die Rede. Die Worte sollen gehört werden, damit die Israeliten Gott fürchten lernen. Hier wird die Gesetzesverkündigung im Rahmen eines bestimmten Festes verankert und damit zum Ritus erhoben. Die Wiederholung im Abstand von sieben Jahren verfolgt eher andere Ziele als die der Bekanntmachung oder gar des Memorierens. Die Worte werden durch den Ritus zu besonderen Worten stilisiert. Sie bekommen kultische Weihe, werden „rituelle Inszenierun-

---

[114] Man beachte die Präsenz und genaue Beobachtung, die es erfordert, die jeweiligen Erstlingsfrüchte zu kennen, auszusondern und für das nächste Fest haltbar zu machen. Vergleichbares gilt für die zweimal jährlich trächtigen Schafherden vgl. Dtn 12f. Die Einhaltung der Speisegesetze Dtn 14 macht sich ebenfalls im Alltag bemerkbar. Im Zusammenleben mit Menschen anderer Bräuche etwa auf dem Markt, wo es erlaubt ist, Schweine an Fremde zu verkaufen (vgl. 14, 8.21), sie aber nicht selbst zu verzehren. Ebenso sind die Speisegesetze im eigenen Haushalt genau zu beachten und verlangen, weiterzugegeben und gelehrt zu werden. Eine entsprechende Alltagsverbundenheit gilt für viele weitere Gesetze.

[115] Vgl. *Lohfink*, der zu dem Begriff למד schreibt: „Es gehört also nicht zum Arsenal der Predigt Israels im allgemeinen, ja es erscheint fraglich, ob man es als häufiges Motiv der mündlichen dt Predigt betrachten soll. Es scheint erst gerade in der Phase, in der das jetzige Dt sich formt, einzudringen, und erst an einzelnen Stellen. Im ‚Rahmen' des Dt erscheint es dann häufiger. Das schließt nicht aus, dass es seit alter Zeit zwar nicht mit der Predigt, wohl aber mit kultischen Texten oder Institutionen anderer Art verknüpft war. Ist es ein ursprünglich weisheitliches Wort" (1963, S. 68)? Zur Verbindung von למד mit der Weisheitstradition siehe auch *Weinfeld* 1992.

gen".[116] Sie werden, um mit dem viel benützten Ausdruck Assmanns zu sprechen, Teil des „kulturellen Gedächtnisses".

31,19f handeln vom Moselied in Dtn 32. Auch hier ist von vornherein an Überlieferung und Weitergabe in der Zeit gedacht. Die Aufforderung lautet: *Und nun schreibt euch dieses Lied auf und lehre es die Kinder Israel. Lege es in ihren Mund, damit dieses Lied mir zum Zeugen gegen die Kinder Israels wird.* (Dtn 31,9) Sie macht die Kinder Israels zu Tradenten des Liedes. Dies allerdings nicht allein im Sinn einer Weitergabe von Wissen. Der Akzent liegt nicht in erster Linie auf der Bekanntmachung des Liedes, sondern auf seiner Wirkung unter ihnen. Ein schriftlich niedergelegter Text soll von Mose zeugen. Er soll den Kindern in den Mund gelegt werden und ein kritisches Potential entwickeln *mir zu Zeugen gegen die Kinder Israel.* Die Weitergabe zielt auf eine bestimmte Wirkung, sie ist nicht Selbstzweck und soll mit den Mitteln der Schriftlichkeit und Mündlichkeit sichergestellt werden. Auch hier geht die Vorstellung, das Lied solle gelehrt werden, weit über eine reine Veröffentlichung hinaus.

5.3.4 Der Zukunftsbezug

Viele למד Verse kennen eine Begründung des Lehr/Lernvorgangs. Sie werden oft mit למען (damit) an den „Lehrsatz" angehängt. Es gibt aber auch die Konstruktion mit dem erweiterten Infinitiv, die ebenfalls mit „damit" übersetzt werden kann. Ich belasse diese um der Differenzierung willen im Infinitiv. Die Begründung enthält einen Zukunftsbezug. Die Verse werden hier zunächst aufgelistet:

4,1	...damit ihr lebt und hineinkommt und das Land in Besitz nehmt, das JHWH, der Gott eurer Väter euch gibt.
4, 5	...damit ihr danach handelt mitten in dem Land, in das ihr kommt, um es in Besitz zu nehmen.
4, 10	...um mich zu fürchten all die Tage, solange sie auf dem Erdboden leben...
4, 14	...damit ihr sie hieltet in dem Land, in das ihr hinüberzieht, um es in Besitz zu nehmen
5, 31	...die sie tun sollen in dem Land, das ich ihnen gebe, es in Besitz zu nehmen
6,1	...sie zu tun in dem Land, in das ihr hinüberzieht, um es in Besitz zu nehmen

---

[116] *Assmann* 1997, S. 56.

Lehren und Lernen im 5. Buch Mose

11,21	...damit eure Tage und die Tage eurer Kinder zahlreich werden in dem Land, von dem JHWH euren Vätern geschworen hat, (es) ihnen zu geben...
18,9	(Wenn du in das Land kommst, das JHWH, dein Gott, die gibt...)
31,13	...JHWH zu fürchten alle Tage, die ihr in dem Land lebt, in das ihr über den Jordan zieht, um es in Besitz zu nehmen.
31,19	...damit dieses Lied mir zum Zeugen gegen die Kinder Israels wird.

Es ist mit wenigen Ausnahmen die Landnahmeverheißung, auf die zur Begründung des Lernens angespielt wird. Die Mosereden werden, wie wir sahen, im Blick auf die bevorstehende Landnahme, also in einer Situation zwischen Verheißung und Erfüllung, gehalten. Diese Reden knüpfen an die Segensbestimmung aus der Abrahamlegende an (1.Mose 12,1f; 15,5-7). Das Land ist die geschichtliche Basis für die Verheißung, dass Israel ein großes Volk werden soll. Die Landverheißung ist auch mit dem Exodusgeschehen verbunden (Ex 3,8 u.ö.), sie ist die Hoffnung des Volkes während der Wanderung durch die Wüste. So wird der Vorgang des Lehrens der Gesetze an Gottes Befreiungsgeschichte mit Israel gebunden. Durch diese Rückbindung an die alten Befreiungs- und Verheißungsgeschichten entsteht die Identität derer, die auf diese Verheißungen setzen. Aus dem Lernen und Einhalten der Gesetze erwächst gleichzeitig eine neue Aufgabe, die ihrerseits im Kontext von Verheißung und Erfüllung steht und erweitert so den Horizont des Volkes über die bevorstehende Landnahme hinaus.

5.3.5 Lernziel ist die Furcht Gottes

Das 5. Buch Mose schließt die Lernziele des Verbs למד aus, die Dinge des Alltags betreffen. Es bezieht sich nicht darauf, dass ein Handwerk erlernt werden muss oder Techniken, die zum Einsatz im Krieg oder zum Musizieren befähigen.[117] Es interessiert einzig das Verhältnis zu Gott. Dass ein Gottesverhältnis erlernt werden muss, ist die bahnbrechende Erkenntnis in diesem Buch. In den Versen 4,10; 6,2; 31,12 und 31,13 ist das Ziel der öffentlichen Verlautbarung der Worte Gottes gegenüber seinem Volk, das Volk möge Gott fürchten lernen.[118]

„Gott zu fürchten" ist eine alte Bezeichnung des idealen Verhältnisses zwischen Menschen und Gott. Es beinhaltet die Bereitschaft, eigene

---

[117] Vgl. die semantische Analyse in Kap. 4 dieser Arbeit.
[118] So auch *Braulik* 1997, S.135 Die Septuaginta bietet in 31,12 die Angleichung an 31,13, indem sie gleichermaßen syntagmatisch anbindet.

Interessen hintanzustellen, sich ganz auf Gott zu verlassen. Im Ersten Testament wird Abraham in der Erzählung von der Bindung Isaaks in Anerkennung seines „Gehorsams" Gottesfurcht zuerkannt (Gen 22,12). In Ex 1,17 wird mit Gottesfurcht das rechte Gottesverhältnis von Schifra und Pua bezeichnet, die ihr Leben aufs Spiel setzen, als sie dem Pharao den Gehorsam verweigern. Mit fehlender Gottesfurcht ist in Ps 55,20 die Gottesferne ausgedrückt. Auch in der Umwelt Israels gab es den Ausdruck. „Der ideale mesopotamische König ist is palih ilani [ein Mensch, der Gott fürchtet]."[119]

Eine erzählerische Ausgestaltung der Gottesfurcht geschieht im 5. Buch Mose durch die Relektüre der Sinaioffenbarung (Ex 19f). Es ist die „schaudernd numinose Erfahrung", die das Deuteronomium seit der Horebtheophanie als „Fürchten JHWHs" bezeichnet (vgl. Dtn 4,10; 5,29).[120] JHWH zu fürchten hat im 5. Buch Mose ein Eigengewicht. Das geht auch aus einem Vergleich zwischen 5,5.22-26 und 31,12f hervor: In Dtn 5 ist die Mittlerstellung des Mose damit begründet, dass sich die Israeliten vor dem Feuer am Sinai fürchteten (5,5). Das wird im Anschluss an die Verkündigung der Zehn Gebote bestätigt: Wenn die Israeliten die Stimme Gottes weiter hörten, würden sie sterben (5,25). So hat die Mittlerstellung des Mose nicht nur die Funktion, Gottes Worte weiterzutragen, sondern auch die, an die Unfassbarkeit Gottes zu erinnern. Was in Dtn 5 eingeführt wurde, ist in Dtn 31,12 als Lernziel formuliert. 5,1-5 und 31,9-13 legen auch aus anderen Gründen den Vergleich nahe. Beide Male wird das ganze Volk zur feierlichen Verlautbarung von Gesetzen zusammengerufen bzw. versammelt und die Gesetze werden *vor ihren Ohren* geredet (5,1) bzw. ausgerufen (31,11). Es handelt sich um dieselbe Versammlung, den Bundesschluss in Moab (1,5 und 26,16ff; 29,1; 31,11ff). Neben den Ordnungen und Rechtsbestimmungen ist es auf diesen Versammlungen Lernziel, Gott fürchten zu lernen.[121]

31,9ff wenden sich nicht an ganz Israel wie 11,18ff, sondern an die Leitung des Volkes: die Priester, Leviten und Ältesten von Israel sollen die Gesetze vortragen. Das verleiht dem Text ein offizielles Gewicht: Es ist eine Anordnung, die Gesetze alle sieben Jahre vor den Ohren des Volkes

---

[119] *Lohfink* 1963, S. 76
[120] Vgl. *Braulik* 1997, S. 136
[121] *Braulik* 1997, S. 135 und *Lohfink/ Fischer* 1995, S. 197.

ausrufen zu lassen. Die Inszenierung der Lesung, wie sie in 31,12ff beschrieben ist, lässt an einen Ritus denken, der an das Horeb/ Sinaiereignis, an die Gottesoffenbarung erinnert. Lohfink interpretiert diese Offenbarung als „Ursituation", in die das Lesen der Tora zurückversetzt[122] und die dadurch erinnert und aktualisiert wird.

„Die Erfahrung von damals kann durch den gesprochenen Text in jedem Heute wieder präsent werden. Wenn das geschieht, und erst dann, kann das, was der Text sagt, auch gelebtes Leben werden. Zwischen dem Text und der Verwirklichung vermittelt also die Mystik. Der ständig rezitierte Text reißt zunächst ins schaudernd-beglückende Gegenüber zu JHWH hinein. Aus der Auflösung jeder Einheit ins *Ureine der JHWHbegegnung* ermöglicht sich dann die Rückkehr in die Vielfalt der neuen gesellschaftlichen Welt., die ‚diese Tora' konkret entwirft."[123]

Die offizielle Lesung hat nach dieser Interpretation nicht den Zweck, mit dem Wortlaut der Gesetze bekannt zu machen. Das kognitive Erlernen hat seinen Ort im Alltag, an jedem Herd in Israel (Dtn 6,6-9; 11,18-21). Alle sieben Jahre aber werden diese Gesetze in den weiteren Zusammenhang mit der Geschichte Israels und seinem Gott gestellt, indem die Sinaitheophanie rituell nachvollzogen wird. Gott fürchten ist der affektive Lerninhalt dieses Ritus. Er stellt das Tun der Gebote in den Zusammenhang der Gottesbegegnung und des Segens (vgl. 5,29). Wer die Gebote hält, stellt sich in das richtige Gottesverhältnis hinein.

5.3.6 Historische Einordnung der למד-Verse

Das Verb למד findet sich besonders in Dtn 4 und Dtn 31 (9 Belege). Außerdem ist es in 5,1.31 in 6,1 und 11,19 belegt. Die Häufung in einzelnen Kapiteln lässt die Frage zu, ob bestimmte Überlieferungsschichten dieses Verb eingeflochten haben. Ich beziehe mich hier auf Georg Braulik, der in Auseinandersetzung mit Jan Assmann eine redaktionsgeschichtliche Analyse der למד Verse vorgelegt hat.[124]

Braulik unterscheidet folgende Schichten:

- dtr vorexilisch: 5,31 und 6,1; etwas später 5,1; 11,18-21 (könnte exilisch sein); 31,9-13

---

[122] A.a.O. dort auch das folgende Zitat.
[123] A.a.O..
[124] *Braulik* 1997; zu Dtn 6,6-9 vgl. Kapitel 7 dieser Arbeit.

Lehren und Lernen im 5. Buch Mose

- dtr exilisch 14,23 (könnte ganz oder teilweise älter sein); 17,19; 18,9; 20,18; 31,19.22
- dtr spätexilisch: 4,1.5.10.14

Nach dieser Übersicht gehören sämtliche למד -Verse bereits einer Bearbeitungsschicht des Deuteronomiums an. Lehre ist auf einen Lernstoff angewiesen, über den reflektiert werden kann. Dieser Stoff muss nicht abgeschlossen sein, er kann sich verändern, aber es muss ein gewisser Konsens bestehen, welche Texte gelehrt werden und welche nicht. Der Lehre geht also bis zu einem gewissen Punkt die Sammlung und Zusammenstellung von Stoff voraus. Das spiegelt sich in der oben zitierten Einschätzung der Schichten wider. In der vorexilischen Schicht war der Konsens in der Gruppe der Kommentatoren bereits soweit hergestellt, dass die Gesetze mit der „Lehr/Lernformel" umrahmt wurden.

Die meisten Überarbeitungen setzen die Erfahrung des Exils vorausg. Erst im Exil wurden die Lehranweisungen in das Gesetzeskorpus eingetragen (vgl. die 2. Schicht), auch das Moselied wurde angefügt und mit einer solchen Anweisung versehen. Nach dieser These kam der Gesetzesteil mit seiner frühen Rahmung (Kap. 6-26) vorexilisch ohne den Begriff למד aus, der für die Reflexion über dieses Gesetz reserviert wurde.

Allerdings war das josianische Gesetzbuch nicht völlig ohne Lehrbegriffe. Vgl. שנ (einschärfen) in 6,7; ירה (weisen) in 17,10.11; 24,8; (33,10 gehört zwar einer älteren Tradition an, wurde aber wohl erst später dem Gesetzestext angefügt), und יסר (erziehen) in 8,5; 21,18; 22,18. Die Notwendigkeit der Gesetzeslehre an verschiedenen Orten des Alltags und die Lehre ihrer Kasuistik ist in diesen Versen bereits gesehen worden aber noch nicht ausgestaltet: 6,7 die Weitergabe an die Kinder, 17, 10.11, die Urteilsverkündigung im Streitfall und 24,8 in kultischen Fragen; die erzieherische Einflussnahme in 21,18; 22,18. 4,36; 8,5 und 11,2 wird von einem Erziehungskonzept bestimmt, das erst später eingefügt wurde.[125]

Das spätexilisch angesetzte 4. Kapitel spricht in vier Versen am intensivsten mit למד vom Lehren und Lernen. Dort ist למד bevorzugtes Promulgationsverb. Braulik fragt, ob sich darin ein gefährlicher Abbruch der Überlieferung spiegelt, dem entgegengewirkt werden sollte.[126]

---

[125] Vgl. Kapitel 5.2.2 dieser Arbeit.
[126] *Braulik* 1997, S. 140.

Es ist also damit zu rechnen, dass der theologische Lehrbegriff mit zunehmender Entwurzelung und Gefährdung des Volkes weiter ausgestaltet wurde. Er konnte als Reflexion der Gesetze erst zu einer Zeit greifen, als sich ein größerer Kreis von Personen über die Notwendigkeit und den Gegenstand der Lehre geeinigt hatten. Der Lehrbegriff der Israeliten kann nicht die Idee einiger weniger Personen sein. Er setzt eine bereits vorhandene, kulturelle Identität voraus. Erst die Zeit der Staatlichkeit und Konsolidierung des Volkes Israel konnte das Verlangen nach Weitergabe des eigenen Wissens entstehen lassen. In der Zeit der Gefährdung wurde die Lehre dann „lebensnotwendig".[127] In dieser Situation wurde der bereits vorhandene Gesetzestext neu reflektiert und zur Wahrung der Identität mit neuen Rahmen umgeben, in denen der Lehrbegriff systematisch verankert wurde.

5.3.7 Exkurs zum Verb שמע (hören) im 5. Buch Mose

Die grundlegende Bedeutung des Verbs für das Lernen hat sich bei der Wortfeldanalyse erwiesen. Hier soll seine Bedeutung im 5. Buch Mose analysiert werden, soweit es im Rahmen dieser Arbeit sinnvoll erscheint. Es kommt neunzig Mal im 5. Buch Mose vor.[128] Bei näherer Betrachtung lassen sich, ähnlich wie im Deutschen, verschiedenen Konnotationen erkennen.

„Hören" kann die Bedeutung einer akustischen Wahrnehmung haben, wenn es sich auf den Klang der Worte bezieht (1,34; 4,12). Die Aufforderung zum Hören kann die Absicht haben, Aufmerksamkeit zu wecken. Das Volk wird angesprochen (9,1; 20,3) oder JHWH (33,7) oder Himmel und Erde (32,1). In 32,1 werden zwei verschiedene Verben für hören genannt: „Horcht auf, ihr Himmel, ich will reden, und die Erde höre die Worte meines Mundes."[129] An anderen Stellen reichen die Aufforderungen zu hören, die an Israel ergehen, über einen Aufmerksamkeitsruf hinaus, denn sie stehen entweder mit Objekt (4,1; 5,1) oder sie verbinden sich wie in 6,3 und 12,28[130] mit weiteren Aufforderungen. In diesen Versen geht es um das Hören auf die Gebote und der Ruf weist bereits auf eine Verpflichtung hin: „Und nun, Israel, höre auf die Ordnungen und auf die Rechtsbestimmungen, die ich euch zu tun lehre... ." (4,1)

---

[127] Ebd. S. 142 und Dtn 4,1: Und nun, Israel, höre auf die Ordnungen und auf die Rechtsbestimmungen, die ich euch zu tun lehre, damit ihr lebt... .
[128] *Arambarri* 1990, S.11.
[129] Die beiden Verben sind: אזן hi und שמע. אזן hi wird meist im dichterischen Zusammenhang verwendet, öfter in Kombination mit שמע z.B. Ri 5,3; Jes 28,23 oder mit anderen Verben der Wahrnehmung Jes 28, 23b; Jes 64,3; Hos 5,1 u.a. Vgl. dazu auch Dtn 20,3.
[130] An diesen beiden Stellen drückt das ו Perfektum den Imperativ aus.

Lehren und Lernen im 5. Buch Mose

Schwierig ist die Einordnung von Dtn 6,4 in diesen Zusammenhang: „Höre Israel, JHWH ist unser Gott, JHWH ist einer." Handelt es sich bei diesem Hör-Ruf, dem ja grammatisch kein Objekt folgt, allein um eine Aufforderung, aufmerksam zu sein oder wird hier nicht doch dazu aufgerufen, sich zuzuwenden und zu hören im Sinn des Entzifferns und Verstehens der folgenden gewichtigen Sätze? Der enge Zusammenhang zwischen hören und lernen, der sich in dieser Arbeit gezeigt hat, lässt vermuten, dass „hören" auch diese zweite, weiterreichende Bedeutung hat. Der Imperativ lädt dazu ein, die folgenden Worte zu erwägen und sich in ihrem Verständnis einzuüben. Gerade an diesem Satz ist das Verstehen im Laufe der Rezeption problematisiert worden.[131]

Die juristische Anhörung in Streitsachen bzw. das Hören des Urteils nimmt einen relativ breiten Raum ein. Hören ist im Sinne des gerechten Richtens geboten (1,16.17). In einem Prozess geht die Kenntnisnahme (שמע 13,13; 17,4) über das akustische Hören hinaus, sie setzt den Bericht voraus (17,4) und muss eine Untersuchung nach sich ziehen (17,4; 13,15). Ferner dient das Hören von der Vollstreckung eines Urteils der Abschreckung (17,13): „Und das ganze Volk soll es hören. Und sie sollen sich fürchten und nicht mehr vermessen handeln." Ähnlich formulieren 19,20; 21,21, jedes Mal kombiniert mit der Wendung der bi'arta-Gesetze „...und du sollst das Böse aus deiner Mitte wegschaffen".[132]

Häufiger sind aber die Belege, die den Vorgang des „Hörens" im Sinne einer (körperlichen) Zuwendung deuten, die Konsequenzen nach sich zieht. So können Götter, die Werk von Menschenhänden aus Holz und Stein sind, nicht sehen und nicht hören, sie können nicht essen und nicht riechen (4,28). Gott hingegen hört immer wieder auf Mose (9,19; 10,10) bzw. hört nicht auf ihn (3,26). Und er hört sein Volk, wenn es zu ihm schreit und kann sein Elend wenden (5,28; 26,7f), oder er reagiert zornig (1,34) und hört nicht (1,45; 3,26), obwohl er es könnte. „Hören" wird in diesen Texten zu einem Beziehungsbegriff. Das kann anhand des Sinai/Horeb-Ereignisses näher erklärt werden.

Zentraler Text für das Hören ist die Theoaudition am Sinai/Horeb, auf die im 5. Buch Mose immer wieder angespielt wird, die auch in der Formel „hören auf die Stimme" anklingt. In Dtn 4f wird an das Ereignis vom Sinai (Ex 19f) erinnert und es wird in seiner Wirkung geschildert (Dtn 4,10-14.33.36; 5, 2-5. 22-33): Die Oberhäupter der Stämme und Ältesten treten vor Mose, nachdem sie Gottes Stimme mitten aus dem Feuer gehört haben. Sie befürchten, das Feuer werde sie verzehren und sie müssten sterben, wenn sie die Stimme Gottes noch weiter hören (5, 23-26). Mose wird daraufhin beauftragt, vor Gott zu treten und zu hören: „Tritt du hinzu und höre alles, was JHWH, unser Gott, sagen wird. Und du, du sollst alles zu uns reden, was JHWH unser Gott zu dir reden wird, und wir wollen es hören und tun." (5,27) Die

---

[131] Auf die unterschiedlichen Bedeutungsmöglichkeiten des Sch‘ma Jisrael gehe ich in Kapitel 7 näher ein.
[132] Vgl. zu dieser Wendung *Rüterswörden* 1996, S. 224ff.

Stimme Gottes wird also nach dem furchterregenden Erlebnis stellvertretend von Mose gehört und er hat den Auftrag, sie weiter zu geben.[133] Die Stimme konkretisiert sich in den Geboten und Ordnungen, die Mose von Gott gesagt werden und die Israel tun soll.[134] Im Hören auf diese Gebote wird die körperliche Erfahrung Gottes am Sinai aktualisiert und die Beziehung zu ihm immer wieder aufgenommen, auch wenn Gott nicht direkt zu Israel spricht. Hinter dem Aufruf, auf die Gesetze zu hören, steht so letztlich die Aufforderung, im Bundesverhältnis mit Gott zu bleiben (Dtn 26,17), das ja durch die Gebote und Ordnungen, die Mose dem Volk gibt, vermittelt wird.

„Hören" als Beziehung zu Gott kann nun differenziert werden. Es wird im 5. Buch Mose zwischen „hören" und „nicht hören" unterschieden. Mehrschichtig sind die Erfahrungen und Konsequenzen des „Nicht-auf-Gott-Hörens": Das Volk kämpft gegen Feinde, obwohl Gott davon abrät (1,42f), es nimmt das Land nicht in Besitz, obwohl Gott es dazu beauftragt (9,23), es hängt anderen Göttern an (8,19f); es kann die Stimme Gottes nicht hören, ohne zu sterben (5,23-27; 18,15); auf Gottes Stimme nicht zu hören, bedeutet Fluch (28,15.45.62).

Eine weitere Differenzierung betrifft die Unterscheidung, auf wen gehört wird. Das Volk Israel soll auf Gott und auf Mose hören. Ebenso auf den Propheten, den Gott schickt (18,15-19) oder auf die Priester (17,12) oder auf die Eltern (Dtn 6,6-9). Wenn das Volk aber auf einen Propheten hört, der Worte spricht, die Gott nicht befohlen hat (18,20), oder im Namen anderer Götter spricht (18,20), dann wird Gott Rechenschaft fordern. „So wähle das Leben, damit du lebst, du und deine Nachkommen, indem du JHWH, deinen Gott, liebst und auf seine Stimme hörst und ihm anhängst." (30,20 vgl. 11,27) „...so werdet ihr umkommen, dafür dass ihr auf die Stimme JHWHs, eures Gottes, nicht hört." (8,20)

Auf hermeneutische Reflexionen kann geschlossen werden, wenn der Zusammenhang von „hören" und „richtigem Wissen" hinterfragt wird. Das belegt 17,4, wo es nicht genügt, dass von der Götterverehrung eines Volksgenossen berichtet wird. Das Gehörte muss erst genau untersucht werden (דרש), bevor es gerichtlich verfolgt wird. Der Text plädiert hier für Quellenkritik: Halte nichts für wahr, solange du nicht weißt, woher es stammt. 28,49 belegt, dass „hören" auch die Bedeutung von „verstehen" annehmen kann. Dort ist von einer fernen Nation die Rede, deren Sprache

---

[133] *Schreiner* weist darauf hin, dass sich darin das Hören in den Prophetenbüchern, in denen ja die Propheten selbst Empfänger des Wortes sind, von dem im Deuteronomium unterschiedet. Während der prophetische Empfang eines göttlichen Wort meist im Rahmen einer Audition oder Vision erfolgt, also im (inneren) Erleben des Propheten seinen Ort hat und danach von ihm nach außen getragen wird, hören die Israelitinnen und Israeliten die Worte des Mose mit ihren Ohren und sind ermahnt, sie in die Tat umzusetzen (1962, S. 28f).
[134] Für eine genauere Untersuchung der Verse im 2. und 5. Buch Mose, die von der „Stimme Gottes" am Sinai/Horeb handeln, vgl. *Breitmaier* 2003a.

Israel nicht versteht. Im Hebräischen ist das Verb שמע (hören) gewählt. Dass damit nicht der akustische Vorgang gemeint sein kann, liegt auf der Hand. Die Israeliten hören ja, dass diese Menschen sprechen. Aber sie verstehen nicht ihre Sprache. „Hören" kann also auch die Bedeutung von „inhaltlichem Verständnis" haben.

Einen Schritt weiter führt die Frage, ob es im Denken des 5. Mosebuches ein richtiges oder falsches Hören/Verstehen gibt. Wird „hören" selbst differenziert, oder bleibt es bei der grundsätzlichen Unterscheidung von „hören" und „nicht-hören"? Gelegentlich kann „hören" betont sein: „Und es wird geschehen, wenn ihr diese Rechtsbestimmungen **gewiss** hört, sie bewahrt und sie tut, wird JHWH, dein Gott, dir den Bund und die Gnade bewahren...". (7,12) Grammatikalisch ist diese Intensivierung mit Nun-energicum gestaltet. Eine andere Möglichkeit ist die Hervorhebung mit dem Infinitiv absolutus. Intensivierungen dieser Art haben 11,13; 18,15 und 21,18. Es fragt sich, ob es hier um ein genaues, richtiges Hören geht, oder ob nur das Hören an sich sprachlich herausgehoben wird. Wahrscheinlicher ist die zweite Lösung, denn die genannten Texte bleiben beim Hören oder Nicht-Hören, sie kennen keinen sprachlichen Ausdruck für falsches oder richtiges Hören bzw. Verstehen.

Erst in spätexilischer Zeit belegen die Klagen über Israels falsches Tun die Erfahrung, dass die Angesprochenen aus ihrem Verstehenshorizont heraus hören, und dass es letztlich ihnen überlassen bleiben muss, welche Schlussfolgerungen sie für ihr Handeln aus dem Gehörten ziehen. Dann wird aber nicht das Hören selbst differenziert sondern das Handeln, das darauf folgt. In Dtn 4 wird mit dem Verb שמר (sich hüten vor, achten auf) falsches Handeln erwogen: „Nur hüte dich und hüte dein Empfinden (נפש) sehr, dass du nicht die Dinge vergisst, die deine Augen gesehen haben... ." (4,9)

Mit dem gleichen Verb wie in 4,9 vor dem Vergessen gewarnt wird, das einem falschen Hörergebnis (4,1) und Lehrinhalt (4,5) gleichkäme, wird in 4,15 davor gewarnt, die Erinnerung mit einem Bild zu verbinden und sich Vorstellungen von Götzen zu machen: „So hütet euch sehr vor euren Empfindungen (נפש) – denn ihr habt keinerlei Gestalt gesehen... – dass ihr nicht zu eurem Verderben handelt und euch ein Götterbild macht... ." (4,15f) Es gibt also Vergessen und Missverstehen in der Verarbeitung des Gehörten. Die Warnungen zeugen davon, dass sich über das rechte Hören und Verstehen letztlich nicht verfügen lässt. Gleichwohl geht es dabei um Leben und Tod. Erst ein später Text wie Dtn 4 setzt sich mit der Frage auseinander, was bei der Hörerin und dem Hörer ankommt. Er tut das aber nicht auf einer theoretischen Ebene, etwa mit der Überlegung: Wie muss ich die Hörsituation gestalten, damit der Inhalt meiner Worte auf die optimalen Verstehensbedingungen beim Hörer oder bei der Hörerin trifft? Auf einer praktischen Ebene sind die Texte dagegen voller Kenntnisse über Sprech- und Hörbedingungen.

Die Unterscheidung zwischen gelungenem und fehlgeschlagenem Verstehen setzt auch einen Konsens darüber voraus, welches Handeln als Ergebnis erfolgreichen, welches als Ergebnis abweichenden Verstehens gedeutet wird. Um diesen Konsens wird in den Texten des 5. Buches Mose gerungen. Die Rahmen um den Gesetzeskern und die späteren Zusätze belegen, dass über längere Zeit Erfahrungen mit hören und verstehen gemacht wurden und dass diese Erfahrungen in späteren Texten innerhalb des Buches reflektiert werden. Erst als „hören" problematisiert wurde und das darauf folgende Handeln nicht den Erwartungen der Überlieferungskreise des 5. Buches Mose entsprach, kam es zur Weiterentwicklung des Lehrens und Lernens, in dessen Kern aber „hören" als Beziehungsbegriff weiterhin eine tragende Rolle spielte.

Auf „hören" im Zusammenhang der mündlichen Rede wird im folgenden Kapitel über Schriftlichkeit und Mündlichkeit eingegangen.

5.4 Schriftlichkeit und Mündlichkeit im 5. Buch Mose

Am Ende dieses Kapitels soll die Frage nach Schriftlichkeit und Mündlichkeit im 5. Buch Mose aufgegriffen werden. Im Bereich der Lehr/ Lernthematik ist sie immer wieder angeklungen, konnte aber bisher noch nicht genauer untersucht werden. Lassen sich zum Verhältnis von Schriftlichkeit und Mündlichkeit im 5. Buch Mose Aussagen machen, die zum Verständnis von Lehre beitragen?

5.4.1 Mündliche und schriftliche Überlieferung als Beschreibung historischer Überlieferungsphasen

Die mündliche Überlieferung ist bisher in der Forschung aus historischer Perspektive ein früher Abschnitt der Traditionsbildung, in der einzelne Überlieferungen entstehen, die mündlich weitergegeben werden. Unter diesem Gesichtspunkt hält Zenger allerdings die Frage nach der Mündlichkeit für wenig ertragreich.

„Dass wir nichts über die vergessenen oder gezielt ausgeschiedenen Texte wissen, ist eine unüberwindbare Grenze aller Theorien über den kanonischen Prozess. Hinzu kommt das Problem des ungeklärten Verhältnisses von mündlicher zu schriftlicher Überlieferung. Zwar ist in den letzten Jahren durch archäologische und kulturvergleichende Forschung unser Wissen über die technischen und soziologischen Voraussetzungen einer in Israel ab dem 8. Jh. breiter um sich greifenden Schriftkultur (Papyrusrollen, Schreiberschulen, ausgebautes Verwaltungs- und Ausbildungswesen am Königshof bzw. im Umfeld des Tempels; rudimentäre Lesefähigkeit der Ober- und Mittelschicht bei weitgehendem Analphabetismus der Gesamtbevölkerung) gewachsen, doch ist dieses Wissen immer noch so begrenzt, dass es zur Theoriebil-

Lehren und Lernen im 5. Buch Mose

dung über die Entstehung des Pentateuch ebenfalls nur sehr bedingt herangezogen werden kann."[135]

5.4.2 „Mündlichkeit" und „Schriftlichkeit" als parallel gebrauchte Weisen der Gesetzesüberlieferung

Dreimal ist die Aufforderung zum Hören oder zum Hören lassen semantisch mit למד verbunden (4,1; 4,10; 5,1). Im gleichen Zusammenhang stehen beide Verben in 6,1-3. Ein weiteres Mal findet sich das Hören in 4,36 zusammen mit יסר pi: *Vom Himmel her hat er dich seine Stimme hören lassen, um dich zu erziehen.* Eine zentrale Stelle schließlich besetzt das Hören in 6,4. In der Forschung wird verschiedentlich angenommen, un einer Vorstufe hätte das Torabuch mit Dtn 6,4 begonnen.[136] Dieser Text hat auch heute noch ein entscheidendes Gewicht. Mit den Worten Sch^ema Jisrael beginnt

„eine Zusammenstellung von drei biblischen Perikopen (Dtn 6,4-9; 11,13-21; Num 15,37-41), die in der jüdischen Liturgie das Glaubensbekenntnis im täglichen Morgen- und Abendgebet darstellen... . Die erste Perikope wird auch im Nachtgebet gesprochen, und es ist der Wunsch eines jeden frommen Juden, auf dem Sterbebett mit Dtn 6,4 auf den Lippen seinen Geist aushauchen zu können."[137]

Nun kann ein Hörvorgang sowohl vom geschriebenen Wort ausgehen, das laut vorgetragen wird, als auch vom gesprochenen Wort. Fasst man das geschriebene Wort, das zur Rede drängt, als „Schriftlichkeit", dann findet man im 5. Buch Mose auch diese. Sie unterscheidet sich aber von einer modernen „Schriftkultur". Sie setzt nicht voraus, dass Lesen eine allgemein verbreitete Fähigkeit ist, sondern kann es Einzelnen überlassen. Auch wird nicht der allgemeine Zugang zu Schriftstücken in Archi-

---

[135] *Zenger* 1996b, S. 47. *Crystal* macht aus sprachgeschichtlicher Perspektive darauf aufmerksam, dass in Mesopotamien schon sehr früh über eine Verschriftlichung nachgedacht wurde. So habe es Piktogramme in Ägypten und Mesopotamien bereits um 3000 v.Chr. gegeben! „Das früheste bekannte Alphabet ist das nordsemitische, das sich um 1700 v. Chr. in Palästina und Syrien entwickelte und aus 22 Konsonanten bestand. Auf diesem Modell beruhten das hebräische, arabische und phönizische Alphabet" (1993, S. 202). Als wahrscheinlich kann wohl gelten, dass wir es auch in den ersten Schichten des Deuteronomiums nicht mit einer primär oralen Kultur im Sinne *Ongs*, die das Schreiben nicht kennt, zu tun haben (1987, S.13), sondern eher mit einer überwiegend oralen Tradition.
[136] *Braulik* 1997, S. 122.
[137] *Petuchowski/Thoma* 1997, S. 183.

Lehren und Lernen im 5. Buch Mose

ven und Bibliotheken oder auch zu Zeitungen angenommen. Es genügt der gelegentliche Rückgriff auf das schriftliche Zeugnis, um seine Bedeutung hervor zu heben. Und es genügt, dass die Schriften in den Händen einzelner Vertreter des Volkes sind, die ihr Wissen mündlich, im Vortrag oder in der Auslegung weitergeben. In der Zeit zwischen dem 7. und 5. Jahrhundert, in der mit der schriftlichen Niederlegung und Ausarbeitung des 5. Buches Mose zu rechnen ist, war die israelitische eine überwiegend mündliche Kultur. Im Folgenden soll besonders darauf geachtet werden, wie Schrift und Rede im 5. Buch Mose ineinander greifen und miteinander verzahnt sind.

Das 5. Buch Mose wurde als Abfolge von „Reden" gestaltet:[138]

Dies sind die Worte, die Mose zu ganz Israel geredet hat... (1,1);

Dies ist das Gesetz, das Mose den Kindern Israel vorlegte. Dies sind die Zeugnisse, die Ordnungen und Rechtsbestimmungen, die Mose zu den Söhnen Israel redete, als sie aus Ägypten zogen. (4,44f)

Das sind die Worte des Bundes, von dem Gott dem Mose befohlen hatte, er solle ihn mit den Kindern Israels in Moab schließen... (28,69)

Und das ist der Segen, mit dem Mose, der Mann Gottes, die Kinder Israel vor seinem Tod segnete. Er sprach... (33,1f)

Neben diesen Redeeinleitungen finden sich aber Hinweise, dass das gesprochene Wort aufgeschrieben werden soll bzw. wurde. Zum ersten Mal wird das Schreiben im Zusammenhang mit der Übergabe der Zehn Gebote an Mose erwähnt. Dort schreibt Gott selbst: *Diese Worte redete JHWH auf dem Berg zu eurer ganzen Versammlung mitten aus dem Feuer, dem Gewölk und dem Dunkel mit gewaltiger Stimme und fügte nichts hinzu. Und der schrieb sie auf zwei steinerne Tafeln und gab sie mir* (Dtn 5,22; vgl. 4,13).

Alle anderen Stellen verweisen auf ein Schreiben mit Menschenhand. Aufgeschrieben werden: *Diese (meine) Worte* (6,9; 11,20); *die Abschrift*

---

[138] Ich folge hier der Einteilung von *Lohfink* 1991a, der das Buch in vier Reden des Mose gliedert.

des Gesetzes (17,18); *die Worte dieses Gesetzes* (27,3; 27,8; 31,24); *dieses Gesetz* (31,9); *das Lied* (31,19.22).

In 5,1-22 ist ausdrücklich von mündlicher und schriftlicher Darstellung die Rede: Vom Hören in 5,1, vom Sprechen in 5,1 (Mose) und 5,22a (JHWH) und vom Schreiben in 5,22b. Das Lehren greift also an entscheidenden Stellen auf Mündlichkeit und Schriftlichkeit zugleich zurück: 5,1-22; 6,6-9; 17,18-20; 31,9-13. Beide werden zur Gesetzestradierung eingesetzt. Diese erfolgt mit Hilfe folgender Medien: Durch die Rede, durch schriftliche Fixierung, durch den Ritus (Dtn 31), mit einem schriftlich tradierten Lied (Dtn 32), durch das tägliche Sprechen (Dtn 6,7), durch das tägliche Lesen (Dtn 17,19). Wir haben es also im 5. Buch Mose mit einem Text zu tun, der aus einer Kultur stammt, die Mündlichkeit und Schriftlichkeit kannte und anscheinend nicht gegeneinander ausspielte.[139] Das Entscheidende war nicht die Art der Überlieferung sondern das Ergebnis: die Gesetze und Verordnungen sollen sich im Handeln niederschlagen.

Dennoch wäre es zu kurz gegriffen, würde man der Unterscheidung zwischen Schriftlichkeit und Mündlichkeit überhaupt keine Bedeutung beimessen. Der Sprachwissenschaftler Crystal betont: „Unterschiedliche Struktur und Anwendung von gesprochener und geschriebener Sprache ergeben sich zwangsläufig als Produkt völlig unterschiedlicher Kommunikationssituationen."[140]

Folgt man Crystal, dann wäre das 5. Buch Mose auf seine Kommunikationssituationen hin zu analysieren. Es ist das Buch, das von der Entstehung der „Tora" im Modus der mündlichen Rede berichtet.[141] Diese Kommunikationsformen auf ihre Bedeutung für das Lehrverständnis zu überprüfen würde hier zu weit führen, wäre aber ein interessantes Unterfangen.

---

[139] Vgl. dagegen *Platon*, der Schrift und gemaltes Bild prinzipiell dem Gedanken und dem mündlichen Wort unterordnet. Dessen ungeachtet hat Platon etliche Werke schriftlich hinterlassen. *Weinrich* 1997, S. 34f.
[140] *Crystal* 1993, S. 179.
[141] *Sonnet* folgt am ehesten diesem Gedanken bei seiner narratologischen Untersuchung über das 5. Buch Mose. Er versteht es als einen Akt der Kommunikation über einen Akt der Kommunikation (1997, S. 1) und arbeitet die Bezüge zwischen schriftlicher und mündlicher Verständigung heraus.

Lehren und Lernen im 5. Buch Mose

Auf eine andere Bedingung von Mündlichkeit weist Ong hin: „Orale Tradition besitzt keinen Speicher, kein Depot. Wenn eine oft erzählte Geschichte nicht mehr erzählt wird, besteht sie nur als Möglichkeit in jenen Menschen weiter, die sie noch kennen."[142] Die Schreibhinweise oder Schreibgebote im 5. Buch Mose können so gedeutet werden, dass dieses Faktum reflektiert wurde und dem Vergessen begegnet werden sollte. Dann ist es die Intention der Verschriftlichung, für die Überlieferung von Generation zu Generation zu arbeiten.[143] Gerade Gesetzestexte müssen im Bewusstsein aller verankert sein, denn erst wenn sich viele damit auseinandersetzen, kann ihre Umsetzung gemäß dem allgemeinen Konsens gelingen. Dass die Schrift allein aber noch nicht die Umsetzung garantiert, liegt auf der Hand. Schriftliches muss immer wieder mündlich werden, um in der jeweiligen Gegenwart Bewusstsein und Handeln zu bestimmen.

5.4.3 Die Überlieferung der Zehn Gebote als Beispiel für das Ineinandergreifen von schriftlicher und mündlicher Überlieferung

Ein Beispiel dafür, dass die Schrift keineswegs Vorrang vor der Mündlichkeit im Überlieferungsprozess hat, sind die Zehn Gebote. Sie werden zwar von JHWH aufgeschrieben, aber es genügt nicht, dass er das einmal tut. Denn fast gleichzeitig mit der Niederschrift verstößt das Volk bereits dagegen und die Tafeln werden zerbrochen: *Sie sind schnell von dem Weg abgewichen, den ich ihnen geboten habe.* (Dtn 9,12)

Die Schrift allein ist kein Garant für ihre Dauer. Das gesprochene Wort besteht aber darüber hinaus, denn JHWH kann ein zweites Mal schreiben (vgl. 10,1-5). Amsler sieht darin ein Paradox: «Paradoxalement la loi écrite est donc, à certains égards, plus fragile que la loi orale qui reste maîtresse d'elle-même, quels que soient les avatars de sa forme écrite.»[144] Assmann kommt

---

[142] *Ong* 1987, S. 18f.
[143] Vgl. *Assmann*, der als eines von acht Verfahren kulturell geformter Erinnerung die Speicherung und Veröffentlichung nennt und sich dabei auf Dtn 27,13ff bezieht (1991, S. 340).
[144] *Amsler* 1985, S. 54. Sonnet widerspricht Amsler, der das 5. Mosebuch als reine mündliche Rede betrachtet und weist darauf hin, dass Schriftlichkeit und Mündlichkeit ineinander greifen (1997, S. 6).

in seinen Studien über das kollektive Gedächtnis zu einem ähnlichen Schluss :

„Schriftlichkeit ... stellt an sich noch keine Kontinuität dar. Im Gegenteil: sie birgt Risiken des Vergessens und Verschwindens, Veraltens und Verstaubens, die der mündlichen Überlieferung fremd sind, und bedeutet oft eher Bruch als Kontinuität."[145]

Erst durch das Ineinandergreifen von Schrift und Rede kann also die angemessene Überlieferung der Gebote erreicht werden.

5.4.4 Mündliche und schriftliche Belehrung im 5. Buch Mose

Wurde im 5. Buch Mose sorgfältig darauf geachtet, die „Interaktion von Oralität und Literalität"[146] zu wahren, um ein Vergessen der Gebote, Gesetze und Lieder zu verhindern und das Tun dieser Gesetze zu sichern? Wo finden sich Anhaltspunkte dafür? Wie sieht die mündliche Überlieferung aus? Wie der Umgang mit der Schrift?

5.4.4.1 Die Formelsprache des Buches

Zur mündlichen Überlieferung gehört eine kommunikative Denkweise.[147] „Memorierbare Gedanken" müssen gedacht werden, deren Ergebnis mnemonische Systeme sind. Ong denkt an Sprichwort, Wiederholung und Antithese im Text, Alliteration und Assonanz, formelhafte Ausdrücke, die in standardisierte, statische Anordnungen eingebunden sind. Nun ist die formelhafte Sprache im 5. Buch Mose bereits vielen Forschern aufgefallen und sie wurde häufig aufgelistet und unter verschiedenen traditionsgeschichtlichen Aspekten analysiert.[148] Im Rahmen

---

[145] *Assmann* 1997, S. 101. Auf einen anderen Aspekt von Schriftkultur weist *Ong* hin: „Aber indem der Text bewahrende Aufgaben übernimmt, befreit er den Geist von der Aufgabe des Bewahrens, d.h. von der Gedächtnisarbeit, und ermöglichte [sic] ihm dadurch, neuen, spekulativen Gedanken nachzugehen. In der Tat gibt uns die mnemonische Restbürde, die Gedächtnisarbeit, die der kulturelle Erziehungsprozess verlangt, einen gewissen Hinweis auf das Ausmaß der residualen Oralität einer chirographischen Gesellschaft" (1987, S. 46f).
[146] *Ong* findet diese Interaktion in den großen Religionen und besonders im Christentum (ebd. S.176, dort auch das Zitat).
[147] Ebd. S. 39ff, dort auch zum Folgenden.
[148] Die Stiluntersuchungen im Deuteronomium haben Tradition. Sie wurden bereits von *Holzinger* 1893 und von *Driver* 1896 unternommen. Zu neueren Untersuchun-

Lehren und Lernen im 5. Buch Mose

dieser Arbeit wurde die Formelsprache der למד -Verse untersucht. Im Blick auf mündliche Überlieferung ist dieser Stil ein Indiz dafür, dass das 5. Buch Mose auf einem Denken in memorierbaren Zusammenhängen beruht, und dass es mit Rücksicht auf eine orale Übermittlung gestaltet wurde. Das schließt eine Verschriftlichung nicht aus, auch nicht eine Verwendung in späteren Texten.

5.4.4.2 Die Ausgestaltung von Moses Lebensende

Ein weiterer Hinweis darauf, dass das 5. Buch Mose aus der Perspektive einer oral orientierten Gesellschaft gestaltet wurde, ist die Figur des Mose. Er ist als „archetypische Figur" der Gewährsmann des 5. Buches Mose.[149] Die Verortung der Gesetzestexte im Leben des Mose dient nicht allein der Autorisierung der Texte. Dafür hätte es genügt, ihn als Redner zu benennen. Die Fabel des Erzählrahmens präsentiert ihn an einem eindrücklichen Punkt seines Lebens, vor seinem Ende. Die Reden können als sein letzter Wille aufgefasst werden. Moses Wunsch, mit dem Volk über den Jordan ziehen zu dürfen, die Bergbesteigung und die Erzählung seines Todes ergeben eine einprägsam gestaltete Szenenfolge.

---

gen vgl. *Lohfink*, der nach der „Schule der neuen Stilistik" (1963, S.13) die formelhafte Sprache im Blick auf das Gesetzesverständnis untersucht und in 9 Tabellen auflistet. Ebenso *Weinfeld* 1992 (Erstveröffentlichung 1972), der dtn/dtr Phraseologie untersucht und damit einen weisheitlichen Einfluss zu belegen versucht; ferner *Hoffmann*, der die Sprache im Deuteronomistischen Geschichtswerk im Hinblick auf Berichte über Vorgänge und Veränderungen im Kult analysiert. Seine These zu diesen Untersuchungen ist, dass „ein exakt zu handhabendes und überprüfbares Instrumentarium zur Verfügung steht, das den literarischen Gestaltungsanteil des Dtr an den einzelnen Texten fassbar machen kann. Das signifikanteste Merkmal der dtn/dtr Schicht im Alten Testament ist letztlich der spezielle Stil und Begriffsgebrauch" (1980, S. 23). Auch wenn in den Ausdrücken unbestreitbar der literarische Gestaltungsanteil sichtbar wird, so leuchtet doch am ehesten ein, dass diese Stilistik aus einer oralen Kultur stammt, die darauf angewiesen ist, memorierbare Sätze zu produzieren.

[149] Vgl. den pseudepigraphischen Charakter der Apokalypsen, die alle außer der Offenbarung fiktiv einem Verfasser der Frühzeit zugeschrieben werden (*Koch* 1986, Sp. 192f), so auch das Testamentum Mosis und die Testamentliteratur. Die Gründe für die Pseudonymität sind allerdings umstritten: „Gehen die Schriften auf spezielle Synagogen zurück, die sich als Patron Henoch, Daniel usw. auserwählt hatten? Oder versteht sich der Vf. als *prologed personality* solcher Gottesmänner?" (ebd.). In diesem Fall würde der Verfasser die Seelenverwandtschaft mit den Männern der Tradition dadurch ausdrücken, dass er ihren Namen übernimmt.

Lehren und Lernen im 5. Buch Mose

Sie verleihen dem Gedächtnis genügend emotionale Anknüpfungspunkte. Ong kennt aus seiner Erforschung mündlicher Kulturen das Phänomen, dass Personen besonders akzentuiert werden. Um Erfahrungen in dauerhaft memorierbarer Form zu organisieren, sei es nötig, Personen einprägsam zu gestalten. Heroische Figuren seien gemeinhin idealtypische Figuren. „Farblose Personen sind für die Mnemotechnik unbrauchbar."[150]

5.4.4.3 Das Lied des Mose als Hinweis auf eine orale Vermittlungsweise

Ein Aspekt der Unterscheidung von Rede und Schrift ist der soziale Kontakt, das Gegenüber, an das sich der Redner oder Vorleser wendet. Zwar gibt es unterschiedliche Redeakte, insofern ein Erzähler auf dem Markt sich weit mehr nach seinen Zuhörern richten wird als ein Prediger oder Lehrer, der vor einer Versammlung spricht. Aber die Rede stellt sich dennoch anders als der Text auf die Zuhörer ein.[151] Hinzu kommt eine somatische Komponente bei der Rede. Ong zählt Perlen, die bewegt werden, dazu oder Gesten und Saitenspiel.

„Wie wir sahen, existiert das orale Wort niemals in einem rein verbalen Zusammenhang, wie dies beim geschriebenen Wort der Fall ist. Gesprochene Wörter sind stets Modifikationen einer totalen, existentiellen Situation, die immer auch den Körper mit einschließt. Körperbewegungen, auch wenn sie nicht mit Gesang einhergehen, sind bei der oralen Kommunikation nie zufällig oder willkürlich, sondern natürlich und sogar unvermeidlich. Selbst absolute Bewegungslosigkeit während eines mündlichen Vortrages, vor allem eines öffentlichen, ist eine machtvolle Geste."[152]

Im Deuteronomium ist von einem „Lied" die Rede (31,14-23. 28-30; 32), das gesprochen wird (31,30). Dieser sprachliche Bruch kann so erklärt werden, dass an einen Vortrag der Worte mit melodischem Sprechen gedacht ist. Dass der Körper beim Sprechen eine gewisse Rolle spielt, kann aus 6,8; 11,18 geschlossen werden, wo von Merkzeichen am Körper die Rede ist.[153]

---

[150] *Ong* 1987, S. 73. Vgl. die Testamente der Zwölf Patriarchen, übersetzt bei *Kautzsch* 1900.
[151] *Ong* betont, dass orales Memorieren oft von sozialen Zwängen abhänge. Erzähler erzählen das, was die Zuhörer wünschen (1987, S. 70).
[152] Ebd. S. 71.
[153] Näheres zu diesen Körperzeichen siehe Kapitel 7 dieser Arbeit.

Lehren und Lernen im 5. Buch Mose

5.4.4.4 „Hören" und die körperliche Präsenz

Als letzter Hinweis auf eine orale Kultur im 5. Buch Mose soll die Betonung des Hörens und des Sehens dienen. Über den Stellenwert des Hörens wurde bereits im Exkurs nachgedacht. Hier soll der kommunikative Aspekt des Hörens ergänzt werden. Hören setzt ein körperliches Gegenüber voraus, das sich in Reichweite der menschlichen Stimme aufhält. Zuhörer beeinflussen die freie Rede. Die Wortwahl ändert sich je nach der Situation, in die hinein gesprochen wird. Ein Vergleich der Redeinhalte der Stimme Gottes im 2. Buch Mose und im 5. Buch Mose bestätigt diese Annahme, denn die Redeinhalte des Mose ändern sich angesichts der bevorstehenden Überschreitung des Jordans in das gelobte Land gegenüber denen am Sinai. Die Zehn Gebote und das Bundesbuch, die sich als Inhalte im 2. Mosebuch anbieten, werden ergänzt. Auch wenn die Rede auf festgelegten schriftlichen Textteilen beruht, werden diese entsprechend der Situation ausgewählt. Die Rede kennzeichnet ein improvisatorischer Zug, der sich in den Texten des 5. Buches Mose wiederfindet, vergleicht man die Texte verschiedener Schichten miteinander oder die Bezüge zwischen den Büchern der Tora. Damit ist nicht gesagt, dass die Texte an Gewicht verlieren oder eine geringere Gültigkeit haben, sondern dass man ihnen nicht gerecht wird, wenn man sie ausschließlich aus der Sicht einer Schriftkultur interpretiert, die das gesprochene Wort eher gering schätzt.

Auch die visuelle Wahrnehmung hat im 5. Buch Mose einen besonderen Stellenwert. Das Verb „sehen" steht mehrfach in Verbindung mit der Landverheißung. Einige Männer Israels werden damit bestraft, dass sie „das gute Land" nicht sehen dürfen (1,35), Mose darf es nur sehen, nicht hineingelangen (3,25.28; 32,49.52; 34,1). Zwei Wendungen tauchen häufig auf.

- Die erste Wendung lautet: „tun, was gut/schlecht ist in den Augen JHWHs, deines Gottes" (4,25; 6,18; 9,18; 12,8 (jeder tut, was in seinen Augen recht ist); 12,25; 12,28; 13,9; 17,2; 21,9; 31,29).[154]

---

[154] *Rüterswörden* 1996 deutet das Böse nach Dtn 9,17 als Bruch des ersten Gebots. Vgl. zur innerbiblischen Rezeption die Beurteilung der Könige. Bereits Salomo „tut, was Böse ist vor den Augen JHWHs" in 1Kön 11,6. Nach ihm werden hauptsächlich

- Die zweite Wendung ist der Hinweis auf die Augenzeugenschaft: „deine/eure Augen haben gesehen...":1,30; 3,21; 4,3.9; 4,34; 6,22; 7,19; 9,17; 10,21; 11,7; 21,7; 29,1.2; 34,12.

Diese Augenzeugenschaft kann insofern mit dem Hören verglichen werden, als hier ebenfalls an eine Wahrnehmung appelliert wird, um Gottes Tun zu verstehen. Assmann weist darauf hin, dass diese Augenzeugenschaft ihren wichtigen Ort wegen des Generationswechsels hat, der nach vierzig Jahren Wüstenwanderung bevorsteht. Wenn „die Alten" gestorben sind, wird die lebendige Erinnerung an die Befreiung aus Ägypten und das Hörerlebnis vergessen werden (so besonders in 4,9). In 2 Kön 23,3 sei in diesem Sinne von Zeugnissen die Rede. Vierzig Jahre sind die Schwelle, an der biographische in kulturelle Erinnerung transformiert werden muss, um nicht dem Vergessen anheim zu fallen.[155] Ong bietet eine einleuchtende Beschreibung des Hörens im Unterschied zum Sehen:

„Das Sehen isoliert, das Hören bezieht ein. Während das Sehen den Beobachter außerhalb der Betrachteten hält, dringt ein Klang in den Hörer ein. ... Um einen Raum oder eine Landschaft zu überschauen, muss ich meine Augen von einem Teil zum anderen wandern lassen. Wenn ich jedoch höre, sammle ich den Klang gleichzeitig aus jeder Richtung: Ich bin im Zentrum meiner klanglichen Welt, die mich umschließt, die mich ins Zentrum der Wahrnehmung und der Existenz versetzt. ... Man kann sich im Zuhören, im Klang vergessen. Ein ähnliches Vergessen ist im Sehen nicht möglich. Im Gegensatz zum Sehen, dem zergliedernden Sinn, ist somit das Hören ein vereinender Sinn. Ein typisches visuelles Ideal ist Schärfe und Deutlichkeit, die Zerlegbarkeit. ... Das auditive Ideal dagegen ist Harmonie, das Zusammenfügen. ... Orale Kulturen stellen sich den Kosmos als ein fortlaufendes Ereignis mit dem Menschen als Mittelpunkt vor. Der Mensch ist der *umbilicus mundi*, der Nabel der Welt."[156]

5.4.5 Der Ertrag der doppelten Überlieferungsweise für Lehren und Lernen

Lehren ist im 5. Buch Mose zunächst die Sache einer Person (Mose, Vater, Mutter) oder mehrerer Personen (Leviten), die aus einem Vertrauensverhältnis zu Gott heraus zu Einzelnen oder zum Volk sprechen. Grundlage dieses Sprechens ist das geschriebene Wort (31,9.11), dem

---

Nordreich-Könige so beurteilt so Jerobeam in 1 Kön 14,8 und ebenfalls die nachfolgenden Könige.
[155] *Assmann* 1991, S. 339.
[156] *Ong* 1987, S. 75f.

aber letztlich Gottes Sprechen vorausgeht (5,2-22a). Gott selbst hat es nicht beim Sprechen belassen, sondern bereits geschrieben (5,22b). Die sorgfältige Abwägung von mündlicher und schriftlicher Weitergabe hat verschiedene didaktische Ziele:

Ziele der Verschriftlichung sind:
- Die Aufbewahrung der Texte angesichts des Generationenwechsels und dem Ende der Augenzeugenschaft.
- Die ständige Vergegenwärtigung im Alltag durch den Schriftzug am Türrahmen oder im Buch, das der König mit sich trägt (6,9; 11,20; 17,18f).
- Die Präsenz der Texte neben der Lade und das visuelle Zeugnis durch das sichtbare Buch (31,26).

Ziele der mündlichen Lehre sind:
- Die verbale Präsenz im Alltag (11,19).
- Die Möglichkeit, neue Worte zu finden, die auf die aktuelle Situation bezogen sind (17,9-11).
- Die rituelle Inszenierung des Horebereignisses (31, 9-13).
- Das persönliche Gegenüber bei der Vermittlung.

Wie bereits am Lernziel der Furcht Gottes erkennbar wurde, weiß das 5. Buch Mose um die Dimension der Innerlichkeit. Hören ist eine Haltung, die mündlich gesprochenen und schriftlich niedergelegten Texten gegenüber eingenommen werden kann. Eine Ahnung davon schwingt in dem folgenden Halbvers mit, der Schrift geworden ist: *Sei still und höre, Israel! Am heutigen Tag bist du JHWH, deinem Gott, zum Volk geworden.* (27,9)

Hören hat etwas mit Lernen zu tun, weil es die Haltung ist, die zu einer Verinnerlichung führen kann. Die Bitte des Salomo um ein „hörendes Herz" (1 Kön 3,9) ist die erzählerische Ausge-staltung dieser Vorstellung im 1. Königsbuch. Sie hat in der „Furcht Gottes" ihr eigentliches Ziel. Diese wiederum veranlasst zum rechten Handeln nach Gottes Geboten.

Schriftlichkeit ist, wie die Mündlichkeit, ein Mittel dazu, dieses Ziel zu erreichen. Auch der kanonisierte Toratext ist auf Mündlichkeit angewiesen. Die Stimme Gottes muss in immer wieder neuen Stimmen aktuell werden.

5.5 Weiterführende Ergebnisse

Die Analyse hat ergeben, dass „lehren und lernen" im 5. Buch Mose in verschiedenen Zusammenhängen thematisiert wird. Besonders das Verb למד (lehren/lernen) übernimmt eine wichtige Funktion in der dtn/dtr Sprachregelung. Die Beobachtung, dass mit למד die Vermittlung aller Gesetze, die Mose verkündet, zum Anliegen gemacht ist, ist ein Hinweis darauf, dass למד tragende Funktionen in der dtn/dtr Theologie übernimmt. Da eine solchermaßen grundlegende Verwendung der Verben des Wortfelds in der übrigen Tora nicht ausgemacht werden konnte, kann hier von einem „qualitativen Sprung" hin zu einem Lehrbegriff gesprochen werden. Im Rahmen dieser Arbeit muss nicht geklärt werden, ob von Lehre nun eher im juristischen Sinn gesprochen wurde, ob die Schreiber des 5. Buches Mose also an hethitische Formulare der Rechtsbelehrung anknüpften, oder ob das Anliegen, die Gesetze zu lehren, eher einen homiletischen Hintergrund hat, also aus der Verkündigung erwachsen ist. Hier wurde gezeigt, dass eine solche Aufteilung den Texten nicht entspricht, da sie Züge sowohl der Rechtsbelehrung als auch der Verkündigung tragen.

Aus der Perspektive dieser Arbeit ist es von größerer Bedeutung, dass an zentralen Stellen, besonders in Einleitungssätzen, das Lehranliegen formuliert wird: die Gebote und damit der Bund zwischen Gott und Volk müssen vermittelt werden, sonst können sie nicht in Handlung umgesetzt werden. Diese Vermittlungsarbeit stellt sich im 5. Buch Mose als ein lebenslanger Rezeptionsvorgang dar. Das Gelingen oder Misslingen dieser Vermittlung zeigt sich im kultischen und alltäglichen Handeln des Volkes.

Das Ergebnis der Analyse hat noch einen zweiten, hermeneutischen Aspekt: Es ist im 5. Buch Mose kein Zufall, sondern ein wichtiges Charakteristikum des Lehrens und Lernens, dass es reflexiv geschieht, im Rückgriff auf ältere Texte. Bevor etwas zum Lernstoff wird, muss es zuerst erlebt und interpretiert worden sein. Außerdem muss es eine relative Allgemeingültigkeit erlangt haben, d.h. eine bestimmte Gruppe erzielt einen Konsens darüber, welcher Stoff in ihrem Umfeld weitergegeben werden soll. Dass in jüngeren Textschichten des 5. Buches Mose darüber nachgedacht wird, ältere Texte zu lehren, muss auch von da aus verstanden werden. Sozusagen zwischen den Schichten des Textes hat eine Reflektion, ein Rezeptions- und Verarbeitungsprozess stattgefunden, der zu dem Ergebnis führte, dass bestimmte Texte und Überlieferungen wichtig genug waren, weitergegeben zu werden. Der Gestus, ein Leben lang auf die Tora zu hören (Dtn 17,19 u.ö.), wiederholt sich auf Textebene in der Rezeption und Reflektion, die sich in jüngeren Textschichten abzeichnet.

Ich nenne diesen, für ein ersttestamentliches Lehren insgesamt relevanten Prozess, „Hörgeschehen".[157] Das Hören hatte sich bereits in der Semantischen Analyse als grundlegendes Verb für viele Aspekte des Lehrens erwiesen. Aus diesem „Hörgeschehen" erwachsen neue Texte, die später gleichermaßen zur Tradition werden.

Diese Beobachtung hat eine methodische Konsequenz: Wenn danach gefragt wird, mit welchen Inhalten und Methoden gelehrt wurde, dann lässt sich das bis zu einem gewissen Grad daraus erschließen, wie sich jüngere Schichten auf ältere Texte beziehen.Gerade die Fortschreibungen eines Textes sind also aus der Sicht des hier behandelten Themas exegetisch interessant. In ihnen bildet sich ein „Hörgeschehen" ab, das sich fragmentarisch nachvollziehen lässt. Es bietet Aufschlüsse über die Aneignung des Gehörten, seine Verarbeitung und Vermittlung in einen neuen Kontext.

Im Folgenden soll diesem „Hörgeschehen" in einer theoretischen Verortung und einer praktischen Analyse noch genauer nachgegangen werden. Zunächst scheint es angebracht, den hermeneutischen Blick etwas zu weiten und die neuere Debatte über Midrasch und Fortschreibung zur Kenntnis zu nehmen, die im weiteren Zusammenhang der Frage nach gesamtbiblischen Theologien diskutiert wird.[158] Wie können die Fortschreibung und ihre belehrenden Aspekte methodisch erfasst werden? Diese Überlegung ist vor dem Hintergrund des jüdisch-christlichen Dialogs zu verstehen, innerhalb dessen sich diese Arbeit verortet und der

---

[157] Die These, dass das „Hörgeschehen" für alttestamentliches Lehren und Lernen insgesamt zentral ist, kann in der Analyse des Themas im Sprüchebuch verifiziert werden. Für prophetisches Lehren und für das Lehren in Erzähltexten muss sie unbelegt bleiben und stützt sich allein auf die Wortfeldanalyse.

[158] *Oeming* stellt verschiedene gesamtbiblische Modelle nebeneinander, um zu zeigen, „wie vielschichtig und aspektreich Biblische Theologie arbeiten muss" (2001, S. 248ff, Zitat auf S. 258).

Lehren und Lernen im 5. Buch Mose

hier referiert wird, soweit er die Fragen berührt. Ein weiterer Horizont tut sich auf, wo Verbindungen zwischen Fortschreibung und Intertextualität hergestellt werden. Dieser Zusammenhang ist von Bedeutung, wenn es dem Missverständnis zu wehren gilt, dass eine alttestamentliche Vorstellung von Lehren und Lernen allein in inner-jüdischen Zirkeln oder pro-jüdisch eingestellten, christlichen Krei-sen relevant war und ist. Sie hat eine Wirkungsgeschichte, die weit darüber hinaus reicht.

In der darauf folgenden Analyse von Dtn 6, in dem Lernen aus verschiedenen Perspektiven reflektiert wird, und vom Hören an zentraler Stelle die Rede ist (6,4), soll gefragt werden: Was wurde gelehrt? Wie wurde das Sch^{e}ma Jisrael ausgelegt und welche Aspekte wurden vermittelt? Welche methodisch-pädagogischen Entdeckungen können in den Fortschreibungen des Sch^{e}ma gemacht werden?

> „Mit anderen Worten: Nicht das System, sondern der Kommentar ist die legitime Form, unter der die Wahrheit entwickelt werden kann. Für die Art der Produktivität, die wir in der jüdischen Literatur antreffen, ist dies in der Tat ein überaus wichtiger Satz. Die Wahrheit muss an einem Text entfaltet werden, in dem sie vorgegeben ist."[1]

6 Intertextuelle Aspekte des Lehr- und Lernverständnisses, eine hermeneutische Vergewisserung

Schriftauslegende Arbeit im Ersten Testament ist ein längst erkanntes Phänomen. Es wird seit den 30er Jahren des letzten Jahrhunderts untersucht, seit André Robert in Spr 1-9 Wortanklänge aus dem 5. Buch Mose, Jeremia und Jesaja fand.[2] Es wird seither mit unterschiedlichen Begriffen darauf angespielt: „Anthologie", „Midrasch", „innerbiblische Schriftauslegung", „inner-biblische Allusion", „Fortschreibung" u.a.[3] Ich verwende hier den allgemein literaturwissenschaftlichen Begriff „Intertextualität"[4] wohl wissend, dass damit ein umstrittener Begriff aus einem literaturwissenschaftlich/linguistischen Gesprächskontext gewählt ist, was die Sprachverwirrung eher noch vergrößert. Andererseits werden unter diesem Begriff die verschiedensten Aspekte eines „dialogischen Verstehens" zusammengefasst,[5] die seit etwa 25 Jahren wieder neu ins Bewusstsein rücken. Jauss findet Erläuterungen eines solchen Verstehens in der jüdisch-christlichen Tradition, in der Philosophie der Kunst, in der Hermeneutik Gadamers und in der Theorie Bachtins, die den In-

---

[1] *Scholem* 1996, S. 101.
[2] Vgl. *Maier* 1995, S. 72 und *Braulik* 1996b, S. 90.
[3] Einen guten Überblick über die Entwicklung der Debatte um schriftauslegende Arbeit im Ersten Testament bietet *Maier* 1995, S. 72-79.
[4] Im Kontext des Poststrukturalismus ist „Intertextualität" ein Begriff, der eine Theorie benennt, hier wird er in seiner methodischen Konkretisierung verwendet, auf die unten noch genauer eingegangen wird.
[5] *Jauß* 1982.

tertextualitätsbegriff angeregt hat. Ich beschränke mich hier darauf, Aspekte des dialogischen Verstehens in der jüdisch-christlichen Tradition nachzuvollziehen und nach methodischen Hinweisen für die Interpretation von Texten im Rahmen der Intertextualitätsdebatte zu suchen. In der exegetischen Forschung wird neuerdings auf den Zusammenhang von innerbiblischer Schriftauslegung, Midrasch und Intertextualität aufmerksam gemacht.[6] Ausgangspunkt soll die innerbiblische Schriftauslegung sein.

6.1 Der Beitrag der „innerbiblischen Schriftauslegung" zum Verständnis des Ersten Testaments und zum Textverständnis

Die Diskussionen über schriftauslegende Arbeit in biblischen Texten finden einen Kristallisationspunkt in der Untersuchung der jüdischen und christlichen Weiterführung ersttestamentlicher Tradition in Halacha und Aggada einerseits und im Neuen Testament andererseits. Die Bibel ist die *„eine* Heilige Schrift in *zwei* Teilen".[7] „Diese Anlage der Bibel Alten und Neuen Testaments signalisiert Kontinuität und Diskontinuität zwischen Judentum und Christentum."[8] Hier sollen die Erkenntnisse dieser Debatte zum Textverständnis untersucht werden.

6.1.1 Die Bibel: Ein Wachstumsprozess mit theologischer Bedeutung

In der Frage nach dem Zusammenhang zwischen den beiden Teilen der Bibel,[9] die etwa seit den Siebziger Jahren die Debatte um biblische

---

[6] Vgl. *Boyarin* 1990; *Philips* 1995 und im deutschen Kontext: *Braulik* 1996b, S. 90; *Dohmen* 1996 und *Bodendorfer*, der nach der Darstellung rabbinischer Exegese und Hermeneutik schreibt: „Die Folgen des hier vorgelegten Textverständnisses werden m. E. erst jetzt im Rahmen der Diskussion um poststrukturalistische Hermeneutik voll bewusst. In den letzten Jahrzehnten haben geniale Denker wie Levinas oder Derrida diese ihre jüdischen Wurzeln in das Feld der Hermeneutik und Sprachwissenschaft übergeführt" (2000, S. 123).
[7] *Dohmen* 1996a, S. 12.
[8] A.a.O.
[9] *Barr* stellt die Entwicklungsetappen der Biblischen Theologie seit der Reformation dar. Er konstatiert für die Zukunft: „Dabei wird die zentrale Frage, die die größte

Intertextuelle Aspekte

Theologie[10] beschäftigte, kam der Anstoß zu einer veränderten Perspektive aus Amerika.[11] Man begann dort, den Bibelkanon nicht mehr nur als historisches Datum der Fixierung des Gesamtkorpus von Erstem und Neuem Testament zu verstehen,[12] sondern als Wachstumsprozess mit theologischer Bedeutung. Childs sprach von einem grundlegenden hermeneutischen Vorgang, der ihn zu einem neuen Programm der Bibelauslegung veranlasste. Der neue Zugang sei nicht weniger kritisch, als die traditionellen Methoden historischer Kritik, richte jedoch andere Fragen an den Text.[13] Den hermeneutischen Vorgang beschrieb er folgendermaßen:

„Die biblischen Traditionen ruhten nicht unbenutzt, sie wurden auch nicht in Archiven sicher vor Änderungen aufbewahrt, sondern sie wurden ständig überarbeitet und durch den Gebrauch verändert. So wurden die heiligen Schriften beider Testamente, die ursprünglich Gelegenheitsschreiben darstellten und auf konkrete historische Situationen Bezug nahmen, durch zahlreiche redaktionelle Kunstfertigkeiten derartig umgestaltet, dass sie für die nachfolgenden Generationen normativen Charakter erhielten. Zur Aktualisierung der Texte wurde nicht nur *eine* Technik angewendet: Mal wurde eine ältere Komposition durch eine neue redaktionelle Schicht ergänzt, mal ein kommentarähnlicher Zusatz angefügt; mal wurden getrennte Briefe zusammengefügt, mal eine chronologische Reihenfolge einer thematischen entsprechend neu geordnet."[14]

Der „hermeneutische Vorgang", den Childs im Zentrum des biblischen Überlieferungsprozesses ansiedelt, wirkt sich auf verschiedenen Ebenen aus. Er hat theologisch-dogmatische Aspekte, insofern der Zusammenhang zwischen Neuem und Altem Testament neu untersucht und die Frage nach der Mitte der Schrift und dem Offenbarungsverständnis gestellt wird. Er hat aber auch methodische Konsequenzen.

Herausforderung für die B[iblische] T[heologie] darstellt, die nach dem Verhältnis von AT und NT sein" (1986b, Sp. 493).

[10] Für eine Übersicht der Problemstellung vgl. *von Reventlow* 1983 und die Jahrbücher Biblische Theologie 1986 und 1988. *Oeming* spricht von einer „gesamtbiblische[n] Debatte" (2001, S. 21).

[11] In Deutschland wurde besonders Brevard S. *Childs* rezipiert, der die These vertrat, dass die Kanonbildung keine späte kirchliche Setzung sei, sondern ein tief im Schrifttum selbst wurzelndes Bewusstsein, *Childs* 1988. Vgl. zur Auseinandersetzung mit dieser These die Beiträge im Jahrbuch Biblische Theologie 1988 und *Gese* 1991. Andere interessante Ansätze boten *Sanders* 1984 u.ö., und *Fishbane* 1985 u.ö.

[12] Die klassische Sicht stellen *Smend* 1986b und *Merk* 1986 dar.

[13] *Childs* 1988, S. 13f.

[14] Ebd. S. 13.

Intertextuelle Aspekte

6.1.2 Systematisch-theologische Aspekte der gesamtbiblischen Sicht

Die Frage, wie das Alte Testament als die Bibel Israels und gleichzeitig als der erste Teil der christlichen Bibel gelesen werden kann, erweist sich als kompliziert und ist bisher noch ungelöst. Gese schreibt dazu nach einer längeren Auseinandersetzung mit dem Thema:

> „Für die christliche Sicht ist dieses Alte Testament in die neutestamentliche Tradition hineingewachsen und bildet mit ihr eine Einheit. Dabei geht es nun nicht um eine christliche Auslegung des Alten Testaments, auch nicht in der beliebten sublimen Form der Herausstellung einer an die Texte herangetragenen ‚Mitte' der Schrift, die bestimmte Bewertungen ermöglichen soll. Jeder Text ist vielmehr so zu verstehen, wie er verstanden sein will, wie er sich eben selbst versteht; und die wahrhaft historische Auslegung ist auch die wahre theologische. Nur muss beachtet werden, dass nicht nur der Einzeltext theologisch maßgebend ist, sondern auch die Komposition, in der er steht, und der traditionsgeschichtliche Zusammenhang, dem er Ausdruck gibt. Daher besteht dann ein entscheidender Unterschied, ob die biblische Perspektive mit Esra oder mit dem Neuen Testament schließt."[15]

Gese warnt davor, allzu schnell mit christlicher Glaubensüberzeugung an die Texte des Alten Testaments heranzugehen, und hält dagegen methodisch-exegetische Argumente. Wie wenig allerdings die historisch-kritische Methode davor gefeit ist, christliche Konstrukte bewusst oder unbewusst zu unterstützen, darauf hat aus jüdischer Sicht Levenson[16] hin-

---

[15] *Gese* 1995, S. 43f. Vgl. zur Diskussion um den „einheitlichen und beide Testamente umfassenden traditionsgeschichtlichen Prozess" die Diskussion zwischen Childs und Gese. *Childs* betont: „Das Neue Testament ist kein Midrasch zum Alten Testament" (1988, S. 22). Gese hält dem entgegen: „‚...dass die neutestamentliche Traditionsbildung, die ja nicht in gnostischer Ablehnung der alttestamentlichen Tradition steht, sich als unmittelbare Fortsetzung im Sinne eines endgültigen Abschlusses der alttestamentlichen Tradition ansehen musste. Hier wird ein Offenbarungsverstehen verkündet, das das Telos der alttestamentlichen Offenbarungsgeschichte ist und dem gegenüber alle alttestamentliche Offenbarung vorbereitenden Charakter hat" (1991, S. 281).

[16] *Levenson* 1991; *Oeming* bescheinigt Gese in früherer Zeit ein einseitiges Traditionsverständnis: „Darüber hinaus muss man auch hier in Erinnerung rufen, dass die alttestamentliche Traditionsgeschichte ja keineswegs schnurstracks ins Christentum mündete, dass vielmehr auch die rabbinische Synagoge aus dieser Tradition hervorgegangen ist und sich als ihr Sachwalter und Erfüller versteht. Schon dieser historische Umstand lässt auf Geses einlinigen Traditionsprozess den Verdacht eines unhistorischen, christlich-theologischen Konstrukts fallen" (1987, S. 113).

Intertextuelle Aspekte

gewiesen. In der Tat ist die Gefahr, dass eine Biblische Theologie als Vereinnahmung des gesamten Kanons für christliche Anliegen missverstanden wird,[17] eher gegeben, als die umgekehrte Überzeichnung, die das Neue Testament als Literatur einer jüdischen Sekte betrachtet und es daher allein aus der alttestamentlichen Tradition heraus interpretiert.

In einer „holistischen" Herangehensweise[18] wird im Rahmen der Biblischen Theologie nach einer „Mitte der Schrift" gesucht, d.h. nach dem, was beide Testamente zusammenhält. Man erhofft sich von einer solchen Mitte Perspektiven für die Auslegung der Texte. Mußner verweist darauf, dass „JHWH als der Widersprechende und Rettende" beide Testamente umfasst.[19] Der Systematiker Herms findet die „reale Synthese" im „Selbstbewusstsein des Lebens in der Gemeinschaft des Glaubens an den Gott Israels",[20] also außerhalb der biblischen Schriften. Diese Versuche, die Mitte der Schrift festzumachen, sind für die homiletische Praxis der Kirche von Belang. Aus exegetischer Sicht laufen sie aber Gefahr, stark zu verallgemeinern, und damit entweder an Relevanz zu verlieren oder eine Form christlicher Einholung des Alten Testament zu sein und sei es auch nur eine „,naive' Inspruchnahme" und keine „*Aneignung*' im Sinne einer ,*Enteignung*'".[21] Im Rahmen des jüdisch-christlichen Gesprächs sieht Brocke die christliche Theologie vor der Aufgabe, eine „nicht-antijüdische Christologie" zu entwerfen und fragt, ob es nicht gerade das Ziel der Annäherung zwischen Christen und Juden sein sollte, im theologischen Bereich die unterscheidenden Elemente „klar, deutlich und allgemein sichtbar herauszustellen, diese Unterschiede dann auch zu bejahen und trotz (oder gerade wegen) der Unterschiede die Kommunikation zu suchen und zu pflegen".[22] Dieses Ziel sei aber gerade nicht dadurch zu erreichen, dass von vornherein eine Mitte festgelegt würde. Eine weitere Gefahr der Festlegung auf eine bestimmte Mitte der Schrift besteht darin, dass die Texte unter Missachtung ihrer historischen Eigenart in ein übergeordnetes Schema eingepasst werden

---

[17] *Stemberger/Baldermann* 1988, S. 5.
[18] *Rendtorff* übernimmt den Begriff von M. *Greenberg* und bezeichnet damit das Interesse der Auslegung an größeren Einheiten, an biblischen Büchern oder dem Kanon als Ganzem (1991b, S. 27f und Anm.11).
[19] *Dohmen/ Mußner* 1993, S. 119 u.ö.
[20] *Herms* 1998, S. 133.
[21] *Rendtorff* 1998, S. 79f.
[22] *Brocke* 1990, S. 593f.

und so gerade nicht mehr zur Sprache kommen. „Das Alte Testament ist eine spannungsgeladene Sammlung sehr unterschiedlicher theologischer Konzeptionen. Diese wollen je für sich ernst genommen werden."[23]

6.1.3 Die Bezeichnung „Erstes Testament"

Die Bezeichnung „Erstes Testament"[24] ist einer der vorläufigen Versuche, das Verhältnis zwischen den beiden biblischen Teilen bereits im Namen neu zu deuten.[25] Es soll damit dem traditionellen christlichen Missverständnis gewehrt werden, dass das „Alte Testament" aus einer falsch verstandenen Sicht des Neuen Testaments für abgetan oder ausgedient hielt.[26] Vor dem Hintergrund des Dialogs zwischen Juden und Christen macht die Bezeichnung „Erstes Testament" darauf aufmerksam, dass der Name „Altes Testament" erst in gezielter Absetzung der Kirche vom Judentum entstand[27] und insofern eine negative Konnotation hat. Als ein Ergebnis dieses Dialogs kann es aber bezeichnet werden, dass jeder Versuch, jüdische Auslegung oder jüdisches Leben mit der Tora als defizitär zu beschreiben, entschieden zurückzuweisen ist. Im Sinne dieser korrigierenden Funktion ist die Bezeichnung „Erstes Testament" in dieser Arbeit verwendet. Damit soll weder die Wichtigkeit des Christuszeugnisses für das Christentum geleugnet werden noch eine

---

[23] *Oeming* 1987, S. 114. Vgl. für eine detaillierte Darstellung der Komplexität der Überlieferung und der Wertbeziehung zwischen den Testamenten in *Oeming* 2001, S. 35ff.

[24] *Zenger* hat die Auseinandersetzung um diese Bezeichnung wesentlich bestimmt. Ich fasse die positiven Implikationen, die er sich davon versprach zusammen: – Die Bezeichnung vermeidet die traditionelle Abwertung, die sich faktisch mit der Bezeichnung „alt" ergibt. – Sie gibt den historischen Sachverhalt korrekt wieder, dass es gegenüber dem Neuen (Zweiten) Testament als erstes entstanden ist. – Sie formuliert theologisch richtig, da sie den „ewigen" Bund bezeugt, den Israel mit Gott geschlossen hat. – Als Erstes Testament weist es auf das Zweite Testament hin. „So wie letzteres nicht ohne ersteres sein kann, erinnert auch die christliche Bezeichnung ‚Erstes Testament', daß es in sich keine vollständige christliche Bibel ist" (1995, S. 153 und 1996a, S. 15).

[25] Vgl. *Dohmen* 1996a, S. 14-20.

[26] Vgl. dazu auch die *EKD-Studie zum Verhältnis der Christen zu den Juden*: „Es gab und gibt auf Seiten der Christen immer wieder Versuche, das Neue gegen das Alte Testament auszuspielen, so etwa mit der Begründung, das Gottesbild des Alten Testamentes sei von dem des Neuen Testamentes grundsätzlich verschieden" (2000, S. 100).

[27] *Zenger* 1996a, S. 14.

Intertextuelle Aspekte

Vorrangstellung des Alten vor dem Neuen Testament impliziert werden. Dass dieses neue Missverständnis durch die Bezeichnung entstehen kann, ist Zeichen für ihre Vorläufigkeit. Da andere Benennungen wie „Bibel Israels", „Tanach" oder „Hebräische Bibel" aber ebenso wenig eine voll auf befriedigende Lösung bieten, verwende ich die Bezeichnung alternierend mit der traditionellen Bezeichnung „Altes Testament". Damit soll in Erinnerung gerufen werden, dass „alt" in der Bezeichnung des Testaments nicht „überholt" bedeutet, sondern „anfänglich".

6.1.4 Die Lerngemeinschaft Israels als Trägerin der Offenbarung

Die oben erwähnte These, dass die Texte der Bibel einen bewusst wahrgenommenen Überlieferungsprozess durchschritten haben, ist ohne eine Rezeptionsgemeinschaft, in deren Kontext sie überliefert wurden, nicht denkbar. Die Texte wurden in einer Gemeinschaft gehört und verstanden. Diese entschied darüber, welche Texte akzeptiert und tradiert wurden und welche Autorität dem jeweiligen Text beizumessen war. Dohmen/ Oeming stellen sich eine Glaubensgemeinschaft vor, „die sich selbst und ihren Glauben in vorhandenen Texten wiederfindet und durch deren produktive Fortschreibung zum Ausdruck bringt".[28] Gegenüber Childs, der die einzelnen Fortschreibungen dem Endtext unterordnet und einen allgemeinen Begriff von der Glaubengemeinschaft zur Zeit des Kanonabschlusses vertritt, bestreiten sie die Priorität eines bestimmten Auslegungsstadiums:

„Gerade dann, wenn man die Schrift vom Kanon her ernst nimmt, kann und darf es eigentlich keine Priorität oder gar Ausschließlichkeit der Endgestalt des Textes als Gegenstand der Exegese geben. Die Endgestalt der Texte ist weder eine spannungsfreie noch eine die Qualität gewachsener Texte nivellierende. Mit der Endgestalt wird lediglich der Ort der Interpretation verlegt. Geschah sie bis dahin durch produktive Fortschreibung oder Redaktion *im* Text, geschieht sie von da ab durch Kommentierung und Auslegung *neben/zu* diesem Text."[29]

Dieses Verständnis einer Trägergemeinschaft der Überlieferungen versteht Inspiration „als Erwählung und Ermächtigung von Menschen zu

---

[28] *Dohmen/ Oeming* 1992, S. 24.
[29] Ebd. S. 25.

Intertextuelle Aspekte

Zeugen und Tradenten der Offenbarung".[30] Es geht davon aus, dass die in den biblischen Texten nachweisbaren Wachstumsschichten Spuren dieses Prozesses sind.

Es stellt sich die Frage, wer diese Menschen waren. Waren es einzelne Schreiber oder eine Schreiberschule? Wie standen sie in Kontakt zu den Adressaten der Texte? Die Analyse des 5. Buches Mose zeigte, dass der Gesetzeskern (die älteste Fassung von Dtn 12-26) die Israeliten und Israelitinnen als freie Landbesitzer anspricht. Im Endtext sind die Reden des Mose an das ganze Volk in nachexilischer Zeit gerichtet. Die Erwägungen zur mündlichen Kultur[31] lassen darauf schließen, dass die Gebote im mündlichen Vortrag bekannt gemacht werden mussten. Das alles weist darauf hin, dass es eine Rezeptionsgemeinschaft gab, die sich mit dem 5. Buch Mose beschäftigte und wohl auch mit anderen Büchern der Bibel. Die Gemeinschaft, in der die Texte bezeugt, tradiert und in Handlung umgesetzt wurden, wirkte auch auf ihre Gestaltung zurück. Dass im Zusammenhang dieses „Hörgeschehens" auch Vermittlung problematisiert wurde, schließe ich daraus, wie wichtig das Verb למד (lehren/lernen) in der Paränese der Gesetzestexte wurde. Die Gemeinschaft verlieh den Texten in dem Maße Autorität, in dem es gelang, die Texte überzeugend zu vermitteln und der Erinnerung der Zuhörenden einzuprägen. Um der Plausibilität willen also mussten die Traditionen einer Überarbeitung offen stehen. Die Redaktoren schrieben die Tradition fort ohne entstehende Widersprüche zu älteren Texten zu glätten. Mit dieser „Methode" wurde das Hörgeschehen nachgezeichnet.[32]

---

[30] *Stuhlmacher*, der von diesem Verständnis ein „übernatürliches Offenbarungsverständnis unterscheidet, in dessen Verlauf die biblischen Autoren in willenlose Werkzeuge (des Geistes) Gottes verwandelt wurden" (1986, S. 56f). Die ganze Kirchengeschichte hindurch rangen diese beiden Vorstellungen, so Stuhlmacher, miteinander. Bereits *Sanders* 1972 hat die Bedeutung der traditionstragenden Gemeinschaft für den Kanon herausgestellt und so den dynamischen Aspekt des kanonischen Prozesses unterstrichen.

[31] Vgl. Kapitel 3 dieser Arbeit zur Schuldebatte und Kapitel 5.4 zur Schriftlichkeit und Mündlichkeit im 5. Buch Mose.

[32] Vgl. *Zenger* zum innerbiblischen Umgang mit den Texten der Tradition: „Der ‚Widerspruch' ist ‚Methode'" (1994, S. 61).

Intertextuelle Aspekte

Die Begründung der Autorität der Schrift aus dem „hermeneutischen Prozess" wertet also auch die Lerngemeinschaft Israels auf.[33] Die Redaktoren, die Texte fortschrieben, waren im Gespräch mit Rezipienten in Israel. Unterschiedliche Textkorpora lassen sich auf unterschiedliche Gesprächsgemeinschaften zurückführen. Es kann z.B. aufgrund der weitgehenden sprachlichen Differenzen angenommen werden, dass das 5. Buch Mose in anderen Kreisen rezipiert und fortgeschrieben wurde als das Sprüchebuch, auch wenn es Querverbindungen gab. Lerngrundlage wurde, was sich innerhalb der jeweiligen Lerngemeinschaft für das tägliche Leben in Gottesdienst und Alltag bewährte und was für das Gottesverhältnis als angemessen empfunden wurde.

In dieser Untersuchung werden die sich in der Geschichte wandelnden Interpretationsgemeinschaften, die jeweils Trägerinnen einzelner Überlieferungsschichten waren, in ihrer Gesamtheit als Lerngemeinschaft verstanden, aus der heraus in der hörenden Auseinandersetzung mit den überlieferten Texten Tradition gelebt und geschrieben wurde und so Fortschreibungen entstanden.

6.1.5 Methodische Aspekte der gesamtbiblischen Sicht

Der Aufweis des „hermeneutischen Vorgangs" im Zentrum des biblischen Überlieferungsprozesses hat auch einen methodischen Aspekt: Es ist wieder „exegetisch salonfähig geworden", den Endtext zu interpretieren.[34] Die Texte werden „synchron", das heißt in ihrer kanonischen Gestalt gelesen, da die Endtextebene ein neues Gewicht erhält.[35] Das soll nicht im unkritischen Sinn missverstanden werden. Wer aus Anlass eines Unbehagens an der historisch-kritischen Exegese[36] auf der Endtextebene

---

[33] Möglicherweise verbirgt sich diese Vorstellung hinter dem Begriff der „Tora-Lerngemeinschaft", die nach *Zenger* 1996a, S. 24, in Dtn 6,4-9 erträumt wird. Vgl. auch *Johannsen*, der im hier beschriebenen Zusammenhang von der Bibel als „Buch des Lernens" spricht (1998, S. 22).
[34] *Dohmen/Oeming* 1992, S. 17.
[35] Der Kanon beider Testamente ist bei *Childs* Endpunkt einer Entwicklung, auf die sich die Kirche stützt. Er spricht von der „Endform" oder von einer „bestimmten Gestalt" des Textes, durch die die „normative theologische Bezeugung der Schrift" für die christliche Kirche weitergegeben wird, vgl. *Childs* 1987, S. 248f.
[36] „Schließlich ist die moderne exegetische Orientierung am Kanon auch aus einem Ungenügen an der klassisch gewordenen exegetischen Methode, der sogenannte historisch-kritischen, erwachsen. Die Forderung des ‚canonical approach', die kano-

arbeitet und sich davon einen Ausweg aus der mühsamen literarkritischen Arbeit erhofft oder meint, die analytische Arbeit an den Texten übergehen zu können, der verkennt gerade den hermeneutischen Prozess, in dem die Texte der Bibel entstanden sind. Um diesen nachzuvollziehen, ist die historisch-kritische Arbeit unerlässlich.

Aus historisch-literarkritischer Perspektive konnten die einzelnen Stadien des kanonischen Prozesses als unvermeidbare Folge einer längeren Entstehungsgeschichte betrachtet werden.[37] Versteht man aber die komplexe Gestalt des Endtextes etwa im 5. Buch Mose als ausdrücklich gewollt, dann kommt es darauf an, die Kontraste im Text herauszuarbeiten, ihr Zusammenspiel im Textzusammenhang zu untersuchen und, soweit das möglich ist, nach ihrer Intention zu fragen. Zenger fasst dieses methodische Vorgehen im Begriff der „kontrastiven Exegese" zusammen:

„Es kommt bei der geforderten holistischen und kanonischen Schriftauslegung, die den Text ‚synchron' liest, gerade darauf an, die (diachron entstandenen) Spannungen und Widersprüchlichkeiten in ‚kontrastiver Exegese' herauszuarbeiten und auf ihre theologische (!) Relevanz hin zu befragen."[38]

Dieses, bisher nur grob skizzierte methodische Vorgehen, gilt es jetzt noch genauer zu erfassen. Es ergänzt die historisch-kritische Exegese um den „synchronen" Blick auf die Spannungen im Text. Es unterscheidet sich von Traditionsgeschichte dadurch, dass nicht versucht wird, „eine Geschichte der Verwendung einer Tradition" nachzuzeichnen und ihr soziokulturelles Umfeld zu untersuchen.[39] Das Augenmerk richtet sich in dieser Arbeit auf den Lernbegriff, und baut daher auf den traditionsgeschichtlichen Erkenntnissen auf. Gegenstand der Untersuchung ist

---

nische Endform des Bibeltextes als normative Größe gegen analytische Zersplitterung der Texte zur Basis der Exegese zu machen, ist als Reaktion zu verstehen... ." *Dohmen/ Oeming* 1992, S. 16. Als ein Versuch, der „Zersplitterung" zu wehren, könne bereits die redaktionsgeschichtliche Methode verstanden werden, so *von Reventlow* 1983, S. 128f, vgl. auch *Sæbø*, der das historisch-kritische Bild des Heranwachsens des Kanons bereits bei Literarkritikern wie Otto Eißfeldt und Gustav Hölscher findet (1988, S. 120).
[37] So auch *Zenger* 1994, S. 57.
[38] Ebd. S. 59. *Zenger* übernimmt den Begriff „kontrastive Exegese" von Görg (a.a.O. Anm. 46).
[39] *Vieweger* 1999, S. 87.

Intertextuelle Aspekte

aber nicht eine Traditionslinie, sondern die Spuren verschiedener Traditionen, die in einem synchron gelesenen Textabschnitt aufeinander folgen. Diese werden hier als bewusst gesetzte Fortschreibungen aufgefasst, deren jeweiligen Erkenntnisgewinn im Blick auf das Textganze es zu untersuchen gilt.

Insofern hier von „Ergänzung" und „Bearbeitung" die Rede ist, folgt die Methode einem redaktionskritischen Ansatz.[40] Die übergreifende Bearbeitung, also die Redaktion, ist in der Forschung am 5. Buch Mose und am deuteronomistischen Geschichtswerk schon lange Zeit im Blick.[41] Ihre Ergebnisse fließen in dieser Arbeit ein. Aber auch in Bezug auf diese Ergebnisse gilt, dass sie Grundlage für eine weitere methodische Perspektive sind: Wenn redaktionskritische Erkenntnisse in die hier folgende Analyse einfließen, soll das im Spannungsverhältnis zu einem Textganzen geschehen, denn dem Volk wurden, nach der Vorstellung des 5. Buches Mose, längere Passagen vorgetragen. Dieses Vorgehen erklärt die diachrone Blickrichtung auf die Texte nicht für überflüssig sondern für ergänzungsbedürftig, soll das Hörereignis, das dem dtn/dtr Lehrbegriff zugrunde liegt, erfasst werden.

6.1.6 Der Lehrbegriff benötigt tiefere methodische Verankerung

Vor dem Hintergrund der Kanon-Forschung konnten bereits einige methodische Schlussfolgerungen für die Analyse von Texten, die sich auf Texte beziehen, gezogen werden. Die Debatte zur „innerbiblischen Schriftauslegung" wird allerdings weitgehend auf hermeneutischer und weniger auf methodischer Ebene geführt.[42] Auf der Suche nach einer methodischen Vergewisserung soll gefragt werden, ob sich im Midrasch, der frühen rabbinischen Textauslegung, die sich nach verbreiteter Meinung aus der Eigenart der ersttestamentlichen Literatur entwickelte, weitere Hinweise finden.[43]

---

[40] *Kreuzer* 1999, S. 96.
[41] Vgl. *Smend* 1981, S. 111-125.
[42] Vgl. das Jahrbuch für Biblische Theologie 1998 und *Oeming* 2001.
[43] S. z.B. *Seeligmann* 1953, S. 151, vgl. auch *Boyarin* 1990.

Intertextuelle Aspekte

6.2 Anregungen von rabbinischer Schriftauslegung zum Umgang mit biblischen Texten

In der nachaufklärerischen, christlichen Bibelwissenschaft wurde die rabbinische Schriftauslegung lange nicht zur Kenntnis genommen.[44] Erst im Rahmen des jüdisch-christlichen Dialogs,[45] der Jahrzehnte nach dem Holocaust in den 70er Jahren des 20. Jahrhunderts jüdische und christliche Theologen zusammenführte, konnte auch ein Dialog über die Schriftauslegung beginnen.[46] Für die Frage nach der Textinterpretation durch Texte verspricht besonders das rabbinische Verständnis, wie es aus heutiger Sicht interpretiert wird, weiterführend zu sein. Im Folgen-

---

[44] Gemeint ist hier der Gelehrtenstand, der seit Mitte des 1. Jahrhunderts diesen Namen trägt und Träger der rabbinischen Literatur ist, die wesentlich aus Mischna, Talmud, Midrasch und Targum besteht. Vgl. *Schlüter* 1992, Sp. 1419-1421. *Jacobs* benennt eine grundsätzliche Schwierigkeit bei der Beschreibung rabbinischer Theologie: „Angesichts des ‚organischen', nicht-syst. Charakters *rabbinischen Denkens* (und dem der Bibel, auf dem es basiert) erscheinen die Versuche moderner Forscher..., rabbinische Theologie zu beschreiben, sehr unsicher. Wie diese Forscher selbst zugeben, lässt der Versuch, das Thema syst. darzustellen, eine *Gedankenstruktur* erscheinen, der keine Realität entspricht, mit der unausweichlichen Verzerrung, die sich aus der syst. Anordnung prinzipiell ungeordneter dynamischer Antworten auf je einzelne Anstöße ergibt" (1989, Sp. 882).

[45] Die Bedeutung dieses Dialogs für die christliche Auslegung des Ersten Testaments hob *Rendtorff* hervor: „Das Problem einer angemessenen christlichen Auslegung des Alten Testaments ist eng mit der Frage des Verhältnisses zum Judentum verknüpft. Wenn das Judentum ‚gescheitert' oder gar, nach früher weithin herrschender christlicher Meinung, von Gott ‚verworfen' ist, braucht die christliche Auslegung des Alten Testaments auf das Verständnis, welches das Judentum von seiner Bibel hat, keine Rücksicht zu nehmen. Sie kann sich darauf beschränken, das Alte Testament als ersten Teil der christlichen Bibel zu betrachten, wobei sie es als in ihrer eigenen Kompetenz liegend erachtet zu entscheiden, was als theologisch wertvoll und bleibend zu gelten hat. Wenn Christen aber zu entdecken beginnen, welche gefährlichen Konsequenzen eine solche Betrachtung haben kann, werden sie mit Notwendigkeit zu einer Revision dieses Ansatzes geführt" (1995, S. 99). Vgl. *Oeming* 2000, der den Dialog zwischen Juden und Christen aus geistesgeschichtlichen Entwicklungen im letzten Drittel des 20. Jahrhunderts herleitet.

[46] Im Bereich der alttestamentlichen Wissenschaft sind, soweit ich sehe, besonders *Rendtorff*, *Ebach*, *Bodendorfer*, *Stemberger* und *Oeming* an diesem Dialog beteiligt, *Berg* greift von religionspädagogischer Seite her auch die jüdische Auslegung auf (1991, S. 386-404).

Intertextuelle Aspekte

den sollen Anregungen, die von der Midrasch-Literatur des 1. bis 9. Jahrhundertsausgehen, dargestellt werden.[47]

6.2.1 Midrasch- Der Kommentar zum Text

Der Forscher in jüdischer Religionsgeschichte, Gershom Scholem, fasste das rabbinische Textverständnis folgendermaßen zusammen:

„Mit anderen Worten: Nicht das System, sondern der Kommentar ist die legitime Form, unter der die Wahrheit entwickelt werden kann. Für die Art der Produktivität, die wir in der jüdischen Literatur antreffen, ist dies in der Tat ein überaus wichtiger Satz. Die Wahrheit muss an einem Text entfaltet werden, in dem sie vorgeben ist."[48]

Der Bedeutung des Kommentars soll im Folgenden nachgegangen werden.

6.2.1.1 Ursprung und Gestalt des Midrasch

Neh 8 war bereits in anderem Zusammenhang als markanter Ausdruck einer bestimmten Lehrvorstellung aufgefallen.[49] In Neh 8,8 wird über die Verlesung der Tora gesagt: *Und sie lasen aus dem Buch, aus dem Gesetz Gottes, abschnittweise vor, und gaben Einsicht, so dass man das Vorgelesene verstehen konnte.* Die Tradition der rabbinischen Textauslegung knüpft an diesen Satz an. Sie leitet daraus „die Praxis sowohl der gegliederten Schriftlesung wie auch des Targum, der Übersetzung des gelesenen Textes in die Volkssprache, und der Kommentierung des Tex-

---

[47] Die frühesten Belege für den Titel Rabbi stammen aus der Zeit nach der Zerstörung des Tempels 70 n.Chr. Die rabbinische Bewegung hatte aber ihre Vorläufer in der pharisäischen Tradition und bei Schriftgelehrten. „Die Übertragung der Reinheitsvorschriften des Tempels in das tägliche Leben des ganzen ‚priesterlichen' Volkes, noch mehr aber die zentrale Bedeutung des Torastudiums als Ersatz für den Tempelkult erlaubten die religiös-geistige Überwindung der Katastrophe." *Stemberger* 1982, S. 17. Zum hier genannten Endpunkt vgl. *Mayer*: „Um das 9. Jh. etwa begann die midraschische Aktivität zu erlahmen. Die Literaturgattung Midrasch machte, wenn auch mit fließenden Übergängen, dem Kommentar Platz" (1992, S. 742). Zu einer ähnlichen Einschätzung kommt *Stemberger* 1982, S. 20.
[48] *Scholem* 1996, S. 101.
[49] Vgl. Kapitel 1 „Einleitung" und Kapitel 4 „Semantische Analyse" in dieser Arbeit.

tes in Predigt und Midrasch" ab.⁵⁰ In Neh 8,8 zeigt sich als charakteristisches Merkmal die „dialogische Anlage" der Tora, aus der die Praxis des Midrasch hervorgegangen ist: Dem schriftlich festgelegten Text steht eine mündliche Erläuterung zur Seite.⁵¹ Zu dieser mündlichen Auslegung, die später außerhalb des biblischen Textes gesammelt und schriftlich festgehalten wurde, gehört der Midrasch.

In seiner Bedeutung „Auslegungsverfahren" oder „verschriftete Auslegung" ist der Begriff „Midrasch" ein Synonym zu Derascha und Aggada. Er bezeichnet zusätzlich die aus der Auslegung hervorgegangene Literaturgattung.⁵²

Das Wort „Midrasch" wird vom hebräischen Verb דרש abgeleitet und bedeutet „suchen", „fragen". Es wird bereits in der Bibel im religiösen Zusammenhang verwendet (vgl. Esr 7,10: das Gesetz Gottes erforschen und Jes 34, 16: im Buch Gottes nachforschen). Im rabbinischen Sprachgebrauch ist Midrasch vor allem „Forschung und Studium" und steht als „Theorie" dem wesentlicheren Tun gegenüber⁵³. Der Begriff bedeutet oft einfach die Beschäftigung mit der Bibel. Das „bet midrasch" (Lehrhaus), zum ersten Mal in Sir 51,23 erwähnt, definiert sich in rabbinischer Zeit als Lehrhaus, in dem vor allem die Bibel studiert wird. Midrasch scheint in erster Linie im Lehrhaus beheimatet zu sein und liefert die Grundlagen für Liturgie und Synagogenpredigt, „ohne deren formalen Bedingungen zu unterliegen."⁵⁴

6.2.1.2 Merkmale des Auslegungsverfahrens

Bei rabbinischer Bibelauslegung geht es zunächst einmal darum, *„richtig fragen zu lernen".*⁵⁵

---

⁵⁰ Zum Folgenden besonders *Stemberger* 1989, S. 11-26, hier S. 28; vgl. *Bodendorfer* 2000 und bereits *Scholem* 1996 (zuerst 1970).
⁵¹ *Berg* 1991, S. 387; *Ebach* nennt die „Relation von kanonischem Text und Kommentar" ein „hermeneu-tisches Prinzip", das bereits bei der literarischen Gestaltung der Bibel selbst angewendet wurde. Er nennt zum Beispiel die Hervorhebung der Tora als Basisurkunde, wodurch die anderen Hauptteile der Hebräischen Bibel der Tora zu - und untergeordnet werden. Es lassen sich über die literarische Makrogestaltung hinaus auch einzelne Abschnitte oder ganze Bücher der Bibel als Kommentierung von Basistexten lesen wie z. B. das Jonabuch als Kommentar zu Ex 34,6ff, vgl. *Ebach* 1997, S. 53f, Zitat S. 53.
⁵² *Mayer* 1992, S. 734.
⁵³ *Stemberger* 1989, S. 22.
⁵⁴ Ebd. S. 26.
⁵⁵ *Maaß* 1997, S. 13.

Intertextuelle Aspekte

„Das Judentum entwickelte zwar keine dogmatische Lehre von der ‚Verbalinspiration', d.h. der wörtlichen Eingebung der biblischen Worte in die Feder der biblischen Schreiber, hält aber den Wortlaut bis hinein in auffällige Schreibweisen nicht für zufällig. Daraus ergibt sich die Aufgabe, auf das Besondere zu achten. Wo wir vorschnell einen Schreibfehler oder eine logische oder grammatikalische Unrichtigkeit feststellen würden, ist für jüdische Ausleger zunächst einmal die Möglichkeit zu prüfen, ob hinter dieser Auffälligkeit ein besonderer Sinn steht."[56]

Midrasch ist das Instrument, diese Fragen zu formulieren und Antworten zu finden. Die Auslegung genügt bestimmten Kriterien und Grundsätzen. Diese sind aber nur zum Teil festgelegt. Hier soll es genügen, einige formale Charakteristika der Auslegung aufzuzeigen:

- Midrasch unterscheidet sich durch die klare Trennung von geoffenbartem Bibeltext und seiner Auslegung von innerbiblischen und von zwischentestamentlichen Auslegungen wie den Jubiläen und der Tempelrolle von Qumran. Bibeltexte sind ausdrücklich zitiert und von der Auslegung klar abgesetzt. Im Text manifestiert sich dieses Nebeneinander, wenn der Rabbi genannt wird, von dem eine Auslegung stammt. Auch werden verschiedene Auslegungen aneinander gereiht, getrennt nur durch die Anmerkung *dabar acher* (andere Auslegung). Diese Zitatreihung muss keinen zufälligen Charakter haben. Stemberger lässt die Frage offen, ob zumindest bei einigen Midraschim eine umfassende Redaktion stattfand. Er findet bei den Auslegungsmidraschim „ein je eigenes Profil", „das aber zum Großteil noch nicht entsprechend herausgearbeitet worden ist".[57] Die Struktur der Midraschim darf nicht dahingehend missverstanden werden, dass man sie als reine Zitatliteratur betrachtet, die Material wie in einem Steinbruch anbietet, bei dem sich jeder Leser und jede Leserin bedienen kann. Dass ausgewählt wurde, lässt sich auch daran erkennen, dass bestimmte Texte in bevorzugtem Zusammenhang zueinander stehen. So sind zum Beispiel in der Liturgie zusammengehörige Tora- und Prophetenlesungen vorgeschrieben.

- Ein weiteres Merkmal des Midrasch ist es, dass er die Regeln nennt, nach denen eine bestimmte Auslegung abgeleitet wird

---

[56] A.a.O.
[57] *Stemberger* 1989, S. 32.

(vgl. etwa die sieben Regeln Hillels und die dreizehn Regeln Jischmaels).[58] Voraussetzung ihrer Anwendung ist der richtige religiöse Zugang zum Text, eine mechanische Anwendung kommt nicht in Frage.

- Der Midrasch ist nicht auf eine bestimmte Bibelauslegung festzulegen, es gibt nicht eine einzige richtige Methode.[59]

Mit diesem letzten Merkmal ist bereits ein weiteres Phänomen jüdischer Schriftauslegung angesprochen: So wenig es eine systematische Methode gibt, um die Bedeutung eines Textes zu erkennen, so wenig gibt es auch eine einzig wahre Bedeutung im biblischen Text. Es ist im jüdischen Denken eine „unabweisliche Folge der Unerschöpflichkeit Gottes", dass es verschiedene Wege gibt, ihn zu ergründen.[60] Ein Schriftvers kann verschiedene Bedeutungen haben.

6.2.2 Die unbegrenzte Bedeutungsfülle eines Textes

Man kann es als Grundimpuls der rabbinischen Auslegung bezeichnen, dass sie zum richtigen Handeln anleiten möchte.[61] Die Auslegung ist daher ständig bemüht, die Bibel zu aktualisieren, die „Gegenwartsbedeutung des Textes bzw. der biblischen Geschichte stets von Neuem zu erheben".[62] Diese Aktualisierung fügt dem Text nichts Neues zu, sondern „findet einfach aus der dem Text innewohnenden Bedeutungsfülle die für die Gegenwart besonders relevanten Gesichtspunkte heraus".[63]

---

[58] Vgl. *Maaß* 1997, den Exkurs zur Schriftauslegung, S. 18f, und *Wohlmuth*: „Das Wort ‚Paradies' impliziert als ‚PaRDeS' eine ganze Hermeneutik. Die vier Anfangbuchstaben betreffen die Lesarten des Thoratextes. P (=*Peschat*) bezieht sich auf die buchstäbliche Lesart; R (=*Remes*) betrifft den allegorischen Sinn des Textes; D (=*Derasch*) ist der zu suchende, einzuklagende oder sittliche (‚moralische') Schriftsinn; S (=*Sod*) der verborgene, unzugängliche Sinn" (1998, S. 194).
[59] „So demonstriert der Midrasch an zahlreichen Beispielen, wie die regelkonforme Auslegung von Bibeltexten immer wieder in die Irre führt und nur durch klare Aussagen der Bibel selbst vor Irrwegen bewahrt." *Stemberger* 1996, S. 104.
[60] *Maaß* 1997, S. 14.
[61] Ebd. S. 13.
[62] *Stemberger* 1989, S. 25f.
[63] *Stemberger* 1989, S. 26.

So verstanden ist Midrasch primär „religiöse Betätigung, ewiger Dialog Israels mit seinem Gott".[64]

Öfter wird das rabbinische Textverständnis auf Ps 62,12 zurückgeführt: *Eines hat Gott geredet, zweierlei habe ich gehört, ja bei Gott ist Kraft.*[65] Nach jüdischem Verständnis versteht dieser Psalmvers den biblischen Text als das eine Wort Gottes, ist gleichzeitig aber prinzipiell mehrdeutig, sobald Menschen mit je ihren Ohren in je ihrer Zeit und Lage dieses Wort hören. Anders als im christlichen Denken, bei dem mit Gottes Vollkommenheit auch Eindeutigkeit und Letztgültigkeit verbunden wird, entspricht nach rabbinischem Verständnis der Vollkommenheit Gottes die Bedeutungsfülle.[66]

„Dass ein Bibeltext eine Vielzahl legitimer Bedeutungen haben kann, leitet sich direkt aus dem Verständnis der Schrift als einer einmaligen und vollständigen Mitteilung Gottes für alle Zeiten ab. Wenn der Text für alle Zeiten gültig sein soll, auf die Probleme jeder Zeit die ihr gemäßen Antworten bereithalten und diese auch noch in einer für die Zeit adäquate Sprache ausdrücken soll, muss der Text auf Deutungen hin extrem offen sein. Was in einer Zeit freieren Umgangs mit dem Bibeltext durch Harmonisierung, sprachliche Anpassung und Modernisierung geleistet wurde, muss nunmehr die Auslegung allein schaffen. Dass diese ihre Fragen in den Text hinein-trägt oder, wie man wohl richtiger sagen müsste, die eigenen religiösen Fragen und die Antworten darauf aus dem Text herausliest, ist bei einem so zeitlosen und damit doch der Gegenwart verpflichteten Umgang mit dem Text selbstverständlich."[67]

Die Bedeutungsfülle in den biblischen Texten wird direkt auf Gottes Offenbarung zurückgeführt. Bei den Rabbinen herrschte die Auffassung, dass Gott alle Fragen und Antworten bereits in den Text eingeschrieben hat. Selbst die Regeln für die Auslegung wurden als ein Teil der sinaitischen Offenbarung erachtet, „so dass die durch Anwendung dieser hermeneutischen Regeln erlangten Resultate auch durch die Autorität der göttlichen Offenbarung gedeckt waren".[68] Beschränkt war die Anwen-

---

[64] A.a.O.
[65] *Ebach* 1997, S. 73 versteht den Vers als Schlüsselsatz für die rabbinische Auslegung, ebenso *Petuchowski* 1982, S. 29, und *Maaß* 1997. *Ebach* zitiert Rabbi Abajje im Traktat Sanhedrin, der den Vers so deutet: „*Ein* Schriftvers hat verschiedene Deutungen, nicht aber ist *eine* Deutung aus verschiedenen Schriftversen zu entnehmen" (1997, S. 15).
[66] *Stemberger* 1996, S. 81.
[67] Ebd. S. 82.
[68] *Petuchowski* 1982, S. 15.

Intertextuelle Aspekte

dung der Regeln durch den Peschat, der im Mittelalter den „Wortsinn" eines Verses bezeichnete. Bei den früheren Rabbinen war Peschat das allgemein verbreitete und angenommene Verständnis einer Textstelle. Durch den Grundsatz, dass keine Bibelstelle ihre ‚natürliche Bedeutung' verliert, war eine Auslegung gegen den allgemeinen Brauch nicht möglich.[69]

Die Sprache der Tora ist vollkommendster Ausdruck, „geeignet, die verborgendsten Züge irdischer Wirklichkeit zu entdecken. Ihr eignet höhere Wirklichkeit als der Welt der Dinge, die ja nur durch sie erschaffen wurde".[70] Dementsprechend sind alle in dieser Sprache angelegten Möglichkeiten Teil der göttlichen Mitteilung.[71]

Die Mehrdeutigkeit der Texte zeigt sich in den verschiedenen Kommentaren, die als gleichwertig geachtet werden.[72] Sie ist allerdings nicht beliebig. „Sie bleibt verwiesen auf das eine Wort, das im Zitat seinen Wortlaut und gerade im genau wahrgenommenen Wortlaut seine Vielschichtigkeit ausweist. Tradition und Erneuerung, Hören und Kommentieren, Rückverweis und Aktualisierung kommen im Zitat zusammen."[73]

6.2.3 Eine – zunächst– innerjüdische Diskussion um den Wahrheitsanspruch der Texte

Es kann auf eine zunächst innerjüdische Diskussion verwiesen werden, bei der um den Wahrheitsanspruch der Texte gerungen wurde. Stemberger zieht eine klare Trennungslinie zwischen dem Textverständnis in

---

[69] Vgl. *Stemberger* 1996, S. 82.
[70] Ebd. S. 80.
[71] A.a.O.
[72] *Stemberger* spricht vom „unverkrampften Zugang auch zu den Auslegungen, die von der eigenen abweichen" (1996, S. 82).
[73] *Ebach* 1997, S. 73. Vgl. auch *Stemberger*: „Die Rabbinen gehen vom Grundsatz aus, dass jeder Bibeltext einen vielfachen Sinn enthält, infolgedessen auch verschiedene Auslegungen gleich richtig sein können: ‚Eine Bibelstelle hat mehrere Bedeutungen' (Sanhedrin 34a). Es gibt daher keinen Anspruch einer bestimmten Auslegung auf ausschließliche Geltung" (1989, S. 23). In seinem späteren Werk macht *Stemberger* darauf aufmerksam, dass auch die Rabbinen eine Methodendiskussion führten, die sich u.a. darum drehte, ob durch die Anwendung der Methoden der Text selbst noch zur Sprache komme oder ob man nicht in der Gefahr sei, sich seiner zu bedienen (1996, S. 102).

Intertextuelle Aspekte

Qumran und dem rabbinischen Zugang zur Bibel. Qumran erhob den Anspruch „das einzig wahre Verständnis der Schrift aufgrund göttlicher Offenbarung erlangt zu haben".[74] Die Menschen in Qumran lebten sehr stark im Bewusstsein, dass das Ende der Zeiten herangekommen sei und dieses Bewusstsein prägte auch die Auslegung z. B. der Bibelkommentare.[75] Zur Zeit des Neuen Testaments lasen auch die Juden, die an Christus glaubten, Mose und die Propheten (die Schriften lagen zu dieser Zeit noch nicht als Sammlung vor). Es war ihr Lesestoff, „von dem her sie sich selbst verstanden".[76] Das Verständnis der frühen christlichen Gemeinden kam dem von Qumran nahe:[77]

„Dieses Leseverständnis entwickelte und profilierte sich in Auseinandersetzungen zunächst im Rahmen jüdischer Schriftauslegung (in ihren verschiedenen Ausformungen), zunehmend aber auch im Gegenüber zu ihr. Die christlichen Gemeinden beriefen sich auf Jesus, von dem sie Streitgespräche aus der Tradition übernahmen. In verschiedenen Streitgesprächen verwendet Jesus Schriftargumente, mit deren Hilfe er seinen Anspruch untermauert... Die Einleitungswendung ‚Habt ihr nicht gelesen?' weist besonders deutlich auf die Auseinandersetzung um das angemessene Schriftverständnis hin. Die christologische Grundlinie der Schriftverweise ist gerade bei *den* Streitgesprächen gut zu erkennen, die mit der Lesethematik verbunden sind. [...] Denselben Sachverhalt kann man an den verschiedenen Schriftzitaten in Apg 13,14-52 erkennen. Von der Exodustradition (V.17f) bis zur Heidenverkündigung (V.47) wird die Schrift für die christliche Missionspredigt in Anspruch genommen."[78]

---

[74] So *Stemberger* 1989, S. 19f, Zitat S. 20. Vgl. dazu den Satz aus dem Habakuk Kommentar: „Und wirklich: die Deutung des Wortes [geht auf die A]btrünnigen am Ende der Tage, sie sind die Gewalt[täter am Bun]de, welche nicht glauben, wenn sie hören, was alles kom[men wird über] das letzte Geschlecht aus dem Munde des Priesters, den Gott in [die Gemeinde(?)] gegeben, dass er alle d[ie] Worte Seiner Knechte, der Propheten deute, [durch wel]che Gott verkündet hat all das, was über Sein Volk [und Sein Land] kommt." 1QpHab zu Hab 1,5 zitiert aus *Maier/ Schubert* 1991, S. 272.
[75] *Stemberger* 1989, S. 18; vgl. *Nebe* 1992 zur Beschreibung der aufgefundenen Schriften von Qumran und der Zusammenfassung ihrer Inhalte. Dort auch Literatur zu Qumran.
[76] *Müller* 1994, S. 112.
[77] *Stemberger* 1989, S. 19f, der auf die sogenannten „Erfüllungszitate" im Neuen Testament verweist, die darauf abheben, dass sich Prophetentexte in der Gegenwart der Gemeinde erfüllt haben. Vgl. z. B. Mt 1,22.
[78] *Müller* 1994, S. 114f.

Intertextuelle Aspekte

Ähnlich wie in Qumran lebten auch die christlichen Gemeinden in der Vorstellung, das Ende der Zeit sei nahe. Ihre Naherwartung bezog sich einerseits auf die Erfüllung der Zeit in Jesus Christus (vgl. Mk 1,15: *Die Zeit ist erfüllt, und das Reich Gottes ist nahe herbeigekommen*), andererseits auf das tatsächliche Ende der Zeiten (vgl. die Endzeitreden in Mk 13, 1-37 par). Die Zuspitzung des Textverständnisses auf einen bestimmten aktuellen Sinn könnte mit diesem eschatologisch geprägten Glauben zusammenhängen.[79] Dann wäre damit aber nicht gemeint, dass die Wahrheit nur die eine ist, sondern dass die Wahrheit in diesem speziellen Kontext so zugespitzt erscheint. Mit der Weitung des Blicks auf größere Zeiträume und weitere Kontexte müsste sich dann auch das Textverständnis wieder weiten. Müller nimmt im Blick auf 2 Kor 3,7-11 an, dass Paulus rabbinische Auslegungstradition kannte, und sich die Freiheit nahm, eigene Wege in der Auslegung zu gehen.[80] Hatte Paulus ein offeneres Textverständnis als seine Ausleger, die nach dem *einen Sinn* seiner Worte zu suchen begannen? Diese Frage muss im Rahmen der Arbeit unbeantwortet bleiben.

6.2.4 Einwände gegen die rabbinische Textauffassung

Es wäre zu kurz geschlossen, in rabbinischen Midraschim eine „Schatzkammer" zu vermuten, deren Gedanken von Leser oder Leserin wie Schätze gehoben und in andere Kontexte eingepasst werden könnten.[81] Es handelt sich eher um eine Christen zunächst sehr fremde Gedankenwelt.[82] Midrasch ist applicatio, Anwendung des Textsinns auf die Gegenwart in enger Rückbindung an den biblischen Text. Es ist die Dia-

---

[79] *Levenson* weist darauf hin, dass Talmud und Midrasch sich nicht als „teleologische Erfüllung des *Tanach* (der jüdischen Bibel) darstellen, sondern nur als seine legitime Fortsetzung und Ausführung der Lehre. Dem rabbinischen Judentum fehle „die apokalyptische Eindringlichkeit des apostolischen Christentums" (1991, S. 409).
[80] *Müller* 1994, S. 96ff, hier S. 99.
[81] Diesem Missverständnis setzt sich Berg aus, der den Begriff einer verschlossenen „Schatzkammer" benützt. Er bedauert, dass nur wenige Teile der Aggada ins Deutsche übersetzt zugänglich sind (1991, S. 403).
[82] Vgl. den Vorbehalt von *Maaß*: „Ich würde meine Kompetenz überschreiten, wollte ich mir anmaßen, etwas über jüdische Schriftauslegung zu sagen. Nur ein jüdischer Autor könnte authentisch darüber sprechen" (1997, S. 12).

Intertextuelle Aspekte

lektik von Hören und Tun,[83] in immer neuen Versuchen, die diese Form des Dialogs Israels mit seinem Gott bestimmt. Midrasch arbeitet mit hochsensiblem Instrumentarium, das sogar den einzelnen Buchstaben des biblischen Textes noch für wichtig hält. Erst auf dieser Grundlage kommt die Auslegung zur Analyse von Gegenwartsfragen.[84]

Aus der Sicht der historisch-kritischen Methoden handelt es sich bei der rabbinischen Exegese um eine vormoderne, unkritische Form der Auslegung, da unterschiedliche redaktionelle Schichten miteinander verglichen werden, die gar nicht vergleichbar sind. Weiter geht der Einwand, die kommentierende Auslegungsmethode der Rabbinen könne fundamentalistische Missverständnisse fördern, denn ihre Auslegung gehe vom Endtext aus, den historisch-kritische Exegese ja gerade hinterfragt, und dessen historische Tiefenstruktur eine Erkenntnis ihrer kritischen Arbeit ist.[85]

Diesem Einwand kann entgegnet werden, dass es nicht darum gehen kann, rabbinische Exegese unverändert wieder aufzunehmen. Sie hatte ihre Zeit und die Gelehrsamkeit ihrer Vertreter ist auch aus heutiger Sicht sehr hoch zu schätzen. Wie anspruchsvoll ihre Art der Textauslegung war, zeigt sich schon daran, dass nur wenige Wissenschaftler heute

---

[83] Vgl. Ex 24,7 den als dtn/dtr eingeschätzten Satz: „Alles, was der HERR geredet hat, wollen wir *tun* und darauf *hören*". Übersetzung nach ebd. S. 13f, dort rabbinische Auslegungen zu diesem Text und die Anmerkung: „Selbstverständlich kann man Ex 24,7 auch als Zusage des unverzüglichen Tuns und immer wieder neuen Hörens verstehen...". Sowohl „hören" als auch „tun" sind Leitworte im Lernprozess.

[84] *Maaß* arbeitet in seinem Aufsatz von 1997 genau diesen Doppelbezug rabbinischer Auslegung heraus.

[85] *Rendtorff* führt dieses Argument auf, um es gleich darauf zu widerlegen, indem er die Exegese des Endtextes literarkritischem Übereifer als nützlich entgegenhält und andererseits die historisch-kritische Methode nicht für unvereinbar mit der Rezeption rabbinischer Auslegung hält: „Ganz gewiss plädiere ich nicht für eine Übernahme der midraschischen Auslegungsmethode anstelle der historisch-kritischen... . Aber vielleicht kann uns gerade die Beschäftigung mit der rabbinischen Literatur dazu verhelfen, uns des vollständig hypothetischen Charakters all unserer kritischen Theorien bewusst zu werden und uns offen zu halten für unerwartete Einsichten in die Meinung biblischer Texte" (1991a, S. 21f); *Berg* hat die kritische Anfrage an die Jüdische Hermeneutik, ob sie zu willkürlichen Interpretationen eines Textes führen kann. Er differenziert diese Anfrage allerdings nicht genügend und sieht sie gerade durch Grundsätze der rabbinischen Auslegung (z. B. das Bestehen auf dem Wortsinn als Ausgangspunkt der Auslegung) begrenzt (1991, S. 403).

noch in der Lage sind, sie in den Ursprungssprachen nachzuvollziehen. Immerhin sind biblisches, rabbinisches und mittelalterliches Hebräisch, Aramäisch, Arabisch und eine intensive Bibelkenntnis Voraussetzung für die grundlegende Auseinandersetzung.[86] Nach-aufklärerische jüdische Auslegung arbeitet ebenso selbstverständlich historisch und auch kritisch wie die christliche.[87] Wenn „kein gemeinsamer Bereich des Diskurses über theologische Themen" existiert, wie Jon Levenson vor zehn Jahren feststellte, dann liegt das weniger an einer unkritischen Methodik als an grundlegenden Vorbehalten der Juden vor unsensibler, christlich-theologischer Bibelauslegung und diese Vorbehalte übertragen sich zum Teil auch auf die Methodik.[88]

6.2.5 Was trägt „Midrasch" zur Frage nach schriftauslegenden Bezugnahmen bei?

Nach dieser hermeneutischen Klärung bleibt die Frage, welche methodischen Folgerungen aus der Midraschauslegung für diese Arbeit gezogen werden können. Ich orientiere mich in diesem Abschnitt an der Übersicht bei Maier, die sich in einer Arbeit zum Sprüchebuch besonders mit dem traditionsgeschichtlichen Aspekt des Midrasch befasst.[89]

Einige jüdische Exegeten und Exegetinnen finden Vorformen der Midraschauslegung bereits in der Bibel. Seeligmann versteht den Übergang von der Fortschreibung der Tradition zu ihrer Auslegung als „psycholo-

---

[86] *Petuchowski* 1982, S. 12.
[87] Es besteht „im Bereich der philologischen und historischen Studien eine erfreuliche Gemeinsamkeit des Diskurses über theologische Themen". *Levenson* 1991, S. 420. Ein kritisches Element der rabbinischen Diskussionsweise wird heute auch darin gesehen, dass durch die Erwägung verschiedener Auslegungen Absolutheitsansprüche gemäßigt und abgebaut werden. So *Krochmalnik* 2003, S. 280.
[88] A.a.O. An anderer Stelle führt er aus: „Ein Grund für die Neigung jüdischer Bibelwissenschaftler zur Distanz gegenüber der biblischen Theologie ist der ausgeprägte Antisemitismus, der in vielen der klassischen Werke auf diesem Gebiet offenkundig ist" (1991, S. 409). *Levenson* belegt diese Anklage im Folgenden und schließt mit dem Fazit: „... die christlichen Theologen haben schon im Vorgriff die Kategorien der biblischen Theologie festgelegt und der Jude... kann nur die Stellung zu halten versuchen und ab und zu einen eigenen Schuss anbringen" (1991, S. 415). Er beschreibt den Konflikt der alttestamentlichen Theologie zwischen der „Skylla des Judaisierens" und der „Charybdis des Marcionismus" (1991, S. 422).
[89] *Maier* 1995, S. 72-79.

Intertextuelle Aspekte

gische Umwertung" der Bedeutung der Schrift, als einen „Wandel im Bewusstsein":

„Richtige Exegese tritt erst da auf, wo sich den bisher genannten Elementen noch ein andersartiges hinzugesellt: das Erklären-wollen einer abgeschlossenen Schrift, der überdies eine besondere Bedeutung beigelegt wird, weil sie als Wort Gottes aufgefasst wird."[90]

Erst die Interpretation eines als abgeschlossen betrachteten Textes bezeichnet er als Midrasch im engeren Sinn. Neben diesem Merkmal für Auslegung nennt er noch die „Elemente der Beweglichkeit, des Spiels und der Aktualisierung", die den Midrasch mit der biblischen Überlieferung verbindet.[91] „Beweglichkeit" ist die Abwandlung von literarischen und erzählerischen Motiven innerhalb der biblischen Texte bis hinein in apokryphe und talmudische Literatur.[92] Mit „Spiel" meint er ein Sprachbewusstsein, eine „assoziative Bedeutung, die Doppelsinn des Wortes, Gleichklang und Wortspiel zukommt".[93] Drittens beobachtet er bereits in den biblischen Texten eine Tendenz zur „Aktualisierung", die er auch „Adaptation" nennt: „Ein späteres Geschlecht begnügt sich nicht mit der Übernahme des alten Wortes, sondern ändert den Sinn – seltener auch den Wortlaut – desselben, um es dem Denken und Fühlen einer neuen Zeit anzupassen."[94]

Renée Bloch vertritt gegenüber Seeligmann einen weiteren Begriff von Midrasch. Er spricht von einer midraschigen Auslegungsweise, die eine Erklärung und eine Vertiefung der Bibel durch die Bibel enthält.[95]

„Hauptmerkmale dieser Auslegungsweise sind die Bindung an die Heilige Schrift, ein primär homiletisches Interesse, eine Reflexion des Textes mit Hilfe anderer biblischer Texte und die aktualisierende Anwendung des Textes auf die Gegenwart."[96]

---

[90] *Seeligmann* 1953, S. 176.
[91] Ebd. S. 181.
[92] *Seeligmann* spricht in diesem Zusammenhang anschaulich von der „Biegsamkeit der biblischen Erzählungen" (ebd. S. 153).
[93] Ebd. S. 157.
[94] Ebd. S. 167f, s. u. Kapitel 8.
[95] Französisch bei *Maier*: «genre midrashique, qui comporte un explication et un approfondissement de la Bible par la Bible» (1995, S. 76).
[96] A.a.O.

Intertextuelle Aspekte

Diese weite Definition kann für hermeneutische Überlegungen genügen, wie sie in der Biblischen Theologie zur innerbiblischen Schriftauslegung angestellt werden, sie ist aber für methodische Zwecke zu weit. Der Gedanke, dass Midraschim aktualisierende Bedeutung haben können, wurde oben bereits erwähnt. Nach Deißler, der den „anthologischen Stil" anhand der Psalmen und besonders Ps 119 untersuchte, folgen die Anklänge innerhalb der Bibel vier „gestuften Weisen von Analogie und Explikation".[97] Die Stufen entfernen sich immer weiter vom Ausgangs-Text und enden in „einer Art Kontaktaufnahmen, die man mit dem Terminus Transposition bezeichnen kann".[98] Es sind

- Die „bloße Reproduktion eines Schriftwortes",[99]
- Motivübernahmen, die ein bestimmtes Milieu spiegeln,[100]
- Erklärungen von traditionellem Sprach- und Gedankengut, unter die Deißler die Vorliebe des Psalmisten fasst, den Gottesnamen durch Begriffe für Gottes Offenbarung zu ersetzen,[101]
- die Transposition von Begriffen in einen anderen literarischen Kontext und auf eine andere Ebene.[102]

Deißler rechnet interessanterweise mit verschiedenen Graden der Entfernung vom Ursprungs-Text.[103]

---

[97] Anthologie (übersetzt: Blumenlese) war eine Zeit lang das Stichwort für auffallende sprachliche und sogar gedankliche Berührungen der biblischen Texte. Hilfsmittel für seine Erschließung ist besonders die hebräische Wortkonkordanz. Mit ihr lässt sich ein Terminus in seinen sprachlichen und gedanklichen Konsoziationen verfolgen und Hauptsinn, Nebensinn und emotionaler Gehalt bestimmen, vgl. *Deißler* 1955, S. 18f u.ö.
[98] Ebd. S. 280.
[99] Ebd. S. 277.
[100] Einige Verse in Ps 119 erinnern an den klagenden Jeremia oder an den betenden Salomo u.a.
[101] *Deißler* 1955, S. 278.
[102] Ebd. S. 280f. Deißler gliedert auch diese Stufe auf. Er bezieht sich auf Umdeutungen, etwa das Bild Hiobs, der einst als großer Weiser geschätzte wurde, nach dessen Weisheit anderen dürstete, wird in Ps 119, 131 auf Gott, als wahren Weisheitslehrer bezogen.
[103] Vgl. *Pfister* 1985, der Grade von intertextueller Intensität aufstellt, die aber ums so höher ist, je weiter sie sich vom Bezugstext entfernt.

6.2.6 Weiterführung

Nach dieser Darstellung kann zusammengefasst werden, dass die Bedeutungsfülle eines Textes keine postmoderne Erfindung ist.[104] Es kann davon ausgegangen werden, dass sich Vorformen der rabbinischen Schriftauslegung bereits im Ersten Testament finden. Dabei handelt es sich um sprachlich oder inhaltlich verifizierbare Bezugnahmen auf frühere Texte.

Es kann nun nicht darum gehen, diese überkommene Form der Auslegung nachzuahmen und die alten Regeln wieder anzuwenden. Midrasch wird hier eher als Bindeglied zwischen der biblischen Art, Texte fortzuschreiben, und der heutigen Art, Texte in ihren Bezügen wahrzunehmen, verstanden.

Die Bezugnahmen werden sich in der Auslegung von Dtn 6 als Erklärungen des traditionellen Gedankenguts erweisen. Am Beispiel von Dtn 6, in dessen Zentrum das Sch^ema Jisrael steht, kann gezeigt werden, wie aus dem belehrenden Impuls in diesem Kapitel das Bekenntnis „Höre, Israel" in immer neuer Perspektive angewendet wird. Das Thema, das in 6,4f vorgegeben ist, wird in unterschiedlichen Situationen aktualisiert und im Blick auf die Attraktion anderer Götter schärfer formuliert. Die Bezugnahmen, die bereits in Dtn 6 zu finden sind, umschreiben aus immer neuen Blickwinkeln heraus das Sch^ema Jisrael und seine Bedeutung für das Volk. Wie später die Midraschim stehen sie, soweit ersichtlich, gleichgewichtig nebeneinander und haben als Gemeinsamkeit den Bezug auf Dtn 6,4f bzw. auf die Gebote in Dtn 12-26. Die Bedeutung von 6,4f wird in verschiedenen Aspekten der Tradition Israels und der Situationen, in der das Volk sich befindet, durchgespielt.

Aber nicht allein diese Art der Bezugnahmen soll untersucht werden. Um die These zu belegen, dass sich Lehre in den Fortschreibungen der biblischen Texte niederschlägt, soll auch noch das Lehren und Lernen im Sprüchebuch untersucht werden. In der Analyse der Verse, die dort von „Lehre" handeln, wird sich zeigen, dass im Sprüchebuch Motivüber-

---

[104] Vgl. *Eco* 1994, S. 31ff hier S. 31, der die „archaischen Wurzeln" der aktuellen Debatte über die Textbedeutung bis in die griechische Antike zurückverfolgt und zu dem ironischen Schluss kommt, „dass ein Großteil des sogenannten ‚postmodernen' Denkens ziemlich vorantik wirkt".

Intertextuelle Aspekte

nahmen oder die Übernahme von Begriffen aus einem anderen Kontext die Belehrung prägen. Lehre trägt damit das Doppelgesicht des „Midrasch", den Seeligmann als ein spannungsreiches Phänomen bezeichnet:

„einerseits will er einen abgeschlossenen Text erklären, der eben in dieser Gestalt die höchste Autorität besitzt, andererseits ist er bestrebt, denselben [...] offenzuhalten, vor Versteinerungen zu behüten und mit immer neuen Leben zu erfüllen – fur [sic!] jede neue Situation und für jeden neuen Tag!"[105]

Am Ende dieses Kapitels soll die Spur der Textauslegung durch Texte, die bisher vom 5. Buch Mose zur innerbiblischen Schriftauslegung und von da zur rabbinischen Textauffassung führte, noch einmal aufgenommen werden. Es besteht auch ein Anklang zur intertextuellen Auslegung von Texten, wie sie in der heutigen Zeit immer häufiger praktiziert wird. Dohmen beschreibt diese Spur treffend:

„Dadurch entsteht aber nicht nur eine im typischen Sinn der Intertextualität festzustellende Veränderung des späteren Textes durch den Prätext..., sondern in seinem literarischen Zusammenhang, wie ihn der biblische Kanon darstellt, führen Zitate etc. auch zu Rückverweisen. Der Leser hat also nicht nur den Prätext in den neuen Text einzubringen, sondern der aufnehmende Text wird durch den (intratextuellen) Rückverweis selbst zum Prätext. Es entsteht folglich ein Metatext, der ein bleibendes Gespräch zwischen den Texten konstituiert. Die Texte beginnen sich sozusagen von innen heraus gegenseitig zu verändern, was die traditionelle, besonders die jüdische Auslegung immer schon als Ansatzpunkt gewählt hat und die neuere kanonische Schriftauslegung in gewisser Weise aufgreift."[106]

Nun ist es in der hier versuchten methodischen Verortung nicht sinnvoll, Intertextualität in ihrer gesamten Breite darzustellen. Ich beschränke mich daher auf einige Aspekte einer rezeptionsästhetischen Form der Intertextualität.

6.3 Textbezüge im Rahmen der Intertextualität

Mit dieser Thematik begebe ich mich auf ein viel diskutiertes und dazu in einigen Fällen sogar ideologisch geprägtes Feld. Selbstverständlich kann man die Frage stellen, ob es für die Bibelwissenschaft opportun ist, einen „Modebegriff" der literaturwissenschaftlich-linguistischen Debatte

---

[105] *Seeligmann* 1953, S. 181.
[106] *Dohmen* 1996b, S. 57; *Stemberger* erwähnt bereits in seinem Buch über Midrasch Parallelen zur „kanonischen Schriftauslegung" (1989, S. 13).

Intertextuelle Aspekte

wie den der Intertextualität aufzunehmen.[107] Heinemann warnt geradezu vor dem „Wuchern des terminologischen ‚Intertextualitäts-Syndroms'" und schlägt Maßnahmen für ihre methodische Eingrenzung vor,[108] die sie allerdings auf die bewusste Bezugnahme eines Autors auf Prätexte reduziert.

Hier soll nicht aus dem Bedürfnis heraus, um jeden Preis „postmodern" zu erscheinen, mit Intertextualität argumentiert werden. In dem Versuch, das bereits dargestellte „Hörgeschehen" zwischen Texten des 5. Buches Mose deutlicher zu erfassen, scheint die Beschäftigung mit einigen Aspekten der Debatte um die Intertextualität unerlässlich. Es sind zwei Beobachtungen, die mich auf diese Spur führen:

- Sowohl von innerbiblischer Schriftauslegung als auch von der rabbinischen Textauffassung aus werden Linien zur Intertextualität gezogen.

- Von den methodischen Überlegungen innerhalb der Intertextualitätsdebatte erhoffe ich mir weiteres Rüstzeug für die Auslegung von Texten, die auf andere Texte Bezug nehmen. Mit der zweiten Frage grenze ich die Beschäftigung mit Intertextualität auf eine strengere Form ein, die, vom Strukturalismus herkommend, Kriterien für den Umgang mit Texten fordert.[109] Das schließt allerdings nicht aus, dass sich mit Intertextualität auch eine veränderte Perspektive auf Texte verbindet.

6.3.1 Der entgrenzte Text

Der Begriff Intertextualität wurde in den späten sechziger Jahren von der Bulgarin Julia Kristeva geprägt, die Sprachphilosophin, Semiologin und Psychoanalytikerin ist. Er umschreibt das „was sich *zwischen* Texten abspielt, das heißt den Bezug von Texten auf andere Texte".[110] Das lateinische Wort „textus" bedeutet Gewebe. Intertextualität betrachtet Texte als ein Netz feinster Bezüge und Wechselwirkungen oder als ein

---

[107] So die Einschätzung *Heinemanns* 1997, S. 21.
[108] Ebd. S. 35.
[109] Insofern schließe ich mich eher dem pragmatischeren Weg der bundesrepublikanischen Literaturwissenschaft an, wie ihn *Holthuis* 1993, S. 22 beschreibt.
[110] *Broich/ Pfister* 1985, S. IX.

Intertextuelle Aspekte

„Spiel von Verweisen".[111] Nun wurde in der Rhetorik bereits seit der Antike zwischen Texten, die sich auf Wirklichkeit beziehen, und Texten, die sich aufeinander beziehen, unterschieden.[112] Was Kristeva dazu veranlasste, sich mit Bezügen zwischen Texten zu beschäftigen, war ein gesellschaftskritischer Impuls. In den sechziger Jahren des 20. Jahrhunderts wandte sie sich, angeregt durch Bachtin, der vor dem Hintergrund der russischen Revolution geschrieben hatte, zusammen mit anderen Schriftstellern in Frankreich gegen die „‚bürgerliche Ideologie' der Autonomie und Identität individuellen Bewusstseins sowie der Abgeschlossenheit von Texten und ihres Sinns".[113] Was sie an Bachtins Denken faszinierte war der Versuch, „den Formalismus durch eine dynamische Theorie zu überwinden, die in einer revolutionären Gesellschaft entstand".[114]

Kristeva stellte in Weiterführung Bachtins

„den Text in die Geschichte und die Gesellschaft, welche wiederum als Texte angesehen werden, die der Schriftsteller liest, in die er sich einfügt, wenn er schreibt. ... jeder Text baut sich als Mosaik von Zitaten auf, jeder Text ist Absorption und Transformation eines anderen Textes. An die Stelle des Begriffs der Intersubjektivität tritt der Begriff der Intertextualität, und die poetische Sprache lässt sich zumindest als eine *doppelte* lesen."[115]

Im Rahmen der Intertextualität wird der Textbegriff in außerliterarische, semiologische Bereiche wie Geschichte und Gesellschaft hinein ausgeweitet. Text wird als „‚transsemiotisches Universum' bzw. als Konglomerat aller Sinnsysteme und kulturellen Codes gedacht ..., sowohl in seiner synchronen als auch in seiner diachronen Vernetzung".[116] Damit

---

[111] *Müller* 1994, S. 136.
[112] *Pfister* 1985, S. 1, vgl. auch *Heinemann*: „Das Phänomen der generellen Vernetztheit von Texten ist also uralt und notwendig für das Überleben jeder Gesellschaft. Aber auch konkrete Beziehungen zwischen zwei (oder mehreren) Texten wurden – u.a. auch in der Literaturwissenschaft, in Anlehnung an die Rhetorik – beschrieben; erwähnt seien hier das Zitat, die Anspielung, die Übersetzung, die Parodie und das Plagiat" (1997, S. 22).
[113] *Pfister* 1985, S. 6.
[114] *Kristeva* 1972, S. 353.
[115] Ebd. S. 346 und 348, vgl. die Einschätzung *Pfisters*, der den allgemeinen sozioideologischen Diskurs der Zeit bei Bachtin nur ausschnittsweise in den literarischen Texten abgebildet sieht (1985, S. 4f).
[116] *Holthuis* 1993, S. 14.

sind die literarischen Subjekte der Autorin und des Autors (aber auch der Leserin und des Lesers) ihrer vormals zentralen Position beraubt, denn sie sind nicht mehr Träger der Intention des Textes.[117] Auch die Bedeutung der Texte wird fließend, wenn sich der Text im intertextuellen Prozess „ständig selbst absorbiert und transformiert, produziert und reproduziert und damit den völlig ‚offenen' Text garantiert".[118]

Die Zeichen des Textes materialisieren sich bei Kristeva im triebbewegten Körper des Menschen. „Der Text ist nicht der ‚Ort des zurückgezogenen Körpers', er ist als subjektiver Prozess der Sinngebung zu verstehen."[119] Das Subjekt des Lesers und der Leserin denkt Kristeva als eines, das durch seine unbewussten Triebe gespalten ist. Die Textpraxis der Sinngebung vollzieht sich als ein Prozess der Differenz, der Durchkreuzung und Überlagerung von Trieb und Zeichen, von Unverstehbarem und Verstehbarem. Sie bringt eine Vielzahl von Wahrheiten und neben der Wahrheit auch „alles, was ihr widersteht", hervor.[120]

Barthes wendete das bei Kristeva noch produktionsästhetisch orientierte Intertextualitätsverständnis hin zu einer rezeptionsorientierten Konzeption. Er verstand Intertextualität nun als „unabschließbare Lektüre im ‚unendlichen Text'"[121]. Das Gegenüber von Leser/Leserin und Text ist bei Barthes aufgehoben. Die Leserin wird bereits als eine Pluralität anderer Texte aufgefasst: Das

„Ich ist kein unschuldiges Subjekt, das dem Text vorherginge und das danach von ihm Gebrauch machte wie von einem Objekt, das zu zerlegen, oder wie von einem Ort, der zu besetzen wäre. Dieses ‚Ich', das sich dem Text annähert, ist selber schon eine Pluralität anderer Texte, unendlicher Codes, oder genauer, verlorener Codes (deren Ursprung verloren geht)."[122]

---

[117] Vgl. a.a.O. und *Foucaults* ästhetische Schlussfolgerung: „Was man tun müsste, wäre, den durch das Verschwinden des Autors frei gewordenen Raum ausfindig zu machen, der Verteilung der Lücken und Risse nachzugehen und die freien Stellen und Funktionen, die dieses Verschwinden sichtbar macht, auszukundschaften" (1979, S. 15).
[118] *Holthuis* 1993, S. 15.
[119] *Kurz-Adam* 1999, S. 379.
[120] A.a.O.
[121] *Holthuis* 1993, S. 17.
[122] *Barthes* 1976, S. 14.

Intertextuelle Aspekte

Andererseits wird das Subjekt des Lesers insofern aufgewertet, als er, nach Barthes, die Stimme des Textes vertritt. Leserin und Leser haben am Prozess der Bedeutungszuweisung teil. Sie setzen die Verknüpfungen im Leseprozess. Insofern schreiben sie am Text mit.

„Es geht deshalb, so folgert Barthes, nicht um lesbare, sondern um schreibbare Texte. Lesbare Texte sind nach seiner Auffassung klassisch, insofern ihnen gegenüber nur die armselige Freiheit bestehe, sie anzunehmen oder zu verwerfen. Beim schreibbaren Text aber werde der Leser zum Schreiber und Sprecher."[123]

Das Textverständnis der Intertextualität entgrenzt also Texte, die ihre Bedeutung nur in mannigfaltigen Bezügen haben. Ziel und Ergebnis einer solchen Entgrenzung ist eine Verflüssigung des Wahrheitsbegriffs. Es gibt nicht mehr nur eine Wahrheit, sondern viele subjektive Wahrheiten. Wahrheit kann sich nicht mehr auf Texte, Tradition oder Autoren berufen, wie das in Machtdiskursen geschieht. Wahrheit wird „weniger entdeckt, als vielmehr in der sozialen Beziehung zwischen Leser und Text geschaffen".[124]

Vielleicht trifft die Definition von Intertextualität, die Holthuis gibt, diesen Fokus am besten:

„Auf Grundlage dieser Konzeption ist Intertextualität zu bestimmen als Ergebnis komplexer bedeutungskonstitutiver Prozesse, als Wechselspiel zwischen den im Text angelegten Intertextualitätssignalen ... und dem Netzwerk komplexer intertextuell geleiteter Textverarbeitungsstrategien, die, abhängig von entsprechenden Interpretationshypothesen und –zielsetzungen des Rezipienten sowie spezifischen intertextuellen Wissensbeständen, aktiviert werden können."[125]

Den bedeutungskonstitutiven Prozessen von Intertextualität soll im Folgenden weiter nachgegangen werden, denn er ist interessant für das „Hörgeschehen", das tiefer ausgelotet werden soll.

---

[123] *Müller* 1994, S. 135.
[124] Ebd. S. 136.
[125] *Holthuis* 1993, S. 32, die Frage, ob Intertextualität eine den Texten inhärente Eigenschaft ist, oder ihnen durch die Instanz des Lesers zugesprochen wird, wie *Holthuis* mit *Petöfi* vertritt, muss hier nicht diskutiert werden.

6.3.2 Rezeptionsästhetische Aspekte von Intertextualität, erläutert an Beispielen aus dem Alten Testament

Die Frage, wie die Leserin und der Leser in Texte hineingeraten und wie Texte ihre Leser, Leser ihre Texte und Texte Texte verändern, ist nun noch genauer zu stellen. Ihr soll nachgegangen werden, indem die ‚Fixpunkte' im Beziehungsgeflecht Autorin-Leser-Text am biblischen Beispiel ausgelotet werden.

Wenn ich nun meine, Beispiele für intertextuelle Theorie im Ersten Testament zu finden, dann setze ich eine Verbindung des postmodernen Ansatzes mit biblischem Denken voraus. Der Struktur der alttestamentlichen Texte entspricht eine intertextuelle Perspektive, die nicht das System im Blick hat, sondern die Bezüge, die Differenzen zwischen den Texten, ihre wechselseitige Kommentierung. Mit dieser These soll weder jedes Konzept von Intertextualität biblisch autorisiert, noch soll das Erste Testament durch die methodische Hintertür (post)modernisiert werden. Intertextualität und Erstes Testament treffen sich in der Annahme der Vieldeutigkeit und Offenheit von Texten. Insofern wird die literaturwissenschaftlich-linguistische Debatte als hilfreich für einen Zugang zu Texten des Alten Testaments empfunden.

In der Literatur wird bisher erst zögernd der Schritt gewagt, Intertextualität mit den Schriften des Ersten Testaments zu verbinden. Dies ist schon von daher verständlich, dass es keinen eindeutigen Begriff von Intertextualität gibt. Ich kann mich aber auf hermeneutische Überlegungen im Bereich des Neuen Testaments stützen,[126] auf Dohmen und Zenger, die von dem Konzept der „innerbiblischen Schriftauslegung" her-kommend mit intertextueller Methodik an biblischen Texten arbeiten,[127] auf Bodendorfer, der als Bibelwissenschaftler und Judaist durch die Beschäftigung mit jüdischer Textauslegung auf Konvergenzen zwischen poststrukturalistischer Hermeneutik und rabbinischer Literatur stieß,[128] ebenso auf Boyarin, der aus dem amerikanisch-jüdischen Kontext kommend, recht unbefangen von biblischer Intertextualität schreibt:

---

[126] *Alkier/Bruckner* 1998; *Müller* 1994, vgl. die religionspädagogischen Konsequenzen in *Müller* 1999a.
[127] Vgl. *Dohmen* 1996b und *Zenger* 1994, S. 109ff.
[128] *Dohmen* 1996b; *Bodendorfer* 2000, bes. S. 123.

Intertextuelle Aspekte

„I suggest that the intertextual reading practice of the midrash is a development (sometimes to be sure a baroque development) of the intratextual interpretive strategies which the Bible itself manifests. Moreover, the very fractured and unsystematic surface of the biblical text is an encoding of its own intertextuality, and it is precisely this which the midrash interprets. The dialogue and dialectic of the midrashic rabbis will be understood as readings of the dialogue and dialectic of the biblical text."[129]

Da die Verbindung zwischen biblischen Texten und Intertextualität erst wenig präzisiert ist, reiht sich die vorliegende Arbeit auf der Suche nach dem alttestamentlichen Lehr- und Lernbegriff in die Reihe der Arbeiten ein, die an dieser Stelle experimentieren.

6.3.2.1 Es gibt in alttestamentlichen Texten keine „Autoren"

Von einem „Autor" zu sprechen, ist in alttestamentlichen Texten kaum möglich.[130] Die Vorstellung von Authentizität eines Textes, die durch die Person eines Autors oder einer Autorin gewahrt ist, gab es damals nicht. „Autor" ist in ersttestamentlichen Texten eine fiktive Größe. Autoren lassen sich nicht mit Sicherheit identifizieren. Auch ist in den meisten Fällen ungewiss, wie viele davon am Text gearbeitet haben. Oft tritt diese Größe in biblischen Texten bewusst hinter dem Werk zurück.[131] Zum Beispiel kann davon ausgegangen werden, dass Mose nicht der Autor des 5. Buches Mose war, obwohl damit über Jahrhunderte sowohl auf jüdischer als auch auf christlicher Seite gerechnet wurde.[132]

---

[129] *Boyarin* 1990, S. 15.

[130] *Rödszus-Hecker* fasst die literaturwissenschaftliche Sicht dieses Verständnisses von „Autor" so zusammen: „Der Begriff des Autors selbst wäre anders zu bestimmen. Der Autor wäre demnach nicht durch seine Weltanschauung, seine Biographie oder Psychologie definiert, sondern einzig dadurch, dass er derjenige ist, der schreibt. Weder Ort noch Zeit müssen den Autor mit dem Leser verbinden... Der Autor eines geschriebenen Textes muss in der Rolle des Testamentlassers gesehen werden. Der testamentarische Charakter der Schrift [„Schrift" meint hier das Geschriebene] markiert das Ende des möglichen intersubjektiven Umgangs von Autor und Leser. Der Text als Testament beinhaltet zwar so etwas wie den ‚letzten Willen' des Autors. Aber dieser Wille existiert eben nur noch als schriftlicher Text. Als solcher ist er verschiedenen, sich auch gegenseitig ausschließenden Deutungen zugänglich" (1992, S. 12).

[131] „Die Bibel ist Traditionsliteratur, keine Autorenliteratur. Die Schriften wurden immer wieder von Hand neu abgeschrieben, dabei neu bedacht und teilweise neu bearbeitet und weitergeschrieben." *Oeming* 1995, S. 12.

[132] vgl. *Dohmen/ Oeming* 1992, S. 54ff, die in diesem Zusammenhang die Frage als klassisch bezeichnen, wie denn Mose in Dtn 34,5 über seinen eigenen Tod hätte

Intertextuelle Aspekte

Moses ursprüngliche Autorschaft lässt sich aus dem Text nicht erheben.[133] Die Autorschaft spielte in der Zeit der Niederschrift vieler alttestamentlicher Texte offenbar eine untergeordnete Rolle, wurde nicht als überlieferungswürdig betrachtet.[134] Mit der Zuschreibung zu einer wichtigen Persönlichkeit aus der Geschichte wurde ein Text in biblischer Zeit und, nach Foucault, auch in der frühen christlichen Exegese, autorisiert, legitimiert und in die Tradition eingereiht.[135] Die moderne Funktion von Autorschaft ist durch Eigentumsrechte charakterisiert und durch diffuse Zuschreibungen von Authentizität und Glaubwürdigkeit.[136]

Was sich allerdings in ersttestamentlichen Texten ablesen lässt, ist die Arbeit von Redaktoren. Es finden sich in einem biblischen Kapitel wie Dtn 6 Texte aus verschiedenen Perspektiven, mit unterschiedlichem Wortschatz, die man verschiedenen Redaktionskreisen in ihrer jeweiligen Zeit zuordnen kann. Aber auch sie lassen sich nur an ihrem Werk, der Redaktionsarbeit, herausarbeiten, sie geben sich nicht zu erkennen.[137]

6.3.2.2 Die Eigenarbeit der Leserinnen und Leser

Die Leser und Leserinnen sind in verschiedener Hinsicht mit dem ersttestamentlichen Text befasst. Zunächst sind sie Adressaten. Das

---

berichten können. Danach reichen die Zweifel an der Moseverfasserschaft bereits bis in die Reformationszeit zurück.

[133] Es wird zwar mehrfach gesagt „und Mose schrieb diese Worte auf" aber der das schreibt, kann ja gerade nicht Mose sein.

[134] Anders in Texten, die bereits Spuren hellenistischer Traditionen zeigen, wie Prediger und Daniel. Kohelet stellt sich in Koh 1,1f. 12 vor und es wird über ihn in Koh 12,8ff gesprochen. Auch wenn man annimmt, dass im Predigerbuch Anführungen fremder Meinungen einflossen, die in der Endredaktion wie Zitate des/eines Predigers empfunden werden können, so ist doch in der Rahmung das Konstrukt eines Autors gemacht. Dessen Name scheint eng mit seiner Funktion verknüpft. Die Erzählungen über Daniel in Dan 1-7 können als Präsentation und Legitimierung des „Autors" der späteren Offenbarungen verstanden werden.

[135] Für die frühe Christenheit führt *Foucault Hieronymus* an, der in *De viris illustribus* Kriterien aufstellte, um rechtmäßig die Autoren mehrerer Werke zu identifizieren. *Foucault* 1979, S. 20f.

[136] *Foucault* 1979, S. 18-20.

[137] In neutestamentlichen Texten ist eine andere Tendenz zu erkennen. Paulus spricht auch über sich (1 Kor 2,1-5; Gal1,11-24 u.ö.). Auch der Evangelist Lukas stellt sich als „Autor" in einem antiken Sinn vor (Lk 1,1-4; Apg 1,1-3).

Intertextuelle Aspekte

schlägt sich in den Texten sowohl auf semantischer als auch auf pragmatische Ebene nieder. Die Israeliten sind z.B. Adressaten der Moserede im 5. Buch Mose. Sie werden direkt angesprochen, sie sind Adressaten der Gesetzesparänesen und der Imperative. Außerdem wenden sich die Texte auch in Texthandlungen an die Leserinnen: Im Bekenntnis, in Beispielerzählungen oder auch im Akt der Ermahnung oder Warnung. Sie beziehen die Leser mit ein, indem sie in verschiedenen Kontexten der israelitischen Geschichte handeln.

Leser und Leserinnen werden durch Leerstellen im Text zur Eigenarbeit aufgefordert.[138] Um Verstehen in ihrem subjektiven Kontext zu ermöglichen, füllen sie diese Leerstellen mit den ihnen verfügbaren Bezügen aus dem Text oder von außerhalb des Textes. Sie werden angeregt, Vergleiche zu ziehen, wo Dubletten auftauchen und wirken durch solche und ähnliche Markierungen an der Bedeutungskonstitution des Textes mit. Gerade der Text des Alten Testamentes ist voller solcher intertextueller Leerstellen, die Leserinnen und Leser in den Text hineinziehen.[139] In diese Eigenarbeit, die Voraussetzung für ein individuelles Verstehen ist, fließt bewusstes wie unbewusstes Vorwissen der Leserinnen und Leser ein. Die Bedeutungsfülle des Textes entfaltet sich im Rückbezug der Texte aufeinander, auf die Vorkenntnisse der Leser und im Gespräch der Leserinnen untereinander.

Auf der inhaltlichen Ebene ergreifen die biblischen Texte im 5. Buch Mose und auch im Sprüchebuch von den Leserinnen und Lesern Besitz im Gebot, lebenslang zu lernen und sich mit den Texten zu beschäftigen

---

[138] Dieser Begriff stammt aus der Rezeptionsästhetik *Isers* und wird seitdem häufig zur Bezeichnung einer bestimmten Textstrategie verwendet: „Die Leerstellen sparen die Beziehungen zwischen den Darstellungsperspektiven des Textes aus und ziehen dadurch den Leser zur Koordination der Perspektiven in den Text hinein: sie bewirken die kontrollierte Betätigung des Lesers im Text" (1994, S. 267). Im Rahmen der Intertextualitätsdebatte wird diskutiert, inwieweit es sich um eine vom Text kontrollierte Betätigung des Lesers handelt oder eher um einen allein vom Rezipienten abhängigen Akt.
[139] „The Torah, owing to its own intertextuality, is a severely gapped text, and the gaps are there to be filled by strong readers, which in this case does not mean readers fighting for originality, but readers fighting to find what they must in the holy text." *Boyarin* 1990, S. 16, vgl. dagegen *Barthes'* Einschätzung des klassischen Textes: „Gewiss ist der klassische Text unvollständig umkehrbar (er ist bescheiden in seinem Pluralen)..." (1976, S. 17).

Intertextuelle Aspekte

(Dtn 6,6-9; Spr 6, 20-23). Dabei sollen die Texte am Körper getragen werden und an die Türen der Häuser und die Tore geschrieben werden.[140] Die Leser und Leserinnen umgeben sich nach dieser Vorstellung mit einer Textwelt, die ihre Körper prägt und ihre Gedanken ausfüllt. Sie werden buchstäblich selbst Teil des Textes, der sie umgibt und prägen ihn durch ihre Haltung und ihr Handeln mit. Es kann nicht mehr von einem Gegenüber von Text und Interpret die Rede sein. Die Leserin wird Teil des Textes, der Text Teil des Lesers.

6.3.2.3 Der Text als Universum von Texten

Aus intertextueller Sicht befindet sich ein Text im Dialog mit einem Universum anderer Texte, die seine Bedeutung mitbestimmen und deren Bedeutung er seinerseits verändert. Texte mögen zwar auf syntagmatischer Ebene abgeschlossen sein, sie sind aber auf paradigmatischer Ebene, in der Beziehung zu anderen Texten, entgrenzt.[141] Betrachtet man einen Text in seinen Grenzen, dann sind es, aus intertextueller Sicht, fiktive Grenzen, die aus praktischen Gründen gewählt werden, um das Lesen zu ermöglichen. Es bildet sich in diesem intertextuellen Verständnis eine veränderte Perspektive auf Texte ab, die mit Barthes so beschrieben werden kann: Ein einzelner Text

„ist kein (induktiver) Zugang zu einem Modell, sondern Eingang zu einem Netz mit tausend Eingängen. Diesem Eingang folgen heißt nicht eine legale Struktur von Normen und Abstrichen, ein narratives oder poetisches Gesetz, sondern aus der Ferne eine Perspektive (aus Bruchstücken, aus Stimmen, die aus anderen Texten, von anderen Codes kommen) ins Auge fassen, dessen Fluchtpunkt jedoch unaufhörlich zurückverlagert, geheimnisvoll geöffnet wird; jeder (einzigartige) Text ist die Theorie selbst (und nicht einfach das Beispiel) dieser Fluchtbewegung, dieser Differenz, die immer wieder zurückkommt, ohne sich einer Konformität zu fügen."[142]

Das Bild eines Netzes mit tausend Eingängen scheint in der Tat besser die aspektivische Denkweise der alttestamentlichen Texte zu treffen als ein Denken in Systemen, wie es aus der griechischen Antike bekannt ist.[143]

---

[140] Dtn 6,8f, siehe die Auslegung zu dieser Stelle und zum Sprüchebuch in den folgenden Kapiteln.
[141] *Pfister* 1985, S. 12.
[142] *Barthes* 1976, S. 16f.
[143] Zur aspektivischen Denkweise und zum anthologischen Stil s.u. Kapitel 8.1.3.1.

Intertextuelle Aspekte

Der potentielle Dialog mit einem Universum anderer Texte lässt jede Interpretation als fragmentarisch erscheinen. Hier findet sich die (säkularisierte) Vorstellung der Rabbinen wieder, die ihre Arbeit von vornherein als ergänzungsbedürftig ansahen, weil sie glaubten, dass Gott alle Fragen und Antworten bereits in den Text der Bibel eingeschrieben hat.

6.3.2.4 Auf der Suche nach Kriterien für Bedeutungszuweisungen, die über den Text hinaus reichen

Eco unterscheidet bei der Mitarbeit an der Interpretation vonseiten des Lesers oder der Leserin zwischen dem Gebrauch eines Textes und seiner Interpretation.[144] Der Gebrauch kann auch zum Missbrauch werden. Er bringt dafür das Beispiel mit Jack, the Ripper:

„Texte zu interpretieren bedeutet erklären, warum Wörter – je nachdem, wie man sie interpretiert – Verschiedenes machen können (anderes dagegen nicht). Doch wenn uns Jack the Ripper sagte, er habe sich bei seinen Untaten an seiner Interpretation des Lukas-Evangeliums orientiert, dann argwöhnte vermutlich sogar mancher leserorientierte Kritiker, dass er Lukas ziemlich widersinnig gelesen haben muss. Nicht leserorientierte Kritiker würden Jack the Ripper eher für total verrückt erklären, und ich möchte – trotz großer Sympathie mit dem leserorientierten Paradigma und obwohl ich Cooper, Laing und Guattari gelesen habe – sofort zustimmen: Jack the Ripper wäre ein Fall für den Psychiater gewesen."[145]

Wenn es nun neben einer Vielzahl „richtiger" Bedeutungszuweisungen eines Textes auch „falsche" gibt, nach welchen Kriterien lässt sich dann unterscheiden? Oeming reflektiert den Umgang mit der Vielfalt der Methoden in der Bibelauslegung. Er nennt für den Wissenschafts-betrieb sechs Kriterien, die eine Methodenvielfalt einschränken sollen:[146]

- Die Methode der Textauslegung müsse dem Kontext entsprechen. Damit ist die Eigenart des Auslegers, des Textes und die Situation seiner Verwendung gemeint.
- Auch bei multimethodischer Auslegung könne zwischen geschichtlichem Ursprungssinn und späterer Rezeption klar unterschieden werden.
- Zur Überwindung des „garstigen Grabens zwischen den alten, fernen Bibeltexten und dem gegenwärtigen Menschen" sei eine existentiale

---

[144] *Eco* 1987a, S. 72-74.
[145] *Eco* 1994, S. 30.
[146] *Oeming* 1998, S. 180-182.

Interpretation zu empfehlen, die auch der Eigenart biblischer Texte am ehesten gerecht werde.
- Isolierte Sonderinteressen, bei denen persönliche Strategien und Ideologien verfolgt werden, dienten nicht der Synthese von Methoden. Dadurch sei die Gefahr der Zersplitterung der Forschung gegeben, statt des Zusammenwachsens von Einzelaspekten.
- Ein Wissenschaftsethos müsse etabliert werden, der es sich zur Aufgabe mache, Exegese als Akt des Gehorsams, des Hinhörens auf den Text zu betreiben.
- Oeming warnt vor einer überzogenen, objektivistisch gewendeten Methodengläubigkeit. Wer die Bibel nicht mit seiner ganzen Existenz bewohne und in ihr zu Hause sei, könne kaum sachgemäße und sachdienliche Beobachtungen erzielen.

Nun verfügen Kinder und Jugendliche kaum über verschiedene Möglichkeiten der Textauslegung. Auch in der Erwachsenenbildung kann das nicht vorausgesetzt werden. Die Auslegungen dieser Bezugsgruppen religionspädagogischen Arbeitens sind in der Regel existentialistisch gewendet. Auf die religionspädagogische Praxis übertragen erscheinen die Kriterien 1 und 2 als Vermittlungsaufgabe der Lehrperson und 4 und 5 als Anfrage an die Bedeutungszuweisungen der Bibelleserinnen und -leser hilfreich. Allerdings muss häufig eine Distanz zur Bibel und zur Aufgabe der Textauslegung vorausgesetzt werden. Auslegungen aus einer solchen Distanz können auch sinnvoll sein, gerade wenn sie aus einer persönlichen Betroffenheit heraus erfolgen. Zu den Kriterien Oemings kommt in Unterrichtsbezügen das Gespräch über die Auslegungen Einzelner hinzu. Die jeweilige Lese- bzw. Lerngruppe ist eine Auslegungsgemeinschaft, die im Gespräch eine Auslegung bewertet und Veränderungen bewirken kann.

Wie geht nun eine Interpretation unter rezeptionsästhetisch-intertextuellen Vorzeichen praktisch vor?

6.3.3 Zur Konzeptualisierung von Intertextualität

Hunter schlägt vor, die Individualität des Zeichens ernst zu nehmen. „Bedeutung ändert sich fortdauernd, ist aber jeweils gültig für den Moment und für den Menschen, der diese Bedeutung schafft und braucht."[147] Die Bedeutung eines Zeichens ist also zeit- und situationsgebunden. Die Leserin findet seine Bedeutung „in einem Identifikationsprozess",[148] der ihr beim Erkennen der individuellen Bedeutungen behilflich ist. Auf dieser Basis könne auch im Konzept der Intertextualität von der Bedeutung eines Textes gesprochen werden, allerdings nicht von *der* Bedeutung, sondern nur von einer, die im Augenblick des Einbruchs in die Entstehungsgeschichte eines Textes ihre Gültigkeit hat. Gelingt es, mehrere Möglichkeiten der Intertextualität eines Textes zu erspüren, dann sind das weitere Bausteine einer Bedeutungsbreite, die ein Text potentiell besitzt. Bei dieser „Auslegungsstrategie" müsse jeder Verbindungstext sowohl in seiner Unterschiedlichkeit als auch in seiner Ähnlichkeit zum Interpretationstext mit den zur Verfügung stehenden Methoden untersucht werden.

Hunter gelangt also zu dem Begriff der „Bedeutungsbreite eines Textes", indem sie beim Rezipienten ansetzt und ihm Bedeutung stiftende Funktion in einer bestimmten Situation und zu einer bestimmten Zeit zugesteht. Eine weit interpretierte Intertextualität ist bei Hunter auf die in Zeit und Situation bestimmbaren Bezüge eingeschränkt. Die Bedeutungsbreite muss, nach Hunter, sowohl synchron als auch diachron gedacht werden, da alttestamentliche Texte sich ja gerade aus verschiedenen Zeiten aufeinander beziehen. Fraglich ist, ob sich Zeit und Situation in alttestamentlichen Texten genügend deutlich feststellen lassen, um die Bezüge herauszuarbeiten.

Einen anderen Weg der Operationalisierung von Intertextualität geht Pfister, der ein Vermittlungsmodell vorschlägt, das ich im Folgenden referiere.[149] Pfister geht vom Text selbst aus und untersucht die Intensität der Verknüpfungen, für die er qualitative und quantitative Kriterien entwickelt. Zunächst werden die **qualitativen Kriterien** dargestellt.

Am Kriterium der Referentialität wird bemessen, wie stark der eine Text den anderen thematisiert. Ein Zitat ist von geringer Intensität, wenn es sich nahtlos in den neuen Kontext einfügt und sich darin bereits seine Funktion erschöpft. Die Intensität nimmt zu, wenn der „Zitatcha-

---

[147] *Hunter* 1994, S. 55.
[148] Ebd. S. 56.
[149] *Pfister* 1985, S. 26ff, vgl. auch *Dohmen* 1996b.

Intertextuelle Aspekte

rakter hervorgehoben und bloßgelegt" wird und so auf den ursprünglichen Kontext verweist. „In diesem Maße wird auch der Folgetext zum Metatext", der den Prätext „kommentiert, perspektiviert und interpretiert und damit die Anknüpfung an ihn bzw. die Distanznahme zu ihm thematisiert".[150]

Das Kriterium der Kommunikativität trägt dazu bei, die kommunikative Relevanz der intertextuellen Bezüge einzustufen. Die Kommunikativität bemisst sich an dem Grad der Bewusstheit, mit dem ein Prätext aufgenommen wird und an der Deutlichkeit der Markierung im Text selbst. Maximale Intensität wäre nach diesem Kriterium erreicht, wenn

„sich der Autor des intertextuellen Bezugs bewusst ist, er davon ausgeht, dass der Prätext auch dem Rezipienten geläufig ist und er durch eine bewusste Markierung im Text deutlich und eindeutig darauf verweist."[151]

Das Kriterium der Autoreflexivität greift, wenn ein Autor in einem Text nicht nur

„bewusste und deutlich markierte intertextuelle Verweise setzt, sondern über die intertextuelle Bedingtheit und Bezogenheit seines Textes in diesem selbst reflektiert, d.h. die Intertextualität nicht nur markiert, sondern auch thematisiert."[152]

Auch hier tritt ein „metakommunikativer" Aspekt auf, der sich besonders intensiv in Texten zeigt, die bereits im Horizont des Intertextualitätskonzepts verfasst wurden.

Das Kriterium der Strukturalität „betrifft die syntagmatische Integration der Prätexte in den Text." Maximale Intensität ist erreicht, wenn ein Prätext „zur strukturellen Folie eines ganzen Textes" wird.[153] Als Beispiele nennt Pfister unter anderem „Übersetzung" und „Imitation".

Das Kriterium der Selektivität bestimmt den Grad der sprachlichen Prägnanz, mit der ein Prätext ausgewählt wird und wie deutlich er im Text gefasst ist.

---

[150] *Pfister* 1985, S. 26f.
[151] Ebd. S. 27.
[152] Ebd. S. 27f.
[153] Ebd. S. 28.

Intertextuelle Aspekte

„Dabei kommt schon einem wörtlichen Zitat, das als genau umgrenztes Partikel eines fremden Textes im neuen aufscheint, eine größere intertextuelle Intensität zu als einer Anspielung, die sich pauschal auf einen ganzen Prätext oder zumindest auf einen übergreifenden Aspekt davon bezieht."[154]

Nach diesem Kriterium ist also das wörtliche Zitat aus einem individuellen Prätext höchste Intensität von Intertextualität. Je selektiver das Zitat ist, desto mehr kommt ihm die Funktion zu, den Gesamtkontext, aus dem es stammt, im Sinn des pars pro toto in den neuen Kontext einzuspielen.

Das **Kriterium der Dialogizität** nimmt den Grad der Spannung zwischen ursprünglichem und neuem Zusammenhang zum Ausgangspunkt und bemisst daran die Intensität der Intertextualität.

„Eine Textverarbeitung gegen den Strich des Originals, ein Anzitieren eines Textes, das diesen ironisch relativiert und seine ideologischen Voraussetzungen unterminiert, ein distanziertes Ausspielen der Differenz zwischen dem alten Kontext des fremden Worts und seiner neuen Kontextualisierung – dies alles sind Fälle besonders intensiver Intertextualität, während etwa die bloße und möglichst getreue Übersetzung von einer Sprache in eine andere... von geringer intertextueller Intensität sind."[155]

Das Optimum der Dialogizität wird hier als „Dialektik von Anknüpfen und Distanznahme" verstanden, damit gerät es in Spannung zum Kriterium der Strukturalität, deren intensivste Form ja gerade erreicht wird, wenn die Vorlage als strukturelle Folie übernommen wird.

Als **quantitative Kriterien** zur Abwägung von Intertextualität dienen Pfister die Dichte und Häufigkeit der intertextuellen Bezüge und die Zahl und Streubreite der ins Spiel gebrachten Prätexte.

Die detailliertere Ausarbeitung methodischer Aspekte von Intertextualität von Holthuis ist an zeitgenössischer Literatur entwickelt und braucht hier nicht referiert werden, auch wenn sie viele interessante Einsichten bietet.

Zusammenfassend kann gesagt werden, dass der Rekurs auf die Intertextualität bei Pfister den Blick auf die Texte selbst schärft, während bei

---

[154] A.a.O.
[155] Ebd. S. 29.

Intertextuelle Aspekte

Hunter die Rezeptionsbedingungen Bedeutung präzisieren. Beide Vermittlungsmodelle arbeiten mit sprachlichen Annäherungswerten wie „Bedeutungsbreite", „mehr oder weniger intensiv". In diesen Wendungen präsentiert sich Intertextualität als Sprachraum, in dem sich Bedeutung an unterschiedlichen Orten und in unterschiedlich intensiven Bezügen abspielt. Ein Text wird ein mehrdimensionales Gebilde, dem sich die Interpretation annähern kann, ohne es letztlich zu ergründen. Für das zu untersuchende „Hörgeschehen" sind beide Konzeptualisierungen von Intertextualität von Bedeutung. Einerseits wird zu fragen sein, welche Bezüge intensiver und welche weniger intensiv sind, andererseits wird Zeit und intendierte bzw. aktuelle Rezeptionsgemeinschaft im Hörgeschehen zu beachten sein.

6.3.4 Der Ertrag der hermeneutischen Überlegungen für das „Hörgeschehen" im 5. Buch Mose

Die hermeneutische Spur, auf der ich mich in diesem Kapitel bewegt habe, führte von der innerbiblischen Schriftauslegung über rabbinische Lesarten des Ersten Testaments zur postmodernen Intertextualitätsdebatte. Es ist nun an der Zeit, das Ergebnis dieser „Spurenlese" zu formulieren: Es gibt eine Alternative zum klassischen, am System orientierten Bedeutungsaufbau von Texten. Sie besteht in der Verknüpfung von Texten, bei der „ein Netz mit tausend Eingängen" entsteht, wie Barthes es nennt.

Durch die Beschäftigung mit dem Kanon und seinem Aufbau ist dieses Textverständnis besonders in der alttestamentlichen Exegese neu ins Bewusstsein gerückt. Rabbinische Schriftauslegung ist zwar von innerbiblischer Auslegung zu unterscheiden, aber sie ist durch ein ähnliches Textverständnis geprägt. In bewusster Opposition zu engem, ideologischem Systemdenken ist die verknüpfende Textaufbaustrategie im 20. Jahrhundert für eine subversive Kraft gehalten worden, da sie im Gegensatz zum Systemdenken die Details betont, die sich einem System entziehen, und deshalb dazu geeignet scheint, zumindest enge Systeme zu dekonstruieren.

Wird Lehren und Lernen nun als Hörgeschehen verstanden, wie es oben erarbeitet wurde, dann stellt es sich als intensive Textarbeit dar, die den Einzelnen und die Einzelne zu jeder Zeit beschäftigt und prägt. Nicht im

Intertextuelle Aspekte

Sinne eines „Einbläuens", wie etwa Dtn 6,7 oft missverstanden wird. Das würde eine unkritische Weitergabe von Tradition, die besonders streng oder gar gewaltsam vor sich geht, bedeuten. Das Hörgeschehen verweist auf eine Textarbeit im Sinne der offenen Aneignung und des Einverständnisses, das die Freiheit zur eigenen Interpretation bewahrt.[156]

Die Textaufbaustrategie selbst hat einen pädagogischen Aspekt. Das „Netz mit tausend Eingängen" ermöglichte von jeher einen Rezipientenorientierten Zugang. Texte wurden aus der subjektiven Situation heraus gelesen und verstanden. Es ermöglicht auch heute einen Schüler- bzw. Schülerinnen-orientierten Zugang. Die „offiziellen" Auslegungen von biblischen Texten können eine Klärung des Textes bringen. Entscheidend ist aber, die Einladung zu hören, das heißt, sich in die Reihe derer, die Bedeutung im Text finden, hineinzustellen und die Bedeutung hinzuzufügen, die Schülerinnen und Schüler auf ihrer Entwicklungsstufe und vor ihrem Erfahrungshorizont entdecken.

Um dieses Hörgeschehen am biblischen Text zu verifizieren, soll im Folgenden ein Kapitel des 5. Buches Mose, wie es sich Lernenden darstellen könnte, „Schritt für Schritt" gelesen werden.[157] Der Blick richtet sich dabei auf die Kontraste, von denen Zenger spricht. Diese finden sich sowohl auf sprachlicher als auch auf historisch-redaktioneller Ebene. Es werden Bezüge in verschieden starker Intensität gefunden und auch die Gemeinschaft der Angesprochenen wird in unterschiedlichen Situationen lokalisiert. Das Kapitel wurde ausgewählt, weil es in der bisherigen Ana-

---

[156] Anhand eines Textes aus Neu-Assyrien studierte *Lanfranchi* den Prozess der Neuinterpretation von Tradition anhand einer Fallstudie. Er vergleicht Bel-ušezib's Methode, dem König anhand der Sterne eine Vorhersage über den Ausgang einer Kampfhandlung zu machen mit der seiner Kollegen. Er arbeitet dabei heraus, dass dieser antike Wissenschaftler die alten, überlieferten Vorstellungen durch kontinuierliche Beobachtung der himmlischen Phänomene ergänzt und auf den neuesten Stand bringt. Er beließ es also keinswegs bei der Anwendung überkommener, unbeweglicher Systeme (1989, bes. S. 114).

[157] *Barthes* empfiehlt diese Vorgehensweise, um den Text nicht vorschnell in Strukturen zu pressen: „Will man weiter aufmerksam sein für das Plurale des Textes (so begrenzt er auch sein mag), muss darauf verzichtet werden, diesen Text in großen Mengen zu strukturieren, wie es die klassische Rhetorik und Schulinterpretationen taten: durchaus keine Konstruktion des Textes: alles ist signifikant ohne Unterlass und mehrere Male, aber ohne etwas zu delegieren an eine Gesamtheit am Ende, an eine letzte Struktur" (1976, S. 16).

Intertextuelle Aspekte

lyse, gemessen an seinem pädagogischen Gehalt, zu wenig berührt wurde. Dtn 6 kann als das Kapitel betrachtet werden, das zumindest in Teilen den Lehr- und Lernbegriff des 5. Buches Mose inspiriert hat.

Anschließend soll mit einem völlig anderen Buch aus einem anderen als dem dtn/dtr Kontext sozusagen die Gegenprobe gemacht werden. Findet sich das „Hörgeschehen" auch im Sprüchebuch? Kann auch dort davon gesprochen werden, dass sich Lernen im Hören auf Texte und ihrer Aneignung in den eigenen Kontext abspielt?

> *"Schritt für Schritt zu kommentieren, heißt mit Gewalt die Eingänge des Textes erneuern, heißt es vermeiden, ihn zu sehr zu strukturieren, ihm diese zusätzliche Struktur zu geben, die zu ihm durch eine These käme und ihn schließen würde: heißt den Text, anstatt ihn zu versammeln, sternenförmig aufzulösen."*[1]

7 Exegetische Durchführung I: Kommentare zum Sch^{e}ma Jisrael in Dtn 6

7.1 Zum Verständnis der Kommentare als Unterweisung

In der Literatur ist immer wieder die Schichtstruktur des 5. Buches Mose aufgefallen. Die trotz der äußerlichen Geschlossenheit des Buches leicht erkennbaren Fortschreibungen lassen sich in den metasprachlichen Bezügen und in Wiederholungen beobachten und gelten als Besonderheit des Buches. Rose spricht davon, dass die Deuteronomische Schule bewusst „am Prozess von Tradition und Interpretation" teilnimmt,[2] Lohfink macht sich Gedanken, ob Teile des Bundesbuches im 5. Buch Mose fortgeschrieben wurden,[3] Weingreen nennt das Buch „a proto-Rabbinic document",[4] da es in seinem Umgang mit der Tradition auf das spätere Rabbinat hinführe.[5] Stand in älteren Untersuchungen zum 5. Buch Mose eher die historische Suche nach dem „Ur-Deutero-nomium" im Vordergrund und wurde in der Forschung außerdem mit historischem Interesse zwischen älteren und jüngeren redaktionellen Schichten unterschieden, so hat sich in den Beobachtungen zur Tradition die Blickrichtung gewendet. Die historische Einordnung der literarischen Schichten bleibt zwar von Interesse, insofern sie dazu beiträgt, die einzelnen Texte von-

---

[1] *Barthes* 1976, S. 17.
[2] *Rose* 1994, S. 27.
[3] *Lohfink* 1996.
[4] *Weingreen* 1970, S. 4.
[5] *Preuß* 1982, S. 28.

einander abzugrenzen und in einem historischen Kontext zu situieren. Der Blick konzentriert sich jetzt aber auf die Veränderungen zwischen den Schichten. Die Frage ist, wie sich Bedeutung in Texten, die sich aufeinander beziehen, verschiebt. Eine Grundüberzeugung dieser veränderten Blickrichtung ist die, dass sich Schichten im Text nicht zufällig gebildet haben wie etwa Gesteinsschichten im Laufe der Jahrtausende entstehen, sondern dass sich hinter ihnen eine bewusste Auseinandersetzung der Schreiber mit der Tradition verbirgt. Die Unterscheidung zwischen „traditum" und „traditio" ermöglicht es, die alttestamentlichen Texte einerseits als sorgfältige Überlieferung und anderer-seits als bewusste Fortschreibung der älteren Tradition wahrzunehmen und so ideengeschichtliche Einblicke zu erhalten.

"In the course of *Biblical Interpretation in Ancient Israel* I employed the two features of *traditum* and *traditio* to get at two features of tradition: its stable quality as a bundle of tradition, and its active quality as a process of transmission. Both dimensions sought to articulate my conviction that the Hebrew Bible is the product of tradition in diverse stages of unfolding, and that to catch the content in diverse contexts would be to penetrate beneath the textual surface to the living reality of ancient Israel."[6]

Auch wenn hier bezweifelt wird, dass durch die Betrachtung der Überlieferungsprozesse wirklich ein Einblick in die lebendige Realität Israels gelingen wird, so scheint doch die Unterscheidung zwischen traditum und traditio gerade im 5. Buch Mose einen Kern der ersttestamentlichen Überlieferungsgestalt zu treffen. Ich vertrete in dieser Arbeit die These, dass sich hinter dem Prozess der traditio Lehre verbirgt. Eine Untersuchung der Veränderungen zwischen Texten und ihren Kommentaren geht daher über das hinaus, was im Deuteronomium ausdrücklich über lehren und lernen gesagt ist. Es zeigt sich darin der Umgang mit der Tradition, dem traditum. Dieser Umgang wird hier als Neuinterpretation des Überlieferungsguts verstanden, hinter der sich auch eine pädagogische Absicht verbirgt.

Diese These setzt voraus, dass sich im 5. Buch Mose nicht klar zwischen Exegese und Unterweisung unterscheiden lässt. Exegese ist Auslegung oder Interpretation von biblischen Texten zum Zweck des besseren Verständnisses, Unterweisung ist Vermittlung dieser Texte mit

---

[6] *Fishbane* 1998, S. 18.

dem Ziel, das Handeln zu beeinflussen. Wenn Exegese im Sinne von explicatio und applicatio verstanden wird, dann überschneidet sie sich mit der Unterweisung im Aspekt der applicatio. Die Anwendung des Gehörten bzw. Gelesenen hat aber in den Schriften des Ersten Testaments, in denen davon die Rede ist, erste Priorität. Im Tun beweist sich, ob richtig verstanden bzw. ob gelernt wurde. Der exegetische Unterscheidung zwischen explicatio und applicatio kann im biblischen Denken nicht vorausgesetzt werden.

Nach dem im vorangegangenen Kapitel Erarbeiteten wird hier davon ausgegangen, dass sich ein Text zwar äußerlich als kohärentes Sprachgebilde darstellt, seine Bedeutung sich aber in der Kommunikation zwischen „Autor",[7] Text und Leser erschließt. Bedeutung erarbeitet sich also die jeweilige Leserin in ihrem Kontext. Es ist zunächst eine individuell gültige Bedeutung, die sie in der Lese-bzw. Lerngemeinschaft einbringen und überprüfen kann. In Gesprächen oder durch neue Ereignisse kann sich dann ihr Textverständnis erweitern oder verändern. Im 5. Buch Mose werden der Text und die aktualisierende Interpretation gleich stark gewichtet. Traditio wird für die späteren Leser zum traditum. Im Prozess der Kanonisierung erscheinen die Aktualisierungen wichtig genug, um aufgeschrieben zu werden und als Grundlage neuer Lesarten zu dienen.

Im Folgenden wird der Vorgang der Interpretation „Lesart" genannt, um auf den dargestellten hermeneutischen Hintergrund zu verweisen und gleichzeitig deutlich zu machen, dass die eine Lesart neben einer anderen stehen kann und dass sich eine Lesart durch Einflüsse verändern kann.[8] Längere Textblöcke, die interpretierend anderen vorangestellt

---

[7] Ich stelle „Autor" in Anführungsstriche, da ich, wie dargelegt, der Überzeugung bin, dass der historische Autor eines alttestamentlichen Textes nur in seltenen, eingegrenzten Fällen auszumachen ist. Der Begriff bezeichnet hier eher den „abstrakten Autor", wie ihn W. *Schmid* definiert: „„,der Autor als das Subjekt der das einzelne Werk hervorbringenden schöpferischen Akte und als der Träger der das Werk im Ganzen bestimmenden Intentionen."" Zitiert nach *Link* 1980, S. 40.

[8] In der Literatur wird der Begriff der „Fortschreibung" zur Bezeichnung der verschiedenen literarkritisch voneinander geschiedenen Schichten im Deuteronomium verwendet, s. z. B. *Achenbach* 1991, S. 174, 209 u.ö. Der hier verwendete Begriff der „Lesart" soll dagegen das rezeptionsästhetische Anliegen dieser Arbeit erfassen.

Kommentare zum Sch^ema Jisrael

werden, nenne ich Kommentare. Ein Kommentar kann verschiedene Lesarten der Texte enthalten, auf die er sich bezieht.

7.2 Das Sch^ema Jisrael (Dtn 6,4f)

7.2.1 Übersetzung

> 4 *Höre Israel, JHWH ist unser Gott, JHWH ist einer.*
> 5 *Und du sollst JHWH, deinen Gott, lieben mit deinem ganzen Herzen[9] und mit deinem ganzen Leben[10] und mit deiner ganzen Kraft.*

7.2.2 Die Verse 6,4f als Kristallisationspunkt von Tradition und Interpretation

Mit 6,4f ist der wichtigste Impuls des Kapitels Gegenstand der Analyse. Aus Dtn 6 ragt das Sch^ema Jisrael (6,4f) sprachlich heraus. Die Verse bilden die Hauptaussage des Kapitels.[11] Das Sch^ema ist daher in seiner proklamatorischen Formulierung selbst bereits die Verdichtung einer Diskussion, die der Niederschrift vorausging. Es ist in diesem Kapitel in doppelter Hinsicht mit einem Interpretationsprozess zu rechnen:

Zunächst wurden 6,4-9,6 dem älteren deuteronomischen Gesetzeskorpus in Dtn 12-26 vorangestellt und können daher als aktualisierender Kommentar dieser Gesetze gelesen werden. Aufgrund der angenomme-

---

[9] Im Hebräischen ist לבב (Herz) der Sitz des Verstandes, des Gedächtnisses und Gewissens aber auch der Sitz der Empfindungen, s. u. Kapitel 7.4.4.1.

[10] נפש hat die Grundbedeutung „Kehle" und darüber hinaus eine große Bedeutungsbreite: „Mit dem Organ werden gleichzeitig dessen Fähigkeiten und Tätigkeiten mitbezeichnet und mitgedacht." *Schroer/Staubli* 1998, S. 62. Durch die Kehle zieht der Atem des Lebewesens, durch sie nimmt der Mensch Wasser und Nahrung zu sich und sie beeinflusst Laute, die der Mensch macht, und die auf seinen Gemütszustand schließen lassen. Die übliche Übersetzung „Seele" an dieser Stelle setzt eine Zweiteilung zwischen Körper und Seele voraus, die es im hebräischen Denken nicht gab. Ich übersetze daher mit „Leben".

[11] Ich schließe mich den redaktionsgeschichtlichen Analysen an, die der Meinung sind, 6,4f war einmal der Beginn einer Textsammlung, die mit einigen Auslassungen, die hier nicht benannt werden müssen 6,4 – 9,6; 12-25 und 28 umfasste. Nach *Achenbach* 1991, S. 2ff findet sich diese Sicht bei *Steuernagel, Staerk, Hempel, Puukko, Hölscher, Oestreicher, Alt, v. Rad, Schreiner, Neumann, Rose, Garcia-Lopez, Levin, Preuß* u.a. Siehe bei *Achenbach* auch die Literaturangaben.

nen Anfangsstellung des Sch^(e)ma Jisrael und sprachlichen Einzelbeobachtungen können die Verse von Dtn 6, die sich daran anschließen (6,5-25), bzw. ihm vorausgehen (6,1-3), als Rezeptionsvorgänge gedeutet werden, mit denen 6,4f ausgelegt bzw. aktualisiert wird. Die 6,4f vorausgehenden Verse 6,1-3 sind eine später angefügte Einleitung und Überleitung von Dtn 5. Zugleich leiten sie den gesamten Abschnitt 6,4-9,6 ein. Es sollen hier zunächst intratextuell in Dtn 6 die Spuren von Tradition und Interpretation verfolgt werden.

7.2.3 Erste Beobachtungen zu Textzusammenhang und Syntax

7.2.3.1 Die vorangehenden Verse

6,4f ist ein Abschnitt für sich. Das zeigt bereits ein Blick auf die drei vorangehenden Verse. 6,1-3 unterscheiden sich in ihrer Syntax von 6,4f. Dort herrscht Komplexität und Verschachtelung vor, hier sind die Sätze kurz und einprägsam. Dort sind Abstraktlexeme wie „das Gebot, die Ordnungen und Rechtsbestimmungen" Leitworte, hier herrscht konkrete Sprache. Zwischen 6,3 und 6,4 hat sich also eine Stiländerung vollzogen, die auf eine Uneinheitlichkeit von 6,1-5 schließen lässt.[12] Ein weiteres Anzeichen sind die unterschiedlichen Verben zur Bezeichnung des Gottesverhältnisses. 6,2 lautet: *damit du JHWH, deinen Gott fürchtest*, in 6,5 steht: *du sollst JHWH, deinen Gott lieben*.

„Höre Israel" ist in 6,4 ein Imperativ, der als „Aufmerksamkeitsruf"[13] bezeichnet werden kann, während in 6,3 der Jussiv im Zusammenhang mit „achte darauf" steht. In 6,3 wird also der paränetische Kontext hervorgehoben, während in 6,4 zunächst keine Paränese folgt, sondern ein Bekenntnis: *JHWH ist unser Gott, JHWH allein*. Diese Beobachtungen sprechen dafür, dass die Verse wohl zu unterschiedlichen Zeiten in den Kapitelzusammenhang eingebracht wurden.

Die Septuaginta leitet 6,4 mit dem Satz ein: *Und dies sind die Ordnungen und Rechtsbestimmungen, die Mose den Kindern Israel in der Wüs-*

---

[12] *Richter* 1971, S. 60: „Ein Anzeichen für die Uneinheitlichkeit eines Textes ist das Durchherrschtsein eines Textbestandteils von Abstrakt-Lexemen, die etwa Bewertungen oder Theologisches beinhalten, gegenüber einem anderen, der nur konkrete Lexeme enthält."
[13] *Achenbach* 1991, S. 65.

Kommentare zum Sch^{e}ma Jisrael

te befohlen hat, als sie aus dem Land Ägypten hinausgingen.[14] Dieser Zusatz erscheint im Papyrus Nash in hebräischer Sprache.[15] Die Septuaginta, deren hebräische Vorlage vermutlich im Papyrus Nash erhalten geblieben ist, beginnt also in 6,4 mit einer neuen Überschrift, möglicherweise der ursprünglichen Einleitung zu Dtn 6. Mit Achenbach bin ich der Meinung, dass 6,1-3 jüngeren Datums ist, es wurde dem älteren Text 6,4f als Einleitung vorangestellt.[16]

7.2.3.2 Die nachfolgenden Verse

Oft werden 6,4f zusammen mit 6,6-9 als Einheit betrachtet.[17] Hier werden diese Textabschnitte getrennt analysiert, wozu mich verschiedene Beobachtungen veranlassen. Zunächst unterscheiden sich 6,4f von 6,6-9 auf der Sprachebene. 6,5 weist eine poetische Struktur auf und bildet mit 6,4 zusammen ein Bekenntnis, das zunächst für sich steht. Die biblische Rezeption trennt 6,6-9 von diesem Bekenntnis, wie bereits ein Vergleich mit 11,18ff zeigt, wo nur die Verse 6,6-9 zitiert werden. 6,6-9 ist von paränetischen, metasprachlichen Formulierungen geprägt, die von der Phrase *und diese Worte ...sollen in deinem Herzen sein* (6,6) ausgehen. Der Abschnitt 6,6-9 spricht also über 6,4f. Während 6,4f sich mit dem kollektiven „Du" an das ganze Volk wendet, ist in 6,6-9 der oder die Einzelne angesprochen. Dass Abschnitt 6,6-9 für sich betrachtet werden kann, geht auch daraus hervor, dass er die Sesshaftigkeit mit Begriffen wie „Haus", „Pfosten", „Tor" eindeutig voraussetzt, während 6,10ff von der Situation an der Schwelle des Übergangs ausgeht: *Und es*

---

[14] Der griechische Text lautet: καὶ ταῦτα τὰ δικαιώματα καὶ τὰ κρίματα ὅσα ἐνετείλατο κύριος τοῖς υἱοῖς Ισραηλ ἐν τῇ ἐρήμῳ ἐξελθόντων αὐτῶν ἐκ γῆς Αἰγύπτου (Übersetzung von der Verfasseri).

[15] Ein vergrößertes Abbild des Papyrus findet sich bei *Würthwein* 1973, S. 130.

[16] *Achenbach* weist auf den Zusammenhang mit dem Papyrus Nash hin. Er hält 6,1-3 ebenfalls für jünger und sieht sich durch die Septuagintaüberlieferung bestätigt: „Wir haben somit noch aus einem Spätstadium der Textgeschichte in vorrabinischer Tradition einen Beleg dafür, dass man schon früh Dtn 6,4 als einen Neubeginn empfand" (1991, S. 65).

[17] So *Lohfink* 1987, S. 154, und *Rose* 1994, S. 26ff, der Dtn 6,4-9 als „theologisches Programm" betrachtet, und darin „Elemente aus alter und jüngerer Zeit" entdeckt, ohne literarkritisch zu unterscheiden. Ebenso *Preuß* 1982, S. 100. Anders *Achenbach*, der 6,6-9 als weisheitliche Belehrung versteht und 6,4f als Bekenntnis bezeichnet, das seinen Sitz im Leben im Zusammenhang mit der Bundesformel 26,17f eher im Rahmen der Priesterbelehrung hat (1991, S. 65 und S. 82ff und Anm. 14).

soll geschehen, wenn JHWH, dein Gott dich in das Land bringt.... Diese Argumente veranlassen mich dazu, den Abschnitt 6,6-9 als eigenen Textabschnitt zu lesen[18] und ihn als eine Lesart des Sch^ema zu verstehen.

7.2.3.3 Zur Syntax des Sch^ema

In der syntaktischen Analyse stellen sich die Verse 6,4f folgendermaßen dar:[19]

Vers	Konjunktion	Verb + Negation	Nomen + Artikel	Pronomen + Nominalsuffix	Präposition	Namen
4		שמע	אלהי˙˙˙	נו˙˙		ישראל יהוה יהוה
5	ו ו	ואהבת	אלהי˙˙˙ לבב˙˙ נפש˙˙ מאד˙˙	ך˙˙ ך˙˙ ך˙˙ ך˙˙	ב ב ב	יהוה

Hinweise für eine poetisch geprägte Sprache sind die auffälligen Wiederholungen des Namens Gottes und der Attribute für den Menschen. Hier ist ein metrisches Interesse am Werk, das die Sätze einprägsam gestaltet.

Besonders auffällig ist, dass dreimal der Name Gottes genannt wird. Rose schreibt dazu: „V.4f will unübersehbar dafür werben, im Text (des Gesetzes) nicht nur irgend etwas auf Papier (bzw. auf Pergament oder Papyrus) Fixiertes zu sehen und den Text nicht nur nach dem Maßstab der Herkunft von Mose zu beurteilen, sondern vor allem Text den Namen ‚Jahwe' zu lesen (V.4): womit wir umgehen, ist *Gottes* Wort!"[20]

Der dreimaligen Wiederholung des Namens korreliert die dreimalige Nennung von Attributen für den Menschen: *Mit deinem ganzen Herzen, mit deinem ganzen Leben und mit deiner ganzen Kraft.* Die häufigen Suffixe drücken eine enge Beziehung zwischen Gott und seinem Volk

---

[18] Mit *Achenbach*, S. 104f.
[19] Vorbild für die Tabellenstruktur ist *Müller* 1992, S. 42f, dort auch Literatur zur Textanalyse, vgl. auch *van Dijk* 1980, S. 96ff.
[20] *Rose* 1994, S. 27. Er bezieht sich auf die These, dass 6,4f einmal am Anfang des Abschnitts Dtn 6-11 stand.

aus. Die beiden Verben im Abschnitt deuten in die gleiche Richtung: „hören" und „lieben". Der Numeruswechsel zwischen 6,4 und 6,5 könnte ein Indiz für eine Spannung im Text sein.[21] Zieht man aber in Betracht, dass die 1. Person Plural in 6,4 Mose, den Mittler, einschließt (anders bei dem Ausdruck „unser Gott" in 6,20.24), und dass es unangebracht wäre, wenn Mose sich selbst das Liebesgebot aussprechen würde, dann leuchtet der Numeruswechsel ein.

Die Verse 6,4f sind nach ihrer Stellung und Syntax in Dtn 6 Verdichtung von Tradition. Die Bedeutungsanalyse gibt Hinweise, welche Vorstellungen eingeflossen sind.

7.2.4 Bedeutungsmöglichkeiten in 6,4

Der kurze Text Dtn 6,4f enthält, neben der Aufforderung zu hören (6,4a), drei gewichtige Sinnlinien: Die Erklärung der Zugehörigkeit Israels zu Gott (6,4bα), die Aussage zur Einzigartigkeit Gottes (6,4bβ) und das Liebesgebot (6,5).[22] Hier soll zunächst vor dem Hintergrund der gegenwärtigen theologischen Diskussion gezeigt werden, dass dieser Text trotz seiner Kürze und Prägnanz viele Deutungsmöglichkeiten zulässt. Die aufgezeigten Möglichkeiten sind allerdings nur ein Ausschnitt aus den in der Geschichte der jüdischen und christlichen Auslegung erkannten Möglichkeiten.[23] Dennoch mag es genügen, die gegenwärtigen Diskussionen anzuführen (auch diese sicher nicht vollständig), um deutlich zu machen, dass diese Verse nicht eindeutig zu verstehen sind. Trotz ihrer äußerlichen Kürze enthalten sie nicht eine Bedeutung sondern sind mehrdeutig. Die Entscheidung darüber, welche Bedeutung die richtige sei, überlassen sie der jeweiligen Leserin oder dem Leser und ihren Gesprächskontexten.

---

[21] *Richter* nennt „unmotivierten Personenwechsel" als Kriterium für einen syntaktischen Bruch. Er schränkt allerdings ein: „Absolut - ohne weitere Kriterien - ist dieses Indiz aber kaum eine hinreichende Stütze zu literarkritischen Operationen" (1971, S. 57).
[22] Die Aufteilung der Verse ergibt sich durch den Atnah hinter שמע ישראל, an dem sich die Versteilung orientiert.
[23] Eine interessante Zusammenstellung jüdischer Auslegungen des Schᵉma Jisrael findet sich in *Petri/ Thierfelder* 2002, S. 33 aufgelistet.

Dass sie bewusst mehrdeutig komponiert wurden, möchte ich bezweifeln. Ich rechne damit, dass das Sch^{e}ma Jisrael wahrscheinlich ohne den Hörruf in Auseinandersetzung mit der Theologie des Propheten Hosea und den Aussagen des dtn Gesetzeskerns, in mündlicher Überlieferung entstanden ist und erst als mündlich geprägtes Wort den Gesetzesordnungen mit Hörruf vorangestellt wurde, die dann zum 5. Buch Mose erweitert wurden. Die Mehrdeutigkeit der Worte war aber vom Zeitpunkt der schriftlichen Fixierung an bewusst, denn sie wurde genutzt, indem an verschiedene Aspekte der Worte angeknüpft wurde. In einem zweiten Schritt möchte ich diesen Vorgang innerhalb von Dtn 6 nachvollziehen.

Es handelt sich dabei um ein Kapitel des 5. Buches Mose, in dem zwar nur einmal ausdrücklich von „lehren" die Rede ist (6,1), das aber in zwei großen Abschnitten über Lehrmethoden reflektiert (6,6-9.20-24). Indem ich die Auslegung von 6,4f innerhalb dieses Kapitels betrachte, schließe ich vom Umgang mit dem kurzen Traditionsstück auf das Lehrverständnis der Tradenten. Es wird sich zeigen, dass dieses Lehrverständnis durchaus neue Situationen mit einbezieht und auch an Reaktionen der Hörer und Hörerinnen zu lernen bereit ist, indem es Neuformulierungen vornimmt.

7.2.4.1 „Höre Israel" – Struktursignal oder Aufforderung zum Lernen?

Dtn 6,4 beginnt mit dem Imperativ „Höre, Israel". Wie bereits im Abschnitt über Mündlichkeit und Schriftlichkeit dargestellt, wird in der Forschung vermutet, dass es sich bei diesem Imperativ um ein „Struktursignal" handelt, das mehrmals im 5. Buch Mose teils mit und teils ohne Objekt im Vokativ oder im Jussiv am Beginn von Redeabschnitten steht.[24] Daraus ergibt sich aber das formgeschichtliche Problem, wie man sich den Sitz im Leben einer solchen „Rede an die Nation" vorzustellen hat. Achenbach denkt an die Anrede von Priestern an das Volk, und zwar an solche Priester, die „die mosaische Funktion der Gesetzesbelehrung übernommen haben".[25] Diese Form der priesterlichen Beleh-

---

[24] So in 4,1; 5,1; 6,3; 6,4; 9,1; 20,3; 27,9 vgl. *Lohfink* 1963, S. 66 und etwas modifiziert *Achenbach* 1991, S. 70.
[25] *Achenbach* bezieht sich dabei auf 20,3 und 27,9f (ebd. S. 76). Er entscheidet sich hier auch gegen den weisheitlichen Sitz im Leben des Aufmerksamkeitsrufs, den *Weinfeld* 1992 besonders hervorgehoben hat.

rung wird, wie wir sahen, im juristischen Zusammenhang (Dtn 17,9), im kriegerischen Zusammenhang (Dtn 20,2) und im kultischen Zusammenhang (Dtn 27,9; 31,9ff) im 5. Buch Mose beschrieben.

Ich halte es für einleuchtend, dass der Sitz im Leben des Hör-Rufs in der Priesterbelehrung zu suchen ist. Gerade wenn aber „hören" im 5. Buch Mose in den Zusammenhang mit Belehrung gestellt wird, kann es nicht auf den technischen Vorgang der Aufnahme von Wörtern reduziert werden. In den vorangegangenen Kapiteln wurde bereits gezeigt, dass es ein durchaus zentrales Verb im Lehr/Lernzusammenhang ist und eine Haltung impliziert, die Voraussetzung für jeden Lernvorgang ist. Aus dieser Sicht scheint mir das „höre" über eine strukturierende Redeweise hinaus von Bedeutung zu sein. Es impliziert immer auch ein Angesprochen Werden. Hören ist Teil eines hermeneutischen Vorgangs, in dem das gesprochene Wort „Verstehen eröffnet und vermittelt, also etwas zum Verstehen bringt".[26] Sprechen und Hören sind „wirklichkeitskonstituierende Vorgänge".[27] Der Aufruf eröffnet ein Hörgeschehen, das in immer neuem, aktualisierendem Hören, Verstehen und schließlich Tun mündet und durch die Zeiten hindurch erklingt, solange die Texte gelesen und gehört werden.

7.2.4.2   Hat Dtn 6,4bα eine oder zwei Aussagen?

6,4bα bietet im Anschluss an den Aufruf zum Hören verschiedene Verstehensmöglichkeiten,[28] die zunächst davon abhängen, ob der Vers zwei Nominalsätze enthält oder einen. Die Septuaginta versteht ihn als einen Satz und deutet „unser Gott" als Apposition: κύριος ὁ θεός ἡμῶν (JHWH, unser Gott).[29] Lohfink stimmt mit der Septuaginta überein und begründet das appositionelle Verständnis damit, dass prädikatives אלהים hinter יהוה in dtn/dtr Sprache „stets eigens kenntlich gemacht wird". Er verweist auf die Prosatexte Dtn 4,35; 7,9; Jos 24,18; 1 Kön 8,60, die in intertextueller Verbindung mit Dtn 6,4bα stehen und gerade um der von

---

[26] *Ebeling* 1967b, S. 333f.
[27] *Rödzus-Hecker* 1992, S. 54, s. o. den Exkurs zum Hören im Deuteronomium.
[28] Dazu ausführlich *Achenbach* 1991, S. 76ff , dort auch die Literaturangaben. Einen guten Überblick bietet *Quell* 1950, S. 1079f.
[29] So auch *Rose* 1994, S. 26, und *Lohfink/ Bergmann* 1973, Sp. 213f. Als Satzaussage deuten den Ausdruck u.a. *Achenbach* 1991, *Quell* 1950 und der Rabbiner *Raschi*, s. *Petuchowski* 1982, S. 66.

Kommentare zum Sch^ema Jisrael

ihnen intendierten Eindeutigkeit willen die Markierung הוא (er) setzen.[30] Dagegen soll hier argumentiert werden, dass der Satz im Hebräischen zwei gleich gebaute Satzteile hat יהוה אלהנו יהוה אחד, die durch die Wiederholung des Namens Gottes unterstrichen werden. Die einseitige Betonung der zweiten Hälfte ist also mit der Struktur nicht begründbar. Das Verständnis: *Höre, Israel, JHWH ist unser Gott* korrespondiert inhaltlich mit Dtn 26,17f und mit Jos 24,18, beides bundestheologisch hervorragende Stellen, die ebenfalls proklamatorische Bedeutung haben. Die Version der Septuaginta könnte dagegen die Aussage, stärker als im hebräischen Text intendiert, auf den zweiten Teil des Satzes hin gewichten wollen, indem sie aus der ersten Aussage eine Apposition macht: *JHWH, unser Gott, JHWH ist einer.* Das scheint mir bereits eine bestimmte Lesart vor einem fest umrissenen Hintergrund zu sein: Hier soll mit dem Sch^ema Jisrael ein griechischer Vielgötterglaube abgewehrt werden.[31] Unter dem Gesichtspunkt der Rezeption betrachtet, hat das gleichgewichtige Wortspiel in 6,4bα aber gerade in seiner Offenheit seinen Wert, die sowohl die prädikative als auch die appositionelle Möglichkeit des Verstehens zulässt. Darin besteht gerade seine poetische Ästhetik,[32] die sich allerdings in der deutschen Übersetzung nicht wiedergeben lässt.

---

[30] Von den angegebenen Texten ist Jos 24 möglicherweise älter ist als Dtn 6, 4f, vgl. dazu ausführlich *Achenbach* 1991, S. 176ff. Das interessiert hier aber weniger als die Tatsache, dass die Texte aus einem vergleichbaren Diskussionszusammenhang stammen und unterschiedlich mit den Inhalten umgehen: In Josua 24,18 ist das Bekenntnis zu Gott der Abschluss seines Argumentationsgangs, in Dtn 6,4 ist es der Ausgangspunkt. In Josua 24,18 liegt die Betonung auf der Eindeutigkeit des traditum, verschärft und für den Fall der Nichterfüllung in 24,19f mit dem Fluch belegt. Dtn 6,4 lädt ein zur traditio, hat also einen anderen textpragmatischen Ausgangspunkt.

[31] *Achenbach* vermutet eine „antipolytheistische Interpretation" beim Septuagintatext (1991, S. 78).

[32] „Der Befund ist also von der Art, dass es nicht möglich ist, den Sinngehalt dieser Worte in einwandfreier gedanklicher Schärfe zu bestimmen. Diese Tatsache in Verbindung mit dem rhythmischen Schwung der Sprache und der unverkennbaren Größe des Gegenstandes der Aussage macht die Worte zu einem in seiner Art einzigen Zeugnis der gehaltenen und doch unruhvoll drängenden Kraft des Jahweglaubens." *Quell* 1950, S. 1080. *Quell* hält aus der Perspektive seiner Zeit diesen „Tiefsinn" noch für „fragwürdig", da er nicht eindeutig bestimmbar sei. Aus rezeptionsästhetischer Perspektive ist die Offenheit dagegen wertvoll.

7.2.4.3 Inwiefern ist Gott einer?

Auch die zweite Satzaussage in 6,4bβ birgt, für sich betrachtet, eine Vielfalt von Bedeutungsmöglichkeiten. Die Frage ist, ob אחד mit „einzig", „alleiniger", oder „einzigartiger" zu übersetzen ist.[33] Dahinter eröffnet sich das in der Rezeptionsgeschichte so bestimmend gewordene Thema, was dieser durch seine Stellung programmatische Ausruf zur Monotheismusfrage aussagt. Die Aussage markiert aus heutiger Sicht einen wesentlichen Schritt auf dem Weg zum Monotheismus. Die Bedeutung im Sinn einer Ausschließlichkeitsaussage scheint aber in der Königszeit, der anzunehmenden Zeit der Niederschrift des Textes,[34] noch nicht verwendet worden zu sein. Aus rezeptionsästhetischer Perspektive ist gerade die Mehrdeutigkeit des Lexems eine wichtige Beobachtung. Sie könnte beabsichtigt sein. Die Offenheit des Verständnisses ist didaktisch wertvoller als eine hypothetische Geschlossenheit, denn die Offenheit macht es nötig, bei einem Zusammenhang zu verharren, ihn abzuwägen und schließlich zu einer Entscheidung zu gelangen. Verharren, Abwägen und eigene Entscheidungsfindung sind aber wesentliche Elemente eines Lernvorgangs. So ist es denkbar, dass hier bewusst mehrdeutig gesprochen ist, um späteren Lesarten die Möglichkeit zu geben, die Einzigartigkeit in ihren Zusammenhängen genauer zu fassen und dadurch mehr zu erreichen als mit einer einmaligen Setzung, die bald außer Gebrauch geraten wäre. Diese These setzt aber voraus, dass die (relative) Offenheit auch immer wieder wahrgenommen wurde und wird. Im Folgenden sollen verschiedene Bedeutungsmöglichkeiten von אחד gezeigt werden.

Die Übersetzung „einzig" kann im Kontrast zu einem generellen Polytheismus verstanden werden. Dabei wird nicht im Sinne eines absoluten Monotheismus geleugnet, dass es andere Götter gibt. Der mögliche Kontrast zu einem „Polyjahwismus" ist vom Baalsverständnis abgeleitet, hat aber keine Befunde in ersttestamentlichen Tex-

---

[33] Diese drei Möglichkeiten nennt und diskutiert *Achenbach* 1991, S. 78-82.
[34] *Braulik* 1997, S. 121, der 6,6-9 für vordeuteronomistisch hält und damit für vorexilisch. Auch *Rose* geht von einer vorexilischen Entstehungsgeschichte der Verse 4-9 aus, wobei er das „Höre, Israel" für die Eröffnungsformulierung einer Kultfeier „im alten Israel" hält, während er die Unterweisung der Kinder (6,7a) in eine „viel spätere Zeit der Privatisierung bzw. Familiarisierung der israelitisch-jüdischen Religion" verlegt (1994, S. 26).

ten.³⁵ Polemik gegen Polytheismus findet sich z.B. in Dtn 6,14: Ihr sollt nicht anderen Göttern, von den Göttern der Völker, die rings um euch her sind, nachlaufen.

Mit der adverbiellen Übersetzung „allein" hat das Adjektiv eine separative Konnotation, vgl. 2 Kön 9,1 „einen von den Söhnen der Propheten", aber auch die Stellen, wo von einem einzigen Kind die Rede ist. Dort wird es allerdings mit dem Adjektiv יָחִיד bezeichnet, das von der Wurzel יחד (sich vereinigen, verbinden, anschließen) abgeleitet ist: Gen 22, 2.12.16; Ri 11,34; Spr 4,3; Jer 6,26; Am 8,10; 12,10. Neben der separativen steht eine exklusive Verwendung: 1 Chr 29,1 „Mein Sohn Salomo, der einzige, den Gott erwählt hat". Hier ist gerade nicht die numerische Bedeutung von אחד im Vordergrund.

Die Konnotation „einzigartig" bezeichnet eine Ausschließlichkeit bzw. eine Unvergleichlichkeit. Diese Verwendung findet sich in Jes 51,2, wo über Abraham gesagt wird: „Ich rief ihn als einen Einzelnen, und ich segnete ihn". Ähnlich ist Sach 14,9, die einzige Parallele zu Dtn 6,4, zu verstehen: „Und wird König sein über die ganze Erde; an jenem Tag wird JHWH einzig sein und sein Name einzig."

Die Mehrdeutigkeit spiegelt sich auch in den Kommentaren zur Stelle, von denen nur einige zitiert werden sollen: Braulik³⁶ hält „einzig" für einen Topos der „Liebessprache" nach Hld 6,8f. Dtn 6,4f proklamiere den Ausschließlichkeitsanspruch JHWHs in einem Liebesbezug. Rose sieht darin ein Bekenntnis, das später „zur Glaubensformulierung des Monotheismus gemacht wurde";³⁷ Achenbach spricht davon, dass das Adjektiv „Jahwes Exklusivität" ausdrückt, seinen „schechthinnigen Ausschließlichkeitsanspruch gegenüber Israel".³⁸

7.2.4.4 Mehrdeutig und dennoch ein Bekenntnis

Der Bekenntnischarakter von 6,4f erklärt sich nun aus allen drei Satzteilen von 6,4:³⁹

1. Im „*Höre, Israel*" findet sich die Anrede an das ganze Volk, die Allgemeingültigkeit der folgenden Aussage klingt an, körperliche, bzw. geistige Präsenz wird beansprucht. Auf Grund seiner

---

³⁵ Vgl. *Achenbach* 1991, S. 79.
³⁶ *Braulik* 1986, S. 56.
³⁷ *Rose* 1994, S. 27.
³⁸ *Achenbach* 1991, S. 82.
³⁹ Von einem „Bekenntnis" sprechen *Braulik* 1986, S. 55 und *Achenbach* 1991, S. 88; *Halbe* versteht das Jisrael eher im Rahmen des deuteronomischen Rechtsverständnisses, so auch *Perlitt* und *Lohfink*, vgl. *Rütersworden* 1995, Spalten 256f. *Petuchowski* nennt Dtn 6,4f das „Kernstück des jüdischen Glaubens" (1982, S. 65).

absoluten Stellung,[40] bzw. seiner Anfangsstellung, klingt der Imperativ durch Raum und Zeit.

2. *„JHWH ist unser Gott"*, ist die kürzeste Form des Bekenntnisses des israelitischen Volkes überhaupt. Dass JHWH Gott ist, steht im Alten Testament nie in Frage. Entscheidend ist die Aussage, *„JHWH ist **unser** Gott"*. Dass in diesem Peronalsuffix die Geschichte Israels mit seinem Gott anklingt, der es befreit hat und seinen Bund mit ihm geschlossen hat, zeigt bereits ein kurzer Blick auf 6,20-25.

3. *„Gott ist einzig/ einzigartiger/ alleiniger"* ist der zweite Teil des Bekenntnisses. Die anfängliche Zusage (*JHWH ist unser Gott*) wird durch eine Feststellung erweitert (*JHWH ist einer*), auf die das Gebot folgt (*Und du sollst JHWH, deinen Gott, lieben mit deinem ganzen Herzen und mit deinem ganzen Leben und mit deiner ganzen Kraft*).[41] Diese Deutung der Beziehung der beiden Halbverse zueinander ist selbstverständlich nur eine Möglichkeit unter anderen. Raschi z.B. hat ebenfalls diese Zweiteilung, allerdings teilt er innerhalb der Zeit auf: „„Der Herr, der *jetzt* unser Gott ist, aber noch nicht der Gott der götzendienerischen Völker, wird eines Tages der *einzige* Herr sein.""[42] Keine der beiden hier beispielhaft genannten Deutungen erweist sich als die einzig richtige. Deshalb möchte ich von einer „Leerstelle" sprechen, an der bewusst die Rezeption vorbereitet worden ist.

7.2.5 Bedeutungsvarianten in 6, 5

Und du sollst JHWH, deinen Gott, lieben mit deinem ganzen Herzen, und mit deinem ganzen Leben und mit deiner ganzen Kraft. Das soge-

---

[40] *Achenbach* weist darauf hin, dass der Aufmerksamkeitsruf in Dtn 6,4 „im Gegensatz zu sämtlichen weisheitlichen Belegen im A.T. nicht mit einem Objekt versehen ist" (1991, S. 72). Innerhalb des 5. Mosebuches ist der Ruf noch in 27,9 und 20,3 in absoluter Stellung. Die Anklänge an die Bundesformel in 27,9 verweisen auf 26, 17f, wo die Bundesformel ausformuliert ist.

[41] *Braulik* vertritt die Auffassung, es handele sich hier um eine „juristische Kleinform": „Höre [‚Israel'] – Feststellung – Forderung" und verweist auf die Stellen 20,3f und 27,9f (1986, S. 55).

[42] Zitiert nach *Petuchowski* 1982, S. 66.

nannte „Hauptgebot"⁴³ enthält nach unserem modernen Verständnis eine Paradoxie: Die Aufforderung, Gott zu lieben. Was für eine Liebe soll das sein, die sich anweisen oder lehren lässt? Zugespitzt wird diese Frage noch durch die Intensität der Aussage: Die Liebe soll die ganze Person erfüllen, was besonders durch die dreimalige Wiederholung von כל (ganz, all) unterstrichen wird.

Über diese Frage hat sich eine lange Diskussion entsponnen, die hier nur exemplarisch referiert wird. In den 30er Jahren des 20. Jahrhunderts wurde die Herabsetzung des 5. Buches Mose gegenüber den Propheten u.a. mit der Pädagogisierung des Liebesbegriffs begründet. Ein Argument lautete, das 5. Buch Mose würde Liebe im Gegensatz zu den Propheten nicht als „reinen Ausdruck psychischer Wirklichkeit" verstehen, sondern versuchen „den großen Gedanken durch lehrhafte Fassung fruchtbar zu machen, wobei naturgemäß eine gewisse Beeinträchtigung nicht ausbleiben kann, da die Erlebnisfülle, aus der die Propheten reden, vom Torastil verdeckt wird".⁴⁴

Diese in ihrer Konsequenz antijudaistisch gefärbte Auslegung ist spätestens seit Gerhard von Rad überholt. Er ließ an der Bedeutung des 5. Buches Mose für das Alte Testament gerade wegen des Liebesbegriffs keinen Zweifel aufkommen: „Die Eindeutigkeit und Grundsätzlichkeit mit der hier die Liebe zu Gott als die einzige Gottes würdige Empfindung herausgehoben wird, erscheint als etwas Neues."⁴⁵

Es bleibt aber dabei, dass eine befohlene Empfindung als paradox empfunden wird.⁴⁶ Einige Lösungsversuche tendieren dazu, die Paradoxie in den Begriff hinein zu verlagern. Rose versteht das Verb in 6,5 als Begriff aus dem Bereich der „politischen Beziehungen":

„Dort meint ‚Liebe' keine gefühlsbedingte Entscheidung, sondern das Verhalten einer auf Kontinuität angelegten Loyalität. Die ist aber nur in einem Korrespondenz-

---

⁴³ Diese Bezeichnung von Dtn 6,5 setzt die Lesart von Mt 22, 34ff voraus, wo Jesus das Liebesgebot als größtes und erstes Gebot bezeichnet. Der markinische Jesus bezeichnet das etwas veränderte Scheᵉma Jisrael (Dtn 6,4f) als „erstes" Gebot.
⁴⁴ *Quell* 1957, S. 27 und 33. Die erste Auflage dieses Bandes des ThWNT erschien 1933.
⁴⁵ *Von Rad* 1964, S. 46.
⁴⁶ Vgl. z. B. *Rose* 1994, S. 28: „Kann man Liebe befehlen...?"

Kommentare zum Sch°ma Jisrael

Verhältnis möglich: was man voneinander *erwartet*, muss (durchaus nicht identisch sein, aber) korrespondieren!"[47]

Der hebräische Begriff für lieben (אהב) hat bei Rose zwei Bedeutungsbereiche, einen „aus dem Umfeld des Gefühlsmäßigen" und einen aus dem Bereich der politischen Beziehungen. Dass Rose gerade im Blick auf 6,5 den Bereich des Politischen auswählt, passt allerdings nicht zu der Betonung des ganzen Menschen und gerade auch des gefühlsmäßigen Bereichs.

Braulik verweist zur Klärung des Liebesbegriffs auf altorientalische Vasallenverträge,[48] in denen der Lehnsherr, z.B. der Assyrerkönig Assarhaddon, seinen Vasallen zur Liebe verpflichtete. Die Wendung stamme, so Braulik, aus der „Diplomatensprache des 2. und 1. Jahrtausends v. Chr".

„Gemeint ist ein juristisch anbefehlbares, ausschließliches Treueverhältnis, eine Ganzhingabe im Gehorsam, die zugleich Dankbarkeit und Vertrauen umschließt und sich emotional in einer persönlichen, intimen Erfahrungssphäre verwirklicht."[49]

So weit verbreitet die Vorstellung auch ist, dass altorientalische Vasallenverträge das Bundesverständnis des Deuteronomiums beeinflusst haben,[50] löst Braulik doch mit seiner Argumentation die empfundene Paradoxie nicht auf, sondern verlagert sie. Das Vasallenverhältnis erscheint verharmlost als Beziehung, die Dankbarkeit und Vertrauen umschließt. Daran kann auch der Hinweis auf 1 Kön 5,15 nichts ändern. Ebenso fraglich ist die Zusammenschau zwischen dem Bundesbegriff, wie er etwa in Dtn 5,2f ohne den Begriff אהב (lieben) formuliert wird, und dem Liebesgebot. Die Frage, ob die Analogie der altorientalischen Vasallenverträge wirklich zur Klärung des deuteronomischen Liebesbegriffs beiträgt, muss daher offen bleiben.

Die dargestellte Paradoxie lässt sich auch nicht mit dem Argument lösen, Liebe sei in alttestamentlicher Zeit vielleicht ein weniger gefühlsbe-

---

[47] A.a.O.
[48] Vgl. die beiden wichtigsten Belege bei *Achenbach* 1991, S. 90f, und dort die Literaturangabe zu *Moran* 1963. *Achenbach* bezweifelt den Zusammenhang zwischen der Bundes-Theologie, wie sie in Dtn 5,2f und 6,4f formuliert ist.
[49] *Braulik* 1986, S. 56.
[50] Einen Überblick über die Diskussion bietet *Preuß* 1982, S. 63ff.

tontes Ereignis gewesen. Als zärtliche und herausragende Liebeserfahrung wird das Verhältnis zwischen David und Jonathan geschildert, das seinen poetischen Ausdruck in der Totenklage um den Freund gefunden hat. Das Verb אהב (lieben) findet sich zweimal in diesem Vers: *Mir ist weh um dich, mein Bruder Jonatan! Über alles lieb warst du mir. Wunderbar war mir deine Liebe, mehr als Frauenliebe* (2 Sam 1,26). Hier wird gerade die Irrationalität der Liebeserfahrung betont und nicht zwischen erotischen und platonischen Komponenten unterschieden. Der Gegensatz zu „lieben" ist auch in der hebräischen Sprache „hassen".[51] Der Begriff kann allerdings ebenso Verhältnisse zwischen Personen bezeichnen,

„...die in keiner Weise mit der Geschlechtlichkeit in Verbindung zu bringen sind. *Vater- und Mutterschaft* und andere *Blutsverwandtschaft, Freundschaft* und *rechtliche Verbundenheit* sind die Geltungsbereiche der libidofreien Liebe."[52]

So kann auch das Verhältnis zwischen Knecht und Herr mit אהב (lieben) bezeichnet werden (Ex 21,5; Dtn 15,16). benso das zwischen Weisem und Schüler (Spr 9,8). Dadurch hat der Begriff im Hebräischen eine weitere Konnotationsbreite als im modernen deutschen Sprachgebrauch.[53] Dazu kommt ein sozial-ethischer Zug, der sich bereits durch den gesamten Pentateuch zieht und noch gut an 1 Sam 18,1-4 ablesbar ist, wo Jonatan mit David einen Bund schließt: *...weil er ihn lieb hatte wie seine eigene Seele. Und Jonatan zog das Oberkleid aus, das er anhatte, und gab es David, und seinen Waffenrock, und sogar sein Schwert, seinen Bogen und seinen Gürtel.* Freundschaft schlägt sich hier in einem Bund nieder, der zu freundschaftlichem Verhalten verpflichtet, und mit אהב (lieben) begründet wird.

Auch die Weisheit kennt ein eher pragmatisches, am rechten Verhalten orientiertes Liebesverständnis: *Wer seine Rute schont, hasst seinen Sohn, wer ihn liebt, bedenkt ihn (mit) Lehre.* (Spr 13,24) Oder: *Besser*

---

[51] *Wallis* 1973, Sp. 109.
[52] *Quell* 1957, S. 23.
[53] Auch der Gebrauch des Wortes אהב (lieben) im Gebot der Nächstenliebe (Lev 19,18b) ist ein anderer als der Gebrauch des Wortes „lieben" im Deutschen. Im Gebot bezeichnet es „ein entgegenkommendes, freundschaftlich-hilfsbereites Verhalten zum Volksgenossen" und ein Verhalten, das Gottes Ordnung entspricht. *Wallis* 1973, Sp. 111 und 120.

ein Gericht Gemüse, und Liebe ist da, als ein gemästeter Ochse und Hass dabei. (Spr 15,17)

Wallis fasst zusammen:

„Damit bewegt sich das Lieben nicht mehr allein auf der Ebene der Emotionen, sondern auf der der ethischen Verantwortlichkeit des Handelns, die dem subjektiven Ausleben des Empfindens und Begehrens feste Schranken setzt."[54]

Im 5. Buch Mose wird das kollektive „Du" des Volkes und darin der/die Einzelne aufgefordert, Gott zu lieben. Die Formulierung verbindet beide Aspekte des Liebesbegriffs: den Einsatz des ganzen Menschen, seines Verstandes (לבב, Herz als Sitz des Verstandes), seines Lebenszentrums (נפש, Kehle) und seiner Lebenskraft (אד, Kraft) mit der Aufforderung zu handeln. *Du sollst JHWH, deinen Gott lieben...* meint eine Zuwendung im Rahmen der Gemeinschaft des Volkes zu seinem Gott, die für die Dauer gedacht ist[55]. Hier wird der Liebesbegriff in seinen extremen Möglichkeiten ausgeschöpft und gerade das macht die Dichte der Formulierung aus. Der Jussiv *du sollst* bezieht sich auf die pragmatische Seite der Beziehung, der Zusatz *mit ganzem Herzen...* betont die gesamt-menschliche Seite. Dass die Rezeption, die bis ins Neue Testament reicht (vgl. Mt 22,37 et par.), dieser Synthese im Einzelnen nicht immer gerecht werden kann, ist anzunehmen, sie kann sich aber an den verschiedenen Aspekten abarbeiten. Damit eröffnet sich auch an dieser Stelle des Sch°ma Jisrael ein Interpretationsspielraum.

7.2.6 Exkurs zum Gedanken der JHWH-allein-Verehrung ausgehend vom 5. Buch Mose

Der Gedanke, Gott allein zu verehren, wird im ersten Gebot des Dekalogs in Dtn 5,6f formuliert: „Ich bin JHWH, dein Gott, der ich dich aus dem Land Ägypten, aus dem Sklavenhaus herausgeführt habe. Du sollst keine anderen Götter neben mir haben." Der gleiche Gedanke findet sich in Dtn 6,4: „Höre Israel, JHWH ist unser Gott, JHWH ist einer." Im Moselied Dtn 32,12 lautet die Sachparallele:[56] „...so leitete ihn JHWH allein und kein fremder Gott war mit ihm".

An anderer Stelle ist die negative Wendung gebraucht, die Kehrseite des Gebots, wenn vom zornigen Gott die Rede ist: „Wenn dein Bruder, der Sohn deiner Mutter,

---

[54] Ebd. 119.
[55] *Rose* beschreibt dieses Verhalten als eine „auf Kontinuität angelegte Loyalität" (1994, S. 28).
[56] So *Bergmann/Lohfink* 1973, Sp. 213.

oder dein Sohn oder deine Tochter oder die Frau, mit der du schläfst, oder dein Freund, der dir wie dein Leben ist, dich heimlich verführt, indem er sagt: Lass uns gehen und anderen Göttern dienen! - die du nicht gekannt hast, du und deine Väter, von den Göttern der Völker, die rings um euch her sind, nahe bei dir oder fern von dir, von einem Ende der Erde bis zum anderen Ende der Erde -, dann darfst du ihm nicht zu Willen sein und nicht auf ihn hören und du sollst nicht schonend dein Auge auf ihn legen, und nicht Mitleid haben, und ihn nicht decken. Sondern du sollst ihn unbedingt umbringen. Deine Hand soll zuerst gegen ihn sein, ihn zu töten, und danach die Hand des ganzen Volkes. Und du sollst ihn mit Steinen steinigen, dass er stirbt. Denn er hat versucht, dich von JHWH, deinem Gott, abzubringen, der dich herausgeführt hat aus dem Land Ägypten, aus dem Sklavenhaus. Und ganz Israel soll es hören, dass sie sich fürchten und in deiner Mitte nicht länger solch eine böse Sache tun." (Dtn 13,7-12) Der Gesetzeskern des 5. Buches Mose ist neben dem Prophetenbuch des Hosea der erste entschlossene Ausdruck einer exklusiven JHWH-Verehrung, ohne die Existenz anderer Götter zu leugnen. Nicht in der Abwehr eines „Polyjahwismus" ist das Gesetz geschrieben und fortgeschrieben worden,[57] sondern als Konzept der Verehrung des einen Gottes am zentralen Heiligtum.[58] Es nimmt als Abschluss der Tora eine zentrale Stellung ein und deutet den (vorläufigen) „Sieg" einer JHWH-allein-Bewegung an.

Vorläufer dieser deuteronomischen Formulierungen sind wohl entsprechende Gebote aus dem Bundesbuch:
„Wer den Göttern opfert außer JHWH allein, soll mit dem Bann belegt werden." (Ex 22,19) und „Den Namen anderer Götter aber dürft ihr nicht bekennen; er soll in deinem Mund nicht gehört werden." (Ex 23,13) Dtn 6,4 unterscheidet sich von den anderen hier erwähnten Stellen dadurch, dass nur von der JHWH-allein- Verehrung die Rede ist, nicht auch von anderen Göttern. Das „Höre, Israel" wird nirgends wörtlich zitiert, weder im 5. Buch Mose, noch im deuteronomistischen Geschichtswerk, noch bei Jeremia, also in Büchern, die sich anderweitig auf das Deuteronomium beziehen. Im gesamten Ersten Testament begegnet es ausschließlich in Sach 14,9, in einer jüngeren, eschatologischen Interpretation, in der die Aussage von Dtn 6,4 universalisiert wird:[59] „Und JHWH wird König sein über die ganze Erde an jenem Tag, JHWH wird einer sein und sein Name einer" (Sach 14,9). Aber auch dort bedeutet יהיה יהוה אחד (JHWH wird einer sein) wohl Ausschließlichkeit JHWHs, nicht aber Monotheismus im strengen Sinn, denn auch Sacharja rechnet mit fremden Göttern in der Umgebung.[60] Es herrscht also nicht die Vorstellung, dass es nur einen Gott gibt, die ein strenger Monotheismus implizieren würde, sondern die Israeliten

---

[57] Ebd. Sp. 214.
[58] „Deut 6,4f. könnte auch älter sein als die im Deut relativ späte Zentralisationsforderung." *Bergmann/Lohfink 1973*, Sp. 214.
[59] Ebd. Sp. 213 und 217, *Achenbach* 1991, S. 77.
[60] Vgl. Sach 13,2 „....da rotte ich die Namen der Götzen aus, dass sie nicht mehr erwähnt werden".

sollen sich unter allen Göttern JHWH zuwenden. „Monotheismus" muss folglich differenziert werden.

Bereits im 18. Jhd. war die Rede vom „Henotheismus". Schelling hat dieses Phänomen beschrieben und der Indologe Max Müller hat den Begriff geprägt: „Im Augenblick, in dem ein Beter einen bestimmten polytheistischen Gott verehrt, ‚wird alles, was von einem göttlichen Wesen gesagt werden kann', diesem einen Namen ‚beigelegt'."[61] Dieser Henotheismus kann als relativer Monotheismus aufgefasst werden. Wenn eine Familie oder größere Gruppe einen einzigen Gott verehrt, dann kann man das als „subjektive Monolatrie" bezeichnen.[62] Vielleicht gehört diese Möglichkeit der persönlichen Auswahl aus der Vielzahl der Götter sogar zum Wesen des Polytheismus.[63]

Das Alter der JHWH-Monolatrie wird in der Forschung diskutiert. Lang findet sie als Forderung ab Hosea, bei Lohfink reicht die JHWH-allein-Verehrung bis in vorstaatliche Zeit zurück.[64] In den 80er und 90er Jahren des 20. Jahrhunderts wurde die Monotheismusfrage, angeregt durch archäologische Funde aus der vorstaatlichen Zeit, neu gestellt. Interessiert war man jetzt an der Schattenseite des Monotheismus, an der Frage, welche religiös-kulturellen Vorstellungen eigentlich durch die JHWH-allein-Bewegung verdrängt oder gar vergessen worden waren, und was sie über die Entstehung Israels aussagten. Auch Feministinnen griffen diese Anfragen an die „monotheistisch- intolerante Zuspitzung der alttestamentlichen Rede von Gott als eine...verhängnisvolle Weichenstellung" auf.[65]

Das vorstaatliche Israel ist nach den neueren Landnahmetheorien in vielfacher Hinsicht eine „‚Mischgesellschaft', in die die unterschiedlichen Gruppen, insbesondere die sesshaft werdenden Hirten Mittelpalästinas, die aus den spätbronzezeitlichen Städten ausgewanderten bzw. überlebenden Bauern und Handwerker sowie die kleine aber einflussstarke Gruppe der JHWH- Halbnomaden aus der Sinaihalbinsel bzw. aus Ägypten, ihre je eigenen Traditionen einbrachten, womit zugleich jene religionsgeschichtlichen Überlagerungen weiterwirkten, die für die Spätbronzezeit Palästinas charakteristisch sind. Dass dabei im Bereich der lokalen bzw. regionalen Kulte und insbesondere in der Familienreligion auch die Traditionen von Göttinnen weiterlebten, bezeugen die ikonographischen Funde, wenngleich damals im gesamten Raum die männlichen Gottheiten und ihre Symbole stärker in den Vordergrund traten. Als religionsgeschichtlich und theologisch bedeutsam erwies sich, dass der

---

[61] Zitiert nach *Lohfink* 1993a, S. 142.

[62] *Elsas* 1989, Sp. 490.

[63] Zum Polytheismus vgl. *Lohfink* 1993, S. 143, und zum Verständnis der Monolatrie *Mbiti* 1992, Sp. 533f.

[64] *Lang* 1981 und *Lohfink* 1985b.

[65] *Wacker/Zenger* 1991, S. 7f; vgl. auch *Lang* 1981, der angeregt durch Morton *Smith* die Frage nach den religiösen Vorstellungen stellt, die der „Zensur" durch die JHWH-allein-Bewegung unterworfen wurden.

kämpferische JHWH von der neu entstehenden Stämmegesellschaft als der für ihre politische Existenz zuständige Gott definiert und verehrt wurde."[66]

In dem Maß, wie Israel aus der „Mischgesellschaft" zu einer Nation heranwuchs, wurden Familienfrömmigkeit und örtliche religiöse Gewohnheiten um einer einheitlicheren Nationalreligion willen zurückgedrängt, „wobei dieser Prozeß nicht ohne Polemik und Abwertung familiärer und regionaler Überlieferung ablief".[67] Es wäre aber zu kurz gegriffen, die Religionsgeschichte als eine „einfache sukzessive Verdrängung der weiblichen Dimension aus der JHWH-Überlieferung" zu verstehen.[68] Vielmehr ist die Geschichte des Monotheismus als „komplexe Auseinandersetzung auf dem Feld der Göttinnen- und Götterwelt des 1. Jahrtausends" zu begreifen und birgt insofern ein „gesellschafts- und religionskritisches Potential",[69] das diesem Gott eine tiefere Dimension verleiht. Die Tatsache, dass die JHWH-treue Überlieferungsperspektive des Ersten Testament die Göttinnen und Götter, wenn auch textlich marginalisiert, polemisch entstellt und zensiert, darstellt, ist ein Zeichen für die Notwendigkeit des Reibungsprozesses, der Israel und seinem Gott zur Identität verhalf. Mit Schüngel-Straumann kann hierin eine Chance gesehen werden: „Dass eine ernsthafte feministische Theologie nicht naiv zurück kann zu alten Göttinnen, dürfte keine Frage sein. Sie muss vielmehr in die Zukunft gerichtet sein auf ein umfassendes Gottesbild, das nicht (mehr) auf Männlichkeit festgelegt ist. Die Erinnerung an weibliche Gottheiten oder ihre Spuren könnte dann die Funktion haben, eine ideologisierte Männlichkeit Gottes bewusst zu machen, anzugreifen und langsam abzubauen. Zunächst war ja die Integration der vielen Götter und Göttinnen in einen monotheistischen Gott zweifellos ein Gewinn, um dann aber durch eine zunehmende Verfestigung immer mehr wieder ein Defizit zu entwickeln."[70]

Hier interessiert besonders die Frage, die sich hinter der von Schüngel-Straumann genannten „Verfestigung" verbirgt und dem Gottesbild im 5. Buch Mose und im Ersten Testament überhaupt einen gewaltsamen Stempel aufzudrücken droht: Die exklusive Durchsetzung und Kontrolle des Ein-Gott-Verständnisses, wie sie etwa im Zitat aus Dtn 13 zur Sprache kommt. Die Kehrseite dessen ist die Frage, was aus der Verehrung anderer Götter und Göttinnen wurde. Dies scheint mir die heutige Anfra-

---

[66] *Wacker/Zenger* 1991, S. 8. Vgl. zur näheren Erläuterung und zu den Landnahmetheorien *Albertz* 1992, S. 107ff. Er zieht die Schlussfolgerung: „Es ist die Bauern- und Hirtenbevölkerung Palästinas, die sich aus ihrer Abhängigkeit von der städtischen Aristokratie befreit hat, welche den Stammesverband ‚Israel' bildet. In diesen gesellschaftlichen Umschichtungs- und Befreiungsprozess stieß die Exodusgruppe mitten hinein" (1992, S. 112).
[67] *Wacker/Zenger* 1991, S. 8.
[68] Ebd. S. 9.
[69] A.a.O.
[70] *Schüngel-Straumann* 1991, S. 80.

Kommentare zum Sch^{e}ma Jisrael

ge an ein monotheistisches Gottesbild überhaupt zu sein.[71] Im Kontext dieser Arbeit lautet sie: Wie verträgt sich die bisher dargestellte pluralistisch-offene Hermeneutik der Fortschreibungen mit der ausgrenzenden Kanonformel: „Das ganze Wort, das ich euch gebiete, das sollt ihr bewahren, um es zu tun. Du sollst zu ihm nichts hinzufügen und nichts von ihm wegnehmen." (13,1 vgl. 4,2)[72]

Auf sozial-politischer Ebene stellt sie sich noch einmal anders: Wie vertragen sich rigorose Ausmerzungsanweisungen wie diese „... und du sollst ihn unbedingt umbringen" (13,10f; vgl. 13,16) mit der Begründung der Befreiungserfahrung aus Ägypten?

Betrachtet man 13,7ff als eine Art Ausführungsbestimmung des ersten Gebots in Dtn 5,6f, dann hätte statt der Befreiung die private Bespitzelung im Vordergrund gestanden und eine kaum vorstellbare Isolierung von den Israel umgebenden und innerhalb Israels bis zum Exil gelebten, religiösen Praktiken.

Die befremdende Gewaltbereitschaft, die sich in Verbindung mit der Exklusivität Gottes äußert, ist nicht nur ein dtn/dtr Problem. Sie zeigt sich ebenso in den Prophetenbüchern z.B. im Bild der untreuen Ehefrau (Hos 2,4f; Jer 3,1-13; Ez 16,8-43).[73] Mit dem Beginn der Prophetie prägt sich auch der JHWH-allein-Gedanke mehr und mehr aus.[74] Nun kann ein aufgeklärtes Toleranzdenken im Ersten Testament nicht vorausgesetzt werden, schon gar nicht ein postmodernes pluralistisches Denken, in dessen Umfeld die jüdische Religion ihre Identität wohl nicht ausgebildet hätte. Letztlich kann hier nicht vermittelt werden. Die Fremdheit lässt sich auch nicht dadurch mindern, dass das 5. Buch Mose in den Bereich der Utopie verlagert wird.[75]

---

[71] *Wacker* differenziert diese Frage im Blick auf die modernen Fragestellungen, die sich zwischen dualistischem Weltbegriff und der Divinisierung des Kosmos stellen und Gewalt gegen Toleranz setzen (1991, S. 20ff).

[72] *Albertz* macht darauf aufmerksam, dass diese Formulierungen auch einen juristischen Hintergrund haben. Er führt sie auf das Jerusalemer Obergericht zurück, das in ähnlicher Weise für die Annahme seiner Weisungen werben musste wie die deuteronomischen Gesetze überhaupt (1992, S. 318).

[73] Siehe *Stolz* 1996, S. 152ff, der gerade die Ehemetaphorik als Ausdruck des göttlichen Exklusivitätsanspruchs beschreibt und zur Interpretation dieser Stellen *Baumann* 2000.

[74] „Die Prophetie spielt für das Zustandekommen des alttestamentlichen Monotheismus nach allgemeinem Dafürhalten eine entscheidende Rolle." *Stolz* 1996, S. 141. In diesem Zusammenhang wird auch die Frage diskutiert, ob es sich bei der JHWH-allein -Bewegung um eine Revolution (so *Lang* 1981) oder um eine Evolution handelt, so *Lohfink* 1985b und 1993, S. 139. Vgl. die Diskussion beider Ansätze bei *Wacker* 1991, S. 33ff.

[75] *Stolz* 1996, S. 175 „...demzufolge eignet dem Deuteronomium ein durch und durch utopischer Charakter." Stolz setzt sich für eine exilische Datierung des Deuteronomiums ein, das an die Reformen von Hiskia und Josia anknüpft, nicht umgekehrt,

Denn warum sollte ein utopisches Werk fortgeschrieben werden? Erklären sich Fortschreibungen nicht allein aus den aktuellen Situationen, in die hinein das Werk sprechen soll? Utopien braucht man nicht zu aktualisieren, sie werden theoretisch rezipiert oder in Handeln umgemünzt.

Die Exklusivität des einen Gottes im Deuteronomium unterscheidet sich von der in den Prophetenbüchern durch ihren lehrhaften Charakter. Auch in den oben zitierten, rigorosen Formulierungen drückt sich der pädagogische Impuls aus, der bereits dem Sch{^{e}}ma Jisrael eigen ist und der sich unschwer auch an den zehn Geboten, deren Zahl sich wohl nach den Fingern der Hände bemisst, ablesen lässt. Welches didaktische Problem im Hintergrund steht, hat Stolz formuliert: Das Deuteronomium spricht eine Gemeinschaft von Individuen an, die „sich dazu entschlossen haben, das Volk Israel zu bilden", was dem Wesen des Gebots entspricht, das sich zunächst an jeden Einzelnen richtet.[76] Nur der Einzelne kann sich „mit ganzem Herzen, ganzem Leben und ganzer Kraft" Gott zuwenden. Nicht eine ererbte Stammeszugehörigkeit verpflichtet auf die Gesetze, sondern eine erwählte Zugehörigkeit. „Deshalb ist die Wahl zwischen Segen und Fluch so konstitutiv (Dtn 27-29)."[77] Um dieses Zugehörigkeitsgefühl zu erreichen, müssen die Gebote dem Einzelnen plausibel gemacht werden und genaue Handlungsanweisungen gegeben werden. Die Einzelne muss in der Lage sein, auch im familiären Alltag zwischen richtigem und falschem Gottesdienst zu unterscheiden. In Dtn 13,11 bedient sich die Argumentation des Hinweises auf die Geschichte: „Und du sollst ihn mit Steinen steinigen, dass er stirbt. Denn er hat versucht, dich von JHWH, deinem Gott, abzubringen, der dich herausgeführt hat aus dem Land Ägypten, aus dem Sklavenhaus."

Die einmal erlebte Befreiung wird hier der aktuellen Freiheit vorgezogen. Die Befreiung aus Ägypten ist zum traditum emporgehoben, das nicht mehr aufgegeben werden kann, und der traditio anheim gestellt wird. Dass diese Weitergabe stattfand und das 5. Buch Mose trotz oder wegen der rigorosen Gesetzeslehre, die es auch, (nicht nur!) beinhaltet, rezipiert wurde, ist das eigentliche historische Faktum, das nicht widerlegbar ist. Allerdings handelt es sich bei diesem Faktum keineswegs um einen eindeutigen „Sieg" des JHWH-allein-Gedankens. Bereits der oben dargestellte Rigorismus ist ein Zeichen für das Ringen um dieses Endergebnis in Israel. Starke äußere Zwänge und innere Umbruchsituationen haben die allmähliche Entwicklung zum Monotheismus herbeigeführt. Dass im Laufe dieses Prozesses lange Zeit Nebenwege möglich waren, ist archäologisch belegt.[78] Auch darin drückt sich ein Re-

---

wie es hier vertreten wird, dass sich die Reformen der beiden Könige auf das Gesetzeskorpus des 5. Buches Mose stützen.

[76] *Stolz* 1996, S. 182.
[77] A.a.O.
[78] *Stolz* verweist auf Elephantine, wo in der Perserzeit im 5. Jahrhundert ein JHWH-Tempel in der unmittelbaren Nachbarschaft eines Chnumtempels stand. Dort wurde nicht nur JHWH verehrt, sondern auch die beiden Göttinnen Asam-Bethel und ′Anat-Bethel. Die erste der beiden Göttinnen galt als Gemahlin JHWHs, die zweite

zeptionsvorgang aus, der allein dem Monotheismus schließlich Recht gab. Wie „rein" dieser Monotheismus zu verschiedenen Zeiten war und ist, muss jeweils näher untersucht werden. Einen abstrakten Monotheismus gibt es nicht.

Wird die Entwicklung hin zum Monotheismus aber so verstanden, dann gehört es zum Verstehen dieses Vorgangs, die Nebenwege zu erforschen, um die Entscheidungen, die im Laufe des Prozesses fielen, sozusagen aus der Negativsicht nachvollziehen zu können. So sind auch die Fragen feministischer Forscherinnen nach der Verehrung auch weiblicher Gottheiten in Israel zu begrüßen. Ihre Fragen nach dem Spektrum kultischer Betätigung von Frauen und nach den Auswirkungen der verschiedenen Phasen der JHWH-Monolatrie auf weibliche Lebenswirklichkeit sind eine Bereicherung des Rezeptionsprozesses.[79]

7.3 Die Einleitung 6,1-3 und ihre Lesart des Sch^ema

7.3.1 Übersetzung

1 *Und dies ist das Gebot, die Ordnungen und Rechtsbestimmungen, die JHWH, euer Gott geboten hat, euch zu lehren, [sie] zu tun im Land, wohin ihr hinüberzieht, um es in Besitz zu nehmen,*

2 *damit du JHWH, deinen Gott fürchtest, um alle seine Ordnungen und seine Gebote zu bewahren, die ich dir gebiete, - du und dein Kind und das Kind deines Kindes*[80]*- alle Tage deines Lebens und damit deine Tage lange währen.*

3 *Israel, du sollst hören und darauf achten, [sie] zu tun, damit es dir gut geht und damit ihr sehr zahlreich werdet, wie JHWH, der Gott deiner Väter zu dir geredet hat, [im] Land, in dem Milch und Honig fließt.*

---

möglicherweise als Tochter des Paares. Vgl. *Albertz* 1992, S. 381f. und 395, dort auch Literatur zu Elephantine.
[79] *Wacker* 1991, S. 35f.
[80] Die Grundbedeutung von בן ist „Sohn". Aufgrund meiner Überlegungen zum angesprochenen „Du" in den dtn Gesetzestexten und zu Dtn 6,7 und 11,19 entscheide ich mich hier dafür, von „Kindern" zu sprechen. בן kann „Sohn" und „Kind" bedeuten (*Kühlewein* 1978, Sp. 318). Ähnlich entscheiden sich *Crüsemann* 1997, S. 293, und *Engelmann* 1998, S. 68f. Zu Dtn 6,7 vgl. *Braulik*: „Die Orte des ständigen ‚Rezitierens' (בם דברת) und der Präsenz des Textes machen es unmöglich, die Töchter vom Lernen (und damit auch die Frauen vom ‚Aufsagen') auszuschließen" (1997, S. 122f). Auch *Finsterbusch* 2002 übersetzt בן im 5. Buch Mose mit „Kind".

Kommentare zum Sch^{e}ma Jisrael

7.3.2 Eine verschlungene Satzstruktur

7.3.2.1 Verbindende Elemente überwiegen

In einer Tabelle sollen zunächst die syntaktischen Einzelheiten der Verse, nämlich Verben, Nomina, Pronomina, Präpositionen und Konjunktionen dargestellt werden.[81] Die Unterteilung der Textverse erfolgt nach dem Akzent Atnah, Partizipien werden unter den Verben aufgeführt, auch wenn sie nominale Bedeutung haben. ו consecutivum und ו perfectum sind zusammen mit den Verben aufgeführt. Namen werden zunächst beiseite gelassen.

Vers	Konjunktion	Verb + Infinitivpartikel	Nomen + Artikel	Pronomen + Nominalsuffix	Präposition
1a	ו ו	צוה ללמד	המזוה החקים המשפטים אלהי״	זאת אשר כם״ אתכם	
1b		לעשות עברים לרשתה	ארץ	אשר אתם	ב שמה
2a	למען ו ו ו למען	תירא לשמר מצו	אלהי״ חקתי״ מצוותי״ בן בן בן ימי חי״	ך״ ו״ ו״ אשר אנכי ך״ אתה ך״ ך״ ך״	
2b	ו למען	יארכן	ימי״	ך״	
3a	ו	*ושמעת *ושמרת לעשות ייטב תרבון		אשר ך״ אשר	ל״

---

[81] Personalpronomina und Präpositionen sind im Hebräischen ursprünglich Substantive. Sie können dementsprechend auch mit Suffixen versehen werden. In dieser Einteilung schien es sinnvoll, sie nach der lateinischen Grammatik einzuordnen. Durch die Beschränkung auf die oben genannten Wortarten sind Adjektive, Zahlwörter, Adverbien (auch Zeitbestimmungen) und Nota Akkusativa ausgelassen.

3b	כאשר	דבר	אלהי	ך″	ל″׳
	ו	זבח	אבתי״	ד״	
			ארץ		
			חלב		
			דבש		

- Auffallend ist die Menge der Personalsuffixe bzw.-pronomina. „Dein" und „euer" überwiegen. Das deutet darauf hin, dass in diesen ersten drei Versen Kontakt mit den Hörern und Hörerinnen bzw. Lesern und Leserinnen aufgenommen wird, indem sie eindringlich angesprochen werden. Im Text liegt ein Schwerpunkt auf der Kommunikation.[82]

- Von hoher Kohäsion im Text zeugen die Relativ- und Demonstrativpronomina, die zusammen mit den Konjunktionen ein dichtes Verknüpfungssystem nach innen und außen herstellen. Der Text beginnt mit der einleitenden Konjunktion „und", die nach vorne anknüpft (5,32.33). 6,1 ist die beinahe wörtliche Widergabe von 5,31aβ.b,[83] das „und" in 6,1a könnte daran anknüpfen. Das Demonstrativpronomen „dies" verweist dagegen auf den Text in Dtn 6. Allerdings bleibt der Verweis in 6,1-3 offen, da in diesen Versen nur über die Gebote gesprochen wird, sie aber nicht inhaltlich gefüllt werden. Die verknüpfenden Konjunktionen haben koordinierenden (ו und) und subordinierenden Charakter (למען damit, כאשר wie).[84]

- Bereits das erste Verb (צוה gebieten), das sich in 6,2a wiederholt, verweist auf den Aufforderungscharakter des Textes. Das Verb bezieht sich auf ein angekündigtes Wort Gottes und steht im Perfekt. Ebenso die andere, als indirekte Rede Gottes bezeichnete Stelle, in 6,3b (דבר geredet hat). Zwei weitere Verben sind diesem ersten durch Infinitivkonstruktionen untergeordnet (ללמד zu lehren, לעשות zu tun). Weitere Verben sind ihm durch Konjunktionen untergeord-

---

[82] „Texte mit vielen Personalpronomina... beschäftigen sich vorwiegend mit Fragen der Kommunikation." *Egger* 1996, S. 79.
[83] Die einzige Abweichung besteht im Relativsatz „in das ihr hinüberzieht" 6,1b vgl. 5,31b. Dazu *Achenbach* 1991, S. 60.
[84] *Egger* 1996, S. 80f, der die Verknüpfungsarten für die griechische Sprache darstellt.

net: למען תירא (damit du fürchtest), ולמען יארכן (und damit sie lange währen). Im dritten Vers wiederholt sich diese subordinierende Satzkonstruktion. Der Infinitv לעשׂת (zu tun) ist dort abhängig von den Jussivkonstruktionen ושמעת (du sollst hören) und ושמרת (du sollst bewahren).

- Das erste Nomen (Gebot), das sich in 6,2a wiederholt, verstärkt den auffordernden Aspekt des Textes. Ihm sind synonyme Substantive (Ordnungen 6,1a, 6,2a; Rechtsbestimmung 6,1a) beigeordnet.[85] Durch diese Ausdrücke für „Gesetz" wird der Bezug zum gesamten 5. Buch Mose hergestellt, wo sie, wie wir bereits sahen, Schlüsselbegriffe sind. Weitere Nomina in 6,1-3 sind ארץ Land (6,1b.3b), ימים Tage (6,2a.b), חי Leben (6,2a), חלב Milch (6,3b) דבשׁ Honig (6,3b). Sie sind Träger der Segensaussage, die in den Text hineingeflochten ist und jeweils auf eine oder mehrere Gebotsaussagen folgt.

- Auffällig ist die Häufung von בן (Kind) in 6,2a (3x), das mit אתה (du) in 6,2a und אבות (Väter) in 3b korreliert. Die Parenthese *du, dein Kind und deines Kindes Kind* ist selten im Ersten Testament.[86] Sie öffnet den Blick auf eine Generationenkette in die Zukunft, die mit dem Hinweis auf „die Väter" auch in die Vergangenheit verlängert wird. Diese Kette ist in 6,3 über das Stichwort der „Väter" mit „Gott" verbunden: *JHWH, der Gott deiner Väter*.

- Von Gott wird ausschließlich in Beziehungen gesprochen: *euer Gott* (6,1a), *dein Gott* (6,2a), *der Gott deiner Väter* (6,3b). Diese sprachliche Verbindlichkeit steht im Kontrast zu den abgesetzten Verbformen (Perfekt nur bei Gottesrede) und dem fordernden Ton der Gebotsparänese.

- In 6,1f herrscht die beschreibende Rede. Der Jussiv setzt erst in 6,3a ein. Die indirekte Rede in 6,1a (*...die JHWH, euer Gott geboten hat, euch zu lehren*), wird dreimal durch kausales „damit" weitergeführt.

---

[85] Achenbach spricht vom „kumulativen Gebrauch der Ausdrücke für ‚Gesetz'" (1991, S. 55).
[86] Diese Reihung findet sich ähnlich nur noch in Ri 8,22 und dort im Sinn einer Richterdynastie, die mit Gideon und seinen Söhnen eröffnet werden soll. Der lehnt sie mit den Worten ab: „Nicht ich will über euch herrschen auch mein Sohn soll nicht über euch herrschen. Der Herr soll über euch herrschen."

Der zweite Finalsatz wird durch einen Infinitivsatz (*...um alle seine Gebote und Ordnungen zu bewahren*), dieser durch einen Relativsatz (*...die ich dir gebiete*) erweitert. Darauf folgt eine Parenthese, die sich auf das erste Subjekt im damit-Satz bezieht (*...du und dein Kind und deines Kindes Kind*). Durch diese grammatikalische Verschachtelung entsteht der Eindruck, der Text sei überladen.[87]

7.3.2.2 Die Vermittlung der Gebote und die Segensverheißung

Als Ergebnis der syntaktischen Analyse dieser Verse kann festgehalten werden, dass sie in einem sehr kohäsiven und syntaktisch verschachtelten Stil geschrieben sind. Der Textabschnitt hat den Charakter einer Einleitung, die auf das vorherige Kapitel zurückverweist und deren Verweise nach vorne offen sind: Es bleibt noch unausgesprochen, welche Gebote gehalten werden sollen. Die kommunikative Struktur, die durch die Pronomina und Konjunktionen hergestellt ist, wird inhaltlich und morphologisch auf mehrere Arten gefüllt:

- Es wird dazu aufgefordert, die Gebote zu vermitteln, sie zu bewahren und sie zu tun. Das drückt sich in den Verbformen aus, die dem Gebieten Gottes untergeordnet sind bzw. vom Jussiv bestimmt werden. Die Aufforderung wird durch die starke Präsenz von „Gesetz" unterstrichen, von dem in drei synonymen Begriffen die Rede ist.

- Die Anspielungen auf die Landverheißung und die Segensankündigungen erinnern an die sorgenden Aspekte der Beziehung Gottes mit Israel.

- Die Aufzählung der Generationenfolge lässt bereits vermuten, dass es nicht nur um die Weitergabe der Gesetze zwischen Gott und den Israeliten geht sondern auch um eine Weitergabe von Generation zu Generation. Dieser Traditionsfluss hat seine Entsprechung in der Landverheißung, die von den Vätern auf die Söhne überkommen ist.

Viele Aspekte des Verbs למד (lehren, lernen), die in den vorangegangenen Kapiteln der Arbeit bereits erwähnt wurden, sind in dieser Einleitung verarbeitet: Die Verben im Umfeld des Verbs lehren, lernen sind „gebieten", „tun", „(Gott) fürchten", „(Gebote) bewahren", „in Besitz

---

[87] *Achenbach* spricht von einer „Überfüllung des Textes" (1991, S. 62).

nehmen", etwas modifiziert die Begründung „damit deine Tage lange währen", „hören". Die Nomina sind: „Gebot", „Ordnungen" und „Rechtsbestimmungen", „Land", „Sohn", „Tage des Lebens". Auf Mose wird in Gestalt des Personalpronomens „ich" verwiesen.

Im folgenden soll dieses Ergebnis in drei Richtungen ausgewertet werden: Zunächst ist nach der Bedeutung der verwendeten Nomina und Verben und nach ihrem Zusammenhang zu fragen. Danach soll nach den Handlungsträgern im Text geforscht und in pragmatischer Perspektive die Sprechhandlung beleuchtet werden.

7.3.3 Lehre bringt Furcht Gottes und Segen

Die Anknüpfung der Einleitung an 5,31 ist durch die beinahe wörtliche Wiederholung kaum zu übersehen: 6,1 ist wie der Szenenwechsel nach einem Rückblick inszeniert. Mose erinnert sich, was Gott zu ihm gesagt hat: *Und ich will all die Gebote und die Ordnungen und die Rechtsbestimmungen zu dir reden, die du sie lehren sollst, damit sie sie tun in dem Lande, das ich ihnen gebe, es in Besitz zu nehmen.* (5,31) In 6,1 folgt: *Und dies ist das Gebot, die Ordnungen und Rechtsbestimmungen, die JHWH, euer Gott geboten hat, euch zu lehren, [sie] zu tun im Land, wohin ihr hinüberzieht, um es in Besitz zu nehmen,*

Trotz dieser Anknüpfung beginnt mit 6,1 etwas Neues, denn die Thematik ändert sich. In 5,23-31 stand die Einsetzung Moses als Mittler der Stimme Gottes im Zentrum der Darstellung. In Dtn 6 ist es nun die Vermittlung der Gebote selbst, die eine zentrale Rolle im Textabschnitt spielt (6,2 *die ich euch gebiete*). Hier soll nun gefragt werden, wie diese Vermittlung inhaltlich aussieht bzw. was sie so entscheidend macht. Dazu sollen die finalen Konjunktionen betrachtet werden.

Im Text wird das Tun der Gebote zweimal mit למען (damit) begründet:

למען תירא את־יהוה אלהיך	*damit du JHWH, deinen Gott fürchtest* 6,2a
ולמען יארכן ימיך	*damit deine Tage lang werden* 6,2b

Zweimal wird es mit אשר (dass, damit)[88] begründet:

---

[88] Zur intentionalen Bedeutung von אשר an dieser Stelle siehe *Gesenius* 1962, S. 74, B. 2.

Kommentare zum Sch*e*ma Jisrael

אשר ייטב לך *damit es dir gut geht* 3aα
ואשר תרבון מאד *damit ihr zahlreich werdet* 3aβ

Hier werden zwei Sinnlinien mit dem Einhalten der Gebote verbunden:
1. Der Anspruch an die Hörer und Hörerinnen, in Beziehung zu Gott zu treten (Furcht Gottes)
2. Eine Segensverheißung (lange Tage, gut gehen, zahlreich werden)
Die Furcht Gottes, die bereits früher als Kern der Gebotsverheißung herausgearbeitet wurde, wird auch hier genannt. Gott zu fürchten ist das Ziel der Belehrung. Sie ist ein Pfeiler der Argumentation. Diese Forderung zieht sich durch das gesamte sechste Kapitel. Sie wird in 6,13, nach der masoretischen Zählung die Mitte des Kapitels, wiederholt, ebenso in 6,24, wo auf 6,2 inhaltlich Bezug genommen wird.

Eine zweite Sinnlinie des Textes bildet die Segensverheißung. Dreimal wird sie mit dem Einhalten der Gebote verbunden. Mit der Verheißung wird ein Zukunftsaspekt in den Text hineinverwoben, der die Forderung nicht nur im Moment begründet sondern sie auf die Zeit, in der das Volk im neuen Land lebt, ausdehnt (*...im Land, in dem Milch und Honig fließt 6,3b*).

Über das Vermittlungsanliegen hinaus finden sich also zwei weitere Bedeutungsinhalte im Textabschnitt: das Gebot der Furcht Gottes und der Segensverheißung. Diese beiden Inhalte sind dem Lehrvorhaben untergeordnet. In der Einleitung (6,1-3) wird also das Lehranliegen eingeführt und begründet, das im weiteren Kapitel in zwei Schritten (6,6-9 und 6,20-25) ausgebaut wird.

7.3.4 Handelnde sind Gott, Mose und das Volk im Laufe der Generationen

Der Begriff Aktanten stammt aus der Erzähltextanalyse.[89] Dtn 6,1-3 ist überwiegend ein paränetischer Text. Insofern darin aber an den Erzählrahmen des 5. Buches Mose angeknüpft wird, kann 6,1-3 auch mit nar-

---

[89] Der Begriff wurde in der Erzähltextanalyse eingeführt und später von *Greimas* weiterentwickelt. Er versteht darunter die „die handelnden Personen in ihren Beziehungen zueinander". *Egger* 1996, S. 125. In Dtn 6,1-3 hat das Handlungspaar ‚Subjekt-Objekt' die Ebene des Wollens gemeinsam und das Paar ‚Sender-Empfänger' die Ebene der Kommunikation.

rativem Instrumentarium bearbeitet werden. Gerade der paränetische Impetus des Textes lässt sich mit der Aktantenanalyse gut aufweisen. „Aktanten" werden in der Dependenzgrammatik durch die Untersuchung der Abhängigkeit von Substantiven oder Pronomina zu den Verben erschlossen.[90] Hier sollen zunächst die innertextlichen Handlungsträger bestimmt werden. Der weitere Kommunikationsrahmen des gesamten Kapitels gehört in die pragmatische Analyse, die diesem Abschnitt folgt.

Folgende Aktanten können aus dem Text entnommen werden:

1. Gott gebietet Israel: אשר צוה יהוה אלהיכם (die JHWH, euer Gott befohlen hat) *indirekte Rede, reale Handlung*
2. Israel geht hinüber ins Land: אשר אתם עברים (in das ihr hinübergeht) *intendierte Handlung*
3. Mose spricht zu Israel: אשר אנכי מצוך (die ich dir gebiete) *direkte Rede*
4. Israel hört Moses Rede: ושמעת ישראל ושמרת לעשות (Höre doch Israel und achte darauf, zu tun) *intendierte Handlung*
5. Einzelne(r) fürchtet Gott: למען תירא אתה (damit du fürchtest) *intendierte Handlung*
6. Kinder fürchten Gott: למען תירא בינך ובן־בינך (damit dein Kind und deines Kindes Kind fürchtet) *intendierte Handlung*
7. Der Gott der Väter hat dir gesagt: כאשר דבר יהוה אלהי אבתיך לך (wie JHWH, der Gott deiner Väter gesagt hat) *indirekte Rede, reale Handlung*

Auf der Ebene des Wollens ist zunächst Gott Subjekt, er befiehlt die Gebote. Aber von Gott wird in indirekter Rede gesprochen. Sichtbarer Redner, und damit ebenfalls Subjekt ist Mose. Mose selbst verweist immer wieder auf seine Mittlerrolle. Er sei nur Überbringer, eigentliches Subjekt seiner Rede sei Gott.[91] In 6,1f stellt sich so die für das ganze Buch eigentümliche Verschränkung dar, in der Mose das sprechende Subjekt ist, das die Gebote „gebietet", Gott aber das Subjekt der Handlung, die Mose vollzieht, da Mose auf Gott als Subjekt hinweist.

In einer untergeordneten Sinnlinie sind die Israeliten Subjekte des Wollens: Sie beabsichtigen, in das verheißene Land hinüberzuziehen. Sie werden noch einmal untergliedert in *du, und dein Kind und deines Kin-*

---

[90] Vgl. *Müller* 1992, S. 46, Anm. 42.
[91] Vgl. Dtn 1,3 „So redete Mose zu den Kindern Israel nach allem, was ihm JHWH für sie geboten hatte" und Dtn 5,22-33, wo Mose explizit als Mittler eingesetzt wird, u.ö.

Kommentare zum Sch^{e}ma Jisrael

des Kind (6,2b).[92] Damit gelangt ein Zeitaspekt in die Aufzählung der Aktanten hinein, die auf derselben Ebene liegt wie die Absicht, den Jordan zu überschreiten: Die Worte des Mose gelten für die Zukunft am neuen Ort und für die kommenden Generationen.

Auf diesen Zeitaspekt verweist auch die absichtsvolle Rede des Mose. Er spricht als einer, der aufgrund einer bereits erfolgten Rede Gottes die Israeliten zu einer zukünftigen Handlung (6,1bα *...damit ihr sie tut*) bewegen will. Um diese Rede des Mose noch genauer zu beschreiben, soll nun die pragmatische Analyse der Verse folgen.

7.3.5 Der Text ist ein Appell in verschiedene Richtungen

„Die pragmatische Analyse unterscheidet zwischen Aussageinhalt (Proposition), Verwedungs-zweck (Funktion) und Wirkung eines Textes."[93] Der Aussageinhalt wurde bereits in der semantischen Analyse erarbeitet. Nun sollen auf dieser Grundlage Funktion und Wirkung des Textabschnitts betrachtet werden.

1. Der Text hat eine conative Funktion[94], denn er appelliert an die Hörer und Leserinnen, die Gebote, Ordnungen und Rechtsbestimmungen zu hören und zu tun. Er appelliert außerdem an die Gefühle und Hoffnungen der Empfänger, indem er von Verheißungen spricht. In 6,1-3 ist der Appellcharakter der Sprechhandlung durch die wiederholte Jussivform mit ו Perfektum morphologisch erkennbar: ושמעת ישראל ושמרת (*höre Israel und achte darauf*). Die Aufforderungsabsicht ist eindringlich, das wird durch die Alliteration der beiden Verben im Hebräischen noch verstärkt. Das ו Perfektum leitet 6,1 ein und weist bereits auf die Aufforderung in 6,3 hin. In 6,2 folgt das performative *...die ich dir gebiete*, das die Rede zur Handlung werden lässt. Die deutliche Aufforderung der Sprechhandlung wird mit der Hoffnung auf das Wohlergehen, die Vergrößerung des Volkes und ein Land in dem Milch und Honig fließt motiviert.

---

[92] Syntaktisch fällt die Parenthese „du und dein Kind und deines Kindes Kind" auf. Diese Reihung ist im Ersten Testament selten (vgl. Ri 8,22) und singulär im 5. Buch Mose. Sie kann in diesem zusammenfassenden Text als Kurzformel für die Weitergabe der Worte des Mose an die nächsten Generationen gelesen werden.
[93] *Egger* 1996, S. 136.
[94] Eine Zusammenstellung der möglichen Funktionen ebd. S. 137.

2. Ein weiteres Mittel zur Leserlenkung sind die Demonstrativpronomina. Der Text beginnt mit *und dies*, das zunächst ins Leere weist (vgl. syntaktische Analyse unter 2.). Diese Deixis bietet mehrere Deutungsmöglichkeiten:

- Sie taucht in weiteren Überschriften des 5. Buches Mose auf: in 4,44f und 12,1, der mit dem pluralischen אלה beginnt und den tatsächlichen Beginn der Gebotspromulgation (Dtn 12-26) einleitet. In 5,22 wird mit dem Pronomen auf die gerade genannten Zehn Gebote zurückverwiesen. Dieses אלה könnte nun wieder an 1,1 anknüpfen, der Überschrift zum gesamten Buch.[95] Da die Stichwortverbindungen der genannten Verse jedoch relativ lose sind (z.B. unterschiedliche Bezeichnungen für Gesetz) soll diesem Zusammenhang nicht zu viel Gewicht beigemessen werden. Allerdings lässt das Demonstrativpronomen gerade durch seine Offenheit die Möglichkeit zu, die gesamte Gesetzesordnung des Buches dahinter zu vermuten. Dann wären 6,1-11,32 als Vorrede zu den Gesetzen zu verstehen. Diese Vorrede, von der Dtn 6 ein Teil ist, könnte als Verstehensanleitung zum Lesen der Gesetze verstanden werden.

- In seiner singularischen Form זאת (dies) kann das Demonstrativpronomen aber ebenso auf eine Zusammenfassung von „Gebot, Ordnungen und Rechtsbestimmungen" verweisen (6,1). Es könnte sich auch auf 6,4f beziehen, das als eine solche Zusammenfassung aufgefasst werden kann. Ich bin überzeugt, dass die scheinbare Ungenauigkeit des Verweises mehrere Möglichkeiten offen halten soll und damit die Möglichkeit lässt, auf spätere Texte zu verweisen.

- Der Erzählrahmen des Buches leitet Leser und Leserinnen auf seine Weise. Wie bereits erwähnt, wird Mose im Erzählrahmen des Buches (vgl. 1,1 u.ö.) als Redner genannt. Seine Rede ist als Testament und damit als Sprechhandlung gestaltet: indem er spricht, handelt er an seinen Zuhörerinnen und Zuhörern, hinterlässt ihnen seinen letzten Willen. Diese Inszenierung des 5. Buches Mose verleiht dem Text ein besonderes Gewicht. Als Testament der sagenhaften Gestalt des Mose hat es nicht nur für die Angesprochenen („du"; „Israel") Bedeutung, sondern

---

[95] Vgl. die Anm. der *Biblia Hebraica* 1976/77 zu 12,1a, die darauf hinweist, dass אלה möglicherweise in Anlehnung an Dtn 1,1 in den Text geraten ist, da es im Text der Septuaginta fehlt.

auch für seine späteren Leser und Hörerinnen. Darauf, dass zukünftige Rezipienten im Blick des Textes liegen, deuten auch zwei weitere Indizien: - der Bezug auf die weiteren Generationen: *Du und dein Kind und deines Kindes Kind*, - der räumliche Verweis auf das noch in Besitz zu nehmende Land.

Es lässt sich also auf Grund dieser pragmatischen Analyse sagen, dass mit dem Text nicht nur das vor Mose versammelte Volk sondern auch die bereits im Lande sesshaften Israeliten angesprochen sind, die ermahnt werden, die Gebote zu halten. Diese Leser/Hörerinnenschaft wird in 12,1 noch übertroffen. Dort wird von der Gültigkeit der Gesetze gesprochen. Sie gelten *all die Tage, die ihr auf dem Erdboden lebt*. Damit sind nun auch die Israeliten im Exil angesprochen und darüber hinaus alle Juden zu allen Zeiten.[96]

7.3.6 Zusammenfassung der Analyse von 6,1-3

Im Überblick betrachtet ist dieser erste Abschnitt von Dtn 6 eine dichte, „mühsame"[97] Vergegenwärtigung des deuteronomischen Anliegens, Gott zu fürchten und die Gebote zu halten. Der Text wirkt so dicht, weil viele der deuteronomischen Anliegen hier in drei Versen versammelt wurden und die Verweise gleichzeitig in verschiedenste Richtungen zeigen. Er kann als eine Überschrift vergleichbar mit 4,44-46; 5,1 oder 12,1 gelesen werden. Sie bekommt ihr eigenes Gepräge durch die Einbettung des Anspruchs an die Hörerinnen und Hörer in die Segensverheißung. So gelangt ein Generationen übergreifender Aspekt in den Text, der zukünftige Leserinnen und Leser mit einbezieht. Eine weit größere Lerngemeinschaft ist angesprochen als in der Fabel des 5. Mosebuches, nämlich die generationenübergreifende Gemeinschaft derer, die bereit sind, auf die Tora zu vertrauen. Durch die Voranstellung dieses Abschnitts rückt auch das Folgende in diesen größeren Kontext.

Dass eine solche Voranstellung möglich war, lässt bereits auf ein bestimmtes Lernverständnis schließen. Hier ist eine Hermeneutik vorausgesetzt, die Aktualisierungen eines Textes für nötig hält und zu lässt. In

---

[96] Vgl. dazu auch *Lohfink* 1991b.
[97] Dtn „6,3 ist eine mühsame Hinführung", gemeint ist zum „Höre Israel", *Bergmann/ Lohfink* 1973, Sp. 214.

vorexilischer Zeit,[98] in der gerade die Weitergabe der Gebote von Generation zu Generation wichtig geworden war, um die Religion zu sichern (vgl. 6,14f) und in der das Land, in dem Milch und Honig fließt, gefährdet war, wurde eben dieser Aspekt im Vorspann dem Text vorangestellt. In diesem Sinne kann 6,1-3 als weiterführender Kommentar zu 6,4ff gelesen werden.[99]

7.4 Die Lesart des Sch^{e}ma Jisrael in Dtn 6, 6-9

7.4.1 Übersetzung

6 *Und diese Worte, die ich dir heute gebiete, sollen auf deinem Herzen sein.*

7 *Und du sollst sie deinen Kindern einschärfen und du sollst davon reden, wenn du in deinem Haus sitzt, und wenn du auf dem Weg gehst, und wenn du dich hinlegst und wenn du aufstehst.*

8 *Und du sollst sie als Zeichen auf deine Hand binden und sie sollen als Merkzeichen zwischen deinen Augen sein.*

9 *Und du sollst sie an die Pfosten deines Hauses und an deine Tore schreiben.*

7.4.2 Die lose Anbindung an das „Höre Israel"

Der Abschnitt 6,6-9 ist durch Form und Inhalt von 6,4f unterschieden. Er ist eine praktische Unterweisung. Das Stichwort „Herz" (6,6) stellt eine assoziative Verbindung zum Sch^{e}ma Jisrael her. 6,7 nimmt das Stichwort „Kind" aus 6,2 auf, diesmal im Plural. Darüber hinaus ist die inhaltliche Anbindung eher lose. Es geht um die in Inachtnahme *dieser Worte* und methodische Hinweise dazu.

---

[98] *Braulik* nimmt an, dass Dtn 6,1-3 in vorexilischer Zeit angefügt wurde (1997b, S. 121).

[99] *Rendtorff* schreibt im Zusammenhang mit der Aufnahme des Bundesbuches im Deuteronomium: „Das Deuteronomium hat wohl überhaupt nur solche Bestimmungen aufgenommen, bei denen es neues und anderes zu berichten hatte: Weiterführungen, Korrekturen und vor allem Ausführungsbestimmungen" (1988, S. 163). Der aktualisierende Umgang mit Texten wird hier auch von Rendtorff angenommen. *Rose* 1994, S. 27 schreibt von „dem Prozess von Tradition und Interpretation", an dem die Deuteronomistische Schule teilhabe, indem sie dem Gesetzeskorpus Dtn 12-26 die Kap. 6ff beifüge. Diesen Prozess anhand von Dtn 6 darzustellen ist eine Intention der vorliegenden Arbeit.

Dennoch vermitteln die Verse 6,7-9 durch die Anbindung mit Perfektum consecutivum den Eindruck, als wären sie eine logische Fortführung von 6,5, wo dieses Tempus bereits gebraucht wird. Auf den ersten Blick beziehen sich *diese Worte* auf 6,4f. Aber auch hier sind wieder mehrere Deutungen der Deixis denkbar: Neben dem Rückbezug auf 6,4f ist auch der Vorverweis auf Dtn 12-26 möglich, ebenso der Bezug zu allen Geboten, die im 5. Buch Mose erlassen werden, also auch den Zehn Geboten in Dtn 5. 5,22 hat ja den gleichen Ausdruck: *diese Worte.* Der Relativsatz *...die ich dir heute gebiete* scheint die letzte Deutung zu unterstreichen. Er verfolgt die Intention, die 6,6-9 auf alle im 5. Buch Mose genannten Gebote zu beziehen, denn im Erzählrahmen spricht Mose ja alle Gebote an einem Tag. Auf Endtextebene macht also gerade die Kombination der beiden Phrasen *und diese Worte* und *die ich dir heute befehle* einen Rückbezug und einen Vorausbezug möglich.[100] Beide Phrasen sind intensive intertextuelle Markierungen nach dem Kriterium der Autoreflexivität.[101] Es bleibt offen, welche Worte nun genau auf die Hand zu binden sind und als Merkzeichen zwischen den Augen getragen werden sollen. Diese Offenheit wurde auch in der Rezeptionsgeschichte genutzt: Es sind unterschiedliche Schriftverse in den Tefillin gefunden worden, darunter auch die Versionen des Dekalogs.[102]

7.4.3 Der gleichmäßige Rhythmus des Textes

Eine sorgfältig angeordnete Reihe von Verben treibt in diesem Abschnitt die Paränese voran:

1. sie sollen (auf deinem Herzen) sein

---

[100] „Im vorliegenden Buch ist damit nicht nur der Dekalog (5,22), sondern zumindest das ganze dtn Gesetz, also 5-26, gemeint." *Braulik* 1986, S. 56.
[101] *Pfister* bezeichnet das Kriterium mit „Autoreflexivität", wenn ein „Autor in einem Text nicht nur bewusste und deutlich markierte intertextuelle Verweise setzt, sondern über die intertextuelle Bedingtheit und Bezogenheit seines Textes in diesem selbst reflektiert, d.h. die Intertextualität nicht nur markiert, sondern sie thematisiert, ihre Voraussetzungen und Leistungen rechtfertigt oder problematisiert" (1985, S. 27). Auch wenn Pfister postmoderne Literatur als Beispiel nennt, in der diese Form der Intertextualität noch ganz anders ausgearbeitet ist, scheint mir dieses Kriterium bereits auf Dtn 6,6 zu passen.
[102] So enthält der Papyrus Nash den Dekalog in einer Mischform aus Ex 20,2-1; Dtn 5,6-21 und Dtn 6,4f. Der Text ist nur zum Teil erhalten. Andere, in Qumran gefundene Fragmente enthalten neben dem Dekalog auch noch Dtn 10,12-11,12; Dtn 11, 17f ; Ex 13,1-4; Ex 13, 11-16. Vgl. die Belege bei *Keel* 1981, S.166ff.

2. *du sollst sie (deinen Kindern) einschärfen*
3. *du sollst davon reden*
    a. *wenn du sitzt*
    b. *wenn du gehst*
    c. *wenn du dich hinlegst*
    d. *wenn du aufstehst*
4. *du sollst sie (auf deine Hand) binden*
5. *sie sollen (zwischen deinen Augen) sein*
6. *du sollst sie (auf die Pfosten und an die Tore) schreiben*

Der symmetrische Aufbau des Textes ist auffällig. Diese Symmetrie schließt wohl die Deutung aus, dass die Anweisungen 2-6 Ausführungsbestimmungen von Anweisung 1 (*sie sollen auf deinem Herzen sein*) sind. Alle sechs Anweisungen sind gleichmäßig mit Perfektum consecutivum konstruiert, eine Unterordnung ist nicht ersichtlich.

Die Handlungen vollziehen sich im familiären Umfeld, das in einer sesshaften Umgebung angesiedelt ist: Die Pfosten des Hauses und die Tore setzen Häuser und Stadtbegrenzungen voraus. Die Handlungen vollziehen sich im Alltag: In der Unterweisung der Kinder, im alltäglichen Sitzen und Gehen, Ausruhen und Aufstehen, beim Aus- und Eingehen in Haus und Stadt. In diesen friedlich-alltäglichen Kontext eingebettet, gehört auch die Bestimmung, diese Worte als Zeichen an die Hand und zwischen die Augen zu binden, zur alltäglichen Beschäftigung. Die vier Konditionalsätze, die von den Handlungsanweisungen umrahmt sind, unterstreichen den rhythmischen Lebensablauf, an den hier gedacht ist, sie beschreiben umfassend alle möglichen „Lebenslagen" eines Menschen. Diese Worte sind also eingebunden in einen friedlich verlaufenden Alltag. Sie sollen zeichenhaft auf die eigene Person und für andere wirken. Sie sind Erkennungszeichen und Begrenzungsritus für Bekannte und Unbekannte am Eingang zum Haus und zur Wohnsiedlung. Mit den Verben und den Objekten wird der gesamte Lebensbereich eines einzelnen Menschen abgesteckt. Durch seine Situierung im friedlichen Alltag des sesshaften Volks fällt der Text allerdings aus dem Rahmen des 5. Buches Mose. Darauf soll später eingegangen werden. Zunächst müssen semantische Fragen genauer geklärt werden.

Kommentare zum Sch*e*ma Jisrael

7.4.4 Die deuteronomische Technik der Textarbeit

7.4.4.1 Diese Worte sollen auf deinem Herzen sein (Dtn 6,6)

Was bedeutet: *Diese Worte sollen auf deinem Herzen sein*? Um diesen Satz zu verstehen, muss zunächst geklärt werden, dass die symbolische Zuordnung der menschlichen Gemütszustände auf die inneren Organe von Kultur zu Kultur variiert. לב, der Ausdruck für Herz, ist im Hebräischen u.a. der Sitz des Verstandes. In ihrem Buch über Körpersymbolik der Bibel schreiben Silvia Schroer und Thomas Staubli:

„Das Herz ist jedoch in Israel nicht primär der Sitz der Gefühle, schon gar nicht der Liebe. Im Hohenlied kommt das Wort Herz bezeichnenderweise nur dreimal vor, anders als in den ägyptischen Liebesliedern, die in vielen Bildern beschreiben, wie das Herz rast und davonspringen will, wenn ein Mensch sich so richtig verliebt hat. In der Bibel ist das Herz vor allem der Sitz der Vernunft und des Verstandes, des geheimen Planens und Überlegens."[103]

Dementsprechend wird in Dtn 29,3 dem Herzen das Verstehen (דעת) zugeordnet, in 28,28 ist mit תמהון לבב (wörtlich: Staunen, Verwirrung des Herzens) eine Geistesverwirrung gemeint.[104] Wenn also in Dtn 6,6 die Worte auf dem Herzen sein sollen, dann werden sie dem Verstehen und Nachdenken des Menschen überantwortet.

Es drängen sich hier Textparallelen auf, die in Dtn 6,6 zwar nicht ausdrücklich genannt sind,[105] die aber doch anklingen. Es ist die Rede von der „Tafel des Herzens", die in Spr 3,3; 7,3 und Jer 17,1 erwähnt ist. Spr 3,1-3 lauten: *Mein Kind, meine Weisung vergiss nicht, und dein Herz bewahre meine Gebote. Denn Länge der Tage und Jahre des Lebens und Frieden mehren sie dir. Gnade und Treue sollen dich nicht*

---

[103] Vgl. *Schroer/Staubli* 1998, S. 45ff hier S. 47.
[104] Zu weiteren Stellen mit den verstandesmäßigen Funktionen des Herzens, vgl. *Baumgärtel* 1950, S. 610.
[105] Dtn 6,6 kann eben nicht so übersetzt werden: „Binde die Worte der Weisheit an deine Finger, schreibe sie auf die Tafel deines Herzens", wie es *Schroer/Staubli* 1998, S. 49 tun. In 6,6 ist weder von der „Tafel" des Herzens die Rede noch vom „Schreiben", wie *Assmann* 1991, S. 350, Anm. 8, richtig anmerkt. Zu fragen bleibt aber, warum er den Vers dann so übersetzt, a.a.O., S. 339. *Braulik* verweist auf die Tafel des Herzens in Spr 3,3 (1986, S. 57).

verlassen. Binde sie um deinen Hals, schreibe sie auf deines Herzens Tafel!

Ähnlich Spr 7,2f: *Bewahre meine Gebote, damit du lebst, und meine Weisung wie deinen Augapfel! Binde sie um deine Finger, schreibe sie auf die Tafel deines Herzens!*

Die Septuaginta folgt in Spr 3,3 einer anderen Vorlage, sie kennt nur Spr 7,3 und übersetzt:

ἐπίγραψον δὲ ἐπὶ τὸ πλάτος τῆς καρδίας σου (*geschrieben auf die Tafel deines Herzens*).

Jer 17,1 lautet: *Die Schuld Judas ist geschrieben mit eisernem Griffel, mit diamantener Spitze; sie ist eingegraben in die Tafel ihres Herzens und an die Hörner eurer Altäre.* (Die Verse 17,1-3 fehlen in der Septuaginta.)

Der Jeremiatext kann nur metaphorisch verstanden werden. Interessant ist die Vorstellung dennoch, dass etwas in die „Tafel des Herzens eingegraben werden kann", dass sich etwas über das Herz einprägt.

Die dichteste Parallele zu Dtn 6,6 aber ist Spr 7,1.3:

Spr 7,1	*mein Kind* (Anrede)	Dtn 6,7	*deinen Kindern*
Spr 7,3	*Binde sie um deine Finger*	Dtn 6,8	*Du sollst sie als Zeichen auf deine Hand binden*
Spr 7,3	*schreibe sie auf die Tafel deines Herzens*	Dtn 6,6	*sie sollen auf deinem Herzen sein*

Neben diesen Anklängen sind auch Verschiedenheiten nicht von der Hand zu weisen: In Spr 7 wird die Handlung dem Kind anempfohlen, in Dtn 6 dem deuteronomischen „Du", das die Kinder gerade ausschließt. Die Begriffe für *diese Worte* sind im Sprüchetext verschieden zu denen in Dtn 6,6. Spr 7,1: *meine Worte* (אמרי) und *meine Gebote* (מצותי), Spr 7,2: *meine Gebote* (מצותי) und *meine Weisung* (תורתי). Im Sprüchetext wird auf die Tafel des Herzens geschrieben, im Deuteronomium ist von

Schreiben erst in 6,9 im Zusammenhang mit den Pfosten und den Toren die Rede.

Was mich dennoch zu einem Vergleich der Verse bewegt, ist der Umgang mit einem Text, von dem hier die Rede ist. In Spr 7,2 geht es um *bewahren* (שמר) von Texten in Dtn 6,7 um *einschärfen* (שנן) und immerwährendes *sprechen* (דבר).[106] Auch wenn in Dtn 6,6-9 nicht davon die Rede ist, die Worte zu *bewahren*, so wird der Abschnitt in Dtn 6,2f doch so gedeutet. Ebenso in Dtn 6,12, wo von der Gefahr des Vergessens die Rede ist.

Hinter der Rede vom „Schreiben auf die Tafeln des Herzens" könnte sich eine Vorstellung von „erinnern" verbergen. In Griechenland ist in Platons Schrift „Theaetet" die Rede von den „wächsernen Tafeln", die sich in der „Seele" befinden.

„Sokrates. Ist es möglich, etwas, was man früher nicht wusste, später zu lernen?
Theaetet. Gewiss.
Sokrates. Und auch weiterhin immer wieder ein anderes?
Theaetet. Warum nicht?
Sokrates. Nimm also zum Zweck unserer Untersuchung an, in unserer Seele befinde sich eine wächserne Tafel, bei dem einen größer, bei dem anderen kleiner, bei dem einen aus reinerem Wachs, bei dem anderen aus schmutzigerem, hier aus härterem, bei anderen wieder aus weicherem, bei einigen auch aus regelrecht passendem.
Theaetet. Die Annahme sei gemacht.
Sokrates. Die Tafel soll uns nun ein Geschenk der Mutter der Musen, der Mnemosyne, heißen; auf diese Tafel, so nehmen wir an, drücken wir ab, was wir im Gedächtnis behalten wollen von dem, was wir sehen oder hören oder selbst denken, indem wir sie unseren Wahrnehmungen und Gedanken als Unterlage dienen lassen, ähnlich wie bei dem Abdruck von Zeichen der Siegelringe. Und was sich da abgeprägt hat, dessen erinnern wir uns und das wissen wir, so lange das Abbild davon sich auf der Tafel erhält. Wenn es aber verwischt wird, oder überhaupt nicht die Kraft gehabt hat, sich abzuprägen, so haben wir es vergessen und wissen es nicht."[107]

---

[106] Die Verse in Dtn „6f beschreiben, wie dieser Text durch schulische Techniken angeeignet werden soll", *Braulik* 1986, S. 56. Vgl. auch *Lohfink*, der im Blick auf Dtn 6,4- 9 von „textorientiertem Lernen" spricht. Das Deuteronomium kenne dazu auch Anweisungen zu „situationsorientiertem" und zu „situationsreflektierendem" Lernen und bringe das Beispiel der Familienwallfahrt nach Jerusalem (1987a, S. 156).

[107] *Platon*, Theaetet, IV, 33, S. 111. Vgl. dazu die Gestalt des Dichters und Sängers Simonides (556-468 v. Chr.), von dem die Sage geht, er habe durch einen Zufall den

Dass sich hinter dem Ausdruck „Tafel des Herzens" in der hebräischen Bibel bereits eine Vorstellung von Gedächtnis verbirgt, ist nicht auszuschließen, es lässt sich aber aufgrund der Textbasis der Hebräischen Bibel nicht klären.[108] Ein Austausch zwischen griechischen und semitischen Vorstellungen ist in diesem Fall, meines Wissens, noch nicht nachgewiesen.

Nun ist im 5. Buch Mose eben nicht wie bei Platon von der „Tafel der Seele" die Rede, sondern davon, dass *diese Worte auf dem Herzen* sein sollen.[109] Damit kann, wie der Vergleich mit Jer 17,1 und Hiob 22,22 zeigt, ein „Einprägen"[110] oder ein „Auswendigwissen"[111] gemeint sein.

Das Verb „erinnern" wird in Dtn 6 nicht erwähnt. Nicht der Rückblick ist der entscheidende Gestus sondern die Vermittlung. Im Umgang mit Überlieferungsgut, wie er gerade in 6,6-9 vorgeschlagen wird, steht die Wurzel זכר (erinnern, gedenken) nicht im Vordergrund. Sie hat einen weiten Bedeutungsbereich im Hebräischen, der aber eher „gedenken", „andenken" umfasst[112] und daher verschieden ist von einem modernen

---

Zusammensturz eines Speisesaales überlebt, in dem er als Gast getafelt hatte. Nach dem Unglück konnte er die Leichen identifizieren, weil er sich gemerkt hatte, an welcher Stelle sich ein jeder an den Tisch gelagert hatte. Simonides gilt als der Erster, der eine Erinnerungstechnik entwickelte, indem er „gewisse Plätze" auswählte, sich von dem, was er im Gedächtnis behalten wollte, „Bilder in der Seele" machte. Die Sage ist in Ciceros Abhandlung über den Redner überliefert und nacherzählt bei *Fleckner* 1995, S. 46.

[108] *Childs* erwähnt bereits die Verbindung zwischen „Herz" und „erinnern" (1962, S. 19). Eine ganz andere Ansicht vertritt *Couroyer*, der die Tafeln als Schreibtafeln versteht, die ein Student auf dem Herzen trug, Hinweis bei *Lohfink/Fischer* 1995, S. 188 Anm. 18. Sie selbst schließen diese Bedeutung für Dtn 6 aus und denken eher an Gedächtnis, vgl. auch ebd., Anm. 19.

[109] Vgl. auch Dtn 11,18, wo die Worte auf Herz und Kehle gelegt werden, in Hi 22,22 sollen die Worte in das Herz gelegt werden, in Ps 37,31 ist die Weisung Gottes im Herzen des Gerechten, in Ps 119,11 wird das Wort im Herzen verwahrt, in Jer 31,33 wird direkt auf das Herz geschrieben, in Lk 2,19.51 ist vom bewahren des Wortes im Herzen der Maria die Rede.

[110] *Keel* 1981, S. 182.

[111] *Lohfink/Fischer* 1995, S. 188.

[112] *Schottroff* bezieht sich in seiner Untersuchung zu זכר (gedenken) auf das 5. Buch Mose und schreibt zusammenfassend: „Wie in der Erzählung bezeichnet זכר das erinnernde Ergreifen des an der Vergangenheit Aktuellen, um dieses zum Maß des Handelns werden zu lassen, dagegen keine Erneuerung des Bundes oder der ihn

Kommentare zum Sch^{e}ma Jisrael

Erinnerungsbegriff, mit seinen physiologischen und soziologischen Implikationen. Im 5. Buch Mose leistet der Hinweis auf die Zeit in Ägypten und in der Wüste die Überzeugungsarbeit, die die Gebote als Grundlage des Bundes mit Gott plausibel und besser verständlich macht. Die Erinnerung wird als Anschauung und Motivation verwendet, um das Gebot zu lernen.[113] Die Deutung der Erinnerungen und Traditionen geht dem Lehrvorgang voraus, allerdings nicht ein für allemal. Jedes Lehren setzt eine neue Auseinandersetzung mit der Erinnerung voraus.

Die in 6,6-9 genannten Techniken sind keine Erinnerungstechniken, wie es besonders Assmann vertreten hat, sondern Vermittlungstechniken.[114] Hier ist also die Frage nach der Unterweisung gestellt, die eine Voraussetzung auch für Erinnerung ist.[115] In dieser Richtung kann auch der geläufige Ausdruck „Paränese" spezifiziert werden.[116]

---

konstituierenden Hulderweise: die Erinnerung soll erkennen, dass die Hulderweise Gottes, die für die Aufrichtung des Bundes grundlegend waren, auch für die Gegenwart von ausschlaggebender Bedeutung sind. Über dieser Erkenntnis soll der Bund in seiner Gültigkeit Dauer erlangen" (1964, S. 123).
[113] *Schottroff* erklärt das Schema, im Rahmen dessen der alttestamentliche Begriff זכר verwendet wird: „Dabei ist ein fester Aufbau zu beobachten: Gebot - Mahnung zur Erinnerung - erneute Einschärfung des Gebotenen (als Folgerung mit כי – ו eingeleitet) vgl. Dtn 5,12-15" (1964, S. 119f).
[114] *Assmann* findet in Dtn 6 vier von acht Verfahren kultureller Mnemotechnik. Diese sind: 1. Bewusstmachung, Beherzigung (Dtn 6,6; 11,18). 2. Erziehung; Weitergabe an die folgende Generation durch Kommunikation, Zirkulation (6,7; 11,20). 3. Sichtbarmachung; Denkzeichen auf Stirn und Hand (Körpermarkierungen) (6,8; 11,18). 4. Limitische Symbolik; Inschrift auf den Türpfosten (6,9; 11,21). 5. Speicherung und Veröffentlichung (27,2-8). 6. Feste der kollektiven Erinnerung (Kap.16). 7. Mündliche Überlieferung, d.h. Poesie als Kodifikation der Geschichtserinnerung 31,20-22. 8. Kanonisierung des Vertragstextes (Tora) als Grundlage „buchstäblicher" Einhaltung (31,9-13; 4,2; 12,32). Assmann selbst bestreitet nicht, dass Belehrung der Erinnerung vorausgehen muss (1991, S. 342, dort interpretiert er die Antwort auf die Frage des Kindes in Dtn 6,20-25 als Lehre, die dem Erinnern vorangeht).
[115] Wenn *Assmann* das Deuteronomium als „Paradigma der Mnemotechnik" bezeichnet und vier seiner acht „Verfahren kulturell geformter Erinnerung" Dtn 6,6-9 entnimmt („Beherzigung", „Weitergabe an die nächste Generation", „Sichtbarmachung" durch Denkzeichen an der Stirn; Limitische Symbolik) hat er insofern recht, als es hier um Mnemotechnik im Sinn eines Handwerkszeugs der Vermittlung in Raum und Zeit geht. Die Anfrage an Assmann ist aber, ob dieses Handwerkszeug unter dem modernen Begriff „erinnern" gefasst werden kann. Erinnerung in unse-

7.4.4.2 Du sollst sie deinen Kindern einschärfen und du sollst davon reden (Dtn 6,7)

Zunächst gehört es also zur Vermittlung, dass die einzelnen Männer und Frauen *diese Worte* selbst zur Kenntnis nehmen, verstehen und auswendig lernen. Sodann sind sie den Kindern einzuschärfen. Das Verb שנן (einschärfen) ist in der Pielform ein Hapaxlegomenon, es wird sonst nur in der Grundform in der Bedeutung „schärfen" von Schwertern und Zungen verwendet oder reflexiv „sich stechen", „reizen lassen". In der Parallelstelle in 11,19 ist es in למד pi geändert. Hier hat also eine Interpretation stattgefunden, die das ungebräuchliche Verb durch ein verständlicheres ersetzte oder למד für sinnvoller hielt.[117] Die Veränderungen gegenüber 6,7 gehen in 11,19 aber noch weiter. Während die Anweisung, diese Worte den Kindern einzuschärfen in 6,7 grammatikalisch auf der gleichen Ebene steht wie die vorangegangene und die folgende, so wird in 11,19 durch einen Kausalsatz erklärt,[118] wie die Kinderlehre auszusehen hat: *Und ihr sollt sie eure Kinder lehren, indem ihr davon sprecht, wenn du in deinem Haus sitzt, und wenn du auf dem Weg gehst, wenn du dich niederlegst und wenn du aufstehst.* Damit erfährt auch die dritte Anweisung eine Interpretation: Das „darüber Sprechen" in 6,7 wird auf ein Ziel gerichtet: die Belehrung der Kinder in jeder Lebenslage.

Die Anweisung, die Kinder zu lehren, nimmt in 11,18-21 damit einen größeren Raum im Text ein als in 6,6-9. Die Lesart in Dtn 11 stellt das Bild vor Augen, dass die Kinder den ganzen Tag mit Vater oder Mutter mitlaufen und auf ihre Weise alles mittun, was die Eltern tun. Ich würde nicht sagen, dass es bei diesem Typ von Erziehung „äußerst unwahrscheinlich" ist, „dass die Eltern zu den Kindern vom Gesetz reden".[119]

---

rem Sinn ist in Dtn 6 nicht im Blick. Inwiefern der dtn Erinnerungsbegriff sich mit dem modernen überschneidet, müsste überprüft werden.
[116] *Braulik* hält Dtn 6,6-9 für die wohl älteste „Paränese" des Deuteronomiums über lehren und lernen (1997, S. 122).
[117] Eine umgekehrte Reihenfolge der Texte legt sich nicht nahe, denn dann wäre ein unverständlicherer Begriff eingesetzt worden, was der Regel der lectio dificilior widerspricht. Außerdem gilt der Text in Dtn 11 wegen seines Numeruswechsels als abhängig von Dtn 6,6-9. Vgl. *Braulik* 1997, S. 125.
[118] Im Hebräischen ist der Kausalsatz mit dem Infinitiv konstruiert.
[119] *Lohfink/Fischer* 1995, S. 191.

Im Gegenteil: Die Gesetze sind so bestimmend im Alltag, dass es sogar nötig ist, im täglichen Tun davon zu sprechen, um den Kindern überhaupt verständlich zu machen, was getan wird. So etwa die Essensvorschriften in Dtn 14, wo es zunächst um die Auswahl der Tiere geht, die zu essen erlaubt sind (14,3-20) und danach um die richtige Zubereitung (14,21); die Opfervorschriften (14,22ff), die eine genaue Beobachtung der Herden und Felder voraussetzen, da ja bekannt sein musste, welches und wie viele die Erstgeburten waren (14,22 „gewissenhaft"). Andere Vorschriften greifen in das bäuerliche Handwerk direkt ein (22,10) oder bestimmen die häuslichen Webarbeiten (22,11f). Auch der Umgang mit anderen Göttern, mit Zauberei und Wahrsagern bietet genügend Gesprächsstoff (18,9-14). Darüber hinaus sind Gespräche zwischen Eltern und Kindern denkbar, bebildert durch Ereignisse in der Nachbarschaft (Dtn 21,15-17.18-21; 22,13-23,1 u.ö.) Eine Bestimmung, die für unterwegs gilt, findet sich in 22, 6f. Dazu kommen immer wieder die Erzählungen aus der Geschichte des Volkes, die ja nicht nur einmal erzählt werden, sondern erst durch Wiederholung in ihrer Bedeutung ermessen werden können. Meines Erachtens bietet das genug Stoff, um häufig mit Kindern über *diese Worte* zu sprechen. Ja, die Anordnung kann sogar aus der Erfahrung der Kinderbelehrung erwachsen sein und sich im 5. Buch Mose mit der Einsicht in die Notwendigkeit der Belehrung der nächsten Generation verbunden haben.

Aus der Lesart von 11,19, die dem Reden einen Adressaten, nämlich die Kinder, verschafft, lässt sich ersehen, dass eben nicht an ein individuelles „Zitieren" und ständiges Auswendiglernen mit den Kindern gedacht ist.[120] Dann bräuchten die Worte keinen Adressaten im eigentlichen Sinne. Ein ständiges Rezitieren der Worte würde einer Vergeistigung der Kommunika-tionsstrukturen oder ihrer Mechanisierung gleichkommen, die in den deuteronomischen Gesetzen und in den Paränesen, die ja am Tun orientiert sind, sonst nicht impliziert sind. *Diese Worte* sollen im Gegenteil im alltäglichen Handeln präsent sein. Das setzt eine Auseinandersetzung über die Worte voraus, da das alltägliche Tun Entscheidun-

---

[120] So *Lohfink/Fischer*, die nur formale Gründe für das Zusammenziehen der Parataxe von 6,7 in 11,19 sehen: „Um die palindromische Struktur schaffen zu können, musste die Parataxe von 6,7 zu einer einzigen Aussage zusammengezogen werden" (1995, S. 191). Ähnlich auch *Braulik* „Es wird überall und immer rezitiert" (1986, S. 57). Er unterscheidet das „gedächtnisbezogene Lernen" in Dtn 6,7 von dem „situationsbezogenen Lernen" in 6,20ff (1997, S. 127).

gen fordert und die Kinderunterweisung auch nach Begründungen und Erklärungen verlangt (vgl. Ex 12,26; Dtn 6,20ff; 21,18ff).

In 6,7 aber wird das alte Verb verwendet und die Einbettung in den Alltag ist parataktisch formuliert. Möglicherweise ist in diesem Text noch an ein Einschärfen im Sinne des Auswendiglernens gedacht, was ein Gespräch über die Worte ja nicht ausschließt. In der Lesart in 11,19 wurde dann der Aspekt des Gesprächs stärker in den Vordergrund gerückt.[121] Dort wird der Kinderlehre ein Hauptgewicht eingeräumt und die Ermahnung erhält einen zukunftsweisenden Akzent, der durch die Segensverheißung, die den Abschnitt beschließt (11,21), unterstrichen wird (vgl. 6,3).

7.4.4.3 Die Zeichen auf der Hand und zwischen den Augen (6,8f)

Die letzten drei Bestimmungen 6,8f betreffen äußere Zeichen an dem Angesprochenen oder der Angesprochenen selbst und an den Häusern und Toren der Gemeinschaft. Die Technik der Textarbeit, die 6,6-9 vorstellt, erschöpft sich nicht darin, die Worte einzuprägen, sie an die Kinder weiterzugeben und sich mit anderen darüber auseinander zu setzen. Es gehört dazu auch noch das Zeichen, das eine Handlung über das Sprechen hinaus beinhaltet. 6,8 lautet: *Und du sollst sie als Zeichen auf deine Hand binden und sie sollen als Merkzeichen zwischen deinen Augen sein.* Solche Vorschriften sind uns heute unverständlich, wenn wir nicht zu einem praktizierenden jüdischen Kontext Zugang haben, der die Handlungen als Gebetshandlungen deutet.

Die Zeichen in 6,8 bedeuten „etwas mit den Sinnen Wahrnehmbares, das jeder sehen, hören, erfahren kann bzw. konnte".[122] Diese Zeichen hatten „Signalwirkung" im Sinn eines „Ausweises" und „Hinweises",[123] mit dem Einzelne als Angehörige JHWHs kenntlich wurden und sich zu Gott bekannten.[124] Sie konnten eine Person ein Leben lang begleiten. In

---

[121] *Finsterbusch* versteht 11,19 als Verdeutlichung von 6,7, das nicht eindeutig formuliert sei (2002, S. 106).
[122] *Keel* 1981, S. 165, der reale Handlungen im Hintergrund sieht.
[123] *Stolz* 1978, Sp. 91.
[124] *Rose* bezeichnet das Stirnzeichen als „Zugehörigkeitszeichen" (1994, S. 29). *Braulik* sieht durch die äußeren Symbole die „Bindung an Jahwe im alltäglichen Leben ... allgegenwärtig gehalten" (1986, S. 57).

Kommentare zum Sch^ema Jisrael

6,8 sind die Erwachsenen ohne zeitliche Begrenzung aufgefordert, sie anzulegen und manchmal konnten solche Zeichen auch wie bei Schammai, dem Alten, vererbt werden: „Nach P. Billerbeck ist der erste Rabbi, der von Teffilin redet, Schammai der Alte (um 30 v. Chr.), der seine Teffilin von seinem Großvater mütterlicherseits geerbt haben will."[125]

Auch der Akt des Bindens ist zu beachten. Die Bänder mussten angefertigt, der Papyrus kunstvoll beschrieben und Kästchen angefertigt werden, in denen der Papyrus aufbewahrt und vor Feuchtigkeit und Sonnenstrahlen geschützt wurde. Das Anlegen musste gelernt werden, da ein Verlust möglicherweise schmerzlich sein konnte, auch wenn es zunächst nicht im Rahmen eines Ritus vollzogen wurde. Wenn also die Vorschrift in Dtn 6,8 nicht nur symbolisch verstanden, sondern wirklich befolgt wurde, dann förderte sie das Kunsthandwerk und war von kultureller Bedeutung. Wie man sich das Binden vorzustellen hat, ist nicht eindeutig festzustellen. Keel schreibt:

„Da das Zeichen am Arm getragen werden soll, wird ursprünglich eher an Armbänder gedacht gewesen sein. Solche waren – aus verschiedensten Materialien, u.a. aus Leder gefertigt – im ganzen Alten Orient praktisch zu allen Zeiten nicht nur bei Frauen, sondern auch bei Männern weit verbreitet. Aus Ägypten sind zahlreiche Bracelets bekannt, die in verschiedensten Techniken ausgeführt vor allem Namen und Titel des Pharao trugen, dem sie gehörten oder der sie geschenkt hatte... Vielleicht gab es im Jerusalem der Königszeit sogar einen ähnlichen Brauch. Ehrungen und Beförderungen liegen, wo es hierarchisch geordnetes Beamtentum gibt, auf der Hand. Das Armband mit den Titeln und dem Namen des Königs, der oft ein Programm enthielt, zeugte von der treuen Loyalität des Beamten. Vor diesem Hintergrund kann man sich unter der Forderung, ‚diese Worte' als Zeichen an den Arm zu binden, vorstellen, dass damit postuliert wird, den Namen und vielleicht das Bekenntnis zur Einzigartigkeit JHWHs auf einem Bracelet oder einem lederen Armband als Zeichen der Zustimmung für die kaum von allen begrüßte Bewegung zu tragen."[126]

Die Zeichenhaftigkeit dieser Sitte konnte auch als anstößig aufgefasst werden. In Mt 23,5 findet sich Polemik gegen die Gebetsriemen: *Sie machen ihre Gebetsriemen breit....* Auch der griechische Ausdruck φυλακτηριον für Tefillin hat einen polemischen Akzent, da er außer einem

---

[125] *Keel* 1981, S. 171.
[126] Ebd. S. 214.

militärischen Bollwerk vor allem ein Amulett bezeichnet, was heidnische Praktiken nicht ausschließt.[127]

In Dtn 6,8 sollen *diese Worte* auch *als Merkzeichen zwischen den Augen sein*. Hier ist anders formuliert als bei den Zeichen an der Hand. Es ist nicht vom Binden die Rede. Das „Merkzeichen" braucht daher noch weniger als die vorherige Bestimmung buchstäblich aufgefasst zu werden. Es könnte auch nur der Gehalt gemeint sein, eine individuelle Zusammenfassung der Worte des Mose.[128] Die Aufforderung würde dann weniger eine schriftliche Fixierung bestimmter Worte meinen, als eben ein Zeichen der Zugehörigkeit zu JHWH. Als „Merkzeichen" kann also auch ein unbeschriftetes Medaillon mit einem bestimmten Bild oder Zeichen benutzt worden sein. „Auf der Stirn jedes einzelnen Israeliten sollte ..., wie das sonst nur bei besonderen Kultpersonen (Hierodulen, Hohepriestern) der Fall war, ein Zeichen der exklusiven Zugehörigkeit zu JHWH zu sehen sein."[129]

7.4.4.4 Die Schrift an Tür und Tor (Dtn 6,9)

Assmann deutet die Praxis der Beschriftung von Tür und Tor als „limitische Symbolik". Die Grenze des Eigenen soll damit markiert werden. Er übernimmt den Grenzbegriff von Mühlmann, der das Phänomen bei Naturvölkern beobachtet hat.[130] Wenn diese Deutung auf Dtn 6,9 angewendet wird, dann hat die Vorschrift nicht nur nach außen sondern auch nach innen begrenzende Bedeutung: Die Grenzmarkierungen sollen *diese Worte* enthalten, nicht irgendwelche Zeichen. Nur *diese Worte* sollen in Zukunft als Ausweis der Identität des Volkes gelten. Sie sollen sie für sich selbst und für Fremde deutlich an die Tore schreiben. Auffällig ist die Selbstverständlichkeit, mit der die Israeliten zum Schreiben aufge-

---

[127] Ebd. S. 172; *Rose* findet nach Dtn 18,10f.14 eine distanzierte Haltung gegenüber der Magie im Deuteronomium verankert, was aber magische Praxis wohl nicht völlig ausschloss. Er verweist auf Funde in Qumran, die auf eine Verwendung als Amulette schließen lassen (1994, S. 30).

[128] „Ich habe ... zu zeigen versucht, dass mit ‚diesen Worten' kaum eine fest geprägte und prägnante Formel gemeint sein dürfte. Vielmehr scheinen damit die Hauptanliegen der deuteronomischen Bewegung, die Einheit JHWHs und die ungeteilte Bindung an ihn, gemeint zu sein. Sie sollten u.a. in שמע ihren Ausdruck finden. Diese brauchten also gar nicht beschriftet gewesen zu sein." *Keel* 1981, S. 195.

[129] Ebd. S. 216.

[130] *Assmann* 1991, S. 340, und Anm. 10.

fordert werden. Es gab auch außerhalb des Königshofs Schreiber.[131] Jedenfalls wird hier mit der Vorstellung der Verschriftlichung gearbeitet. Dahinter steht die Absicht, dass „die Worte" auf Dauer den „ganzen Lebensraum"[132] der Israeliten bestimmen.

7.4.5 Wurden die Anweisungen konkret oder in ihrer übertragenen Bedeutung verstanden?

Die Verse 6,6-9 unterscheiden sich auch darin von 6,4f, dass die Angeredeten nun nicht mehr wie in 6,4f das ganze Volk Israel darstellen.[133] Das „Du" in den Versen ist das der Gesetze, das sich an die männlichen und weiblichen Landbesitzer richtet.[134] Deshalb können auch Kinder in 6,7 extra erwähnt werden.

„Zeichen" (אות) ist im Text zusammen mit „Merkzeichen" (טטפת) erwähnt. In Ex 13,9 steht „Zeichen" im Zusammenhang mit זכרון („Gedenkzeichen"). Dort ist das Zeichen das ungesäuerte Brot, das die Israeliten zur Erinnerung an den Auszug aus Ägypten sieben Tage lang essen. In der Erklärung auf die Frage des Kindes soll geantwortet werden: *Um deswillen geschieht es, was JHWH mir getan hat, als ich aus Ägypten auszog. Und es soll dir zum Zeichen auf deiner Hand und zum Gedenkzeichen zwischen deinen Augen sein, damit die Weisung JHWHs in deinem Mund sei. Denn mit starker Hand hat dich JHWH aus Ägypten geführt.* Ex 13,8f

In Ex 13,9 können die Zeichen nur übertragene Bedeutung haben. Ähnlich in Ex 13,16. An diesen beiden Parallelstellen zu Dtn 6,8 ist nicht vom „Binden"die Rede wie in Dtn 6,8. Das könnte ein Hinweis darauf sein, dass Dtn 6,8 in der konkreten Bedeutung zu verstehen ist.[135] Andere Zeichen und Gedenkzeichen sind aber ganz konkrete Gegenstände: In Num 17,3.5 sind es die Verschläge am Altar, die aus den Kohlebecken

---

[131] Siehe zu dieser Frage Kapitel 3.6 dieser Arbeit.
[132] *Rose* 1994, S. 28.
[133] Vgl. Dtn 31,12, wo eine Volksversammlung Israels aufgegliedert ist in Männer, Frauen, Kinder und Fremde.
[134] *Crüsemann* verweist darauf, dass „,Israel' in Dtn 12,26 stets eine Größe [bezeichnet], *für* die das angeredete ,Du' handeln soll" (1992, S. 257).
[135] Vgl. Spr 3,3 und 7,3, wo die Weisung um den Hals und um die Finger gebunden wird und die Analyse der Verse in Kapitel 8 dieser Arbeit.

der bestraften Männer der Rotte Korach hergestellt sind. In Jos 4,4-7 wird, wieder mit der doppelten Bezeichnung „Zeichen" und „Gedenkzeichen", von der Errichtung der Gedenksteine im Jordan berichtet.

Zur Frage, ob die Anweisungen metaphorisch verstanden werden sollen, wie sie wahrscheinlich in Ex 13,9.16 aufzufassen sind oder ob sie wörtlich als reale Handlungsanweisungen gemeint waren, lässt sich letztlich nur feststellen: Beides ist praktiziert worden. Aus dem Aristeasbrief, der ältesten literarischen Nachricht über diese Frage, geht eine wörtliche Erfüllung hervor. Ebenso aus dem Papyrus Nash. In Qumran wurden Fragmente von Mesusot (das heißt Texten, die an Türpfosten gebunden sind) gefunden, die ebenfalls auf eine wörtliche Erfüllung schließen lassen.[136] Erst die Kirchenväter Justin, Origenes und Hieronymus plädierten für ein übertragenes, spirituelles Verständnis und betrachteten das wörtliche Verständnis als „äußerlich",[137] was ihnen die Möglichkeit zu antijüdischer Polemik gab.

Die Verse präzisieren nicht die Zeichen auf Hand und Stirn und die Inschrift auf Tor und Tür. Der Inhalt *dieser Worte* bleibt mehrdeutig, bei den Zeichen bleibt sogar offen, ob überhaupt bestimmte Worte gemeint sind oder nur ihr Gehalt. Diese Leerstelle lässt der Rezeption viele Möglichkeiten, die auch genutzt wurden. „Die Rabbinen haben das genau gesehen und haben die Lücke gefüllt. Aber vor, neben und selbst noch nach ihrem präzisen Verständnis und der dementsprechenden Praxis haben verschiedenste Auffassungen und Praktiken von Dtn 6,8f. und 11,18.20 bestanden... ."[138]

Aufgrund des von ihm gesichteten archäologischen Materials schließt Keel aus, dass die Vorschriften im Deuteronomium als gesetzliche verstanden wurden.

„Sie urgieren zwar die Inkarnation einer Grundhaltung in festen äußeren Gepflogenheiten und Sitten, aber kaum mit der festen Erwartung, dass jeder einzelne dieser Vorschläge strikte durchgeführt würde. Das scheinen mir noch die ältesten Spuren ihrer wörtlichen Erfüllung zu zeigen."[139]

---

[136] *Keel* 1981, S. 166f.
[137] Ebd. S. 179.
[138] Ebd. S. 178.
[139] Ebd. S. 216.

Interessant ist an dieser Einschätzung, dass sich die Interpretation von 6,8f nach Keels Beobachtung im Laufe der Rezeption mehrmals wandelte, dass das spirituelle Verständnis zum Teil polemisch gegen eine wörtliche Praxis gewandt wurde. Aber auch die wörtliche Umsetzung variierte.

„Im 1./2. Jh.n. Chr. scheinen sie [die Gebetsriemen d.Vfin.] besonders Eifrige immer, andere nie getragen zu haben. Von Jochanan ben Sakkai und seinem Schüler Elieser ben Hyrkanus, wie auch von Ada ben Ahavah in Babylon wird erzählt, ‚sie seien nie vier Ellen weit gegangen, ohne Tefillin zu tragen‘."[140]

Tefillim verschiedenen Inhalts sind bis heute erhalten. Aus ihnen ist ersichtlich, dass erst um 100 n.Chr. folgende Texte in einer bestimmten Anordnung kanonisch wurden: Ex 13,1-10; Ex 13,11-16; Dtn 6,4-9; Dtn 13,11-21.[141]

7.4.6 6,6-9 fällt aus dem Rahmen

Der Rahmen des Mosebuches ist die Erzählung vom bevorstehenden Übergang in das verheißene Land und von der Zeit in der Wüste, auf die das Volk zurückblickt. In diesem Rahmen nun spricht Mose, dessen Tod kurz bevorsteht, seine Worte. Die Anspielungen in 6,6-9 auf Haus und Tore und auf ein friedliches Aus- und Eingehen durch diese Tore, sprechen von einem anderen Leben als dem im Übergang, sie gehen schon von einer Zeit lange nach dem bevorstehenden Neuanfang aus. Aus der Sicht des Rahmens ist die Vorschrift also Wunschvorstellung, aus der Sicht der Gola ist sie Vergangenheit und vielleicht erträumte Zukunft. Die Verse 6,6-9, wahrscheinlich in friedlicher Königszeit entstanden, bekommen durch die Einbettung in den Rahmen des Mosebuches überzeitlichen Charakter.[142] Sie werden zum Fragment, zur Anweisung, die zwar mit 6,4f zusammen gelesen wird, die aber dann gilt, wenn die Lesenden in Häusern wohnen, die Türen haben und von Mauern umgeben sind. Die Reibung zwischen Rahmen und Text lässt den Abschnitt 6,6-9 aus dem Duktus des Ganzen herausragen, so vielschichtig es auch ist.

---

[140] Nachweis ebd. S. 225, Anm. 64.
[141] Ebd. S. 171.
[142] *Braulik* hält Dtn 6,6-9 für vordeuteronomistisch, allein der Promulgationssatz in 6,6 sei später hinzugefügt (1997, S. 121).

7.4.7 Die Textarbeit in Dtn 6,6-9

Die deuteronomische Technik der Textarbeit beinhaltet, wie hier gezeigt wurde, sowohl die mündliche Weitergabe und Auseinandersetzung (*du sollst davon sprechen...*) als auch die schriftliche Fixierung und Vergegenwärtigung (*du sollst sie... schreiben*). Es geht um eine ständige Konfrontation mit dem Inhalt „dieser Worte", der gedanklich und körperlich mit allen Sinnen nachvollzogen wird.[143] Der Text entfaltet durch diese Techniken sozusagen noch als Text ein Eigenleben, das die Person, die mit ihm umgeht, verändert. Wer von bestimmten Worten in jeder Lebenslage spricht, wer sie als Merkzeichen zwischen den Augen trägt und um die Arme bindet, ist als Person von diesen Worten geprägt, noch bevor sie Konsequenzen im Handeln haben. Die Worte werden für die Person, die das praktiziert, zum ständigen Begleiter, der beinahe personhaft vorgestellt werden konnte (vgl. Spr 6,22). Eine Distanzierung scheint auf den ersten Blick kaum mehr möglich. Aber es wäre falsch, diese Art der Unterweisung deshalb als aufdringlich abzutun. Keel weist mit Recht *darauf hin, dass „...das kasuistisch-rituelle Verständnis der führenden Kreise des Judentums im 1. Jh.v. und n. Chr. Dtn 6,8f. ebenso wenig gerecht wurde wie die spiritualisierende neuere Exegese..."*[144]

Die Anweisungen sind ein Hinweis auf die Bedeutung, die die Schreiber den im 5. Buch Mose vermittelten Texten beimaßen, und zeugen von der immensen Aufgabe, die sie sich gestellt haben: Es ging ihnen darum, ein ganzes Volk, nicht nur eine Elite, über Generationen hinweg zu belehren. Um diese ungewöhnliche Aufgabe zu bewältigen wurde zu ungewöhnlichen Mitteln gegriffen.

Der Bezug zum Sch^ema Jisrael lässt noch auf ein weiteres Charakteristikum der deuteronomischen Textarbeit schließen: Sie lässt spannungsvolle Aktualisierungen zu. So kann Dtn 6,6-9 als eine Erklärung gelesen werden, wie man das macht: *lieben mit dem ganzen Herzen* (6,5). Die Schreiber wählen den Weg, aus dem Liebesgebot einen didaktischen Impuls abzuleiten, der sowohl das Individuum als auch die nächste Generation zum Lernen anleitet: Das Erlernte wird Teil der eigenen Identi-

---

[143] *Braulik* bezieht sich auf „die Worte" und schreibt: „So werden sie ständig gehört, gefühlt, gesehen. Man bewegt sich in ihnen gewissermaßen mit allen Sinnen wie in einer Landschaft" (ebd. S. 123).
[144] *Keel* 1981, S. 217.

tät, die immer auch von der Auseinandersetzung mit den anderen geprägt ist. So verstanden ist das Liebesgebot der Impuls, der im 5. Buch Mose nach Lernstrategien suchen lässt, es ist der innere Motor des Lernens. Die drei Weisen des Liebens bilden sich in den sechs Anordnungen zum Umgang mit den Worten ab. Anders betrachtet wird das Liebesgebot nun sehr pragmatisch gedeutet: Ohne ständigen Umgang mit den Worten im Alltag kann man nicht zur Liebe Gottes gelangen.

In 6,6-9 wird auch ausgelegt, was „hören" in 6,4 bedeutet, denn in 6,7-9 ist weit mehr mit Moses Worten zu tun als nur auf sie zu „hören". Die Männer und Frauen sollen sie „einschärfen", „davon in jeder Lebenslage reden", „sie als Zeichen binden" und sogar „schreiben". 6,7-9 antworten also mit einer Auffächerung von Handlungsanweisungen auf das Sch^{e}ma Jisrael. Dadurch wird „hören" als „lernen" konkretisiert. Der Flüchtigkeit des Hörens soll durch die neuen Verben, die dem Hören Dauer garantieren, gewehrt werden. Aus dem zunächst einmaligen Hören in der Fiktion der Moserede wird die lebenslange eigene Beschäftigung, die auch die bewusste Weitergabe an die nächste Generation intendiert.

Diese in didaktische Handlungsaspekte umgesetzte Lesart ist nach der Einleitung eine weitere Deutung, die das Sch^{e}ma Jisrael hervorruft. Lesarten aber verweisen auf einen weitaus flexibleren Umgang mit Texten hin, als es eine statische Deutung der Anweisungen in 6,6-9 zulassen würde.

7.5 Die Lesarten des Sch^{e}ma Jisrael in Dtn 6,10-19

Eine weitere zusammenhängende Texteinheit in dem hier zu besprechenden Kapitel bilden die Verse 6,10-13. 6,14f. reihen sich assoziativ an 6,13 an.[145] Nach 6,15 setzen die Masoreten eine Setuma und verstehen so 6,16-19 als eigenen Abschnitt. Diese Verse werden hier als weitere Kommentare zu 6,4f verstanden, die durch 6,10-13 angeregt wurden.

---

[145] Vgl. *Achenbach* spricht von einer „interpretierenden Fortschreibung" (1991, S. 66).

Kommentare zum Sch^ema Jisrael

7.5.1 Übersetzung

10 *Und es wird geschehen, wenn JHWH, dein Gott dich in das Land bringt, das er deinen Vätern, Abraham, Isaak und Jakob geschworen hat, dir zu geben: große und gute Städte, die du nicht gebaut hast,*

11 *und Häuser, gefüllt mit allem Guten, die du nicht gefüllt hast, und ausgehauene Zisternen, die du nicht ausgehauen hast, Weinberge und Olivenbäume, die du nicht gepflanzt hast, und wenn du dann isst und satt wirst,*

12 *dann hüte dich, dass du JHWH nicht vergisst, der dich aus dem Land Ägypten herausgeführt hat, aus dem Haus der Dienste.*

13 *JHWH, deinen Gott, sollst du fürchten und ihm sollst du dienen, und bei seinem Namen sollst du schwören.*

14 *Ihr sollt gewiss nicht anderen Göttern von den Göttern der Völker, die euch umgeben, nachlaufen,*

15 *denn ein eifersüchtiger Gott ist JHWH, dein Gott in deiner Mitte. Damit nicht der Zorn JHWHs, deines Gottes, gegen dich entbrennt, und er dich vom Erdboden weg vernichtet.*

16 *Ihr sollt JHWH, euren Gott, nicht prüfen, wie ihr ihn in Massa geprüft habt.*

17 *Haltet gewiss die Gebote JHWHs, eures Gottes, und seine Zeugnisse und seine Ordnungen, die er dir geboten hat.*

18 *Und du sollst tun, was recht und gut ist in den Augen JHWHs, damit es dir gut geht und du hineinkommst und das gute Land in Besitz nimmst, wie JHWH deinen Vätern geschworen hat,*

19 *um all deine Feinde vor deinem Angesicht zu vertreiben, wie JHWH gesagt hat.*

7.5.2 Zwei neue Themen: Das verheißene Land und das Vergessen (Dtn 6,10-13)

Der Text beginnt wie in 6,6-9 mit ו-Perfektum, aber es wird nicht ein weiteres Gebot zu den sechs vorangehenden hinzugefügt, denn das Tempus steht mit der dritten Person und diesmal leitet es einen Bedingungssatz ein: *Und es wird geschehen, wenn...* Insofern ist die syntaktische Folge von 6,6-9 abgebrochen, es beginnt etwas Neues. Die Verse 6,10-12 bilden einen langen Konditionalsatz mit Einschüben. Die Grundaussage ist: „Für den Fall, dass JHWH dich in das Land bringt, hüte dich, dass du JHWH nicht vergisst." Diese Grundaussage ist mit verschiedenen Nebensätzen erweitert, die in der Hauptsache „das Land" ausgestalten. Es ist das Land, das Gott den Vätern zu geben geschworen[146] hat (vgl. Dtn 6,3). Die Väter werden mit Namen aufgezählt. Das angesprochene „Du" wird bruchlos als Träger der Landverheißung betrachtet: *...wenn JHWH, dein Gott dich in das Land bringt, das er deinen Vätern, Abraham, Isaak und Jakob geschworen hat, dir zu geben...* Es folgt eine Beschreibung des Landes, die syntaktisch unverbunden als Inklusio eingefügt ist. Die Verbindung zum „Du" wird durch die rhythmische Verneinung der Relativsätze hergestellt:

Städte, die du nicht gebaut hast
Häuser..., die du nicht gefüllt hast
Ausgehauene Zisternen, die du nicht ausgehauen hast
Weinberge und Olivenbäume, die du nicht gepflanzt hast

Abgeschlossen wird diese Verneinungsreihe mit einem Bedingungssatz, der an den ersten anknüpft: *Wenn JHWH, dein Gott, dich in das Land bringt ... und wenn du dann isst und satt wirst...*, so wird die Spannung hin zur Auflösung der Bedingungen steigert. Die Auflösung lautet: *dann hüte dich, dass du JHWH nicht vergisst* (6,12). Gott wird in der Folge charakterisiert als der, *der dich aus dem Land Ägypten herausgeführt hat, aus dem Haus der Dienste* (6,12b). 6,12a ist wie in 6,4 ein Imperativ verwendet: *hüte dich*. 6,13 knüpft mit der gleichen Verbform an: *JHWH, deinen Gott sollst du fürchten und ihm sollst du dienen, und bei seinem Namen sollst du schwören.*

Aus der syntaktischen Übersicht folgt, dass 6,10-13 zwei Themen hat:

1. Das Land, in das die Israeliten ziehen werden (6,10-11a)
2. das Nicht-Vergessen Gottes (6,11b-13).

---

[146] *Gesenius* übersetzt mit dem altertümlichen Verb „zuschwören" vgl. Dtn 4,31 (1962, S. 803).

Kommentare zum Schᵉma Jisrael

7.5.2.1 Die Rede vom Land kehrt sich gegen die Hörerinnen und Hörer

Das „Land" nimmt in 6,10-13 einen breiten Raum ein. Es soll deshalb näher untersucht werden, weil in 6,6-9 gerade im Blick auf das Land eine Leerstelle festgestellt wurde: Der Landbesitz wird dort stillschweigend vorausgesetzt, obwohl die Rahmung des 5. Buches Mose ein anderes Szenarium hat. 6,10f thematisiert den Übergang in das Land: *...wenn JHWH, dein Gott dich in das Land bringt, das er deinen Vätern, Abraham, Isaak und Jakob geschworen hat, dir zu geben: große und gute Städte, die du nicht gebaut hast, und Häuser, gefüllt mit allem Guten, die du nicht gefüllt hast und ausgehauene Zisternen, die du nicht ausgehauen hast, Weinberge und Olivenbäume, die du nicht gepflanzt hast,...*

Hier wird die gesamte Vätergeschichte zusammengefasst und auf den kollektiv verstandenen Einzelnen zugespitzt. Es gehört, wie bereits in der Einführung in das 5. Buch Mose erwähnt, zum Konzept des deuteronomischen Rahmens, die Väterverheißung mit den Geboten des Sinai/Horeb Gottes zu verbinden und so die verschiedenen Ursprungsmythen der Stämme Israels einzuholen. In 6,10 werden die Namen der Väter genannt und gleichzeitig wird wie in Dtn 1,8; 9,5; 29,12; 30,20; 34,4 das Schwören Gottes erwähnt. In 1,8 und 30,20 schwört Gott, das Land *ihnen zu geben* (לתת להם), gemeint sind die Väter. In 6,10 dagegen wird variiert zu *um es dir zu geben* (לתת לך), die Zusage bezieht sich also auf das Volk. Es ändert sich, ohne dass es grammatikalisch zwingend wäre, die Blickrichtung hin zu den Angesprochenen.[147]

In 6,10bf wird das Land beschrieben und dabei tauchen die Städte auf, die in 6,9 hinter den „Toren" verborgen waren und die Häuser, von denen in 6,9 nur die „Pfosten" erwähnt sind, werden mit Gutem gefüllt. Außerdem gibt es Zisternen, die das Aus- und Eingehen aus den Häusern nötig machen, und Weinberge und Olivenbäume. Das Bild vom verheißenen Land, das im vorherigen Text nur durch Eckpunkte wie die Bewegung des Menschen und die Tore und Pfosten aufschien, wird aus-

---

[147] Vgl. Dtn 5,3 wo Mose den Bund als einen verstehen will, der nicht mit den Vätern sondern direkt mit den aktuellen Menschen, die vor ihm stehen, geschlossen wurde.

gefüllt, und durch die verneinenden Relativsätze noch gesteigert. In einer signifikanten Weise wird aber das Bild vom guten, verheißenen Land (vgl. 8,7-10) rhetorisch gegen die Zuhörer gekehrt (vgl. 31,20). Die Perspektive wird in Leserichtung erweitert. Das Bild wird zwar in seiner traumhaften Form vervollständigt aber der Bezug zu dem „Du" enthält eine Unannehmlichkeit: ...*die du nicht gebaut hast.* Deutlicher wird die Konnotation in Jos 24,13, wo ähnlich argumentiert wird: *Und ich gab euch ein Land, um das du dich nicht gemüht hattest, und Städte, die ihr nicht gebaut hattet und in denen ihr wohnt.*

Es geht hier wohl nicht um den Vorwurf, dass die Israeliten nicht bereit oder in der Lage waren, Städte selbst zu bauen. Diese Frage wird im Ersten Testament nicht diskutiert. Dagegen wird betont, wie fürsorglich Gott mit seinem Volk umgeht. Israel kann sich ins „gemachte Nest" setzen. Aber in der Reihung der Verneinungen klingt auch eine Heimatlosigkeit an: Dieses Land ist nicht deine Wurzel, du hast das alles nicht erarbeitet, es ist ein (vorübergehendes?) Geschenk. Hier wird einerseits mit dem Mittel der Wiederholung und Inklusio die gute Führung Gottes betont (יביאך *er hat dich gebracht* V.10). Andererseits wird durch die Negationen die Frage nach der Affirmation geweckt: Was haben wir dann als unser Ur-Eigenes?

Hinter den beobachteten rhetorischen Wendungen verbirgt sich methodisch geschickte Unterweisung. Den Hörenden wird das neue Land in den schönsten Farben vor Augen gemalt. Sie sind die Angesprochenen, ihre Sache wird verhandelt, sie sind die Adressaten der Verheißung an die Väter und damit der Zuwendung Gottes (...*dir zu geben* V.10). Diese Verheißung geht an den Zuhörenden in Erfüllung. Aber eine Frage bleibt offen: Wem verdankst du dieses Land? Und damit ist die Aufmerksamkeit auf die entscheidende Frage gerichtet.

7.5.2.2 Die Gefahr, Gott zu vergessen

Im Folgenden wird diese offene Frage mit einer Warnung und einem Gebot beantwortet: ... *dann hüte dich, dass du JHWH nicht vergisst, der dich aus dem Land Ägypten herausgeführt hat, aus dem Haus der Dienste. JHWH, deinen Gott sollst du fürchten und ihm sollst du dienen, und bei seinem Namen sollst du schwören. 6,12f*

Kommentare zum Sch^{e}ma Jisrael

Der Landbesitz bedeutet die Gefahr, Gott zu vergessen. Aus dieser Erfahrung heraus muss die Lesart des Textabschnitts entstanden sein. Die großen und guten Städte, die Häuser voll von Gutem, die ausgehauenen Zisternen, Weinberge und Olivenbäume sind nach dieser Lesart Anlass, die eigene Identität zu vergessen. Und ähnlich wie die Verse 6,6-9 das Liebesgebot durch Anweisungen zur Textarbeit in den Alltag hinein verwoben hatten, verbindet dieser Abschnitt das Liebesgebot mit dem Wohnen im verheißenen Land: Gut ist dieses Land, ein Segen für das Volk. Und doch soll das Volk nicht darin aufgehen, denn seine Wurzeln liegen an anderer Stelle. Der Landbesitz *kann* einerseits nicht dazu führen, Gott zu vergessen, denn er ist ja Gott zu verdanken, aber er *darf* andererseits auch nicht dazu führen Gott zu vergessen, denn das Land dient nicht Israels Identität. Diese findet es in Gott, der das Volk aus Ägypten geführt hat. Die Erfüllung der Landverheißung darf nicht als Ende des Gottesverhältnisses missverstanden werden.

7.5.2.3 Die Neuformulierung der Liebe zu Gott (Dtn 6,13)

Die Aussagen in 6,12f befinden sich in der Mitte des Kapitels, geht man von der masoretischen Verszählung aus. Sie bieten eine Neuformulierung des Sch^{e}ma Jisrael in 6,4f aus der Perspektive des Wohnens im verheißenen Land. Es gibt mehrere Parallelen in Struktur und Inhalt zwischen 6,4f und 6,12f:

1. die imperative Einleitung in 6,12: hüte dich (השמר לך), vgl. 6,4: höre (שמע)
2. die parallele Formulierung des Objekts in 6,13: *JHWH, deinen Gott* (את־יהוה אלהיך) vgl. 6,5a.
3. die Dreiteilung des Aufbaus in 6,13, diesmal nicht als Ausdifferenzierung der Person sondern ihres Tuns (...*sollst du fürchten und ihm sollst du dienen, und bei seinem Namen sollst du schwören*).

Aufgrund dieser strukturellen Anspielungen können 6,12f als Lesart des Sch^{e}ma verstanden werden. Sie entstand unter dem Eindruck, dass das Verhältnis zu Gott und das Liebesgebot vor dem Hintergrund des Vergessens neu formuliert werden müssten. In dieser Situation sollte Israel noch einmal daran erinnert werden, wer dieser Gott ist: ...*der dich aus Ägypten, aus dem Haus des Dienstes geführt hat*. Dieses Haus des Dienstes wird rhetorisch den *Häusern, gefüllt mit Gutem* (6,11) im neuen Land gegenübergestellt und so für diesen Gott geworben. Angesichts der Gefahr des Vergessens wird nun auch das Liebesgebot erläutert.

Gott zu fürchten, ihm zu dienen und bei seinem Namen zu schwören liest sich wie eine pädagogische Aufschlüsselung von 6,5. Es wird hier noch einmal wie in 6,6-9 erklärt, wie man das macht, Gott zu lieben, allerdings zeigt bereits die Notwendigkeit der Erklärung, dass die Umstände nun etwas andere sind. Die pointierte Hervorhebung von *JHWH, deinen Gott sollst du fürchten* mag abgrenzend gemeint sein und andere Götter ausschließen: Gott sollst du fürchten und keine anderen Götter.[148]

Ähnlich ist die Aufforderung zu verstehen, dass die Israeliten bei ihrem Gott schwören sollen. Auch hier steht der bekennende Charakter im Vordergrund: Bei Verträgen und Bundesschlüssen wird ein göttlicher Garant angerufen, „der über Erfüllung und Nichterfüllung wacht".[149] Insofern wird bei einem Schwur ersichtlich, welchen Gott man als höchste Autorität anerkennt. In diesem Sinne ist das Schwören ein bekennender Akt. Auch hier soll also kein anderer Garant in Frage kommen als JHWH allein.[150] Durch die Wiederholung der Verbwurzel שבע (schwören) von 6,10 in 6,13 bekommt das Schwören einen zusätzlichen Akzent: Gott hat geschworen, dir das Land zu geben, du nun schwöre im Land bei seinem Namen und bekenne dich dadurch zu ihm. Auf die enge Beziehung zwischen „dienen" und „lieben" hat Preuß aufmerksam gemacht: „Das Dienen soll ein Lieben einschließen, aus der Liebe zu Gott folgern."[151]

Die drei Verben „fürchten", „dienen" und „schwören" bringen jeweils ihren Eigenkontext in den Text ein. „JHWH fürchten" erinnert an das Schauder erregende Erlebnis des Volkes am Sinai/Horeb (Ex 19,16-19; Dtn 5,5.29); „JHWH dienen" bezeichnet die Verehrung zunächst der fremden Götter (Dtn 5,9; 7,16) und „bei JHWH schwören" spricht die

---

[148] So auch *Rose* 1994, S. 345.
[149] A.a.O.
[150] Vgl. die ähnlichen Formulierungen in Dtn 10,12 und besonders in 10,20. Ebenso das ausdrückliche Verbot gegenüber fremden Göttern zu schwören und ihnen zu dienen, in Jos 23,7.
[151] *Preuß* 1992, S. 165.

Verträge und Bündnisse des politischen und wirtschaftlichen Lebens an.[152]

Nach dem hier Gesagten ist der Rückbezug zu 6,4f deutlich. Das Sch^ema Jisrael ist allerdings neuformuliert und auf einen bestimmten Kontext angewendet. Diese Kontextualisierung beweist ein Gespür für den Verstehenshorizont der Angesprochenen. Die neuen Worte für das Sch^ema richten sich an das Volk. Sie sind gleichzeitig Anleitung zum eigenen Nachdenken und sie sind Bereicherung der Sprachkompetenz derer, die nun selbst aufgefordert sind, zu unterweisen (vgl. Dtn 6,7). Die „gewandelte Blickrichtung"[153] zielt diesmal nicht, wie in 6,6-9, auf mediales Lernen und die allgegenwärtige Auseinandersetzung Einzelner mit *diesen Worten* im Alltag. Sie greift weiter aus und wirbt für das Bekenntnis zum einen Gott, der sein Volk aus Ägypten befreit hat und dem im guten Land das Vergessen droht, weil Israeliten und Israelitinnen sich nicht mehr an die Begegnung am Sinai/Horeb erinnern, weil sie andere Götter vor Augen haben und weil sie die Herausforderung scheuen, sich im wirtschaftlichen Leben zu ihm zu bekennen.

7.5.3 Die Gefahr durch die Götter der Nachbarvölker (6,14f)

Zunächst einige Beobachtungen zum Sprachstil dieser Verse: Sie stellen syntaktisch eine Einheit dar. 6,14 wird in 6,15b mit פן (damit nicht) weitergeführt. Eingeleitet wird die Argumentation mit einer verneinten Jussivform mit Nun energicum: לא תלכון (*ihr sollt gewiss nicht ... nachlaufen*). Dieser Sprachstil entspricht nicht dem in Dtn 6 bisher beobachteten. Ein weiterer Stilbruch ist der plötzliche Wechsel der Anrede in den Plural in 6,14 und zurück in den Singular in 6,15. Die Wortwahl ist beinahe ausschließlich neu. Hier hat eine weitere Hand an Dtn 6 mitgeschrieben.[154]

---

[152] Besonders die ersten beiden Verben haben in der Dekalogspromulgation und -formulierung einen festen Ort. Andere Bezugstexte des Dekalogs im Deuteronomium neben 6,12-15 sind 4,15-20; 7,4.8-11; 8,14.19 und 13,3ff. *Albertz* weist darauf hin, dass der Dekalog im Verlauf der deuteronomischen Reformbewegung die entscheidende Bedeutung erlangt hat und wohl auch in der Laienunterweisung verwendet wurde (1992, S. 335).

[153] *Rose* 1994, S. 443.

[154] *Rose* rechnet Dtn 6,14f zur Schicht IV (ebd. S. 346).

Kommentare zum Sch^ema Jisrael

Die Warnung von 6,12 ...*hüte dich, dass du JHWH gewiss nicht vergisst* ist Anknüpfungspunkt von 6,14f. Sie wird im Blick auf die Völker, die ringsum leben und ihre Götter, interpretiert (vgl. Dtn 13,3.8 und Ri 2,12). Der syntaktische Aufbau der beiden Sätze lässt schon klar die Frage erkennen, die diese beiden Verse stellen: Worin besteht dein Mittelpunkt? Die Sinnlinie verläuft von den Völkern, *die euch umgeben* (6,14) hin zu *JHWH in deiner Mitte* (6,15). In die Mitte des Satzes ist auch syntaktisch der Halbsatz eingepasst *denn ein eifersüchtiger Gott ist JHWH, dein Gott in deiner Mitte* (6,15a). So deuten diese beiden Verse noch einmal auf ihre Weise die Frage, wem das Volk das Land verdankt, die in 6,13 bereits beantwortet wurde und ebenso in 6,4b: JHWH ist unser Gott, JHWH ist einer.

Der kriegerische Ton von 6,14f setzt bereits die Exilserfahrung voraus und legt den Grund für die exilisch/nachexilische Erklärung der Katastrophe der Zerstörung Jerusalems und des Tempels und die Gefangenschaft der Oberschicht (vgl. 4,26f u.ö.).[155] Die Verehrung anderer Götter führte unter anderem zu diesem Unglück (vgl. z.B. Jer 2,4-8).

Das Sch^ema Jisrael erfährt damit eine weitere Ausdeutung, dient zur Sinnfindung in Katastrophenzeiten, gerinnt dadurch aber zur Drohung: *Damit nicht der Zorn JHWHs, deines Gottes gegen dich entbrennt und er dich vom Erdboden weg vernichtet.*

7.5.4 Ist Gott in unserer Mitte? (6,16f)

In 6,16 taucht ganz unvermittelt das Verb „prüfen" auf. Der Grad intertextueller Intensität ist hier relativ hoch, denn es liegt eindeutig ein Gedankensprung vor, der Bezug zum Kontext in Dtn 6 ist nicht sofort zu ermitteln und die Namensnennung Massa markiert den Vers vollends als

---

[155] Vgl. zu dieser Deutung Dtn 11,22-25; 29,21-27. Spätere Überlieferungskreise gelangten zu einer andern Sicht: „Eine bestimmt dtr Schicht unterstreicht, dass schon die Inbesitznahme des Verheißungslandes an den Gebotsgehorsam gebunden war.... Weitere Bearbeitungsschichten der Exilszeit gelangen zu einer veränderten Bundestheologie. Die bindet, zum Teil unter Rückgriff auf die Tradition vom Bund mit Abraham und den Erzvätern ...., JHWHs Bundeszusage nicht mehr an den Gehorsam Israels (4,31; 7,9; 9,5; 30,6). Über allem steht reine Gnade." *Braulik* 1996a, S. 83. Zur theologischen Deutung der Geschichte im deuteronomistischen Geschichtswerk siehe *Smend* 1986a, Sp. 822, und zur historischen Frage der Deportation ins Exil vgl. *Albertz* 1992, S. 377-382.

Kommentare zum Sch*e*ma Jisrael

Zitat.[156] Es wird in verdichteter Form auf Ex 17,2-7 angespielt. Das Sprachspiel beruht darauf, den Namen Massa, der von dem Wort für prüfen abgeleitet werden kann,[157] hier sehr eng mit dem Verb des gleichen Wortstamms zu verbinden. Der Prätext in Ex 17 ist die ätiologische Sage von der Prüfung Gottes durch das Volk in der Wüste (Ex 17,7):

Das Volk lagert sich in Refidim, wo es kein Wasser zum Trinken gibt (17,1). Daraufhin entsteht ein Streit mit Mose, der diesen Streit als Prüfung Gottes deutet (17,2). Im Zwiegespräch mit Gott wird Mose ein Fels gezeigt. Als Mose mit seinem Stab darauf schlägt, entspringt ihm Wasser. Am Ende der Erzählung wird der Name „Massa und Meriba" auf dieses Erlebnis zurückgeführt: *Und er gab dem Ort den Namen Massa und Meriba wegen des Streitens der Kinder Israel, und weil sie JHWH geprüft hatten, indem sie sagten: Ist JHWH in unserer Mitte oder nicht?* (Ex 17,7)

Diese letzte Frage war wohl ausschlaggebend für die Anspielung auf die Erzählung von Massa und Meriba in Dtn 6,15.[158] Wieder geht es um die Mitte Israels. Diesmal ist aber nicht gemeint, die Israeliten könnten ganz in ihrem Land aufgehen und ihren Gott, die eigentliche Mitte vergessen (6,10-13). Auch nicht die Gefahr, dass andere Götter im Volk die Mitte einnehmen, die eigentlich Gott zusteht (6,14f), steht im Vordergrund. Sondern an dieser Stelle wird mit den Stichworten „prüfen" und „Massa" die alte Frage aus der Zeit der Wüstenwanderung aufgegriffen: Wendet sich Gott uns weiterhin zu? Wie sehr diese Frage die Israeliten in der Wüstenzeit beschäftigte, wird in einem weiteren Text deutlich. In der Erzählung vom Tanz ums Goldene Kalb hatte Gott sein Volk damit bestrafen wollen, dass er selbst bei der Wanderung durch die Wüste nicht mehr mitzog: *Denn ich werde nicht in deiner Mitte hinaufgehen,*

---

[156] Das Kriterium der Referentialität beinhaltet, „dass eine Beziehung zwischen Texten umso intensiver intertextuell ist, je mehr der eine Text den anderen thematisiert, indem er seine Eigenart...bloßlegt". *Pfister* 1985, S. 26.
[157] *Gesenius* 1962, S. 507.
[158] Ich gehe hier davon aus, dass die Erzählung von Massa und Meriba in Ex 17,1-7 eine geschlossene Erzählung darstellt und den dtr Bearbeitern von Dtn 6 vorlag. Vgl. *Blum*, der die Erzählung einer vordeuteronomistischen Schicht KD zurechnet. Die Frage in Ex 17,7: Ist JHWH in unserer Mitte oder nicht? hält Blum von Ex 33 an für das Zentralthema der Komposition KD (1990, S. 148f).

denn du bist ein halsstarriges Volk, damit ich dich nicht auf dem Wege aufreibe! (Ex 33,3)

Mose weiß diese schlimmste aller Strafen zu verhindern (Ex 33,4-23). Im Blick auf Dtn 6,16 heißt das, dass hier eine zentrale Deutung von Dtn 6,5 angefügt ist, die zum Verständnis des Satzes *JHWH ist unser Gott* unerlässlich ist, will man die Geschichte des Volkes nicht ausblenden. Es ist die Frage, ob nun Gott seinerseits sich im neuen Land weiterhin seinem Volk zuwenden wird oder ob es dort allein gelassen ist. Die Aussage von 6,16f wehrt die Frage ab: *Ihr sollt JHWH, euren Gott nicht prüfen, wie ihr ihn in Massa geprüft habt. Haltet gewiss die Gebote JHWHs, eures Gottes, und seine Zeugnisse und seine Ordnungen, die er dir geboten hat.*

Meiner Meinung nach findet auch hier Belehrung statt. Dtn 6,4f wird in Dtn 6 von verschiedenen Seiten beleuchtet und besprochen. Zur Illustration eines weiteren Aspekts wird hier auf eine überkommene Wüstenerzählung zurückgegriffen. An Anschaulichkeit lässt diese Unterweisung nichts zu wünschen übrig.

Dtn 6,16f ist aber nicht nur eine Weiterführung der Belehrungen über das Sch^{e}ma Jisrael. Der Text interpretiert auch die Erzählung von Massa und Meriba in Ex 17,2-7, denn er bindet das Gottesverhältnis an die Einhaltung der Gebote: Wenn die Israeliten die Gebote beachten, dann beweist sich JHWH als Gott Israels. Die Vermittlung der Gebote durch Mose ist hier noch unerwähnt. Gott selbst hat die Zeugnisse und Ordnungen geboten. Eingefügt in Dtn 6 ist dieser Text aber auch ohne den Hinweis auf den Lehrer Mose eine Anleitung zur Unterweisung, denn der Rückgriff auf die Erzählung von Massa und Meriba und die weitere Deutung des Satzes *JHWH ist unser Gott*, erklären 6,5 noch einmal neu.

7.5.5 Ob es den Israeliten gut geht, liegt an ihnen (Dtn 6,18f)

Die folgenden beiden Verse 6,18f knüpfen an den Aufruf in 6,17 an, die Gebote gewiss zu halten, und schließen den Bogen, der in 6,10 mit der Formulierung *wenn JHWH, dein Gott, dich in das Land bringt*, begonnen wurde. *Und du sollst tun, was recht und gut ist in den Augen JHWHs, damit es dir gut geht und du hineinkommst und das gute Land in Besitz nimmst, wie JHWH deinen Vätern geschworen hat, um all deine Feinde vor deinem Angesicht zu vertreiben, wie JHWH gesagt hat.*

Die dreimalige Reihung von טוב (gut) fällt auf:

tun, was recht und gut ist
damit es dir gut geht
das gute Land

Hier wird zurückverwiesen auf die Verse 6,10f, diesmal aber unpolemisch, denn das Tun des Guten ist durch das Vorangehende auf dreifache Weise hergeleitet und erklärt. Die Frage, wem die Israeliten das Land verdanken und wie das Verhältnis zu diesem Gott aussieht, ist auf verschiedene Weise beantwortet. Es ist dargestellt, was es heißt, Gott in die Mitte zu stellen. Es bleibt nur zu betonen, dass Gott unter der Bedingung, dass das Volk das Rechte tut, seinen Schwur hält und dass dann auch die Feinde vertrieben werden.

Aus heutiger Sicht betrachtet, fließt in 6,10-19 Unterrichtsstoff aus der Geschichte Israels von der Wüstenzeit bis zum Exil ein. Gelehrt wird anhand dieses Stoffes, was es für Israel bedeutet, dass JHWH der Gott Israels ist, dass er einer ist und dass er geliebt werden soll. Entstanden sind die einzelnen Texte aber wohl aufgrund von Erfahrungen der Fehlinterpretation oder des Fehlverhaltens aus dtn/dtr Sicht. Das hier entwickelte Lehrverständnis setzt einen festen Standpunkt voraus, von dem aus verschiedene Perspektiven eingenommen werden können. Letztlich wird aber für den einen Standpunkt, nämlich die Einhaltung der Gebote und damit des Bundes, geworben.

7.6 Die Lesart des Sch^ema Jisrael in 6,20-25

7.6.1 Übersetzung

20 Wenn dein Kind dich künftig fragt: was bedeuten die Zeugnisse, und die Ordnungen und die Rechtsbestimmungen, die JHWH, unser Gott euch geboten hat?
21 Dann sollst du deinem Kind sagen: Knechte waren wir beim Pharao in Ägypten. Aber JHWH hat uns aus Ägypten herausgeführt mit starker Hand.

22 *Und JHWH tat vor unseren Augen große und gefährliche Zeichen und Wunder in Ägypten an Pharao und seinem ganzen Haus.*
23 *Uns aber führte er von dort hinaus, um uns herzubringen, uns das Land zu geben, das er unseren Vätern geschworen hat.*
24 *Und JHWH hat uns geboten, alle diese Ordnungen zu tun, um JHWH, unseren Gott zu fürchten, damit es uns gut geht alle Tage und damit er uns am Leben erhält wie heute.*
25 *Und unsere Gerechtigkeit wird es sein, wenn wir darauf achten, dieses ganze Gebot vor JHWH, unserem Gott zu tun, wie er uns geboten hat.*

7.6.2 Der erneute Zusammenklang von Gebot und Bekenntnis

Mit 6,20 setzt ein neuer Gedankengang an. Der Einschnitt ist durch wenn (כי) und künftig (מהר) markiert. Wenn korreliert mit 6,10 *Und es soll geschehen, wenn...* . Wie in 6,10ff geht es um etwas, das nicht vergessen werden darf,[159] um Traditionsdeutung und -vermittlung. In 6,20 bezieht sich das *wenn* auf die Frage des Kindes und wird in 6,21 weitergeführt: *...dann sollst du deinem Kind sagen...* . Auch hier ist also wie bereits in 6,2.7 von den Kindern die Rede. In der Frage des Kindes fällt der Wechsel des Personalpronomens auf: die Gebote, *...die JHWH, unser Gott euch geboten hat.* Das Wissen muss an sie, die noch nichts wissen und gesehen haben, weitergegeben werden.[160] In 6,20ff wird dieses Problem vom Kind her angegangen, das Kind ist Subjekt der Frage.

Der Text vollzieht eine inkludierende Bewegung: Die Gebote sind Ausgangspunkt der Frage (6,20) und sie sind auch Zielpunkt der Antwort (6,24f). 6,21-23 thematisieren dagegen das Bekenntnis zu dem Gott, der sein Volk aus Ägypten befreit hat. Der Text vollzieht so mit Hilfe der Inklusio noch einmal den Zusammenklang von Gebot und Bekenntnis nach, der vom Sch‍ema Jisrael vorgegeben ist. In diesen Versen wird also ein weiteres Mal erläutert, was es heißt: *JHWH ist unser Gott, JHWH*

---

[159] *Rose* 1994, S. 447.
[160] „Auch weist die ‚Katechese' aus, dass sie um das Problem der Unmittelbarkeit der Erfahrung göttlicher Heilserweise und ihre Weitergabe an die nicht beteiligte nächste Generation (‚unser'- ‚euch') weiß." *Fabry* 1982, S. 755.

ist einer. Und du sollst JHWH, deinen Gott lieben mit deinem ganzen Herzen, mit deinem ganzen Leben und mit all deiner Kraft. (6,4f). Allerdings ist nicht eindeutig zu klären, wann die Antwort endet. In der folgenden Analyse wird 6,25 als Abschluss des gesamten Kapitels verstanden (vgl. den singularischen Ausdruck das Gebot in 6,1 und *dieses ganze Gebot* in 6,25).

7.6.3 Eine Erzählung mit verschiedenen Erzählebenen

6,20-24 kann als Erzählung mit mehrfachem Rahmen betrachtet werden, in denen die Angeredeten bzw. Handlungsträger wechseln:

1. Ebene: In der Rahmung des Kapitels ist Mose sprechendes Subjekt: *Dies ist das Gebot...die Gott...geboten hat, euch zu lehren...* (6,1). Im Rahmen seiner Unterweisung ist Mose die Form der Kinderbelehrung[161] in den Mund gelegt.

2. Ebene: Der äußere Rahmen von 6,20-24 ist die Form der Kinderbelehrung: *Wenn dein Kind dich künftig fragt...* Angeredet ist auf dieser Ebene das deuteronomische „Du", hinter dem freie Landarbeiter und Landarbeiterinnen vermutet werden.[162] Diese Ebene wird im Vorschlag einer Antwort in 6,21 wieder aufgenommen: *Dann sollst du deinem Kind sagen...* Auf dieser Ebene ist der Text „Elternbelehrung", eine Erziehungshilfe, die inhaltlich ausführt, was 6,6f übergeht. Es wird Belehrung anhand einer stilisierten Kinderfrage eingeübt.

3. Ebene: Ein weiterer Rahmen ist die Frage des Kindes: *Was bedeuten die Zeugnisse, und die Ordnungen und die Rechtsbestimmungen, die JHWH, unser Gott euch geboten hat? (6,20b)* Träger der Handlung ist auf dieser Ebene das fragende Kind.

4. Ebene: Im Kern ist der Text eine Erzählung von der Befreiung einer Volksgruppe, zu der sich die auf der zweiten Ebene Angesprochenen zugehörig fühlen. (6,21-23). Dieser Kern ist die Botschaft, die über die Grenzen der Generationen hinweg übermittelt werden soll.

---

[161] *Fabry* zählt neben Dtn 6,20ff andere Texte mit der gleichen Gattung der Kinderbefragung auf: Ex 12,26ff; 13,14ff; Jos 4,6ff; 4,21ff (ebd. S. 755f).
[162] Siehe Kapitel 5.1.2.4 dieser Arbeit.

7.6.3.1 Der Kern der Überlieferung: Die Befreiung aus Ägypten (6,21-23)

Die Dichte der Präpositionen in diesen Versen lässt darauf schließen, dass es um die Frage der Zugehörigkeit zu Orten und Personen geht. Einer der Eltern erzählt dem Kind:

Knechte waren wir beim Pharao in Ägypten. Aber JHWH hat uns aus Ägypten herausgeführt mit starker Hand. Und JHWH tat vor unseren Augen große und gefährliche Zeichen und Wunder in Ägypten an Pharao und seinem ganzen Haus. Uns aber führte er von dort hinaus, um uns herzubringen, uns das Land zu geben, das er unseren Vätern geschworen hat. Und JHWH hat befohlen, alle diese Ordnungen zu tun, JHWH, unseren Gott zu fürchten, damit es uns gut geht alle Tage und damit er uns am Leben erhält wie heute.

Es gibt in dieser Erzählung drei Bezüge zum Sch^ema Jisrael:

1. Es wird eine ähnlich umfassende Aussage gemacht wie in 6,4 denn die 1. Person Plural in diesen Versen bezieht sich nicht allein auf die Eltern und ihr Kind, wie man aus dem familiären Kontext schließen könnte, sondern auf das Volk (vgl. *Höre Isarel...*).

2. Von Gott ist in 6,21.22.24 wie in 6,4 mit Namen ohne Apposition die Rede.

3. Es wird erzählt, was es heißt, dass JHWH der Gott Israels ist (vgl. 6,5). Die Verbindung der erinnerten Geschichte mit Gottes Heilshandeln macht diese Erzählung zum Bekenntnis. Mit ähnlichen Worten wird ein solches erzähltes Bekenntnis in der Liturgie der Abgabe des Zehnten gesprochen (Dtn 26,5-9) und ist Grundlage der Sabbatbegründung (Dtn 5,15). Auch darin ist der Kern der Erzählung ein Echo auf 6,4f.

7.6.3.2 Die Kinderfrage

Auf der dritten Ebene ist der Text eine Antwort auf die Frage von Kindern. Wie wir bereits sahen, ist es ein Aspekt des Lehr/Lernbegriffs im 5. Buch Mose, die Weitergabe des Wissens um die Tradition an die nächsten Generationen. „Die Jungen wissen nicht mehr, was die Alten erlebt haben (Dtn 11,2; 6,20f.); sichtlich macht sich ein Bruch zwischen der Generation, die Jahwes Offenbarung noch unmittelbar verhaftet war, und der nachwachsenden bemerkbar."[163]

Von Dtn 6,7 und 11,19 unterscheidet sich 6,20-24 in einem wesentlichen Punkt: Subjekt der Frage und Adressat der Rede ist hier das Kind: *Wenn dein Kind dich künftig fragt, ... dann sollst du deinem Kind sagen,...*(Dtn 6,20.21).

Dadurch steht das Kind stärker im Mittelpunkt der Belehrung als in den vergleichbaren Texten.[164] Auf Ebene drei ist die Frage des Kindes nicht „rhetorisches Mittel" oder eine „fiktive Redefigur".[165] Sie ist zunächst reale Erfahrung und wird von da aus fiktiv verwendet. Es geht in 6,20ff also nicht nur um den Inhalt dessen, was die Eltern sagen sollen, sondern es geht auch um die Tatsache, dass Kinder fragen und von sich aus den Anschluss an die Tradition suchen. 6,20-24 muss daher zunächst als Lehrstück über die Belehrung von Kindern verstanden werden und ist insofern Ergänzung und Erweiterung von 6,7.[166] Deshalb kann hier gefragt werden, was in 6,20-24 über das Lehren von Kindern ausgesagt wird. Der Vorschlag, wie man Kinder belehren soll, beruht, soweit ich sehe, auf vier didaktischen Erkenntnissen:

    1. Es wird gewartet, bis das Kind fragt.

Dass in 6,20 auf die Frage des Kindes reagiert wird, setzt eine ganz bestimmte pädagogische Haltung voraus. Hier wird vom Kind aus gedacht, auf sein Wissensbedürfnis eingegangen. Dieses entsteht in der

---

[163] *Von Rad* 1978, S. 238.
[164] Vgl. auch die Formulierung, die *Fabry* für „das jüngere Formular" der Kinderfrage hält: Und du sollst es deinem Sohn an jenem Tag so erklären....Ex 13,8 (1982, S. 755).
[165] So Fabry, der ebenfalls hinter der Gattungsbestimmung reale Situationen vermutet: „Es bereitet keine Schwierigkeiten, sich im Umfeld dieser ‚Katechesen' Situationen vorzustellen, in denen israelitische Eltern bestrebt sind, ihre Kinder über die Zentralfragen des Glaubens zu informieren und sie in Übereinstimmung mit ihnen möglichst gut zu erziehen" (ebd. S. 757).
[166] Dieser Aspekt fehlt in 6,7 völlig. Dort wird nur gesagt, dass den Kindern das Wissen weitergegeben werden soll, aber nicht wie. Interessanterweise verbindet Ex 13,14ff beide Texte, die in Dtn 6 Belehrung thematisieren, miteinander. Der Text dort beginnt mit der Kinderfrage und endet mit Bezügen zu 6,8.

Kommentare zum Sch^ema Jisrael

Praxis, wenn Opfer, Gedenksteine oder die Erfüllung der Gebote die Frage provozieren.

2. Gelehrt wird in der Form einer Erzählung.

Die Gattung der Erzählung spielt in der gesamten Tora eine wichtige Rolle. In 6,20ff wird diese Form für die Belehrung des Kindes empfohlen. Das kann nicht verwundern, denn es ist ja diese Gattung, die die Tora über weite Strecken zur Vermittlung der Glaubensinhalte benutzt. Hier aber steht sie im direkten Zusammenhang mit Belehrung.

3. Es wird das Wesentliche erzählt.

Pädagogisch handeln heißt immer auch die richtige Auswahl treffen, um das Kind nicht zu langweilen und nicht zu überfordern oder mit Nebensächlichkeiten zu verwirren. Nicht jede Erzählung wäre eine gute Antwort auf die Frage des Kindes gewesen. In 6,20-24 fällt die Wahl zur Erklärung der Gebote auf die Erzählung vom Auszug aus Ägypten. Auch wenn damit eigentlich nichts erklärt ist, sondern „nur" gesagt wird: Die Gebote sind einzuhalten, weil sie von Gott sind, dem wir vertrauen, und sie werden uns Segen bringen (6,24), so ist das wenige doch wesentlicher als die genauen Umstände der Übergabe der Gebote.

4. Bildung ist Selbstbildung.

Im Bewusstsein, dass Unterweisung jeden Einzelnen und jede Einzelne ansprechen muss, die das Wissen dann auf sich beziehen, lehrt Mose die Israeliten personales Lernen in der Familie: *Wenn **dein Kind** dich fragt ...*.[167]

7.6.3.3 Die Belehrung durch die Eltern

Auf der zweiten Ebene handelt der Text von der Belehrung durch die Eltern. Die Aufforderung: *Wenn dein Kind dich künftig fragt, ...dann sollst du deinem Kind sagen...* weitet die Verantwortung der Eltern für

---

[167] Hervorhebung von der Verfasserin. An anderen Orten wird בן (Sohn, Kind) sehr weit ausgelegt und bezeichnet den Schüler und die Schülerin allgemein. Vgl. dazu Kapitel 8 dieser Arbeit. Auch wenn personales Lernen hier im Zusammenhang der Familie erwartet wird, muss es nicht darauf beschränkt sein.

ihr eigenes Wissen auf die Vermittlung aus. Sie müssen in die Lage versetzt werden, ihre Kinder gut zu belehren. Wie bezieht sich der Inhalt der ihnen anempfohlenen Worte auf die Frage des Kindes? Die Eltern sollen zunächst nicht vom Gesetz sprechen, sondern sie sollen von der Befreiung aus Ägypten erzählen. Es überrascht, dass die Eltern auf die Frage nach dem Gesetz nicht die Geschichte der Gesetzgebung am Sinai/Horeb erzählen sollen, sondern die vom Auszug aus Ägypten und dem Einzug in das verheißene Land. Das Sinai/Horeberlebnis ist in 6,23 geradezu ausgelassen: *Uns aber führte er von dort hinaus, um uns herzubringen ...*[168]

Die Erzählung ist gerade auf die Gegenüberstellung von Bekenntnis und Gebot angelegt.[169] Sie fand sich bereits im Sch^{e}ma Jisrael 6,4f: Dort folgte dem Bekenntnis zu Gott das Gebot, 6,20ff antwortet auf die Frage nach dem Gebot mit dem Bekenntnis. Was hat nun die theologische Entscheidung, das Bekenntnis zu Gott den Gesetzen zuzuordnen, mit der Form einer Kinderbelehrung zu tun? Oder anders gefragt: Wie wirkt sich die äußere Rahmung auf den Inhalt aus?

7.6.3.4 Die Belehrung der Eltern durch Mose

Die „Kinderbelehrung" ist aus pragmatischer Sicht ein sprachliches Mittel, das zur Belehrung der Eltern eingesetzt wird. Auf der Erzählebene eins nützt Mose eine Erfahrung der Eltern mit ihren Kindern geschickt aus, um ihnen noch einmal die Einhaltung der Gebote zu begründen. In der Belehrung der Kinder liegt die Notwendigkeit, einen Zusammenhang kurz und bündig darzustellen. Diese Tatsache macht sich Mose zu Nutze, um für die Erwachsenen einen Sachverhalt auf den Punkt zu bringen. Sätze, die die Kinder verstehen, werden auch die Eltern begreifen, insofern gilt die Erzählung beiden. Gleichzeitig gibt Mose Hinweise zur Belehrung der Kinder. מחר (künftig) verweist auf die Einsetzung einer

---

[168] *Rose* sieht hier ebenfalls eine Verkürzung des „geschichtlichen" Hergangs „Wie sehr dieser Rückgriff auf Geschichte lediglich am Erweis der souveränen Macht Gottes interessiert ist und nicht an einem Geschichtsabriss als solchem..., zeigt sich auch daran, dass der V. 23 von der ‚Herausführung' direkt zur ‚Hineinführung' übergeht, ohne den Horeb zu erwähnen" (1994, S. 447).

[169] *Fabry* stellt fest, dass sowohl im Credo als auch in der Katechese im deuteronomistischen Geschichtswerk die Ereignisse am Sinai nicht explizit werden (1982, S. 759). Vgl. *Schreiner* 1966, besonders S. 760.

Gewohnheit nicht nur im Blick auf die Angeredeten sondern auf alle zukünftigen Generationen. Mose reicht die Antwort an die Eltern weiter.

7.6.4 Die Belehrung des Kindes ist Belehrung über das Schᵉma Jisrael

Auf einer außertextlichen Ebene ist die Kinderbelehrung 6,20-24 als Schlusstext in Dtn 6 angefügt worden. Auf dieser Ebene ist sie vergleichbar mit den andern Kinderbelehrungen, die, wie in der Forschung vermutet wird, eine eigene Textgattung bilden. Es handelt sich um eine Gattung, die eingesetzt wird, um eine Verbindung zwischen gegenwärtigem Gebot und der Geschichte Israels herzustellen.

Die Fragen der Kinder in den vergleichbaren Texten beziehen sich meist auf kultische Handlungen, denen die Begründung aus der Geschichte angepasst ist.[170] Das kann die kurze Vergegenwärtigung eines Faktums aus der Geschichte sein (Ex 12,27; Jos 4,22f) oder zusätzlich das Gedenken an die gegenwärtige Handlung (Ex 13,15f; Jos 4,7 vgl. auch Ex 13,8f „Erinnerungszeichen"). Ob nun die Gegenstände der Frage auf einen „kultischen Sitz im Leben" schließen lassen, sei dahingestellt.[171]

In Dtn 6,20ff wird wie an den vergleichbaren Stellen die Verbindung von Gebot und Geschichte hergestellt. Allerdings geht es hier nicht um einen kultischen Hintergrund, auch sind es hier nicht Einzelgebote, die mit der Geschichte verbunden werden, sondern *die Zeugnisse und die Ordnungen und die Rechtsbestimmungen* insgesamt stehen im Mittelpunkt des Interesses (6,20). Dementsprechend wird auch nicht nur ein Detail der Auszugserzählung sondern der Auszug insgesamt bis zum Einzug in das verheißene Land erzählt.

---

[170] Neben Dtn 6,20ff gibt es andere Texte der Gattung „Kinderbelehrung": Ex 12,26ff, die Begründung des Blutritus bei der Passafeier mit dem Vorübergehen Gottes an den Häusern der Israeliten; Ex 13,14ff, die Begründung der Heiligung der Erstgeburt mit dem Tod der ägyptischen Erstgeburten vor dem Auszug; Jos 4,6ff die Begründung der Errichtung von zwölf Gedenksteinen mit dem Zurückweichen der Wasser des Jordans als die Lade durchgetragen wurde; Jos 4,21ff s. 4,6 mit dem zusätzlichen Hinweis auf den Durchzug durch das Schilfmeer.
[171] *Fabry* 1982, S. 757.

Kommentare zum Sch^{e}ma Jisrael

Auf die Gattung der Kinderbelehrung wird in Dtn 6 zurückgegriffen, um ein weiteres Mal das Bekenntnis zum Gott Israels zu erläutern. Dazu wird die Kinderfrage auf alle Gebote ausgeweitet und die ganze Befreiungsgeschichte erzählt. Dieser Text ergänzt 6,7 durch didaktische Bemerkungen und vertieft die Andeutungen in 6,12 mit einer kurzen Erzählung. Der Zusammenhang von Gebot und Bekenntnis, den 6,4f so deutlich darstellt, wird in 6,20-24 als einer verstanden, der gelehrt werden muss. Nicht nur, indem immer wieder die gleichen Sätze wiederholt werden. Das wäre ein verkürztes Verständnis der dtn/dtr Didaktik. Sondern indem die Sätze im Alltag, z.B. im Gespräch zwischen Kind und Eltern, aber ebenso in einer kultischen Feier erzählerisch umschrieben und nachvollzogen werden.[172]

7.6.5 Der Schluss des Kapitels

Dtn 6 endet in 6,25 mit einem Rückbezug auf 6,1. Sowohl im singularisch verwendeten „Gebot", als auch in der Betonung, dass dieses Gebot getan werden muss, stimmen beide Verse überein. 6,25 führt die erste Person Plural weiter, mit der die Worte in den Mund der Eltern gelegt worden waren. Das kann als Abschluss der Worte der Eltern gelesen werden, klingt aber auch wie eine Antwort des Volkes auf 6,1: *Dies ist das Gebot, die Ordnungen und die Rechtsbestimmungen, die JHWH, euer Gott geboten hat, euch zu lehren, damit ihr sie tut....(6,1) Und unsere Gerechtigkeit wird es sein, wenn wir darauf achten, dieses ganze Gebot vor JHWH, unserem Gott zu tun, wie er uns geboten hat. (6,25)*

Der letzte Vers bezieht sich also in einer seiner Funktionen zurück auf 6,1 und bildet so einen Abschluss des Textes 6,1-25.

Mit Gerechtigkeit wird das Wohlergehen, das bereits in 6,24 anklang (vgl. 6,3) „in ein ‚gemeinschaftsmäßiges Verhalten' eingebunden, das von Gott anerkannt sein wird (‚vor Jahwe')".[173] Bezieht man auch diesen Vers noch einmal auf 6,4f, dann ist hier die Folge des Bekenntnisses zum einen Gott und des Liebesgebots für das Volk zusammengefasst: Das Sch^{e}ma Jisrael wirkt sich auch auf ein rechtes Verhalten untereinander aus.

---

[172] Vgl. die vier Fragen des jüngsten Sohnes in der heutigen Pessah-Haggadah, in: *Petri/Thierfelder* 2002, Anhang, S. 189ff, II.1.
[173] So *Rose* 1994, S. 448, mit Hinweis auf Dtn 24,13.

Erst der Rückschluss vom Umgang der Texte mit Tradition auf das Lehrverständnis in dtn Zeit ermöglicht es, diese Belehrung in ihrer Tiefe nachzuvollziehen und sie nicht nur als Einschärfen oder Auswendiglernen abzutun. Die unterschiedlichen Bezüge auf das Sch°ma Jisrael, wie sie beispielhaft in Dtn 6 nachvollzogen wurden, beweisen, dass eine Sensibilität für die Situation der Hörer und Hörerinnen bzw. Leserinnen und Leser bestand, und dass diese in die Weitergabe der zu lehrenden Tradition auch einbezogen wurden. Wieweit die Belehrung die tatsächliche Situation der Hörenden traf, kann natürlich nicht mehr nachvollzogen werden. Gezeigt werden kann aber, dass der „Unterrichtsstoff" vor dem Hintergrund neuer geschichtlicher Gegebenheiten und neuer Erfahrungen umformuliert wurde, was ja so gedeutet werden kann, dass die Schreiber selbst durch die veränderte Situation und durch ihre Beobachtung etwas lernten.

7.7 Schlussfolgerungen zum Lehren und Lernen im 5. Buch Mose

Zum Thema Lehren und Lernen hat der zweigestaltige Durchgang durch das 5. Buch Mose einige Erkenntnisse gebracht:

Im 5. Buch Mose selbst und erst recht im Vergleich zur übrigen Tora lässt sich eine Entwicklung des Lernens feststellen: Vorläufer des dtn/dtr Lernbegriffs waren neben der alltäglichen Weitergabe des handwerklichen Wissens (למד in 2 Sam 22,35 u.ö.),[174] die Erziehung der Kinder im Elternhaus (יסר in Dtn 21,18ff) und die priesterliche Belehrung am Heiligtum (vgl. מורה als Bezeichnung eines Baumes in Gen 12,6; Dtn 11,30) oder bei der Rechtsprechung durch die Priester und Leviten (ירה in Dtn 17,10f; 24,8; 33,10).

Lehren/lernen ist mit למד ein zentrales Verb der exilisch/nachexilischen Rahmung. Ein Lehr/ Lernbegriff wurde etwa ab der exilischen Zeit unter dem Druck der Notwendigkeit entwickelt, Tradition zu bündeln und zu vermitteln. Im 5. Buch Mose wird die Traditionsweitergabe auf verschiedenen Ebenen systematisch gestaltet und geboten. Anhand von Dtn 6 konnte gezeigt werden, dass die Texte selbst durch Rahmungen in einen bestimmten szenischen Zusammenhang gestellt werden, der Mose

---

[174] Vgl. die semantische Analyse in Kapitel 4 dieser Arbeit.

als den Prototypen eines Lehrers darstellt und seinen Worten den Charakter eines Vermächtnisses angesichts des Übergangs in das verheißene Land verleiht. Bei dieser Szenerie kann mit einem Höchstmaß von Aufmerksamkeit gerechnet werden, wenn sich Hörerinnen und Hörer mit der fiktiv dargestellten Volksversammlung der Israeliten identifizieren. In Dtn 6 konnte auch gezeigt werden, dass die Fortschreibungen in unterschiedlichen Sprachformen und rhetorischen Wendungen immer wieder bei den Hörerinnen oder Lesern anknüpfen, um in ihre Situation hinein zu sprechen. Genügt das Sch^{e}ma Jisrael in seiner prägnanten Formulierung selbst bereits den Grundsätzen einer Mnemotechnik, so werden in Dtn 6,6-9 und 6,20-24 weitere Vorschläge gemacht, wie Texte gelernt und an die nächste Generation weitergegeben werden sollen. Auch die Fortschreibungen in Dtn 6, die spätere Zielgruppen vor Augen hatten, beweisen eine hohe sprachlich-didaktische Sensibilität. Ziel des Lehrens und Lernens ist es, die Gebote als Heilshandeln Gottes zu verstehen und nach ihnen zu handeln.

Im zweiten Teil der Darstellung des deuteronomisch-deuteronomistischen Lehrbegriffs wurde vom Umgang mit Texten auf ein Lehrverständnis geschlossen. Die didaktische Kompetenz, die auf den verschiedenen sprachlichen Ebenen des 5. Buches Mose gefunden wurde, erstaunte und kann wohl nicht bestritten werden. Da sich, wie bereits in Kapitel 2 dieser Arbeit dargestellt wurde, kein Hinweis auf schulischen Unterricht findet, und auch kein Alter genannt wird, in dem Kinder oder Erwachsene unterrichtet werden sollen, entsteht hier eine offene Frage: Welche Kreise hatten denn nun diese sprachlich-didaktische Kompetenz und wo wurde sie entwickelt, bzw. gab es nicht doch eine Institution, in der sie gelehrt wurde? Als relativ sicher kann gelten, dass es Unterweisung im Sippenverband oder im Famulus-Verhältnis gab. Ich gehe davon aus, dass es letztlich Einzelne waren, die mit dieser hohen sprachlichen und didaktischen Kompetenz ausgestattet waren und zur Überlieferung und Vermittlung der Texte beigetragen haben. Sie konnten, mit einer Grundausbildung ausgestattet, aus den Texten selbst lernen. Nicht alle Fortschreibungen sind didaktisch gleich wertvoll. Wenn z.B. wie in Dtn 6,15 mit der Vernichtung durch den eifersüchtigen Gott gedroht wird, dann kann das auch als didaktischer Rückschritt gedeutet werden und so wurde es auch gedeutet, wie eine noch spätere Schicht erkennen lässt, die die Tatsache von Israels Erwählung von dem Tun ablöst (Dtn 7,7f u.ö.)

Man wird aber fragen müssen, ob der deuteronomisch/deuterono-mistische Lehrbegriff auch außerhalb der literarischen Konstruktionen praktiziert wurde. Wenn ja, dann klaffte möglicherweise eine große Diskrepanz zwischen theoretischem Wissen und unterrichtlicher Praxis. Damit aber wäre der utopische Charakter des deuteronomisch/deuteronomistischen Lehrbegriffs benannt. Manche Ratschläge, die im Sprüchebuch gemacht werden und nicht sehr einfühlsam klingen, weisen daraufhin, dass deuteronomische Didaktik nicht angewendet wurde.

Im folgenden soll die Untersuchung über Lehren und Lernen im Ersten Testament auf das Sprüchebuch ausgeweitet werden. Es ist ein biblisches Buch, das wie das 5. Buch Mose von dem Impuls zu lehren durchdrungen ist, aber nicht deuteronomistisch genannt werden kann. Weit davon entfernt, das Thema des Lehrens und Lernens auch nur annähernd im ganzen Ersten Testament erschöpfend analysieren zu können, soll diese zweite Analyse dem Lehrbegriff des 5. Buches Mose gegenübergestellt werden. Sie verspricht, interessant zu werden, da das Sprüchebuch nicht von למד (lehren/lernen) sondern von מוסר (Lehre) bzw. יסר (erziehen) spricht und auch das dtn/dtr Gesetzesverständnis nicht von vornherein rezipiert wird. Das Sprüchebuch bietet sich für einen zweiten Zugriff auf das Thema an, da es die zentrale Schrift der israelitischen Weisheitsliteratur ist. So bietet es einen grundlegenden Einblick in diesen Teil der ersttestamentlichen Überlieferungen.

> *„Ein Text aber, der mit Verehrung und Liebe ergriffen wird, ist nie tot, sondern wird im Geiste des Lesers gleichsam immer neu geschaffen und in neuen Zusammenhängen gesehen. Ein als Wort Gottes übernommener Text muss da erst recht eine besondere Bedeutung für das Denken, Sprechen und Schreiben der Gläubigen bekommen. Der eine wird in Ehrfurcht das Gotteswort möglichst unverändert in seinem Innern lebendig werden lassen, der andere wird sich in großer geistiger Aktivität bemühen, seinen Sinn und seine Tiefe auszuschöpfen und auszumünzen."*[1]

8 Exegetische Durchführung II: Erziehung im Buch der Sprüche

8.1 Vorbemerkungen

Mit der folgenden Untersuchung zum Lehrbegriff im Sprüchebuch wird das biblische Lehrverständnis aus der Sicht einer weiteren alttestamentlichen Tradition beleuchtet. Die weisheitliche Tradition, die sich im Sprüchebuch niederschlägt, kann als eigenständige Tradition gegenüber dem deuteronomischen Einfluss betrachtet werden, wenn auch eine Beeinflussung erkennbar ist.[2] Das Sprüchebuch thematisiert „Belehrung" mit

---

[1] *Deißler* 1955, S. 22f.
[2] Vgl. *Weinfeld* 1992, S. 189; *Preuß* 1987, S. 161ff; *Crüsemann* 1992, S. 311ff, u.a., die den Einfluss des weisheitlichen Denkens im Deuteronomium annehmen und dagegen *Maier*, die Spr 6,20-35 als Auslegung von Dekalog und Sch^{e}ma Jisrael liest (1995, S. 153ff). So auch *Braulik* 1996b, S. 92f.

großer Intensität, was sich bereits formal an den sogenannten „Lehrreden" in Spr 1-9 erkennen lässt.[3]

Die Fragen an die Texte gehen wie bereits bei der Untersuchung des Deuteronomiums in zwei Richtungen. Erstens soll das **didaktische Umfeld** erarbeitet werden: Wie wichtig ist das Lernen? Wer lehrt wen, an welchem Ort, welche Inhalte? In welchen Textgattungen drückt sich das aus? Wie ist die Lernsituation gestaltet? Wie wird zum Lernen motiviert? In welchem Alter wird gelernt usw. An zweiter Stelle wird nach dem **Umgang mit Tradition** gefragt. Auch im Sprüchebuch wird es sich zeigen, dass der Lehrstoff in die jeweilige Situation hinein aktualisiert wird. Es wird auch hier wie im 5. Buch Mose deutlich, dass biblisches Lehren und Lernen kreative Momente einschloss, was die Überlieferung bereicherte und neue Anknüpfungspunkte bot.

8.1.1 Der Aufbau des Sprüchebuches

Die Überschrift משלי שלמה בן־דוד מלך ישׂראל (*Sprüche Salomos, des Sohnes Davids, König Israels*) in 1,1 wiederholt sich kürzer in 10,1 und 25,1 und reiht das Sprüchebuch in die mit dem König Salomo in Verbindung gebrachte Weisheitstradition ein.[4] Das Sprüchebuch gilt sogar als „*das* Weisheitsbuch schlechthin im Alten Testament".[5] Dass der als weise bekannte Salomo (1 Kön 3) das Sprüchebuch verfasste, wird in 1 Kön 5,12 angedeutet. Allerdings entspricht der dort berichtete Spruchinhalt von Bäumen und Tieren nicht dem des Sprüchebuches. Mit der Überschrift wird daher wohl eher auf eine mit Salomo in Verbindung gebrachte Weisheitstradition verwiesen als auf seine „Autorschaft". Auch vom Predigerbuch ist durch die Überschrift eine Verbindung zum Königshaus in die Umgebung Davids geknüpft. Die Worte lauten dort: *Worte des Predigers, des Sohnes Davids, des Königs in Jerusalem* (Koh 1,1, vgl. Koh 1,12: *ich war König über Israel in Jerusalem*). Ähnliches

---

[3] Vgl. die Einleitungsformel „Mein Kind" in Spr 2,1; 3,1; 4,1 u.ö.
[4] „Man wird die Nennung Salomos so verstehen dürfen, dass eine die Weisheit im Alten Israel prägende Fassung, ohne darüber Näheres aussagen zu können, nach der Konsolidierung des Königtums in der salomonischen Zeit ihren Anfang genommen hat, weshalb die Weisen nachfolgender Generationen die Zugehörigkeit zu dieser mit ‚Salomo' einsetzenden Weisheitstradition als erstrebenswert ansahen." *Plöger* 1984, S. XIVf; vgl. auch S. XIII und S. 8.
[5] *Meinhold* 1991, S. 26.

ist auch im Hohelied zu beobachten, das wieder Salomo zugeschrieben wird: *Das Lied der Lieder von Salomo* (Hld 1,1). Auch diese Bücher zählen zusammen mit dem Hiobbuch zur Weisheitstradition.[6]

Man nimmt an, dass sich in Spr 10,1 und 25,1 Überschriften alter Untersammlungen erhalten haben. Danach unterteilt sich das Sprüchebuch in drei Sammlungen mit Anhängen bzw. Zusätzen:

Sammlung I: Kap. 1-9; 31[7]
Sammlung II: Kap. 10,1- 24,34[8]
Sammlung III: Kap. 25-30[9]

8.1.2 Die zeitliche Einordnung

Die Sprüche sind uns nur in schriftlichen Sammlungen bekannt. Dass diese Sammlungen eine mündliche Vorgeschichte hatten, wird angenommen, wenn auch vermutlich nicht alle Sprüche bereits mündlich überliefert wurden. Spr 10,1-22,16 bilden nach der vorherrschenden Meinung der Forschung die älteste Hauptsammlung, „die die Sprüche

---

[6] Außerhalb dieser Bücher rechnet man u.a Ps 1; 32; 39; 49; 73; 125 zu dieser Tradition, dazu die alphabetischen oder alphabetisierenden Psalmen wie Ps 9/10; 25; 34; 37; 119. Ebenso einige redaktionelle Zusätze zu den Prophetenbüchern, die Josephsgeschichte, die Bücher Jona und Ruth, die Erzählungen von Daniel und seinen drei Freunden, und unter bestimmten Aspekten werden das Esther- und das Tobitbuch als Lehrerzählungen betrachtet. *Kaiser* zählt als „Reflexe der Natur- und Listenweisheit" auch Gen 1; Hi 38-41 bzw. Gen 10 dazu (1996, Sp. 1244). Außerhalb des Tanach zählt man neben dem bereits erwähnten Tobitbuch Jesus Sirach zur Weisheitsliteratur und die Sapientia Salomonis, die ebenso Salomo zugeschrieben wird. Als Abfassungszeit für Jesus Sirach wird etwa 180 v. Chr. angegeben. Die Sapientia Salomonis wird in der Einheitsübersetzung als das „späteste Buch des Alten Testaments" bezeichnet (damit ist hier der Kanon gemeint, der sich an der Septuaginta orientiert), das Buch wird in die Zeit zwischen 80 und 30 v. Chr. datiert.
[7] Nach *Plöger* ist Spr 31 ein Zusatz der Endredaktion zu Spr 1-30. Als Entstehungszeit für 1-9; 30f kommt das 4. Jahrhundert in Frage, vgl. dazu *Baumann* 1996, S. 272, möglicherweise ist Spr 31 aber später entstanden. *Plöger* spricht für Spr 1-9 und 31 von „einer späteren Zeit" (1984, S. XVI).
[8] Spr 22,17-24,22 und 24,23-34 werden als Anhänge betrachtet nach (ebd. S. Xf).
[9] Nach *Plöger* ist Kap. 30 ein Anhang an Sammlung III (ebd. S. IVX), ähnlich *Scherer*, der fünf Sammlungen zählt (1999, S. 5f). *Kieweler* unterteilt die Hiskianische Sammlung in die Teilsammlungen Spr 25-27 und 28-29 (2001, S. 11f).

am unauffälligsten angeordnet hat".[10] Wenig später entstand wohl die Sammlung, die Hiskias Männern zugeschrieben wird (Spr 25-29). Als nachexilisch werden oft Spr 1-9 und 31 bezeichnet, die man als „Einleitung in das alte Spruchgut" bzw. als Rahmung betrachten kann oder als eigenständige Sammlung, die einem älteren Sprüchebuch, das aus Spr 10ff rekonstruiert wird, vorangestellt wurde.[11] Diese Einschätzung wird sich hier insofern bestätigen, als das Lehrverständnis in Spr 1-9 ausgeprägter ist und Belehrung auch gegenüber 10,1-22,16 einen systematisch ausgestalteten Schwerpunkt bildet. Insgesamt ist von Rad Recht zu geben, dass die späteren Sammlungen von den früheren beeinflusst wurden und mit ihnen in Verbindung zu bringen sind.[12]

8.1.3 Zur Denkweise und zur Sprachform im Sprüchebuch

8.1.3.1 Der anthologische Sprachstil und das stilistische Mittel des Parallelismus membrorum

Ein Aspekt des Umgangs mit Tradition ist der Denk- und Sprachstil, in dem sich Tradition ausdrückt. Daher seien hier einige Erkenntnisse darüber zusammengetragen. „Das *Denken* der altoriental[ischen] und bibl[ischen] W[eisheit] ist wie das mythische... aspektiv und nicht konstruktiv."[13] Das heißt, es werden in diesem Denken „...Aspekte der Wirklichkeit gesammelt und gleichberechtigt nebeneinander gestellt".[14] Die Denkweise unterscheidet sich von der griechisch geprägten westlich-wissenschaftlichen insofern, als sie nicht in erster Linie auf logischen Verknüpfungen wie der begrifflichen Addition beruht, sondern ihren Gegenstand umkreist und aus verschiedenen Perspektiven benennt. Der diesem Denken entsprechende Sprachstil wird „anthologisch" genannt

---

[10] *Meinhold* 1991, S. 26, vgl. auch *Plöger* 1984, S. XV, der Spr 10,1-22,16 und 25-29 der mittleren bis späten Königszeit zurechnet, ähnlich *Baumann* 1996, S. 268ff. Auch *Scherer* rechnet mit der Redaktion der Spruchsammlung am Königshof und mit einer mündlichen Entstehung in der ländlichen Bevölkerung (1999, S. 340ff).
[11] *Meinhold* 1991, S. 26; *Plöger* 1984, S. XVI, anders *Scherer*, der Spr 1-9 in zeitliche Nähe zu 10,1-22,16 rückt und annimmt, dass Spr 1-9 älter als Dtn 6 sei (1999, S. 347f), vgl. *Weinfeld* 1992, S. 15f, Anm. 56 und S. 348f.
[12] *Von Rad* 1992, S. 201 (Erstveröffentlichung 1970), allerdings folgt er nicht der heute vorherrschenden Meinung und datiert Spr 1-9 bereits in die Königszeit (ebd. S. 28).
[13] *Kaiser* 1996, Sp. 1247.
[14] *Schroer/Staubli* 1998, S. 25.

Erziehung im Buch der Sprüche

und ist nicht singulär im Sprüchebuch und in der Weisheitsliteratur, das Phänomen der Anspielung findet sich im Ersten Testament besonders in nachexilischer Zeit.[15]

Der Parallelismus membrorum, der sich auch sonst in der altorientalischen Literatur findet, ist poetischer Ausdruck des aspektivischen Denkens im Sprüchebuch und in anderen poetischen Büchern des Ersten Testaments.

„Damit ist die Gestaltung einer Langzeile mittels zweier Hälften gemeint, die eng aufeinander bezogen sind und in dieser Bezogenheit ihre Aussage machen. Das führt in den meisten Fällen zu einer Doppelung der Vorstellungen und Gedanken und eröffnet beinahe unerschöpfliche Möglichkeiten des Variierens und Nuancierens. Davon sind besonders auch stilistische Merkmale betroffen. Eines der bedeutendsten dieser Merkmale gründet im parallelen Versbau. ... Das ist im Sprüchebuch sehr oft der Fall."[16]

Dieses und andere Merkmale weisen den Spruch als Kunstspruch aus, denn die parallele Form ist wohl eine, die häufiger schriftlich entworfen wird.[17] Unter den in dieser Arbeit behandelten Sprüchen herrscht der synonyme, antithetische Parallelismus vor, den das folgende Beispiel (12,1) zeigt. Die Versteile in der ersten und zweiten Zeile sind zwar parallel konstruiert, sie weisen aber zwei gegensätzliche Haltungen auf:

Wer Lehre liebt,   *liebt Erkenntnis.*

Wer Zurechtweisung hasst,   *ist dumm.*

Ein Beispiel für den antithetischen Chiasmus findet sich in 10,17. Hier sind die Teilverse über Kreuz konstruiert und die angesprochenen Haltungen sind antithetisch:

---

[15] Vgl. *Baumann* 1996, S. 59, und die Übersicht über traditionsgeschichtliche Arbeit im Sprüchebuch in *Maier 1995*, S. 72-79, außerdem Kapitel 6.3.2 der vorliegenden Arbeit.
[16] *Meinhold* 1991, S. 17 dort auch Beispiele.
[17] Ebd. S. 18; so auch *Westermann*, der zwar mündliche Vorformen der Sprüche annimmt, aber in der Doppelform die schriftliche Überlieferung erkennt: „Der Wandel vom Sprichwort in einem einfachen Aussagesatz zu einem im Parallelismus gestalteten Spruch zeigt den Übergang von der primären zur sekundären Überlieferungsstufe" (1971, S. 80).

Erziehung im Buch der Sprüche

Ein Pfad zum Leben ist,	*wer Lehre bewahrt*
Wer Zurechtweisung verlässt,	*leitet in die Irre.*

Die Sammlung II besteht hauptsächlich aus solchen Sentenzen, d.h. einzelnen Aussagen, die auf Beobachtungen und Erfahrungen gründen, und in der Form des Parallelismus ausgedrückt werden. Nun lassen sich die einzelnen Aussagen aber im Fall des synonymen Parallelismus nicht einfach addieren und im antithetischen Parallelismus nicht streng gegeneinander abgrenzen. Die Aussagen werden vielmehr „stereometrisch" miteinander in Beziehung gesetzt (um in der mathematischen Begrifflichkeit zu bleiben). Sie stehen in ergänzender oder einander widersprechender Beziehung. Die Parallelität beleuchtet neue Aspekte einer Sache, ohne dass diese sich begrifflich eindeutig festlegen lässt. „Nicht die Schärfe des Begriffes wird hier angestrebt, sondern die Schärfe in der Nachzeichnung der gemeinsamen Sache, und zwar möglichst in ihrer ganzen Breite."[18]

Der „anthologische Sprachstil" und das aspektivische Denken, das hier am Beispiel des Parallelismus membrorum erklärt wurde, sich aber auch im Umgang mit Wortbedeutungen festmachen lässt, interessieren in der vorliegenden Arbeit unter dem Gesichtspunkt des Umgangs mit Tradition. Um auch den Umgang mit dem anthologischen Sprachstil zu verdeutlichen, wird in dieser Analyse traditionsgeschichtlich gearbeitet werden.

8.1.3.2 Gattungen im Sprüchebuch

Hier sollen nicht alle Gattungen des Sprüchebuches aufgeführt werden sondern nur die, die im folgenden von Bedeutung sind. Eine grundlegende Form der Spruch-Rede, möglicherweise sogar ihre älteste Form, ist der **Aussagespruch**. Er stellt „... einen Sachverhalt, eine Erfahrung oder einen Zusammenhang über eine Langzeile hin fest. Dazu dienen, wenn auch nicht ausschließlich, Nominalsätze".[19] Als Beispiel kann wieder Vers 10,17 gelten: *Ein Pfad zum Leben ist, wer auf Lehre achtet,*

---

[18] V. Rad 1992, S. 43.
[19] *Meinhold* 1991, S. 16, der die These, dass es die älteste Spruchart sei damit begründet, dass der Aussagespruch der geistigen Beschäftigung, die mit dem Sprichwort geleistet wird, am ehesten entspricht.

wer aber die Mahnung unbeachtet lässt, leitet in die Irre. Diese Aussageform haben die meisten der in dieser Arbeit zu untersuchenden Verse aus der Sammlung II und etliche aus den anderen Sammlungen. Die beiden Ausnahmen der Sammlung II sind 19,20.27. Sie beginnen mit einem Imperativ und weisen schon in Richtung Mahnspruch, der jedoch in der Regel aus zwei Langzeilen besteht.[20]

Eine weitere grundlegende Spruchart ist der **Mahnspruch**.

„In der altorientalischen Umwelt Israels war der Mahnspruch und aus ihm folgend die Lehre besonders in Ägypten zu Hause. Ein solcher Spruch besteht in der Regel aus zwei Langzeilen. In der ersten erfolgt die direkte, an den Adressaten gerichtete Aufforderung als Befehl, Gebot oder Verbot, Mahnung oder Warnung in Form des Imperativs oder anderer Aufforderungsformen (Jussiv bzw. Vetitiv), ganz im Unterschied zum Aussagespruch. In der zweiten Zeile folgt in der Regel eine Begründung, eingeleitet meistens mit den Konjunktionen ‚denn' oder ‚damit' bzw. ‚damit nicht'."[21]

Die Mahnsprüche finden sich hauptsächlich in der Untersammlung 22,17-23,11 und vereinzelt in Sammlung II und III. Unter den hier zu analysierenden Sprüchen hat 23,12-14 diese Form, es fehlt allerdings die Begründung mit „denn": *Bring her zur Lehre dein Herz und deine Ohren zu den Worten der Erkenntnis. Entziehe einem Knaben Lehre nicht, wenn du ihn mit der Rute schlägst, wird er nicht sterben. Du schlägst ihn mit der Rute, aber errettest seine Person vor Scheol.*

In den Zusammenhang mit dem Mahnspruch gehört die **Lehrrede**. Sie findet sich vor allem in Spr 1-9 und 31,1-9. Das Formular besteht aus drei Elementen: Der Einleitung mit Anrede, Höraufforderung, Mahnung und Begründung, einem längeren Hauptteil und dem kurzen Schluss mit Hinweisen auf die Folgen dieses oder jenes Verhaltens.[22] Die Mehrzahl der hier zu besprechenden Verse aus Sammlung I stammen aus den Lehrreden. Meinhold hebt hervor, dass bei diesem Formular eine Verwandtschaft mit ägyptischen Lehren besonders deutlich ist.[23]

---

[20] Ebd. S. 20.
[21] A.a.O.
[22] A.a.O.
[23] A.a.O.

Erziehung im Buch der Sprüche

Eine weitere Gattung in den Sprüchen bilden die **Gedichte**. Es gibt drei Weisheitsgedichte (1,20-33; 8,1-36; 9,1-6). Sie sind nach einem dreigliedrigen Schema aufgebaut, das dem der Lehrreden ähnelt. In der Einführung wird vom Auftreten der personifizierten Weisheit bzw. Torheit berichtet, dem folgt ein Redeteil vorwiegend im Ich-Stil und am Schluss werden von der Rednerin selbst oder von einer Lehrperson Folgerungen gezogen. In der vorliegenden Arbeit werden Texte aus der ersten und zweiten Rede herangezogen.

8.1.4 Der methodische Ansatz

Durch die Wahl der Methode gilt es nun einerseits dem Sprachstil der Sprüche gerecht zu werden. Andererseits sollen die Fragen nach dem Lehren und dem Umgang mit der Tradition erarbeitet werden. Es werden daher die wesentlichen Wörter für „Lehre" im Sprüchebuch untersucht und ihre Bedeutung aus den jeweiligen Kontexten in diesem Buch erhoben. Dem Umgang mit Tradition soll außerdem durch traditionsgeschichtliche Analyse nachgegangen werden. Wo an wichtigen Stellen Traditionsgut von außerhalb des Sprüchebuches aufgenommen wird, müssen auch diese Texte befragt werden. Bei der Auswahl der Texte standen im 5. Buch Mose die Verben des Lehrens und Lernens im Vordergrund. Nun sind es weniger Verben, die den erzieherischen Impetus des Sprüchebuches bezeichnen, als zwei Nomina: מוסר (Lehre) und תוכחת (Zurechtweisung).[24] Hinzu kommt mit wenigen Belegen תורה (Weisung).[25]

Weitere Verben des Wortfelds Lehren und Lernen, die in der Wortfeldanalyse in Kapitel 4 untersucht wurden, dienen hier nicht als Auswahlkriterien. Sie werden aber an den Stellen, an denen sie im Kontext der erstgenannten auftauchen, mitbedacht. Die hier getroffene, an den wesentlichen Begriffen für „Lehre" im Sprüchebuch orientierte Auswahl, läuft quer zur formgeschichtlichen Systematisierung von Spr 1-9. Seit 1955 werden die Kapitel im wesentlichen in zehn Lehrreden (1,8ff; 2,1ff; 3,1ff; 3,21ff; 4,1ff; 4,10ff; 4,20ff; 5,1ff; 6,20ff; 7,1ff) und zwei Reden

---

[24] מוסר und תוכחת stehen zusammen in Spr 3,11; 5,12; 6,23; 10,17; 12,1; 13, 18; 15, 5.10. 32, vgl. *Branson* 1982, Sp. 692. *Delkurt* fügt noch Spr 9,7 hinzu, wo sich die beiden Verben finden (1993, S. 31, Anm. 31). Er bezeichnet יסר/מוסר und יכח/תוכחת als „Termini technici für die Erziehung des Sohnes durch den Vater" (ebd. S. 30).
[25] Zu Vorkommen und Übersetzung vgl. Kapitel 8.2.1.

der personifizierten Weisheit (1,20-33; 8) eingeteilt,[26] was unter formalen Gesichts-lpunkten berechtigt sein mag. Diese Einteilung wird im Folgenden allein als Gliederungshilfe verwendet, sie leitet nicht die Erkenntnis der Untersuchung. Der Vorteil der an Begriffen orientierten Textauswahl ist, dass damit ein Parameter gefunden ist, mit dem zwischen den einzelnen Sammlungen des Sprüchebuches verglichen werden kann und dass außerdem ein Vergleich mit den Ergebnissen der Analyse des 5. Buches Mose möglich wird.

8.1.5 Zur Forschungsgeschichte

Im Kapitel über die Schulfrage (s. Kapitel 3) wurde bereits referiert, dass das Sprüchebuch in der Debatte jahrzehntelang eine Schlüsselrolle spielte. Dort wurde auch die Forschungsgeschichte des Sprüchebuchs zum Thema dargestellt. Ich gehe davon aus, dass die Teile des Sprüchebuches nicht als „Schultexte" entstanden sind,[27] dass aber nachexilisch Spruchsammlungen im Unterricht Verwendung fanden. Da keine näheren Einzelheiten zu einem Schulbetrieb im alten Israel bekannt sind, kann ich nicht von „Schulbuch" sprechen, wie es neuerdings wieder geschieht.[28]

Die Argumente dafür, dass zumindest Teile des Sprüchebuches im Unterricht verwendet wurden, sind nicht von der Hand zu weisen. Sie beziehen sich auf die Tatsache dass die Sprüche gesammelt wurden und darauf, dass in ihnen zum Hören aufgefordert wird. Hermisson vertrat im Gegensatz zur Forschungsmeinung seiner Zeit die These, dass die Sprüche nur zum kleinen Teil aus dem Volksmund stammten.[29] Seiner Meinung nach wurden sie von einem am Königshof ansässigen Stand der Weisen komponiert und gesammelt, bzw. von den Weisen „in die Kunstform gegossen".[30] Er bezog sich dabei besonders auf die Samm-

---

[26] Diese Unterteilung geht auf Scott zurück. Vgl. *Whybray* 1965, S. 33, und *Lang* 1972, S. 33, dort auch der Verweis auf R. Scott.
[27] Vgl. Kapitel 3.5 und 3.6.7 dieser Arbeit.
[28] *Kieweler* 2001, S. 247.
[29] *Hermisson* 1968, S. 21, er wendet sich gegen Gerstenbergers These, dass die weisheitlichen Warn- und Mahnworte des Sprüchebuches, für die Gerstenberger eine gegenüber den übrigen Sprüchen gesonderte Entstehung annimmt, im Sippenverband entstanden, vgl. *Gerstenberger* 1965, S. 107f.
[30] „Wenn und soweit sich zeigen ließe, dass die im Proverbienbuch gesammelten Einzelsprüche sich aus den eigenen Voraussetzungen jenes Weisenstandes erklären

lung 10,1-22,16 und differenzierte zwischen dem Ursprungsort der Sprüche und ihrem Überlieferungsort. Auch wenn Volksweisheit in diese Sammlung eingegangen ist, so könnten die Sprüche doch am Königshof zum Zweck der Unterweisung hoher Beamter und Königskinder zusammengestellt worden sein.[31] Lang ging in seiner Studie über Sprüche 1-9 noch etwas weiter.[32] Er vermutete wie Hermisson unter den Weisen am Königshof Lehrer, verstand aber die Sammlung Spr 1-9 als Lesebuch für den Unterricht, dessen vorschriftlicher Sitz im Leben bereits der Unterricht in Israel war. „Ein Text, der stereotyp zum ‚hören' und nicht etwa zum ‚lesen' auffordert, muss seinen Ursprung in mündlicher Unterweisung haben."[33]

Diese Vorstellung prägt bis heute die Rede von der Gattung „weisheitliche Lehrrede". Es ist aber schwer nachweisbar, dass die Texte als eigene Gattung entstanden sein sollen. Krispenz wendet ein, dass die Gattung „Schultext" nicht existiere. Sie belegt diese Einsicht an einem Beispiel aus moderner Zeit: Logarithmentafel, Lesefibel und Goethes „Faust" haben keine einheitliche Form.[34] Welche wiedererkennbaren Merkmale also soll die Gattung „Schultext" dann haben? Die Formgeschichte kann allein auf unabhängige Gattungsbelege aus anderen altorientalischen Kulturen zurückgreifen. Für das biblische Israel bedeutet das, dass man nur vermuten kann, dass einige Texte im Zusammenhang des Unterrich-

---

lassen, wäre das doch wohl die einfachste Erklärung; wenn eine Abfassung der Sprüche durch diese Weisen *möglich* wäre, wäre sie auch *wahrscheinlich*." Hermisson 1968, S. 25, vgl. diese These bereits bei *Gunkel* 1909.

[31] *Hermisson* 1968, S. 24 und S. 62.
[32] *Lang* 1972.
[33] *Lang* 1979, S. 193. Er erwägt hier nicht, dass die Texte auch zum „Hören" des Vorgelesenen auffordern oder nur eine Fiktion der Mündlichkeit im Blick haben könnten. Der These Langs folgt *Kieweler* 2001 in seiner Untersuchung zu Spr 25-29.
[34] *Krispenz* 1989, S. 22, vgl. auch *Baumann* 1996, S. 263. Die Logarithmentafel als Text zu betrachten, setzt allerdings eine sehr weite Deutung von „Text" voraus. Es lässt sich wohl nicht ganz ausschließen, dass bibli-sche Texte auch mit der Absicht entstanden sind, dass man daran Lesen lernen könnte, z.B. die Psalmen, deren Verse in Akrostichon-Form gedichtet wurden. Die Anfangsbuchstaben folgen einer bestimmten Form, etwa dem hebräischen Alphabet oder einem bestimmten Wort (Ps 9; 10; 25; 34; 37; 111; 112; 119; 145). Es könnten auch einige Gesetzestexte zur Unterweisung entstanden sein.

tens entstanden.³⁵ Obwohl sich nun die Schuldebatte weiterentwickelt hat und, wie dargestellt, die Frage nach der Unterweisung weitaus differenzierter betrachtet werden muss, hält sich das formgeschichtliche Argument bei einigen Auslegern des Sprüchebuchs bis heute. So argumentiert z.B. Scherer vor dem Hintergrund der Arbeit Hermissons und geht von einer „Schule oder eine[m] ähnlichen Ort pädagogischer Wirksamkeit als Herkunftsbereich der Sammlung" aus.³⁶ Diese Einschätzung prägt auch bis zu einem gewissen Grad seine Untersuchung der Redaktion der Sammlung 10,1-22,16. Die interessante Studie wird daher hier mit Vorbehalt zitiert. Eine vergleichbare Studie hat Kieweler vorgelegt. Auch er geht bei seiner Untersuchung der Hiskianischen Sammlung Spr 25-29 davon aus, dass er an einem alten „Schulbuch" arbeitet. Seine Studie ist methodisch an Untersuchungen des Wortbestands und der Sammlungsstrukturen interessiert und stellt den masoretischen Text dem der Septuaginta gegenüber. Sie interessiert hier bei der Analyse von Spr 28f. Die Arbeit von Krispenz zu Spr 10,1-22,16 kritisiert die Schulbuchthese, ihre Textauswahl stimmt aber nur wenig mit der hier getroffenen Auswahl überein. Delkurts Analyse der Sammlung II unter der Fragestellung, welche Ethik darin vertreten wird, ist gegenüber der Schulthese zurückhaltend und bietet u.a. eine interessante Studie zum Eltern-Kind-Verhältnis.

Zur Sammlung I in Spr 1-9 liegen zwei neuere Studien vor, die mit einem anderen als dem formgeschichtlichen Instrumentarium an die Texte herangehen. Es ist dies die Arbeit von Maier zur „fremden Frau" in Spr 1-9; sie verbindet exegetische Forschung mit sozialgeschichtlichen Untersuchungen.³⁷ Bei ihr findet sich ein eingehender Vergleich zwischen Spr 6 und Dtn 6, der im vorliegenden Zusammenhang wertvoll ist. Die

---

³⁵ Diese Aussage ist allerdings umstritten, vgl. Anm 134. *Lang* selbst hält die These von *Albright* für gewagt, dass es sich um ein Übungsstück handelte. *Lang* 1979, S. 188. Selbst wenn die anderen Funde aus Lachisch und Kuntillet -'Ajrud, auf die Lang verweist, als Schreibversuche gedeutet werden können, ist damit noch nicht gesagt, dass es „archäologische Anhaltspunkte" für eine Schule sind.
³⁶ „Obwohl die Diskussion sicherlich noch nicht als abgeschlossen bezeichnet werden kann, scheinen die Befürworter der Schulhypothese allmählich die Oberhand zu gewinnen." *Scherer* 1999, S. 341. Ich teile seine Einschätzung nach meinem Überblick über die Debatte nicht, da ich die „epigraphischen Hinweise" nicht für eindeutig halte und der „Notwendigkeit einer Ausbildung für die Angehörigen der Staatsverwaltung" auch außerhalb einer „Schule" genüge getan werden konnte.
³⁷ *Maier* 1995.

Studie von Baumann zur Weisheitsgestalt in Spr 1-9 arbeitet nach einer sorgfältigen forschungsgeschichtlichen und methodischen Verortung ihres Themas traditionsgeschichtlich und macht besonders auf die inneralttestamentlichen Verbindungen und Neuinterpretationen in der Sammlung aufmerksam. Da meines Wissens keine neuere Studie zum Sprüchebuch über den Aspekt des Lehrens und Lernens vorliegt, stütze ich mich in der Untersuchung über Spr 1-9 auf diese beiden Analysen.[38] Zur Arbeit an der zweiten Sammlung des Sprüchebuches bietet Scherer die detailreichste Vorarbeit, ich benutze sie mit den bereits beschriebenen Vorbehalten. Ferner sind die Kommentare von Plöger und besonders der sprachlich sehr feinfühlig arbeitende Kommentar von Meinhold wichtige Hilfsmittel. Meinhold hält es zwar für wahrscheinlich, dass es Schulen in Israel-Juda gab,[39] aber er stellt die sprachliche Arbeit am Sprüchebuch in den Vordergrund.

8.2 Lehre (מוסר), Zurechtweisung (תוכחת), und Weisung (תורה) in Spr 1-9

8.2.1 Die Nomina מוסר, תוכחת und תורה

Die Übersetzung von מוסר mit „Lehre" ist ungewöhnlich und muss erklärt werden, denn geläufiger ist „Zucht"[40] bzw. „Erziehung"[41].

Branson schreibt, dass das Wort יסר (züchtigen, erziehen) einen „weiten Umfang semant[ischer] Werte besaß".[42] Im Sprüchebuch bezeichnet es den „Umfang des väterlichen Lehrens" (1,8; 4,1; 15,5) und den „Umfang des zu Lernenden", also dessen, was nötig ist, um die Probleme des Lebens zu meistern.[43] Auch wenn מוסר im Sprüchebuch gelegentlich zusammen mit שבט (Rute) steht (13,24; 22,15; 23,13 jeweils im erzieherischen Kontext), kann meiner Beobachtung nach dieser Gedanke der gewaltsamen Erziehung nicht auf alle Verse ausgeweitet werden. Gera-

---

[38] *Braulik* 1996b hat zwar Spr 1-9 im Blick, analysiert dann aber insbesondere Spr 6,20-24 und wird dort in meiner Analyse diskutiert werden.
[39] *Meinhold* 1991, S. 22.
[40] *Plöger* 1984, *Meinhold* 1991, *Scherer* 1999, *Maier* 1996 und die Elberfelder Bibelübersetzung.
[41] Vgl. die häufige Septuagintaübersetzung mit παιδεία / παιδία.
[42] *Branson* 1982, Sp. 690.
[43] Ebd. Sp. 693.

de die Verse, die מוסר mit לקח (annehmen, empfangen) verbinden (Spr 1,3; Jer 2,30; 5,3; 7,28; 17,23; 32,33; 35,13; Zeph 3,2.7), sprechen für eine neutralere Übersetzung mit „Lehre" oder „Belehrung", denn „Strafe oder Bestrafung" kann nicht „angenommen" werden wie ein Rat oder eine Lehre. Das gleiche gilt für die Stellen, an denen מוסר mit שמע (hören) verbunden wird (4,1; 8,33; 19,27) oder mit שמר (bewahren, 10,17) und פרע (sich entziehen, 15,32). Diese letzten Stellen sind auch Belege, in denen „Erziehung" nicht passt,[44] denn die umfassende Bedeutung von „Erziehung" im Sinn einer täglichen Begleitung eines Kindes, die auch Windeln waschen, spielen und alltägliche Verrichtungen mit dem Kind einschließen, hat מוסר nicht. Es zielt gerade auf den belehrenden Aspekt der Erziehung.

Der deutsche Ausdruck „Zucht"[45] stammt aus einer früheren Zeit.[46] Interessanterweise deckt sich die Bedeutungsbreite, wenn sie in ihrer Entwicklung über einige Jahrhunderte betrachtet wird in weiten Teilen mit dem semantischen Feld des hebräischen מוסר. So nennt Grimm für das deutsche „Zucht"

1. die allgemeine Bedeutung „Erziehung" mit Einschluss der Unterweisung,
2. den negativen Faktor im Unterschied zu Unterweisung und Belehrung, die ihrerseits einen positiven Beitrag leisten,
3. die Bedeutung „Strafe" und
4. die Deutung des Eingreifens Gottes als „Zucht",[47]
5. Ebenso kann „Zucht" als das selbstbeherrschte Verhalten in Bezug auf den Geschlechtstrieb verstanden werden. Diese Bedeutung habe sich, so Grimm, im Neuhochdeutschen neben der
6. Aufzucht von Tieren zur herrschenden entwickelt.[48]

---

[44] Diese Übersetzung wählen *Delkurt* 1993, *Baumann* 1996, vgl. auch *Branson* 1982.
[45] Diese Übersetzung ist die häufigste, sie findet sich in wichtigen Bibelübersetzungen wie in der von Luther, Buber, aus Elberfeld und in den Kommentaren von *Plöger* 1984, *Meinhold* 1991 und Analysen wie *Scherer* 1999 und *Maier* 1995.
[46] Vgl. den Artikel „Zucht" aus dem Wörterbuch der Brüder Grimm, wo die allgemeine Bedeutung „Erziehung", die Unterweisung einschließt als „im allgemeinen nicht mehr üblich" eingeschätzt wird. *Grimm* 1984, Sp. 260. Zu der gleichen Einschätzung gelangt *Delkurt*, der מוסר mit „Erziehung" übersetzt, dazu aber bemerkt, dass „die Weisheit" nicht näher bestimme, „was unter dem Begriff sachlich zu verstehen ist" (2002, S. 232).
[47] *Grimm* 1984, Sp. 260f.

All diese Bedeutungsvarianten finden sich auch für מוסר, doch gibt es auch Unterschiede zum hebräischen מוסר, die bei dem Gebrauch von „Zucht" im dargestellten Sinne noch einmal schärfer herausgearbeitet werden müssten, was hier zu weit führen würde. In der heutigen Zeit hat sich die Bedeutungsbreite gegenüber früher stark eingeschränkt. Das Wort „Zucht" wird, auf den Menschen bezogen, als Gegensatz zu „Unzucht" oder, wie in „Zuchthaus", als Bestrafung verstanden. Wegen dieser Bedeutungseinengung kann es für die Übersetzung von מוסר nicht mehr in Frage kommen. Spr 1,3; 8,10f; 23,23; 24,32 haben die Bedeutung „Lehre" im neutralen Sinn.

Die Konnotation „Strafe" bzw. die bedrängende Konnotation, die in „Zucht" anklingt, hat das Nomen מוסר an den Stellen, in denen es mit „Rute" steht und öfter außerhalb des Sprüchebuches, besonders im prophetischen Sprachgebrauch. Die Übersetzung mit „Lehre", soll die strafende Konnotation nicht leugnen, belässt diese aber an den Stellen an denen sie unmiss-verständlich gemeint sind (Rute) und deutet sie im pädagogischen Kontext. Das Verb יסר allerdings wird hier mit „erziehen" übersetzt, da „lehren" bereits für למד verwendet wird.

Auch die Zusammenstellung von מוסר mit תוכחת weist nicht unbedingt auf ein strafendes Geschehen, denn auch dieses Nomen hat beide Seiten: eine neutralere (1,23.25.30; 3,11;[49] 6,23; 10,17; 12,1; 13,18; 15,5; 27,5) und eine strafende (15,10; 23,13f; 29,15). Das Verb יכח hi (zur Rechenschaft ziehen, strafen) gehört „ursprünglich wohl in den Bereich des Gerichtsverfahrens".[50] Es kann in diesem Zusammenhang „zur Rede stellen" bedeuten (vgl. Gen 21,25; Lev 19,17; Spr 9,8; 28,23; Hi 40,2) oder „verurteilen" (vgl. Spr 24,25). Das Nomen תוכחת ist davon abgeleitet.[51] In den früheren Spruchsammlungen hat es gelegentlich einen bedrohlichen Charakter im Sinn von körperlicher Bestrafung (15,10b; 29,15). In Spr 1-9 kommt es sechs Mal vor, davon zweimal im synthetischen Parallelismus mit מוסר (Lehre) in 3,11; 5,12 und einmal in einer Genitivverbindung mit מוסר (6,23). Der bedrohliche Charakter ist in die-

---

[48] Ebd. Sp. 262.
[49] Dieser Vers wird oft im Sinn von Bestrafung (aus Liebe) verstanden, was aber meiner Meinung nach nicht gemeint ist, vgl. die Analyse zur Stelle.
[50] *Liedke* 1978.
[51] Nach *Gesenius* ist תוכחת ein Derivat von יכח 1962, S. 299.

sen Versen nicht nachzuweisen. Es findet in Spr 1-9 wohl eine Auswahl des positiven Bedeutungsinhalts statt, was die Übersetzung „Zurechtweisung" sinnvoll erscheinen lässt.⁵² Außerhalb des Sprüchebuches, in dem sich die häufigsten Belege finden, steht תוכחת in Hi 13,6; 23,4, mit der Bedeutung „Entgegnung", „Darstellung" bzw. „Rechtsfall". In Ps 38,15 und bei Hab 2,1 bedeutet es eher „Einrede, Klage". Die Bedeutung „Strafe" hat es in Ps 73,14; 39,12; Ez 5,15; 25,17 und Sir 41,4. Delkurt fasst die Bedeutung von תוכחת /יכח im Sprüchebuch so zusammen: „‚Erziehen zu einer Lebensführung, die die Regeln des Miteinanders nicht verletzt'".⁵³

Tora (תורה) ist das dritte Nomen, das hier die Auswahl der Stellen bestimmt. Liedke/ Petersen leiten Tora von ירה III (weisen, unterweisen) her.⁵⁴ „Tora" steht im Sprüchebuch parallel zu מוסר (Lehre) in 1,8, zu מצוה (Gebot) in 3,1; 6,20.23 und 7,2 (pl.) und zu לקח (Belehrung) in 4,2. Die Weisung erteilt die Mutter (1,8; 6,20), die tüchtige Frau (31,26) und der Vater (4,1). Ihr Ort ist also im Sprüchebuch die Elternunterweisung in der Familie, die in 31,26 ausdrücklich mündlich geschieht.⁵⁵ Das Nomen kommt in der ersten Sammlung 7x vor, zählt man das 31. Kapitel hinzu. In der zweiten Sammlung steht es nur 1x in 13,14 als „Weisung des Weisen". In Sammlung III findet es sich 5x und dort steht es absolut, ohne Genitivattribut und ohne Suffix. „Tora" wird im Sprüchebuch immer im Singular verwendet und es wird in negativen Wendungen davor gewarnt, die Tora „zu verwerfen" (1,8; 6,20), sie „zu vergessen"

---

⁵² So auch *Delkurt*: „Nicht die Rechtssituation selbst gerät hier in den Blick, sondern die dahinter stehende Intention, dass demjenigen, der im Recht ist, auch Gerechtigkeit widerfährt" (2002, S. 237). Anders *Baumann* 1996, S. 181, die keinen Unterschied zwischen dem Gebrauch des Nomens in Spr 1-9 und den früheren Sammlungen macht. Viel hängt von der Deutung der Verse 3,11f ab, siehe die Analyse zur Stelle.
⁵³ *Delkurt* 1993, S. 31 und 34, das Zitat ist im Original kursiv gedruckt.
⁵⁴ *Liedke/ Petersen* 1984, Sp. 1032.
⁵⁵ *Liedke/ Petersen* betonen, dass speziell die Lehre der Mutter „der Ursprung des Tora-Vorgangs" war (ebd. Sp. 1034). *Crüsemann* bezeichnet dagegen die elterliche Unterweisung als einen Aspekt des Torabegriffs neben der priesterlichen und prophetischen Unterweisung und dem deuteronomischen Tora-Begriff für „den einen, umfassenden und schriftlich vorliegenden Willen Gottes" (1997, S. 8).

Erziehung im Buch der Sprüche

(3,1) oder „zu verlassen" (4,2). Sie ist demnach als feste Größe gedacht.[56]

8.2.2 Der Vorspruch zum Buch: Spr 1,1- 6 und das „Motto" in Spr 1,7

Der Vorspruch Spr 1,1-6[57] zeigt eine eigenartige Syntax. 1,2-4 und 1,6 hängen durch einen Infinitiv von der Überschrift 1,1 ab. 1,5 fällt aus diesem Schema heraus.

> 1 *Sprüche Salomos, des Sohnes Davids, König Israels,*
> 2 *um zu erkennen Weisheit und Lehre*
> *um einsichtig zu machen Worte der Einsicht,*
> 3 *um zu ergreifen (die) Lehre des Klugseins*
> *Gerechtigkeit und Recht und Aufrichtigkeit*
> 4 *um den Unerfahrenen Klugheit zu geben,*
> *den jungen Menschen Erkenntnis und Umsicht.*
> 5 *Ein Weiser hört und er vermehrt die Belehrung;*
> *ein Einsichtiger erwirbt sich Führungskunst*[58]
> 6 *um Spruch und Rätsel zu verstehen,*
> *Worte der Weisen und ihre Sinnsprüche*[59].

Eine Ausnahme aus der Reihe der Infinitivkonstruktionen bildet 1,5, der die Belehrung des Weisen und Einsichtigen anspricht. Gerade durch die veränderte Syntax in der Reihe dieser ersten Verse fällt er wie eine Hervorhebung auf. Ein Weiser, der im Umgang mit der Weisheit bereits Erfahrung besitzt,[60] wird auf die Vermehrung seines Wissens angesprochen und ein Einsichtiger auf den Erwerb kluger Gedanken. Gegenüber 1,4, wo die Rede vom Unerfahrenen ist, dem Klugheit gegeben werden soll, weitet 1,5 den Rezeptionsbereich der Sprüche auf eine „Expertengruppe" aus. Der Einschub ist insofern umsichtig platziert, als sich 1,6 auf 1,4 und 1,5 beziehen kann. Die Beobachtung ist ein Hinweis darauf, dass zu einer Zeit, in der die Einleitung in das Sprüchebuch bereits be-

---

[56] *Baumann* 1996, S. 295.
[57] Zur Textabgrenzung vgl. *Plöger* 1984, S. 8, er nennt den Text dort „Überschrift und Vorspruch".
[58] Zur Übersetzung vgl. ebd. S. 10.
[59] Zur Übersetzung vgl. *Baumann* 1996, S. 225.
[60] *Plöger* 1984, S. 10.

Erziehung im Buch der Sprüche

stand, diskutiert wurde, für welche Adressaten die Sprüche zu gelten hätten: Nur für Unerfahrene und junge Menschen oder auch für solche, die sich bereits Weisheit angeeignet hatten?

Bereits eine kurze Betrachtung der Einleitung zum Sprüchebuch macht deutlich, welch hohen Stellenwert „Lehre" hier hat. In Spr 1,1-7 häufen sich Begriffe aus dem Wortfeld des Lehrens und Lernens. Es finden sich die bereits in der semantischen Analyse in dieser Arbeit untersuchten Verben יסר erziehen, בין einsehen, שכל einsichtig machen, ידע verstehen und שמע hören bzw. die dazugehörigen Nomina. Darüber hinaus finden sich in 1,4f noch Klugheit (ערמה), Gewandtheit, Klugheit, Tücke (מזמה), Belehrung (לקח) und Führungskunst (תחבלות). Das sind Nomina, die hauptsächlich im Sprüchebuch, in Hiob und Jesus Sirach verwendet werden, also im weisheitlichen Kontext. Sie sind nicht so häufig, dass sie den Gang der Analyse beeinflussen würden, zeigen aber, wie breit gefächert das Wortfeld im Sprüchebuch ist. In 1,7b wird der „Törichte" (אויל) genannt. Er achtet Weisheit im Gegensatz zu den Unerfahrenen (פתאים 1,4a), den jungen Menschen (נער 1,4b), den Weisen (חכם 1,5a) und den Einsichtigen (נבון 1,5b) gering. Das Sprüchebuch kennt also Menschen, die sich bilden lassen und solche, die töricht sind. Wer sich bilden lässt, für den ist Hoffnung, wer Weisheit und Lehre verachtet, ist ein Tor. Hier wird Aufgeschlossenheit zum Maßstab für Belehrung gemacht und in die Nähe zur Gottesfurcht (1,7a) gerückt. Das Lernen im Sprüchebuch war also wie heute keine Selbstverständlichkeit, sondern es bedurfte der Überzeugungsarbeit und der Motivation. Wie Motivation aussehen konnte, zeigt sich in den Gedichten der Weisheitsgestalt.

8.2.3 Einblicke in antike Motivationstechnik: „Lehre", „Zurechtweisung" und „Weisung" in den Ich-Reden der Weisheitsgestalt in Spr 1,20-33 und Spr 8,1-11.32-36

8.2.3.1 Die Weisheit reiht sich in die prophetische Tradition ein

Der Text Spr 1,20-33 entfaltet die erste große Ich-Rede der Weisheitsgestalt[61] innerhalb der Sammlung I. Er enthält dreimal תוכחת in 1,23.25 und in 1,30 und gehört somit zu den hier ausgewählten Texten. „Weis-

---

[61] חוכמה (Weisheit) ist im Hebräischen ein weibliches Substantiv, das hier personifiziert wird.

heit" ist personifiziert und als Frau dargestellt.[62] Sie steht auf den Plätzen und an den Eingängen der Tore einer israelitischen Stadt und ruft. Dort, wo man am lautesten lärmt, ruft sie (1,20f). Das erinnert an den Propheten Jeremia, der an ähnlichen Orten laute Reden hält: am Tor des Tempels (Jer 7,2; 26,2), an allen Toren Jerusalems (Jer 17,19f) und am Tor des Palastes (Jer 22, 2-6).

Wer sind ihre Adressaten? Sie wendet sich in 1,22 an die Unerfahrenen (פתים), die bereits in der Einleitung (1,4) als Ansprechpartner gekennzeichnet wurden. Die Spötter (לצים) und die Toren, die Erkenntnis hassen (כסלים), bezieht sie als abschreckende Beispiele in ihre Argumentation mit ein. Ein Blick auf Spr 8,5, wo Unerfahrene und Toren Adressaten der Rede der Weisheit sind, beweist, dass die Weisheit für diese beiden Gruppen Erkenntnismöglichkeiten sieht. Das allerdings nur, wenn sie die Erkenntnis nicht regelrecht hassen, wie die Toren in 1,22. Die Spötter aber gehören im weisheitlichen Kontext zur Gruppe der unbelehrbaren „Nicht-Weisen". Sie können „weder durch Mahnung noch durch Zurechtweisung oder Strafe eines Besseren belehrt werden".[63] Ähnlich wie mit den Spöttern steht es mit dem in 6,6.9 angesprochenen Faulen (עצל), „„der durch seine Faulheit sowohl einerseits

---

[62] Die Gestalt der personifizierten Weisheit wurde in der Forschung als Hypostase Gottes oder einer altorientalischen Göttin betrachtet, als mythologische Gestalt oder poetische Personifikation. Zur Weisheit als Schöpfungsmittlerin schreibt *von Rad*, als er Prov 1,33 und 8,35 kommentiert: „Offenbar war es die Meinung der Lehrer, dass der Mensch aus der Schöpfung heraus von einem Ordnungswillen angerufen wird, dem er sich nicht entziehen kann" (1992, S. 206f). Im hellenistischen Judentum wurde diese „Weisheitsspekulation" fortgesetzt. *Philo* schreibt über den ersten Schöpfungstag, der in Gen 1,1 beschrieben ist, dass zunächst die erdachte Welt geschaffen wurde. „Da Gott nämlich bei seiner Göttlichkeit im voraus wusste, dass eine schöne Nachahmung niemals ohne ein schönes Vorbild entstehen kann und dass keines von den sinnlich wahrnehmbaren Dingen tadellos sein würde, das nicht einem Urbilde und einer geistigen Idee nachgebildet wäre, bildete er, als er diese sichtbare Welt schaffen wollte, vorher die gedachte, um dann mit Benutzung eines unkörperlichen und gottähnlichen Vorbildes die körperliche ... herzustellen, die ebenso viele sinnlich wahrnehmbare Arten enthalten sollte, wie in jener Gedachte vorhanden waren" (De opificio mundi 15f). Für einen Überblick über die in der Forschung behandelten Deutungen der Weisheitsgestalt vgl. *Baumann* 1996, S. 4-41.
[63] *Barth* 1984, Sp. 569, vgl. auch Ps 1,1, wo die Spötter zusammen mit den Gottlosen und den Sündern genannt werden.

Erziehung im Buch der Sprüche

sein Wohlergehen, ja seine Existenz und sein Leben gefährdet, als andererseits auch gesellschaftszerstörend ...wirkt'".[64]

Die Weisheit ruft also in 1,23 die Unerfahrenen zur Umkehr (שוב) und verheißt ihnen Heil mit Worten, wie es die nachexilischen Propheten tun. Darin reiht sie sich in deren Tradition ein. Während es aber in Jes 44,22 und Jo 2,13 um die Umkehr zu Gott geht, ermahnt die Weisheit zur Umkehr zur Zurechtweisung, die bei ihr zu bekommen ist (1,23). Das Heil, das sie verheißt, ist ihr Geist und sind ihre Worte. Ziel der Umkehr ist bei den Propheten die Rückkehr in das ursprüngliche Jahweverhältnis.[65] Ähnlich bei der Weisheit, die „Leben" verheißt und „Wohlgefallen von JHWH" (Spr 8,35).

8.2.3.2 Rat und Zurechtweisung sind heilsentscheidend

Im Blick auf die Heilsansage, auf die sie in 1,33 wieder zurückkommt, entfaltet die Weisheit in 1,24ff die Konsequenz der Abkehr von der Zurechtweisung. *Weil ich rief und ihr euch weigertet, ich meine Hand ausstreckte und niemand aufmerkte und ihr fahren ließet all meinen Rat und meine Zurechtweisung nicht wolltet, so will auch ich bei eurem Unglück lachen...* (1,24ff).

In der Forschung wird diskutiert, ob das Ausstrecken der Hand als Einladung oder als drohende Geste interpretiert werden soll. Baumann weist darauf hin, dass die Wendung ohne Präposition in prophetischen Zusammenhängen immer mit Gott als Subjekt verwendet wird und dort zumeist im strafenden Sinn.[66] Sofern man also annimmt, dass in Spr 1,20-33 die Weisheitsgestalt durch prophetischen Einfluss geprägt ist, kommt auch die drohende Konnotation in Frage. Keel wendet ein: „Aber der Kontext legt diese Deutung nicht nahe".[67] Keel hat zwar insofern Recht als von einer Drohung im eigentlichen Sinn nur dann gesprochen werden kann, wenn sie beachtet wird. Andererseits spricht die Weisheit im Folgenden sehr wohl von Bedrohung. Baumann spricht in Anlehnung

---

[64] *Reiterer* 1989, S. 306.
[65] *Soggin* 1984, Sp. 888.
[66] *Baumann* 1996, S. 185. Eine Ausnahme bildet Jes 14,26f, vgl. dagegen Jes 5,25b; 9,11.16.20; 10,4; 14,27; 31,3; Jer 21,5.
[67] *Keel* 1974, S. 157.

an die Prophetenstellen vorsichtiger von einem „drohenden Unterton",[68] den die Rede von der ausgestreckten Hand habe. Diesen gleichen Unterton dürfte auch das Rufen der Weisheit in 1,24a haben.[69] Der Unterton legt sich auch im Kontext nahe, denn das Rufen der Weisheit entscheidet über Heil oder Gericht. Letzteres ist als Folge der ablehnenden Haltung gegenüber der Weisheit (vier Begründungen in 1,24f) dargestellt.[70] Als Reaktion auf das Gericht lacht und spottet die Weisheit (1,26) und distanziert sich auch ihrerseits (1,28).

8.2.3.3 „Umkehr zur Zurechtweisung", der Inhalt der Lehre von Frau Weisheit

תוכחת (Zurechtweisung) wird in 1,20-33 dreimal mit Suffix 1.Sg. benutzt (1,23.25.30). In 1,25 und 1,30 steht das Schlüsselwort in synonymem Chiasmus zu עצה (Rat), welches ebenfalls das Suffix 1. Sg. hat. „Meine Zurechtweisung", „mein Rat" werden in 1,31 „der Frucht ihres Weges" (פרי דרכם) und „ihren Ratschlägen" (ממעצתיהם) gegenübergestellt. Zurechtweisung und Rat stehen damit auf der Seite der Weisheit und sind Teil ihrer Vermittlung. In 1,23 hat die Zuwendung (שוב) zur weisheitlichen Zurechtweisung die Folge, dass die Weisheit ihren Geist ausgießt und ihre Worte kundtut. שוב bedeutet in seinem theologischen Bedeutungsgehalt in deuteronomischer, chronistischer und prophetischer Rede „umkehren" zu Gott.[71] Diese Umkehr ist im Vers durch die Rede der Weisheit heilvoll konnotiert. Wenn die Einfältigen von der Einfalt, die Spötter vom Spott und die Toren vom Hass der Erkenntnis umkehren, erwarten sie der „Geist" der Weisheit und weisheitliche Worte. תוכחת (Zurechtweisung) verstärkt noch den Aspekt der Abkehr vom Alten. Fasst man die Bedeutung mit Delkurt als „Erziehung zu einem Miteinander, das die Regeln nicht verletzt", dann geht es in diesem Kontext nicht nur um eine rezeptive Belehrung sondern Ziel ist ein Umdenken, das Verhaltensänderungen nach sich zieht.

---

[68] *Baumann* 1996, S. 185.
[69] Baumann scheint das anzunehmen, denn sie kritisiert in Anm. 551 bei der Besprechung Zerafas, dass er übersehe, dass auch das Rufen einen deutlich mahnenden Charakter haben kann (ebd. S. 184).
[70] Vgl. יען (damit) in 1,24.
[71] So *Soggin* 1984, Sp. 888-890.

Erziehung im Buch der Sprüche

1,30 klingt wie ein Echo zu 1,25, da es dessen letztes Wort לא אביתם (ihr wolltet nicht) mit veränderter Anrede wieder aufnimmt: לא־אבו (sie wollten nicht). In beiden Versen stehen „mein Rat" und „meine Zurechtweisung" parallel. Die Verse wirken somit wie eine Inklusion um die Gerichtsszene und die Abwendung der Weisheit von den Menschen. „Rat" und „Zurechtweisung" erhalten durch die fast wörtliche Wiederaufnahme Schlüsselfunktion für die Erlangung der Weisheit. Die Weisheit macht es zum Thema ihrer Rede, dass sie auf Widerstand in der Belehrung stieß. Es ist hier nicht das „Nicht-Wissen", das die Belehrung beschwert, sondern das „Nicht-Wollen".

1,27 stellt vom Aufbau her das Zentrum des Textes dar.[72] Schrecken und Unglück sind mit Worten ausgemalt, die in der Prophetie zur Unheilsankündigung verwendet werden bzw. den Tag JHWHs beschreiben.[73] „Viermal erscheint ein Wort für ‚kommen', was auf die totale Sicherheit und Zwangsläufigkeit des Eintreffens des Verhängnisvollen hinweist."[74] Rhetorisch geschickt wird hier die Unabwendbarkeit des Unglücks geschildert: Der Spott ist nun auf der Seite der Frau Weisheit (1,26). Sie lässt sich nicht mehr rufen und finden (1,28). Viermal wird begründet, warum den Angeredeten jetzt nicht mehr geantwortet wird: *dafür dass sie Erkenntnis hassten und die Furcht JHWHs nicht erwählten, weil sie meinen Rat nicht wollten, all meine Zurechtweisung verwarfen* (1,29f).

Neben Rat und Zurechtweisung haben die Angesprochenen auch Erkenntnis und die Furcht JHWHs abgelehnt. In 1,31 wird noch einmal in prophetischer Redewendung gesprochen, nämlich der Metapher von der „Frucht der Taten" (vgl. Jes 3,10; Jer 17,10; 21,14; 32,19; Mi 7,13). Dieser Ausdruck steht für „den Zusammenhang zwischen positiver Tat und gutem Ergehen bzw. negativer Tat und schlechtem Ergehen".[75] Auch die Verbindung von „essen und satt werden" weist in diese Richtung (vgl. Spr 1,31; 12,14; 14,14; 18,20). Der Mensch muss die Folgen seiner Tat sozusagen auskosten und selbst abschätzen, welche Sättigung dabei herauskommt. Die Abkehr (שוב) von der Weisheit hat den Uner-

---

[72] Zum Aufbau des Textes vgl. *Baumann* 1996, S. 176f.
[73] Ebd. S. 188.
[74] *Meinhold* 1991, S. 60.
[75] *Baumann* 1996, S. 191.

fahrenen den Tod gebracht und die Toren vernichtet (1,32 vgl. 1,22). Gegenüber dem Rat der Weisheit (עצה) in 1,30 sind die Ratschläge (מועצה) in 1,31 negativ konnotiert, sie stehen an anderer Stelle im Zusammenhang mit Gottes Gericht (Jer 7,24; Hos 11,6; Mi 6,16; Ps 5,11; Ps 81,13)[76] und können hier als hintergründige Drohung verstanden werden.

8.2.3.4 Die Verheißung der Frau Weisheit

1,33 kann im Aufbau des Gedichts als eine Zusammenfassung dessen, was Frau Weisheit erwartet, und als eine Zielangabe verstanden werden: *Doch wer auf mich hört, wird sicher wohnen, kann ruhig sein vor den Schrecken des Unglücks.* (1,33) Frau Weisheit erwartet, dass auf sie „gehört" (שמע) wird. Bereits im deuteronomischen Kontext war das Verb als eines der Hauptverben im Lernzusammenhang erkannt worden. Wenn es in Spr 1,33 alle bisherigen Aufforderungen zusammenfasst, dann umgreift es nicht nur das akustische Wahrnehmen, sondern dazu „verstehen" und „Handeln neu ausrichten". Hören auf die Weisheit, ihren Rat und ihre Zurechtweisung lässt *sicher wohnen*, eine Verheißung, die sonst im Alten Testament von Gott gegenüber Israel ausgesprochen wird.[77] *Ruhig sein vor den Schrecken des Unglücks* knüpft noch einmal an den Schrecken in 1,26 an, verheißt aber nun, verbunden mit שאן (wohlgemut sein), Ruhe. „Wohnen in Ruhe vor den Schrecken des Unglücks", diese Verheißung schlägt auch einen Bogen zurück zur Einleitung der Rede, in der sich die Weisheit ja mitten in der Stadt präsentiert.

8.2.3.5 Frau Weisheit als Wegweiserin in Sprüche 8,1-11

Ein Gegenüber zur ersten Ich-Rede der Weisheitsgestalt bildet die andere große Ich-Rede in Spr 8,1-36. Dort enthält 8,10 das der Auswahl zugrunde liegende Stichwort מוסר (Lehre). Wieder befindet sich Frau Weisheit in der Stadt neben den Toren (8,3 vgl.1,21). Dort, wo alle ein- und ausgehen, wo viel Betrieb ist, ruft sie laut (רנן 8,3). Der Ort, an dem sie steht, wird als ברוש־מרומים (oben auf den Höhen) beschrieben, wobei nicht klar ist, ob sich dieser Ort innerhalb oder außerhalb der Stadtmauer befindet (vgl. 9,3). Jedenfalls scheint er oberhalb der Tore (שערים)

---

[76] Ausnahme: Spr 22,20.
[77] *Baumann* 1996, S. 197.

bzw. Pforten (פתחים) angesiedelt zu sein, worauf auch 9,3 verweist. Sie steht dort, wo die Pfade sich kreuzen. Hier ist zwar zunächst an die konkrete Bedeutung von Weg und Pfad gedacht, aber die übertragene Bedeutung schimmert durch, da öfter in den Sprüchen von Weg als „Lebensweg" die Rede ist (1,31; 3,17; 4,11ff; 5,6.21; 8,20). Die Weisheit hat sich genau da aufgestellt, wo die Entscheidung fällt, welcher Weg gegangen wird. Sie will das Ihre zur Entscheidung beitragen. Das kann prophetisch oder richterlich genannt werden,[78] die Wegkreuzung ist aber in Spr 1-9 auch der Ort, an den Belehrung anknüpft. Das Wegmotiv findet sich in Spr 1-9 öfter dort, wo dazu ermahnt wird, auf Belehrung zu achten (1,31; 3,6; 4,10-13; 5,8; 6,23; 7, 8-10). Die Belehrung soll der Entscheidung für den richtigen Weg dienen, und ist deshalb im Sinn der Sprüche lebensnotwendig. Demnach spricht sie Menschen an, die sich leiten lassen. Damit lassen sich die Ansprechpartner gegenüber der ersten Rede präzisieren.

Der Vers 8,10, dem hier das Hauptinteresse gilt, korreliert mit 8,5, der ebenfalls imperativisch eingeleitet ist und an das Lernen appelliert. In diesem Vers sind die Unerfahrenen und die Dummen angesprochen:

Seid einsichtig, Unerfahrene, (in Bezug auf) Klugheit, und Dumme, seid einsichtig (in Bezug auf) Verstand. (8,5)

Nehmt meine Lehre und nicht Silber und Erkenntnis statt erlesenen Goldes. (8,10)

Die Unerfahrenen und Dummen gehören zur Gruppe der Unentschiedenen. Ihnen gilt die Lehre. Im Gegensatz dazu stehen die Sünder oder die Bösen,[79] die in Sprüche 1-9 nur als warnendes Beispiel betrachtet werden, aber nicht zu den zu Belehrenden gehören und die „Guten", die der Lehre nicht bedürfen.

„Die in hohem Maß gemeinschaftsschädigenden Menschen befinden sich... nicht im Kreis der von der Weisheitsgestalt Angesprochenen." Sie teilen „das Merkmal des Nicht-Angesprochenseins ... mit der Gruppe der ‚Guten'. Wer bereits einen weisen Lebenswandel pflegt, bedarf nicht der Ermahnung durch die Weisheitsgestalt. Das gleiche gilt also offensichtlich für die, die in ausgeprägtem Maße unweise handeln. Angesprochen werden von der Weisheit die Menschen, des ‚Zwischenbereichs', die

---

[78] Ebd. S. 72 und bes. S. 182-184.
[79] Das sind die חטאים, רשעים, בונים, איש חמס, גלוזים, רעים.

aufgrund ihrer Unerfahrenheit oder Dummheit weder der Gruppe der Weisen noch der der Gemeinschaftszerstörer zuzuordnen sind. Nur diese Menschen, bei denen eine Entscheidung bezüglich des Lebenswegs noch offen scheint, ermahnt die Weisheitsgestalt."[80]

Baumann macht in ihrer Untersuchung darauf aufmerksam, dass der Vorzugsgedanke, dass Weisheit besser als Gold und Silber sei, der im Sprüchebuch noch in 2,4; 3,14f; 8,19 und 16,16 vorkommt, in 8,10a auf die Spitze getrieben wird: Gold und Silber wird nicht mehr nur der Vorrang eingeräumt, sondern die Lehre der Weisheit soll *an Stelle* von Silber ergriffen werden.[81] Wenn es, wie in der ersten Rede dargelegt, um Leben und Tod geht, ist diese Alternative verständlich.

8.2.3.6 Wer auf Frau Weisheit hört, wird glücklich gepriesen

Die Verse 8,32-36 bilden einen eigenen Abschnitt. 8,32 setzt mit ועתה (und nun) und der Kindesanrede ein, was auf eine Zäsur hinweist.

32 *Und nun, ihr Kinder[82], hört auf mich, denn glücklich sind die, die meine Wege achten!*
33 *Hört auf Lehre und werdet weise, lasst nicht nach!*
34 *Glücklich der Mensch, der auf mich hört, um zu wachen an meinen Türflügeln Tag für Tag, um die Pfosten meiner Türen zu hüten. Denn wer mich findet, hat Leben gefunden und erlangt Gefallen vor JHWH.*

Der Abschnitt bildet das Ende der zweiten Ich-Rede der Weisheitsgestalt und hat durch seine Stellung programmatischen Charakter. Leitwort ist, wie am Ende der ersten Rede, das dreimal erwähnte שמע (hören), das die Verse 8,32-34 prägt und durch כי (denn) in 8,35 seine Weiterführung findet. Wer das Gehörte bewahrt (שמר 8,32) und die

---

[80] *Baumann* 1996, S. 78. Der Weise חכם und der Einsichtige נבון sind in der Einleitung 1,5 und der Weise חכם und der Gerechte צדיק sind in 9,9 in die Gruppe der zu Belehrenden einbezogen, ohne direkt von der Weisheit angesprochen zu sein.
[81] Ebd. S. 81.
[82] Ich schließe mich hier der Überlegung *Baumanns* an, die das geschlechtsneutral verwendbare בנים an dieser Stelle mit „Kinder" übersetzt. Sie verweist dabei vor allem auf das umfassend gemeinte נפש in Spr 8,36, das sich wohl auf alle Menschen bezieht, ähnlich kann auch bereits אדם in 8,34 gedeutet werden (ebd. S. 169 und Anm. 419, S. 152).

Pfosten der weisheitlichen Türen hütet (שמר 8,34), wird glücklich gepriesen (אשרי 8,32.34). Gehört werden soll in 8,32.34 auf die Weisheit:

Eine vergleichbare Glücklichpreisung spricht Spr 3,13.18 aus. An anderen Stellen des Ersten Testaments werden dagegen in der Regel Menschen glücklich gepriesen, die das Recht JHWHs bewahren: Ps 106,3; Jes 56,1f (mit שמר), ebenso Ps 1,1f; Ps 119,1f; Ps 128,1, die das Wegmotiv in diesem Zusammenhang aufnehmen und Ps 94,12; 112,1 ohne Wegmotiv. Mit תורה (Weisung) ist in Spr 29,18 wohl auch das Gesetz JHWHs gemeint. Eine Ausnahme sind 1.Kön 10,8 und die Parallele 2 Chr 9,7. Dort preist die Königin von Saba all die Männer oder Frauen[83] und Knechte glücklich, die ständig in der Nähe Salomos sind und seine Weisheit hören. Ist in anderen Texten in der Regel das menschliche Bemühen gegenüber Gott heilsentscheidend, so ist es in Spr 3,13.18 und 8,32.34 das menschliche Bemühen gegenüber der Weisheit. „Die Weisheit befindet sich damit nun in einer Position, die für Menschen ‚heilsentscheidend' ist."[84]

Von den beiden Versen 8,32.34 eingeschlossen ist der Satz, der an das Hören auf Lehre gemahnt. מוסר (Lehre) steht hier also in enger Verbindung mit חכמה (Weisheit). Eine ähnlich enge Verbindung besteht in 1,2.7 und 8,10f; 15,33. Weisheit und Lehre haben gemeinsam, dass sie beide zum Leben führen (vgl. für Lehre 4,13; 6,23; 10,17; 15,32 und für Weisheit 8,35).

8.2.3.7   Ergebnis

In den Ich-Reden wirbt die Weisheitsgestalt eindringlich dafür, dass sie gehört wird. Ihren Worten verleiht sie Nachdruck, indem sie ihren Auftritt inszeniert (1,20f; 8,1-3). Sie steht persönlich in der Stadt auf den Plätzen und am Tor und wirbt für sich. Damit greift sie eine den Menschen zugewandte Form der Unterweisung auf, wie sie sich bereits bei den Propheten findet. Was sie anzubieten hat, ist sicheres Wohnen (1,33), Leben und Glück (8,34f).

---

[83] Die Septuaginta und andere wichtige Textzeugen haben hier „Frauen", in der *Biblia Hebraica* 1976/77 steht „Männer".
[84] *Baumann* 1996, S. 157.

Ihre Zurechtweisung steht im Tun-Ergehen-Zusammenhang, der auch nach dem Exil seine Gültigkeit behält. Er wird aber präzisiert durch die Problematisierung des rechten Handelns. Es genügt nicht, die Worte der Lehre zu hören, sie müssen auch verstanden und in rechtes Handeln umgesetzt werden. Insofern von diesem Handeln Leben und Glück abhängen, wird Zurechtweisung zu einer Sache um Leben und Tod. Um die Dringlichkeit der Rede zu unterstreichen, greift die Weisheitsgestalt auf die Exilserfahrungen zurück, beschwört sie förmlich herauf. Sie setzt dem ihre Ordnung entgegen, ihre weise Lebenshaltung, auf die sie verweist. Der Aufruf, die Furcht Gottes zu erwählen, fügt sich in diesen Gedankenzusammenhang ein.

Indem sie die Frage nach dem rechten Handeln zu einer Entscheidung auf Leben und Tod macht, unterscheidet sich die Rede der Weisheit von der prophetischen Rede, die eher Abtrünnigkeit anprangert.[85] Auch darin hat sie ihre Eigenart, dass sie sich selbst und ihre Zurechtweisung zum Inhalt ihrer Belehrung macht. Sie knüpft also äußerlich an prophetische Ins-zenierungen an, gestaltet aber Lehre auf eine eigene Weise.

Die Lehre von Frau Weisheit ist gute Wegweisung für Unentschiedene. Aber es ist keineswegs so, dass sie sicher sein kann, dass ihr alle zuhören. Die Angesprochenen werden in den Einleitungen der Reden differenziert, die Weisheit spricht gezielt einzelne Gruppen an. Aus pädagogischer Sicht ist dieses Gedicht eine bildliche Einkleidung des Lehranliegens, ein Einblick in antike Motivationstechnik. Allerdings lässt es sich keineswegs auf den pädagogischen Gebrauch reduzieren und hier soll nicht die These Langs von der Weisheitsgestalt als „didaktische Hilfskonstruktion" wiederholt werden, die er selbst bereits entschärft hat.[86] Nur wird deutlich, dass es zu kurz geschlossen wäre, Didaktik in Spr 1-9 mit körperlicher Züchtigung gleichzusetzen, wie es einige Übersetzungen nahe legen.

Interessant ist, dass in den Reden der Weisheit nicht nur die junge Generation angesprochen ist, sondern alle Menschen, sofern sie die Weisheit nicht hassen, über sie spotten oder bereits weise sind. Geworben wird

---

[85] Ebd. S. 198.
[86] Näheres vgl. ebd. S. 32f.

um eine „Umkehr zur Zurechtweisung" (1,23), die Entscheidung für oder gegen den rechten Weg.

8.2.4 Die Eltern- Kind - Belehrung als Rahmung der Lehrreden in Spr 1-9

Spr 1,8 erwähnt zum ersten Mal die Eltern - Kind – Belehrung. Sie hat jeweils einleitende Funktion, so dass sie in Spr 1-7 (8) als Gliederungselement aufgefasst werden kann.[87] Im weiteren Verlauf des Sprüchebuches, Spr 10ff, findet sich ebenfalls das unterweisende Verhältnis von Vater/Mutter und Kind (10,1; 13,1; 19,18; 19,27; 23,12-15.19.22f vgl. 20,20). In 10,1ff hat sie allerdings nur gelegentlich die strukturierende Funktion.

Der Aspekt der Belehrung ist durch die Anrede markiert (1,8; 1,15; 2,1; 3,1; 4,1; 4,10; 4,20; 5,1; 5,7; 6,1; 6,20; 7,1; 8,32). Einige dieser Verse erhalten durch den Aufmerksamkeitsruf „höre" bzw. „hört" ein weiteres Gewicht (1,8; 4,1; 8,32f).[88] Die anredende Person ist nicht immer eindeutig identifizierbar, Lehrpersonen werden aber genannt: In 1,8; 6,20 Vater und Mutter, in 4,1 der Vater (in 31,1 die Mutter Lemuels und in 31,26 die tüchtige Frau). Frau Weisheit wird in 8,32f als Lehrperson dargestellt.

Weniger einfach ist die Frage zu beantworten, wer in Spr 1-9 unterrichtet wird. בן ist in seiner Grundbedeutung der leibliche Sohn seiner Eltern.[89] Denkt man sich als Verwendungsort der Sprüche die Sippe, dann ist in der Anrede der leibliche Sohn gemeint, der von Vater und Mutter unterrichtet wird. Allerdings kommt für בן auch die übertragene Bedeutung in Betracht.[90] Im Sinn dieser Bedeutung kann בן auch der Schüler sein. Dann wäre das Lehrverhältnis das einer „geistigen Sohnschaft".[91]

---

[87] *Lang* findet in Spr 1-9 zehn Texte, die er als „weisheitliche Lehrrede" bezeichnet und die mit der „Sohn-Anrede" beginnen (1972, S. 27ff, bes. S. 29): Spr 1,8-19; 2,1-22; 3,1-12; 3,21-35; 4,1-9; 4,10-19; 4,20-27; 5,1-23; 6,20-35; 7,1-27. Dass ich hier von der Kindes-Anrede spreche, wird im folgenden erklärt.
[88] Die Aufmerksamkeit kann auch mit einem anderen Verb geweckt werden, vgl. Spr 5,1 הקשיבה (horche!). Ich halte daher die Übersetzung mit „gehorche" für falsch.
[89] *Kühlewein* 1978, Sp. 317.
[90] Ebd. Sp. 319.
[91] Ebd. Sp. 319, vgl. *Hermisson* 1968 und *Lang* 1972.

Mit diesen beiden Bedeutungen des Wortes בין ist aber das Problem nicht gelöst, dass im Sprüchebuch von der Unterweisung der Mutter die Rede ist, ohne dass eine Belehrung der Tochter erwähnt wird. Ich beziehe daher eine weitere Bedeutungsmöglichkeit des Wortes בין ein: Gelegentlich wird der Begriff nämlich erweitert zur Bezeichnung von Kindern, Enkeln oder Nachkommen insgesamt.[92] Im Sprüchebuch wird nirgends gesagt, dass Mädchen von der Belehrung ausgeschlossen sind und in Spr 8,34 ist mit Selbstverständlichkeit der „Mensch" (אדם) glücklich gepriesen, der auf Frau Weisheit hört. Ich nehme also an, dass die fehlenden Töchter in die Anrede mit eingeschlossen sind und wähle hier die Übersetzung „Kind" für בין.[93]

Die gliedernde Funktion dieser Anrede macht nachvollziehbar, dass es nicht wirklich darum geht, ein Gespräch zwischen Vater/Mutter und Kind mitzuhören, sondern dass eine Verallgemeinerung stattgefunden hat. Die Kindesanrede ist in Spr 1-8 zum stilistischen Mittel geworden. Ein Lehrgespräch zwischen Eltern und Kind wird als Rahmung der Sprüche inszeniert. Vater/ Mutter und Kind können auch Lehrer/Lehrerin und Schüler/in sein.[94]

Um die Bedeutung dieser Inszenierung in Spr 1-9 zu verstehen, muss aber über den Ursprung hinaus gefragt werden. Durch die Eltern/Kind-Rahmung werden die Sprüche als Traditionsgut gedeutet, das von Generation zu Generation weitergegeben wird. Sie ähnelt der „Kinderbelehrung", die in Ex 12,26ff; 13,8.14 und Dtn 6,20ff als Rahmung benutzt wird. Dort ist das Auszugsgeschehen aus Ägypten der Inhalt der Belehrung. In Spr 1,10ff geht es um die Warnung vor den Frevlern und auch der Inhalt der anderen Lehrreden ist eine allgemein menschliche Belehrung, die den religiösen Hintergrund allerdings nicht ausschließt. Durch die Anrede wird implizit eine Einschränkung vollzogen: Von Erwachsenen, die selber Kinder haben, wird erwartet, dass sie diesen Stoff beherr-

---

[92] *Kühlewein* 1978, Sp. 318f.
[93] So auch *Baumann*, z.B. die Übersetzung zu 2,1-11 (1996, S. 228). Anders *Maier*, die argumentiert, der Adressatenkreis sei durch die Thematik der Warnung vor dem Geschlechtsverkehr mit einer fremden Frau auf Männer im geschlechtsreifen Alter eingeschränkt (1995, S. 260). Ich teile diese Meinung nicht und denke, dass die „fremde Frau" auch als eine Abschreckung für junge Mädchen verstanden werden konnte und dass sich die Lehrreden außerdem nicht auf diese Thematik beschränken.
[94] *Plöger* 1984, S. 14.

schen. Die Kindheit und frühe Jugend ist die Zeit des Lernens in dieser Rahmung.

8.2.5 Die Lehrrede Spr 3,1-11

8.2.5.1 „Meine Tora" und „meine Gebote" – Unterweisung als persönliche Weitergabe von Tradition in Sprüche 3,1f

Spr 3,1-12 interessiert hier, da in 3,1 von תורה (Weisung) gesprochen wird und in 3,11f die Lehre JHWHs (מוסר יהוה) thematisiert ist.

Mein Kind, meine Weisung vergiss nicht, und dein Herz bewahre meine Gebote.
Denn Länge der Tage und Jahre des Lebens und Frieden mehren sie dir. (3,1f)

In der Einleitung 3,1f stehen תורה (Weisung/Tora) und מצות (Gebote) parallel. Wer sie hört und bewahrt, dem wird Segen verheißen. „Gebote" hat im Sprüchebuch eine besondere Konnotation: Den Belegen im Sprüchebuch ist ein „Bezug zum geglückten Leben" gemeinsam.[95] In Spr 2,1; 3,1; 4,4 und 7,1.2 ist der Plural der Gebote mit dem Suffix 1.Sg. verbunden. Nur in 6,20.23 steht „Gebot" im Singular und bezeichnet das väterliche Gebot. Es ist auffällig, dass „die Gebote" in ihrer Form mit Suffix im Alten Testament mit einer Ausnahme (Jer 35,18) immer auf Gott bezogen sind, während sich in den Sprüchen das Suffix auf die Lehrperson bezieht. „Offensichtlich sollen die mit dem Suffix auf die Lehrperson bezogenen מצות die Grenze zwischen menschlichen und göttlichen Geboten überschreiten bzw. verwischen."[96]

Der Bezug von „Weisung" und „Gebote" auf die Lehrperson ist noch auf einer didaktischen Ebene von Interesse. Die Suffixe deuten auf einen Aneignungsprozess des Lernstoffs von Seiten der Lehrperson hin. Diese hat sich Weisung und Gebote zu eigen gemacht: „meine Weisung", „meine Gebote". Die Frage ist, wie diese Aneignung aussah. Hat sie die Tradition auswendig gelernt oder hat die Lehrperson den tradierten Stoff aktualisiert und ihrer Situation angepasst? Betrachtet man den Umgang des Sprüchebuchs mit Tradition, wie er sich z.B. in der oben

---

[95] *Baumann* 1996, S. 295.
[96] A.a.O.

beschriebenen Verwendung des Wortes „Gebot" niederschlägt, dann zeigt sich darin ein Umgang, der zwar die genaue Kenntnis der Tradition voraussetzt, dann aber auch Varianten zulässt. Im Rahmen des weisheitlichen Denkens konnte sich das Suffix von „Weisung" und „Gebote" auch auf die Lehrperson beziehen und damit wurde ein gegenüber der Tradition spezifische weisheitlicher Sprachgebrauch eingeführt. Auch wenn der Hintergrund für diesen Sprachwandel nicht mehr nachvollziehbar ist, wird doch klar, dass sich traditionelle Inhalte in neue Kontexte einfügen und dabei eine Veränderung erfahren konnten. Dann aber geht den hier betrachteten Lehrreden, ähnlich wie den Gedichten von Frau Weisheit, ein Aneignungs- und Verarbeitungsprozess von Tradition voraus. Lernen wird dann nicht allein als ein Auswendiglernen begriffen, sondern auch als Übersetzungsprozess in einen neuen Kontext.[97] Erst wenn dieser Prozess voraus geht, kann das Lernen der Gebote die einzelne Person in ihrer jeweiligen Situation handlungsfähig machen. Das aber ist der Zweck des Lernens der Gebote im Sprüchebuch.

Die Folge des Bewahrens der Weisung und der Gebote sind längere Tage und Jahre des Lebens und Frieden. Ein zweifacher Segen ist also der Lohn für die Beherzigung der Weisung und Gebote. ארך ימים (Länge der Tage) ist in Ps 21,5; 91,16 Ausdruck der Segnung Gottes.[98] In Spr 3,2 verleihen Weisung und Gebote diesen Segen, in 3,16 die Weisheit. Im Vergleich zu den Psalmen wechselt das Subjekt der Segnung im Sprüchebuch von „Gott" zu „Weisung/Gebot" bzw. „Weisheit". Mit erstaunlicher Sorgfalt werden im Text Traditionen aufgenommen und umgestaltet. Weisheit bzw. Weisung erhalten in der Neuinterpretation göttliche Züge.

---

[97] *Meinhold* deutet die wörtliche Bedeutung der Wendung „dein Herz bewahre meine Gebote" so, dass die Gebote auswendig gelernt werden sollen. Er sieht aber auch noch eine „übertragene Bedeutung": „Beherzigen" beziehe sich auf das „verstehende Bewahren und Anwenden des Gelernten". Um die übertragene Bedeutung zu belegen, bezieht er sich auf Amenemope: „„... höre, was gesagt wird; gib dein Herz, es zu verstehen. Es ist nützlich, es in dein Herz zu geben"" (1991, S. 72). Er argumentiert hier anders als ich, lässt aber auch durchblicken, dass es nicht um reines Auswendiglernen gehen kann.
[98] Vgl. auch Spr 23,6, wo der Ausdruck ebenfalls im Segenskontext steht, das Gegenteil ist nämlich lebenslanges Verlassensein von JHWH in Klgl 5,20.

Erziehung im Buch der Sprüche

8.2.5.2 Weisung und Gebote als Schmuck um den Hals und Tafel auf dem Herzen

Nach der Einleitung 3,1f folgen fünf Mahnsprüche jeweils mit den beiden Teilen „Mahnung" und „Begründung".[99] Im Rahmen dieser Arbeit fehlt der Raum, auf alle Verse genau einzugehen. Wichtig für den Lehr/Lernzusammenhang sind der erste und letzte Mahnspruch. Die jeweilige Begründung ist im Folgenden eingerückt.

Gnade und Treue sollen dich nicht verlassen. Binde sie um deinen Hals, schreibe sie auf deines Herzens Tafel.
    Und finde Gunst und gute Klugheit in den Augen Gottes und der Menschen!
Vertraue auf JHWH mit deinem ganzen Herzen und stütze dich nicht auf deine Einsicht. Auf all deinen Wegen erkenne nur ihn!
    Dann ebnet er selbst deine Pfade!
Sei nicht weise in deinen Augen, fürchte JHWH und weiche vom Bösen!
    Das ist Heilung für deinen Leib, Labsal für deine Gebeine.
Ehre JHWH mit deinem Besitz, mit den Erstlingen all deines Ertrags!
    Dann füllen deine Speicher sich mit Vorrat, und von Most fließen über deine Keltern.
Die Lehre JHWHs, mein Kind, verwirf nicht und lass dich nicht verdrießen durch seine Zurechtweisung!
    Denn, wen JHWH liebt, den weist er zurecht wie ein Elternteil das Kind, das es gernhat. (Spr 3,3-12)

„Binden um den Hals" und „schreiben auf die Tafel des Herzens" sind Vorstellungen, die sich im Sprüchebuch noch in 6,21 finden und ähnlich in 1,9. Meinhold weist mit Recht darauf hin, dass sich das Suffix in 3,3b.c wohl auf die Weisung und die Gebote der Lehrperson beziehen: Weisung und Gebote sollen um den Hals gebunden werden und auf die Tafel des Herzens geschrieben werden.[100] Um den Hals wird sonst Schmuck gebunden wie in 1,9, wo Lehre und Weisung als *anmutiger Kranz für das Haupt und als Kette für den Hals* bezeichnet werden. Lehre und Weisung sind wie Schmuckstücke für die, die sie befolgen. In

---

[99] Vgl. die Übersicht bei *Meinhold* 1991, S. 72.
[100] Dass der erste Satz „Gnade und Treue sollen dich nicht verlassen" eher als Begründung denn als Mahnung aufgefasst werden muss, erwähnt Meinhold nicht. Es handelt sich wohl auch nur um eine Ausnahme, die die Regel bestätigt.

4,9 verleiht die Weisheit dem Haupt einen *anmutigen Kranz* und reicht eine *prächtige Krone* dar. In 6,20 sollen das Gebot des Vaters und die Weisung der Mutter *auf das Herz gebunden und um den Hals gewunden* werden. Maier schreibt dazu, es finde eine „gedankliche ‚Materialisierung' der Segnungen der Weisheit und der elterlichen Unterweisung" statt, die deren Hochschätzung aufzeigt. Sie fährt fort:

„Weises Verhalten und Gehorsam gegenüber den Geboten der Eltern schmücken den Mann und bewahren ihn – wie apotropäische Amulette – vor bösen Menschen und Mächten. Diese Metaphern basieren auf der Vorstellung, dass Schmuckstücke eine Symbol- und Schutzfunktion innehaben. Sie leisten eine Konkretisierung, die auch in Prov 1,9 und 4,9 begegnet: so selbstverständlich wie das Anlegen von Schmuck sollte der Umgang und die Vergegenwärtigung der Mahnreden sein."[101]

Nach Maier repräsentieren Amulett und Halskette in den Sprüchen eine nicht spezifisch jüdische Religiosität im Gegensatz zu den Tefillin und Mezuzot im 5. Buch Mose, die sichtbarer Ausdruck von Gebet und Erinnerung an Gott sind.[102] Die „Elternbelehrung" wird als Schutz für den Gang durchs eigene Leben zugesichert. Lehre ist in Spr 1-9 als Not wendend bzw. als notwendig für das Leben gedacht.

Mit täglicher Präsenz hat wohl auch der Ausdruck *schreibe sie auf deines Herzens Tafel* in 3,3 zu tun. Die Vorstellung von der לוח לב (Tafel des Herzens) findet sich noch einmal in Jer 17,1, wo die Sünde Judas mit spitzem Griffel auf diese Tafel eingegraben ist. Der Ausdruck „auf ihr Herz schreiben" steht in Jer 31,33 dagegen im Heilszusammenhang. Ob diese Anweisung sich nun an den ägyptischen Memoriertäfelchen[103] orientiert und also der Erinnerung dienen soll, oder ob sie mit dem Tragen von Amuletten und ihrer Schutzfunktion in Israel zu tun hatte, ist offen. Wichtig scheint mir der tägliche Umgang mit der Weisung und den Geboten zu sein, denn im Alltag müssen sie sich bewähren.

---

[101] *Maier* 1995, S. 172.
[102] Ich gebe mit Maier *Scherer* recht, der meint, dass „die Formulierung von Prov 6,21 magische Rudimente im Hintergrund der Aussage vermuten" lassen (1999, S. 348). Die Frage ist nur, ob sich damit eine Frühdatierung von Prov 6 begründen lässt, denn das würde voraussetzen, dass umgekehrt eine über solche Praktiken erhabene deuteronomische Deutung diese ein für alle mal verhindert hätte. Das ist sicherlich nicht der Fall.
[103] *Meinhold* 1991, S. 73.

8.2.5.3 Liebt Gott mit Strafen?

10 Die Lehre JHWHs, mein Kind, verwirf nicht und lass dich nicht verdrießen durch seine Zurechtweisung!
11 Denn wen JHWH liebt, den weist er zurecht wie ein Vater das Kind, das er gern hat. (Spr 3,11f)

Der 5. Mahnspruch in 3,11f nimmt erneut das Thema der Einleitung auf. „Weisung" und „Gebote" aus 3,1 sind jetzt „Lehre" מוסר und „Zurechtweisung" תוכחת in 3,11f. Nachdem die Segnungen der Lehre bereits in 3,2 so deutlich hervorgehoben wurden, fügt sich 3,12 sehr gut in den Duktus des Textes: Wen JHWH liebt, den weist er zurecht. Im Zusammenhang mit Weisung und Lehre verstanden ist ja gerade diese Zurechtweisung der Zugang zum Segen und zur Heilung (3,8).

Zunächst muss erwähnt werden, dass JHWH in 3,11 die Lehrperson ist. Das ist im Zusammenhang mit מוסר sonst nur außerhalb des Sprüchebuches der Fall.[104] Der Text Spr 3,11f spielt die vergeltende Bedeutung der Stellen ein, die außerhalb des Sprüchebuches von der מוסר יהוה (Lehre JHWHs) handeln. Dadurch entsteht eine Spannung zu dem segnenden Kontext im übrigen Kapitel. Vielleicht hat die Tatsache, dass in 3,1 מצות (Gebot) durch das Suffix mit göttlichem Gebot in Beziehung gesetzt wird, die Einspielung von מוסר יהוה (Lehre JHWHs) am Ende dieses Textabschnitts provoziert. Gott wird mit einem Vater verglichen, der seinen Sohn zurechtweist. Das ist auch in Dtn 8,5 der Fall, wo ebenfalls der Begriff יסר (erziehen) verwendet wird.[105] Dort werden die Krisen der Wüstenzeit (8,2f) als Lehre JHWHs gedeutet. Der rückblickende pädagogisierende Erklärungsversuch ist aber zu unterscheiden von der zukunftsweisenden Verankerung in Spr 3,2: *Denn Länge der Tage und Jahre des Lebens und Frieden mehren sie dir.*

Das zukunftsweisende Verständnis sprach auch bereits aus der Rede der Weisheit in 1,20ff. Es bestimmt, wie hier gezeigt werden kann, weite Teile von Spr 1-9 und kann wohl als ein anderes Verständnis neben dem von מוסר יהוה (Lehre JHWHs) betrachtet werden. Dagegen kommt es einer theologischen Legitimation von Leid gleich, wenn Meinhold zur Stelle 3,12 sagt: „Der Spruch läuft darauf hinaus, das von Gott zugefüg-

---

[104] Vgl. zu מוסר außerhalb des Sprüchebuches Kapitel 4.3.2.3.
[105] S.o. Kapitel 5.2.2.

te Leid als Ausdruck seiner Liebe anzunehmen." Er zeigt auf, dass der Vers bereits innerbiblisch so interpretiert wurde.[106] So auch Lang: „Die Lehre besagt, dass Jahwe über den fehlenden Menschen Krankheit und Unglück bringt, um ihn zur Selbsterkenntnis seiner Fehler zu bringen. Ist der von Jahwe durch Unglück geschlagene einsichtig, dann wird ihm wieder Wohlergehen und Glück geschenkt."[107]

Diese Interpretation kann hier nicht nachvolzogen werden. Keiner der beiden zitierten Autoren differenziert zwischen dem Sprachgebrauch im Sprüchebuch und außerhalb. Spr 1-9 verstehen menschliche Belehrung als „vorbeugenden" Akt der Erziehung, der die Menschen auf dem richtigen Weg leitet und insofern Schutz und Segen bedeutet. In 3,12 steht מוסר יהוה (Lehre JHWHs) in diesem Zusammenhang (vgl. 3,2.3.8.9f) und ist von daher zu verstehen.

826 Exkurs zu dem Verhältnis von מוסר/יסר und παιδεύειν/παιδεία

Das Buch Jesus Sirach/Ben Sirach enthält eine Weisheitslehre, die etwa im Jahr 190 v.Chr. von Ben Sirach auf hebräisch geschrieben wurde, und gegen 130 v.Chr. vom Enkel ins Griechische übersetzt wurde.[108] Darin ist יסר (erziehen) mit παιδεύειν (erziehen) übertragen und מוסר (Lehre) durch παιδεία (Erziehung). In der griechischen Übersetzung des Werkes ist hellenistischer Einfluss zu erkennen. Müller knüpft an diese Übersetzung die These, dass bei Jesus Sirach zwei semantische Felder aufeinander treffen und das semantische Feld beider Begriffe jeweils unter den Einfluss des anderen gerät:

„... auf der einen Seite kommt in den παιδεία –Begriff nun der at.liche Gedanke von Zucht und Züchtigung mit hinein, auf der anderen Seite bekommen יסר und מוסר einen stärker pädagogischen Akzent im Sinne von Bildung, Erziehung und Unterricht."[109]

Παιδεία präge מוסר demnach durch den griechische Bildungsbegriff um. Dessen Anfänge werden auf die Sophisten zurückgeführt, die Gleichheit aller Menschen

---

[106] *Meinhold* verweist auf die Rezeption des Spruches in Hebr 12,5f (1991, S. 78). Zur Rezeption dieses Verses in den Psalmen Salomos und in rabbinischen Schriften vgl. *Lang* 1972, S. 86f.
[107] A.a.O.
[108] *Sauer* 2000, S. 22.
[109] *Müller* 1992, S. 137.

Erziehung im Buch der Sprüche

lehren und die Frage nach der Bildungsfähigkeit aller Menschen stellen.[110] Seit Plato, der den sophistischen Gedanken aufnimmt, ist Erziehungsziel „die Ablehnung des Ablehnungswerten und die Liebe zum Liebenswerten". Sie will die natürlichen Voraussetzungen, die Physis erfüllen, soll harmonisch Mahnung und Gewöhnung miteinander verbinden und formt durch Erziehung in den Einzelfächern das „Ethos der Seele". Die Seele, die Bildung besitzt, macht sich selbst und den Menschen, dem sie gehört, glücklich.[111] Müller wehrt einer Idealisierung des hellenistischen Bildungsbegriffs, indem er darauf aufmerksam macht, dass zu dieser Bildung längere Zeit nur die Oberschicht Zugang hatte und dass die Frage der schulischen Erziehung in der griechischen und römischen Antike auch eine finanzielle Frage war und eine des Nutzens.[112]

In der bisherigen Analyse zum Sprüchebuch habe ich deutlich gemacht, dass der Gebrauch von מוסר (Lehre) im Sprüchebuch auffällig von dem Gebrauch außerhalb abweicht, der allerdings nicht einheitlich ist. Kann man nun soweit gehen, zu sagen, dass die Vermittlungsleistung zwischen jüdischem und griechischem Denken, die im Buch Sirach so eindrucksvoll deutlich wird, bereits im Sprüchebuch zu verorten ist? Ist die eigene Konnotation von מוסר im Sprüchebuch auf hellenistischen Einfluss zurückzuführen?

Diese Frage kann hier nicht beantwortet werden, es können nur einige Argumente genannt werden:

1. Ich habe auf traditionsgeschichtlicher Ebene unterschiedliche Konnotationen im Gebrauch dieses hebräischen Wortes nachgewiesen. Die Aufteilung der Bedeutungsgehalte auf zwei verschiedene Kulturen wäre ein großer weiterer und, wie ich meine, gewagter Schritt. Ich halte es für problematisch, die Konnotation von מוסר (Lehre), die in wachsendem Maße gewaltsame Formen annimmt, auf ein „jüdisches" Verständnis zu beziehen und die Vorstellung von Belehrung als Weitergabe von Tradition zwischen den Generationen, wie sie sich u. a. im Sprüchebuch nachweisen lässt, auf griechischen Einfluss zurückzuführen.

2. Naheliegender als an griechischen Einfluss zu denken ist es, mit inneralttestamentlichem Einfluss zu rechnen. In der Analyse von Spr 6 wird das Verhältnis des Sprüchebuches zum dtn/dtr Denken besprochen werden. Es ist in der Forschung umstritten, welche Tradition auf die andere Einfluss genommen hat. Möglicherweise haben sie sich über die Zeit ihrer Entstehung gegenseitig beeinflusst. Dann aber kann die Vorstellung von Erziehung auch durch das ausgeprägte Lehr/Lernverständnis im 5. Buch Mose beeinflusst sein und es wäre eher erklärungsbedürftig, warum eine eher un-

---

[110] *Bertram* 1954, S. 597.
[111] Ebd. S. 597f.
[112] *Müller* 1992, S. 113 und 115f.

Erziehung im Buch der Sprüche

kritisch gefärbte Lehrvorstellung im Sinne der Züchtigung mit dem Ziel des rechten Gottesverhältnisses neben der dtn/dtr Auffassung stehe.

3. Dass hellenistisches Denken das jüdische beeinflusst hat und umgekehrt, ist unbestritten und zeigt sich am Buch Sirach. Offen ist nur die Frage, ab wann sich der Einfluss geltend gemacht hat und woran er verdeutlicht wird. Etwa die Deutung der Weisheitsgestalt selbst geschieht bisher eher von ägyptischen oder mesopotamischen Vorstellungen her. Eine Deutung vor dem Hintergrund griechisch-hellenis-tischer Parallelgestalten ist in neuerer Zeit noch nicht geleistet worden.[113] Da מוסר (Lehre) keine späte Wortprägung im Sprüchebuch ist, sondern sich auch in den früheren Sammlungen findet, kann davon ausgegangen werden, dass das Verständnis im Sprüchebuch aus der alltäglichen Erziehungsarbeit erwachsen ist und außerhalb des Buches die Bedeutungseinengung auf die Erziehung durch Gott erfahren hat.

8.2.6.1 Zusammenfassung

„Meine Weisung" und „meine Gebote" wurden als Hinweis auf einen Aneignungsprozess im Zuge der Weitergabe der Tradition gedeutet, der noch nicht näher benannt werden kann. Traditionsgeschichtliche Bedeutungsvarianten, die hier nur beispielhaft am Begriff „Gebot" aufgezeigt werden können, zeigen, dass es Bedeutungsverschiebungen gab. Inwieweit sie auch in der individuellen Belehrung eine Rolle spielen, wird im nächsten Abschnitt der Untersuchung thematisiert. „Lehre" מוסר hat in Spr 3 Heilung spendende Bedeutung und Zukunft weisende Funktionen. Dieser Beobachtung scheint die Rede von der „Lehre JHWHs" in 3,11 zu widersprechen. Sie spielt die Bedeutung von מוסר außerhalb des Sprüchebuches ein. Dort ist „Lehre JHWHs", anders als im Sprüchbuch, eine Deutung von schmerzhaften Erfahrungen des Volkes. Es besteht eine inhaltliche Spannung zwischen der Lehre JHWHs und der von Menschen vollzogenen. Da die Rede von der „Lehre JHWHs" nur an dieser Stelle im Sprüchebuch belegt ist,[114] kann die Konnotation „Strafe" nicht für die Belege im Sprüchebuch übernommen werden. Im Kontext des 3. Kapitels ist „Lehre JHWHs" als Zurechtweisung im vorbeugenden, liebevollen Sinn zu verstehen.

---

[113] *Baumann* 1996, S. 24.
[114] Spr 15,10 ist meiner Meinung nach ein weiterer Beleg für die Einspielung der Konnotation „Strafe", die den Stellen außerhalb des Sprüchebuches zum Teil anhaftet. In 15,10 ist aber nicht von „Lehre JHWHs" die Rede.

Erziehung im Buch der Sprüche

8.2.7 Sprüche 4, 1-9.10-13

8.2.7.1 Die Lehre des Vaters

Hört ihr Kinder auf die Lehre des Vaters und merkt auf, um Einsicht zu erkennen.
Denn gute Belehrung gebe ich euch. Meine Weisung (תורה) sollt ihr nicht verlassen. (4,1f)

In 4,1 ist מוסר (Lehre) mit אב (Vater) verbunden. 4,1-4 ist zugleich die einzige Stelle, in der die Lehrperson etwas von sich berichtet, nämlich, dass sie selbst vom Vater unterrichtet wurde. Von den vergleichbaren Versen 1,8a und 15,5a unterscheidet sich 4,1a dadurch, dass „Vater" kein Suffix hat.[115]

Während 4,1a Ähnlichkeiten mit 1,8a aufweist, fährt 4,1b fort, ohne die mütterliche Unterweisung zu erwähnen: *...merkt auf, um Einsicht zu erkennen!* Bereits in Spr 1,3 steht בינה (Einsicht) zusammen mit מוסר (Lehre). Plöger hält es für möglich, dass die Einleitung 1,1-6 wegen der vergleichbaren Dichte der Begrifflichkeit in Anlehnung an 4,1f entstand.[116] In außerweisheitlichen Texten gehört בינה zu den Worten, die Wissen und Geschicklichkeit im Kunstgewerbe (2 Chr 2,12; 1 Kg 7,14), in der Astrologie (1 Chr 12,33) und im Königsamt (1 Chr 22,12 ובינה שכל; 2 Chr 2,11 ידע שכל ובינה) bezeichnen. Im weisheitlichen Kontext des Sprüchebuches lässt sich aber diese Konnotation nicht mehr deutlich von der allgemeinen „Einsicht" unterscheiden. Die Bedeutungen der einzelnen Begriffe für Lehre und Wissen verschwimmen im Sprüchebuch.

---

[115] Diese Beobachtung in Zusammenhang mit dem Plural der Kindesanrede ist zum Anlass genommen worden, in 4,1 einen Lehrer zu sehen, der sich „Vater" nennt. Von der Interpretation dieser Stelle aus wird dann die Lehrperson in Spr 1-9 insgesamt als „Weisheitslehrer" gedeutet. So bereits *Klostermann* 1908, S. 205, auch *Plöger* erwägt, ob sich hier der Weisheitslehrer als geistiger Vater und Lebensberater verstehe (1984, S. 46). Diese Rezeption mag sich hier nahe legen, wenn man generalisieren will. Sie verdeckt aber, dass eine solche Verallgemeinerung in den Einleitungen zu den Lehrreden eben gerade nicht stattfindet, sondern dass sich dort auch die Mutter und die personifizierte Weisheit als Lehrpersonen finden.
[116] A.a.O.

Auch der Begriff לֶקַח (Belehrung) in 4,2 ist schwer näher zu bestimmen. Er wird durch כי und das Adjektiv „gut" sprachlich hervorgehoben. Auf ihm liegt also der Nachdruck der Aufzählung.[117] Plöger übersetzt mit „überlieferte Belehrung".[118] Dahinter steht die Beobachtung, dass in der folgenden Lehrrede deutlicher als an anderen Stellen an Tradition angeknüpft wird.

Ein Vater erzählt seinem Kind die Worte, die sein Vater ihn selbst unterwies (ירה 4,4), als er noch ein Kind war. Hier ist nicht von einer Schule die Rede, sondern von Unterweisung durch den Vater, vielleicht auch den Großvater oder Sippenvorsteher.[119] לקח טוב (gute Belehrung) ist also das, was er selbst empfangen hat und nun in eigener Ausgestaltung weiter gibt. Das Zitat dessen, was sein Vater ihn lehrte (*Da unterwies er mich und sprach zu mir...*), umfasst die Verse 4,4b-9. Der Text ist voller Imperative bzw. Vetitive. Der Begriff, der am häufigsten genannt wird ist קנה (erwerben):

Erwirb dir Weisheit, erwirb Einsicht, vergiss sie nicht! (4,5a).

Der Weisheit Anfang ist: Erwirb dir Weisheit! Und mit allem, was du erworben hast, erwirb dir Verstand! (4,7)

Das Verb „kaufen/erwerben" wird besonders in den älteren Sprüchen häufig für den Erwerb weisheitlicher Güter wie „Herz", „Weisheit", „Einsicht", „Wissen", „Lehre" gebraucht (1,5; 15,32; 16,16; 18,15; 19,8; 23,23). Daher ist hier wohl eher die Erwerbung im übertragenen Sinn gemeint als der reale Kauf von Weisheit.[120] Auch an einen Brautkauf ist in diesem Text wohl kaum zu denken.[121] Die Weisheit ist dagegen als Beschützerin dargestellt (4,6). Das Zitat endet in 4,9 mit der Vorstellung der Weisheit als Schmuck bzw. Amulett, wie sie bereits in 1,9 und

---

[117] A.a.O.
[118] A.a.O.
[119] Vgl. *Jenni* 1978a.
[120] *Klostermann* schließt aus Sprüche 4,5 und 17,16, dass der Dienst des Weisen entlohnt wurde, vielleicht ein Ehrensold dafür errichtet wurde (1908, S. 206) , siehe auch *Dürr* 1932, S. 110.
[121] *Meinhold* stellt die Weisheit in 4,1-9 der fremden Frau gegenüber. Die Lehrrede mahne zum Liebesverhältnis mit der Weisheit, um vor verführerischen Kräften zu warnen. Er übersetzt סלסלה in 4,8a mit „liebkose sie", was die Sprache der Liebesbeziehung zwischen Mann und Frau bekräftigt, aber unüblich ist (1991, S. 89ff).

3,3 genannt wurde. In 4,10 setzt der Vater noch einmal neu ein und unterweist (ירה 4,11) jetzt in seinen eigenen Worten:

Höre, mein Kind und nimm meine Worte an, dann werden dir zahlreich die Jahre des Lebens. Im Weg der Weisheit unterweise ich dich, lasse dich gehen auf geraden Bahnen, wenn du gehst wird dein Schreiten nicht beengt sein, und wenn du läufst, wirst du nicht stürzen. Halte fest an der Lehre, lass nicht ab. Wahre (נצר) sie, denn sie ist dein Leben. (4,10-13)

Hier also beginnt die eigene Ausgestaltung des Überkommenen, die eigene Unterweisung des Vaters.[122]

8.2.7.2 Die Weisheit führt auf dem Weg oder: die didaktische Nutzung des Wegmotivs

Der Vater reiht an den Appell des Großvaters, sich Weisheit zu erwerben, seinen eigenen an. Er versucht, mit dem Bild des Weges, den die Weisheit führt, das Kind zu überzeugen. Es ist ein gerader Weg, der das Schreiten nicht beengt und nicht zum Stürzen bringt. Das Wegmotiv ist besonders in den Psalmen und den Sprüchen verbreitet. Es ist nicht immer zu unterscheiden, ob „Weg" im konkreten oder im metaphorischen Sinn zu verstehen ist[123]. Im Sprüchebuch wird das Wegemotiv mit verschiedenen Ausdrücken für „Weg" vielfältig ausgestaltet (neben דרך

---

[122] „Von Wichtigkeit ist aber, dass der Weisheitslehrer an einer Tradition anknüpfen kann, die ihm selbst zuteil geworden ist und die es nun in eigener Ausgestaltung weiterzureichen gilt." *Plöger* 1984, S. 47.

[123] *Baumann* 1996, S. 61 beschreibt die Schwierigkeit, zwischen beidem zu unterscheiden. Vgl. dazu *Bergman*: „"In Psalmen und Proverbien meint *daeraek* kaum je eine Strecke im Gelände, trotzdem entsteht nirgends der Eindruck, als werde das Substantiv metaphorisch benutzt für eine Sache, die sich auch anders und genauer ausdrücken ließe. Die Unterscheidung von eigentlichem und übertragenem Gebrauch steht somit in Verdacht eines Vorurteils, das von modern-westlichen Sprachen her eingetragen ist, wo wir uns den Lebensvollzug nicht primär als zusammenhängende (zielbewusste) Bewegung vorstellen. Sie führt dazu, die kultische, weisheitliche und prophetische Rede von *daeraek*, *'orah* u.ä. zu einem erbaulich blumigen Jargon zu depravieren und die anthropologischen sowie geschichtstheologischen Implikationen dieser Substantive für hebräisches Selbstverständnis ... zu verdecken" (1977, Sp. 289).

Weg findet sich ארח Pfad, מסלה gebahnter Weg, מעגל Pfad, Geleise und נתיבה Pfad, Weg).

„In metaphorischer Bedeutung stehen ‚Wege' für den Lebenswandel und die Lebenseinstellung von Menschen, wobei sie in den Proverbien oft wertend verwendet werden. Der Weg der Guten, Gerechten etc. wird in 2,20; 15,19; 16,17 als Vorbild empfohlen. Deutlich häufiger findet sich dagegen die Warnung vor dem Weg der Frevler und Schlechten etc. sowie der ‚fremden Frau' in 1,15; 2,15; 4,14.19; 5,6; 7,25; 8,13; 12,15.26.28; 13,15; 15,9; 22,5."[124]

Der Ausdruck *Weg der Weisheit* begegnet außer in 4,11 in dieser Verbindung nicht mehr. Er ist einer der Begriffe für den „geraden Weg", dem der „Weg der Frevler" entgegengesetzt wird. Es handelt sich dabei wohl um ein altes, bereits vorisraelitisch erwähntes Motiv,[125] das in Sprüche 1-9 der Illustration der Lehre dient.

Im 5. Buch Mose und im deuteronomistischen Geschichtswerk ist das Wegemotiv ebenso bekannt. Im Sinne des „gebotenen Weges" (5,33) bzw. des Weges Gottes (8,6) erscheint es immer wieder in der Rahmung: Dtn 10,12; 11,22; 26,17; 28,9; 30,16; Gottes Wege: 32,4 im Zusammenhang des Abweichens von diesem Weg: 9,12.16; 31,29 vgl. 13,6.[126] „Auf Gottes Wegen gehen" gehört in Dtn 11,22 in den Bereich des „Bewahrens der Gebote" (שמר) und steht parallel zu „Gott lieben", „ihm anhängen". Damit rückt es dort in die Nähe des Wortfeldes für „lehren und lernen", zu dem שמר gehört. Auch in der Rahmung des 5. Mosebuchs wird das Motiv also bereits im pädagogischen Zusammenhang verwendet. Das Wegmotiv findet sich auch in den anderen Schriften des AT öfter mit der Wurzel ירה und למד (vgl. z.B. Ps 25,4f. 8.9). Es wäre aber verkürzt, dieses Motiv allein als Entscheidung für ein Entweder-Oder zu verstehen, wie es Spr 4,11-19 nahe legen. Willi weist darauf hin, dass es sich beim Weg nicht allein um einen Lerninhalt, sondern um eine Metapher für den Lebensbereich handelt, in dem das mittels ירה III hif (weisen) Auszusagende zur Geltung kommt. In Ps 94,12 lehrt ein Vergleich mit Dtn 17,11 dass תורה Weisung nicht Objekt sondern Adverbialbestimmung zu למד ist, und dass der Vers daher mit „und aus deiner Tora heraus unterrichte (trainiere) mich" zu übersetzen sei.[127]

Spr 4,10.22 verheißen zahlreiche Lebensjahre als Lohn für das Lernen (vgl. 3,2). Der Vater tritt hier als Lehrperson auf. Dem korrespondiert 4,13, wo „Lehre" sogar mit dem Leben gleichgesetzt wird. „Lehre" und „Weg" sind Lebensbereiche für die nachfolgende Generation.

---

[124] *Baumann* 1996, S. 107.
[125] *Bergman* 1977, Sp. 289.
[126] Weitere Stellen bei *Weinfeld* 1992, S. 333.
[127] *Willi* 1995, S. 97.

8.2.7.3 Zusammenfassung

In 4,1-19 lehrt der Vater. Er gibt weiter, was sein Vater ihn lehrte (4,3f). So wird die Verbundenheit der Lehrperson mit der Tradition bildlich verdeutlicht. Im Text wird zwischen Tradition und der Anwendung von Tradition unterschieden: „Meine Worte" (4,4) sind im Zitat die Worte des Großvaters und im weiteren Verlauf der Rede die Worte des Vaters (4,10). Daraus lässt sich folgern, dass ab 4,10 die individuelle Ausgestaltung des Überkommenen dargestellt ist. Darauf weist auch der Umgang mit Tradition im Sprüchebuch insgesamt hin, in dem die Wortbedeutungen der Tradition zum Teil einen weisheitlichen Wandel erfahren. Die Ausgestaltung der Lehre erfolgt in 4,10ff durch die Wegemetaphorik. Darin ist die Lehrvorstellung im Sprüchebuch der im 5. Buch Mose vergleichbar.

8.2.8 Sprüche 5, 7-14. 20-23

8.2.8.1 Die Rede von der „fremden Frau" als Illustration des Lehranliegens

Von besonderem Belang sind in diesem Abschnitt die Verse 5,12 und 5,23. Das Kapitel hat als Thema die Warnung vor der „fremden Frau".[128] Der hier verwendete Ausdruck für „fremde Frau" (זרה) kann die Ausländerin bezeichnen oder die Frau eines anderen Volksgenossen. Der Hintergrund der Rede von der fremden Frau könnte die Mischehenproblematik sein. Nach dem Exil wurden Ehen mit andersgläubigen Frauen, die ihre Religion mitbrachten, als Gefahr für die Identität des Volkes verstanden (vgl. Esra 10). Mit diesem Thema ist das der Belehrung allerdings so eng verwoben, dass schwer zu sagen ist, ob die Hauptaussage nun der Warnung vor der fremden Frau gilt oder ob die fremde Frau und die Gefahr, die von ihr auszugehen scheint nur als Beispiel für die Begründung von Belehrung dienen. Maier fasst beide Themen so zusammen: „Die Rede plädiert für die Wahl des richtigen ‚Weges' im Sinne von Lebenswandel und stellt eine eindringliche Belehrung dar."[129]

---

[128] So *Maier* 1995, S. 112.
[129] Ebd. S. 107.

Erziehung im Buch der Sprüche

Mein Sohn[130], horche auf meine Weisheit, zu meiner Einsicht neige dein Ohr, dass du Besonnenheit behältst und deine Lippen Erkenntnis bewahren! (5,1f) Die einleitenden Worte 5,1-6 sind in die zu untersuchenden Verse nicht eingegangen, weil die Hauptstichwörter für Lehre fehlen. Dennoch deuten 5,1f den Lehrkontext an. Eine Einzelperson wird angeredet, was sich in 5,7 vorübergehend ändert (vgl. 5,8). Auffällig sind die Wendungen für „hören": קשׁב (horchen) und נטה אזן (das Ohr neigen), die in 5,13 wieder aufgenommen werden. Hier nun der Text von 5,7-14:

7 *Und nun, ihr Söhne hört auf mich und weicht nicht von den Worten meines Mundes.*
8 *Halte fern von ihr [der fremden Frau] deinen Weg und komm ihrer Haustür nicht nahe!*
9 *Sonst gibst du anderen deine Pracht und deine Jahre einem Unbarmherzigen;*
10 *sonst sättigen sich Fremde an deinem Vermögen, an deinem Erworbenen im Haus eines Fremden.*
11 *Und du stöhnst an deinem Ende, wenn dein Leib und dein Fleisch dahinschwinden*
12 *und sagst: ach, wie konnte ich nur Lehre hassen und mein Herz Zurechtweisung verschmähen.*
13 *Dass ich nicht auf die Stimme derer hörte, die mich unterwiesen und meinen Lehrern nicht zuneigte mein Ohr.*
14 *Beinahe wäre ich ganz ins Unglück geraten, mitten in der Versammlung und der Gemeinde.*

In 5,8 ist ein einzelner Sohn angeredet. Er soll sich von der „fremden Frau" fernhalten.

In 5,7 sind es zunächst Söhne, die betont durch ועתה (und nun) angeredet werden. Septuaginta und Vulgata übersetzen mit Einzahl, ebenso an der vergleichbaren Stelle 7,24. In 5,7 und 7,24 fällt der Numeruswechsel völlig aus dem Kontext heraus. Anders in 4,1 und 8,32. Dort fügt er sich in den Kontext gut ein und wird von den Versionen auch pluralisch übersetzt. 5,7 ist also möglicherweise wie 7,24 eine spätere Hinzufügung zum Text.[131] Jemand sah zu einer Zeit, in der der Text noch nicht

---

[130] Ich übersetze בן in Spr 5,1-23 mit „Sohn", weil 5,18 und 5,20 wohl eindeutig auf eine heterosexuelle Beziehung zur fremden Frau anspielen. So ist der Sohn wohl der Angeredete.
[131] Vgl. *Maier* 1995, S.113f und Anm. 12.

abgeschlossen war, die Notwendigkeit, gerade an der Stelle, an der die Unsicherheit der Wege thematisiert wird (und du erkennst nicht לא תדע 5,6) noch einmal die Bedeutung von Lehre zu betonen.[132] Der Einschub könnte auf eine Rezeption von Spr 5 in der Unterweisung mehrerer Schüler hinweisen. Die Hinzufügung wäre dann aber gerade auch ein Hinweis auf eine *sekundäre* Verwendung in diesem Kontext.

5,12-14 sind als Zitat des in 5,8 angeredeten Sohnes herausgehoben. Das Zitat steht am Ende des Abschnitts 5,7-14 und gleichzeitig im Zentrum des ganzen Kapitels. Es hat sprachliche Bezüge zur Einleitung und zum Schluss: קשב (horchen) und נטה אזן (das Ohr neigen) in 5,13 korrespondieren mit 5,1. שנא מוסר (Lehre hassen) in 5,12 entspricht באין מוסר ימות (sterben aus Mangel an Lehre) in 5,23.[133] Maier bezeichnet das Zitat als „fiktives", da es die Intention der ganzen Rede als einer Warnung vor falschem Verhalten unterstreicht. Es weist die Struktur der Argumentation auf, die die möglichen Folgen des Weges zur fremden Frau hin schildert. „Es wird als Stilmittel zur Beleuchtung der Innenperspektive des Angeredeten eingesetzt."[134] Ich würde noch weiter gehen und sagen, dass das Zitat pragmatische Bedeutung hat. Im Moment der Besinnung spricht die fiktive Person mit sich selbst und klagt sich an, dass sie die Lehre nicht beachtet hat. Das ist ein Signal an die Leser, diese Situation doch zu vermeiden und Lehre anzunehmen. Die Rede von der „fremden Frau" ist an dieser Stelle Illustration des Lehranliegens. Sie ist bei aller Lebhaftigkeit der Schilderung im vorliegenden Endtext ein lehrhaftes Beispiel für die Versuchung, vom ארח חיים (Pfad des Lebens 5,6.21) abzukommen. Es ist Beweis für die Notwendigkeit der Belehrung über den rechten Weg. Die Gefahr des לא תדע (du erkennst es nicht), auf die in 5,6 hingewiesen wird, ist hier auf eindrückliche Weise mit der Besinnung auf die Lehre kontrastiert. Ziel dieser Textgestaltung ist 5,21, auf den weiter unten eingegangen wird.

8.2.8.2 Weitere Lehrer und Unterrichtende

In 5,13 sind Lehrpersonen genannt, die sonst nicht im Sprüchebuch erscheinen, nämlich מורי (meine Lehrer) und מלמדי (meine Lehrenden). Der Ausdruck מורי ist mehrdeutig. Er kann als Nomen „Frühregen" oder

---

[132] Die Verneinung mit der gleichen Verbwurzel ist ein möglicher Anknüpfungspunkt für den Einschub in 7,23b: ולא ידע.
[133] *Maier* 1995, S. 114.
[134] A.a.O.

„Lehrer" bedeuten und als Partizip und als Nomen verwendet werden. Wagner nennt 6 Belege im AT, in denen die Bedeutung „Lehrer" sicher ist: Jes 30,20 (2x); Hab 2,18; Jo 2,23; Hi 36,22 von Gott; Spr 5,13.[135] Der מורי (Lehrer) ist in Jes 30,20f Gott, der den rechten Weg weist; in Hi 36,22 wird Gott als erhabener Lehrer bezeichnet. In Habakuk 2,18 ist ein gegossenes Götterbild ein Lügenlehrer, ירה scheint in diesem Zusammenhang (2,19) die Konnotation „wahrsagen" zu haben. Die textkritisch umstrittene Stelle in Joël 2,23 spricht von einem „Lehrer der Gerechtigkeit", der wohl im Zusammenhang mit jüdischen Endzeiterwartungen zu verstehen ist.[136] Nur in Spr 5,13 bezeichnet das Wort menschliche Lehrer, die keinen Bezug zu Kult oder Prophetie haben. Drei weitere Stellen beziehen sich auf Ortsbezeichnungen: In Gen 12,6 und Dtn 11,30 wird ein Baum אלון מורה „Orakelterebinthe" genannt.[137] Der Name scheint ein altes Heiligtum zu benennen, einen Baum, an dem Priester saßen und wahrsagten oder dem selbst wahrsagerische Kräfte zugesprochen wurden.[138] Da es sich offensichtlich um eine recht alte Bezeichnung handelt, sei die These gewagt, dass Weisung im Sinn einer übermittelten Lebensberatung in sehr alter Zeit im göttlichen Bereich angesiedelt war.

למד pi. wird nur an wenigen Stellen in der Bibel als Partizip verwendet, es behält eine „starke verbale Rektion":[139] Dtn 4,1; 2 Sam 22,35; Ps 18,35; 94,10; 119,99; 144,1; Jes 48,17. Mit Ausnahme Moses in Dtn 4,1 und Ps 119,99 ist es Gott, der mit diesem Partizip als Lehrer bezeichnet wird. In 2 Sam 22,35, das identisch ist mit Ps 18,35 und in Ps 144,1 lehrt JHWH David das Kämpfen. In Ps 94,10 ist er der machtvolle JHWH, der Nationen unterweist und zurechtweist. Jes 48,17 spricht im Heilskontext von JHWH, der das Volk zu seinem Nutzen lehrt. Ps 119,99 handelt wie Spr 5,13 im weisheitlichen Kontext von „meinen

---

[135] *Wagner* 1982, Sp. 929.

[136] *Wolff* bestreitet, dass ein Zusammenhang zum „Lehrer der Gerechtigkeit" in Qumran besteht (1969, S. 76). *Wagner* deutet den Begriff als „den zur rechten Zeit gegebenen Frühregen" (1982, Sp. 919).

[137] Gen 12,6; Dtn 11,30; Ri 7,1.

[138] *Westermann* hält das zweite für wahrscheinlicher und folgert aus dem Namen, dass ein früher Typ des Heiligtums noch nicht mit Händen gemacht war und widerlegt damit die Theorie, die Väter seien „Kultgründer" gewesen (1981, S. 178f).

[139] *Wagner* sagt dasselbe auch von מורה und betont, dass die Begriffe keine bestimmte Institution bezeichnen (1982, S. 929).

Erziehung im Buch der Sprüche

Lehrern". In 5,13 werden also Begriffe in den Textzusammenhang hereingeholt, die das Lehren weitgehend im priesterlichen oder göttlichen Kontext verankern. Es sind keine Berufsbezeichnungen im engeren Sinne.[140] „Meine Lehrer" und „die mich belehrten" steht im Plural und meint daher nicht Gott. Es kann sich auf „elterliche und sonstige Erzieher" beziehen oder Ratgeber im allgemeinen bezeichnen.[141] Vielleicht ist an dieser Stelle entscheidend, dass ein Gott zugedachter Bereich wie selbstverständlich in menschliche Möglichkeiten übergeht.

8.2.8.3 Wer Lehre vernachlässigt, dem droht der Tod

20 *Warum willst du, mein Sohn, wegen einer Fremden taumeln und den Busen einer anderen umarmen?*
21 *Denn vor den Augen JHWHs sind die Wege eines jeden, und alle seine Bahnen beachtet[142] er.*
22 *Seine Vergehen fangen ihn, den Frevler, und durch die Stricke seiner Verfehlungen wird er festgehalten.*
23 *Er stirbt mangels Lehre und wegen seiner großen Torheit taumelt er.* (5,20-23)

Das Kapitel endet in doppelter Weise: Der erste Schluss in 5,20 stellt die rhetorische Frage nach der Versuchung durch die fremde Frau als Ergebnis der vorangegangenen Schilderungen. Das zweite Ende wird in 5,21f vorbereitet: alle Wege sind vor Gottes Augen. Er mündet in die Spitzenaussage 5,23 die dem den Tod verheißt, der Lehre nicht beachtet. Der doppelte Schluss entspricht der doppelten Thematik des Textes. So werden beide Themen zusammengefasst und in einem Bogen miteinander verbunden. Die Warnung vor der fremden Frau wird zum Lehrstück über rechtes Verhalten, aber nicht nur das, sondern Lehre an sich ist lebensnotwendig.

8.2.8.4 Zusammenfassung

Der Text begründet die Notwendigkeit von Lehre und tut das mit dem eindringlichen Bild der Verführung durch die fremde Frau (5,3-5.8.15-20) und der Darstellung, wie ein junger Mann sich um alles bringt, weil

---

[140] *Maier* 1995, S. 121 und *Wagner* 1982, Sp. 929, er erwägt aber die „Weisheitslehrer" auszunehmen.
[141] *Meinhold* 1991, S. 104.
[142] In 5,6 wird das Verb פלס (acht geben) parallel zu ידע (erkennen) gebraucht.

er sich von fremden Menschen ausnützen lässt (5,9-11). Mit diesem Bild und mit rhetorischen Mitteln wird Belehrung plausibel gemacht. Ich lese dieses kunstvoll aufgebaute Gedicht als Aufruf an junge Männer, sich um Belehrung zu bemühen. Es soll dazu motivieren, sich belehren zu lassen, weil sonst der Tod droht. Die aufgezeigte Bedrohung macht deutlich, dass es um mehr geht als eine schlichte Motivationsphase, wie sie etwa zu Beginn eines Unterrichts angemessen ist. Es wird gesagt, dass Belehrung in einer als gefährlich eingestuften Situation ein Ausweg ist. Die Verführung durch die fremde Frau ist nicht nur ein persönliches Problem, sie ist für die Gemeinschaft (5,14) relevant. Möglicherweise steht in Spr 5 das Problem der Mischehen im Hintergrund, das bei Esra und Nehemia problematisiert wird. Der Text kann wohl in nachexilische Zeit datiert werden, in der versucht wurde, weisheitliche Belehrung (5,1a) in weiten Kreisen der Bevölkerung zu etablieren.

8.2.9 Der Umgang mit Tradition in Spr 6,20-23

8.2.9.1 Wörtliche Entsprechungen und Anspielungen innerhalb des Sprüchebuches

20 *Bewahre, mein Kind, das Gebot deines Vaters, und verwirf nicht die Weisung deiner Mutter.*
21 *Binde sie stets auf dein Herz, winde sie um deinen Hals.*
22 *Bei deinem Gehen leite sie dich, bei deinem Liegen behüte sie dich und wachst du auf, so rede sie dich an.*
23 *Denn eine Leuchte ist das Gebot und die Weisung ein Licht und ein Weg zum Leben sind Zurechtweisungen der Lehre.* (Spr 6,20-23)

Der Text enthält, wie bereits häufig in den Einleitungen zu den Lehrreden beobachtet wurde (1,8f; 3,1-4; 4,1-4; 5,1f), Begriffe aus dem Wortfeld „Lehren und Lernen". Keine dieser Einleitungen gleicht aber der anderen, obwohl sich Anklänge finden und die Aussagen immer auf einen Appell hinauslaufen, Belehrung anzunehmen. So beginnt 6,20f ähnlich wie 1,8 mit dem Aufruf an das Kind, Gebot und Weisung der Eltern zu beachten. Während der zweite Halbvers mit 1,8b identisch ist, ist 6,20a aber gegenüber 1,8a leicht variiert. Es ist von נצר (bewahren) an Stelle von שמע (hören) die Rede und von מצוה (Gebot) an Stelle von מוסר (Lehre). Durch die Kindesanrede und die Wahl des Wortfeldes ist dennoch das Einleitungsformular deutlich erkennbar. Demnach sind be-

Erziehung im Buch der Sprüche

stimmte Begriffe hier austauschbar, ohne das zugrundeliegend Konzept der Einleitung zu den Lehrreden unkenntlich zu machen.

6,21 hat zum Teil wörtliche Entsprechungen und zum Teil Anspielungen zu 3,3b und 7,3: *Binde sie um deinen Hals und schreibe sie auf die Tafel deines Herzens.* (3,3b) *Binde sie um deine Finger, schreibe sie auf die Tafel deines Herzens.* (7,3)

In der Variation wird mit der Ausdrucksweise gespielt und die Farbigkeit der Wortwahl scheint zum Stilmittel zu gehören. Es wird aus einem Repertoire von Begriffen und Aussagen geschöpft und diese werden immer neu variiert, als solle die Grundaussage umspielt und dem Ohr auf immer neue Weise dargeboten werden.[143] Dabei scheint es in diesen Texten nicht darauf anzukommen, ob bestimmte Gebote oder eine definierte Lehre gehört oder bewahrt werden, auch nicht darauf, ob sie nun auf das Herz gebunden oder um den Hals gewunden werden. Durch die sprachlichen Variationen entsteht eine Offenheit für die Rezeption. Grundaussage bleibt aber der Gehorsam gegen die elterlichen Geboteund damit gegenüber der Tradition.[144] Diese wird durch die vorangehende Generation vermittelt und durch das Tragen am Körper ständig vergegenwärtigt.

8.2.9.2 Anspielungen auf Dtn 6,6-8 und 11,8f

In 3,3 war bereits der Bezug zu Dtn 6,8 und 11,18 aufgefallen. Auch in Spr 6,20f wird auf deuteronomische Diktion angespielt: *Bewahre (נצר), mein Kind, das Gebot deines Vaters, verwirf nicht die Weisung deiner Mutter! Binde sie stets auf dein Herz, winde sie um deinen Hals.* (6,20f)

Folgende Stichwörter finden sich auch in Dtn 6,6-8:

בן (Sohn, Kind),	in Dtn 6,7 pl.+ Suff. 2.sg.	in Spr 6,20 sg.+ Suff.1.sg.
צוה (gebieten), + אביך	in Dtn 6,6 Ptz.+ Suff. 2.sg.	in Spr 6,20 Sub. sg., st.cs.
לב (Herz),	in Dtn 6,6 Sub.+ Suff. 2.sg.	in Spr 6,21 Sub. לב + Suff. 2.sg.

---

[143] Vgl. die Erläuterungen zum anthologischen Stil zu Beginn dieses Kapitels.
[144] *Maier* fasst alle vier Verse damit zusammen: „Aufruf zum Gehorsam gegen die elterlichen Gebote und ... Begründung" (1995, S. 141).

קשר (binden), in Dtn 6,8 Perf.2.pl.+ ו perf. in Spr 6,21 Imp.+Suff. 3. pl. m.[145]

Dazu gehört: כתב על (schreiben auf), in Dtn 6,9 Perf. 2. pl.+ ו perf., in Spr 3,3; 7,2 Imp. sg + Suff. 3. pl. m.

Dtn 6,2 fasst den Umgang mit den Geboten unter dem Begriff שמר (bewahren) zusammen.[146] Spr 6,20a spricht von נצר (bewahren). Die beiden Verben sind vergleichbar, sie werden in Spr 4,6 synonym gebraucht.[147] Dtn 6 und Spr 6 haben also gleiche Ziele mit den Geboten. Der Bezug zu Dtn 6 verstärkt sich noch in Spr 6,22. Es folgen nämlich in 6,22 drei parallele Aussagen:

> *Bei deinem Gehen leite sie dich,*
> *bei deinem Liegen behüte sie dich*
> *Und wachst du auf, so rede sie dich an.*

Sie beziehen sich auf die „lebensbegleitende Funktion der Gebote"[148] und finden sich ähnlich in Dtn 6,7:[149]

> *Und du sollst sie deinen Kindern einschärfen und du sollst davon reden,*
> *bei deinem Sitzen in deinem Haus*
> *bei deinem Gehen auf dem Weg*
> *bei deinem Liegen*
> *und bei deinem Aufstehen.*[150]

---

[145] Obwohl sowohl מצוה (Gebot) als auch תורה (Weisung) feminine Substantive sind, hat das Suffix von קשר (binden) männliches Geschlecht. *Maier* weist darauf hin, dass der Gebrauch von mask. Suffixen in Bezug auf feminine Worte und Formen ein stilistisches Mittel ist, die Bedeutung der Referenzworte hervorzuheben (1995, S. 139.)
[146] So auch Spr 7,1f zweimal.
[147] In der etwas anderen Bedeutung „behüten", die keine Berührung mit dem didaktischen Wortfeld hat, taucht שמר in Spr 6,22b und 24a auf. Möglicherweise ist das ein Grund für den Gebrauch von נצר in 6,20a, wo es um das „Bewahren des Gebots" im Lernkontext geht.
[148] Diese Wendung verdanke ich *Maier* 1995, S. 157.
[149] Zur Parallele in Dtn 11,18-20 s. o. Kapitel 7.4.4.2.
[150] Die wörtliche Übersetzung zeigt die parallele Struktur der Sätze.

Während die Verben im 5. Mosebuch aus der Alltagssprache stammen, verfeinert das Sprüchebuch die Aussagen. „Gehen" (התהלך) hat in Spr 6,22 zwar dieselbe Wurzel wie in Dtn 6,7, steht aber im hitp. und bedeutet daher „umhergehen". Meinhold schlägt vor, der Ausdruck beziehe sich auf den gesamten Lebenswandel.[151] Mir scheint im Zusammenhang mit den beiden anderen Aussagen eher das Umhergehen in der außerhäuslichen Öffentlichkeit gemeint zu sein. Dort muss der Angeredete bewahrt werden. Beim Sitzen im Haus droht ihm dagegen keine Gefahr vor der „Fremden" (6,24).[152] Der Ausdruck „sitzen im Haus" fehlt denn auch im Sprüchebuch im Vergleich zur Mosestelle. Das Verb für „Liegen" (שכב) entspricht dem im 5. Mosebuch. Das für „Aufwachen" (קיץ) ist wiederum das seltener gebrauchte gegenüber קום im Mosetext und birgt eine speziellere Bedeutung: es wird auch für das Erwachen aus einem bösen Traum oder einem todesähnlichen Zustand verwendet.[153]

In Dtn 6,6-9 ist das von Mose angeredete „Du", das die freien israelitischen Eltern anspricht, angeredet.[154] Sie sollen die Worte des Mose an die Kinder weitergeben. In Spr 6,22 ist das anders. In 6,22 findet ein Subjektwechsel statt: nicht mehr das Kind ist Subjekt sondern eine singularische Größe, die das Kind leitet, es behütet und mit ihm spricht. Schwer zu verstehen ist, wem das neue Subjekt zugeordnet werden soll, denn dem Numeruswechsel zwischen 6,21 und 6,22 fehlt der eindeutige Bezug.[155] Während 6,23 sich wieder auf *Gebot und Weisung* in 6,20f bezieht, spricht 6,22 im Singular. In den vergleichbaren Stellen 3,1-3 und 7,1-3 werden Gebot/Gebote(מצוה) und Weisung (תורה) synonym gebraucht. Der Ausdruck מצות (Gebote) ist im 5. Mosebuch einer der

---

[151] *Meinhold* verweist auf Spr 4,12, das aber durch die Parallelisierung von הלך (gehen) und רוץ (laufen) nicht überzeugt (1991, S. 117). Auch *Maier* übersetzt mit „Lebenswandel" ohne nähere Erklärung (1995, S. 157).
[152] A.a.O., Anm. 116.
[153] A.a.O.
[154] S. o. Kapitel 5.1.2.4 dieser Arbeit.
[155] *Meinhold* bezieht den Vers auf „die Weisheit selbst" (1991, S. 117). *Maier* nimmt an, dass er sich entweder auf „Gebot" oder auf „Weisung" beziehe (1995, S. 139 Anm. b). Nach *Plögers* Meinung ist von der „elterlichen Erziehung als einheitlicher Größe" die Rede (1984, S. 69), was aber die erneute Differenzierung in 6,23 nicht erklärt.

Begriffe für Tora. Möglicherweise ist hier die bereits als umfassendes Gesetz verstandene Tora gemeint.[156]

8.2.9.3 Spr 6,20-23 und Ps 109,105 als Beispiele für innerbiblische Schriftauslegung

Seien es nun mütterliche Weisung,[157] väterliches Gebot, die Tora oder die Weisheit selbst, die zum Subjekt werden, es findet eine Personifizierung statt (vgl. Spr 2,11; 4,5-9). Die Tora selbst leitet den Angesprochenen, behütet ihn und spricht ihn an in allen schützenswerten Lebenssituationen. 6,22 hat durch seine Verbformen (Jussiv) einen segnenden Ton. Es ist der tägliche Umgang mit der Tora, der auch geistige Auseinandersetzungen (so rede sie dich an) mit einschließt. In Dtn 6 sollen die Worte eingeschärft werden. Dieses Einschärfen wird zum allgegenwärtigen Akt der Wiederholung der Worte und zum Gedenken durch bestimmte Zeichen. In Spr 6 ist der Angeredete mit der Tora direkt konfrontiert, spürt ihren Schutz und kommt mit ihr ins Gespräch. Wie die Weisheit in Spr 1 übernimmt hier die Unterweisung die Rolle, die die Eltern im 5. Mosebuch hatten. Die Unterweisung ist durch die Zeichen *ständig* (תמיד 6,21) präsent und nimmt damit einen mit Gott vergleichbaren Rang ein. Lässt sich im 5. Mosebuch eine Bewegung der Belehrung von Gott über Mose und die Leviten zu den Eltern feststellen, dann ist hier die umgekehrte Dynamik die, dass „die menschliche Weisung als Ausdruck der Weisung Gottes verstanden" wird.[158]

Vers 6,23 schließt mit dem begründenden כי (denn) an: *Denn eine Leuchte ist das Gebot und die Weisung ein Licht und ein Weg zum Leben sind Zurechtweisungen der Lehre*. Diese Bilder werden nur hier auf die Weisung angewendet. In den älteren Sprüchen ist נר (Leuchte) zweimal zusammen mit רשאים (Frevler) verwendet: *die Leuchte der Frevler wird erlöschen* (13,9b; 24,20), ihr wird *das Licht* (אור) *der Gerechten* gegenübergestellt, das *fröhlich brennt* (13,9a). Auch wer seinen

---

[156] Vgl. *Maier* 1995, S. 155.
[157] *Meinhold* erwägt: „Vielleicht soll ein mütterliche Bild von der Weisheit entstehen, als ob sie den Schüler wie ein Kind an der Hand führe bzw. seinen Schlaf bewache und nach dem Erwachen ihn freundlich und anspornend anspreche" (1991, S. 117f). Es ist allerdings nicht einzusehen, warum dieses Bild nicht auch väterlich sein könnte.
[158] *Maier* 1995, S. 156.

Eltern flucht, dessen Leuchte wird erlöschen (20,20). „Leuchte" ist ein Bild für das Gutsein im weisheitlichen Sinne. Die Bedeutung des Parallelbegriffs „Licht" (אור) geht in die gleiche Richtung.[159]

Der Bedeutung von 6,23 am nächsten kommt Ps 119,105: *Eine Leuchte für meinen Fuß ist dein Wort, ein Licht für meinen Pfad...* Dieser Vers ist in der Literatur als „anthologische Bezugnahme" auf Spr 6,23 gedeutet worden.[160] Spr 6,20-23 ist eine Auslegung und Aktualisierung von Dtn 6,6-9. Ps 119,105 ist seinerseits wieder eine Bezugnahme auf Spr 6,23. An diesem Beispiel zeigt sich im traditionsgeschichtlichen Bereich der interessante Vorgang der innerbiblischen Schriftauslegung.

An den Halbsatz 6,23a schließt sich der zweite an: *...und ein Weg zum Leben sind Zurechtweisungen der Lehre.* (6,23b) Das Wegmotiv ist auch hier präsent, wo die Lehre gelobt wird (Spr 4,18; 6,23; Ps 119,105). Lehre gehört auf die Seite des Lebens (חיים). Wie in 3,2; 4,4; 7,2a wird auch in 6,23b gesagt, dass die Belehrung zum Leben gereicht. „Leben" hat im weisheitlichen Zusammenhang wohl die Bedeutung eines geglückten Lebens, das lange währt (10,27; 16,31), in dem Frieden herrscht (3,2), Reichtum (22,4), Erfolg (10,3.24; 21,5), Gesundheit (3,8; 17,22) und Nachkommenschaft (14,11).[161] Es gehört zu einem Denken im Rahmen des Tun-Ergehen-Zusammenhangs, wenn dieses Leben fraglos durch die Beachtung der Lehre bzw. durch ein Gott gemäßes Verhalten erreicht werden kann. Entsprechend ist auch der Tod mit dem Leben ohne Lehre verbunden bzw. mit der Verachtung der Lehre (5,23; 23,14).

Das Wegmotiv leitet zur inhaltlichen Thematik des Umgangs mit der fremden Frau (6,24ff) über. In Spr 5 wurde dieses Motiv bereits als illustrierendes Moment gedeutet. Man könnte sagen, es ist der didaktische Zugang zur Konkretisierung der an sich abstrakten Appelle, auf die Belehrung zu achten. Immer findet diese Illustration am negativen Beispiel statt. Verschiedene „falsche Wege" werden aufgezeigt. In Spr 6,1-19 sind diese Wege das Bürgen für den Nächsten (6,1-5), die Faulheit

---

[159] Vgl. 13,9a und das Wortspiel zwischen אורך und אור in 4,18 „der Pfad der Gerechten ist wie das helle Morgenlicht".
[160] *Maier* 1995, S. 156 und *Deißler* 1955, S. 205.
[161] Vgl. *Lang* 1972, S. 67.

(6,6-11), die Ruchlosigkeit (6,12-15) und die Dinge, die JHWH verhasst sind (6,16-19).

Es wurde bisher beobachtet, dass Spr 6,20-23 sich in Anspielungen auf Spr 3,1-3 und 7,1-3 bezieht und dass dabei verschiedene Begriffe für „Lehre" benutzt werden. Dennoch versteht die Sprüchesammlung darunter eine feste Größe, die in 6,22 sogar singularisch benannt und personifiziert werden kann. Nach diesen Beobachtungen schließe ich mich der These von Maier an, dass Spr 1-9 die Anweisung aus Dtn 6,6-9 weitergeben und fortführen.

„Zieht man die anthologische Bezugnahme der drei Einleitungen in Prov 3; 6 und 7 in Betracht, so sind die Weisung der Mutter und die Gebote des Vaters an den ‚Sohn' den Geboten JHWHs, die von Mose übermittelt werden, analog. Die Proverbientexte führen eine Auffassung von Unterweisung fort, die in Dtn 6 angelegt ist: Mose lehrt das Volk (Dtn 6,1; 11,18) und fordert zur Unterweisung der Kinder durch ihre Eltern auf (Dtn 6,7; 11,18). Die Proverbientexte tun genau dies, indem sie die Sätze aus Dtn 6 und 11 aus dem Kontext der Gebotsverkündigung an das Volk in den Rahmen der familiären Unterweisung stellen. So erhält die Weisung der Eltern die Legitimation, wie die Gebote JHWHs Unterweisung zum Leben zu sein (vgl. Dtn 11,21)."[162]

Bemerkenswert ist an dieser „anthologischen Bezugnahme", dass der Prätext im Mosebuch nicht wörtlich übernommen, sondern in den weisheitlichen, literarischen und situativen Kontext hinein transponiert wird.

8.2.9.4 Ergebnis und Schlussfolgerungen

In der Analyse wurden die Bezüge zu anderen Einleitungstexten in Spr 1-9 und zu Dtn 6,6-9 herausgearbeitet. Hermeneutisch ist die Tatsache von Belang, dass die Bezugnahme einen kreativen Akt einschließt, da die Prätexte nicht wörtlich zitiert, sondern transponiert oder spielerisch aufgenommen werden, so dass der Prätext in Erinnerung gerufen wird, aber gleichzeitig eine Erweiterung erfährt. Spr 6,20-23 beziehen sich auf Dtn 6,6-9, deren zentrale Bedeutung ja bereits unterstrichen wurde. Das Erlernen von Gebot und Weisung, also von überkommener Tradition, wird in Spr 6,20-23 als lebensnotwendig betrachtet. Es lässt aber, nach den vorliegenden schriftlichen Zeugnissen im Sprüchebuch zu schließen, Aktualisierungen durchaus zu. Die Appelle, Weisung und Gebot zu be-

---

[162] Maier 1995, S. 156.

wahren, die in Dtn 6 und in Spr 6 gleichermaßen wichtig sind, deuten darauf hin, dass das Lernen nicht allein mit kognitivem Wissen gleichgesetzt wurde. Gebote und Weisung sind dazu da, das alltägliche Leben zu ordnen und in Gottes Sinn (Furcht Gottes in 1,7 u.ö.) auszurichten. Das Lernen zielt auf ein Handeln. Von den Bedingungen des Handelns her wurden Gebote erweitert und Weisung fortgeschrieben. Es ist falsch, die biblische Überlieferung als einheitlichen, normativen Text zu verstehen. Lernen ist ein Einleben in Tradition, bis sie zur Handlungsmaxime wird. Ein solches Verständnis von Lernen setzt kennenlernen voraus aber ebenso das persönliche Anwenden auf das eigene Leben, die persönliche Fortschreibung.

8.2.10 Lehren in Spr 9, 7-12

Dieser Abschnitt fällt insofern aus dem hier aufgestellten Rahmen, als von „Lehren" in Verben die Rede ist (יסר 9,7, יכח 9,7.8 und ידע hi 9,9) und der Ausdruck für „Lehre" das seltenere לקח ist (9,9). Gleichzeitig bestätigt er aber auch das gewählte Raster, da der Abschnitt bereits aus textkritischen Gründen als „kommentierende Ergänzung" kenntlich ist.[163] Stilistisch lassen sich eine Sentenz (9,7) und zwei Mahnworte (9,8.9) unterscheiden. 9,10 ist ein „weisheitlicher Bekenntnissatz" der an 1,7 erinnert, da er die Furcht JHWHs wieder in den Zusammenhang mit dem Anfang bringt. Unklar ist, wer in 9,11 spricht, 9,12 ruht durch den antithetischen Parallelismus ganz in sich.

Inhaltlich lehnt sich 9,7 an die älteren Sprüche an (vgl. 13,1b; 15,12; 28,4). 9,9 erinnert an 1,5a und 9,10 an 1,7. Beide Sätze zur Furcht JHWHs umschließen die Sammlung „wie ein lockeres Band".[164] Der Text ist ein Beispiel, wie von den Sprüchen in späteren Zeiten und in einem etwas anderen Sprachstil Gebrauch gemacht wurde. Interessant ist, welche Inhalte noch einmal betont und hervorgehoben wurden. Allerdings fehlt der historische Hintergrund, um die jeweilige Rezeption richtig einordnen zu können. Fest steht nur die Tatsache, dass es wohl Zusammenfassungen gab und dass Aktualisierungen vorgenommen wurden.

---

[163] Die hebräische Handschrift Nr. 166 überliefert 9,9-10 nicht, die Handschrift Nr. 45 überliefert 9,10-12 nicht. Auch die Septuaginta weist textliche Änderungen auf. Vgl. *Plöger* 1984, S. 104.
[164] A.a.O.

8.3 Lehre (מוסר), Zurechtweisung (תוכחת) und Weisung (תורה) in Spr 10,1- 31,31

8.3.1 Zur Datierung

Die Sammlungen II (10,1-22,16) mit den Anhängen 22,17-24,22 und 24,23-34 und III (25-29) sind Sammlungen von Sentenzen, das heißt von Aussagesätzen, die auf Beobachtung beruhen. Sie sind meist auf eine Verszeile beschränkt. In den beiden kleineren Anhängen 22,17-24,22 dominiert das zweizeilige oder mehrzeilige Mahnwort. Ich schließe mich hier der Forschungsrichtung an, die beide Sammlungen zeitlich früher ansetzen als die Mahnreden in Spr 1-9.[165] Ich belasse es aber bewusst bei einer relativen Datierung und rechne „mit fließenden Übergängen",[166] da die Kanonisierung relativ spät erfolgte (Jesus Sirach, der im 2. Jahrhundert v. Chr. datiert wird, nennt in seinem Prolog den dritten Teil des Kanons noch ohne feste Bezeichnung).[167] Von den beiden Anhängen Spr 30f interessiert hier Spr 31, da es die Unterweisung der Königin Mutter an Lemuel enthält.

---

[165] So *Plöger*, der mit „zwei Höhepunkten sapientieller Blüte im alten Israel" rechnet, „einmal in der Königszeit, in der die Weisheit, wie sie in den Sentenzensammlungen greifbar ist, einen gewissen Vorrang hat ... sodann in der Zeit der jüdischen Gemeinde mit einer Form weisheitlicher Beschäftigung, für die wir in den Kapiteln 1-9 ein Modell finden könnten" (ebd. S. 113f). Ähnlich *Meinhold* 1991, S. 22, und *Maier* 1995, S.19ff. Dort auch die Auseinandersetzung mit den Gründen und weitere Literatur. Anders *Scherer* mit *Lang* und *Weinfeld*. Interessant ist die Beobachtung *Scherers*, dass Spr 10,1-22,16 etliche Berührungspunkte zu Spr 1-9 aufweisen (1999, S. 347). Aber die von ihm als Beweis für die ungefähre Gleichzeitigkeit der beiden Sammlungen genannten Interpolationen können auch auf anderem Wege eingefügt worden sein und seine Argumentation für eine Frühdatierung von Spr 1-9 im Vergleich zum Deuteronomium, die er in Auseinandersetzung mit Maier und Braulik formuliert, leuchten nicht ein. Er deutet das Binden der Weisung um den Hals und auf das Herz in Spr 6,21als archaisches Motiv, das „magische Rudimente im Hintergrund der Aussage vermuten [lässt]. Ein solcher Atavismus mag in eine alte, weisheitliche Redeweise eindringen, er kommt aber keinesfalls als genuin deuteronomische Adaption in Frage" (ebd. S. 348). Dagegen kann eingewendet werden, dass auch das Binden um den Arm magisch verstanden werden konnte, wie Keel 1981 aufweist.
[166] *Plöger* 1984, S. 113.
[167] *Meinhold* 1991, S. 41.

8.3.2 Die Textauswahl und die Aufteilung der Begriffe auf die Untersammlungen

Im Folgenden bestimmen, wie in Spr 1-9, die Verse, in denen sich מוסר (Lehre), תוכחת (Zurechtweisung) oder תורה (Weisung) finden, die Auswahl der Verse. Es stellt sich die Frage, ob die Verben mitbeachtet werden müssen. Das Verb יסר (erziehen) beschränkt sich auf die Verse 19,18; 29,17 und 31,1 und bestimmt die Kontexte der hier genannten Verse mit. Aber das Verb יכח (zurechtweisen) hat beinahe so viele Belege wie das Substantiv und findet sich an Stellen, die durch die Auswahl nur zum Teil berührt werden: 15,12; 19,25; 24,25; 25,12; 28,23; 30,6. Die letzten drei Belege fallen durch die Auswahl nach Nomina aus der Untersuchung. Die Bedeutung der Verben berührt an diesen Stellen aber nicht das Lehrthema. Die Verse können daher vernachlässigt werden. ירה III (weisen) findet sich nicht in den älteren Sprüchen.

Die erste Sentenzensammlung Spr 10,1-22,16 enthält den größten Teil der Belege von מוסר und תוכחת (18x מוסר und 6x תוכחת) und einmal תורה. In den Anhängen 22,17-24,22 und 24,23-24,34 findet sich noch viermal מוסר, allerdings nicht in 22,17-23,11, dem Teil, der „enge, teilweise wörtliche Übereinstimmungen" mit Teilen der Lehre des Amenemope enthält.[168] In der zweiten Sentenzensammlung Spr 25-29 mit den Anhängen Kap. 30 und 31 kommt מוסר nicht vor. Zweimal findet sich dagegen תוכחת und fünfmal תורה. Eine Besonderheit in Spr 10,1- 22,16 ist das häufig adjektivisch im Sinn von „klug" gebrauchte שׂכל. Es findet sich im Sprüchebuch außer in 1,3; 3,4 siebzehnmal in Sammlung II mit Anhang (10,5.19; 12,8; 13,15; 14,35; 15,24; 16,20.22.23; 17,2.8; 19,11.14; 21,11.12.16; 23,9).

8.3.3 Einzeluntersuchung in der Sammlung II (Spr 10,1-22,16)

8.3.3.1 Ein weises Kind erfreut den Vater

Die Sammlung hat in 10,1 ihren Anfang. Auch wenn der Zusammenhang der Verse in 10,1ff sich längst nicht so geschlossen darstellt wie in Spr 1-9, ist doch von Bedeutung, wie eine Sammlung beginnt bzw. wie ihre

---

[168] *Beyerlin* 1975, S. 75.

Abschnitte beginnen.[169] Auf die Frage nach der Autorschaft im Titel „Sprüche Salomos" wurde bereits oben eingegangen. Hier muss ergänzt werden, dass 10,1bc die Sammlung in Verbindung zur Eltern - Kind – Belehrung bringt:

Ein weises Kind erfreut den Vater, aber ein törichtes Kind ist der Kummer seiner Mutter. (10,1bc)

Der Satz kann auf mehrere Weisen gelesen werden.[170] Plöger versteht den „weisen Sohn" als einen, der sich der Weisheit hingibt und dadurch den Eltern Freude bereitet, die ihn bis dahin erzogen haben. Umgekehrt bereite der „dem Weisheitsstreben abholde Sohn" den Eltern Kummer.[171] Meinhold reflektiert die emotionale Wirkung einer gelungenen oder misslungenen Erziehung und die jeweiligen Anteile der Eltern.[172]

Der Vers begegnet noch einmal in 15,20 mit leichten Veränderungen im zweiten Halbvers: *Ein weises Kind erfreut den Vater, aber ein törichter Mensch verachtet seine Mutter.* Durch die Veränderungen im zweiten Halbsatz wird auch der Sinn des ersten mehrdeutig: In 15,20 ist ein Mensch töricht, der seine Mutter verachtet und ein Kind weise, das den Vater erfreut. Hier wird im Sinne des vierten Gebots des Dekalogs auf eine kluge Lebenshaltung im Umgang mit der älteren Generation hingewiesen.[173] Im Anhang zur Sammlung II findet sich dieses Verständnis der Freude über das „Weise"-Sein des Kindes in 23,22.24.25. So kann auf den ersten Blick auch 10,1 verstanden werden. Anders aber, wenn im zweiten Halbvers die Torheit des Kindes der Grund für den Kummer der Mutter ist und im Rückschluss vom zweiten auf den ersten Halbvers

---

[169] *Scherer* nimmt eine einleitende Funktion von 10,1bc „mit Sicherheit" an (1999, S. 13).

[170] *Meinhold* schreibt, dass der Spruch sehr allgemein gehalten ist, so dass er „verschiedenen Erläuterungen und Füllungen offen steht" (1991, S. 166).

[171] *Plöger* 1984, S. 123.

[172] *Meinhold* 1991, S. 165, dagegen *Delkurt*: „Warum wird das positive Verhalten des Sohnes dem Vater, das negative aber der Mutter zugeordnet? Wohl kaum aus inhaltlichen Gründen..." (1993, S. 29).

[173] Näheres dazu bei *Delkurt*. Er fasst die Sprüche zusammen, die das abschätzige Verhalten gegenüber den Eltern besprechen: 19,26; 28,24; 20,20; 30,11; 23,22; 30,17 und nimmt für einige der Sentenzen eine Affinität zu Rechtssätzen an, die im 5. Dekaloggebot „aufgenommen und weitergeführt" werden (1993, S. 44-51, besonders S. 50f).

Erziehung im Buch der Sprüche

das Kind gerade als weises Kind der Grund der Freude des Vaters ist. Dann wird in 10,1, wie Plöger und Meinhold es verstehen, die Hochschätzung der Weisheit im Kontext der Eltern-Sohn-Belehrung ausgedrückt. Dahinter stehen die Bemühungen um elterliche Unterweisung, die in Spr 1-9 entfaltet wurden. Nach diesem Verständnis stellt 10,1 eine Brücke zu 1,8 und 6,20 dar, wo die elterliche Unterweisung thematisiert wird. Scherer vermutet, dass 10,1 aus 15,20 entstanden ist und von einer Redaktion der Sammlung vorangestellt wurde.[174] Diese Vermutung wird hier unterstützt, die Voranstellung machte die leichten Abweichungen und den Bedeutungswandel nötig, um an Spr 1-9 anknüpfen zu können.

Der Vers ist nach Meinung einiger Ausleger kompositorisch eng mit 10,5 zusammengerückt.[175] Dem *weisen Sohn* von 10,1 entspricht in 10,5 der *kluge* (משכיל) *Sohn*. Als solcher wird bezeichnet, wer im Sommer sammelt und die Ernte nicht verschläft. Hier ist sehr deutlich von Lebensklugheit die Rede.[176] Die Weisheit des Sohnes in 10,1 ist neben der Anspielung auf Spr 1-9 auch in diesem zweiten Sinne zu verstehen.

8.3.3.2 Lehre gereicht zum Leben

> 16 *Der Erwerb des Gerechten ist zum Leben, der Ertrag des Frevlers zur Sünde.*
> 17 *Ein Pfad zum Leben ist, wer auf Lehre achtet, wer aber die Zurechtweisung unbeachtet lässt, leitet in die Irre.* (10,16f)

Die beiden Verse sind antithetisch aufgebaut und passen daher gut in den Kontext der weiteren Antithesen im Kapitel. Sie haben zum gemeinsamen Thema, was *zum Leben* (לחיים) gereicht: der *Erwerb des Gerechten* (10,16) und *achten auf Lehre* (10,17). Der Gegensatz zu „Leben" ist hier nicht „Tod" sondern „Sünde" (10,16) und „die Irre" (10,17). Sünde (חטאת) wird in den älteren Sprüchen in relativ harmloser Weise verwen-

---

[174] *Scherer* 1999, S. 65f.
[175] Spr 10,1 und Spr 10,5 umschließen nach *Scherer* die Einleitung zur Sammlung (ebd. S. 50). *Meinhold* spricht von einem „doppelten Chiasmus", den die beiden Verse bilden (1991, S. 165). Für *Krispenz* sind sie Bestandteil von zwei einander entsprechenden Dreiergruppen in 1aß-3; 5-7 (1989, S. 41).
[176] Zur Wandlung des Weisheitsbegriffs s.o. Kapitel 4.3.2.2.

det.¹⁷⁷ Sie *bringt zu Fall* (13,6), sie ist *ein Schimpf* (14,34), sie wird parallelisiert mit Hoffärtigkeit und Hochmut (21,4) und mit dem Vorhaben der Toren (24,9). In die Irre leiten/gehen Menschen, die Böses tun (חרשי רע 14,22).¹⁷⁸ Vielleicht kann man verallgemeinern und sagen, dass hier Leben im Gegensatz zu „aus der Gemeinschaft fallen" im weitesten Sinne verstanden ist. Dazu gehört nach dem Denken der Sprüche auch das materielle Wohl: *Die Furcht JHWHs ist zum Leben* (לחיים)*, gesättigt verbringt man die Nacht, wird nicht heimgesucht vom Bösen.* (19,23)

16,22 ist ein weiterer Vers, der Lehre מוסר in Zusammenhang mit Leben stellt. *Eine Quelle des Lebens ist Klugheit* (שׂכל) *für seine Besitzer, aber die Lehre* (מוסר) *der Narren ist Narrheit.* Hier rückt wieder שׂכל sehr eng an מוסר heran. Beide stehen auf der Seite des Lebens. שׂכל (Einsicht, Klugheit) beschreibt im Sprüchebuch meist „ganz profane, selten... theologische Einsichten".¹⁷⁹ מוסר scheint in diesem Teil des Sprüchebuches zumindest einen Anklang von profaner Lebenslehre zu haben.

Festgehalten werden soll auch, dass Spr 10,17 Lehre (מוסר) und Zurechtweisung (תוכחת) in den Zusammenhang mit dem Wegmotiv stellt, was in Spr 1-9 eine häufige Verbindung ist.

8.3.3.3 Lehre als Unterweisung in bäuerlicher Lebensart

Wer Lehre liebt, liebt Erkenntnis und wer Zurechtweisung hasst, ist Vieh. (12,1) Mit 12,1 gehört wieder ein Kapitelanfang in unsere Analyse. Lehre (מוסר), Erkenntnis (דעת) und Zurechtweisung (תוכחת) werden an dieser prominenten Stelle in den Zusammenhang mit „Liebe" gerückt. Dem steht das „Hassen" der Zurechtweisung entgegen. *Wer Zurechtweisung hasst ist Vieh*, der Ausdruck wird bildlich verwendet für „geistloser Mensch".¹⁸⁰ In 30,2 hat jemand *keinen Menschenverstand*, der בער (Vieh) ist. Eine ähnliche Verwendung wie in Spr 12,1 weist Ps 73,22 auf. Dort ist בער mit „nicht erkennen" gleichgestellt und der Vergleich

---

¹⁷⁷ Diese Beobachtung macht auch *Baumann* 1996, S. 168 dort auch der Vergleich zu Spr 1-9, wo Sünde und Tod miteinander in Verbindung gebracht werden.
¹⁷⁸ *Plöger* merkt zu 10,17 an: „Ein zu erwartendes ‚Geht in die Irre' ist bereits in der Irreführung enthalten" (1984, S. 122).
¹⁷⁹ *Koenen* 1990, Sp. 784.
¹⁸⁰ *Gesenius* 1962, S. 109.

Erziehung im Buch der Sprüche

mit dem Tier wird ausdrücklich gezogen. In Ps 49,11 und 92,7 steht der Ausdruck zusammen mit כסיל (Tor).

Der Vers kann für sich verstanden werden. Er kann auch gemeinsam mit 12,2 als Überschrift des gesamten Kapitels verstanden werden.[181] Plöger schlägt vor, die beiden Antithesen zusammen zu lesen und die „Geistlosigkeit" des „Zurechtweisung hassenden Menschen" als eine zu deuten, die sehr wohl zu Plänen in der Lage ist, allerdings zu solchen, die eigensüchtiger Natur sind.[182] Ich halte das für Spielarten der Interpretation, die die Spruchsammlung zulässt und die sie sogar fördert. Die Mitwirkung des Lesers bzw. der Leserin ist durch den Stil der Sentenzen gefordert. Der weite „weisheitliche" Zusammenhang, in den Scherer den Vers im Rahmen des 12. Kapitels stellt, scheint mir aber nicht zur Klarheit beizutragen. Auch begründet Scherer die Zusammenstellung nicht.[183] Im Zusammenhang dieser Arbeit ist 12,8 interessant. Er enthält wieder שׂכל, das Verb, das zu den Verben des Lehrens und Lernens zählt und bereits als besonderer Akzent des zu untersuchenden Abschnitts 10,1- 22,16 benannt wurde.[184] Es soll hier zur inhaltlichen Klärung von Lehre und Zurechtweisung in 12,1 dienen: *Nach seiner Klugheit wird ein Mann gelobt, aber ein verkehrtes Herz führt zur Verachtung.* (12,8)

Klugheit (שׂכל) wird dem *verkehrten Herzen* (נעוה־לב) gegenübergestellt. Dieser letzte Ausdruck wird so nur an dieser Stelle verwendet.[185] Das „Herz" ist im Hebräischen u.a. der Sitz des Verstandes.[186] „Klugheit" könnte dann als das gerade gerichtete Denken gedeutet werden. Ein

---

[181] Dafür plädiert *Scherer*, der 12,1 mit 12,2 zusammen einleitende Funktion zuschreibt (1999, S. 98), vgl. 10,1bc.3 und 11,1f.
[182] *Plöger* 1974, S. 148.
[183] *Scherer*, er nennt dort unter „im engeren Sinne ‚weisheitliche[m]' Aspekt" die V. 8.10.11.15.16.18 und 23. (1999, S. 97, Anm. 23). Meiner Ansicht nach müsste erst gezeigt werden, dass der Ausdruck חכמה in diesem Teil des Sprüchebuches auch „weisheitlich" verwendet wird. Sehr schnell wird „weisheitlich" z.B. in den Versen 10.11.16.23 mit „erziehungsorientiert" zusammengebunden, was die Sache nicht einfacher macht (ebd. S. 98, S. 120 u.ö.).
[184] Vgl. Kapitel 4.1 dieser Arbeit.
[185] Zur textkritischen Diskussion *Scherer* 1999, S. 95, Anm.2. Er kommt zu dem Schluss, dass die Septuagintaversion als Konjektur zu betrachten ist.
[186] Zu den Konnotationen von „Herz" vgl. die Erläuterungen zu Spr 15,32.

Erziehung im Buch der Sprüche

verbaler Bezug[187] weist von 12,8 zu 12,11. Dort ist *ohne Herz*, wer nichtigen Dingen nachgeht, statt sein Ackerland zu bebauen und sich anschließend am Brot satt essen zu können.[188]

12,8 und 12,11 umschließen ein Textstück, in dem von einem ländlichen Umfeld die Rede ist. „Klugheit" ist hier ein festgelegtes, am gewohnten Leben orientiertes Verhalten. Lehre und Zurechtweisung in 12,1 lassen sich als Belehrung in diesem Kontext deuten. Hier ist ein Lernziel erkennbar, auf das die Lehre ausgerichtet ist. Es ist sehr praktischer Natur.

8.3.3.4 Lehre in Spr 13

In Spr 13 häufen sich die Begriffe für Lehre. Zwei Kind-Belehrungs-Verse umrahmen das Kapitel (13,1 und 13,24) und prägen es auf diese Weise.

Ein weises Kind liebt die Lehre, aber ein Spötter hört nicht auf Verweis. (13,1)[189]
Die Weisung des Weisen ist eine Quelle des Lebens, um zu weichen vor den Fallen des Todes. (13,14)
Armut und Schande dem, der sich Lehre entzieht. Wer aber Zurechtweisung beachtet, wird geehrt. (13,18)
Wer seine Rute schont, hasst sein Kind, wer es liebt, bedenkt es (mit) Lehre. (13,24)[190]

---

[187] *Plöger* sieht durch den Ausdruck „Herz" einen Zusammenhalt der Versgruppe 8-11 gegeben (1984, S. 150).
[188] A.a.O.
[189] In 13,1a fehlt das Verb im masoretischen Text. Die Septuaginta und die Syriaca gleichen mit der Ersetzung von מוסר Lehre durch שמע hören beide Halbverse einander an und bieten daher die lectio facilior. Hier wird mit der Mehrzahl der Ausleger (vgl. *Biblia Hebraica* 1976/77 zur Stelle und *Plöger* 1984, S. 156 Anm.1) אב in Anlehnung an 12,1 in אהב oder אוב geändert, was die Übersetzung „Ein weises Kind liebt Lehre" nahe legt. Anders *Scherer*, der ohne Erklärung eine zeitliche Differenzierung einführt: „Ein weiser Sohn ist [die Frucht der] Zucht des Vaters, aber ein Spötter hat nicht auf Schelte gehört" (1999, S. 120, zitiert ohne Hervorhebungen).
[190] *Gesenius* 1962, Sp. 819 schlägt vor, מוסר שחרו durch „mit Züchtigung heimsuchen" zu übersetzen. Meine Übersetzung orientiert sich an *Scherer*: „...aber wer ihn liebt, bedenkt ihn zeitig (mit) Zucht" (1999, S. 121). *Plöger* begründet die zeitliche Dimension: „Die frühzeitige Züchtigung mag im Verbum שחר angedeutet sein." Der Vergleich zu Spr 1,28; 7,15; 8,17 zeigt aber, dass diese Konnotation nur hier beigelegt wird und daher schwer zu begründen ist.

Scherer macht auf eine Schwerpunktverlagerung aufmerksam. Spr13-15 weisen eine stärkere Konzentration von „typischen Vokabeln aus dem Bereich ‚Weisheit und Erziehung'" auf.[191] Das bestätigt sich in der hier verwendeten Auswahl insofern als Spr 13 und Spr 15 zusammen die meisten Belege in dieser Sammlung enthalten. Allerdings muss ein genauerer Blick auf die Bedeutung von Weisheit und Erziehung geworfen werden.

8.3.3.4.1 Lehre - verbale Unterweisung und Bestrafung mit der Rute

Der Ausdruck בן חכם (weises Kind) findet sich in 10,1; 13,1 und 15,20.

Auf die Entsprechung zwischen 10,1 und 15,20 wurde bereits aufmerksam gemacht. In Vers 13,1 wird מוסר dem Begriff גערה (Schelte) parallelisiert. Er findet sich in den weisheitlichen Texten noch im Sprüchebuch (13, 8; 17,10) und in Pr 7,5. In Spr 13,8 ist die Bedeutung unklar, möglicherweise hat eine Angleichung an 13,1 stattgefunden oder es ist mit גערה (Drohung) im Sinn von Erpressung gemeint.[192] 17,10 bringt einen „erzieherischen" Gebrauch wie in 13,1: *Es dringt ein Verweis (גערה) tiefer bei dem Verständigen als hundert Schläge bei dem Toren* (כסל 17,10)

Hier wird גערה im Sinne einer „verbalen Zurechtweisung" verwendet. In Koh 7,5 wird *das Schelten (גערה) der Weisen dem Singen der Toren* (כסלים) gegenübergestellt. Der humorvolle Vergleich wirkt dadurch, dass mündliche Äußerungen miteinander verglichen werden. Es kann also aufgrund der weiteren weisheitlichen Verwendung von גערה davon ausgegangen werden, dass es sich in Spr 13,1 um eine verbale Form von Ermahnung handelt, auf die der Spötter (in anderen Fällen der Tor) nicht hört. Das weise Kind dagegen nimmt Lehre an.

13,1 erinnert an 10,1 und 15,20. In 15,20 war die Weisheit des Kindes als Lebensklugheit im Blick auf den Umgang mit Vater und Mutter gedeutet worden. In diesem Sinn kann auch 13,1a verstanden werden: wer ein kluges Kind ist, liebt Lehre. Dieses Verständnis korreliert mit der

---

[191] *Scherer* 1999, S. 123.
[192] vgl. *Plöger* 1984, S. 159.

Erziehung im Buch der Sprüche

Antithese in 13,1b: *aber ein Spötter hört nicht auf Schelte.* בן חכם (weises Kind) und לץ (Spötter) sind dann einander entgegengesetzt: *liebt Lehre* (מוסר) und *hört nicht auf Schelte* (גערה). Ein anderes Verständnis legt in 13,1a die Intention zugrunde „dass ein Sohn durch die Zurechtweisung des Vaters weise ist".[193] Das halte ich aber aus textkritischen und strukturellen Gründen für wenig einsichtig. Mir scheint bei diesem Verständnis eine Lesart aus der Sicht von Spr 1-9 vorzuliegen.[194]

Wer seine Rute schont, hasst seinen Sohn, wer ihn liebt, bedenkt ihn (mit) Lehre. (13,24) Der Komposition nach entspricht 13,1 am Ende des Kapitels 13,24. Dort ist von elterlicher Lehre die Rede, bei der Schläge nichts ungewöhnliches sind. Es hasst in diesem Vers gerade der sein Kind, der es vor der Rute verschont. Elterliche Lehre (מוסר) korreliert in der Logik der Antithese mit „nicht vor der Rute verschonen". Hier kommt ein leidvoller Aspekt der elterlichen Belehrung in den Blick. Drohung und Gewalt sind Mittel der Erziehung, wie sie hier dargestellt wird.

Der Vers hat aber noch einen weiteren Aspekt, der leicht übersehen wird: Hinter den Gegensätzen von hassen und lieben verbirgt sich eine Verpflichtung.[195] Eltern werden an dieser Stelle dazu angehalten, ihr Kind zu erziehen und zu lehren. Die Rute kann ein für unsere heutigen Ohren völlig unpassendes Bild für die Bemühung sein, Lehre zu vermitteln. Diese Mühe gilt es auf sich zu nehmen und eben dadurch die Liebe zu seinem Kind zu erweisen. Der Vers kann so verstanden werden, dass er Lehre gerade im Eltern-Kind-Verhältnis verankern will. Sie lässt sich nicht auf Spezialwissen beschränken, das dem Kind in anderen Zusammenhängen beigebracht wird,[196] sondern sie ist ein Moment der elterli-

---

[193] *Plöger* versteht מוסר als Part. pu, was aber in M an keiner anderen Stelle belegt ist (1984, S. 156, Anm. 1). Vgl. *Scherer* 1999, S. 124.

[194] Vgl. z.B. Spr 1,8ff.

[195] *Branson* geht so weit zu sagen: „In der Tat verletzt der Vater, der seinen Sohn liebt, ihn aber nicht züchtigt, die Bundesverpflichtungen seinem Sohn gegenüber" (1982, Sp. 694). Meines Erachtens bezieht sich die Verpflichtung in Spr 13,24 auf den Auftrag, den Sohn/das Kind zu lehren.

[196] Spezialzusammenhänge waren die Erlernung des Bogenschießens oder des Kriegshandwerks Ri 3,2; 2 Sam 22,35; Ps 18,35; Ps 144,1; 1 Chr 5,18 oder das Musizieren 1 Chr 25,7. Der Lernbegriff dieser Verse ist allerdings למד.

chen Fürsorge (lieben/ אהב), um das Überleben des Kindes nicht nur kurzfristig zu sichern.

13,14 betrachtet Lehre denn auch als Quelle des Lebens. Er ist der einzige Vers in dieser Sammlung mit תורה (Weisung).

8.3.3.4.2 Weisung als Quelle des klugen und frommen Lebens

Die Weisung des Weisen ist eine Quelle des Lebens, um die Fallen des Todes zu meiden. (13,14) Dieser Vers ist mit 10,17 und 16,22 vergleichbar. Dort ist die praktische Unterweisung gemeint, die dem Leben dient, und die in den Sprüchen bisher den Grundtenor bildete. Eine weitere Anspielung verweist aber auf ein theologisches Verständnis: 13,14 hat den gleichen Wortlaut wie 14,27, nur ist dort *die Weisung des Weisen* durch *die Furcht JHWHs* ersetzt: *Die Furcht JHWHs ist eine Quelle des Lebens, um die Fallen des Todes zu meiden.* (14,27)

Die Weisung des Weisen wird durch die Stichwortverbindungen mit der Furcht JHWHs auf eine Ebene gestellt. So wird die Weisung theologisch gefüllt. Es wird zu prüfen sein, ob diese Verbindung nur mit תורה (Weisung) möglich ist, oder auch mit den anderen hier untersuchten Nomina. Festzuhalten ist, dass in der Vernetzung von 13,14 mit 10,17; 16,22 und 14,27 innerhalb der Sammlung 10,1-22,16 zwei Möglichkeiten einer inhaltlicher Füllung von Belehrung aufscheinen: die im Sinne von Lebensklugheit und die im Sinne der Furcht JHWHs.

8.3.3.4.3 Ein weiteres Argument für Lehre

Armut und Schande dem, der Lehre (מוסר) gering schätzt; wer aber Zurechtweisung (תוכחת) beachtet, wird geehrt. (13,18)

Dieser Vers entspricht insofern 13,1, als er begründet, warum es weise ist, Lehre und Zurechtweisung zu beachten: Man entkommt Armut und Schande und wird geehrt. Er stellt damit Lernen wieder, wie oben bereits aufgezeigt, in den Kontext von Lebensklugheit. Einen ähnlich begründenden Zusammenhang schafft auch 13,13.[197] Ich halte es für bemerkenswert, dass in Kap 13 und im Sprüchebuch insgesamt Argumente gesammelt werden, um Lernen zu begründen. Am häufigsten

---

[197] Zur Verbindung der Verse 13,1.13.18 s. *Plöger* 1984, S. 162.

wird damit argumentiert, dass Lernen Not wendet bzw. Leben und Ehre bringt. Das heißt, Lernen wird in den Sprüchen als „überlebensnotwendig" dargestellt. Leben ist von vielen Seiten gefährdet, wenn lernen und lehren nicht stattfindet. Es drohen Armut und Schande, es droht Tod, es droht die Missachtung des Generationenverhältnisses und damit eine Form der sozialen Isolierung. Allerdings setzen die Sprüche auf hohem Niveau an, was materielle Not bedeutet. Armut und Schande sind auf eine Weise negativ gekennzeichnet, wie es wohl nur aus der Perspektive wohl situierter Kreise geschehen kann.[198]

8.3.3.5 Lehre in Spr 15f

Wie in Spr 13 sind auch in diesem Kapitel מוסר und תוכחת bzw. ihre Verben Leitworte.[199] Sie finden sich in den Versen 15, 5.10.12.31ff. Die Analyse des einzigen Belegs aus Spr 16, (16,22) wird in diesem Kapitel angeschlossen

8.3.3.5.1 Wer Zurechtweisung beachtet, ist gewitzt

Ein Narr verschmäht die Lehre seines Vaters, wer aber Zurechtweisung beachtet, ist gewitzt. (15,5) Dieser Vers stellt Lehre (מוסר) und Zurechtweisung (תוכחת) in den Kontext von Klugheit und Narrheit bzw. Dummheit und kann als Variante von 12,1 und 13,1 gelesen werden. Mit dem Narren (אויל) kommt Lehre (מוסר) noch einmal in 16,22b vor, dort im Plural: ... die Lehre der Narren ist ihre Narrheit. „Narren" werden im Sprüchebuch häufig genannt.[200] Öfter stehen sie im Gegensatz zu dem Weisen (חכם) 10,14; 12,15; 14,3 oder werden „weise" oder „Weisheit" entgegengestellt 17,28; 24,7. Aber es scheint für sie kein Weg zur Weisheit zu führen, sie gehören zur Gruppe der Unbelehrbaren, denn auch mit drastischen Maßnahmen ist ihrer Narrheit nicht beizukommen.[201] So bietet 15,5 eine sehr akzentuierte Aussage: Es muss schon ein unverbesserlicher Dummkopf sein, wer die Lehre seines Vaters verschmäht, wer

---

[198] Zum Verhältnis von Armut und Reichtum im Sprüchebuch siehe *Whybray* 1990a.
[199] *Scherer* findet einen ethischen und einen erzieherischen Schwerpunkt im Kapitel. Dazu zählt er die Verse 5.10.12 und 31f (1999, S. 179, dort auch Anm. 21).
[200] Allerdings finden sie sich außer in Spr 1,7 nur in den älteren Sammlungen: Spr 10,14.21; 12,15f; 14,3.9; 15,5; 16,22; 17,28; 20,3; 24,7; 27,3.22.
[201] „Zerstießest du den Narren mit dem Stößel im Mörser mitten unter den Sandkörnern, so würde seine Narrheit doch nicht von ihm weichen" (Spr 27,22).

dagegen die Zurechtweisung beachtet ist gewitzt. Das seltene Verb ערם II hat hier wohl die Konnotation „gewitzt sein".[202] Den gleichen Begriff gebraucht Saul im Blick auf David (1 Sam 23,22). Er schärft den Sifitern ein, genau aufzupassen, wenn sie etwas über David erkunden wollen, denn *man hat mir gesagt, dass er sehr listig ist*. So wandelt Spr 15,5 den Appell, die väterliche (elterliche) Lehre zu beachten, ein weiteres Mal ab.

8.3.3.5.2 Lehre im Verständnis von Strafe, ein fremder Akzent im Sprüchebuch

Böse Lehre dem, der (den) Pfad verlässt, wer Zurechtweisung hasst, wird sterben. (15,10) Vers 15,10 bringt einen neuen Akzent von מוסר in die Untersuchung. Zunächst wird das durch ein Übersetzungsproblem deutlich: Eine *böse Lehre* (מוסר רע) macht nach dem bisher implizierten Verständnis von מוסר keinen Sinn. מוסר ist im Sprüchebuch bis zu dieser Stelle eine positive, den Eltern ans Herz gelegte, Pflicht gegenüber den Kindern. Lehre war zwar auch im pädagogisch- strafenden Zusammenhang in den Blick gekommen (vgl. die „Ruten-Verse" 22,15; 23,13f; 29,15), aber מוסר hatte bisher nicht selbst den Aspekt von Strafe vertreten. Das ist an dieser Stelle anders.[203]

Plöger schlägt vor, diesen Vers in Verbindung mit 15,9 zu lesen, der vom Weg des Gottlosen handelt: *Ein Gräuel für JHWH ist der Weg des Gottlosen, wer aber der Gerechtigkeit nachjagt, den liebt er.* 15,10 kennzeichnet den „Frevler" als Abweichler und sieht „seinen Pfad einer bösen Züchtigung ausgesetzt".[204] Damit hat aber מוסר nun seine Bedeutung von Lehre oder Erziehung in Strafe gewandelt. Interessanterweise hat der Vers auch keine Antithese sondern der zweite Stichos fügt sich dem Duktus der These an: *wer Zurechtweisung hasst, muss sterben.* [205]

---

[202] *Gesenius* nennt vier Stellen: 1 Sam 23,22; Spr 15,5; 19,25 im qal und Ps 83,4 im hifil (1962, S. 620).

[203] Dass dieser Halbvers Verstehensprobleme bereiten kann, zeigt auch die in der *Biblia Hebraica* 1976/77 vorgeschlagene Textumstellung: ארח רע לעזב מוסר /Ein böser Weg ist es, Lehre zu verlassen. Der Vorschlag wird aber weder von Plöger noch von Scherer aufgenommen. *Scherer* übersetzt mit „Schlimme Züchtigung" (1999, S. 165) und *Plöger* mit „böse Züchtigung" (1984, S. 177).

[204] *Plöger* 1984, S. 181.

[205] *Plöger* „unter Verzicht auf eine Antithese" (a.a.O.).

Erziehung im Buch der Sprüche

Eine weitere Beobachtung zeigt noch eine Eigentümlichkeit: Im Vers wird nicht wie sonst üblich מוסר mit תוכחת parallelisiert, sondern hier steht מוסר רע (böse Lehre) parallel zu *muss sterben* und *wer den Pfad verlässt* ist mit *wer Zurechtweisung hasst* zusammengestellt. Außer an dieser Stelle wird מוסר (Lehre) nur noch zweimal in Verbindung mit einem Adjektiv verwendet: Spr 1,3 *verständige Lehre* und in Jer 30,14 *grausame Strafe*. Die Jeremiastelle trifft die Bedeutung in Spr 15,10. In Jer 30,14 spricht Gott durch den Prophetenmund zum Volk: *All deine Liebhaber haben dich vergessen, sie fragen nicht nach dir. Denn ich habe dich verwundet wie man einen Feind verwundet. Deine Strafe (מוסר) war grausam um der Größe deiner Schuld willen, weil deine Sünden zahlreich sind.* (Jer 30,14) Hier wird מוסר im Sinn von Bestrafung in Verbindung zu Gott gesetzt, ohne dass „eine Nebenbedeutung von Läuterung oder Erlösung belegt ist".[206] Vergleichbares geschieht in Hos 5,2. Dort kündigt Gott an, das Haus Israel zu erziehen und selbst zur Bestrafung (מוסר) für sie zu werden.[207] Meine These zum Gebrauch von מוסר an dieser Stelle im Sprüchebuch lautet: In Spr 15,10 ist מוסר in seiner metaphorischen Bedeutung als Strafe in das Sprüchebuch gelangt. Dies geschah in Verbindung mit 15,9, in dem JHWH und der Gottlose genannt sind. Mit dem singulären Ausdruck מוסר רע (böse Lehre) werden *die Gottlosigkeit* und *das Verlassen des Pfades* im Kontext der Eroberung Judas gedeutet. Der Vers bildet ein Verbindungsglied zum prophetischen Verständnis von מוסר.[208]

8.3.3.5.3 Lernen am Vorbild und zum Wohl der eigenen Person

Der Spötter liebt es nicht, dass man ihn zurechtweist, zu den Weisen geht er nicht. (15, 12) Dieser Vers stellt ganz im bisherigen Duktus der Spruchsammlung (13,1b) den Spötter als einen dar, der nicht zurechtgewiesen werden möchte. Ähnlich war in 15,5 der Narr eingeschätzt worden. Zurechtweisung wird in 15,12 vom Weisen erwartet, ohne dass er hier als berufsmäßiger Lehrer dargestellt wäre. Auch in 19,25 ist der Spötter unbelehrbar, aber anscheinend herrscht die Vorstellung, dass es dem Einfältigen zur Klugheit gereichen könnte, wenn man den Spötter schlägt. Auch die Zurechtweisung des Verständigen kann dem Einfälti-

---

[206] *Branson* 1982 Sp. 694.
[207] Vgl. zu מוסר (Lehre) außerhalb des Sprüchebuches Kapitel 4.3.2.3 dieser Arbeit.
[208] Zum prophetischen Verständnis von מוסר vgl. Kapitel 8.2.1 dieser Arbeit.

gen zur Erkenntnis dienen.²⁰⁹ Hier klingt Lernen an einem positiven oder negativen Vorbild an.

Ein Ohr, das auf Zurechtweisung zum Leben (חיים) hört, wird inmitten der Weisen bleiben. (15,31) Damit beginnt eine Reihe von drei Versen, die מוסר und/oder תכחת enthalten. תכחת (Zurechtweisung) ist in 15,31f mit שמע (hören) verbunden. Das bestätigt noch einmal die Vorstellung der mündlichen Belehrung, die mit תכחת im Sprüchebuch verbunden wird. Es handelt sich, wie bereits in Spr 13 herausgearbeitet wurde, um eine lebenswichtige Angelegenheit, auf Zurechtweisung zu hören.

Wer sich Lehre entzieht, verachtet seine Person (נפש). Wer aber auf Zurechtweisung hört, der erwirbt Herz.(15,32) Hier wird die individuelle Sorge hervorgehoben, die Lehre für den Einzelnen im Sprüchebuch bedeutet. „Herz" ist in der hebräischen Sprache und in diesem Denkrahmen der Sitz der Lebenskraft (Ps 22,27; Jes 1,5) und der inneren Regungen (Ri 16,15; Ps 5,12; Ps 104,15; usw.) aber auch der Sitz der Gedanken und der inneren Vorstellungen (Traum Hohl 5,2; Jes 65,17). Es ist der Sitz des Antriebs, der Neigungen, Entschlüsse, Pläne (1 Kön 12,33; Ez 13,2; Ex 35,21) und des Verstandes und der Weisheit (1 Kön 10,24; Ps 90,12; Spr 15,14).²¹⁰ Das Herz ist also nicht einfach ein inneres Organ, sondern ein Teil im Menschen, der ihn prägt und mit der Außenwelt in Verbindung bringt. Insofern kann man Herz „erwerben". Es beeinflusst das Verhalten und die Handlungen. Lehre und Zurechtweisung werden hier als etwas verstanden, das die Persönlichkeit eines Menschen prägt.

8.3.3.5.4 Lehre und Furcht JHWHs

Die Furcht JHWHs ist Lehre zur Weisheit und der Ehre geht Demut voraus. (15,33) Dieser Vers spielt nun die Furcht JHWHs ein, die ja bereits am Anfang der ersten Sprüchesammlung betont wurde (1,7 vgl. 9,8). Auch hier markiert der Ausdruck eine Schaltstelle, denn er schließt die Abteilung Spr 13-15 ab und leitet einen weiteren Abschnitt ein.²¹¹

---

²⁰⁹ *Plöger* 1984, S. 227.
²¹⁰ *Gesenius* 1962, S. 375.
²¹¹ *Scherer* zählt ihn bereits zu Spr 16 und begründet das mit der lückenlosen Folge von acht JHWH-Sprüchen in Spr 16 (1999, S. 190). In seiner Thematik bezieht sich

מוסר erhält dadurch eine religiöse Dimension, die noch durch den 2. Stichos betont wird. Ich stimme daher Plöger zu, dass מוסר (Lehre) wohl nicht in מוסד (Grundlegung) zu verändern ist, wie die BHS vorschlägt.[212] Diese Version entspräche zwar eher dem Inhalt von 1,7, wo ja die Furcht JHWHs der Anfang der Erkenntnis genannt wird, aber es wird eben auch dort nicht gesagt, dass sie die „Grundlage der Lehre" sei. Während sich 15,31 durch die Erwähnung des Ohrs auf 15,30 rückbezieht, wo vom Leuchten der Augen die Rede war, bilden 15,32f einen „Doppelschluss" des Kapitels bzw. der Abteilung Spr 13-15. 15,32 hat durch seine allgemeine Aussage bereits eine ähnlich abschließende Funktion wie 15,33. Die religiöse Dimension war bedeutsam genug, um 15,33 anzufügen. Die Verse, die מוסר (Lehre) und יראת יהוה (Furcht JHWHs) verbinden, gelten in der Forschung als späte Sprüche.[213] Auch die Furcht JHWHs ist Lehre der Weisheit, die Reduktion auf weltliche Inhalte der Lehre wird in 15,33 an zentraler Stelle als ergänzungsbedürftig empfunden.

Auf 16,22 wurde bereits im Zusammenhang mit 10,17; 13,14 und 15,5 eingegangen.

8.3.3.6 Lehre in Spr 19

Scherer sieht in Spr 19,2-20,21 einen weiteren Großabschnitt in der Sammlung 10,1-22,16, der thematisch „in erster Linie durch den Problembereich ‚Weisheit und Erziehung' dominiert" ist.[214] Die Nomina „Vater" und „Kind" werden relativ häufig verwendet. Auch finden sich zahlreiche Mahnworte im Abschnitt. So sind auch die hier zu besprechenden Verse 19,20.27 Mahnwörter (vgl. 19,18).

8.3.3.6.1 Gedanken zur zeitlichen Erstreckung des Lernens

Höre Rat und empfange Lehre (מוסר), *damit du an deinem Ende weise bist.* (19,20)

---

der Vers aber durchaus auch zurück auf 15,32 und die übrigen hier besprochenen Verse und bildet dadurch eine Art Zusammenfassung. Vgl. *Plöger* 1984, S. 185.
[212] A.a.O.
[213] *Branson* 1982, Sp. 693.
[214] *Scherer* 1999, S. 267, Hervorhebungen im Zitat wurden weggelassen.

Erziehung im Buch der Sprüche

In diesem Vers hat מוסר einen zeitlichen Aspekt. Bei der Untersuchung von למד im 5. Buch Mose war aufgefallen, dass למד ein lebenslanges Lernen bezeichnet. Kann man das von מוסר ebenfalls sagen? Was ist mit באחריתך (an deinem Ende) in 19,20 gemeint?

Die Situierung von מוסר (Lehre) im Eltern-Kind-Verhältnis weist auf eine begrenzte Zeit der Belehrung hin. Auch ist מוסר an einigen Stellen deutlich auf ein Ziel und einen spürbaren Erfolg/Misserfolg hin ausgerichtet, was eher an ein Lernen denken lässt, das in einem gewissen Lebensabschnitt vor sich geht und in dieser Zeit Ergebnisse zeitigt, vgl. 10,17; 13,18; 15,32; 19,27. Die Verse, die Lehre mit Schlägen verbinden (13,24; 22,15 und die entsprechenden Verse außerhalb des Sprüchebuches), setzen meines Erachtens eine am Ergebnis orientierte Vorstellung von Lernen voraus, sie lesen am Verhalten oder an den Äußerungen des/der Unterrichteten ab, dass das Lernen nicht erfolgreich war. Es gibt ein „zu spät" in diesem Lernen, eine verpasste Chance, die zur Bestrafung führt. Andere Verse sprechen von מוסר als Quelle des Lebens und verstehen sie damit eher als gute Lebensgrundlage, die nicht sofort Ergebnisse zeigt (10,17; 13,14; 16,22). Aber auch an diesen Stellen ist ein erkennbares Ergebnis genannt: In 10,17 geht in die Irre, wer Lehre nicht achtet, in 13,14 entgeht den Fallen des Todes, wer Weisung hat und in 16,22 erweist sich als einsichtsloser Narr, wer der Narren Lehre folgt. So scheint mir die Auffassung von מוסר in dieser Sammlung eine zeitlich begrenzte zu sein und באחריתך (in Zukunft) in 19,20 eben das Ende der Erziehungszeit zu bedeuten, die auch als Ende der Belehrung gedacht ist.[215]

8.3.3.6.2 Misserfolg in der elterlichen Belehrung

26 Wer den Vater misshandelt und die Mutter vertreibt, ist ein schandbares und schändliches Kind.
27 Hör auf, mein Kind, Lehre anzuhören, um abzuirren von den Worten der Erkenntnis. (19,26f)

---

[215] Zu diesem Ergebnis kommt auch *Plöger*. Er argumentiert allerdings allgemeiner: „Denn jede Erziehung führt einem Ziel entgegen, mit dessen Erreichung die Erziehung ihren Abschluss findet. Wenn auch der Weise je und dann dazu angehalten wird, an sich weiterzuarbeiten (vgl. 1,5), so steht diese Eigenarbeit doch nicht mehr unter der Leitung eines Erziehers" (1984, S. 225).

Erziehung im Buch der Sprüche

Diese Verse gehören zusammen: Wohl beeinflusst durch 19,26 enthält 19,27 entweder Ironie: „Lass nur ab davon, Lehre anzuhören, dann wirst du schon sehen, wie du abirrst von der Erkenntnis." Dann wäre der Vers einem innerfamiliären Gespräch abgelauscht. Oder es ist schon von vornherein klar, dass das Kind auf den falschen Weg gerät und Lehre daher wird als unnötig betrachtet. Beide Versionen wissen von einem Fehlschlagen der Lehre. In der Verbindung von 19,26 und 19,27 wird die Bedeutung des Eltern-Kind-Verhältnisses für die Lehre deutlich. Das Sprüchebuch widerspricht den Menschen, die ihre Eltern verachten aufs Schärfste (vgl. 20,20; 30,17). Darin lehnt es sich an das vierte Gebot an (Ex 20,12; Dtn 5,16),[216] und verleiht den Eltern eine große Verantwortung für die Weitergabe der Lehre.

Ein weiterer Vers in diesem Kapitel hat dieses Eltern-Kind-Verhältnis aus der Perspektive der Eltern im Blick: *Erziehe* (יסר) *dein Kind, solange es Hoffnung gibt, aber es zu töten, darauf sollst du dein Verlangen nicht richten.* (19,18) Auch hier wird mit dem Misslingen der elterlichen Unterweisung gerechnet. Aber diesmal werden den Eltern Grenzen gesetzt. Das Kind ist nicht ihrer alleinigen Verfügung überlassen. Hass würde das Eltern-Kind-Verhältnis pervertieren. Lehre setzt dagegen ein Mindestmaß an Vertrauen voraus. Der Vers erinnert an Dtn 21,18ff, wo den Eltern die alleinige Verfügung über das Kind durch die Ältesten der Stadt und das Torgericht abgenommen wird.

8.3.3.7 Lehre in Spr 22,1-16: Belehrung mit der Rute

Der hier zu betrachtende Vers 22,15 gehört nach Scherer zum zusammenfassenden Schlussabschnitt 22,11-16 der Sammlung II.[217] Der Vers verweist durch seine lehrhafte Thematik auf den Anfang dieser Sammlung in 10,1 zurück.

Haftet Narrheit am Herzen des Knaben (נער), *die Rute der Lehre* (מוסר) *wird sie gewiss davon entfernen.* (22,15) Hatte 15,5 versucht, mit Worten zu überzeugen, so empfiehlt 22,15, der Narrheit mit der Rute beizukommen. Die Spur der Begriffe מוסר (Lehre) und תוכחת (Zurechtweisung) führt zu beiden Lehrmethoden. Sie stehen nebeneinander, ohne

---

[216] *Von Rad* begründet das „scharfe Urteil über Menschen, die ihre Eltern verachten" mit „dem Wissen um Jahwes Rechtswillen" (1992, S. 126f).
[217] *Scherer* 1999, S. 330.

Erziehung im Buch der Sprüche

dass dieses Nebeneinander genauer bestimmt oder problematisiert wird. Ich folgere daraus, dass Belehrung sowohl mit als auch ohne körperliche Gewalt erteilt wurde und dass es nicht außergewöhnlich war, wenn widersetzliche Kinder geschlagen wurden.

Eindeutig sind die Verse aber, wenn es darum geht, aufzuzeigen, wie lebensnotwendig Lehre für Kinder und für die noch nicht Belehrten ist. Um dieses Ziel zu erlangen sind auch Schläge recht. Dennoch halte ich es für falsch, die hier untersuchten Begriffe mit „Zucht" und „Züchtigung" zu übersetzen, was für heutige Ohren den strafenden Aspekt in den Vordergrund stellen würde. Die Stellen, an denen, wie in 22,15, explizit von körperlicher Gewalt in der Belehrung die Rede ist, sprechen für sich. Eine Vereinheitlichung des komplexen Begriffs מוסר wird hier nicht angestrebt.

8.3.4 Einzeluntersuchungen im Anhang der Sammlung II (Spr 22,17-24,34)

Die Sammlung 22,17-24,22 (34) enthält ausschließlich Mahnworte, die aus mehrzeiligen Spruchgruppen bestehen. Die Einleitung in 22,17 kennzeichnet sie als „Worte von Weisen", eine Überschrift, die in der Septuaginta noch erhalten ist, im masoretischen Text aber eingeebnet wurde. Der Form nach nehmen sie „eine Mittelstellung ein zwischen den feststellenden Sentenzen einerseits und den umfangreichen Mahnreden andererseits".[218] Wie einleitend bereits erwähnt, fallen 22,17-23,11 dadurch auf, dass sie zum Teil wörtliche Passagen aus dem Buch Amenemopes wiedergeben. Hier findet sich keines der zentralen Stichworte für Lehre. Von lehren ist in den Versen 22,19.21 mit ידע hi (erfahren lassen, kundtun) die Rede. Direkt im Anschluss an den Einschub folgen fünf Verse, die das Lehrmotiv wieder aufnehmen bzw. die Weisheit loben (23,12-16).

8.3.4.1 Lehre gewinnt im internationalen Austausch an Gewicht

12 *Bring her zur Lehre dein Herz und deine Ohren zu den Worten der Erkenntnis.*
13 *Entziehe einem Knaben (נער) Lehre nicht, wenn du ihn mit der Rute schlägst, wird er nicht sterben.*

---

[218] *Plöger* 1984, S. 265.

14 *Du schlägst ihn mit der Rute, aber errettest seine Person (נפש) vor Scheol.*
15 *Mein Kind, wenn dein Herz weise ist, freut sich auch mein Herz.*
16 *Und meine Nieren frohlocken, wenn deine Lippen Aufrichtiges reden.* (23,12-16)

23,12 greift durch Stichwortbezüge auf 22,17 zurück („Herz", „Ohr", „Worte", „Erkenntnis") und 23,13f nehmen 22,15 wieder auf („Herz", „Knabe", „Rute", „Lehre"). Hier wurde ein Übergang zwischen den Sammlungen geschaffen. 23,13f haben Übereinstimmungen mit den aus dem mesopotamischen Raum stammenden Sprüchen des Achikar (vgl. Tobit 1,21f; 14,10). Dort lauten die Sätze: „Verschone deinen Sohn nicht mit der Rute, sonst kannst du ihn nicht bewahren vor dem Bösen (81). Wenn ich dich schlage, mein Sohn, stirbst du nicht, aber wenn ich dir deinen Willen lasse, wirst du nicht leben (82)."[219]

Die Abhängigkeitsverhältnisse zwischen dem in Elephantine, einer Militärkolonie am Nil, aufgefundenen Text und dem Sprüchebuch sind allerdings nicht geklärt. Möglicherweise wurde der Achikartext der Vorlage aus dem Sprüchebuch angeglichen. Es ist jedenfalls deutlich, dass hinsichtlich des Themas ein kultureller Austausch stattfand.

Lehre ist etwas, das mit dem inneren (Herz, Verstand) und dem äußeren (Ohr) Aufnahmeorgan empfangen werden sollte (vgl. Spr 22,17). Dem Knaben Lehre zu entziehen bedeutet nach der Logik dieser Verse, den Tod heraufzubeschwören, was schlimmer wär als die Schmerzen durch die Rute. Scheol ist das Totenreich, dessen Übergang zum Reich der Lebenden fließend gedacht werden muss. In Ps 88 ist Scheol der Bereich, der von Gott getrennt ist, die tiefste Grube, Finsternisse, Tiefen (Ps 88,7). Hi 7,7-11 kann so verstanden werden, dass Hiob sich bereits in der Scheol wähnt, aus der es keine Wiederkehr gibt (Hi 7,9). Spr 23,14 benutzt nun dieses drastische Bild, um den Wert der Lehre zu preisen. Durch Schläge droht dem Knaben kein Tod, aber würde er nicht belehrt, drohte ihm Scheol. Es wäre allerdings falsch, diese Verse als Rechtfertigung von Schlägen bei der Belehrung zu lesen. Das Ziel des Textes ist es nicht, eine Aussage über Schläge in der Erziehung zu machen, sondern es geht hier um die eindringliche Bewusstmachung der

---

[219] *Gressmann* 1926, S. 457.

Verantwortung für die Belehrung des Knaben.[220] Durch die Verwendung von נער (Knabe) ist der elterliche bzw. verwandtschaftliche Bezug nicht zwingend. Es kann sich auch um eine Lehrperson handeln, die nicht verwandt ist.

In 23,15f wird wieder das Eltern-Kind-Verhältnis eingespielt. Hier ist nun eindeutiger als in 15,20 formuliert, dass das Kind durch seine „weise Einstellung" (אם חכם לבך) die Lehrperson erfreut und wenn seine Lippen Aufrichtiges (ישר) reden. Es geht hier um Lebensklugheit im Sinn eines Gott gemäßen Redens (vgl. 20,11, 21,8). An herausragender Stelle, nämlich am Übergang zwischen zwei Sammlungen, wird „weise" durch ein weiteres Adjektiv näher bestimmt. ישר (aufrichtig) ist die Rede der Weisheit in 8,9 und sind Gottes Worte (Ps 33,4), seine Gesetze (Ps 19,9; 119,137, Neh 9,13) und seine Wege (Hos 14,10). Wenn aber das Ziel der Belehrung in 23,12-16 „Aufrichtigkeit" ist, dann klingt damit auch ein ethisch-religiöses Interesse an.

Diese Verse sind der Hinweis auf eine Weiterentwicklung des Lehrbegriffs innerhalb des Sprüchebuches. Der Subjektwechsel zwischen 23,12 und 23,13 bringt den Lernenden und den/die Lehrende(n) ins Blickfeld. Mit Herz und Ohr müssen die Worte aufgenommen werden (23,12), und die Lehre ist wichtiges Handeln am Wohl des Knaben (23,13). Die Verantwortung der Lehrperson ist in 23,13 zentrales Anliegen. Lehre dient aber nicht nur dem geglückten Leben, ihr Einfluss reicht bis vor die Scheol und das heißt, sie entscheidet auch über Nähe und Ferne zu Gott. Damit sind sehr allgemeine und weitreichende Aussagen zur Lehre gemacht. 23,15 nimmt mit der Anrede *mein Kind* die Perspektive der Lehrperson ein und hier ist nun sehr eindeutig von der Freude über die geglückte Belehrung die Rede. Lehrperson und Kind sind nicht nur zufällig aufeinander gestoßen, sie stehen in einem emotionalen Verhältnis zu einander. Diese Verse sprechen aus verschiedenen Perspektiven und inhaltlich sehr weitreichend von Belehrung, als hätten sie konkrete Situationen vor Augen. Sie gehen von einem länger anhaltenden „Lehrverhältnis" aus und stellen ein geglücktes Ende der Belehrung vor Augen (23,15f). Anders als an den untersuchten Stellen der Sammlung II ist

---

[220] *Delkurt* spricht in diesem Zusammenhang davon, dass die Rute nur für den äußersten Notfall gedacht sei (2002, S. 233).

hier eine Unterrichtssituation förmlich greifbar, allerdings nicht expliziert.

8.3.4.2 Weisheit ist Grund zur Freude, sie muss erworben werden

22 Höre auf deinen Vater, der dich gezeugt hat, und verachte deine Mutter nicht, wenn sie alt geworden ist!
23 Erwirb (קנה) Wahrheit und gib sie nicht preis (מכר), Weisheit und Lehre (מוסר) und Einsicht!
24 Froh frohlockt der Vater eines Gerechten, und wer einen Weisen gezeugt hat, der freut sich über ihn.
25 Es freue sich dein Vater und deine Mutter, und es frohlocke, die dich geboren hat! (23,22-25)

In 23,22-25 wird der Gedanke ausgestaltet, dass ein Kind, das sich Weisheit erworben hat, eine Freude für die Eltern ist (vgl.10,1; 23,15). 23,23 fällt aus diesem Kontext heraus. Der Vers fehlt in der Septuagintaübersetzung. Er verweist durch das auffällige Verb קנה (kaufen, erwerben) auf Spr 4,5.7 und 17,16, wo vom Erwerben der Weisheit (חכמה) und der Einsicht (בינה) die Rede ist. Auch wenn das Wortspiel „kaufen"-„verkaufen" hier dazu verlockt, die reale Übersetzung zu wählen, wie es zum Beispiel die Elberfelder Übersetzung tut, so halte ich das doch für irreführend. „Wahrheit" ist nicht käuflich zu erwerben. Man könnte zwar an einen bezahlten Lehrer denken, was in der Schuldebatte auch geschehen ist.[221] Aber in 4,5 ist der Gegensatz zu „erwerben" eher „vergessen" (4,5) und „verlassen" (4,6). In 4,6 wird vom „Lieben" der Weisheit bzw. der Einsicht gesprochen. All das deutet auf eine übertragene Bedeutung von קנה (kaufen, erwerben) hin. In 17,16 wird der Gedanke, dass man Weisheit kaufen könnte, gerade ironisiert. Auch diese Stelle kann nicht als Beweis für einen bezahlten Unterricht herangezogen werden.

8.3.4.3 Eine Beispiel aus dem Leben zur Illustration für die Notwendigkeit von Lehre

Die Verse 24,23-34 werden als Anhang zur Sammlung III bezeichnet,[222] die durch die erneute Überschrift in 24,23 gekennzeichnet ist: *Auch die-*

---

[221] *Lang* führt die Deutung eines Honorars für den Lehrer nach Spr 4,5 und 17,16 auf *Klostermann* zurück, ohne sie zu bestreiten (1979, S. 186).
[222] *Plöger* 1984, S. 286.

Erziehung im Buch der Sprüche

se sind von den Weisen. Der hier in Frage kommende Abschnitt 24,30-34 ist ein „Beobachtungsbericht",[223] aus dem eine Lehre gezogen wird.

30 *Am Feld eines faulen Mannes ging ich vorüber und am Weinberg eines Menschen ohne Herz.*
31 *Und siehe, es war ganz in Nesseln aufgegangen, seine Fläche war mit Unkraut bedeckt und seine steinerne Mauer eingerissen.*
32 *Und ich schaute und nahm mir zu Herzen, ich sah, nahm mir die Lehre (*מוסר*):*
33 *Noch ein wenig Schlaf, noch ein wenig Schlummer, noch ein wenig Händefalten um auszuruhen*
34 *und wie ein Landstreicher kommt deine Armut und dein Mangel wie ein unverschämter Mann. (24,30-34)*

Der Bericht hat in 6,10f eine Parallele, dort wird die Schlussfolgerung im beinahe gleichen Wortlaut überliefert. Möglicherweise war sie als Sprichwort bekannt. Der Bericht in 24,30-34 ist sprachlich gut entfaltet. In der Gegenüberstellung des *Menschen ohne Herz* und des *sich zu Herzen Nehmens* durch die Ich-Person, entfaltet der Text seine pragmatische Wirkung und veranlasst die Hörerin/den Leser, ebenfalls Überlegungen anzustellen. Ein Sprichwort wird in einen Beobachtungsbericht eingekleidet, bzw. die Belehrung durch diesen Bericht didaktisch umgesetzt. Aus pädagogischer Sicht ist dies ein sehr interessantes Beispiel für antike Didaktik. Man bemüht sich um Anschaulichkeit, die Angeredeten werden in eine Erfahrung hineingenommen und können die Entscheidung für das eigene Handeln selbst fällen. Dass solche Didaktik nicht singulär war, zeigt der formal vergleichbare Erfahrungsbericht Spr 7,6-10. Allerdings darf der Bericht in 24,30-34 nicht aus der Perspektive des faulen Mannes gelesen werden. Für ihn, der existentiell betroffen sein mag, bedeutet das Feld womöglich Hunger und Not. Im Exkurs über מוסר in Texten außerhalb des Sprüchebuches wurde aufgezeigt, dass in ähnlicher Weise der Blick auf die eigene Geschichte pädagogisch verwendet wurde. Dort wurde auch die Problematik dieses Vorgehens in der Reflexion über Katastrophenzeiten deutlich: Lehre verkommt zur Strafe.

---

[223] A.a.O. und S. 288. Ein weiterer Beobachtungsbericht liegt in 7,6-10 vor.

8.3.4.4 Zusammenfassung der Ergebnisse der Sammlung II

Während Spr 1-9 Belehrung durch die Form der Lehrreden, durch die variantenreichen Einleitungen der Reden und durch die Gestalt der personifizierten Weisheit in den Mittelpunkt rücken, ist Belehrung in der zweiten Sammlung ein wichtiges Thema unter anderen. Scherer nennt in seiner Analyse zu Spr 10,1-22,16 neben dem erzieherischen Thema auch das ethische und ökonomische als Hauptbereiche.[224] In den analysierten Versen zum Lehrthema entsteht ein differenziertes Bild von Belehrung. Sie wird als lebensnotwendig dargestellt, was einerseits in Richtung von praktischen Fähigkeiten ausgedeutet wird und andererseits auch religiöse Dimensionen haben kann. Belehrung steht im Zusammenhang mit der Eltern-Kind-Beziehung und ist auf die Zeit der Erziehung eines Kindes begrenzt. Das Misslingen der Belehrung wird nicht ausgeschlossen. Die Erziehung mit der Rute wird als Methode nicht problematisiert, die sprachlichen Differenzierungen weisen aber auch auf eine duchdachte verbale Belehrung hin.

Im Anhang zur Sammlung erfährt das Thema der Belehrung eine Ausweitung. Der internationale Austausch über Lehre wird in den Parallelen zur Lehre des Amenemope und den Sprüchen des Achikar deutlich. Lehre ist in 23,12-14 heilsentscheidend, da ohne sie die Scheol droht. Die didaktisch interessant verwendete Beobachtung eines „Menschen ohne Verstand" rundet den Eindruck ab, dass Lehre in diesem Anhang an Bedeutung gewinnt.

8.3.5 Einzeluntersuchungen zur Sammlung III (Spr 25-29)

Bei dieser Sammlung handelt es sich um eine zweite Sentenzensammlung nach 10,1-22,16. Die Überschrift (25,1) zählt sie ebenfalls zu den Sprüchen Salomos (vgl. 10,1) und gibt noch einen redaktionellen Hinweis: „Sprüche, die die Männer Hiskias, des Königs von Juda, zusammengetragen haben." Möglicherweise stammt also ein Teil dieser Sprüche aus vorexilischer Zeit, mit Zusätzen ist aber zu rechnen.

---

[224] *Scherer* 1999, S. 74 u.ö.

Erziehung im Buch der Sprüche

Die erste Abteilung dieser Sammlung (Spr 25-27) enthält keine Sprüche zum Lehrthema. 27,5 hat תוכחת, benutzt es aber nicht im pädagogischen Zusammenhang.

Erst Kapitel 28f, die Plöger und Kieweler als eigenen Unterteil bezeichnen,[225] hat vier Stellen zur Tora, die hier zusammengefasst werden sollen und einen Vers zur Mutter-Kind-Erziehung. In dieser zweiten Abteilung herrschen die antithetischen Aussagen vor und die Bezüge zum Jahweglaube sind deutlich festzustellen.

8.3.5.1 Tora als religiöse Weisung

Die Sentenzensammlung 10,1-22,16 und ihr Anhang waren ganz ohne einen Torabegriff ausgekommen. Dieser ist bisher nur im ersten Teil des Sprüchebuches belegt (Spr 1,8; 4,2; 6,20.23) und kehrt hier wieder:

Die, welche Weisung verlassen (עזבי תורה), *rühmen einen Frevler; die aber Weisung bewahren* (שמרי תורה), *entrüsten sich über ihn.* (28,4)
Wer Weisung (תורה) *befolgt, ist ein einsichtiges* (מבין) *Kind; wer sich aber mit Schlemmern einlässt, macht seinem Vater Schande.* (28,7)
Wer sein Ohr abwendet vom Hören der Weisung (תורה), *dessen Gebet sogar ist ein Gräuel.* (28,9)
Wenn keine Vision (חזון) *da ist, verwildert ein Volk; aber wohl ihm, wenn es Weisung bewahrt* (שמרי תורה). (29,18)

In der Sammlung Spr 28f steht „Tora" allerdings nicht mit einer Lehrperson (vgl.1,8; 6,20) oder einem Possessivpronomen (vgl. 4,2). Wie in 6,23 muss das Nomen in Spr 28f als terminus technicus für eine bestimmte Weisung aufgefasst werden.[226] Es bezeichnet die Anweisungen, die von Propheten und Priestern vermittelt wurden, und die in der Tora des Mose überliefert sind. Das Verb שמר (28,4; 29,18), mit dem Weisung verbunden ist, verweist auf deuteronomischen Sprachgebrauch, der ja in Spr 6,20-23 bereits belegt werden konnte.[227] Tora öffnet sich durch diesen Anklang für die Bedeutung „Weisung Gottes".

---

[225] *Plöger* 1984, S. 293, *Kieweler* 2001, S. 163ff
[226] vgl. *Plöger* 1984, S. 333.
[227] vgl. שמר bewahren in Dtn 17,19; 28,58; 30,10; 31,12; 32,46; Jos 1,7f; 22,5; 2 Kön 17,13.37; 21,8; 2 Chr 33,8.

Erziehung im Buch der Sprüche

Kieweler fasst Spr 28,1-11 in einer Untersammlung mit dem Titel „Die Tora als Grundlage der Gemeinschaft" zusammen. Er hält also „Tora" in diesem Abschnitt für das Leitwort.[228] In Vers 28,7, wo im zweiten Stichos der Vater erwähnt ist, scheint die aus den Sprüchen bisher bekannte weisheitliche bzw. elterliche Bedeutung von Tora als Weisung durch. Um dem Vater keine Schande zu machen, sollte das Kind seine Weisung beachten.[229] Gleichzeitig ist durch die Nähe zu 28,4 und 28,9 aber auch die religiöse Färbung des Nomens impliziert. 28,9 erwähnt das Gebet.

Die Formulierung „sein Ohr abwenden" steht nur noch in Ez 23,25 mit den gleichen Konsonanten, dort bedeutet es im Kontext einer Gerichtsschilderung (Ez 23,24), „die Ohren abschneiden". Es erinnert innerhalb des Sprüchebuches an die Aufforderung „neige dein Ohr" in 4,20; 5,1.13; 22,17, das in diesen Versen die Aufforderung ausdrückt, weisheitliche Lehre zu hören und anzunehmen. Jeremia verwendet den Ausdruck „das Ohr neigen" durchweg negativ in dem Sinn, dass die Angesprochenen nicht auf Gottes Stimme hörten (Jer 7,24.26; 11,8) bzw. die Worte der Propheten nicht beachteten (Jer 25,4; 35,15; 44,5) oder den Bund Gottes nicht eingehalten haben (Jer 17,23; 34,14). Diese Stellen legen die Deutung von „Tora" als Gottes Gebot nahe. Die syrische Übersetzung verändert in „wer seine Ohren verstopft vom Hören der Tora" und könnte damit auf jemanden anspielen, der Weisung völlig ablehnt und dessen Gebet dann ein Gräuel ist, weil ihm das grundlegende Gottesverhältnis fehlt.

29,18 ist der Schlüssel für die in Bewegung geratene Konnotierung des Begriffs „Tora". חזון (Schau) ist ein Begriff, der die prophetischen Visionen bzw. Eingebungen bezeichnen kann (Jes 1,1; Dan 8,1 u.ö.). In Spr 29,18 sind חזון (Schau) und תורה (Weisung) parallelisiert. Die Antithese bezieht sich nicht auf diese Begriffe, sondern auf die Verben: In 29,18a ist Vision abwesend, in 29,18b wird Weisung beachtet.[230] Vision und Weisung bezeichnen beide das, was es zu beachten gilt, um der Verwilderung zu wehren und für das Wohlergehen zu sorgen. Mit חזון (Schau) ist also die prophetische Belehrung gemeint, die hier mit Tora identifiziert wird. Es überrascht, dass in diesem Vers das Volk Subjekt ist, denn der Großteil der Sprüche wendet sich an den Einzelnen bzw. an ein ausgewähltes Kollektiv wie die Weisen oder die Dummen. Die Einsicht, dass eine gemeinsame „Schau" (חזון) ein Volk davor bewahrt, zu verwildern, könnte die in Spr 28f beobachtete Angleichung des Torabegriffs

---

[228] *Kieweler* 2001, S. 163f.
[229] Vgl. zu dieser Interpretation *Plöger* 1984, S. 334.
[230] Anders *Plöger*, der Vision und Weisung antithetisch versteht (1984, S. 347).

an die religiöse Bedeutung gefördert haben. Sie mag auf Erfahrungen in Krisenzeiten beruhen und bereits die Handschrift einer nachexilischen Überarbeitung tragen.[231]

8.3.5.2 Elterliche Belehrung lohnt sich für die Kinder

Rute und Zurechtweisung geben Weisheit, aber ein sich selbst überlassener Knabe (נער) macht seiner Mutter Schande. (29,15)
Erziehe dein Kind, so wird es dich zufrieden machen und dir Freude bringen. (29,17)

Bei diesen Versen, die wieder im Duktus der Verse über elterliche Belehrung stehen, liegt der Akzent darauf, dass Mutter und Vater überhaupt den Auftrag haben, ihre Kinder zu belehren bzw. zurechtzuweisen. In 29,15 stehen *Rute und Zurechtweisung* dem *sich selbst überlassenen* (wörtlich: weggeschickten) *Knaben* gegenüber (נער משלח). Die Mühe der elterlichen Erziehung in Belehrung und Zurechtweisung wird hier noch einmal hervorgehoben. So ist auch 29,17 zu verstehen.

8.3.6 Lehre in Spr 31

Bei den bisherigen Untersuchungen wurde an den meisten Stellen entgegen der allgemeinen Forschungsmeinung בין mit Kind übersetzt. Der Grund dafür war die Diskrepanz, die sich in den üblichen Übersetzungen niederschlägt: einerseits werden Söhne und Knaben belehrt und andererseits werden Mütter als weisende dargestellt bzw. hat die Weisheit als personifizierte Frau auch Züge einer Lehrerin. Brenner macht darauf aufmerksam, dass die Sprüchetexte, in denen von einer Weisung durch die Mutter die Rede ist (1,8; 6,20; 31,1), möglicherweise Reflexionen einer vergangenen israelitischen Tradition sind. „Mutter" könnte eine Zeit lang der Titel für eine weise Frau in Israel gewesen sein. Sie bezieht

---

[231] *Kieweler* kommt in seiner Untersuchung zu Spr 24-29 zu einer ähnlichen Schlussfolgerung: „Tora als Weisung dürfte in einer ausgesprochenen Krisenzeit unzureichend gewesen sein. Es bedurfte mehr, um das Verhalten der Menschen nachhaltig zu normieren. *So kann sicherlich von einem Übergang der Tora als Weisung zum Gesetz gesprochen werden. Schlussstein der Entwicklung im Bereich der Weisheit war zunächst Ben Sira, der eine Identifikation der Weisheit mit der Tora und eine Verbindung der Weisheitsliteratur mit der mosaischen Tradition vornahm"* (2001, S. 381f). Er rechnet mit einer Überarbeitung der Sammlung in nachexilischer Zeit (ebd. S. 245).

sich auf 2 Sam 14,20 (vgl. 2 Sam 20,19 und Ri 5,7).[232] Wenn nun aber auf solche alten Traditionen rekurriert wurde, stellt sich die Frage auch von daher: Was war mit den Töchtern? Wo kommen sie vor? Wer lehrte sie? Woher bekamen die Mütter ihre Weisheit, wenn sie nicht bereits als Töchter unterrichtet wurden? Die Texte lassen hier eine Lücke, die durch die Übersetzung von בין mit Kind nur ungenügend gefüllt werden kann.

Eine Ausnahme bildet das Lob der starken Frau in Spr 31,10-31. Diese Verse werden oft zu den jüngsten Bestandteilen des Sprüchebuches gezählt.[233] Das Loblied hat keine Einleitung, die Absender oder Adressat bezeichnen würden, wie in 30,1 oder 31,1. Es beginnt unmittelbar, aber sein Kern kann als mütterliche Unterweisung einer weiblichen Person gedeutet werden.[234] Diese allerdings ist ganz auf eine Unterstützung des Mannes (31,11f) und des gemeinsamen Haushalts ausgerichtet. Die Frau überarbeitet sich (31,15.18) für das Lob der Söhne und des Mannes (31,28). Am Ende steht ihr Erfolg (31,31), der allerdings mit dem Preis der Anpassung an die Verhältnisse bezahlt ist.

Ihren Mund öffnet sie in Weisheit und freundliche Weisung (תורה) *ist auf ihrer Zunge.* (Spr 31,26) Der Vers greift auf 1,8 und 6,20 zurück Weisheit und Weisung der starken Frau werden hier wie in Spr 1-9 im Sinn der häuslichen Verwaltung (vgl. 31,27) und den damit zusammenhängenden praktischen Fähigkeiten (31,16) gedeutet. Die Frau hat weitgehende wirtschaft-liche und fachliche Befugnis und Fähigkeit. Andererseits hat sie Gottesfurcht (31,30) und ist daher ebenso eingewiesen in den Bund mit Gott und die entsprechenden Gebote. Aber auch hier wird dieser Gedanke nur angedeutet. Gottesfurcht ist in 31,30 der moralische Gegenpol zu Anmut und Schönheit, d.h. zur sexuellen Attraktivität der Frau. Das Anliegen ihrer inhaltlichen Unterweisung in den Fragen der Gottesfurcht geht daraus nicht hervor.

---

[232] *Brenner* 1996, S. 127-130, hier 127, und *van Dijk-Hemmes* 1996, S. 49-52.
[233] *Plöger* 1984, S. 119.
[234] "My hypothesis is that the eset hayil poem (Prov 31.10-22) is the single biblical instance of a 'mother´s instruction to daughter' genre, the opposite and complementary number of the 'mother´s instruction to son' convention of chapters 1-9 and the first part of chapter 31." *Brenner* 1996, S. 127f.

Will man den Text 31,10-31 so deuten, dass er die Lücke der Töchterunterweisung füllt, dann wäre das bewusst einschränkend geschehen. In einer Zeit, in der Tora bereits als Bezeichnung für die prophetische Unterweisung bzw. für das Gesetz des Mose bekannt war (vgl. 28,4.9) und als notwendig für das ganze Volk betrachtet wurde (29,18), wird hier die Weisung der Frau im Sinn der praktisch-ökonomischen Kompetenzen in Haus und Hof verwendet. Damit sind ihr zwar Fähigkeiten zugestanden und sie werden auch herausgehoben, sie sind aber zugleich auf den häuslichen Bereich eingegrenzt.

8.4 Zum Verhältnis von Lehre und Furcht Gottes im Sprüchebuch

Die Ermahnung, Gott zu fürchten, ist in den למד Versen im 5. Buch Mose als Ziel der Belehrung erkannt worden. Aus dieser Perspektive fällt die Rede von der Furcht JHWHs im Sprüchebuch auf und es stellt sich die Frage, wie dieser Topos im Sprüchebuch verankert ist. Von der Furcht Gottes ist in den hier besprochenen Abschnitten zwar nicht häufig, dafür aber an herausragenden Stellen die Rede: 1,7 und 15,33, markieren jeweils den Anfang bzw. das Ende eines Abschnitts. In der ersten Rede von Frau Weisheit ist mangelnde Gottesfurcht ein Grund für das Gericht (1,29). 3,7 bildet das Zentrum von 3,1-12. Der Vers 9,10 ist an einen Abschnitt angefügt, der deutlich das „Lernen" thematisiert und hat wörtliche Entsprechungen zu 1,7, so dass ein Rahmen um die erste Sammlung entsteht. In der Analyse ist die Verbindung von „Weisung" und Furcht Gottes durch die Anspielungen in den Versen 13,14 und 14,27 aufgefallen.

Mehrmals wurde hier festgestellt, dass ein Umgang mit Tradition vorliegt, der Begriffe aus dem Bezug zu Gott herausnimmt und in einen „weltlichen" Zusammenhang setzt. Das herausragendste Beispiel ist wohl מוסר selbst, das außerhalb des Sprüchebuches bis auf zwei Ausnahmen in Verbindung mit Gott verwendet wird, im Sprüchebuch aber ein Ausdruck für die Lehre unter Menschen ist. Kann man nun sagen, dass sich das religiöse Verständnis von „Lehre" im Sprüchebuch auf einige Randsätze bzw. Spitzenaussagen reduziert? Die Sätze, die Branson zur Verbindung von „Furcht JHWHs" und „Lehre" schreibt, könnten so gedeutet werden:

„In zwei der spätesten Sprüche wird *musar* theologisch mit der jir'at JHWH in Verbindung gesetzt (Spr 1,7; 15,33...); die Gottesfurcht ist die Quelle des Lernens und der Weisheit. Durch die Hereinnahme der Weisheitsliteratur in den jahwistischen Glauben entstand die Erkenntnis, dass das notwendige Wissen für eine erfolgreiche Lebensbewältigung letztlich ein religiöses Wissen sein muss. Daher erhält *musar* die Dimension der Religion, die nötig ist, um ein JHWH-gefälliges Leben zu führen."[235]

Die hier angestellte Analyse widerspricht der Darstellung Bransons nicht insgesamt, aber es müssen einige Beobachtungen hinzugefügt werden. Erstens lässt sich die Verbindung zwischen מוסר (Lehre) und יראת יהוה (Furcht JHWHs) häufiger nachweisen als bei Branson dargestellt, nimmt man die Struktur der Texte ernst (zusätzlich in 1,29 und 3,7). Zweitens könnte seine Aussage die Vorstellung wecken, als seien die von ihm genannten Verse die einzigen, die überhaupt „Lehre" im Sprüchebuch mit der Furcht JHWHs in Verbindung bringen. Dagegen spricht 9,10, der an einen Abschnitt angefügt ist, in dem lehren thematisiert wird und die Anspielung zwischen 13,14 und 14,27, die „Tora" durch „Furcht JHWHs" ersetzt. Drittens ist die Verbindung zwischen „Furcht JHWHs" und „Lehre" in 1,7 nicht sehr eng. An erster Stelle wird in 1,7a „Furcht JHWHs" mit „Anfang der Erkenntnis" gleichgesetzt. Der zweite Stichos in 1,7,b knüpft aber eher an „Erkenntnis" an. Allein 15,33 stellt die enge Verbindung zwischen „Furcht JHWHs" und „Lehre der Weisheit" her.

Damit ist Bransons Aussage insofern relativiert, als die Verbindung zwischen „Lehre" und „Furcht Gottes" kein wirklich herausragender Akt war, sondern sich bereits aus älteren Sprüchen erklären lässt. In der hier angestellten Analyse wird an verschiedenen Stellen der religiöse Bezug von Lehre deutlich. Es wirft ein falsches Licht auf das Sprüchebuch, deutet man den religiösen Bezug als spät hinzugefügten. Ein säkulares Lehrverständnis ist in biblischer Zeit undenkbar, weil nicht zwischen religiösem Denken und säkularem Denken unterschieden wurde. Es bleibt also die Besonderheit einer begrifflichen Verbindung, die durch 15,33 geknüpft wird. Hier wird tatsächlich „Furcht JHWHs" und „Lehre der Weisheit" parallel gesetzt und ich stimme Branson zu, dass damit möglicherweise ausdrücklich die Weisheitsliteratur mit dem Glauben an Gott in Verbindung gebracht werden sollte.

---

[235] *Branson* 1982, Sp. 693.

Erziehung im Buch der Sprüche

„Die Religion begegnet uns im Buch der Sprüche nicht in Gestalt der Staatsreligion, sondern in Gestalt der persönlichen Frömmigkeit des einzelnen. Der Einzelne sieht sich hier nicht mit den großen Institutionen Tempel, Kult, Priesterschaft, Propheten und mit der religiös-nationalen Tradition mit ihren Gestalten wie Abraham und Mose konfrontiert, sondern er weiß sich und sein Schicksal Gott gegenüber."[236]

8.5 Zusammenfassung

Nach dieser Untersuchung zu den drei wichtigsten Bezeichnungen für den Lehrvorgang, „Lehre", „Zurechtweisung" und „Weisung", lassen sich die Ergebnisse auf drei Ebenen zusammenfassen:

1. Das Bewusstsein für die Bedeutung von „Belehrung" nimmt im Laufe des geschichtlichen Wachstums des Buches zu. Elterliche Unterweisung ist in den früheren Spruchsammlungen ein wichtiges Anliegen neben anderen, in Spr 1-9 und 31 hingegen haben die Verse, die Belehrung thematisieren, einleitende Funktion, was auf eine übergeordnete und im Verlauf der Entstehung des Sprüchebuchs zunehmende Bedeutung des Lehrens hinweist.

2. Es findet sich im Sprüchebuch eine poetisch-didaktische Sprache. Besonders in Spr 1-9 werden Adressaten angeredet, arbeitet die Argumentation mit Bildern, mit Inszenierungen und mit Parabeln. Die Adressaten sind, soweit sich das ermitteln lässt, in erster Linie männliche Lernende. In der Kindes-Anrede in Spr 1-9, in der Form der Weisheitsgedichte und in der sprachlichen Gestalt der Aussagesprüche in Spr 10ff lässt sich eine Mündlichkeit erahnen, in deren Kontext viele der Sprüche entstanden sind. Diese Art der Belehrung ist geprägt von guter Beobachtungsgabe und Kenntnis der Reaktionen der Zuhörer. Die Sprachformen sind einprägsam gestaltet.

3. Soweit die Belehrung im Sprüchebuch älteres Traditionsgut aufgreift, setzt sie eigene Akzente. Tradition als „Lernstoff" besteht nach dem hier erarbeiteten Verständnis gerade nicht aus ein für allemal ausformulierten Sprüchen, die es allein auswendig zu lernen gilt. Einige Sprüche ähneln sich sehr, weichen aber doch voneinander ab (vgl. die Einleitungen zu den Lehrreden

---
[236] *Lang* 1972, S. 74.

Erziehung im Buch der Sprüche

oder die oben untersuchten Abweichungen zwischen einzelnen Sprüchen). Ihre Weitergabe ist mit einer Auswahl verbunden und mit Aktualisierungen im Blick auf die Lernenden die auch auf die Mitarbeit der Hörenden im Lernprozess schließen lassen. So bleibt es z.B. den Hörern und Hörerinnen von Spr 24, 30-34 selbst überlassen, ob sie sich zu den Faulen zählen oder nicht. Die Lehre des Kindes in Spr 4 ist nicht identisch mit der des Vaters.

Das Traditinsverständnis des Sprüchebuches ist also vergleichbar mit dem des 5. Buches Mose. Ein Interpretationsspielraum konnte auch im deuteronomistischen Umgang mit der Tradition festgestellt werden, wenngleich die Analyse dort nicht traditionsgeschichtlich arbeitete sondern die intertextuellen Bezüge und Spannungen auf ihren Umgang mit Tradition hin befragte. In der Analyse des 5. Buches Mose wurde der aktualisierende Umgang mit Tradition als „Hörgeschehen" bezeichnet. Ein solches Hörgeschehen lässt sich auch im Sprüchebuch nachweisen, wie die traditionsgeschichtliche Analyse gezeigt hat. Es handelt sich, wohl gemerkt, nicht um einen beliebigen Umgang mit Tradition sondern um das Zur-Sprache-bringen von Tradition im Spannungsfeld der genauen Wahrnehmung des überlieferten Textes und der Anforderungen im aktuellen Lehrkontext.

Im Folgenden sollen nun die Ergebnisse der bisherigen Analysen unter religionspädagogischen Gesichtspunkten zusammengefasst werden und anschließend einige Anregungen für eine zeitgenössische Bibeldidaktik formulieren werden.

9 Zusammenfassung des biblischen Lehrverständnisses

9.1.1 Vorbemerkungen

Der Gang der vorliegenden Arbeit führt nun von der Betrachtung der ersttestamentlichen Quellen zurück zur Gegenwart. Dieser Sprung ist so groß, dass keine direkten Linien vom Lehr/Lernverständnis im Alten Testament bis heute gezogen werden können. Es ist nicht nur die Zeit der Aufklärung und in ihrer Folge eine gundlegend neue Auslegung der Bibel, die uns von der alttestamentlichen Zeit trennt, auch nicht nur die zunehmende Säkularisierung und Pluralisierung der Gesellschaft, sondern zwei Jahrtausende, in denen das jüdisch-christliche Verhältnis gestört war. Eine Neubesinnung der Evangelischen Kirche Deutschland im Blick auf das Verhältnis zum Judentum ist erst in jüngerer Zeit in Gang.[1] Darin ist die Rede von der „Notwendigkeit einer fundamentalen Kritik der von traditionell antijüdischen Denkmustern geprägten christlichen Theologie".[2] Eine solche Neubesinnung bahnt sich auch in der Pädagogik an. Es gilt als unumstritten, dass die Wurzeln der Pädagogik in der griechischen Antike zu suchen sind.[3] Nur wenig Aufmerksamkeit wurde aber bisher im Rahmen der Pädagogik den Einflüssen jüdischer Tradition geschenkt, die, vermittelt durch das jüdisch-christliche Denken, die Erziehungskonzeptionen beeinflusste. Darauf hat Schwenk aufmerksam gemacht, der in seiner (posthum veröffentlichten) Geschichte der Bildung und Erziehung auch die „altjüdische Erziehung" hervorhob, dabei aber betonte, dass ihre Bedeutung bislang noch kaum erkannt sei.[4] Religionspädagogik hat einerseits die griechischen Wurzeln der Pädagogik übernommen. Durch die Verkündigung Jesu ist aber andererseits immer schon alttestamentlich-jüdisches Erbe in die Religionspädagogik eingeflossen, wenn auch eine bestimmte Christologie gerade die bewusste

---

[1] Vgl. die *EKD-Studie* 2000 und die vorangegangenen Studien, die 1975 und 1991 erschienen sind.
[2] *EKD-Studie* 2000, S. 97.
[3] *Lischewski* 1998, S. 11.
[4] *Schwenk* 1996, S. 153.

Zusammenfassung des Lehrverständnisses

Rezeption jüdischen Erbes ausschloss.[5] Seit einiger Zeit gibt es nun Ansätze, neben den griechischen Wurzeln die jüdische Tradition stärker wahrzunehmen.[6]

Hier wird der Versuch unternommen, an das Alte Testament und seine pädagogischen Ansichten anzuknüpfen. Dadurch sollen nicht jüdische Auffassungen christlich vereinnahmt werden. Auch wird das Christentum dabei nicht auf das Erste Testament reduziert. Das Heilsgeschehen in Christus wird in positiver, wenn auch nicht einzig möglicher Kontinuität zu den Bundeszusagen des Alten Testaments verstanden.[7] Es soll eher durch den eingehenden Blick in einige alttestamentliche Quellen auf eine jüdische Grundlegung der Religionspädagogik neben der griechischen aufmerksam gemacht werden. Das Erste Testament wird bewusst als eine der Quellen jüdisch/christlichen Denkens ernst genommen, aus der sich auch für pädagogische Zwecke schöpfen lässt. Dass diese Untersuchung nicht ohne griechische Begrifflichkeit und entsprechende Kategorien auskommt, hängt mit der Geschichte der Pädagogik und der Religionspädagogik zusammen. Bereits grundlegende Begriffe wie „Pädagogik" und „Ästhetik" stammen aus griechischem Denken. Sie werden hier auch weiter gebraucht und durch alttestamentliche Einsichten angereichert.

9.1.2 Ergebnisse im Überblick

„Lernen" ist bereits in Texten aus der frühen Königszeit bekannt.[8] In diesen frühen Texten ist Gott der Lehrer und die Eltern erziehen (beleh-

---

[5] „Die jüdische Schriftauslegung zum Beispiel schien den Christen ohne theologische Bedeutung, da die Juden Christus als den für sie entscheidenden Schlüssel zur Auslegung der Schrift ablehnten. In der christlichen Kunst des Mittelalters kommt diese Einstellung zum Ausdruck in dem beliebten Motiv von Kirche und Synagoge, das - in Anspielung auf 2 Kor 3,14ff - die blinde Synagoge mit den zerbrochenen Tafeln des Bundes im Kontrast zur triumphierenden Kirche zeigt." *EKD-Studie* 2000, S. 98.
[6] So z.B. in der Auseinandersetzung mit jüdischer Schriftauslegung, vgl. *Maaß* 1997; ders. 2000 und *Berg* 1991, S. 386-404; bei der Neuentdeckung des Erinnerungsbergriffs für die Religionspädagogik, vgl. *Greve* 1999 und im Konzept des interreligiösen Lernens von *Lähnemann* 1996, S. 51f, vgl. auch *Levinson/Büchner* 2001.
[7] Vgl. die *EKD-Studie* 2000, S. 29.
[8] Vgl. die Datierung der älteren Sprüche und die ältesten למד-Stellen.

ren) das Kind. Erst in der Zeit der Eroberung des Nordreichs (723/22 v.Chr.) und später des Südreichs (586 v.Chr.) wird „lernen" in seiner grundlegenden Bedeutung für Einzelne und das Volk entdeckt. Zur religiösen Identitätsfindung des Volkes erweisen sich lernen und lehren als überlebensnotwendig, denn sie bieten Zugang zum Wissen, das über Notzeiten rettet, sie sind der Zugang zur Identität und eröffnen die Grundlage zur Gemeinschaft des Volkes und mit Gott. Seit dieser Zeit sind Lehren und Lernen „offiziell" im Gesetz verankert, wenn man sich auch fragen kann, ob diese Lehr/Lernforderung nicht lange Zeit ein Ideal blieb, da die Lernorte, die im Alten Testament genannt werden, nicht auf eine systematische Belehrung hindeuten. Priestern, Leviten, Obersten und Eltern wird Lehrverantwortung übergeben.

1. „Hören" ist die **Wahrnehmungsform**, die sowohl im 5. Mosebuch als auch im Sprüchebuch am häufigsten mit dem Lernen verbunden wird. „Sehen" spielt ebenfalls eine Rolle, es wird allerdings insofern dem „Hören" untergeordnet, als durch Worte darauf verwiesen wird und das Sehen sozusagen in die verbale Unterweisung mit eingespielt wird (vgl. die verbale „Erinnerung" an das Horebereignis in Dtn 5 und den Erfahrungsbericht in Spr 7,7ff). Das Gebot zu hören ist nicht mit Gehorsam zu verwechseln. Es geht im oben dargestellten Hörgeschehen nicht um Indoktrination und darum, Lerninhalte einzubläuen und abzuragen.[9] Hören und das daraus folgende Lernen und Lehren stellen ein kreatives Geschehen dar, bei dem Wissen reflektiert und zu Handlungswissen weiterentwickelt wird. Aus den hier analysierten biblischen Texten lässt sich ersehen, dass überlieferte Tradition in späteren Generationen, Orten und Kontexten reflektiert und entsprechend den aktuellen Anforderungen in neuer Sprache zu Gehör gebracht wurde. Dabei handelt es sich nicht um die Weitergabe des Gelernten unter Insidern, die sich von der Außenwelt nicht berühren lassen wollten. Das Hörgeschehen schließt **kritische Auseinandersetzungen** nach innen und außen ein. Das sei hier noch einmal an drei Punkten dargelegt:

2. Werden die Überlieferungsschichten als schriftlicher Niederschlag des heute nur aufgrund der schriftlichen Quellen nachvoll-

---

[9] Vgl. zu dieser Beurteilung vgl. auch *Eaton* 1993, S. 182-186.

Zusammenfassung des Lehrverständnisses

ziehbaren Hörgeschehens gedeutet, dann **wehrt** die Reihung verschiedener Schichten bereits **der Verabsolutierung** einer einzelnen Lehrmeinung.

3. Ein Beispiel dafür, dass der Lehrbegriff, der auf dem Hörgeschehen beruht, auch inhaltlichen Konfliktstoff bietet, findet sich im deuteronomischen Königsgesetz. Dort werden dem Establishment Grenzen gesetzt, da der König sich ebenfalls dem täglichen Toralesen unterordnen muss. Als Lernender soll auch er immer wieder einüben, Gott zu fürchten und muss dabei seine eigenen Anliegen hintan stellen. Drer Lehrbegriff hat also einen **herrschaftskritischen Aspekt**.

4. Im Sprüchebuch wurde deutlich, dass sich die religiöse Tradition Israels auch in **Auseinandersetzung mit den Traditionen des Umlandes** befand. Die Gestalt der Weisheit und die Wahl eines mit der griechischen Kultur eher kommunizierbaren Begriffs für Erziehung nämlich יסר/מוסר (Lehre/ erziehen) und ידע hi (unterweisen) anstelle des seit vorexilischer Zeit in deuteronomischer Tradition mit der Unterweisung der Tora verbundenen למד (lehren/lernen), weisen darauf hin. Durch die Spruchform reiht sich Israel in eine Belehrungstradition der umliegenden Völker ein, die die Übernahme der Weisheit des Umlandes ermöglicht, ohne die eigene Identität preis zu geben. Die Übereinstimmungen von Spr 22,17-23,11 mit den Sprüchen des Ägypters Amenemope ist auffällig, wenn auch ein direkter Vergleich zwischen den Kulturen nicht möglich ist. Lehre kann in Israel **internationales Wissen** aufnehmen, geht aber nicht darin auf, sondern grenzt sich immer auch bewusst ab (vgl. die markanten stellen im Sprüchebuch, an denen die „Furcht JHWHs" als Anfang der Erkenntnis bezeichnet wird bzw. zusammenfassend genannt wird Spr 1,7; 9,10; 31,30).

5. In den Texten werden unterschiedliche **Lerninhalte und Lehrpersonen** genannt. In Ex 35,34 ist von einer „Fähigkeit, zu unterweisen" im Blick auf das Kunsthandwerk die Rede, nämlich der Bearbeitung von Gold, Silber und Bronze. Diese Fähigkeit wurde nach der Auffassung der Texte von Gott verliehen (35,30) und dient dem Schmuck des Heiligtums (36,1). Ähnlich steht es mit dem Kriegshandwerk, das David von Gott lernt (2

Zusammenfassung des Lehrverständnisses

Sam 22,35). Das Erlernen des Singens und Musizierens geschieht „für JHWH" (1 Chr 25,7). Im 5. Buch Mose bezieht sich der Lernbegriff auf theologisch-ethische Inhalte. Belehrt wird im 5. Buch Mose durch Mose, die Priester und Leviten und durch die Eltern.[10] Im Sprüchebuch finden sich lebenspraktische, ethische und religiöse Lerninhalte. Gelehrt wird dort im Eltern-Kind-Gespräch („Lehrreden"), das als Famulus-Verhältnis zu einer Lehrperson ausgestaltet werden kann.

6. Lernen ist im deuteronomischen Kontext nicht auf schulisches Lernen reduzierbar, sondern Unterweisung findet im täglichen Umgang mit dem Gesetz statt, es zielt auf ein Handeln, das vor Entscheidungen stellt und beurteilt wird (Dtn 17,9f). Ob richtig gelernt wurde, entscheidet sich nicht im Examen sondern im alltäglichen Tun und Ergehen. Dementsprechend ist **Lernziel** im Sprüchebuch das Einhalten der Gebote, die von älteren Generationen vermittelt wurden und dem Gelingen des eigenen Lebens (Spr 6,20-23) und des Lebens der anderen (Spr 25,18f u.ö.) dienen. Deuteronomisch enger gefasst ist Lernziel die „Furcht Gottes". Es umfasst das Einhalten des Bundes zum Wohl der Menchen.

7. Die ersttestamentliche Überlieferung kennt verschiedene **Lernorte**. Ein Ort der Belehrung kann die offizielle Ansprache im Kult sein (Dtn 27,9; 31,9, vgl. 2 Chr 17,8; Neh 8) und der Alltag des Feierns (Dtn 14,23). Lehren und lernen wird im Alltag verankert, in der elterlichen Unterweisung (Dtn 6,6-9; Ex 13,14ff; Spr 1,8 u.ö.). Es findet auf Plätzen und am Tor eines Ortes statt (Spr 1,20f), in der „Volksversammlung" (Dtn 1,1), in öffentlichen Toralesungen (Neh 8) und in „Volksbelehrungen", zu denen sich die Oberen, Priester und Leviten in die Dörfer begaben (2 Chr 17,7-9). Die prophetische Belehrung scheint im Kreis der Jünger stattgefunden zu haben (2 Kön 6,1-7; Jes 50,4-6) bzw. u.a. an den Toren des Tempels (Jer 7,2) oder der Stadt Jerusalem (Jer 17,19). Frau Weisheit lehrt ebenfalls bei den Toren, wo

---

[10] Bemerkenswert ist, dass in keinem Zusammenhang vom Erlernen des Lesens, Schreibens oder Rechnens die Rede ist. Diese Fähigkeiten sind zum Teil bekannt, werden aber nicht in den Zusammenhang mit Lernen gebracht.

Zusammenfassung des Lehrverständnisses

Viele aus- und eingehen oder an Kreuzungen, wo sich Menschen treffen (Spr 1,21; 8,3; 9,3). Von einer Schule ist im Alten Testament bei all den Näherbestimmungen von Lernorten nicht die Rede. Hier wurde gefolgert, dass es kleinere Lernzirkel am Tempel und am Königshof gab, die dem Famulussystem entsprachen, das auch innerhalb von Sippenverbänden praktiziert wurde. Die Archivierung und Tradierung von Schriftrollen erfolgte wohl im Tempel (2 Kön 22,8).

8. Lernen wird in deuteronomischen Zusammenhängen als **lebenslanges Lernen** aufgefasst (Dtn 11,18ff; 17,18f; Jos 1,8). Über die Ausgestaltung wurde in den hier besprochenen Texten und in der rabbinischen Auslegung diskutiert. Dass es sich wohl kaum um ein lebenslanges Auswendiglernen handelt, sondern eher um eine Form der Meditation bzw. des Erforschens der Texte im Blick auf ihre Anwendung, wurde mehrfach gezeigt. Im weisheitlichen Zusammenhang liegt der Akzent stärker auf dem **ergebnisorientierten Lernen**, das Lob und Tadel, Erfolg und Misserfolg unterstellt ist (Spr 1,29-33; 5,12-14.20-23; 10,17 u.ö.). Dort entsteht der Eindruck, dass weniger an eine lebenslange Beschäftigung als an einen Lebensabschnitt gedacht ist, in dem Bildung vermittelt wird.

9. Es kann im Ersten Testament zwischen **kognitiven Lerninhalten** (Gesetzeswortlaut und Sprüche) und **affektiven Lerninhalten** („Furcht Gottes") unterschieden werden, auch wenn beide sich berühren und miteinander verzahnt werden.[11] Eine sorgfältig überlegte Motivationstechnik ist erkennbar, wenn die Abgabe des Zehnten nach dem deuteronomischen Gesetz mit einem Festessen verbunden wird oder Jugendlichen die Verführung durch die fremde Frau plastisch vor Augen gemalt wird. Sowohl im 5. Buch Mose als auch im Sprüchebuch wird in erster Linie praktisches Wissen vermittelt, das im Alltag umgesetzt werden soll.

---

[11] Vgl. das zu Dtn 31,12ff Erarbeitete und den Erfahrungsbezug in Spr 5, 8-14 und 24,30-34. Auch Spr 9 zielt auf affektives Lernen, wenn es die Einladung der Weisheit und die der Torheit in den Versen 9,1-6 und 9,13-18 dramaturgisch geschickt einander gegenüberstellt: Ziel der ersten ist das „Leben" (9,6), Ziel der zweiten ist die „Tiefe des Scheol" (9,18).

Zusammenfassung des Lehrverständnisses

10. Im 5. Buch Mose wird das Ideal der **identitätsbildenden Funktion** von Lernen betont. Lernen wird in der Rahmung als Kriterium der Zugehörigkeit zum Volk Israel betrachtet. Häufig steht es in Zusammenhang mit der Landverheißung oder mit dem Handeln im neuen Land (Dtn 4,1; 4,5; 4,14; 5,31; 6,1; 11,21; 31,13).[12] Ein vergleichsweise umfassendes Verständnis von Torabelehrung findet sich in Spr 29,18.

9.1.3 Ergebnisse auf der hermeneutischen Ebene

1. In der Arbeit wurde aus dem **Umgang mit Texten** der Tradition auf den **Umgang mit Tradition** in der Lehre geschlossen. Die Untersuchungen am 5. Buch Mose und dem Sprüchebuch haben ergeben, dass **Aktualisierungen** und **Perspektivwechsel** in den Texten ihren Raum haben. Es ist meiner Meinung nach nachweisbar, dass alte Texte in einer anderen Zeit neu gelesen und ausgelegt wurden. Im 5. Buch Mose wurde das in der sprachlich-redaktionellen Analyse beobachtet und konnte im Blick auf das Buch selbst nachgewiesen werden, im Sprüchebuch war es das Ergebnis der traditionsgeschichtlichen Betrachtung, die deutlich macht, wie Traditionen von außerhalb des Sprüchebuches mit feinen Nuancierungen in den weisheitlichen Kontext übernommen wurden. Sowohl die sprachlich-redaktionelle Analyse als auch der traditionsgeschichtliche Ansatz setzen einen Lesevorgang älterer Texte voraus und damit die bewusste Rezeption von Tradition. In dieser Rezeption spiegelt sich nun nicht etwa ein beliebiger Umgang mit den Buchstaben der Gesetze bzw. mit biblischen Texten, sondern diese wurden sehr genau beachtet und der neuen Situation oder dem weisheitlichen Denken angepasst. Wenn man Textauslegung und Lehre im Sinn von Explikatio und Applikatio als zwei nicht völlig voneinander zu trennende Blickrichtungen auf Texte und ihre Rezipienten versteht, kann daraus gefolgert werden, dass eine **Offenheit der Auslegung** in neue Kontexte hinein Grundlage des Lehrverständnisses im Alten Testament ist, wie es sich im 5. Buch Mose und im Sprüche-

---

[12] Im Sprüchebuch wird die deuteronomische Landverheißung aus spät nachexilischer Sicht noch einmal neu gefüllt, vgl. z. B. Spr 2,21f und den Kommentar von *Maier* 1995, S. 102.

Zusammenfassung des Lehrverständnisses

buch darstellt. Diese Offenheit ist immer rückgebunden an die alten Texte.

2. Die neueren Untersuchungen zum Prozess der Kanonbildung lehren, dass die Leserinnen und Hörer der Texte wohl stärker am Auslegungsprozess beteiligt waren, als explizit in den Texten erwähnt ist. In diese Untersuchungen fließen auch rezeptionsästhe-tische Erkenntnisse über die Beteiligung der Leser und Leserinnen an der Sinnerzeugung von Texten ein. Die **Leser/Hörerinnengemeinschaft** hatte insofern einen normierenden Einfluss auf die überlieferten Texte, als nur weitergegeben wurde, was sich beim Hören und Handeln bewährt hatte. Damit soll der Kanon nicht nachträglich als quasi-demokratisch entstanden legitimiert werden. Gerade Frauen haben viele Fragen an den Rezeptionsprozess biblischer Texte zu stellen, die das Verstummen von Frauentraditionen betreffen.[13] Auch wird manch ein Text aufgrund zufälliger Ereignisse verloren gegangen sein. Dennoch sind die Texte im Blick auf einen Rezipientenkreis entstanden (vgl. der häufige „Höre-Ruf" und die daraus folgende literarische Inszenierung eines Gegenübers wie die „Israeliten" im 5. Buch Mose und das „Kind" im Sprüchebuch) und mussten sich in diesem Kreis auch bewähren.

3. Bereits innerbiblisch lassen sich Rezeptionsprozesse ablesen, in denen Aktualisierung und Anwendungen auf neue Kontexte stattfinden. Es besteht also einerseits eine große **Genauigkeit im Lesevorgang**, gleichzeitig aber auch eine erstaunliche **Offenheit im Umgang mit Tradition**. Den beiden Blickrichtungen auf den Text und die Rezeption wurde am Beispiel des Sch^{e}ma Jisrael in Dtn 6 mit einer produktionsästhetischen und einer rezeptionsästhetischen Perspektive nachgegangen. Einerseits wurde der Text sehr genau wahr genommen und nach den Bezügen seiner Entstehung gefragt, andererseits wurde, soweit er sich in Dtn 6 niederschlug, die Rezeption des Bekenntnisses untersucht und als eine vom Text ermöglichte verstanden. Derart in seinen intertextuellen Bezügen wahrgenommen, entfaltet der biblische Text eine Dynamik, die es unmöglich macht, ihn auf ein bestimmtes

---

[13] Zur Vermittlung biblischer Texte an Mädchen s. u.

Zusammenfassung des Lehrverständnisses

Datum festzulegen oder eine einzige Bedeutung zu unterstellen. Er entzieht sich, wie Kristeva es im Begriff der Intertextualität angelegt sah, der Systematisierung bis zu einem gewissen Grad und öffnet sich einer Vielfalt, die dazu ermutigt, ihn auch in heutige Situationen hinein sprechen zu lassen.

9.1.4 Ergebnisse auf der didaktischen Ebene

Die verschiedenen Sprachformen, die in den Texten gefunden wurden, sind zwar schriftliche „Kunstprodukte" und insofern nicht mit der mündlichen Unterweisung im alten Israel zu verwechseln, aber sie geben doch Hinweise darauf, wie Lehre gestaltet wurde.

1. An erster Stelle steht im 5. Buch Mose **das Gebot** als überlebensnotwendiges, Gemeinschaft stiftendes Instrument des Zusammenlebens.[14] An den Zehn Geboten und ihren Vorstufen im Bundesbuch lässt sich ablesen, dass Gebote anfangs kurz und leicht memorierbar waren. Im 5. Mosebuch sind sie bereits ausgestaltet.

2. Ebenso wichtig ist **die Erzählung**. Sie prägt sowohl die Einzelunterweisung in Dtn 6,20ff als auch die Rahmung der Texte des 5. Buches Mose und des gesamten Pentateuchs. Sie ist eine der Grundformen alttestamentlicher Unterweisung, die von Jesus in Gleichnissen und Parabeln aufgenommen wird.

3. Ähnlich grundlegend für die Weitergabe von Tradition ist **das Lied**. Es findet sich in Dtn 32 und fällt dort durch seine altertümliche Sprache auf. Das Mirjamlied in Ex 15,20f gilt als älteste Überlieferung im AT überhaupt. Ähnlich das „Deboralied" in Ri 5. Das Moselied soll in Dtn 31,19 ausdrücklich zur Belehrung (למד) aufgeschrieben werden. Darin scheint sich eine

---

[14] Es ist hier nicht beabsichtigt, den in der Vergangenheit oft aufgestellten Gegensatz zwischen Gesetz und Evangelium, der den Unterschied zwischen Altem und Neuem Testament von Anfang an klischeehaft bezeichnete und heute immer noch nicht überwunden ist, wieder aufzunehmen. Es geht eher um die Gebote in ihrer grundlegenden Funktion, wie sie sich jede Gemeinschaft gibt und die auch unter den Schülern und Schülerinnen einer Klasse/Schule sowohl in Bezug auf den allgemeinen Umgang als auch im religiösen Bereich bestehen und entsprechend der Entwicklung neu ausgehandelt werden.

Zusammenfassung des Lehrverständnisses

(למד) aufgeschrieben werden. Darin scheint sich eine Erfahrung niederzuschlagen, die mit älteren Liedern gemacht wurde, sie wurden lange Zeit weitergegeben. Auch Psalmen konnten als Lieder aufgefasst werden.[15] Auch Jesaja belehrte mit einem Lied (Jes 5,1-7). Leider ist über die Art der Musik außer der Erwähnung der Instrumente z.B. in Ps 150 wenig bekannt.

4. Es gibt **den Aufmerksamkeitsruf** mit imperativischer bzw. jussivischer Belehrung.

5. **Das Bekenntnis** (Dtn 6,4f), das durch seine Form auf einen kultischen Gebrauch verweist, ist ebenso eine wichtige Form der Vermittlung von Inhalt.

6. Im Sprüchebuch fand sich **der Spruch** in seinen verschiedenen Ausformungen als Mittel der Belehrung durch die ältere Generation und als Möglichkeit, traditionelle Erfahrungen weiter zu reichen.

7. **Der Erfahrungsbericht** gestaltet eine Beobachtung zur Lehre um und illustriert die Belehrung auf diese Weise bildhaft (Spr 7,6-22; 24,30-34).

8. Eine kunstvolle Form der Vermittlung ist **das Weisheitsgedicht**, das Grundzüge einer szenischen Inszenierung erkennen lässt (Spr 2,20-33; 8,1-31; 9,1-6.13-18; 31.10-31). Szenen werden in diesen Gedichten vor Augen gemalt. Sie laden zur eigenen Imitation ein. Frau Weisheit und Frau Torheit stellen sich vor und sprechen vorwiegend im Ich-Stil. Spr 31,10-31 ist als Akrostichon gestaltet. Ein anderes gedichtartiges Stück, das in Spr 8 dieser Arbeit auf seinen lehrhaften Gehalt hin untersucht wurde, ist Spr 24,30-34.

Gelernt wurde in aller Regel durch mündliche Unterweisung, wobei in nachexilischer Zeit auch die geschriebene Tora eine Rolle spielte, aus der wohl laut gelesen wurde (Dtn 17,19; 2 Chr 17,9; Neh 8,1). Kieweler macht darauf aufmerksam, dass dabei möglicherweise Sprech,- Atem

---

[15] Vgl. die Überschrift שיר (Lied) in Ps 30; 45; 48; 65-68; 75; 76; 83; 87f; 108; 120-134.

Zusammenfassung des Lehrverständnisses

und Memoriertechniken geübt wurden, wie Paronomasien zeigen, die er in der Hiskianischen Sammlung des Sprüchebuches findet.[16]

Es gab bereits in ersttestamentlicher Zeit eine erstaunliche Vielzahl von Lernformen und -orten. Die Aktualisierungen von Bedeutung in neue Zeiten und neue „Diskurse" hinein beweisen ein genaues Gespür für die jeweilige Situation der Zuhörer/Leserinnen. Allerdings konnte die Flexibilität auch die Reduktion von Pluralität zur Folge haben. Historisch gesehen zielen die Aktualisierungen im 5. Buch Mose auf die Identifikation des einen Volkes mit dem einen Gott und dem einen Buch der Tora. Dabei sind Überlieferungen zur Verehrung fremder Götter und Überlieferungen von Frauen verloren gegangen, die aus heutiger Sicht höchst interessant wären. Diese Informationen weiterzugeben, lag offenbar nur ganz am Rand des damaligen Interesses. Flexibilität beweisen die biblischen Quellen hier eher dadurch, dass sich noch Spuren alter Überlieferungen finden, obwohl die Intention der Überarbeitung in eine andere Richtung weist. Diese älteren Überlieferungen sind allerdings schwer aufzuspüren.[17] Der Begriff „Aktualisierung" ist demnach kein eindeutig konnotierter, denn Deutungen werden in unterschiedlichen Zeiten unterschiedlich vorgenommen. Der Begriff der Aktualisierung wird hier vielmehr als Bezeichnung eines formal flexiblen Umgangs mit Tradition verwendet. Aktualisierungen von Bedeutung haben immer einen vorläufigen Charakter, da die Bedeutungsfülle der Texte über das hinausgeht, was wir verstehen können.

---

[16] *Kieweler* 2001, S. 242.

[17] Als Beispiel sei hier die fragmentarische Überlieferung zu Mirjam genannt. Texte finden sich in Ex 15,20f; Num 12; 20,1; 26,59 (vgl. Ex 6,20); Mi 6,4. Sowohl Ex 15,20 als auch Num 12 und Mi 6,4 deuten auf eine selbständige Mirjamüberlieferung hin, die aber die Autorität des Mose möglicherweise gemindert hätte. Indem nun Mirjam in der Genealogie Num 26,59 zur Schwester des Mose und des Aaron erklärt wird, ist sie ihnen untergeordnet und verliert an Gewicht. Vgl. *Rapp* 1998, S. 56-60.

Der Beitrag zu einer heutigen Religionspädagogik

Der Beitrag zu einer heutigen Religionspädagogik
Teil III
Religionspädagogischer Ausblick

10 Der Beitrag der exegetischen Erkenntnisse über Lehren und Lernen im Ersten Testament zu einer heutigen Religionspädagogik

10.1 Die Spur führt zu einer Didaktik des Hörens

Die Ergebnisse der Arbeit lassen sich unter dem Begriff des Hörens bündeln. Bereits die semantische Analyse hatte ja erbracht, dass שמע (hören) ein grundlegendes Verb im Lehrzusammenhang ist. Es nimmt im 5. Buch Mose und im Sprüchebuch eine hervorragende Stelle ein. Gebot, Erzählung, Lied, Höraufforderung, Bekenntnis, Spruch und Gedicht, die sich zum Lernen als besonders geeignet herausstellten, zielen auf eine Didaktik des Hörens. Israel hat es verstanden, in diese sprachlichen Formen seine Tradition, sein Wissen zu gießen, und daraus Methoden mündlicher und schriftlicher Unterweisung erwachsen zu lassen, die in der Feier des Kults oder in einer Gestalt von Unterricht ebenso Verwendung finden konnten wie sie für den persönlichen Gebrauch von Wert waren. Zu dieser Beobachtung kommt die oben dargestellte hermeneutische Erkenntnis, dass Texte innerbiblisch gelesen und in neue Kontexte hinein übersetzt wurden. Diese beiden zentralen Beobachtungen legen ein Lehrverständnis nahe, das den Begriff des Hörens im weiteren Horizont eines *ästhetischen Unterrichts* in den Mittelpunkt stellt.

In der Religionspädagogik, wie in der gesamten Praktischen Theologie erfährt die Ästhetik seit einigen Jahren eine Wiederentdeckung.[1] Nach Grözinger ist die ästhetische Dimension erreicht, „wenn sich bestimmte Formen und Handlungen, über ihre gewöhnliche Zeichenfunktion hinaus in ihrer eigenen Phänomenalität zur Geltung bringen'. Das heißt: *in ästhetischer Erfahrung ist die Inhaltsfrage als Formfrage präsent.*"[2] Er sieht darin das Unterscheidende ästhetischer Erfahrung. Diese lasse sich allerdings nicht ausschließlich auf die Erfahrung von Kunst beschränken, sondern sie umspanne bewusst oder unbewusst den weiten Raum der

---

[1] Vgl. besonders die Werke von *Grözinger* 1987 und 1995 aber auch bereits *Bohren* 1975.
[2] *Grözinger* 1987, S. 124.

Der Beitrag zu einer heutigen Religionspädagogik

gesamten Lebens-welt. Grözinger unterscheidet mit Jauß drei Kategorien der Ästhetik:

- die produktive Seite der ästhetischen Erfahrung als Poiesis
- die rezeptive Seite der ästhetischen Erfahrung als Aisthesis
- die kommunikative Leistung der ästhetischen Erfahrung als Katharsis.[3]

Wie unter den hermeneutischen Ergebnissen bereits dargestellt, wurden die biblischen Texte in produktiver wie rezeptiver Hinsicht aufgefasst: Einerseits wurden die Texte selbst als Poiesis verstanden, der eine Rezeption vorangegangen war, die also als Produktion auch Ausdruck dieser Rezeption war. Immer wieder wurde beobachtet, dass sich in den Texten ein Rezeptionsvorgang niedergeschlagen hat, der als Ausdruck des Zusammenspiels dieser ersten beiden Kategorien (Poiesis und Aisthesis) betrachtet werden kann. Andererseits wurden die Texte aber auch aus rezeptionsästhetischer Perspektive gelesen und damit ein weiteres Mal dem Prozess von Produktion und Rezeption unterworfen. Die kommunikative Ebene, d.h. die Vermittlungsleistung und die Auseinandersetzung mit Ergebnissen der bisherigen Forschung ist ständig gegenwärtig und gleichzeitig Zielvorstellung der Arbeit; sie bleibt dem Leser und der Leserin überlassen.

Im Folgenden werden nun die Ergebnisse dieser Arbeit in den Zusammenhang einer Didaktik des Hörens gestellt. Zuvor muss aber noch eine Einschränkung gemacht werden: Wer in der „Spur des Ersten Testaments" lehrt und lernt, muss im Religionsunterricht nicht allein die Bibel unterrichten. Wie wir sahen, gab es bereits im Alten Testament viele außerbiblische Themen, die gelehrt wurden wie z.B. das Weben, Färben und Verarbeiten von Stoffen, der Chorgesang, das Kriegshandwerk, schreiben und verwalten am Königshof und in späterer Zeit bei Daniel und seinen Freunden der kultivierte Umgang am ausländischen Königshof, der möglicherweise auch schreiben, rechnen und verwalten beinhaltete oder in Handelsbeziehungen mit anderen Völkern. Im heutigen Religionsunterricht stehen selbstverständlich viele außerbiblische Themen auf dem Lehrplan. So z.B. wichtige Ereignisse und Gestalten der Kirchengeschichte, die Arbeitsweise von sogenannten Sekten, die Frage nach Gewalt und ihren Ursachen, der Umgang mit Medien und Vieles

---

[3] Ebd. S. 125.

mehr. Hier soll dennoch die Konkretisierung des Erarbeiteten auf den Umgang mit biblischen Texten zugespitzt werden. Das bietet sich an, weil die untersuchten Texte eben als Bibel überliefert wurden und weil sich an diesem Beispiel zeigen lässt, wie christliche Tradition insgesamt im Unterricht vertreten wird.

Zunächst soll daher auf die Entwicklung der Bibeldidaktik seit der Mitte des zwanzigsten Jahrhunderts eingegangen werden.

10.2 Aspekte der neueren Bibeldidaktik

Die geschichtlichen Phasen der Bibeldidaktik werden in diesem Überblick nicht als „überholt" betrachtet. Sie entsprechen Schwerpunktsetzungen im Religionsunterricht, deren Diskussion zu bestimmten Zeiten auch den Stellenwert der Bibel im Unterricht veränderte. Diese Phasen werden hier im Überblick nachvollzogen.

10.2.1 Die Evangelische Unterweisung als Widerstand gegen die Funktionalisierung von Religion

Seine Wurzeln hat das religionspädagogische Konzept der Evangelischen Unterweisung in den 30er Jahren des 20. Jahrhunderts. Es beruhte auf der sogenannten „Theologie des Wortes Gottes" bzw. der „Theologie der Krise", deren hervorragende Vertreter Karl Barth und Eduard Thurneysen (Praktische Theologie, besonders Seelsorge und Predigtlehre) waren. Hatte die liberale Theologie im 19. Jahrhundert die Koalition von Religion und Kultur reflektiert, so erkannte Barth zu Beginn des 20. Jahrhunderts die Gefahr der Funktionalisierung von Glaube und Religion für staatliche und kulturelle Zwecke. Er forderte statt dessen eine Hinwendung zur „Sache der Theologie", was für ihn u.a. mit intensiven Bibelstudien verbunden war.[4]

1929 veröffentlichte Gerhard Bohne eine umfassende Kritik an der liberalen Religionspädagogik auf der Grundlage der Dialektischen Theologie.[5] Nach 1945 vertrat besonders Helmuth Kittel das Konzept der dialektischen Religionspädagogik. Er war es auch, der ihr die Bezeich-

---

[4] Die neue Epoche der Theologiegeschichte wurde nach der Erscheinung der zweiten Auflage des Römerbriefkommentars 1922 eingeleitet. Vgl. *Krumwiede* 1977, S. 205.
[5] *Lämmermann* 1994, S. 64.

nung „Evangelische Unterweisung" gab. Diese war von dem Gedanken getragen, dass im Religionsunterricht nicht „Religion" gelehrt, und auch nicht konservative kirchliche Tradition fortgesetzt werden sollte, sondern der letztlich unverfügbare Glaube. Die Kinder sollten durch verkündigenden Unterricht im Evangelium und seinem kritischen Vertändnis unterwiesen werden. Die Didaktik und Methodik des Religionsunterrichts sei als Vorarbeit zu verstehen. Das Eigentliche geschehe dort, wo die Religionsdidaktik an ihre Grenzen gekommen ist.[6]

Die Evangelische Unterweisung war in ihren verschiedenen Ausprägungen[7] ein aus der Geschichte heraus zu verstehender erster Versuch, Kirche und Schule in Distanz zu setzen und ebenso Evangelium und Religion. Die Kirche hatte in der Schule „Gastrecht", und der Religionsunterricht wurde durch kirchliche Beauftragte aufgrund von Lehrplänen erteilt, die von der Kirche genehmigt wurden. Die Lehrperson hatte bekennende, missionarische Aufgaben.[8] Der Rekurs auf die Bibel in dieser Zeit war mit der Erwartung verbunden, das gewaltige Orientierungs- und Legitimationsbedürfnis der Nachkriegszeit aufzufangen.

„Die Bibel schien die Komplexität des geistig, moralisch, pol[itisch] und motivational Nötigen zu reduzieren u[nd] Fundierung u[nd] Wegweisung für die Neuanfänge zu bieten. Sie bedurfte keiner Rechtfertigung u[nd] besaß die Zustimmung aller."[9]

Theologisch erfreute sich die Wort-Gottes-Theologie Karl Barths weitgehender Akzeptanz. So hoffte man, der Jugend eine verlässlich Perspektive bieten zu können. Ihr christliches Vorverständnis wurde vorausgesetzt.

10.2.2 Der hermeneutische Unterricht als Anleitung zur Interpretation der christlichen Überlieferung

Die Theorie der Evangelischen Unterweisung dominierte die Religionspädagogik bis in die sechziger Jahre hinein.[10] Im Rahmen der Säkularisierungsdebatte und unter dem Eindruck, dass religiöse Erziehung im

---

[6] Ebd. S. 65.
[7] Vgl. ebd. S. 64. Er nennt neben G. *Bohne* als Vorläufer dieses Konzepts H. *Kittel*, O. *Hammelsbeck* u.a.
[8] *Stoodt* 2001, Sp. 521 und *Berg* 1993, S. 97.
[9] *Stoodt* 2001, Sp. 522f.
[10] *Lämmermann* 1994, S. 67.

Elternhaus nicht mehr selbstverständlich stattfand, entwickelte sich Anfang der 60er Jahre der hermeneutische Religionsunterricht.[11] Die Bibel und ihr „Kerygma" waren mehr und mehr Kindern unbekannt, und es musste als Überfrachtung des Religionsunterrichts erscheinen, dass er diese Leerstelle ausfüllen sollte. So entwickelte sich eine Sensibilität gegenüber der Frage, ob und wie Verkündigung im schulischen Religionsunterricht gestaltet werden könne. Einer der ersten Verfechter einer „hermeneutischen Didaktik" in der Religionspädagogik war Martin Stallmann, der in Marburg bei Bultmann studiert hatte und nach seiner pfarramtlichen Tätigkeit Professor für Religionspädagogik an der Pädagogischen Hochschule in Lüneburg und später in Göttingen war.[12] Nach Stallmann war nicht länger die Erziehung zum Glauben die Aufgabe des Religionsunterrichts, denn sie könne als eigenes Werk Gottes kein Ziel von Unterricht sein. Auch Verkündigung selbst sei nicht die Aufgabe des Religionsunterrichts, sondern die Verständigung über „das Wort" der Bibel, d.h. die Verstehensvoraussetzungen.

„Die Katechetik als theologische Disziplin hält die Erinnerung daran wach, dass dem zweifelnden Fragen die unterrichtende Antwort nicht verweigert werden darf. Sie kann das nur, indem sie sich zugleich darum sorgt, dass im Unterricht der Anspruch der Verkündigung nicht verdeckt, sondern als Glaubensforderung verständlich wird. Sie ist mit dieser Aufgabe an der hermeneutischen Problematik beteiligt, die die theologische Debatte in der Gegenwart beherrscht. Es geht für sie nämlich in allen Einzelfragen zuletzt um die Frage nach der nicht zu verallgemeinernden Wahrheit des Wortes und nach der Möglichkeit, sie als Wahrheit sprachlich verstehend zu bezeugen."[13]

Damit verlagerte sich das Anliegen von einer autoritativen Verkündigung der Bibel hin zur Verständigung über ihre Auslegung. Verkündigung wurde von da an allein als kirchliche Aufgabe betrachtet. Dem Unterricht wurde die historisch-kritische Exegese zugrunde gelegt und

---

[11] *Biehl* schreibt von der „Blüte der Hermeneutik in der Religionspädagogik nach 1958" (2001b, Sp. 823). Er setzt *Stallmann* 1958 als Ausgangspunkt der hermeneutischen Religionspädagogik fest.
[12] *Wegenast* 2001, Sp. 2031f; vgl. *Biehl*, der schreibt, Stallmann habe zuerst die enge Verknüpfung von Hermeneutik und Didaktik erkannt (2001b, Sp. 823).
[13] *Stallmann* 1963, S. 244. *Wegenast* fasst Stallmanns katechetische Position zusammen. Es gehe Stallmann um die „Schulung des Verstehens von Glauben u[nd] die Aneignung u[nd] Verarbeitung dessen, was sich im Glauben ereignet" (2001, Sp. 2032).

Textauslegung analog zum Deutschunterricht getrieben. Neue Themen waren z.B. die nicht-christlichen Religionen, Philosophie und Kunst.[14] An die Stelle einer kirchlichen Begründung des Religionsunterrichts konnte seine schultheoretische Fundierung treten.[15]

Stallmann hat zuerst die enge Verknüpfung von Hermeneutik und Didaktik erkannt.[16] Er begriff mit Bultmann die neutestamentliche Überlieferung als Kerygma und nicht als geschicht-liche Überlieferung. Deshalb kann ein Unterricht, der die Texte erschließen will, nach Stallmann

„...die Aufmerksamkeit nicht bei dem Berichteten festhalten, sondern muss den Vorgang des Berichtens ins Auge fassen; er muss, durch die sprachliche Gestalt des Textes aufmerksam geworden, jenes eigentümliche ‚Überliefern', jenes Verkündigen zu verstehen suchen, und zwar nicht auf das historische Woher, sondern auf das intendierte Ziel, auf den darin beanspruchten Glauben hin."[17]

Dieser Glaube sei aber keineswegs ein blinder, der auf äußerliche Autorität hin etwas Unverständliches annimmt.[18] Die Aufgabe des Unterrichts ist es, zum Verstehen anzuleiten, denn „der fragende Hörer" hat ein „Recht auf Antwort".[19] Durch die bewusste Trennung zwischen Predigt und Unterricht schuf Stallmann Raum für die Frage nach der Didaktik. In seinen Ausführungen zur biblischen Geschichte im Unterricht weist er immer wieder darauf hin, dass in der Didaktik „hermeneutische Entscheidungen" fallen „sei es ausdrücklich oder im verborgenen".[20] Stallmann hat also im Unterricht den „fragenden Hörer" im Blick, denn aller „Unterricht setzt voraus, dass es Fragen gibt, die beantwortet werden sollten".[21] Der Heranwach-sende wird mit zunehmender Deutlichkeit in eine „rätselhafte Freiheit" entlassen, die ihn in „beängstigender Rätselhaftigkeit in Verantwortung bindet".[22] Das verbindet sich bei ihm mit der Erkenntnis, dass die Aufgabe, die dem christlichen Unterricht durch

---

[14] *Lämmermann* 1994, S. 125.
[15] *Adam/ Lachmann* 1993, S. 35.
[16] *Biehl* 2001b, Sp. 823.
[17] *Stallmann* 1963, S. 207.
[18] Ebd. S. 242.
[19] Ebd. S. 242f.
[20] Ebd. S. 262, *Stachel* sieht das weit weniger problematisch, ihm stellen sich eher pragmatische Fragen hinsichtlich des biblischen Erzählens (1967, S. 111 ff).
[21] *Stallmann* 1963, S. 240.
[22] Ebd. S. 263.

Der Beitrag zu einer heutigen Religionspädagogik

die biblische Geschichte gestellt ist „schon deshalb nie definitiv zu bewältigen [ist], weil die Auslegung der Texte immer unabgeschlossen ist".[23] Diese „Selbstentfremdung" ist didaktische Aufgabe und ihr kann nur durch hermeneutische Arbeit nachgekommen werden, denn biblische Texte geben in dieser Lage nicht einfach sichere Antworten, sondern sind hinter sprachlicher Gestalt verborgenes Geschehen. „Auch was sich als Bericht gibt, ist dabei nicht vom Berichteten her, sondern von dem aus bedeutsam, was darin dem jeweiligen Hörer zu- oder angesagt wird."[24]

Baldermann wendet ein, dass Stallmann dem Unterricht den Zuspruch des Evangeliums nicht zugetraut habe. Mit der theologisch begründeten Beschränkung des Religionsunterrichts sei er den Kindern und Jugendlichen Entscheidendes schuldig geblieben, nämlich die Chance, am Evangelium Hoffnung zu lernen.[25] Anders habe Gerd Otto Verkündigung gefasst. Verkündigung war für ihn „als das Ereignis, das Betroffenheit schafft, zwar der unterrichtlichen Planung entzogen, aber doch nicht grundsätzlich aus dem Unterricht auszuschließen".[26] Stallmann ist aber mit seiner hermeneutischen Didaktik dem radikalen Anspruch des Evangeliums gleichwohl sehr nah. Seiner Position wird man wohl eher gerecht, wenn man sie mit Nipkows später geäußertem Gedanken vergleicht, dass Religionsunterricht die „‚zweite Sprache des Glaubens‘ reflektiert‘" nämlich die „Anrede Gottes und die Antwort des Menschen, die sich in der ‚ersten Sprache des Glaubens‘ ereignet".[27]

In der hermeneutischen Phase des Religionsunterrichts wurde einem vordergründigen Bibelverständnis gewehrt und die Grundlagen des Verstehens problematisiert. In der folgenden Phase der Entwicklung wurde die Bibel insgesamt aus dem Zentrum der Religionsdidaktik gerückt.

---

[23] Ebd. S. 203.
[24] Ebd. S. 263. Vgl. *Biehl*: „H[ermeneutik] deckt die ‚Selbstentfremdung‘ des Daseins auf... Entsprechende Spuren finden sich bei M. Stallmann" (2001b, Sp. 823).
[25] *Baldermann* 2001, Sp. 832.
[26] *Stallmann* erwidert Otto: „Das Betroffensein vom Inhalt eines Textes... ist aber noch nicht identisch mit dem glaubenden Hören des Wortes" (1963, S. 244, Anm. 67), vgl. *Baldermann* 2001, Sp. 831.
[27] *Nipkow* 1998, S. 536.

Der Beitrag zu einer heutigen Religionspädagogik

10.2.3 Der problemorientierte Unterricht und die Hinwendung zu der Schülerin und dem Schüler

In den 60er Jahren stellten die Schüler- und Studentenbewegung und die massenweisen Abmeldungen vom Religionsunterricht die Religionspädagogik vor ganz neue Herausforderungen. Die Fragen und Probleme der Schüler und Schülerinnen rückten ins Zentrum des Religionsunterrichts.

Der thematisch-problemorientierte Religionsunterricht wurde zwischen 1966 und 1974 in der BRD entwickelt und hat Praxis und Theoriebildung des Religionsunterrichts nachhaltig verändert. Nach Kaufmann bedeutet Problemorientierung als didaktischer Grundbegriff „die Orientierung des Lernens an Aufgaben, Themen, Konflikten unserer Lebenswelt in ihrer personalen, interpersonalen und gesellschaftlich-politischen Dimension"[28]. Die Orientierung an Themen hatte ihre Auswirkung auf die Strukturierung der Unterrichtsinhalte. Sie war von jetzt an nicht mehr nach den theologischen Einzeldisziplinen ausgerichtet (Altes Testament, Neues Testament, Kirchengeschichte und Systematische Theologie), sondern in einem thematischen Kontext angeordnet. Neben den „Primärproblemen" standen von Anfang an auch religiöse Phänomene wie das Gebet auf dem Themenplan.

In allen Varianten dieser Didaktik war die Orientierung an Schülerin und Schüler unabdingbar, die eine gemeinsame Unterrichtsplanung- und Gestaltung einschloss und nach einer Erhebung der Schülerinteressen und -einstellungen strebte. Das Verhältnis zwischen Schüler/Schülerin und Lehrperson im Unterrichtsgeschehen wurde in weitgehenden Entwürfen als das zwischen Partnern bestimmt.[29]

Im Rahmen des neuen Unterrichtskonzeptes musste die Rolle der Bibel neu definiert werden. Kaufmann schrieb 1973:

„Die traditionelle Mittelpunktstellung der Bibel *als Gegenstand und Stoff des Religionsunterrichts* ist ein Selbstmissverständnis und weder theologisch noch didaktisch gerechtfertigt. Die konstitutive *Bedeutung* der Bibel für die Kirche und den Glauben

---

[28] *Kaufmann* 1973a, S. 16.
[29] *Nipkow* 2001, Sp. 1560.

soll damit keineswegs in Frage gestellt, sondern im Gegenteil neu hervorgehoben werden."[30]

Diese Neupositionierung der Bibel schloss eine Beschäftigung mit ihr im Religionsunterricht zwar nicht aus, aber es hatte sich doch die Zielsetzung geändert: Biblische Texte wurden jetzt als Problemlösungspotential herangezogen. Damit war aber eine Engführung und Funktionalisierung nicht mehr ausgeschlossen.[31] Einwände wurden u.a. von Baldermann und Kittel gegen den Bibelgebrauch im problemorientierten Unterricht erhoben. Sie nannten folgende Punkte:

1. Der problemorientierte Unterricht führt zur selektiven Rezeption und Reduktion der Tradition ohne relevante Kriterien.
2. Die biblischen Texte werden im Mittel-Zweck-Schema mediatisiert.
3. Die biblischen Texte werden durch den modernen Kontext vergewaltigt.
4. Biblische Texte werden in vielen Modellen nur als unverbindliches Motto oder als Appendix eingesetzt.
5. Die biblischen Texte werden als Problemlösungspotential verwendet und ihrer kritischen Relevanz beraubt.
6. Der problemorientierte Religionsunterricht führt zu Aktualismus und Punktualismus: Die biblischen Texte werden eklektizistisch aus dem Zusammenhang gerissen.[32]

Auch der problemorientierte Religionsunterricht wurde nach einigen Jahren in seiner Einseitigkeit erkannt.[33] Im Rückblick wird das Gegenüber von Bibel- und Problemorientierung nicht mehr als Alternative missverstanden, sondern, wie ursprünglich beabsichtigt, als komplementäres Verhältnis. Es wird als bleibende hermeneutisch-didaktische Aufgabe erkannt, Bibelauslegung und Lebensauslegung, Tradition und Situation, Glaube und Wirklichkeitserfahrung aufeinander zu beziehen. Die thematische Strukturierung des Lehrplans wird seit dieser Zeit zu einem zentralen curricularen Grundsatz. Auch brachte der problemorientierte Unterricht eine Öffnung der Religionspädagogik in Richtung anderer

---

[30] *Kaufmann* 1973b, S. 23.
[31] *Dormeyer* 2001, Sp. 173; vgl. auch die Zusammenfassung der damaligen Diskussion bei *Wegenast* 1974, S. 751f.
[32] Vgl. *Adam/Lachmann* 1993, S. 48.
[33] Zu Kritik und Ertrag des problemorientierten Unterrichts siehe *Nipkow* 2001, Sp. 1563f.

Wissenschaftsdisziplinen mit sich und bewies die Notwendigkeit, dass sich Religionspädagogik der Gesellschaft zuwendet, was bis heute seine Wirkung hat. Noch wichtiger war es, aus heutiger Sicht, dass in dieser Phase des Religionsunterrichts die „Wendung zum Kind" stattfand, die in der Folge zu einem unaufgebbaren Unterrichtsprinzip wurde.[34]

10.2.4 Der auf Erfahrung bezogene Bibelunterricht

Wesentliche Anliegen des problemorientierten Unterrichts verdichteten sich im Begriff der Erfahrung. Seit Mitte der siebziger Jahre wurde dieser Begriff zur Schlüsselkategorie des Religionsunterrichts. Im Streit um den Emanzipationsbegriff wurde „Erfahrung" herangezogen, um „die Bedeutung des Subjekts im Prozess der Befreiung stärker zu betonen u[nd] technokratische wie rationalistische Verengungen des päd[agogischen] Emanzipationsverständnisses aufzubrechen".[35] Der Erfahrungs-Bezug als Hinwendung zu den Bedürfnissen der Lernenden ist seither aus dem Religionsunterricht nicht mehr wegzudenken. Er „erwies sich als ‚Integrationsmodell', mit dessen Hilfe die unterschiedlichen Ansätze der Reformjahre verknüpft werden konnten", und über die Erfahrung konnte ein Zugang zu der reformpädagogischen Tradition der Pädagogik eröffnet werden, die fruchtbare Impulse für die Religionspädagogik freisetzte.[36]

Aus der neu gewonnenen Subjektperspektive musste auch die Frage nach der menschlichen Entwicklung und damit den Möglichkeiten und Notwendigkeiten des Verstehens gestellt werden. Für den biblischen Unterricht bedeutete das zunächst, dass auch die Gefahren deutlicher gesehen wurden, die aus unreflektiertem Umgang mit der Bibel erwuchsen. Wegenast erkennt zwar nicht in jedem schulischen Bibelgebrauch, der die Geschichtlichkeit der Bibel nicht unmittelbar reflektiert ein Problem, aber er fährt fort:

„Dennoch birgt ein ‚naiver' Bibelunterricht unübersehbar schwerwiegende Gefahren in sich: Die Befestigung von lebenslangen Missverständnissen, das Auseinanderfallen von Glaube und heutiger Lebenswirklichkeit, Motivationsarmut für Schüler, in

---

[34] Vgl. die *EKD-Denkschrift* „Identität und Verständigung", die vom „Prinzip des schülerorientierten Lehrens" ausgeht (1994, S. 50).
[35] *Biehl* 2001a, Sp. 421.
[36] A.a.O.

deren Leben die Bibel außerhalb des Religionsunterrichts keine Rolle spielt, Langeweile und Unbehagen gegenüber Texten, die nicht selten als unbefragbare Autorität bezeichnet werden."[37]

Es muss also im Unterricht um mehr gehen als darum, biblische Sachverhalte bekannt zu machen. Früh muss die Bemühung einsetzen, den Schülern einen Zugang „zu einem angemessenen ‚Verstehen' biblischer Sprache zu erschließen" und ihn in der Erkenntnis anzuleiten, dass es noch andere Möglichkeiten gibt, Wahrheit und Wirklichkeit zur Sprache zu bringen als den Tatsachenbericht und das Protokoll.[38] Wegenast plädiert gerade vor dem Hintergrund der Auseinandersetzung mit dem problemorientierten Unterricht für eine „angemessenere Verhältnisbestimmung zwischen Glaubenstradition und heutiger Wirklichkeit". Er findet sie, indem er Bibel und Problem zwei verschiedenen Projekten zuordnet und sie miteinander korrelieren lässt.[39] Die Bibel decke im Unterricht den Bereich ab, der in menschlichen Fragen und Antworten unbeantwortet bleibt. Sie sei der „Functor", der die „vernünftigen" Antworten vom Evangelium her weitertreibe. Christliches Sprechen von Gott sei dort angemessen, wo menschliche Fragen und Antworten auf „noch Ausstehendes" stoßen, denn es sei die „Aufhebung" dieser Fraglichkeit, die in der Botschaft von der Rechtfertigung als Heil im Unheil zugesagt wird. Die Bedeutung biblischer Texte liegt für Wegenast also darin, dass sie das einzige Werkzeug sind, sich Werte und Normen anzueignen und sie abzulehnen.[40]

10.2.5 Die Korrelationsdidaktik

Bei Wegenast war bereits von „Korrelation" die Rede gewesen. Dieser Begriff entwickelte sich etwa parallel zum Erfahrungsbegriff in der Religionspädagogik und wurde besonders im katholischen Raum unter dem Aspekt der „Korrelationsdidaktik" als religionspädagogisches Prinzip entfaltet.[41] Sie geht „von der Wechselbeziehung zwischen Offenbarung u[nd] Erfahrung, christlicher Botschaft und menschlichem Leben aus

---

[37] *Wegenast* 1974, S. 752.
[38] *Wegenast* 1974, S. 752.
[39] Ebd., S. 757.
[40] Ebd., S. 759 und 762.
[41] Zur genauen Datierung vgl. *Hilger* 2001, Sp. 1106: „Erstmals wird K[orrelationsdidaktik]. im ‚Zielfelderplan für den Kath. RU in der Grundschule' (1977) explizit als rp Prinzip entfaltet."

u[nd] zieht daraus Konsequenzen für Themenauswahl, Zielformulierungen u[nd] unterrichtliche Zugänge".[42] Korrelation, deren theologischer Begriff von Paul Tillich und Edward Schillebeeckx geprägt ist,[43] konnte als vermittelnd zwischen den konkurrierenden Konzeptionen des Religionsunterrichts wie dem problemorientierten und dem verkündigenden bzw. dem hermeneutischen Unterricht betrachtet werden, zwischen Schülerorientierung und Traditionsorientierung.

Den Erfahrungsbegriff greift auch Baudler auf, als er von einer „‚Rückkehr' zur Bibel im Religionsunterricht" schreibt. In seinen „Überlegungen zur Didaktik eines erfahrungs- und problemorientierten Bibelunterrichts" spricht er von einer in der Religionspädagogik zu beobachtenden „neuen Hinwendung zur Bibel", die die religionspädagogische Diskussion der vorangegangenen Jahre mitberücksichtigen sollte. Er präzisiert die Fragestellung dahingehend, wie Glaubens- und Lebensvollzug didaktisch und unterrichtlich aufeinander bezogen werden können. Damit ist er einer der Vertreter einer zweiten Phase des hermeneutischen Unterrichts. In ihr geht es um die unterrichtspraktische Realisation des bisher eher theoretisch gebliebenen Bezugs zwischen Tradition und Lebensvollzug.[44]

Auf Baudlers Konzept soll hier deshalb näher eingegangen werden, weil er texthermeneutische Fragen anspricht, die eine wichtige Etappe in der Entwicklung des hermeneutischen Unterrichts darstellen.[45] Sein Konzept ist vom Strukturalismus der 70er Jahre beeinflusst. In der Einleitung zu seinem Aufsatz „Rückkehr zur Bibel" fasst Baudler das „Neue" aus der Sicht der katholischen Religionspädagogik zusammen. Er nimmt die Unterscheidung zwischen Schule und Gemeinde ernst. Schule ist plurale und säkularisierte Welt, in der der Anspruch der Bibel, Heilige Schrift

---

[42] A.a.O.
[43] *Bucher* 1990, S. 21.
[44] *Wegenast* hinterfragt die zeitgenössischen Ansätze der Bibeldidaktik von *Berg* und *Bizer* genau unter diesem Aspekt: Wie ist der Weg, der „von der Bibel zur kritisch zu befragenden Wirklichkeit führt"? „Wie kann das hier vorgetragene Konzept zu einem sinnvollen Bibelunterricht in der Grundschule führen?" „Hat Bizer das Problem der Motivation deutlich gesehen... Ist die Auslegungsmethode, die Bizer an seinem Beispiel exemplifiziert, lern- und vermittelbar?" *Wegenast* 1974, S. 756f.
[45] *Oser* zitiert *Baudler* als er vom Zusammenhang von Erfahrung und Bibel schreibt: *Oser* 1987, S. 224.

der Christen zu sein, nicht vorausgesetzt werden kann.[46] Er spricht zwar weiterhin von einem „hohen Stellenwert" der Bibel,[47] aber er schlägt doch vor, die biblischen Texte im unterrichtlichen Zusammenhang nicht als Glaubenserfahrung sondern eher als „profane Texte" zu betrachten, die man mit „der strukturalen Methode" analysieren kann. Mit Hilfe dieser Methode will er „tragende Motive des Textes" herausarbeiten, um dann nach der zugrundeliegenden Erfahrung „historisch-kritisch" zu fragen. Dahinter steht der Gedanke, den er mit Eugen Paul teilt, dass der überlieferte Text nicht unmittelbar mit der Lebenserfahrung des heutigen Menschen vermittelt werden kann sondern nur über die Kenntnis der Erfahrung der Menschen der damaligen Zeit,[48] es geht also letztlich um die Frage, wie damalige Glaubenserfahrung und heutige Lebenserfahrung miteinander zu vermitteln seien. Die Rückfrage nach der historischen Erfahrung muss aus dem Verstehenshorizont der gegenwärtigen Erfahrung des Lernenden erfolgen.

„Nur indem ich, der Schüler von heute, mich in die Motivwelt des Textes hineinversetze und dabei die soziologische, religiöse und psychologische Umwelt der Entstehungszeit des Textes (soweit sie mir aus der historisch-kritischen Forschung bekannt ist) reflektiere, kann es mir gelingen, eine Beziehung zwischen dieser damaligen Erfahrungswelt und dem mir vorliegenden Text und seinen Motiven herzustellen."[49]

Baudler betont ferner, dass sich ein Religionsunterricht, dem es um die Erschließung der „ganzmenschlichen Daseinsdimensionen" geht, auch mit fremd gewordenen religiösen Texten beschäftigen muss.[50] Er spricht von einer Ausgewogenheit von Fremdheit des Textes und unreflektierter Nähe. Die Texte sind dem säkularisierten Menschen unserer Zeit zwar einerseits fremd genug, um sein Interesse zu erwecken, andererseits aber „wirkungsgeschichtlich und kulturklimatisch doch so nahe, dass er sich ohne allzu lange und mühsame Vorarbeit in seine Motivwelt hineinversetzen kann".[51] Für Baudler ist „die Stärkung und der Aufbau eines in den Lebenserfahrungen verankerten und durch das Hören der Wortoffenbarung immer neu zu sich selbst findenden Glaubens" zwar letztes Ziel kirchlichen Handelns und in der Schule kann im Auftrag der Kirche

---

[46] *Baudler* 1975a, S. 333.
[47] Ebd. S. 331 und 333.
[48] Ebd. S. 332.
[49] Ebd. S. 333.
[50] Ebd. S. 334.
[51] A.a.O.

Der Beitrag zu einer heutigen Religionspädagogik

höchstens Vorarbeit zu diesem Ziel geleistete werden, der Religionsunterricht kann dieses Ziel aber auch von sich aus nicht ausschließen.[52] Er sieht die Gefahr, dass die religiöse Entwicklung durch ein „‚Überstülpen' der Glaubensinhalte" „total abgeschnitten und radikal zerstört werden kann".[53] Daher müsse Gemeindekatechese den schulischen Religionsunterricht begleiten.

Baudler entwickelt aufgrund dieser hermeneutischen Voraussetzungen das bibeldidaktische Viereck, das vom Bibeltext ausgeht und auf die historische Erfahrung stößt, Anknüpfungspunkte für diese Erfahrung in der heutigen Erfahrung der Schüler sucht und diese wieder mit modernen Kontexten verknüpft. Sein Konzept wirkte anregend. Es wurde diskutiert, ob es nicht eigentlich ein Fünfeck sei, das aus dem Bibeltext zunächst „Motive" destillierte, aus denen es dann auf damalige Erfahrungen schloss, die mit Kontexten und Erfahrungen aus der aktuellen Zeit vermittelt wurden.[54]

Baudlers Didaktik eines erfahrungs- und problemorientierten Bibelunterrichts nahm die Anliegen der Religionspädagogik auf und versuchte, den biblischen Unterricht darin zu verankern. Er steckte den hermeneutischen Rahmen der Interpretation der biblischen Texte ab und drang dabei methodisch, zumindest was die Lehrervorbereitung anbelangt, bis zu den biblischen Texten vor. Darin ist er präziser am Text orientiert als systematische Ansätze wie zum Beispiel der von Wegenast. Dass sich biblisches Lernen aber nicht auf die engen Grenzen eines didaktischen Vierecks beschränken lässt, dass es sich entgegen anderslautender Absicht in dieser „Korrelationsdidaktik" immer noch um eine sehr Lehrerbezogene Didaktik handelt und dass die entwicklungspsychologischen Aspekte des Lernens kaum benannt sind, das zeigte sich an späteren Neuansätzen, die schließlich zur dritten Phase der hermeneutischen Didaktik führten.

Die Kritik gegenüber diesem Ansatz setzt da an, wo Korrelationsdidaktik in die Nähe einer normativen Didaktik gerät.

---

[52] Ebd. S. 335.
[53] A.a.O., vgl. auch *Baudler* 1975b.
[54] *Lange/Langer* 1975, S. 347. *Oser* zitiert *Baudler* als Beispiel einer „Korrelationsdidaktik" (1987, S. 224).

„Von einem theol[ogischen] Basissatz wurden Deduktionsketten aufgebaut, von Zielformulierungen hin bis zu method[ischen] Entscheidungen, die anfällig sind für unreflektierte Nebenentscheidungen, leicht wahrnehmungsblind machen für die komplexen Faktoren u[nd] Bedingungen von Unterricht u[nd] sich so vereinnahmen lassen für unterschiedlichste Positionen."[55]

Der Korrelationsdidaktik wurde sowohl ein Überhang des Korrelats „Glaubensinhalte" vorgeworfen als auch „ein Mangel an seriöser Theologie".[56] Besonders der Zweifel, ob für heutige Schüler und Lehrerinnen menschliche Grunderfahrungen und Glaube überhaupt noch korrelierbar seien, hat diese Didaktik als überholt erscheinen lassen. Die Forderung ist, Korrelationsdidaktik müsse das Aushalten von biografisch und gesellschaftlich bedingter Unkorrelierbarkeit theologisch reflektieren,[57] was praktisch ihre Auflösung bedeutet.

10.2.6 Symboldidaktik und die Hermeneutik der Wahrnehmung

Ein weiteres Unterrichtskonzept, das von der Erfahrung her seinen Ausgangspunkt genommen hat, ist die Symboldidaktik.[58] Biehl beabsichtigte in dem zusammen mit Baudler 1980 veröffentlichten Buch „Erfahrung-Symbol-Glaube", ein Gesamtkonzept der Religionspädagogik zu erstellen, die er nicht mehr nur auf die Didaktik des Religionsunterrichts bezogen wissen wollte, sondern auf „alle religiösen Lernprozesse in Familie, Kirche und Schule".[59] Er knüpfte an die Grundfrage an, die bereits Baudler, Wegenast und andere vor ihm mit dem Korrelationsbegriff zu lösen versuchten, nämlich dem „Problem der Vermittlung theologischer Inhalte und gegenwärtiger Lebenssituationen".[60] Für ihn gestaltete sich die konkrete Fragestellung folgendermaßen:

„Vielleicht ergeben sich ... Hinweise darauf, wie die in den religiösen Symbolen verdichteten Erfahrungen der Überlieferung und die Grundkonflikte der jungen

---

[55] *Hilger* 2001, Sp. 1109.
[56] A.a.O.
[57] A.a.O.
[58] Unter den „Vätern" der Symboldidaktik ist selbstverständlich auch Hubertus *Halbfas* zu nennen und sein Buch, „Das dritte Auge". Eines seiner wichtigsten Stichworte war das der „zweiten Unmittelbarkeit'", der Überschreitung des nur gegenständlichen Denkens (1985, S. 517). Vgl. die kritische Würdigung bei *Gronbach* 1991. Hier wird näher auf die Symboldidaktik nach *Biehl* und *Bucher* eingegangen.
[59] *Biehl* 1980, S. 37.
[60] Ebd. S. 38.

Menschen bei ihrer Suche nach Identität in einen didaktisch und theologisch verantwortlichen Zusammenhang gebracht werden können."[61]

„Erfahrung" steht bei ihm für „gegenwärtige Lebenssituation". Im Symbolbegriff fasst er die „Erfahrungen der Überlieferung". Insofern ist Symboldidaktik nach Biehl in ihren Wurzeln nichts anderes als Korrelationsdidaktik. Das „Symbol" ist für ihn eine „Vermittlungskategorie" schlechthin.[62] Ähnlich wie im Falle der Korrelationsdidaktik ist es ein Ziel dieser Didaktik, Symbole, die sich aus biblischen Texten ableiten lassen, in der Gegenwart neu zu formulieren. „Der kreative Umgang mit Symbolen ermöglicht neue Erfahrungen mit der lebensgeschichtlichen, sozialen und religiösen Erfahrung."[63]

„Symbol ist ein Zeichen, aber ein Zeichen mit einem zweiten o[der] vielfachen Sinn."[64] Die darauf aufbauende Didaktik nutzt die Tatsache, dass ein Symbol im engeren Sinn eine zusammengesetzte Größe ist, die aus „einem anschaulichen Symbolträger u[nd] dem dadurch Bezeichneten" besteht.[65] Hier kann nicht weiter auf die Diskussionen innerhalb der Symboldidak-tik eingegangen werden. Sie prägt nach Bucher die Religionspädagogik der 90er Jahre „am maßgeblichsten".[66] Sie bleibt aber nicht auf der Stufe der Korrelation stehen, sondern reicht insofern darüber hinaus, als sie nicht nur Tradierung ermöglichen möchte sondern auch auf ästhetische Defizite der Schulkultur reagiert, auf einen kognitivistischen Religionsunterricht und auf das Vorherrschen eines positivistischen und zweckrationalistischen Wirklichkeitsverständnisses reagiert.

---

[61] Ebd. S. 40.
[62] Ebd. S. 79.
[63] Ebd. S. 78, vgl. auch *Bucher* 1990, S. 24. Interessant ist dagegen der Aspekt des Erfahrungsbegriffs, den *Zilleßen* aufgreift: „Erfahrungen tragen in sich die Ausdrucksweise des Perfekts, die Zeitform des Vergangenen und zugleich die Bedürfnisse des Dauerhaften, des dauerhaft Gültigen. ... So sichern uns Erfahrungen gegen Flüchtigkeit, Wechsel, Diskontinuitäten und Widersprüche des Lebens ab, geben Boden unter die Füße, stabilisieren und stehen der Haltlosigkeit entgegen. ... Aber es kommt dabei nur zu oft zur ängstlichen Stillegung des Lebensprozesses. Das Leben erstarrt, wenn die Erfahrungen nicht mehr für Umstrukturierungen offen sind, wenn der Lernprozess nicht mehr umstrukturiert werden kann. ... Erfahrung ist umso mächtiger, je mehr sie sich als banale Erfahrung darstellt" (1991, S. 59f).
[64] *Biehl* 2001c, Sp. 2076.
[65] A.a.O.
[66] *Bucher* 1990, S. 20.

Der Beitrag zu einer heutigen Religionspädagogik

Der Sinn der Symbole erschließt sich für bestimmte Menschen unterschiedlich und hängt von der Kommunikation, dem selbständigen Umgang in Beziehung ab. Daher ist Symboldidaktik etwa bei Biehl „kommunikative Didaktik".[67]

In einem seiner jüngsten Aufsätze, ordnet Biehl die Symboldidaktik einer „Hermeneutik der Wahrnehmung" zu.[68] Neben den interpretatorischen Zugang über Symbole kommt der Zugang über Texte zu stehen. Ein Zugang zu einer Hermeneutik der Wahrnehmung ist eben auch: „Die Beschreibung von Momenten der Imagination im Text, die den imaginativen Umgang mit dem Text leiten, durch die Rezeptionsästhetik."[69] Damit wird die Symboldidaktik davon entlastet, das gesamte Gewicht des auf Erfahrung gegründeten Religionsunterrichts tragen zu müssen und bekommt ihren, meiner Ansicht nach, angemessenen Ort zugewiesen: Sie ist eine Möglichkeit, nach bestimmten Regeln kreativ Sinn zu schöpfen und damit Verstehen zu ermöglichen. Es muss also nicht alles ganzheitliche Verstehen über Symbole vermittelt werden. Eine weitere Möglichkeit ist die „Imagination im Text", die von der Rezeptionsästhetik vorgegeben wird und die kreative Wahrnehmung, die durch die „Intertextualität", in die jeder Text verwoben ist, gestiftet wird. Damit aber ist wieder ein neuer Blick auf biblische Texte möglich. „Theologische Inhalte" mögen zwar symbolisch vermittelt sein, sie dürfen aber nicht „naiv" gelesen und damit ohne Umschweife für den „Glauben" vereinnahmt werden. Aus postmoderner Sicht müssen auch diese „theologischen Sinnlinien" noch einmal hinterfragt und Schüler und Schülerinnen zur Interpretation angeleitet werden.

10.2.7 Die rezeptionsästhetisch gewendete Bibeldidaktik und die Wahrnehmung der Lernenden als aktiv-rekonstruierende Subjekte

In dem Maß, in dem diese Darstellung sich in die Gegenwart bewegt, wird das Verstehen schwieriger, da die Gesamtheit der verschiedenen Entwürfe noch nicht genügend durch die Praxis erprobt und durch den Rezeptionsprozess gewichtet wurde. Ich verweise hier nur auf die Posi-

---

[67] *Biehl* 2001c, Sp. 2076.
[68] *Biehl* 2001b, Sp. 826f.
[69] Ebd. Sp. 827.

Der Beitrag zu einer heutigen Religionspädagogik

tionen, die mir aus der Perspektive meiner Beschäftigung mit den biblischen Texten als anknüpfungsfähig und auf dem Weg zu einer eigenen bibeldidaktischen Position hilfreich erscheinen.

Nach den Phasen der Bibeldidaktik, die den Versuch unternahmen, Tradition und Gegenwart durch Strukturen wie „Korrelation" und „Symbol" zu verknüpfen, ergaben sich noch einmal neue hermeneutische Einsichten. Die Impulse kamen wieder von außerhalb der Religionspädagogik.

Seit den späten 1960er Jahren wurde in der Bundesrepublik in der „Konstanzer Schule", besonders von dem Romanisten Hans Robert Jauß und dem Anglisten Wolfgang Iser, die Rezeptionsästhetik entwickelt, die sich schnell etablierte.[70] „Ihre Eigenart besteht darin, dass sie gegenüber einer textorientierten Hermeneutik den Leser mit ins Spiel des Verstehens bringt."[71] Einer der bis heute prominentesten Vertreter dieser neuen „Sinnauffassung" wurde Umberto Eco, der sie im Rahmen seiner Semiotik weiterentwickelte. Wichtig für den Kontext dieser Arbeit ist, dass er seine Vorstellung eines „offenen Kunstwerks" unter anderem auf das Tora-Verständnis der Kabbalisten des Mittelalters und der Renaissance zurückführte.[72] Auch Eco findet also, wie bereits der oben erwähnte Bodendorfer, in der Toraauslegung einer jüdischen Tradition Wurzeln der gegenwärtigen Rezeptionsästhetik.[73] Was Eco unter einem „offenen Kunstwerk" versteht, beschrieb er sehr plastisch im Nachwort seines 1983 erschienenen Romans „Der Name der Rose":

---

[70] *Brenner* 1998, S. 102.
[71] A.a.O.
[72] *Eco* 1987b, S. 38.
[73] Vgl. dazu auch *Scholem*: „Einmal konnte das Buch als der Träger einer festen Bedeutung, eines eindeutigen Sinnes, von denen das Leben entscheidend geregelt wird, betrachtet werden. Zum andern aber konnte das Buch, gerade weil es das Wort Gottes enthielt, als das unendlich Plastische, als das unendliche Sinnesschichten Zulassende aufgefasst werden. Die ungeheure Wirkung der Bibel im jüdischen Volk beruht auf dem lebendigen Widerspiel dieser beiden Tendenzen" (1975, S. 97). *Scholem* schreibt in diesem Zusammenhang vom „Prozess von Offenbarung und Tradition", von der „Frage nach der Anwendbarkeit der Tradition auf der geschichtlichen Ebene. ... Das Volk des Buches wird zum Volk des Kommentars" (a.a.O., S. 97). Zu einem ähnlichen Ergebnis gelangt *Fishbane* 1989.

Der Beitrag zu einer heutigen Religionspädagogik

„Nichts ist erfreulicher für den Autor eines Romans, als Lesarten zu entdecken, an die er selbst nicht gedacht hatte und die ihm von Lesern nahegelegt werden... Nicht dass man als Romanautor keine Lesarten finden könnte, die einem abwegig erscheinen, aber man muss in jedem Fall schweigen und es anderen überlassen, sie anhand des Textes zu widerlegen. Die große Mehrheit der Lesarten bringt jedoch überraschende Sinnzusammenhänge ans Licht, an die man beim Schreiben nicht gedacht hatte... Der Text ist da und produziert seine eigenen Sinnverbindungen... Definieren würde ich die poetische Wirkung als die Fähigkeit eines Textes, immer neue und andere Lesarten zu erzeugen, ohne sich jemals ganz zu verbrauchen."[74]

Neu ist also die hermeneutische Erkenntnis der Rezeptionsästhetik, dass Bedeutung beim Lesen und aufgrund der Vorerfahrungen der Leserinnen entsteht.[75]

Diese Grundeinsicht wird in der Religionspädagogik seit Anfang der 90er Jahre in den Blick genommen und auf seine pädagogischen Konsequenzen hin befragt.[76] So weist Wegenast nach einer Sichtung der Entwicklung der hermeneutischen Fragestellung, die bei Iser endet, darauf hin, dass die Vorstellung „eines passiv-rezeptiven Kindes" aufgegeben werden müsse und dass „Kinder und Erwachsene als schöpferische und aktiv-rekonstruierende Subjekte" zu verstehen seien.[77] Es gehe darum „wieder einmal ganz neu ans Werk zu gehen, um eine Bibeldidaktik zu entwerfen, die dem Kind und Jugendlichen gerecht wird und außerdem dazu in die Lage versetzt, in der Situation ‚neu' nach der Botschaft zu fragen".[78]

Dieser Aufforderung soll hier, zumindest partiell, nachgekommen werden. Aus der Analyse der biblischen Texte, die lehren und lernen thematisieren, und auf Grund der Erkenntnis, dass biblische Texte in kreativer, aktualisierender Weise aneinander anknüpfen, können Schlüsse für eine Didaktik des Hörens gezogen werden.

---

[74] *Eco* 2000, S. 654, 656, 658.
[75] Näheres zur Auseinandersetzung über die Beliebigkeit von Bedeutungszuschreibungen, s.o. Kapitel 6.2.2.
[76] Vgl. zur hermeneutischen Grundlegung *Müller* 1994.
[77] *Wegenast* 1991, S. 41.
[78] Ebd. S. 43.

Der Beitrag zu einer heutigen Religionspädagogik

10.3 Entwürfe einer Didaktik des Hörens

Wie dargelegt, ist „hören" das zentrale biblische Wort im Lehr-Lernzusammenhang.[79] Grundlegend ist das Gebot in Dtn 6,4f: *Höre Israel, JHWH ist unser Gott, JHWH allein. Und du sollst JHWH, deinen Gott, lieben von ganzem Herzen, von ganzer Kehle und von ganzer Kraft.* (Dtn 6,4f)

In der religionspädagogischen Reflexion hat das Hören bisher kaum einen eigenen Stellenwert. Klein schreibt in einem Aufsatz über Hören und Erzählen:

> „In der theologischen Reflexion hat das Hören kaum einen eigenen Stellenwert. Es wird unter das Erzählen subsumiert. Wo vom Hören die Rede ist, kommt es als das Hören des Wortes Gottes oder als Gehorchen vor. In vielen sprachwissenschaftlich und pragmatisch beeinflussten Abhandlungen geht es um die Wirkung des Sprechens, das als Handeln gefasst ist: darum, dass das Gesprochene bei den Hörenden Betroffenheit auslöst, sie verändert, sie belehrt. Dahinter steht häufig ein Defizitmodell. Die hörende Person soll verändert werden, ihr wird etwas gegeben, was ihr fehlt, was aber die sprechende Person hat, mitteilt oder bewirken kann. In der Seelsorge, in der Tiefenpsychologie und der Gesprächstherapie wurde die Methode des Zuhörens aus der Erfahrung heraus entwickelt, dass Heilung nur möglich ist, wenn das Leid zur Sprache gebracht wird. Doch auch hier bleibt das Interesse auf das Erzählen gerichtet; das Hören ist keine eigene theoretische Kategorie, sondern eine Methode zum Erreichen eines bestimmten Zweckes."[80]

Nun spielt der Begriff des „Hörens" in der Theologie Karl Rahners eine wichtige Rolle. Er erwähnt ihn unter den Voraussetzungen des Verstehens der christlichen Botschaft in seinem Grundkurs des Glaubens. Zur Klärung des Begriffs sollen hier einige seiner Gedanken referiert werden.

---

[79] Die hier erfolgende, zum Verstehen notwendige Bündelung der Ergebnisse der Analyse, legt sich nach den exegetischen Untersuchungen nahe. Dabei darf nicht übersehen werden, dass sich der alttestamentliche Sprachstil nicht auf Begrifflichkeiten festlegen lässt. Z. B. bezieht der unten zitierte Vers Dtn 29,3 „ein Herz, das versteht" und „Augen, die sehen" in den Lernvorgang ein. Das Hörgeschehen bleibt dennoch ein zentrales Moment des alttestamentlichen Lehrens und Lernens, s.o. Kapitel 5.5, Kapitel 6.3.4. und Kapitel 8.5.
[80] Vgl. *Klein* 1998, S. 51. Dieser Beobachtung kann eine weitere hinzugefügt werden: Im Lexikon der Religionspädagogik *LexRP 2001* findet sich das Stichwort „erzählen" aber nicht die Stichworte „hören" oder „wahrnehmen".

10.3.1 Die grundlegende anthropologische Kategorie des Hörens in Karl Rahners Grundkurs des Glaubens

Rahner untersucht im ersten Gang seines Grundkurses, welche Voraussetzungen des Hörens gegeben sein müssen, damit die Botschaft des Christentums gehört werden kann. Er findet einen „unaufhebbaren Zirkel zwischen den Verstehenshorizonten und dem Gesagten, Gehörten und Verstandenen gegeben".[81] Beides setze sich gegenseitig voraus. Das bedeutet, dass die wie Rahner sie nennt „gnadenhaft getragene Botschaft des Christentums" durch ihren Anruf die Voraussetzungen für das Hören zugleich schafft. „Sie ruft eben den Menschen vor die wirkliche Wahrheit seines Wesens."[82] Damit ist die Verschränkung von Philosophie und Theologie gegeben und es wird über den Menschen nachgedacht, als einem, der immer schon Erfahrungen mit Gott gemacht hat, insofern er ein geschichtlicher Mensch ist. Die Eigenständigkeit des denkenden Menschen besteht nur darin, ob er sich dieser geschichtlichen und gnadenhaften Herkunft verpflichtet weiß oder nicht.

Hören als Voraussetzung der Offenbarung impliziert: Der Mensch ist Person, Subjekt. Er oder sie haben ein personales Verhältnis zu Gott, die Heilsgeschichte entfaltet sich im Dialog zwischen Gott und Menschen und als einzelne sind Menschen in der Lage, ihr eigenes, einmaliges Heil zu empfangen. Menschen sind verantwortlich vor Gott und seinem Gericht.

1. Hörende Menschen als Subjekte und Personen
- Das Reden von Menschen als Subjekten setzt voraus, dass Menschen guten Willens sind zu hören. Worte können allerdings immer nur auf die menschliche Grunderfahrung hinweisen, sie ist nicht durch die Worte gegeben und kann auch nicht durch sie indoktriniert werden.
- Nun erfahren sich aber Menschen in vielfältiger Weise als Produkt dessen, was sie nicht sind: Als Ergebnis von Wirklichkeiten, die zwar innerhalb ihrer Erfahrungsbereiche stehen, die sie aber selber nicht sind und die sie doch bestimmen und so auch erklären.
- Die Bestimmung als Person ist nun keine partikulare, sondern sie betrifft den Menschen als ganzen. Menschen können aber daran vor-

---

[81] Vgl. hier *Rahner* 1984, S. 35. Zum Folgenden ebd. S. 35-53.
[82] A.a.O.

beisehen, können ihr ursprüngliches Personsein übersehen und verschweigen. Es muss also eingeübt werden.
- Menschen erfahren sich als subjekthafte Person, indem sie sich selbst als fremd erfahren. Die Konfrontation mit der Summe seiner Faktoren erweist Menschen als mehr als diese Faktoren. Indem sie sich als radikal fragwürdig erfahren, leisten sie etwas, das sie über sich hinausweist. Denn ein „endliches System" kann kein solches Verhältnis zu sich haben, das Menschen in der Erfahrung ihrer pluralen Bedingtheit und Reduzierbarkeit zu sich selbst haben.
- Würde man das sich selbst Überschreiten „Seele" oder „Geist" nennen, griffe man zu kurz. Es geht nicht um ein empirisch unterscheidbares Element am ganzen Menschen. Sondern das „Sich-zu-sich-selbst-verhalten-können" des Menschen macht seine Subjekthaftigkeit im Gegensatz zu seiner Sachhaftigkeit, die es auch gibt, aus. Selbst dort, wo sich Menschen als restlos fremdbedingt erleben, sind sie es, die diese Erklärung auf sich anwenden und erweisen sich dadurch als ein anderes als das nachträgliche Produkt solcher Einzelmomente.

2. Hörende Menschen als Wesen der Transzendenz
- Menschen können alles in Frage stellen. Sie können ihre Endlichkeit radikal erfahren und erweisen sich dadurch als Wesen der Transzendenz, als Geist.
- Menschen können versuchen, sich aus Angst vor der unheimlichen Unendlichkeit, die sie umgibt, zu dem Vertrauten und Alltäglichen zu flüchten, aber sie erfahren sich der Unendlichkeit auch in ihrem alltäglichen Tun ausgesetzt. Sie bleiben grundsätzlich immer unterwegs. Sie erfahren sich als die unendliche Möglichkeit.
- Menschen sind insofern Geist, als sie sich nicht als reiner Geist erfahren. Sie sind nicht die in sich fraglose, fraglos gegebene Unendlichkeit der Wirklichkeit. Der Mensch ist die Frage, die nie adäquat beantwortet werden kann.
- Menschen gehen mit dieser Transzendenzerfahrung unterschiedlich um. Einige gehen achtlos an ihr vorüber und flüchten sich in das Konkrete, Manipulierbare und Überschaubare. Sie haben darin genug Bedeutsames zu tun. Andere vertagen sie in einen vielleicht sinnvollen Skeptizismus. Wieder Andere verwerfen die Frage selbst als sinnlos, weil unbeantwortbar.

Der Beitrag zu einer heutigen Religionspädagogik

- Die erkennende Tat der Menschen ist im Vorgriff auf das Sein begründet. Das diesen Vorgriff eröffnende und ihn Tragende ist nicht das Nichts, auch wenn der Mensch in seinem Leben Absurdität erfährt, sondern die Gnade. Menschen begreifen sich nicht als absolutes Subjekt sondern als Subjekte im Sinn der Seinsempfängnis, der Gnade.
- Menschliche Transzendenz ist eine Grundbefindlichkeit, eine Eröffnetheit des Subjekts auf das Sein überhaupt, die dann gegeben ist, wenn Menschen sich als sorgend und besorgend, fürchtend und hoffend der Vielfalt ihrer Alltagswelt ausgesetzt erfahren. Sie liegt hinter dem Menschen am unverfügbaren Ursprung seines Lebens und Erkennens.

3. Hörende Menschen als Wesen der Verantwortung und Freiheit
- Indem Menschen durch ihre Transzendenz ins Offene gesetzt sind, sind sie gleichzeitig auch sich selbst überantwortet. Sie erfahren sich als verantwortlich und frei, nicht nur im Erkennen, also nicht nur als Selbstbewusstsein, sondern als Selbsttat.
- Allerdings ist sich Freiheit als reflektierende in der Polarität zwischen der Ursprünglichkeit und der kategorialen Objektivation der Freiheit immer selbst verborgen. Denn sie kann immer nur auf ihre Objektivation reflektieren, diese bleibt aber immer ambivalent.
- Wo das Subjekt sich als Subjekt erfährt, oder seine Tat als subjekthafte wahrnehmen kann, da wird in einem ursprünglichen Sinn Verantwortung und Freiheit erfahren. Sie vollzieht sich zwar immer in eine Pluralität von konkreten Handlungen, in pluralem Engagement in die Geschichte und Gesellschaft hinein, bleibt aber doch eigentliche Freiheit, weil sie transzendentale Eigentümlichkeit des einen Subjekts ist.
- Insofern ich mich als Subjekt erfahre, erfahre ich mich als frei.

4. Hörende Menschen vor der Heilsfrage
- Der wahre theologische Begriff des Heils besagt nicht eine zukünftige Situation, die erfreulich ist oder die Menschen als Unheil überfällt, ist auch nicht ein moralischer Zuspruch, sondern besagt die Endgültigkeit des wahren Selbstverständnisses und der wahren Selbsttat der Menschen in Freiheit vor Gott.
- Die Subjektivität und freie Selbstinterpretation geschieht durch Welt, Zeit und Geschichte hindurch. Die Heilsfrage kann daher nicht

an der Geschichtlichkeit und gesellschaftlichen Verfasstheit der Menschen vorbei beantwortet werden. Sie müssen das Heil als geschichtlich gegebenes finden und annehmen.

5. Hörende Menschen als Verfügte Menschen
- Die Transzendentalität der Menschen kann nicht als die absoluter Subjekte aufgefasst werden. Menschen können sich in ihrer Verwiesenheit nicht selbstherrlich setzen, sondern erfahren sich als gesetzte und verfügte. Ihre Verwiesenheit gründet im Abgrund des unsagbaren Geheimnisses.
- Menschen sind in einem absoluten Sinn auch als die Tätigen immer die Leidenden. Sie erfahren sich in einer Synthese von vorgegebener Freiheit und freier Selbstverfügung, von Eigenem und Fremdem.
- Sie gelangen zu ihrer eigentlichen Wahrheit gerade dadurch, dass sie die Unverfügbarkeit ihrer eigenen Wirklichkeit als gewusste gelassen aushalten und annehmen.

Bereits in dieser knappen Zusammenfassung der weitreichenden fundamentaltheologischen Einsichten Rahners zum Hören wird deutlich, dass er den Begriff als anthropologische Grundkategorie einführt. Hören setzt den guten Willen der Hörenden voraus. Gehört werden kann, dass Menschen Personen sind, sich als freie Subjekte in einer unfreien Welt begreifen können, die in der Lage sind, sich selbst zu reflektieren und sich voraus zu greifen. Sie sind Subjekte, die verantwortlich denken und handeln können, die Welt in ihrer Absurdität erfahren aber auch auf Hoffnung hin. Die eigene Wahrheit begreift ein Mensch, der trotz allen Protests gelassen die Unverfügbarkeit der eigenen Wirklichkeit auszuhalten lernt.

Es überrascht nach den alttestamentlichen Untersuchungen nicht, dass Hören bei Rahner einen grundlegenden Stellenwert hat. Es wird bei Rahner zu einer entscheidenden Kategorie des christlichen Menschseins. Rahner ist insofern seiner Zeit verhaftet, als er „den Menschen" noch sehr unhinterfragt als männlich begreift. Auch versteht er in dem hier referierten Kapitel „Der Hörer der Botschaft" das Hören im Verkündigungszusammenhang, was nicht mit dem Hören im Unterricht gleichgesetzt werden kann. Andererseits hat Rahner so deutlich die Geschichtlichkeit und Zeitlichkeit der „Hörer" im Blick, dass sehr wohl Anknüpfungspunkte aus seinem Denken für den Unterricht bestehen. Durchaus biblisch verankert und für eine Didaktik des Hörens weiterführend ist seine Entfaltung der Personhaftigkeit von Menschen, die sie im Hören erfahren können. Hier hat der biblische Unterricht eine das Selbst befreiende und stärkende Aufgabe. Er kann so weit gelangen, dass die Schülerinnen und Schüler eine Wahrheit über sich selbst erntdecken. Wenn es sich nun im biblischen Reden über Lehren und Lernen als zentral erweist und in der Fundamentaltheologie Rahners als anthropologische Grundkategorie betrachtet wird, muss das Hören auch auf seine didaktische Relevanz hin überprüft werden. Dies ist aber bisher erst selten geschehen. Hier können zwei religionspädagogische Entwürfe vorgestellt werden, in denen das Hören als Kategorie des Lernens ernst genommen wird. Sie sind noch wenig bekannt, geben aber interessante Anregungen zu einer zu entwickelnden Didaktik des Hörens. Der erste Entwurf stammt von Robert Schuster, dem langjährigen Studienleiter im Fachbereich Berufliche Schulen am Pädagogisch Theologischen Zentrum in Stuttgart-Birkach. Der andere von Nelle Morton, einer feministischen Theologin und Bürgerrechtlerin in den USA.

10.3.2 Der Entwurf Robert Schusters gründet auf die „hörende Existenz"

In neuerer Zeit hat Robert Schuster das biblische „Hören" in seinen religionspädagogischen Dimensionen reflektiert.[83] Die Diskussion seines Beitrags steht noch aus. Schuster bemüht sich um eine „evangelische" Didaktik im biblischen und konfessionellen Sinn. Das Hören ist Grundbegriff in seiner Didaktik. Er entdeckt diesen Begriff in biblischen Bezügen und in der bisher noch wenig reflektierten Geschichte der Religionspädagogik. Bereits Johann Heinrich Pestalozzi sprach von der „hörenden Existenz". Pestalozzi war der bedeutendste Schweizer Pädagoge des 19. Jahrhunderts, der allerdings nicht die Position der Vernunftreligion der Aufklärung übernahm sondern einer biblischen Religiosität der Tat verpflichtet war.[84]

„Es ist die Entdeckung der jüngeren Fassung Pestalozzis über den Sinn des Gehörs, dass der Mensch von Anfang an hörende Existenz ist. Zur hörenden Existenz aber gehört die *Stimme*, nicht nur der Ton, und Hören ist Wahrnehmen des Sprechers

---

[83] *Schuster* 1977.
[84] Vgl. zu Pestalozzi den Artikel von *Heiland* 2001.

zusammen mit seinem dem Kind zugewandten Reden. [...] ‚Der Übergang der tierischen Ansicht der Gegenstände zur menschlichen hat also offenbar seinen Anfangspunkt in deiner Liebe und in deiner Sprache.'"[85]

10.3.2.1 Lernende hören auf das Gebot

Schuster zieht zunächst die anthropologischen Schlüsse daraus, was es bedeutet, dass Schüler (und Lehrer) als Glaubende „bittende" und „hörende Existenz" sind.[86] Zu hören gebe es das Gebot: „Ich, JHWH, bin dein Gott", das die Liebe zu Gott meint und aus Liebe zu uns Menschen gesprochen ist. Jesus verkörpert nach Schuster im Neuen Testament dieses Gebot. Daraus folgt das rechte Tun. Rechtes Hören ist auch rechtes Tun. Es wäre nach seiner Auffassung fatal, wenn die Schüler und Schülerinnen im Unterricht nur noch den Wortlaut des Anspruchs hören würden und keine Stimme, etwa der Lehrperson, die den Zuspruch verkörpert, indem sie sich auf die Schüler und Schülerinnen einlässt. „Je mehr für sie der ursprüngliche Wortlaut des Gebotes ver-schwindet, in dem einer sich ihnen selbst versichert, desto mehr werden sie das Gebot nur noch als Forderung hören können."[87]

Ein Unterricht, der diese Tatsache ernst nimmt, muss sich um das bemühen, was die Hinterlassenschaft des Gesetzes ist: die Furcht, die die Vergangenheit der Schüler und uns selbst bestimmt.[88] Im evangelischen Unterricht sollen wir „die Liebe auf die Gegenstände unsere Furcht anwenden lernen und in diesem Geschäft immer freier werden".[89] So ist die Begegnung, die aus dem richtigen Hören auf das Wort erwächst, eine, die sowohl die Lehrperson, als auch die Schülerinnen und Schüler verändert. Die Veränderungen entsprechen der Logik der Liebe.[90] Es geht also um ein Geschehen, „das mit dem Wort am Menschen und mit dem Menschen am Wort geschieht. Die Veränderung an beiden ist aber, so sicher damit eben eine Aneignung gemeint ist, auch als Unterricht zu

---

[85] Ebd. 1977, S. 28f. Er zitiert die jüngere Fassung von *Pestalozzis* Schrift „Über den Sinn des Gehörs in Hinsicht auf Menschenbildung durch Ton und Sprache " (1804), zugänglich in *Flitner* 2001.
[86] *Schuster* 1977, S. 15-37.
[87] Ebd. S. 30.
[88] Ebd. S. 42.
[89] Ebd. S. 44.
[90] Ebd. S. 175- 180.

beschreiben."⁹¹ Das „Wort" ist bei Schuster einerseits die biblische Überlieferung (vgl. bereits Luther), andererseits eine Beschreibung des Unterrichts-geschehens. Es sind auch die mündlichen und schriftlichen Worte der Schüler und Schülerinnen und die der Lehrperson.

Schuster formuliert Unterricht als ein doppelseitiges Geschehen: „Unterricht im Wort ist, wenn das Wort unter uns *mündlich* wird und Unterricht im Wort ist, wenn wir miteinander in ihm *wörtlich* werden."⁹² Er führt aus, was „Mündlichkeit" im Unterricht bedeutet. Sie äußert sich darin, dass sich Unterrichtsgeschehen zwischen Frage und Antwort abspielt und dass die Frage dabei insofern das Übergewicht hat, als sie darüber entscheidet, was gesprochen wird. Eine rein verbale Mündlichkeit gehe allerdings über das Problem der Jugendlichen hinweg.⁹³ Im Folgenden soll dieser doppelten Schlussfolgerung noch genauer dargestellt werden.

10.3.2.2 Die Fragen der Schülerinnen und Schüler als unterrichtsleitender Impuls

„Der Lehrer des evangelischen Unterrichts soll davon ausgehen, dass seine Schüler mit ihrem Gewissen und mit ihrer leiblichen Existenz Ausleger des Gesetzes sind. So beginnt die Mündlichkeit des evangelischen Unterrichts in der Praxis dort, wo der Lehrer anfängt, die Stimme seiner Schüler zu hören".

Für Schuster werden Schüler und Schülerinnen im Unterricht Ausleger des Wortes, denn es geht um ihr eigenes „Ja" oder „Nein". Darauf, welches Wort nun eine Schülerin als Gebot anspricht, sollte die Lehrerin im Unterricht ihre Aufmerksamkeit richten. Sie erfährt es aus dem Mund der Schüler, sie hat aber auch die Aufgabe, in der Themenwahl des Unterrichts die Imperative zu finden, von denen sie weiß oder erfährt, dass sie ihr und den Schülerinnen nicht nur gelten „sondern dass sie uns *bestimmen* und dass wir auf sie *hören*".⁹⁴

Bei Schuster nimmt das gewissenhafte Hören der Lehrperson auf die Fragen ihrer Schüler jeglicher Korrelation das Gewicht. Korrelation hat

---

⁹¹ *Schuster* 1977, S. 157.
⁹² A.a.O.
⁹³ Ebd. S. 158-169. Was er unter einer nicht-verbale Mündlichkeit versteht, führt *Schuster* nicht aus.
⁹⁴ Ebd. S. 168.

ihre Bedeutung darin, ein Thema zu erschließen und kann im Unterricht stattfinden, aber das Eigentliche geschieht im Hören auf die das Gewissen der Schüler betreffenden Fragen und im Hören auf ihre Auslegungen. Das Hören als Geschehen zwischen Text, Schüler und Lehrerin ist eines, das durch die Erfahrung der Schüler gesteuert wird. Dieses Hören ist die eigentliche Aufgabe, darauf hat der Unterricht immer wieder die Probe zu machen, was aber auch heißt, dass er dem Scheitern ausgesetzt ist.

10.3.2.3 Die Lehrperson als Anschauungsmaterial des Wortes

Beim zweiten Aspekt des Unterrichts, den Schuster das „wörtlich werden"[95] nennt, beruft er sich auf Luthers Auslegung des Inkarnationsgedankens:

„Luther will sagen, das Wort Gottes, das in Jesus unser Fleisch wird, verändert sich nicht, sondern eignet sich selbst das Fleisch an, das es annimmt. Es hat nicht nur unser Fleisch als seine Gestalt, sondern es ist Fleisch. Das Wort ward Fleisch, das heißt dann aber, dass wir selbst ins Wort verwandelt sind und verwandelt werden: ‚Wir werden aber wörtlich, dem Wort gleich...', wo immer wir das Wort annehmen und ihm durch den Glauben anhängen."[96]

Nach Schuster ist nun die entscheidende Frage an die Lehrperson im Unterricht, „ob wir es zulassen oder verhindern, *dass wir selbst* zum Anschauungsmaterial dieses Wortes werden".[97] In seiner ganzen Radikalität ist diese Schlussfolgerung Schusters einleuchtend aber anspruchsvoll. Er führt sie aus:

„Was bedeutet dann ‚wörtlich werden' im Unterricht? Es bedeutet die Zulassung unserer Selbsterkenntnis im Angesicht Jesu. Das Wort ist die Anschaulichkeit unserer Existenz in der Liebe Gottes. Ist unser Wörtlichwerden ein Geschehen des evangelischen Unterrichts, sofern er Unterricht im Wort ist, dann muss alle Veränderung, die an uns durch diesen Unterricht zu erwarten ist, von dieser Anschaulichkeit unserer Existenz in der Liebe ausgehen. Das heißt einfach: Wir werden miteinander wörtlich, indem wir lernen, was die Liebe an uns getan hat, tut und tun wird. Das macht deshalb einen Unterricht nötig, ein immer wieder miteinander betriebenes und anfangendes *Lernen*, weil unsere Existenz dieser Liebe wohl ganz und gar angeeig-

---

[95] Ebd. S. 176 u.ö.
[96] Ebd. S. 174.
[97] Ebd. S. 176.

Der Beitrag zu einer heutigen Religionspädagogik

net ist, wir selbst das, was wir sind, im Angesicht Jesu aber noch nicht *erkannt* haben."[98]

10.3.2.4 Zur Kritik des Ansatzes

In seiner Didaktik, die einen eigenständigen Beitrag in der Phase der Rückkehr zur Bibel im Anschluss an den problemorientierten Unterricht darstellt, hat Schuster die biblische Rede vom Hören zum Grundprinzip gemacht. Lehrende und Schüler werden gleichermaßen als Hörende auf den Text der Bibel und auf ihre eigenen Auslegungen verstanden. Sie sind als Hörende im Veränderungsprozess nach der Logik der Liebe begriffen. Schuster deutet das biblische Hörgeschehen als ein hermeneutisches Geschehen zwischen dem Text, den Rezipienten und der Sache, die er im Kern als Liebe Christi deutet.[99]

Wer seine Didaktik liest, hat zunächst den Eindruck, Schuster sei ein neuerer Vertreter der Evangelischen Unterweisung, der Phase der Bibeldidaktik aus den 30er Jahren des 20. Jahrhunderts. Ihn interessieren nicht die Unterscheidungen zwischen Verkündigung und Unterricht, er geht nicht auf die Fragen ein, wie weit die Bibel Mittelpunkt des Religionsunterrichts sein soll und entwirft auch nicht Vermittlungsmodelle. Diese Fragen, die vergleichbare Didaktiken seiner Zeit beschäftigten, sind für ihn vielleicht nicht unwichtig aber er überlässt sie anderen. Für ihn ist die Bibel selbstverständlich der Mittelpunkt eines evangelischen Religionsunterrichts, auch wenn sie nicht zur Sprache kommt, denn nach seiner Auffassung definiert sich evangelischer Unterricht von der Bibel her. Verkündigung findet in diesem Unterricht statt, insofern sie die zu Unterrichtenden als Menschen ernst nimmt und ihnen Gottes Liebe erweist. Schuster greift aus den Konzepten der Evangelischen Unterweisung heraus, dass die existentielle Erfahrung den Unterricht trägt. Er teilt allerdings nicht mit ihr die Auffassung, dass im Religionsunterricht Glauben vermittelt werden sollte. In vier Punkten scheint mir seine Didaktik auch für heute interessant zu sein:

---

[98] A.a.O.
[99] Wie ernst es *Schuster* mit dem Hören auf die Aussagen der Schüler und Schülerinnen ist, hat er damit bewiesen, dass er es zu seiner Hauptaufgabe machte, Schülertexte zu sammeln und zu analysieren, vgl. *Schuster* 1984 und ders. 1995, wo er seine Analyse der Schülertexte zum Thema Zukunft darlegt.

Der Beitrag zu einer heutigen Religionspädagogik

1. Er nimmt die Fragen der Kinder und Jugendlichen als Ausgangspunkt des Religionsunterrichts. Schuster ist Wegbereiter des heute viel beachteten „Theologisierens mit Kindern".[100] Allerdings waren sein Klientel die Jugendlichen. Er regte früh Schülerbefragungen an, um den Lehrpersonen ein besseres Verstehen der Jugendlichen zu ermöglichen, ließ aber gleichzeitig große Vorsicht und Zurückhaltung walten, was ihre Interpretation anbelangte.[101] Für Schuster gehört diese Interpretation in das Gespräch mit der Klasse und ihren Gesprächspartnern.

2. Er schließt an die Forderung nach einem konfessorischen Religionsunterricht an, wenn er von der Lehrperson erwartet, dass sie an Luthers Vorstellung von der Menschwerdung des Logos anknüpft und den Schülern und Schülerinnen exemplarisch Gottes Liebe erweist.

3. Er entwickelt in seiner Didaktik, die die „hörende Existenz" als Ausgangspunkt nimmt, ästhetische Gesichtspunkte: Religionsunterricht ist für ihn Wagnis, das Ereignis zwischen Lehrperson, Text und Klasse nur begrenzt berechenbar. Es ist ein Unterricht, der zusammen mit den Schülern und Schülerinnen riskiert, dass Fragen offen bleiben, dass die „Logik der Liebe" nur fragmentarisch deutlich wird. Ihm stellt sich die Frage, ob ein weniger gewagter Religionsunterricht diesen Namen wirklich verdient.

4. Er setzt die deuteronomische Forderung nach dem Tun der Gebote um. Unterricht ist bei Schuster ein Handeln am Schüler und an der Schülerin. Im besten Fall fühlen sie sich als Personen ernst genommen und auf ihre Fragen wird eine Antwort gewagt. Er bietet hier eine biblische Begründung für den Unterricht „vom Kinde aus".

Schusters Bibeldidaktik entwirft eine sorgfältige Innensicht des evangelisch verantworteten Unterrichts. Es fehlt für heutige Ohren die Außensicht: Die Bibel ist auch ein wichtiges Buch für den interreligiösen Dialog. Sie ist auch Kultur oder zur Verfügung stehendes Erzählmaterial, das postmodern in Unterhaltungs- und Konsumzusammenhängen eingespielt wird. Dadurch dass er diese Sicht nicht anspricht, gewinnt

---

[100] Vgl. *Schuster* 1984 und *Büttner* 2002.
[101] Vgl. *Schuster* 1984, *Bröking-Bortfeldts* bahnbrechende Studie erschien im gleichen Jahr.

Der Beitrag zu einer heutigen Religionspädagogik

seine Didaktik eine protestantische Geschlossenheit, die wenig einladend wirkt. Aus bibelwissenschaftlicher Sicht kritisch zu sehen ist Schusters Vorstellung einer „Mitte der Schrift", die er in der Liebe Gottes zu seinem Volk, die sich in Jesus Christus offenbart, findet. Meine Frage dazu ist, ob er mit dieser Reduktion die Vielfalt biblischer Texte und Überlieferungen noch wahrnehmen kann und ob er ihre Fremdheit und die daraus für die Schülerinnen und Schüler erwachsende exegetische Arbeit und Mühe genügend berücksichtigt.

10.3.3 Hören bei Nelle Morton

10.3.3.1 Hören als Ermächtigung zum Sprechen

Der zweite Entwurf, der Hören als Kategorie des Lernens begreift, der sich allerdings nicht explizit biblisch begründet, stammt von Nelle Morton, einer feministischen Theologin, die bisher in Deutschland wenig bekannt ist.[102] In Frauengruppen und beim Unterricht von Kindern mit Down-Syndrom erfuhr sie die Notwendigkeit, anderen zuzuhören, damit diese ihre eigene Sprache fänden. Sie entwickelte daraus das Konzept des „Hearing to Speech". Damit ist eine bestimmte Art des „Einander-Hörens" gemeint,[103] durch das sich Menschen gegenseitig den Raum zur Artikulation ihrer eigenen, oft verborgenen und verdrängten Erfahrungen eröffnen.

Morton beschreibt ihre Erfahrung mit diesem Hören in Aufzeichnungen, die sie im Alter von fast achtzig Jahren niedergeschrieben hat. Sie berichtet rückblickend:

„Then I knew I had been experiencing something I had never experienced before. A complete reversal of the going logic in which someone speaks precisely so that more accurate hearing may take place. This woman was saying, and I had experienced, a depth hearing that takes place before the speaking - a hearing that is far more than

---

[102] Nelle *Morton* wurde 1905 in Tennessee geboren, studierte Theologie in New York und Genf, lehrte u.a. an der Theological School of Drew University und engagierte sich für die Bürgerrechte, für Frieden und für die Frauenbefreiung. Sie suchte lange Jahre nach einer angemessenen Artikulation der Erfahrung von Frauen und beschrieb sie am Ende ihres Lebens in dem Buch „The Journey is Home", *Morton* 1985.
[103] *Klein* 1998, S. 55f.

acute listening. A hearing engaged in by the whole body that evokes speech - a new speech - a new creation. The woman *had* been heard to her own speech."[104]

Klein fasst die verschiedenen Aspekte dieses „Hörens als Ermächtigung zum Sprechen" zusammen:

1. Das Hören geht dem Sprechen voraus. Es schafft den Raum, in dem das Aussprechen der eigenen Erfahrungen, gerade auch der Verletzungen, erst möglich wird.

2. Das Hören ist ein Akt der ganzen Person, ihres Bewusstseins, ihrer Sinne, ihrer Seele, und ihres Körpers. Es bewertet nicht. Das bedeutet nicht, dass die Sprechende in allem mit der Hörenden übereinstimmen muss.

3. Das Hören führt zu den eigenen verschütteten oder verdrängten Erfahrungen und ruft die authentische Artikulation dieser Erfahrung hervor. Es führt zu einer neuen Sprache, denn das annehmende Hören schafft den Raum, in dem Erinnerung unzensiert zugelassen werden können und in dem die Erzählungen zu einem Aufbruch zu etwas Unbekanntem werden können.

4. Das Hören ist ein existentielles Beziehungs- und Begegnungsgeschehen zwischen Frauen, in dem sie sich gegenseitig ermöglichen, mit ihren eigenen Erfahrungen in Berührung zu kommen.[105]

10.3.3.2 Das andere Hören der Frauen verändert ihr Gottesbild

Morton hat ihre Erfahrungen mit dem Hören gerade in der Arbeit mit Frauen vertieft. Frauen machten in der Zeit, in der sie ihr Konzept entwickelte, andere Erfahrungen mit dem Hören und Sprechen als Männer. Sie erfuhren sich als Schweigende oder zum Schweigen gebrachte und erlebten Sprechen als Gewalt. Wenn sie sprachen, wurde ihnen nicht so aufmerksam zugehört wie Männern, sie wurden häufiger unterbrochen, ihnen wurde weniger Redezeit zugestanden und sie wurden häufiger ignoriert oder lächerlich gemacht.[106] Gilligan beobachtete in ihrer Studie

---

[104] *Morton* 1985, S. 127f.
[105] *Klein* 1998, S. 58ff.
[106] Vgl. *Trömel-Plötz* 1984a.

Der Beitrag zu einer heutigen Religionspädagogik

zur Entwicklung von Mädchen, dass viele von ihnen phasenweise oder über einen längeren Zeitraum sehr still wurden,[107] eine Haltung, die sich bei manchen auch im Erwachsenenalter nicht veränderte. Vor diesem Hintergrund war es eine befreiende Erfahrung der Frauen, „zum Sprechen gehört zu werden", die sie als Glaubenserfahrung fassten und auch theologisch reflektierten. Sie gelangten zu einer neuen Rede von Gott:

> „We experienced God as Spirit, hearing human beings to speech – to new creation. The Word came as human word, the human expression to humaness. The creative act of the Spirit was not Word speaking, but hearing – hearing the created one to speech."[108]

In diesen Sätzen ist das Sender-Empfänger-Modell umgekehrt.

> „Gott ist nicht ‚Sender' einer Bortschaft, die die Menschen empfangen, um sie dann möglichst Wort-getreu an die ‚Hörer des Wortes' weiterzutragen, sondern Gott ‚empfängt' (receive) zuerst die Frauen und Männer, d.h. hört und nimmt sie an und ruft dadurch bei ihnen die ‚Botschaft' in der eigenen authentischen Sprache hervor sowie die Fähigkeit, andere zu hören und anzunehmen."[109]

10.3.3.3 Die Aspekte der Gegenseitigkeit und der Authentizität

Hearing to speech ist ein Prozess gegenseitiger Ermächtigung und Befreiung von Frauen. Sie hören sich gegenseitig zur Artikulierung ihrer eigenen Sprache, ihrer Lebensgeschichte, ihrer Verletzungen und finden dadurch zu einer eigenen Sprache und zur Benennung ihrer eigenen Bedürfnisse. Männer und Frauen können nach Morton gemeinsam in einen solchen Prozess eintreten, vorausgesetzt sie sind sich der patriarchalen Gefahren bewusst.[110]

Morton schwebt bei diesem Konzept eine Vorstellung von (weiblicher) Authentizität vor, von der sich die neuere Feminismusforschung bereits verabschiedet hat.[111] Dennoch beeindruckt ihr konsequenter Ansatz

---

[107] *Gilligan* 1992, S. 43ff. Vgl. zur Kritik besonders der Zementierung bestimmter Weiblichkeitsvorstellungen *Flaake* 1994 und *Haas* 1994.
[108] *Morton* 1985, S. 82.
[109] *Klein* 1998, S. 63.
[110] *Morton* 1985, S. 84.
[111] „Nicht nur der bewusstseinsphilosophisch konzipierte Subjektbegriff steht zur Disposition, sondern jede Vorstellung vom in sich stimmigen, nach außen klar abge-

Der Beitrag zu einer heutigen Religionspädagogik

beim Hören/Annehmen der anderen als Ermächtigung zu ihrer eigenen Sprache. In ihrem pädagogishen Schaffen zielt sie auf das befreite Menschsein, das durch das Hören ermöglicht wird. Auch wenn sie zunächst darauf abhebt, dass einer Frau zugehört wird und sie sich dadurch freisprechen lernt, so ist doch der Gedanke im Hintergrund, dass Gott us Menschen zuerst zugehört hat. Die Haltung des Hörens von Seiten der Lehrperson ist bereits ein Akt der Vermittlung, ein performatives Hören, das den Inhalt der Vermittlung geschehen lässt.

10.3.4 Kritische Zusammenfassung der dargestellten Entwürfe und Ertrag für eine Didaktik des Hörens

Bei aller Unterschiedlichkeit ihrer Ansätze zu einer Didaktik des Hörens haben Schuster und Morton die Schülerinnen- und Schüler- orientierte Haltung gemeinsam. Auch der Gedanke des Hörens von seiten der Lehrperson als einem Moment inhaltlicher Vermittlung ist beiden eigen. Beide gelangen also wie Rahner zu dem Schluss, dass das Bewusstsein des eigenen Personseins eine Voraussetzung für hörendes Lernen ist bzw. dass das Hören die Subjekthaftigkeit stärken kann. Während die Sprache Schusters klassisch theologisch verankert ist, wählt Morton die Sprache des biographischen Erzählens. Sie entwickelt ihre Konzeption, indem sie den eigenen Lernprozess nachvollzieht, während dessen sie von anderen Frauen „zu ihrer Sprache" gehört wurde. Nach Schuster kann eine Didaktik des Hörens konfessorische Züge tragen, hat ästhetische Konsequenzen und zielt auf eine verantwortetes Handeln.

Eine hier in Ansätzen zu entwickelnde Didaktik des Hörens, die dem Ersten Testament verpflichtet ist, zieht daraus folgende Schlüsse:

1. Sie nimmt die Orientierung an den Fragen der Lernenden als Ausgangspunk des Religionsunterrichts ernst, was Folgen für den Lehrplan und den Unterrichtsentwurf hat.

2. Sie weiß, dass die Lehrperson für Schülerinnen und Schüler zum Anschauungsmaterial für das Wort, das sie vertritt, werden kann. Dennoch muss sie in heutiger Zeit zwischen glehrter und gelebter

---

grenzten, die Objektwelt beherrschenden Individuum." *Becker-Schmidt* 2000, S. 125.

Der Beitrag zu einer heutigen Religionspädagogik

Religion unterscheiden, muss konfessorisch und zugleich interreligiös orientiert sein.

3. Sie rechnet damit, dass Unterricht, so gut vorbereitet er sein mag, ein Wagnis bleibt.

4. Sie versteht hören als ein Geschehen, das Sender und Empfängerin verändert. Indem wir im Unterricht Schülerinnen und Schülern zuhören, verhelfen wir ihnen zu ihrer eigenen Sprache und damit zu mehr Identität.

5. Hören bleibt nicht nur auf ein bestimmtes Wahrnehmungsorgan beschränkt. Es steht im Horizont verbindlichen Handelns. Es ist daher ein performativer Akt.

10.4 Wie können biblische Texte in der Spur des Ersten Testaments unterrichtet werden?

10.4.1 Grundlagen einer Didaktik des Hörens

1. Die Offenheit im Pluralismus verschiedener Religionen und Meinungen

Eine Didaktik des Hörens nimmt die Bibel ernst als Textsammlung, deren Entstehung bereits dem Gespräch der Rezipienten zu verdanken ist. Ihre Texte befinden sich im Gespräch mit verschiedenen Position damaligen Denkens und haben den **Charakter der Offenheit** für spätere Auslegungen. Im Unterricht sollte zunächst diese Gesprächsoffenheit der Bibel vermittelt und diskutiert werden. Den wenigsten ist diese Perspektive auf die Bibel vertraut.

Neben der Gesprächsoffenheit ihrer Texte ist die Bibel **ein interreligiöses Buch**. Sie wird von jüdischen und christlichen Leserinnen und Lesern interpretiert und sie ist Bekenntnis und Ausgangspunkt für zwei Religionen. Im Unterricht können ausgehend von der Abrahamerzählung oder anderen Texten die verschiedenen Religionen, Konfessionen und Glaubensauffassungen der Schüler und Schülerinnen ihren Platz haben.

Der Beitrag zu einer heutigen Religionspädagogik

Die Bibel besteht aus vielen Büchern und ist über Jahrhunderte gewachsen. Sie ist **nicht ein Buch** mit einer einheitlichen Auffassung. Auch kann sie nicht auf Grundlinien reduziert werden, ohne wesentliche Inhalte und Anstöße außer Acht zu lassen.[112] Diese Grundeinsicht mag allgemein bekannt sein, de facto wird sie aber oft doch auf Grundlinien beschränkt, ohne dass auf die Fülle anderer Texte und Erfahrungen hingewiesen wird. Dies soll hier in Auseinandersetzung mit den Grundbescheiden Bergs erläutert werden.

Ein Vorschlag zur „Verdichtung" der Bibel auf „Grundbescheide" wurde von Berg vorgelegt.[113] Er verstand die von ihm erarbeiteten Grundlinien der biblischen Überlieferung im Rahmen einer umfassenderen religionspädagogischen Aufgabe „die Weite der biblischen Überlieferung [zu] konzentrieren und zugleich den heutigen Menschen auf einer elementaren Dimension seiner Existenz an[zu]sprechen".[114] Als sein Ziel gibt er an, „Beliebigkeit und Willkür bei der Auslegung" begrenzen zu wollen.[115]

Seine sechs Grundbescheide sind:

1. Gott schenkt Leben (Schöpfung)
2. Gott stiftet Gemeinschaft (Liebe, Partnerschaft, Bund, Ökumene)
3. Gott leidet mit und an seinem Volk (Leiden und Leidenschaft)
4. Gott befreit die Unterdrückten (Befreiung)
5. Gott gibt seinen Geist (Heiliger Geist und Begeisterung)
6. Gott herrscht in Ewigkeit (Gottesherrschaft, Schalom).

Diese Zusammenfassung der Bibel ist leicht einzuprägen und didaktisch handhabbar. Ihre Verwendung im Lehrplan und im Unterricht bietet sich daher unmittelbar an. Dennoch kann ein Unbehagen gegenüber einer so bewirkten Elementarisierung nicht von der Hand gewiesen werden. Das soll an einem Beispiel erläutert werden.

Der vierte Grundbescheid lautet „Gott befreit die Unterdrückten".[116] Berg findet Befreiung neben dem Exodusgeschehen auch in der Schöpfung und in der Verleihung der Tora. Verspielt werden könne die Freiheit, wenn das Volk Gott die Gemeinschaft aufkündige oder im Zusammenleben anderen die Freiheit verweigere. Berg merkt dazu an: „Im Grunde ist das ganze Alte Testament nichts anderes als

---

[112] Vgl. die Frage nach der Mitte der Schrift, die im Rahmen der innerbiblischen Schriftauslegung diskutiert wird, s.o. Kapitel 6.1.2.
[113] *Berg* 1993 und bereits ders. 1991, S. 423-442.
[114] Ebd. S. 70-76. *Berg* reiht seine Darstellung der Grundbescheide ein in eine Reihe vergleichbarer Projekte aus den 70er und 80er Jahren des letzten Jahrhunderts von *Marsch/ Lohff; Stock; Baldermann; Moltmann; Biehl* und *Nipkow*.
[115] *Berg* 1993, S. 78.
[116] Vgl. hier und zum Folgenden ebd. S. 83f.

Der Beitrag zu einer heutigen Religionspädagogik

eine lobende Entfaltung dieses Grundbescheids."[117] Mir scheint diese Gesamtschau von Befreiung nicht zu mehr Klarheit beizutragen. Ihr gehen Entscheidungen voraus, die nicht benannt werden. Z.B. wird gesagt, „Befreiung" werde im ganzen Alten Testament lobend entfaltet. Die biblischen Erzählungen berichten aber auch von Opfern. Schülerinnen und Schüler fragen z.B. nach dem Sohn des Pharao und den anderen Erstgeburten der Ägypter (Ex 12,29f) und nach dem Heer der Ägypter, das in den Flutwellen des Schilfmeers ertrinkt (Ex 14,27f). Die Bewertung „lobende Entfaltung" verdeckt diese gebrochene Art der Darstellung. Sie trübt eher den Blick für die Einzelheiten der biblischen Texte und lässt es als überflüssig erscheinen, sich damit intensiver zu beschäftigen: Es ist ja bereits alles zusammengefasst. Damit aber scheint mir die Chance verspielt, Interesse zu wecken und die Spannungen wahrzunehmen, die jede Befreiung in sich trägt.

Das zweite Unbehagen betrifft die fraglose Beziehung zwischen Altem und Neuem Testament. Welcher Aspekt des befreienden Handelns Gottes im Neuen Testament weitergeführt wird, interessiert nicht. Die Folie der „Befreiung" wird unbehelligt von exegetischen Differenzierungen auch über das Neue Testament gelegt. Die Befreiung der Gefangenen in Lk 4,18 wird in einer Reihe mit dem befreienden Handeln Jesu in den Wunder-erzählungen genannt. Die Auferweckung Jesu werde als Befreiung von der Macht der Sünde und des Todes beschrieben. Was aber hat die Auferweckung Jesu mit dem Auszug aus Ägypten zu tun? Und was können Schülerinnen und Schüler mit solchen großen Bögen, sollten sie denn stimmig sein, anderes tun, als sie zur Kenntnis zu nehmen? Wäre es nicht viel interessanter darüber nachzudenken, wie Jesus gerade in Verkürzungen des menschlichen Lebens, die sie selbst möglicherweise schmerzlich erfahren, Freiheit ermöglicht? Berg endet mit der in theologischen Kreisen für längst überwunden gehaltenen Gegenüberstellung von Gesetz und Freiheit und reduziert das Verhältnis von Altem und Neuem Testament damit auf eine unbiblische Weise.[118] Dass die Grundbescheide ihrem Zweck, Beliebigkeit und Willkür in der Auslegung zu wehren wirklich dienen können, muss bezweifelt werden. Es ist ja gerade das kritische Potential der intertextuellen Auslegung der biblischen Texte, dass sich extreme Auslegungen gegenseitig beschränken. Werden biblische Texte als Dialog begriffen, dann kann beobachtet werden, dass Texte gegenüber anderen Einspruch erheben.

Beim Thema „lernen und lehren" zeichnete sich in dieser Studie deutlich ab, dass es unterschiedliche Auffassungen über die Zeiten und in unterschiedlichen Kontexten gab, die sich nur um den Preis der begrifflichen Schärfe und Deutlichkeit einebnen lassen. Diese Pluralität, so habe ich versucht nachzuweisen, ist Folge der Rezeption in verschiedenen Zeiten

---

[117] Ebd. S. 83.
[118] Ebd. S. 84. Vgl. zum heutigen Stand der Diskussion über Gesetz und Evangelium *Stöhr* 1989, Sp. 152f, dort auch weiterführende Literatur. Zur Diskussion im Rahmen der Ethik *Gerstenberger* 2001, S. 234 und Anm. 533.

Der Beitrag zu einer heutigen Religionspädagogik

und Kontexten. Hat die Beschäftigung mit der Bibel im Unterricht nun Teil an dieser Rezeption, so muss dieses **sprachliche Potential** Ausgangspunkt für die Beschäftigung werden. Das heißt aber, dass biblische Texte so präsentiert werden, dass die Schüler und Schülerinnen ihre eigenen Kontexte mit denen der Texte ins Gespräch bringen. Das können Filmszenen sein, eigene Bilder oder Geschichten. Die Sprache der Texte sollte Anknüpfungspunkt ihrer Aneignungen und Auslegungen werden und nicht unsere eigenen, von der Reflexion und Rezeption der Texte geprägten Auslegungen. Das Wissen der Lehrer und Lehrerinnen dient dazu, biblische Texte im Blick auf die Fragen der Lerngemeinschaft auszusuchen und in ihr Verständnis so einzuführen, dass die Lernenden sich eingeladen fühlen, ihre Fragen zu stellen. Die Lehrperson hat außerdem die Aufgabe, Konflikte zu moderieren und statt vorschnell zu einer Lösung zu kommen, sie selbst als Weg zum Aufbau einer christlichen Identität zu verstehen.

Die geschichtliche Tatsache des Nebeneinanders dreier Buchreligionen muss wahrgenommen werden und kann den Unterricht prägen. Die Entstehung dieser Religionen und auch verschiedener Konfessionen und atheistischer Positionen sind Ergebnis der Beschäftigung mit biblischen Aussagen über Gott. Es muss ein Ziel des Unterrichts sein, die Glaubensvorstellungen anderer zu hören, zu würdigen und sich vielleicht auch damit auseinander zu setzen. **Qualifizierter Pluralismus** ist hier gefragt. Das heißt es geht darum, die eigene Position zu kennen und sie in aller Freundschaft einer anders denkenden Person gegenüber zu stellen. Kein relativistischer Kompromiss kann das Ziel sein sondern Prinzipien und Kriterien für die konkrete Urteilsbildung.[119] Eine so eingeübte Toleranz lässt sich selbstverständlich nicht auf Glaubensfragen reduzieren, sondern schließt eine allgemeine Toleranz gegenüber andern ein.

2. Die Weitergabe von Tradition über Generationen

Die alttestamentliche Rede vom Lehren und Lernen rechnet mit dem Vergessen oder Verlassen der Tradition im Laufe des Älterwerdens oder im Wechsel der Generationen (vgl. Dtn 4,9; Spr 4,2-4).[120] Die Texte der

---

[119] Vgl. *Ziebertz* 2002, S. 69. Er beschreibt Lernen als „kommunikatives Handeln" und fasst Kommunikation als prozesshaften Begriff. Er kommt damit dem hier beschriebenen „Hörgeschehen" nahe (ebd. S. 73).
[120] S. o. Kapitel 5.3.3 und 8.2.6.1.

Der Beitrag zu einer heutigen Religionspädagogik

Tradition standen bereits zur Zeit ihrer mündlichen Überlieferung in der Gefahr, fremde Texte zu werden. Der Fremdheit wurde begegnet durch Verinnerlichung (Dtn 6,6f), durch äußere Zeichen (Dtn 6,8f; Spr 6,21), durch Erzählungen (Dtn 6,21ff, Spr 24,30ff) durch Riten und Feste (Dtn 31,9-13) und durch Poesie (Dtn 32; Spr 1,20-33 u.ö.)[121]. Diese Vermittlung war eine Generationen übergreifende Leistung, junge und alte Menschen **lernten lebenslang** miteinander und aneinander,.

Mit den Generationen begegnen sich Menschen in unterschiedlichen Lebenslagen, die einander auch fremd sind. Eine Didaktik des Hörens in der Spur des Ersten Testaments setzt sich mit der **Vermittlung von Fremdem zwischen den Generationen** auseinander. „Was immer den Menschen als Menschen ausmacht – wenn er hinsieht und hinhört und seine Wahrnehmungsfähigkeit von frühauf gebildet wird, erlebt er die Mehrsprachigkeit der Generationen und damit die soziale Mehrdimensionalität der conditio humana."[122]

Obwohl unser Kulturkreis seit Jahrhunderten von biblischen Bildern und biblischem Denken geprägt ist, und sich das auch in einer weitgehend säkularen Welt wiederspiegelt, ist die Bibel auch ein fremdes Buch. Für manche Jugendlichen hat es den Anschein, als gehöre es in eine frühere Generation, quasi „zum alten Eisen". Unterricht der Bibel und auf Grund der Bibel ist ein Unterricht, der **Offenheit für die zunächst fremde Tradition** einübt. Das heißt, dass Schülerinnen und Schülern auch fremd wirkende Texte zugemutet werden sollen, dass Formulierungen wie *dein Gott ist einer* (Dtn 6,4) auf ihre Fremdartigkeit bzw. ihre Vertrautheit hin ausprobiert werden können, und dass nicht jeder Bibeltext in einer Lehre aufgehen muss. Das heißt auch, dass die erzählerische Einebnung von ungewohnten Redewendungen oder von Erzählinhalten gut überlegt sein will. Manchmal sind gerade die fremd klingenden Ausdrücke Anknüpfungspunkte für das Gedächtnis und die Imagination der Schülerinnen. Und gerade sie tragen zur weiteren Beschäftigung mit einer Erzählung und zur kreativen Auseinandersetzung bei. Es ist das Unverstandene, das fragen lässt, und es sind die Fragen, die weiterbringen, weniger die Antworten. Ein problematischer Kinderglaube kann wachsen, wenn die Fragen zu vorschnell und zu eindeutig beant-

---

[121] Vgl. zu dieser Aufzählung *Greve* 1999, S. 62-74.
[122] *EKD Denkschrift* 2003, S. 48.

wortet werden. Schöpfungsglaube und Weltentstehungstheorien haben nebeneinander Platz in der Erklärung der Welt, die Offenheit verliert sich erst, wo das eine gegen das andere ausgespielt wird.[123] Erst wenn eine Antwort absolut gesetzt wird, kann der Glaube darüber zerbrechen.

Der Umgang mit der fremden Generation und dem fremden Text ist den Schülern und Schülerinnen als Aufgabe bekannt, stehen sie doch in Auseinandersetzung mit ihren Müttern und Vätern und Großeltern und sind sich auch selbst und gegenseitig immer wieder fremd und neu. Die Offenheit, die Vertrautes und Neues in anderen Generationen und noch unbekannten Texten entdecken hilft, dient auch der **sozialen Bildung** und hilft, sich selbst in Frage zu stellen und anzunehmen.

Eine Didaktik des Hörens in der Spur des Ersten Testament, die das Lernen in der Beziehung von Generationen ernst nimmt, muss auch **außerschulische Bildungsräume** entdecken. Wenn Lehren und Lernen auf ein Tun zielt, dann gilt es, für Kinder, Jugendliche und Erwachsene Handlungsräume zu eröffnen, in denen soziales Lernen stattfinden kann. Ziele können die Bildung von Einstellungen wie Empathie, Fürsorglichkeit, Hilfsbereitschaft, Gemeinsinn, Gerechtigkeitsgefühl, Solidarität, Kinderfreundlichkeit und Einfühlungsvermögen gegenüber alten Menschen und Fremden sein.[124] Ziel könnte aber auch sein, im Rahmen berufsbezogener Bildung ein „Werk zu schaffen". Im Bereich beruflicher Schulen wird in zunehmendem Maße versucht, solche außerschulischen Lernmöglichkeiten zu schaffen und sie zu begleiten.[125]

---

[123] Für das Bilderverbot in Dtn 5,6-10 und Ex 20,2-7 habe ich die religionspädagogisch gebotene Notwendigkeit der Balance zwischen Präsentation der Bilder und ihrer Kritik dargestellt. Auch da geht es darum, Schülerinnen und Schülern das Gebot als Warnung vor zu einseitigen Bildern vor zu stellen und ihre Kritikfähigkeit zu schärfen. *Breitmaier* 2003b.

[124] So die *EKD Denkschrift* 2003, S. 47. Ein gutes Beispiel dafür ist das Compassion-Projekt, in dessen Rahmen seit Jahren Schülerinnen und Schüler Katholischer Schulen dazu angeleitet werden, ein Sozialpraktikum durchzuführen und es auszuwerten, vgl. *Kuld/Gönnheimer* 2000.

[125] Ein Beispiel aus dem Religionsunterricht an Beruflichen Schulen beschreiben *Breitmaier/Hörger* 1997.

3. Mut zur Fragmentarität

Die hier angedachte Didaktik des Hörens macht **Leerstellen im Text** zum Ausgangspunkt ihrer Methodik. Damit ist von vornherein dem Denken in Kategorien von Absolutheit und Endgültigkeit gewehrt. Für das Verständnis biblischer Texte ist es notwendig, dass sie subjektiv gelesen werden, dass der Einzelne Anknüpfungspunkte in ihnen findet. Wenn es nun kein objektives Verstehen gibt, sondern nur die Verständigung über die subjektiv erfasste Bedeutung, dann ist das Verstehen zunächst mühsam, denn jede und jeder Einzelne muss sich selbst auf den Weg machen. Es kann aber auch spannend sein, vielfältige Interpretationen kennen zu lernen und sich selbst als Subjekt der Interpretation ernst genommen zu wissen.

Fragmentarisch muss das Verstehen angesichts der geschichtlichen und kulturellen Ferne der biblischen Texte und der kompliziert gebrochenen Querverbindungen bleiben, die zwischen Geschichte und Gegenwart bestehen und immer neu gezogen werden. Fragmentarisch ist das Verstehen auch in dem Sinn, dass Raum bleibt für weitere Fragen und Auseinandersetzungen im Laufe der eigenen Biographie. Biblische Texte werden hier verstanden als Angebote zur stückhaften, aktuellen Bedeutungssuche der Leserin oder des Lesers. Sie sind durchlässig für die Brüche und Widersprüche in der eigenen Biographie und für die Zumutungen des Alltags, die den Lernenden widerfahren. Viele von ihnen erleben die Scheidung der Eltern, Druck in der Schule oder die Erfahrung der eigenen Mangelhaftigkeit in ihren Leistungen oder in Beziehungen. Das Hören auf biblische Texte geschieht mit dem Ziel, eigene Erfahrungen zu verarbeiten, schrittweise zu einer eigenen Sprache zu finden und dabei zu erfahren, dass das eigene Leben auch in seiner Bruchstückhaftigkeit von Gott angenommen ist.

Religiöse Bildung ist hier nicht als abgeschlossener Vorgang gedacht. Es kann nicht davon ausgegangen werden, dass ein Mädchen oder ein Junge, die einmal z.B. die Geschichte von Noah und der Arche gehört haben, diese kennen und dass sie ihnen als „Grundlage des Wissens" von da an zur Verfügung stehen. Wissen und Deutung sind so eng miteinander verbunden, dass „mit der Veränderung des Verstehens auch das Wissen wieder neu fraglich wird".[126] Nicht festgeformte Lehrinhalte sind

---

[126] *Schweitzer* 2000, S. 46.

Der Beitrag zu einer heutigen Religionspädagogik

daher gefordert, sondern **gemeinsame Spurensuchen** anhand eines Themas mit offenem Ausgang. Es ist zu warnen vor einer „Anschlussmentalität, die die Fiktion eines Ganzen unterstellt", dem Kinder und Jugendliche einverleibt werden sollen.[127] Im Gegensatz dazu ist es Aufgabe der Religionspädagogik, „für ... Erfahrungen der Fragmentarität" sensibel zu machen.[128] Im Unterricht kann biblische Tradition nur subjektiv vermittelt angeboten und den Schülerinnen und Schülern zur Auseinandersetzung mit ihren eigenen Erinnerungen anheim gestellt werden.

Aus dem **Bewusstsein der Unvollständigkeit** des eigenen Lebens, aus der Erfahrung der Differenz erwächst Identität.[129] Erst durch die Suche nach Verständigung, nach Kommunikation mit anderen, kann sich Identität bilden, und sie bleibt sich dieser Suche bewusst. Theologisch gesprochen ist das Bewusstsein der eigenen Unvollkommenheit das Moment einer eschatologische Existenz, die in der Hoffnung lebt, dass das Eigene von einer transzendenten Macht vervollständigt wird.

10.4.2 Methodische Aspekte des Hörens auf biblische Texte

10.4.2.1 Oberstes Ziel: Biblische Texte als solche kennenlernen

Versteht man Lernen in der Spur des Alten Testaments als „Hörgeschehen", dann sollte den Schülerinnen und Schülern dazu verholfen werden, biblische Texte kennenzulernen, sie sich anzueignen, sie zu verarbeiten[130] und sich in die Rezeptionsgemeinschaft der Auslegenden einzureihen. Die biblischen Texte werden nicht als „statische Offenbarung" ver-

---

[127] *Beuscher/Zilleßen* plädieren für experimentellen Unterricht (1998, S. 146).
[128] *Menzel* 1999, S. 208.
[129] *Menzel* zitiert hier Luther (a.a.O.).
[130] „Lesen allein tut's offenbar wirklich nicht. Es kommt auf einen Bibelgebrauch an, bei dem das Lesen mit der Bemühung zum Verstehen (und zur Verbindung mit dem eigenen Leben) zusammengehört." *Müller* 1994, S. 151. Die vier Schritte zum erfahrungsbezogenen Umgang mit Texten sind von Scheller inspiriert und weiterentwickelt. Er schlägt einen Dreischritt vor: Aneignung, Verarbeitung und Veröffentlichung. *Scheller* 1987, S. 63ff. Vgl. zur Anknüpfung an das Hörgeschehen auch *Theißen*, der in der Bibel den Dialog mit anderen Religionen findet und den Dialog mit Menschen, die Gottes Handeln praktisch verleugnen. Er fährt fort: „In der modernen Welt müssen wir diese innerbiblischen Dialoge fortführen. Denn die Bibel ist nicht mehr das konsensstiftende Grundbuch unserer Kultur, sondern wird in einzelnen Subkulturen sehr verschieden rezipiert" (2003, S. 175).

Der Beitrag zu einer heutigen Religionspädagogik

standen, die es im Extremfall auswendig zu lernen gilt, sondern als Schatz wichtiger Erfahrungen von Gott und den Menschen, die der eigenen Vergegenwärtigung bedürfen, um verstanden zu werden. Die vier Forderungen nach dem **Kennenlernen** biblischer Texte, dem **Aneignen**, **Verarbeiten** und **Weiterschreiben** können hier nicht ausgeführt werden. Ihre Methodik kann nur angedeutet werden und wird auch noch in Zukunft ein Experimentierfeld bleiben. Sie zielen auf eine offene Bibeldidaktik, wie sie in jüngster Zeit Theißen vorgelegt hat.[131] Dort ist viel Vorarbeit für eine Didaktik des Hörens geleistet worden, auch wenn Theißen seine Ausführungen nicht in biblischen Texten selbst verankert, sondern die Bibel eher als dialogfähige Textsammlung für unsere heutige Zeit präsentiert.

Die Methode, auf die hier angespielt wird, hat viel gemeinsam mit dem erfahrungsbezogenen Bibellesen, wie es seit Mitte der 70er Jahre z. B. von Barth und Schramm oder auch von Grom erarbeitet wurde.[132] Die erste Haltung, die der biblischen Aufforderung zum Hören entspricht, ist die der Imagination am Text. Sie ist eine Herangehensweise, die den „ersten Eindruck" vom biblischen Text festhält.[133] Sie stammt aus dem Umfeld der Themenzentrierten Interaktion (TZI)[134] und wird auch außerhalb des Religionsunterrichts in der Erwachsenenbildung oder in Gemeindegruppen praktiziert.[135]

„Den ersten Eindruck bei sich registrieren, von anderen ihren ersten Eindruck hören, öffnet das Tor zum Gespräch. Das kann ‚unmethodisch' geschehen, indem jeder für sich und dann eine Gruppe gemeinsam die Frage beantwortet: Wie finde ich den Text? Welche Gedanken und Gefühle löst er in mir aus? Oder systematisch, unter Verwendung des sogenannten ‚semantischen Differentials' (a) oder der Västeras-Methode (b)."[136]

---

[131] *Theißen* 2003.
[132] *Barth/Schramm* 1983, und *Grom* 1996, S. 255-261.
[133] *Barth/Schramm* 1983, S. 35.
[134] Ebd S. 11 und S. 35.
[135] Vgl. *Grom*, der diese Methode unter der Überschrift „die unmittelbare Reaktion auf den Text" behandelt (1996, S. 257).
[136] *Barth/Schramm* 1983, S. 35.

Vielfältige erfahrungsbezogene Zugänge zu biblischen Texten bietet auch die Bibliodramaarbeit, die sich in jüngster Zeit immer stärker ausdifferenziert und zunehmend methodisch reflektiert wird.[137]

10.4.2.2 Exegetische Anknüpfung an kontrastive Bibelauslegung

Diese Praxis kann durch Erkenntnisse vertieft werden, die aus den Textbezügen im Ersten Testament erarbeitet wurden. Hören auf biblische Texte wird in dieser arbeit so gedeutet, dass das sprachliche Potential der biblischen Texte Schülerinnen und Schülern als Unterrichtsmaterial angeboten wird. Das kann mit Erzählungen geschehen, die sich nicht allzu weit vom erzählten Text entfernen oder indem an Schaltstellen im Text gearbeitet wird. Die Texte des Ersten Testaments beinhalten (wie alle Texte) Herausforderungen des Verstehens, die Leserinnen und Leser in die Entstehung von Bedeutung mit hinein nehmen. Sie erschöpfen sich nicht in den Worten, sondern sind „‚in das Nicht-Gesagte'" hinein verwoben.[138] Solche Herausforderungen finden sich auf verschiedenen Ebenen.

1. **Auf literarkritischer Ebene**: Dort erweisen sie sich als Bruch im Sinnzusammmenhang, was auf Neuzusammenstellungen, auf Doppelungen, Einschübe usw. hinweist. Auch ein Zitat einer anderen Bibelstelle kann überraschende Verbindungen herstellen. Die Herausforderung aufgrund dieser literarkritischen Beobachtungen besteht darin, sie als innerbiblische Vergegenwärtigungen zu verstehen und als Spur des Spiels, das der Text provoziert. Welche eigenen Zusammenstellungen würde die Schülerin bevorzugen, gibt es Zitate, Bilder, Sätze, die aus ihrer Situation passen?

2. **Auf traditionsgeschichtlicher Ebene**: Dort kann eine innerbiblische Sinnverschiebung entdeckt werden, wie es in dieser Arbeit im Sprüchebuch vorgeführt wurde. Diese gilt es zunächst zu verstehen, sie muss von der Lehrperson vermittelt werden. Die Sinnverschiebung als Herausforderung begreifen heißt aber auch, den Vorgang wieder zu öffnen und die Schüler und Schülerinnen

---

[137] Vgl. z.B. *Langer* 1991.
[138] *Müller* 1994, S. 131, der hier *Eco* zitiert.

Der Beitrag zu einer heutigen Religionspädagogik

nach der Bedeutung zu fragen, die sie dem Begriff beilegen würden. Auf diese Weise kann in einer Klasse ein Gespräch in Gang kommen, das Sinn aktualisiert und im Leben der Schüler und Schülerinnen kontextualisiert.

3. Auf **redaktionsgeschichtlicher Ebene** können Rahmungen einem Text einen eigenen Sinn verleihen, den er isoliert betrachtet nicht hatte. Schülerinnen kennen das bereits seit der Grundschule, wenn sie Texten eine Überschrift verleihen sollen oder wenn Erzählungen mit Rahmenerzählungen umgeben werden. Dieser Vorgang kann oft an biblischen Texten beobachtet werden und im Unterricht nachvollzogen und zur Diskussion gestellt werden. Welche Überschrift würden wir heute einem Spruch oder Psalm(vers) geben? Wie muss aus Schülersicht ein Vorwort zur Jonageschichte aussehen? Es könnten neue Einsichten und Aktualisierungen der biblischen Texte entstehen, die nicht von Erwachsenen für Kinder und Jugendliche entstanden sind wie z. B. die modernen Bibel-Filme und Cartoons, sondern die aus dem Gespräch unter ihnen erwachsen.

4. Selbstverständlich können auch **inhaltliche Aussagen** gegenüber der heutigen Zeit als provokativ empfunden werden. Das können (müssen aber nicht) die klassischen Themen sein, die mit dem naturwissenschaftlichen Denken kollidieren, wie „Schöpfung in sieben Tagen", „Jungfraugeburt" und „Auferstehung Jesu Christi". Zunächst sind das aber die Fragen der Erwachsenen. Je nach Entwicklungsstand und Kontext der Kinder und Jugendlichen können auch in diesen Texten andere Fragen in den Vordergrund rücken wie die nach den Tieren in der Schöpfungsgeschichte oder die nach den Engeln in Lk 1f und Mt 1,18ff. Zu einem Unterricht, der dem Hören eine zentrale Stelle einräumt, gehört es, die Fragen der Schüler zunächst ernst zu nehmen und nicht von vornherein die eigenen Fragen zu behandeln. Diese können natürlich im Laufe der Beschäftigung auch Thema werden.

5. Es kann **die Fremdheit** eines Textes sein, die ältere Schüler herausfordert und motiviert. Dazu rechne ich z. B. die Erzählung von Isaaks Bindung oder vom Kampf am Jabbok, andere sind die

Der Beitrag zu einer heutigen Religionspädagogik

Gefährdung der Ahnfrau, auch alt- und neutestamentliche Texte, die Gewalt vertreten, können ein Anliegen der Jugendlichen sein. Solche Texte gehören nicht in erster Linie zur „Heilsgeschichte" der Überlieferung. Sie provozieren zum Teil Ratlosigkeit oder auch Zorn über das Verhalten Abrahams und vielleicht auch über Gott selbst. Aber gerade darin drücken sich Fragen aus, die wohl Menschheitsfragen an Gott sind und die wohl auch manchen Jugendlichen beschäftigen. Auch sie sollten thematisiert werden.

6. Zum biblischen Text können auch seine **außerbiblischen Interpretationen** führen. Wie ist die Erzählung von Batseba und David im Judentum interpretiert worden, wie im frühen Christentum, im Mittelalter und später, wie im Islam? Wie wird sie heute von Frauen interpretiert? Wie würden die Schüler und Schülerinnen sie deuten? Hier kann in der Kunst viel entdeckt werden. Wichtig wäre, dass der biblische Text dabei nicht außer Acht gerät, dass die Interpretationen als Lesungen oder Gegenlesungen dieses Textes verstanden werden. Auf diese Weise können die Erfahrungen, die sich im biblischen Text verbergen wieder ins Gespräch gebracht werden und erscheinen als das, was sie vielleicht einmal waren: lebendige Auseinandersetzungen mit der Geschichte Israels und seinem Gott bzw. mit der Geschichte Gottes und der Menschen.[139]

10.4.2.3 Diskussion des methodischen Ansatzes und Anregungen für die Praxis

Der hier vorgeschlagene Umgang mit Texten ist vergleichbar mit Osers „siebter Grundform biblischen Lernens", die er als „allgemeine kognitive Verarbeitungsweise" zusammenfasst.[140] Oser setzt sich im Blick auf diese Stufe mit Stachel auseinander, der warnt:

„Lasst uns doch nicht in die Sekundarstufe I einführen, was an der Universität im Fachstudium misslingt. Der selbständige kritische Umgang mit der Schrift auf der Basis von Methodenkenntnis ist eine Sache der wissenschaftlichen Spezialisierung,

---

[139] Einen anderen Ansatz zur Motivation im Bibelunterricht mit vielen Beispielen bietet *Theißen* 2003, S. 306-355.
[140] *Oser* 1987, S. 224.

Der Beitrag zu einer heutigen Religionspädagogik

nicht der normalen theologischen Berufsausbildung, noch weniger des schulischen Religionsunterrichts."'[141]

Er gibt Stachel recht, wenn mit diesem kognitiven Ansatz „über die Köpfe der Schüler hinweg im Vermittlungsansatz unterrichtet wird", widerspricht ihm aber unter der Voraussetzung eines „stufengemäßen Umgang[s] mit Texten" und wenn dadurch ein „echtes Fragen beim Schüler selbst bewirkt" wird.[142] Ich denke, dass schon ab dem Kindergartenalter mit einer am Text orientierten Herangehensweise gearbeitet werden kann, wenn es Texte sind, die Kinder berühren, und wenn diese ihr Verarbeitungsmedium und das Niveau weitgehend selbst bestimmen können. Auch muss das kindliche Ergebnis nicht mit lehrmäßigen Antworten übereinstimmen. Solche Antworten können die Kinder höchstens herausfordern, ihre eigenen Gedanken zu überprüfen, müssen ihnen aber nicht als „eigentliche Antwort" vorgestellt werden. Ich widerspreche Oser, wo er eine mit den vorgestellten Grundsätzen vergleichbare Auseinandersetzung mit Texten „pseudowissenschaftlich" nennt.[143] Es kann nicht darum gehen, Kinder, Schüler und Schülerinnen bis zur Sekundarstufe I in wissenschaftlichem Denken zu trainieren, die Wissenschaft dient vielmehr dazu, ihnen Texte zum Hören anzubieten, die Fragen und Auseinandersetzung ermöglichen.

Im Blick auf die Aussagen der Schülerinnen und Schüler, die in der Studie von Kliemann/ Rupp veröffentlicht wurden,[144] könnte man darüber nachdenken, ob biblische Inhalte nicht schwerpunktmäßig in der Grundschule und in der Oberstufe angeboten werden sollten. Der Rückblick auf die Erzählungen der biblischen Geschichten in der Grundschule ist mehrheitlich positiv geprägt.[145] In der Oberstufe kann Fragen zur Art der biblischen Überlieferungen und zum theologischen Inhalt eher sachgemäß entgegnet werden.

---

[141] A.a.O.
[142] A.a.O. An anderer Stelle in seinem Aufsatz spricht *Oser* von einem „*diskurs*pädagogischen Ansatz", der zwei Dinge unterstelle: Einmal dass der Schüler wahrhaftig sei, nach Wahrheit suche und sich beteilige, andererseits, dass akzeptiert werde, dass er das noch nicht in Form eines reifen und autonomen Erwachsenen tun könne (ebd. S. 214). Hier berühren sich unsere Ansätze.
[143] *Oser* 1987, S. 224.
[144] *Kliemann/Rupp* 2000, s.o. Kapitel 2.2.2.2.
[145] Vgl. *Fischer* 2000.

Der Beitrag zu einer heutigen Religionspädagogik

„Interessant fand ich ... z. B. den Vergleich der Evangelien. Dies ist zwar einerseits lästig, andererseits aber auch interessant, da teilweise sehr unterschiedliche (und entscheidende!) Informationen darin stehen."[146]

In der Sekundarstufe I sollte biblischer Unterricht zugunsten existentieller Themen in den Hintergrund treten,[147] und auch, um Wiederholungen im Sinne des Spiralcurriculums, das für die Schülerinnen und Schüler schwer vermittelbar ist, zu vermeiden.[148] Denkbar wäre es, die Bibel als antike Literatur zum Thema zu machen und fächerübergreifend nahöstliche Geographie zu unterrichten, Ausgrabungsfunde zu besprechen oder der Entstehung der Schrift nachzugehen. Grundlagen zur Geschichte Israels oder der Geschichte zur Zeit Jesu könnten z.B. parallel zur Behandlung Ägyptens oder Alexanders des Großen handlungsorientiert unterrichtet werden. Die Analyse eines biblischen Textes könnte an den Deutschunterricht (z.B. der 8. Klasse) anknüpfen. Auf solches Grundwissen zur Bibel wäre dann in der Oberstufe aufzubauen.

10.4.3 Die Rolle der Lehrperson im Rahmen einer Didaktik des Hörens

Hören auf einen biblischen Text **muss angeleitet werden**. Das setzt eine intensive Beschäftigung der Lehrperson mit dem Text voraus. Sie sollte zunächst in der Vorbereitung vorwegnehmen, welche Herausforderungen der Text stellt und Deutungsmöglichkeiten bereit halten. Die Arbeit am Text ist für die Schülerinnen und Schüler bis in die Oberstufe hinein keine Selbstverständlichkeit. Es verlangt ihnen etwas ab, die Bewegung nachvollziehen, die ein Text vorgibt. Die Lehrperson hat nun die Aufgabe, gemäß dem Schülerniveau die Herausforderungen zu erarbeiten, die das Interesse der Schüler weckt, und an die sie anknüpfen können. Das setzt voraus, dass Schüler und Lehrer miteinander im Gespräch sind und sich gemeinsam auf die Erkundung der Texte begeben. Wenn es darum geht, sich auf die Suche nach eigenen Textdeutungen zu machen und den gefundenen Bedeutungen Ausdruck zu verleihen, so

---

[146] Vgl. *Kliemann/Rupp* 2000, Nr. 3.10.
[147] Vgl. *Schmidt*, der in der Zusammenfassung der Schüleräußerungen didaktische Probleme in der Behandlung von Bibel besonders in der Mittelstufe sieht (2000, S. 38).
[148] Vgl. *Schweitzer* 2000, S. 46f, der sich Gedanken macht, wie das Spiralcurriculum besser einsichtig gemacht werden könnte.

steht der Lehrperson ein reiches Repertoire an Methoden zur Verfügung.[149]

Die Herausforderungen im Text auf der jeweiligen Entwicklungsstufe der Schüler und Schülerinnen darzulegen und sie so für ihre Ohren zugänglich zu machen, heißt nicht, dass es darum geht, nur das unmittelbar Einleuchtende zu vermitteln. Es kann auch sinnvoll sein, der Klasse einen Text gerade in seiner Fremdheit darzulegen und ihn dadurch dem Verstehen zu überantworten. Wichtig ist **eine gewisse Neugier** für die Auslegung der Schüler und Schülerinnen zu entwickeln. Sie sind im Unterricht die eigentlichen Interpreten. Sie lehren sich gegenseitig, indem sie ihr Verständnis diskutieren.

10.4.4 Die Klasse als Ort der Auslegung der Texte

Eine Didaktik des Hörens ist darauf angewiesen, dass die Schülerinnen und Schüler ihre eigenen Deutungen erarbeiten und zum Ausdruck bringen. Begemann erarbeitet, gestützt auf Habermas und Jaspers, folgende **Bedingungen für verstehendes Hören**:

1. Die Aussagen müssen für die Beteiligten lebensbedeutsam sein,
2. Ihr gemeinsames Handeln muss auf gemeinsame Ziele gerichtet sein,
3. Die Aussagen müssen wahrhaftig sein und auch so geäußert werden,
4. Der Hörer muss dem Sprecher „glauben" können.

„Wir alle müssen also glaubhafte Zeugen sein für das, was wir sagen, und wir müssen damit anstehende Aufgaben wahrnehmen wollen."[150]

Diese Bedingungen des Hörens setzen ein **Einverständnis** unter den Schülern und Schülerinnen und gegenüber der Lehrerin voraus, das nicht immer gegeben ist. Über Hören kann nicht verfügt werden, ebenso wenig wie über Lernen.[151] In manchen Klassen ist an eine Didaktik des Hörens nicht zu denken, weil einige der Schülerinnen und Schüler nicht

---

[149] Beispielhaft sei hier hingewiesen auf *Freudenberger-Lötz* 2001, besonders S. 18-40. Sie schlägt im Unterrichtsentwurf für Grundschüler u.a. die Methode des freien Schreibens und Malens vor, zitiert ein Unterrichtsgespräch zu Mk 4,30-32 und regt die Herstellung eines Leporellos und eines Daumenkinos an oder die Gestal-tung des Gleichnisses mit Orff-Instrumenten.
[150] *Begemann* 2002, S. 8.
[151] „Durch Lehren kann Lernen nicht direkt bewirkt werden" (ebd. S. 9).

Der Beitrag zu einer heutigen Religionspädagogik

hören können oder nicht hören wollen. Nicht wenige haben Vorerfahrungen mit der Bibel oder Vorurteile, die sie nicht gerne bereit sind zu bearbeiten. In solchen Klassen erarbeitet eine Didaktik des Hörens andere Themen, die vielleicht eher anstehen. Wahrnehmung kann an vielen religiösen Fragen geübt werden. Gelingt es, gegenseitig aufeinander zu hören, dann ist die Rückmeldung der Klassenkameraden ein wichtiges Korrektiv für die Einzelnen. Sie zeigt ihnen, wie sie verstanden wurden, wie andere über ihre Sache denken und stößt möglicherweise eine Verhaltensänderung an.

Selbstverständlich spielen entwicklungsspezifische Unterschiede eine Rolle, was den Umgang mit Texten angeht und was die inhaltliche Deutung anbelangt. Die jeweils gefundenen und im Gespräch aller Beteiligten (einschließlich der Lehrerin) im wesentlichen akzeptierten Deutungen sind der momentane Klassenkonsens und sollten festgehalten werden. Erfahrungsgemäß werden sehr abwegige Deutungen mit Gelächter quittiert oder von Einzelnen entschieden abgelehnt. Hat die Auseinandersetzung mit einem biblischen Text im Sinne des Hinhörens begonnen, dann entscheiden Schülerinnen und Schüler in der Regel mit großem Ernst über die einzelnen Auslegungen.[152]

Ziel dieser didaktischen Hinweise ist ein rezeptionsorientiertes Bibelverständnis, das nicht mit einer fertigen Interpretation auf die Schüler zugeht, sondern die **Bibel als Buch der Entdeckungen** vorstellt und zum angeleiteten Forschen und Entdecken im Rahmen des Unterrichts auffordert. Wichtig ist dabei die Phase der Veröffentlichung der eigenen Arbeit oder der Gruppenarbeit, denn sie ermöglicht noch einmal die Rückkoppelung in der Klassengemeinschaft und eine einfühlsame Kommentierung von Seiten der anderen dort, wo die Klasse Anknüpfungspunkte sieht.

10.4.5 Folgerungen im Blick auf die Erziehung von Mädchen und Jungen

Eine Didaktik des Hörens zielt auf die Stärkung des Subjekts im christlich begründeten Sinn, den besonders Karl Rahner dargelegt hat. Es wä-

---

[152] *Oeming* fordert ein Wissenschaftsethos, das angesichts der methodischen Vielfalt in der Exegese etabliert werden müsse. Es bestehe in einem Akt des Gehorsams, einem Akt des Hinhörens auf den Text (1998, S. 182).

Der Beitrag zu einer heutigen Religionspädagogik

re zu kurz gegriffen, würde man nicht auch das Geschlecht des Subjekts der Deutung differenzieren. Das Hören bietet auch die Chance, die Geschlechterperspektive in den Blick zu nehmen.[153]

Es ist in neuerer Zeit schon mehrfach darüber nachgedacht worden, wodurch sich die religiöse Sozialisation von Mädchen und Jungen unterscheidet.[154] Allerdings wird in empirischen Untersuchungen noch nicht regelmäßig auf die Unterschiede des Geschlechts geachtet, so dass wichtige Informationen ausbleiben.[155] Aus feministischer Perspektive soll Erziehung Freiräume für Mädchen schaffen, eine ihnen selbst gemäße Entwicklung zu nehmen und sich mit überkommenen Wesenszuschreibungen von „weiblich" und „männlich" ungezwungen auseinander zu setzen. Sie soll des weiteren dazu beitragen, „mit der Absage an eine historisch gegebene Polarisierung der Geschlechtsrollen ... weibliche Selbstdefinition, Lebensziele und - entwürfe kritisch zu überprüfen".[156] In einigen feministischen Beiträgen zur Religionspädagogik wird an die ästhetische Bildung angeknüpft.[157] Menzel etwa diskutiert die Definition von „Bildung" bei Selle: „Bildung ,kann als weitgehend individuell mitgesteuerter Prozeß eines Bewusstwerdens in und am Ästhetischen verstanden werden, der von persönlichen

---

[153] Vgl. die Diskussion um eine (weibliche) Ästhetik in der Literaturwissenschaft, so z.B. in der Theorie des weiblichen Schreibens, wie sie von Bovenschen, Cixous, Kristeva und Irigaray vorgestellt wird. Siehe die Literatur bei *Menzel* 1999, S. 205.

[154] *Schweitzer* greift diese Diskussion auf und stellt fest, dass ein Mangel an geschlechtsspezifisch ausgeprägter Analyse religiöser Entwicklung und Sozialisation herrsche. Diese sei notwendig, wolle man „einseitig männliche Prägungen vermeiden" (1993, S. 412, vgl. auch S. 411). Vgl. auch *Pahnke* 1991; *Brown/Gilligan* 1994. Und zur moralischen Entwicklung: *Gilligan* 1984. Einen Überblick bieten: *Becker/Nord* 1995, vgl. darin besonders die Schulbuchstudie von *Pithan* 1995, die das Thema „Freundschaft und Liebe" im Kursbuch Religion genauer analysiert.

[155] Vgl. die Studie „1000 Stunden Religion". *Fischer* kommentiert dazu: „Leider wurde nur in einem sehr geringen Anteil der anonymen Texte das Alter und das Geschlecht angegeben, so dass eine Auswertung unter dieser Kategorie nicht möglich ist. Eine einzige Äußerung macht deutlich, dass die unreflektierte und didaktisch nicht gestaltete Koedukation als ein Problem erfahren wird: ‚*In der Mittelstufe wäre es teilweise echt sinnvoller, Mädchen und Jungen getrennt zu unterrichten, da sie auf andere Dinge Wert legen, und sich so immer eine Gruppe langweilt und stört*'" (2000, S. 15). Anders die Studie von *Büttner/ Dietz/ Thierfelder* 1993, die Geschlechter differenziert wahrnimmt.

[156] *Wuckelt* 1991, S. 84.

[157] *Burrichter* 1999; *Menzel* 1999; *Arzt* 1999.

Der Beitrag zu einer heutigen Religionspädagogik

Lernfähigkeiten, sozialen Lernsituationen, kulturellen Kontexten und lebensgeschichtlichen Wendungen zugleich abhängt und befördert wird'."[158]

Menzel bringt in diesen Bildungsbegriff die Geschlechterkategorie ein, denn sie folgert: „Wenn Bildung als Ziel die Bewusstwerdung bzw. Emanzipation von Subjekten hat, dann muß das Subjekt in seiner individuellen Voraussetzung zur Kenntnis genommen werden, d.h. als Frau oder Mann in ihrer/seiner biologischen, gesellschaftlichen, sozialisierten Lebenswelt."[159] Ein erster Schritt zu diesem Ziel ist für sie, Jungen und Mädchen, Frauen und Männer dazu zu befähigen, einen Weg des Umgangs zu finden, der weder die eigene Person noch die andere abwertet. Sie versucht diesem Ziel mit dem Dreischritt „Wahrnehmung als Sinnenschulung, als Erkenntnis, als Wertschätzung" näher zu kommen.[160] Schließlich zieht sie aus dieser Pädagogik Schlüsse für die interreligiöse Bildung. Dabei kommen vor allem kreative Techniken der Bibelarbeit in Frage wie freies Schreiben[161] oder freies Malen oder in unteren Klassen das Theater-Spiel. Der ästhetische Ansatz ermöglicht es also, die nötige Offenheit gegenüber selbstbestimmten Interpretationen zuzulassen und so auch aus weiblicher Erfahrung geborene Stellungnahmen anzuregen und ihnen Raum zu geben.

Allerdings genügt das Angebot alleine nicht. Es muss zuvor gefragt werden, auf welcher Bewusstseinsebene pädagogisch gearbeitet werden soll. Religionspädagogische Arbeit, die bewusst feministisch ansetzt, befindet sich zwischen zwei Vorbehalten:

1. Frauen wurden in der Vergangenheit gerade mit biblischer Autorität von leitenden Positionen in öffentlichen Ämtern ferngehalten und ihnen wurden entscheidende Positionen und Freiheiten in Kirche und Gesellschaft streitig gemacht. Es findet sich im universitären und kirchlichen Kontext bist heute eine ungleichmäßige Verteilung der Geschlechter in höheren und höchsten Ämtern. Ganz zu schweigen davon, dass einige Kirchen der Frau das Recht zur Ordination nicht verleihen oder wieder aberkennen. Aber viele Schülerinnen

---

[158] *Menzel* 1999, S. 208.
[159] Menzel 1999, S. 208.
[160] Menzel 1999, S. 210.
[161] Silvia Arzt hat als Grundlage ihrer Studie die Erzählung von Waschti nacherzählen lassen.

Der Beitrag zu einer heutigen Religionspädagogik

und auch Studentinnen fühlen sich zurecht (noch) wohl in ihrer Geschlechterrolle in der Gesellschaft und sehen keinen Grund, irgendeine weibliche Perspektive einzunehmen. Sie begnügen sich mit dem Teilerfolg ihrer Vorfahrinnen und sehen keinen Handlungsbedarf.

Dazu kommt die These von Gilligan, dass Mädchen unbewusst in ihren Bemühungen, Beziehungen einzugehen und aufrechtzuerhalten, Teile ihrer selbst aus der Beziehung heraushalten und zwar gerade diejenigen Anteile, „die sie eigentlich höchst leidenschaftlich in die Beziehung einzubringen wünschen – ihre Stimme, ihre Kreativität, ihre Brillianz, ihre Vitalität".[162] Manche Mädchen überlassen sich also unbewusst einer Selbstenthaltsamkeit, die sie auf die Dauer in eine schwächere Position bringen. Sie sind auf diese Zurückhaltung nicht bewusst ansprechbar. Auch sie fühlen sich äußerlich wohl. Feministische Argumentation verliert also gerade dort, wo sie am Platz wäre, an Plausibilität.

2. Die Größe „Mädchen" im Unterricht kann sehr vielfältig sein: Da gibt es die 16 Jährigen, von denen Gilligan schreibt, sie hätten den Kontakt zu ihrer Gefühlswelt verloren, sie tun sich schwer, überhaupt etwas zu sagen, äußern sich dagegen schriftlich sehr korrekt.[163] Da gibt es aufgeschlossene Mädchen, die bereit sind, Eigeninitiative zu übernehmen und produktive Stützen eines Unterrichts zu sein. Da gibt es Mädchen aus Familien von Spätaussiedlern, die dabei sind, sich mit ihrer eher autoritären oder streng kirchlichen Erziehung auseinander zu setzen. Da gibt es die „Chaosfrauen", die Grufties oder Punks sind und zur „Lehrerin" eher in Opposition stehen. Schließlich gibt es auch die Mädchen, die einer Vertrauensperson ihre sexuelle Gewalterfahrung offenbaren. Die Geschlechtererfahrungen dieser Mädchen sind je nach Schicht-, Kultur- und Religionszugehörigkeit und nach ihren Erfahrungen unterschiedlich. Herlinde Pissarek-Hudelist warnt daher mit Recht, dass ein „verordneter Feminismus" den Mädchen die eine Entmündigung durch die andere ersetzen würde.[164]

---

[162] Gilligan zitiert nach Pithan 1995, S. 38f.
[163] Gilligan 1992.
[164] *Pissarek-Hudelist* 1990, S. 163 u. 166.

Der Beitrag zu einer heutigen Religionspädagogik

Zwischen diesen beiden Vorbehalten, die einerseits von den Schülerinnen selbst kommen und andererseits das Anliegen der Lehrerin sind, zerrinnt die feministische religionspädagogische Praxis. Sie ist deshalb aber nicht überflüssig, sondern in noch stärkerem Maß als Pädagogik insgesamt eine Investition in die Zukunft. Sie ist nötig, weil es auch heute Frauen gibt, die auf Grund ihres Geschlechts in schwächere Positionen geraten, und weil die „Emanzipation" ein zerbrechliches Gut ist und kein ein für allemal errungener Fortschritt.

In der Beschäftigung mit der Bibel spitzt sich die emanzipatorische Frage zu, weil Frauen mit Worten der Bibel in enge gesellschaftliche Schranken verwiesen wurden und werden. So gibt es Frauen, die die Bibel als patriarchales Buch überhaupt ablehnen. Gleichzeitig wohnt der Bibel aber ein semantisches Potential der Widerständigkeit gegen den status quo inne, eine subversive Sprachkraft, die auch Frauen im Kampf gegen verfestigte Strukturen helfen kann und die vielleicht auch manchen Mädchen helfen kann. „Die Quelle unserer Kraft ist zugleich die Quelle unserer Unterdrückung" wie die Neutestamentlerin Schüssler-Fiorenza treffend das ambivalente Verhältnis von Feministinnen gegenüber der Bibel ausdrückte.[165]

Vor diesem Hintergrund wirkt der Vorschlag pädagogisch bescheiden, eigene geschlechtshomogene Lerngruppen von Mädchen im Klassenbereich zu installieren, in denen sie sich austauschen und an ihren gegenseitigen Erfahrungen lernen können (ohne sie in eine feministische Haltung hinein zwingen zu wollen).[166] Pädagoginnen bleiben mit diesem Vorschlag trotz des oben beschriebenen Dilemmas dem an Schülerinnen orientierten Ansatz treu. Sie sehen ihre Hauptaufgabe darin, das Selbst-

---

[165] *Schüssler-Fiorenza*, 1988b, S. 69.
[166] *Pithan* 1995, S. 52. *Volkmann* schlägt zusätzlich „längere Phasen getrenntgeschlechtlichen Unterrichts" vor (1999, S. 140). Zur Diskussion der Frage nach der Benachteiligung der Mädchen im Unterricht, die seit Beginn der 80er Jahre geführt wird vgl. *Edelbrock*. Dass die Situation differenziert zu betrachten ist, macht der Satz deutlich: „Trotz erfolgreicher Schulkarriere nimmt ... das Selbstvertrauen der Mädchen im Laufe der Sekundarstufe deutlich weniger zu als das der Jungen. Während es sich zu Beginn der Klasse 5 noch auf gleicher Höhe befindet, zeigt sich spätestens ab Klasse 7 ein deutlicher ‚Schereneffekt' zuungunsten der Mädchen'." (1999, S. 220f). Es ist schwer zu greifen, woher denn nun die Dämpfung des weiblichen Selbstbewusstseins rührt. Dass es sich möglicherweise um eine Selbstbeschränkung von Mädchen handelt, vermutet bereits *Gilligan* 1992.

vertrauen der Mädchen zu stärken und ihnen Gelegenheit zu geben, dass einzelne sich als Sprecherinnen ihrer Gruppe vor der Klasse profilieren. Die Jungen üben es in diesem Unterricht, sich inhaltlich und verbindlich zu verständigen statt wie mancherorts einzelne Mädchen als Negativfolie zur eigenen Profilierung zu gebrauchen.[167] Ein weiterer Schritt könnte es sein, Lehrerinnenfortbildungen zu veranstalten, in denen sie an ihrem Selbstbewusstsein als Frau arbeiten.[168] Dieser Vorschlag zielt darauf, dass Lehrerinnen sich der Geschlechterproblematik bewusster sind und so reflektierter im Unterricht agieren können.

10.4.6 Die Didaktik des Hörens zielt auf das Tun

Lehren und lernen in der Spur des Ersten Testaments erschöpft sich nicht in einer abstrakten Ästhetik. Das Lernen der Menschen ist nicht Selbstzweck. In den hier analysierten Texten des 5. Buches Mose und des Sprüchebuches ist jeweils das richtige Handeln der Maßstab für das Gelingen des Lernens. Im Zentrum beider Bücher stehen Gebote bzw. Handlungsanweisungen. Auch wenn Gottes Zuwendung zu den Menschen im Akt der Schöpfung und in der Menschwerdung in Jesus Christus allem menschlichen Handeln voraus geschehen ist, bleiben doch seine Gebote existentiell und verbindlich. Es wurde darauf hingewiesen, dass das ernsthafte Hören auf die Worte der Schülerinnen und Schüler im Unterricht bereits ein Handeln im Sinn des biblischen Liebesgebots ist. Ebenso wichtig und in der Spur ersttestamentlichen Lernens, das nie in einer schulischen Institution stattfand, scheint mir die Suche nach Handlungsfeldern zu sein, in denen Schüler und Schülerinnen sich bewähren können. Gerade im Religionsunterricht kann die Chance wahrgenommen werden, mit ihnen nach für sie relevanten Handlungsfeldern zu suchen. Das Hören zielt darauf, das Gelernte umzusetzen, um daran zu reifen und die eigene Personhaftigkeit auch in einer Gemeinschaft auf die Probe zu stellen.

---

[167] *Volkmann* 1999, S. 139.
[168] *Pithan* 1995, S. 52 und bereits *Wuckelt* 1991, S. 84.

Literatur

Die Abkürzungen im Literaturverzeichnis richten sich nach: Siegfried M. *Schwertner*, Internationales Abkürzungsverzeichnis für Theologie und Grenzgebiete. Zeitschriften, Serien, Lexika, Quellenwerke mit bibliographischen Angaben, TRE, zweite überarbeitete und erweiterte Auflage, Berlin, New York 1992.
Dort nicht genannt sind:
1. LexRP *Mette, Norbert/ Rickers, Folkert* (Hrsg.): Lexikon der Religionspädagogik. Neukirchen-Vluyn 2001.
2. RPG *Ziebertz, Hans Georg/ Schweitzer, Friedrich/ Englert, Rudolf/ Schwab, Ulrich* (Hrsg.): Religionspädagogik in pluraler Gesellschaft.

Die Bibelstellen sind nach den Loccumer Richtlinien abgekürzt.

Quellen

Kittel, Rudolf (Hrsg.): *Biblia Hebraica Stuttgartensia*. Stuttgart 1976/77.

Habakuk- Kommentar aus Qumranfunden (*1 QpHab*). In: Barrett, Charles K./ Thornton, Claus-Jürgen (Hrsg.): Texte zur Umwelt des Neuen Testaments. Tübingen 1991, S. 275-280 (in Auszügen).

Platon: *Theaetet*. In: Platon: Sämtliche Dialoge. Otto Appelt (Hrsg.), Bd. IV, Hamburg 1988.

Philo: *De opificio mundi*. In: Barrett, Charles K./ Thornton, Claus-Jürgen (Hrsg.): Texte zur Umwelt des Neuen Testaments. Tübingen 1991, S. 290-305 (in Auszügen).

Sanhedrin 34 a. In: Der Babylonische Talmud. Ins Deutsche übersetzt von Lazarus Goldschmidt. Band VIII, S. 591-93. Frankfurt 1996.

jKetub 8,11, 32 c4. In: Der Jerusalemer Talmud. Hengel, Martin (Hrsg.), Tübingen 1990.

Sekundärliteratur

Achenbach, Reinhard (1991): Israel zwischen Verheißung und Gebot. Literarkritische Unter-suchungen zu Deuteronomium 5-11. Frankfurt, Bern, New York u.a.

Adam, Gottfried/ Lachmann, Rainer (Hrsg.) (1993): Religionspädagogisches Kompendium. Ein Leitfaden für Lehramtsstudenten. Vierte Auflage, Göttingen.

Albertz, Rainer (1992): Religionsgeschichte Israels in alttestamentlicher Zeit. Erster und zweiter Teilband. GAT 8/1,2, Göttingen.

Alkier, Stefan/ Bruckner, Ralph (Hrsg.) (1998): Exegese und Methodendiskussion. Tübingen, Basel.

Amsler, Samuel (1985): Loi orale et loi écrite dans le Deutéronome. In: Lohfink, Norbert (Hrsg.): Das Deuteronomium. Entstehung, Gestalt und Botschaft. Leuven, S. 51-54.

Arambarri, Jesús (1990): Der Wortstamm „hören" im Alten Testament. Semantik und Syntax eines hebräischen Verbs. Stuttgart.

Arzt, Silvia (1999): Das Bibellesen hat ein Geschlecht. In: RPäB 43, S. 157-166.

Assmann, Jan (1991): Die Katastrophe des Vergessens. Das Deuteronomium als Paradigma kultureller Mnemotechnik. In: Assmann, Aleida; Harth, Dietrich (Hrsg.): Mnemosyne. Formen und Funktionen der kulturellen Erinnerung. Frankfurt/Main, S. 337-355.

- (1997): Das kulturelle Gedächtnis. Schrift, Erinnerung und politische Identität in frühen Hochkulturen. Zweite Auflage, München.

- (1998): Moses der Ägypter. Entzifferung einer Gedächtnisspur. München, Wien.

Baldermann, Ingo (1969): Der biblische Unterricht. Braunschweig.

- (1996): Einführung in die Biblische Didaktik. Darmstadt.

- (2001): Art. Hermeneutische Religionspädagogik, Hermeneutischer Religionsunterricht. LexRP Bd.1, Sp. 829-834.

Barr, James (1983): Buchbesprechung zu André Lemaire: «Les Ecoles et la formation de la Bible dans l'ancien Israel». In: BiOr 40, 1/2, Sp.137-142.

- (1986): Art. Biblische Theologie. EKL Bd. 1, Sp. 488-494.

Barth, Christoph (1984): Art. ליץ ljs. ThWAT IV, Sp. 567-572.

Barth, Hermann/ Schramm, Tim (1983): Selbsterfahrung mit der Bibel. Ein Schlüssel zum Lesen und Verstehen. Zweite Auflage, München, Göttingen.

Barthes, Roland (1976): S/Z. Frankfurt a. M..

Baudler, Georg (1975a): „Rückkehr" zur Bibel im Religionsunterricht. Überlegungen zur Didaktik eines erfahrungs- und problemorientierten Bibelunterrichts - Das „bibeldidaktische Viereck". In: KatBl 100, S. 331-143.

- (1975b): Religion und Glaube oder das Problem einer mehrperspektivischen Theologie. In: KatBl 100, S. 26-36.

Baumann, Gerlinde (1996): Die Weisheitsgestalt in Proverbien 1-9. Traditionsgeschichtliche und theologische Studien. FAT 16, Tübingen.

- (2000): Liebe und Gewalt. Die Ehe als Metapher für das Verhältnis JHWH-Israel in den Prophetenbüchern. SBS 185, Stuttgart.

Baumgärtel, Friedrich (1950): Art. לֵב, לֵבָב im Alten Testament. ThWNT III, S. 609-612.

Baumgartner, Walter (1933): Israelitische und altorientalische Weisheit. O.O.

Becker, Joachim (1990): Esra/Nehemia. Würzburg.

Becker-Schmidt, Regina: Feministische Debatten zur Subjekttheorie. In: Becker-Schmidt, Regina/ Axeli-Knapp, Gudrun (Hrsg.) (2000): Feministische Theorien. Zur Einführung. Hamburg, S. 124-147.

Becker, Sybille/ Nord, Ilona (Hrsg.) (1995): Religiöse Sozialisation von Mädchen und Frauen. Stuttgart, Berlin, Köln.

Begemann, Ernst (2002): Lernen verstehen (lernen). Beispiele, Reflexionen, Informationen, Konsequenzen. In: Fachverband für Behindertenpädagogik. Mitteilungen des Landesverbandes Rheinland-Pfalz e.V. 32, 1, S. 7-26.

Benner, Dietrich/ Tenorth, Heinz-Elmar (1996): Bildung zwischen Staat und Gesellschaft. In: ZfPäd 42,1, S. 3-14.

Bentzen, Aage (1926): Die josianische Reform und ihre Voraussetzungen. Kopenhagen.

Berg, Horst Klaus (1989): Die Bibel - ein wichtiges Buch für Schüler? Ergebnisse einer Umfrage. In: RU 19, 3, S. 93-96.

- (1991): Ein Wort wie Feuer. Wege lebendiger Bibelauslegung. München, Stuttgart.

- (1993): Grundriss der Bibeldidaktik. Konzepte, Modelle, Methoden. München, Stuttgart.

Bergman, Jan u.a.(1977): Art. דרכ *dæræk*. ThWAT II, Sp. 288-312.

Bergmann, Jan/ Lohfink, Norbert (1973): Art. אחד *'æhād*. ThWAT I, Sp. 210-218.

Bertram, Georg (1954): Art. Παιδεύω κτλ. ThWNT V, S. 596-624.

Beuscher, Bernd/ Zilleßen, Dietrich (1998): Religion und Profanität. Entwurf einer profanen Religionspädagogik. Weinheim.

Beyerlin, Walter (Hrsg.) (1975): Religionsgeschichtliches Textbuch zum Alten Testament. Göttingen.

Biehl, Peter (1980): Erfahrungsbezug und Symbolverständnis. Überlegungen zum Vermittlungsproblem in der Religionspädagogik. In: Baudler, Georg/ Biehl, Peter (Hrsg.): Erfahrung - Symbol - Glaube. Grundragen des Religionsunterrichts. Frankfurt a.M, S. 37-121.

- (2001): Art. Hermeneutik und Didaktik. LexRP Bd.1, Sp. 823-829.

- (2001): Art. Erfahrung. LexRP Bd.1, Sp. 421-426.

- (2001): Art. Symboldidaktik. LexRP Bd. 2, Sp. 2074-2079.

Bittner, Wolfgang (1993): Wort Gottes als menschliches Zeugnis von Gott. Ein evangelikaler Zugang zur Bibel. In: Luz, Ulrich (Hrsg.): Zankapfel Bibel. Eine Bibel - viele Zugänge. Zweite Auflage, Zürich, S. 55-72.

Blum, Erhard (1990): Studien zur Komposition des Pentateuch. BZAW 189, Berlin, New York.

Bodendorfer, Gerhard (2000): Die Tora ist nicht im Himmel. Rabbinische Exegese und Hermeneutik. In: Michel, Paul/ Weder, Hans (Hrsg.): Sinnvermittlung. Studien zur Geschichte von Exegese und Hermeneutik I. Zürich, S. 115-141.

Bohren, Rudolf (1975): Dass Gott schön werde. Praktische Theologie als theologische Ästhetik. München.

Boyarin, Daniel (1990): Intertextuality and the Reading of Midrash. Bloomington.

Branson, R. (1982): Art. יסר *jāsar*. ThWAT III. Sp. 688-697.

Braulik, Georg (1986): Deuteronomium I.1,1-16,17. NEB.AT 15, Würzburg.

- (1991): Die Ablehnung der Göttin Aschera in Israel. War sie erst deuteronomistisch, diente sie der Unterdrückung der Frauen? In: Wacker, Marie-Theres/ Zenger, Erich (Hrsg.): Der eine Gott und die Göttin. Gottesvorstellungen des biblischen Israel im Horizont feministischer Theologie. Freiburg, Basel, Wien, S.106-136.

- (1992): Deuteronomium II.16,18-34,12. NEB.AT 16, Würzburg.

- (1996a): Das Buch Deuteronomium. In: Zenger, Erich/ Braulik, Georg/ Niehr, Herbert u.a. (Hrsg.): Einleitung in das Alte Testament. Zweite Auflage, Stuttgart, Berlin, Köln, S. 76-88.

- (1996b): Das Deuteronomium und die Bücher Ijob, Sprichwörter, Rut. Zur Frage früher Kanonizität des Deuteronomiums. In: Zenger, Erich (Hrsg.): Die Tora als Kanon für Juden und Christen. Freiburg, Basel, Wien, S. 61-138.

- (1997): Das Deuteronomium und die Gedächtniskultur Israels. Redaktionsgeschichtliche Beobachtungen zur Verwendung von למד. In: Braulik, Georg (Hrsg.): Studien zum Buch Deuteronomium. SBAB 24, Stuttgart, S. 119-146.

Breidenbach, Barbara (1999): Lernen jüdischer Identität. Eine schulbezogene Fallstudie. Weinheim.

Breitmaier, Isa (2003a): Gottes Vielstimmigkeit. Die Stimme Gottes, ihre GesprächspartnerInnen und die Inhalte ihrer Rede in der Tora. In: Hedwig-Jahnow-Forschungsprojekt (Hrsg.): Körperkonzepte im Ersten

Testament. Aspekte einer feministischen Anthropologie. Stuttgart 2003, S.154-171.

- (2003b): Von Terachs Götzenbilderladen zum „Iconoclash". Gedanken zum religionspäda-gogischen Umgang mit den Bildern von Gott. In: Müller, Peter (Hrsg.): Welt, Bilder, Welten. Beiträge zum Dialog zwischen Kunst und Theologie. karlsruher pädagogische beiträge, Sonderband 1, Norderstedt, S. 73-84.

Breitmaier, Isa/ Hörger, Hermann (1997): Engel in der Gewerblichen Berufschule Crailsheim. Entwurf 3, S. 85-86.

Brenner, Athalya: Proverbs 1-9 (1996): An F Voice? In: Brenner, Athalya/ van Dijk-Hemmes, Fokkelien (Hrsg.): On Gendering Texts. Female and Male Voices in the Hebrew Bible. Leiden, New York, Köln, 2. Auflage, S. 113-130.

Brenner, Peter J. (1998): Das Problem der Interpretation. Eine Einführung in die Grundlagen der Literaturwissenschaft. Tübingen.

Brocke, Edna (1990): Von den „Schriften" zum „Alten Testament" - und zurück? Jüdische Fragen zur christlichen Suche einer „Mitte der Schrift". In: Blum, Erhard/ Machholz, Christian/ Stegemann, Ekkehard W. (Hrsg.): Die Hebräische Bibel und ihre zweifache Nachgeschichte. FS für Rolf Rendtorff. Neukirchen-Vluyn, S. 581- 594.

Broich, Ulrich/ Pfister, Manfred (Hrsg.) (1985): Intertextualität. Formen, Funktionen, anglistische Fallstudien. Tübingen.

Bröking-Bortfeldt, Martin (1984): Schüler und Bibel. Eine empirische Untersuchung religiöser Orientierungen. Die Bedeutung der Bibel für 13-16 jährige Schüler. Aachen.

Brown, Lyn M./ Gilligan, Carol (1994): Die verlorene Stimme. Wendepunkte in der Entwicklung von Mädchen und Frauen. Frankfurt, New York.

Brunner, Hellmut (1957): Altägyptische Erziehung. Wiesbaden.

Bucher, Anton (1990): Symbol - Symbolbildung - Symbolerziehung. Philosophische und entwicklungspsychologische Grundlagen. St. Ottilien.

- (1996): Religionsunterricht: Besser als sein Ruf? Empirische Einblicke in ein umstrittenes Fach. Innsbruck.

- (1997): Braucht Mutter Kirche brave Kinder? Religiöse Reifung contra religiöse Infantilisierung. München.

Bühler, Christian (1999): Ist die Bibel wahr? Aus: Lämmermann, Godwin/ Morgenthaler, Christoph/ Schori, Kurt; u.a. (Hrsg.): Bibeldidaktik in der Postmoderne. Klaus Wegenast zum 70. Geburtstag. Stuttgart, Berlin, Köln, S. 44-49.

Burrichter, Rita (1999): Lebensgeschichtliche Perspektiven ernst nehmen. Fachdidaktische An-fragen einer Feministischen Religionspädagogik. In: RPäB, 43, S. 13-24.

Büttner, Gerhard (Hrsg.) (2002): Theologisieren mit Kindern. Stuttgart, Berlin, Köln.

Büttner, Gerhard/ Dietz, Walter/ Thierfelder, Jörg (Hrsg.) (1993): Religionsunterricht im Urteil der Lehrerinnen und Lehrer. Ergebnisse und Bewertung einer Befragung Evangelischer ReligionslehrerInnen der Sekundarstufe I in Baden Württemberg. Idstein.

Cardenal, Ernesto (1976): El Evangelio en Solentiname. Volumen Primo y Segundo Salamanca, segunda edition.

Childs, Brevard S. (1962): Memory and Tradition in Israel. SBT 37, Chatham.

- (1987): Die theologische Bedeutung der Endform eines Textes. ThQ, 167, S. 242-251.

- (1988): Biblische Theologie und christlicher Kanon. In: JBTh 3. Neukirchen-Vluyn, S. 13-27.

Clines, David J. (Hrsg.) (1998): The Dictionary of Classical Hebrew. Volume IV, Sheffield.

Coogan, Michael D. (1999): Literacy and the Formation of biblical Literature. Realia Dei, S. 47-61.

Crenshaw, James L. (1985): Education in Ancient Israel. JBL, 104, S. 601-615.

- (1998): Education in Ancient Israel. Across the Deadening Silence. New York, London, Toronto u. a..

Crüsemann, Frank (1978): Der Widerstand gegen das Königtum. Die antiköniglichen Texte des Alten Testaments und der Kampf um den frühen israelitischen Staat. Neukirchen-Vluyn.

- (1997): Die Tora. Theologie und Sozialgeschichte des alttestamentlichen Gesetzes. Zweite Auflage, München.

Crystal, David (1993): Die Cambridge Enzyklopädie der Sprache. Frankfurt.

Daiber, Karl-Fritz/ Lukatis, Ingrid (1991): Bibelfrömmigkeit als Gestalt gelebter Religion. Bielefeld.

Davies, Graham I. (1995): Were there Schools in Ancient Israel? In: Day, John/ Gordon, Robert P./ Williamson, H.G.M. (Hrsg): Wisdom in Ancient Israel. Cambridge, S.199-211.

Davies, Philip R. (2001): The Scribal School of Daniel. In: Collins, John/ Flint, Peter (Hrsg.): Formation and Interpretation of Old Testament Literature. Vol. 2,1: The Book of Daniel. VT, Suppl. 83,1, Leiden, S. 247-265.

Deißler, Alfons (1955): Psalm 119 (118) und seine Theologie. Ein Beitrag zur Erforschung der anthologischen Stilgattung im Alten Testament. München.

Delkurt, Holger (1991): Grundprobleme alttestamentlicher Weisheit. VF 36,1, S. 38-71.

- (1993): Ethische Einsichten in der Alttestamentlichen Spruchweisheit. BThSt 21, Neukirchen-Vluyn.

- (2002): Erziehung nach dem Alten Testament. In: JBTh 17, Neukirchen-Vluyn, S. 227-253.

Demsky, Aaron (1971): Education in the Biblical Period. In: EJ 6, Sp. 382-398.

Dienst, Karl (1999): Schriftprinzip und Bibeldidaktik. In: Lämmermann, Godwin/ Morgenthaler, Christoph/ Schori, Kurt; u.a. (Hrsg.): Bibeldidaktik in der Postmoderne. FS für Klaus Wegenast. Stuttgart, Berlin, Köln, S. 63-74.

Dietrich, M./ Loretz, O. (1991): Mythen als Schultexte. KTU 1.133; 1.152 und die Vorlagen KTU 1.5 1 11-22; 1.15 IV 6-8. In: UF 23, S. 91-102.

Dohmen, Christoph (1996a): Die zweigeteilte Einheit der christlichen Bibel. In: Dohmen, Christoph/ Stemberger Günter (Hrsg.): Hermeneutik der Jüdischen Bibel und des Alten Testaments. Stuttgart, Berlin, Köln, S. 11-22.

- (1996b): Wenn Texte Texte verändern. Spuren der Kanonisierung der Tora vom Exodus her. In: Zenger, Erich (Hrsg.): Die Tora als Kanon für Juden und Christen. Freiburg, Basel, Wien, S. 35-60.

Dohmen, Christoph/ Mußner, Franz (1993): Nur die halbe Wahrheit? Für die Einheit der ganzen Bibel. Freiburg, Basel, Wien.

Dohmen, Christoph/ Oeming, Manfred (1992): Biblischer Kanon warum und wozu? Eine Kanontheologie. Freiburg, Basel, Wien.

Dormeyer, Detlev (2001): Art. Bibelarbeit, Bibeldidaktik LexRP Bd.1, Sp. 172-176.

Drewermann, Eugen (1984): Tiefenpsychologie und Exegese. Traum, Mythos, Märchen, Sage und Legende. Band I. Olten, Freiburg.

Driver, S. R. (1896): Einleitung in die Literatur des Alten Testaments. O.O.

Dürr, Lorenz (1932): Das Erziehungswesen im Alten Testament und im Antiken Orient. In: MVÄG, 36, S. 1-159.

Eaton, John (1993): Memory and Encounter: An Educational Ideal. In: McKay, Heather/ Clines, David: Of Prophets' Visions and the Wisdom of Sages. Essays in Honour of R. Norman Whybray on his Seventieth Birthday. Sheffield, S. 179-191.

Ebach, Jürgen (1997): Das Zitat als Kommunikationsform. Beobachtungen, Anmerkungen und Fragestellungen am Beispiel biblischen und rabbinischen Zitierens. In: Binder, G./ Ehlich, K. (Hrsg): Religiöse Kommunikation - Formen und Praxis vor der Neuzeit. Stätten und Formen der Kommunikation im Altertum VI. Trier, S. 35-101.

Ebeling, Gerhard (1967a): Die Bedeutung der historisch-kritischen Methode für die protestantische Theologie und Kirche. In: Ebeling, Gerhard (Hrsg.): Wort und Glaube. Dritte Auflage, Tübingen, S.1-49.

- (1967b): Wort Gottes und Hermeneutik. In: Ebeling, Gerhard (Hrsg.): Wort und Glaube. Dritte Auflage, Tübingen, S. 319-348.

Eco, Umberto (1987a): Lector in fabula. Die Mitarbeit der Interpretation in erzählenden Texten. München, Wien.

- (1987b): Streit der Interpretationen. Konstanz.

- (1994): Zwischen Autor und Text. Interpretation und Überinterpretation. München, Wien.

- (2000): Der Name der Rose. Große, erweiterte Ausgabe mit Ecos „Nachschrift" und B. Kroebers Kommentar. Frankfurt a. M.

Edelbrock, Anke (1999): Die Methodenfrage innerhalb feministischer Religionspädagogik. Ent-Trivialisierung als geeignete Methode? In: RPäB 43, S. 217-231.

Egger, Wilhelm (1996): Methodenlehre zum Neuen Testament. Einführung in linguistische und historisch-kritische Methoden. Vierte Auflage, Basel, Wien.

Kirchenamt der EKD (Hrsg.) (1995): Identität und Verständigung. Standort und Perspektiven des Religionsunterrichts in der Pluralität. Eine Denkschrift. Dritte Auflage, Gütersloh.

- (Hrsg.) (2003): Maße des Menschlichen. Evangelische Perspektiven zur Bildung in der Wissens- und Lerngesellschaft. Eine Denkschrift. Gütersloh.

Rat der Evangelischen Kirche in Deutschland (Hrsg.) (2000): Christen und Juden III. Schritte der Erneuerung im Verhältnis zum Judentum. Eine Studie der Evangelischen Kirche in Deutschland. Gütersloh.

Elsas, Christoph (1989): Art. Henotheismus. EKL Bd. 2, Sp. 490-491.

Engelmann, Angelika (1998): Deuteronomium. Recht und Gerechtigkeit für Frauen im Gesetz. In: Schottroff, Luise/ Wacker, Marie-Theres (Hrsg.): Kompendium Feministische Bibelauslegung. Gütersloh, S. 67-79.

Erman, Adolf (1924): Eine ägyptische Quelle der „Sprüche Salomos". In: Akademie der Wissenschaften (Hrsg.): SPAW.PH XV-XVI. Berlin, S. 86-93.

Fabry, Heinz-Josef (1982): Gott im Gespräch zwischen den Generationen. Überlegungen zur Kinderfrage im Alten Testament. KatBl 107, S. 754-760.

Feige, Andreas/ Dressler, Bernhard/ Lukatis Wolfgang u.a. (Hrsg.) (2000): „Religion" bei ReligionslehrerInnen. Religionspädagogische Zielvorstellungen und religiöses Selbstverständnis in empirisch-soziologischen Zugängen. Münster, Hamburg, London.

Fichtner, Johannes (1965): Zum Problem Glaube und Geschichte in der israelitisch-jüdischen Weisheitsliteratur. In: Fricke, Klaus Dieter (Hrsg.): Johannes Fichtner. Gottes Weisheit. Gesammelte Studien zum Alten Testament. Stuttgart, S. 9-17.

Finsterbusch, Karin (2002): Die kollektive Identität und die Kinder. Bemerkungen zu einem Programm im Buch Deuteronomium. In: JBTh 17, Neukirchen-Vluyn, S. 99-120.

Fischer, Dietlind (2000): „„...mehrheitlich von positiven Elementen geprägt". Rückblicke auf Religionsunterricht in der Grundschule. In: Kliemann, Peter/ Rupp, Hartmut (Hrsg.): 1000 Stunden Religion. Wie junge Erwachsene den Religionsunterricht erleben. Stuttgart, S. 9-20.

Fishbane, Michael (1985): Biblical Interpretation in Ancient Israel. Oxford.

- (1989): The Garments of Torah - Or, to what may Scripture be compared? In: Fishbane, Michael (Hrsg.): The Garments of Torah. Essays in Biblical Hermeneutics. Bloomington, Indianapolis, S. 33-46.

- (1998): The Hebrew Bible and Exegetical Tradition. In: De Moor, Johannes C. (Hrsg.): Intertextuality in Ugarit and Israel. Papers read at the tenth joint meeting of the Society for Old Testament Study and Het oudtestamentisch Werkgezelschap in Nederland en Belgie. Leiden, Boston, Köln, S.15-30.

Flaake, Karin (1994): Die „andere Stimme"- verborgen im Hintergrund? Das Verhältnis zu Einflussnahme und Machtausübung im Arrangement der Geschlechter. In: Kramer, Nicole/ Menzel, Birgit/ Möller, Birgit et al. (Hrsg.): Sei wie das Veilchen im Moose... Aspekte feministischer Ethik. Frankfurt am Main, S. 45-63.

Fleckner, Uwe (Hrsg.) (1995): Die Schatzkammern der Mnemosyne. Ein Lesebuch mit Texten zur Gedächtnistheorie von Platon bis Derrida. Mit einem Bildessay von Sarkis. Dresden.

Flitner, Wilhelm (Hrsg.) (2001): Johann Heinrich Pestalozzi. Ausgewählte Schriften. Studienausgabe mit einer Lebensdarstellung, Anmerkungen und Register. Neu durchgesehen und ergänzt von Udo Grün. Weinheim, Basel.

Foucault, Michel (1979): Was ist ein Autor? In: Foucault, Michel (Hrsg.): Schriften zur Literatur. Frankfurt, Berlin, Wien, S. 7-31.

Fox, Michael V. (1968): Aspects of the Religion of the Book of Proverbs. In: HUCA, 39, S. 55-69.

Freudenberger-Lötz, Petra (2001): „Wer bist du, Gott?" Eine Unterrichtseinheit für die Klassen 3-6. Stuttgart.

Friedrich, A. (1913): Art. Publikation. In: RGG Bd 4, 1. Auflage, Tübingen, Spalten 1988-1989.

Füssel, Kuno (1993): Ökonomie, Gebet und Erkenntnis der Wahrheit. Ein materialistischer Zugang zur Bibel. In: Luz, Ulrich (Hrsg.): Zankapfel Bibel. Eine Bibel - viele Zugänge. Zweite Auflage, Zürich, S. 90-104.

Gerstenberger, Erhard (1965): Wesen und Herkunft des „apodiktischen Rechts". WMANT 20, Neukirchen-Vluyn.

- (2001): Theologien im Alten Testament. Pluralität und Synkretismus alttestamentlichen Gottesglaubens. Stuttgart, Berlin, Köln.

Gerstenberger, Erhard/ Schrage, Wolfgang (1980): Frau und Mann. Biblische Konfrontationen. Stuttgart, Berlin, Köln u.a..

Gese, Hartmut (1991): Der auszulegende Text. In: Ders.: Alttestamentliche Studien. Tübingen, S. 266-282.

- (1995): Über die biblische Einheit. In: Dohmen, Christoph/ Söding, Thomas (Hrsg.): Eine Bibel - Zwei Testamente. Positionen Biblischer Theologie. UTB 1893, Paderborn, München, Wien u.a., S. 35-44.

Gesenius, Wilhelm (1962): Hebräisches und Aramäisches Handwörterbuch über das Alte Testament. Bearbeitet von Frants Buhl. Nachdruck der siebzehnten Auflage, Berlin, Göttingen, Heidelberg.

Gilligan, Carol (1984): Die andere Stimme. Lebenskonflikte und Moral der Frau. München, Zürich.

- (1992): Auf der Suche nach der „verlorenen Stimme" in der weiblichen Adoleszenz - Shakespeares Schwestern unterrichten. In: Flaake, Karin/ King, Vera (Hrsg.): Weibliche Adoleszenz. Zur Sozialisation junger Frauen. Frankfurt am Main, New York, S. 40-63.

Golka, Friedemann (1994a): Die israelitische Weisheitsschule oder „Des Kaisers neue Kleider". In: Golka, Friedemann W. (Hrsg.): Die Flecken des Leoparden. Biblische und afrikanische Weisheit im Sprichwort. AzTh 78, Stuttgart, S. 11-23.

- (1994b): Die Königs- und Hofsprüche und der Ursprung der israelitischen Weisheit. In: Golka, Friedemann W. (Hrsg.): Die Flecken des Leoparden. Biblisch und afrikanische Weisheit im Sprichwort. AzTh 78, Stuttgart, S. 25-47.

Gordis, Robert (1943/44): The Social Background of Wisdom Literature. HUCA 18, S. 77-118.

Gressmann, Hugo (1926): Altorientalische Texte zum Alten Testament. Zweite Auflage, Berlin, Leipzig.

Greve, Astrid (1999): Erinnern lernen. Didaktische Entdeckungen in der jüdischen Kultur des Erinnerns. Neukirchen-Vluyn.

Grimm, Jakob/ Grimm, Wilhelm (1984): Deutsches Wörterbuch. Band 32, München.

Grom, Bernhard (1996): Methoden für Religionsunterricht, Jugendarbeit und Erwachsenenbildung. 10. Auflage, Düsseldorf, Göttingen,

Gronbach, Reinhart (1991): Symboldidaktik. Entwurf 3, S. 3-9.

Grözinger, Albrecht (1987): Praktische Theologie und Ästhetik. Ein Beitrag zur Grundlegung der Praktischen Theologie. München.

- (1995): Praktische Theologie als Kunst der Wahrnehmung. Gütersloh.

Gunkel, Hermann (1906): Die Israelitische Literatur. In: Hinneberg, P. (Hrsg.): Die Kultur der Gegenwart, Band 1, Leipzig, Berlin, S. 51-102.

- (1909): Ägyptische Parallelen zum Alten Testament. In: ZDMG Suppl. 6, 63, S. 531-539.

Gunneweg, Antonius (1976): Geschichte Israels bis Bar Kochba. Zweite Auflage, Stuttgart, Berlin, Köln u.a.

Gutmann, Hans-Martin (1998): Der Herr der Heerscharen, die Prinzessin der Herzen und der König der Löwen. Religion lehren zwischen Kirche, Schule und populärer Kultur. Gütersloh.

Haarmann, Harald (1991): Universalgeschichte der Schrift. Zweite Auflage, Frankfurt, New York.

Halbfas, Hubertus (1985): Lehrerhandbuch 3. Zürich, Köln.

Hanisch, Helmut/ Bucher, Anton (2002): Da waren die Netze randvoll. Was Kinder von der Bibel wissen. Göttingen.

Haran, Menahem (1988): On the Diffusion of Literacy and Schools in Ancient Israel. VT.S 40, S. 81-95.

Harris, William V. (1989): Ancient Literacy. Cambridge (Mass.), London.

Heiland, Helmut (2001): Art. Pestalozzi, Johann, Heinrich. In: LexRP 2001, Sp.1489-1492.

Heinemann, Wolfgang (1997): Zur Eingrenzung des Intertextualitätsbegriffs aus textlinguistischer Sicht. Aus: Klein, Josef/ Fix, Ulla (Hrsg.): Textbeziehungen. Linguistische und literaturwissenschaftliche Beiträge zur Intertextualität. Tübingen, S. 21-37.

Hennig, Kurt (Hrsg.) (1990): Jerusalemer Bibellexikon. 3. Auflage, Stuttgart.

Hermisson, Hans-Jürgen (1968): Studien zur israelitischen Spruchweisheit. (WMANT 28), Neukirchen-Vluyn.

- (1998): Zur Schöpfungstheologie der Weisheit. In: Barthel, Jörg/ Jauss, Hannelore/ Koenen, Klaus (Hrsg.): Hans-Jürgen Hermisson. Studien zu Prophetie und Weisheit. Gesammelte Aufsätze. Tübingen, S. 269- 285.

Herms, Eilert (1998): Was haben wir an der Bibel? Versuch einer Theologie des christlichen Kanons. In: JBTh 12, Neukirchen-Vluyn, S. 99-152.

Herner, Sven (1926): Erziehung und Unterricht in Israel. Aus: Haupt, P. (Hrsg.): Oriental Studies. Baltimore, S. 58-66.

Hilger, Georg (2001): Art. Korrelationsdidaktik. LexRP Bd.1, Sp.1106-1111.

Höffken, Peter (1984): Buchbesprechung zu André Lemaire, Les écoles et la formation de la Bible dans l'ancien Israel. In: BiOr 41, 3/4, S. 449-453.

Hoffmann, Hans-Detlef (1980): Reform und Reformen. Untersuchungen zu einem Grundthema der deuteronomistischen Geschichtsschreibung. AThANT 66, Zürich.

Hollenberg, Johannes/ Budde, Karl (1971): Hebräisches Schulbuch. Sechsundzwanzigste Auflage, Basel.

Holthuis, Susanne (1993): Intertextualität. Aspekte einer rezeptionsorientierten Konzeption. Tübingen.

Holzinger, H. (1893): Einleitung in den Hexateuch. O.O.

Hossfeld, Frank-Lothar (1982): Der Dekalog. Seine späten Fassungen, die originale Komposition und seine Vorstufen. OBO 45, Freiburg/Schweiz, Göttingen.

Hunter, Jannie H. (1994): Interpretationstheorie in der modernen Zeit. Suche nach Interpretationsmöglichkeiten anhand von Psalm 144. In: Seybold, Klaus/ Zenger, Erich (Hrsg.): Neue Wege der Psalmenforschung. Zweite Auflage, Freiburg, Basel, Wien, S. 45-62.

Iser, Wolfgang (1994): Der Akt des Lesens. Theorie ästhetischer Wirkung. 4. Auflage, München.

Isserlin, B. S. J. (1984): Israelite Architectural Planning and the Question of the Level of Secualar Learning in Ancient Israel. In VT 34, S. 169-178.

Jacobs, Louis (1989): Art. Jüdische Theologie. EKL Bd. 2, Sp. 881-888.

Jahnow, Hedwig (Hrsg.)(1994): Feministische Hermeneutik und Erstes Testament. Analysen und Interpretationen. Stuttgart, Bonn.

Jamieson-Drake, David W. (1991): Scribes and Schools in Monarchic Judah. A Socio-Archaeological Approach. (JSOT.S 109) Sheffield.

Jauß, Hans R. (1982): Ästhetische Erfahrung und literarische Hermeneutik. Frankfurt.

Jenni, Ernst (1978a): Art. אב `āb Vater. THAT I, Sp.1-17.

- (1978b): Art. למד lmd lernen. THAT I, Sp. 872-875.

Johannsen, Friedrich (1998): Alttestamentliches Arbeitsbuch für Religionspädagogen. Zweite Auflage, Stuttgart, Berlin, Köln u.a.

Kaiser, Otto (1984): Einleitung in das Alte Testament. Eine Einführung in ihre Ergebnisse und Probleme. Fünfte neubearb. Auflage, Gütersloh.

- (1996): Art. Weisheitsliteratur. EKL Bd. 4, Sp.1243-1249.

Kapelrud, Arvid S. (1984): Art. למד lāma<u>d</u>. ThWAT IV, Sp. 576-582.

Karrer, Christiane (1998): Die Bücher Esra und Nehemia. Die Wiederkehr der Anderen. In: Schottroff, Luise/Wacker, Marie-Theres (Hrsg.): Kompendium Feministische Bibelauslegung. Gütersloh, S. 156-168.

Kaufmann, Hans-Bernhard (1973a): Der problemorientierte Unterricht und sein Kontext. In: Ders. (Hrsg.): Streit um den problemorientierten Unterricht in Schule und Kirche. Frankfurt am Main, Berlin, München, S. 9-22.

- (1973b): Muss die Bibel im Mittelpunkt des Religionsunterrichts stehen? In: Ders. (Hrsg.): Streit um den problemorientierten Unterricht in Schule und Kirche. Frankfurt am Main, Berlin, München, S. 23-27.

Kautzsch, E. (Hrsg.) (1900): Die Apokryphen und Pseudepigraphen des Alten Testaments. Bd. 2, Tübingen.

Keel, Othmar (1974): Wirkmächtige Siegeszeichen im Alten Testament. Ikonographische Studien zu Jos 8,18-26; Ex 17,8-13; 2 Kön 13,14-19 und 1 Kön 2,11. Freiburg, Göttingen.

- (1981): Zeichen der Verbundenheit. Zur Vorgeschichte und Bedeutung der Forderungen von Deuteronomium 6,8f. und Par. In: Casetti, Pierre/ Keel, Othmar/ Schenker, Adrian (Hrsg.): Mélanges Dominique Barthélemy. OBO 38, Fribourg, Göttingen, S.159- 240.

Kessler, Rainer (1999): Micha. HThKAT, Freiburg.

Kieweler, Hans V. (2001): Erziehung zum guten Verhalten und zur rechten Frömmigkeit. Die Hiskianische Sammlung, ein hebräischer und ein griechischer Schultext. BEAT 49, Frankfurt, Berlin, Bern u.a.

Klein, Stephanie (1998): Von den Erfahrungen von Frauen zu feministischer Theologie. Hören und Erzählen als Ermächtigung zu neuem Sein von Frauen und zu einer neuen Rede von Gott. In: Jahrbuch der Europäischen Gesellschaft für theologische Forschung von Frauen, 6, S. 47-71.

Kliemann, Peter/ Rupp, Hartmut (Hrsg.) (2000): 1000 Stunden Religion. Wie junge Erwachsene den Religionsunterricht erleben. Stuttgart.

Klostermann, August (1908): Schulwesen im Alten Israel. In: Bonwetsch, N./ Caspari, Wilhelm/ Grützmacher, R.H. u.a. (Hrsg.): Theologische Studien. FS Theodor Zahn. Leipzig, S. 193-232.

Koch, Klaus (1986): Art. Apokalyptik. Altes Testament und Frühjudentum. EKL Bd.1, Sp.192-196.

Koenen, Klaus (1990): שכל śā₥al. ThWAT VII, Sp. 781-795.

Köhler, Ludwig (1980): Der hebräische Mensch. Eine Skizze. Mit einem Anhang: Die hebräische Rechtsgemeinde. Darmstadt.

Köhler, Ludwig/ Baumgartner, Walter (1974): Hebräisches und Aramäisches Lexikon. Zum Alten Testament. Leiden.

Kramer, Nicole/ Menzel, Birgit/ Möller, Birgit et al.(Hrsg.) (1994): Sei wie das Veilchen im Moose... Aspekte feministischer Ethik. Frankfurt am Main.

Kraus, Hans-Joachim (1960): Psalmen. BKAT, XV, Neukirchen.

Krauss, Samuel (1966): Talmudische Archäologie III, ND. Hildesheim.

Kreuzer, Siegfried (1999): Redaktionskritik. In: Kreuzer, Siegfried/ Vieweger, Dieter/ Hausmann, Jutta u.a. (Hrsg.): Proseminar I. Altes Testament. Ein Arbeitsbuch. Stuttgart, Berlin, Köln, S. 95-102.

Kreuzer, Siegfried/ Vieweger, Dieter (1999): Exegese des Alten Testaments. In: Kreuzer, Siegfried/ Vieweger, Dieter/ Hausmann, Jutta u.a. (Hrsg.): Proseminar I. Altes Testament. Ein Arbeitsbuch. Stuttgart, Berlin, Köln. S. 13-25.

Krinetzki, Günter (1980): Hoheslied. NEBK, Würzburg.

Kristeva, Julia (1972): Bachtin, das Wort, der Dialog und der Roman. In: Ihwe, J. (Hrsg.): Literaturwissenschaft und Linguistik III. Frankfurt a.M., S. 345-377.

Krochmalnik, Daniel (2003): Die Bücher Levitikus, Numeri, Deuteronomium im Judentum. NSKAT 33/5, Stuttgart.

Krumwiede, Hans-Walter (1977): Geschichte des Christentums III. Neuzeit: 17. bis 20. Jahrhundert. Stuttgart, Berlin, Köln u.a..

Kühlewein, Johannes (1978): Art. בן *bēn* Sohn. THAT I. Sp. 316-325.

Kuld, Lothar/ Gönnheimer, Stefan (2000): Compassion - Sozialverpflichtetes Lernen und Handeln. Stuttgart, Berlin, Köln.

Kurz-Adam, Maria (1999): Julia Kristeva. In: Nida-Rümelin, Julian (Hrsg.): Philosophie der Gegenwart. In Einzeldarstellungen von Adorno bis v. Wright. Zweite Auflage, Stuttgart, S. 377-382.

Lähnemann, Johannes (1999): Die Bibel - ein Buch interreligiösen Lernens? In: Lämmermann, Godwin/ Morgenthaler, Christoph/ Schori, Kurt; u.a. (Hrsg.): Bibeldidaktik in der Postmoderne. Klaus Wegenast zum 70. Geburtstag. Stuttgart, Berlin, Köln, S. 281-293.

Lämmermann, Godwin (1994): Religionspädagogik im 20. Jahrhundert. Prüfungswissen Theologie. Gütersloh.

Lanfranchi, Giovanni B. (1989): Scholars and Scholarly Tradition in Neo Assyrien Times. In: State Archives of Assyria. Bulletin 3, S. 99-114.

Lang, Bernhard (1972): Die weisheitliche Lehrrede. Eine Untersuchung von Sprüche 1-9. Stuttgart.

- (1979): Schule und Unterricht im Alten Israel. In: Gilbert, Maurice (Hrsg.): La Sagesse de L´Ancien Testament. Duculot, S. 186-201.

- (1981): Die Jahwe-allein-Bewegung. In: Ders. (Hrsg.): Der einzige Gott. Die Geburt des biblischen Monotheismus. München, S. 47-83.

Lange, Günter/ Langer, Wolfgang (1975): Zur Praxisrelevanz des bibeldidaktischen Vierecks. KatBl 100, S. 344-352.

Langer, Heidmarie (1991): Vielleicht sogar Wunder. Heilungsgeschichten im Bibliodrama. Stuttgart.

Lemaire, André (1981): Les écoles et la formation de la Bible dans l´ancien Israel. OBO 39, Fribourg.

- (1984): Sagesse et Ecole. VT, 34, S. 270-281.

- (1999): Art. Schule. In: Görig, Manfred/ Lang, Bernhard (Hrsg.): Neues Bibel- Lexikon. Lieferung 13, Sp. 528-530.

Leschinsky, Achim (2002): Religion in der Schule. Bemerkungen zu einer fortwirkenden Dynamik. In: Schweitzer, Friedrich (Hrsg.): Der Bildungsauftrag des Protestantismus. Gütersloh, S. 234-247.

Levenson, Jon D. (1991): Warum Juden sich nicht für Biblische Theologie interessieren. EvTh 51, S. 402-430.

Levin, Christoph (1984): Joschia im Deuteronomistischen Geschichtswerk. ZAW, 96, S. 351-371.

- (2001): Das Alte Testament. München.

Levinson, Nathan P./ Büchner, Frauke (2001): 77 Fragen zwischen Juden und Christen. Studienbuch Religionsunterricht Sekundarstufe II, Göttingen.

Liedke, Gerhard (1978): Art. יכח *jkh?* hi. feststellen, was recht ist. THAT I, Sp.730-732.

Liedke, Gerhard/ Petersen, C. (1984): Art. תורה *tōrā* Weisung. THAT II, Sp.1032-1043.

Link, Hannelore (1980): Rezeptionsforschung. Eine Einführung in Methoden und Probleme. Zweite Auflage, Stuttgart, Berlin, Köln u.a.

Lipinski, Edward (1988): Royal and State Scribes in Ancient Jerusalem. VT, S. 40, S.157-164.

Lischewski, Andreas (1998): Die Frage nach der Frage oder: Vom „Anfang" der Pädagogik. In: Böhm, Winfried/ Wenger-Hadwig, Angelika (Hrsg.): Erziehungswissenschaft oder Pädagogik? FS für Marian Heitger. Erziehung, Schule, Gesellschaft, Bd. 14, Würzburg, S.11-31.

Liwak, Rüdiger (1994): „Was wir gehört und kennengelernt und unsere Vater uns erzählt haben."(Ps 78,3). Überlegungen zum Schulbetrieb im Alten Israel. In: Axmacher, E./ Schwarz-wäller, K. (Hrsg.): Belehrter Glaube. FS für J. Wirsching. Frankfurt u.a., S. 175-193.

Loader, James Alfred (2001): Weisheit aus dem Volk für das Volk. In: Ders.: Begegnung mit Gott. Gesammelte Studien im Bereich des Alten Testaments. Wiener Alttestamentliche Studien, Bd 3, Frankfurt a. M., Berlin, Bern u.a., S. 211-235.

Lohfink, Norbert (1963): Das Hauptgebot. Eine Untersuchung literarischer Einleitungsfragen zu Dtn 5-11. Rom.

- (1985a): Zur neueren Diskussion über 2 Kön 22-23. In: Ders. (Hrsg.): Das Deuteronomium. Entstehung, Gestalt und Botschaft. Leuven, S. 24-48.

- (1985b): Zur Geschichte der Diskussion über den Monotheismus im biblischen Israel. In: Haag, Ernst (Hrsg.): Gott, der einzige. Zur Entstehung des Monotheismus in Israel. QD 104. Freiburg, S. 9-25.

- (1987): Der Glaube und die nächste Generation. Das Gottesvolk der Bibel als Lerngemeinschaft. In: Ders.: Das Jüdische am Christentum. Die verlorene Dimension. Freiburg, S.144-166 u. 260-263.

- (1991a): Das Deuteronomium. In: Ders.: Studien zum Deuteronomium und zur deuteronomistischen Literatur. II. Stuttgart, S.15-24.

- (1991b): Die huqqim umispatim und ihre Neubegrenzung durch Dtn 12,1. Alfred Cholewinski zum Gedächtnis. In: Ders.: Studien zum Deuteronomium und zur deuteronomistischen Literatur. II. Stuttgart, S. 229-256.

- (1993): Das Alte Testament und sein Monotheismus. In: Ders.: Studien zur biblischen Theologie. Stuttgart, S. 133-151.

- (1995a): Gibt es eine deuteronomistische Bearbeitung im Bundesbuch? In: Ders.: Studien zum Deuteronomium und zur deuteronomistischen Literatur. III. Stuttgart, S. 39-64.

- (1995b): Das Deuteronomium: Jahwegesetz oder Mosegesetz? Die Subjektzuordnung bei Wörtern für „Gesetz" im Dtn und in der dtr Literatur. In: Ders.: Studien zum Deuteronomium und zur deuteronomistischen Literatur. III. Stuttgart, S. 157-165.

- (1995c): Gab es eine deuteronomistische Bewegung? In memoriam Hans Peter Rüger. In: Ders.: Studien zum Deuteronomium und zur deuteronomistischen Literatur. III. Stuttgart, S. 65-142

- (1996): Fortschreibung? In: Veijola, Timo (Hrsg.): Das Deuteronomium und seine Querbeziehungen. Göttingen, Helsinki, S. 127-171.

- (2000): Die Stimmen in Deuteronomium 2. In: Ders.: Studien zum Deuteronomium und zur deuteronomistischen Literatur. IV. Stuttgart, S. 47-74.

Lohfink, Norbert/ Fischer, Georg (1995): „Diese Worte sollst du summen". Dtn 6,7 ^{we}*dibbarta bam* - ein verlorener Schlüssel zur meditativen Kultur in Israel. In: Lohfink, Norbert: Studien zum Deuteronomium und zur deuteronomistischen Literatur. III. Stuttgart, S.181-204.

Luz, Ulrich (Hrsg.) (1993): Zankapfel Bibel. Eine Bibel - viele Zugänge. 2. Auflage, Zürich.

- (1997): Was heißt „Sola Scriptura" heute? EvTh 57, S. 28-35.

Maaß, Hans (1997): Hinter den Worten schürfen. Was ich von jüdischer Schriftauslegung gelernt habe. Beiträge pädagogischer Arbeit 40, 3, S.12-32.

- (2000): Die Krönchen der Tora. Entwurf 2, S. 28f.

Maier, Christl (1995): Die „fremde Frau" in Proverbien 1-9. Eine exegetische und sozialgeschichtliche Studie. OBO 144, Freiburg/Schweiz, Göttingen.

Maier, Johann/ Schubert, Kurt (1991): Die Qumran-Essener. Texte der Schriftrollen und Lebensbild der Gemeinde. UTB 224, zweite Auflage, München, Basel.

Markschies, Christoph (2002): Lehrer, Schüler, Schule: Zur Bedeutung einer Institution für das antike Christentum. In: Egelhaaf-Gaiser, Ulrike/ Schäfer, Alfred (Hrsg.): Religiöse Vereine in der römischen Antike. Untersuchungen zu Organisation, Ritual und Raumordnung. Studien und Texte zu Antike und Christentum 13, Tübingen, S. 97-120.

Martin, Gerhard M. (1986): Art. Bibliodrama. EKL Bd.1, Sp. 487f.

Mayer, Günter (1992): Art. Midrasch/ Midraschim. TRE XXII, S. 734-744.

Mbiti, John S. (1992): Art. Monolatrie. EKL Bd. 3, Sp. 533f.

Meinhold, Arndt (1991): Die Sprüche. ZBK.AT 16,1/2, Zürich.

Menzel, Birgit (1999): Spurensuche, Ästhetische und interreligiöse Bildung als Wahr-Neh-mung. In: RPäB 43, S. 207-216.

Merk, Otto (1986): Art. Bibelkanon. Nt.licher Kanon. EKL Bd. 1, Sp. 470-474.

Meyer, Ivo (1996): Das Buch Jeremia. In: Zenger, Erich (Hrsg.): Die Tora als Kanon für Juden und Christen. Freiburg, Basel, Wien, S. 318-337.

Millard, Allan R. (1985): An Assessment of the Evidence for Writing in the Ancient Israel. In: Congress on Biblical Archeology (Hrsg.): Biblical Archeology Today. Proceedings of the International Congress on Biblical Archeology Jerusalem 1984. Jerusalem, S. 301-312.

- (1995): The Knowledge of Writing in Iron Age Palestine. In: Schunck, K./ Augustin M. (Hrsg.): Lasset uns Brücken bauen. Cambridge, Frankfurt, S. 33-39.

Morton, Nelle (1985): The Journey is Home. Boston.

Müller, Hans-Peter/ Krause, M. (1977): Art. חכם *hākam.* In: ThWAT II, Sp. 920-944.

Müller, Peter (1992): In der Mitte der Gemeinde. Kinder im Neuen Testament. Neukirchen-Vluyn.

- (1994): „Verstehst du auch, was du liest?" Lesen und Verstehen im Neuen Testament. Darmstadt.

- (1995): „Wer ist dieser?" Jesus im Markusevangelium. Markus als Erzähler, Verkündiger und Lehrer. Neukirchen-Vluyn.

- (1999): Mit Markus erzählen. Das Markusevangelium im Religionsunterricht. Stuttgart.

Narr, Wolf-Dieter/ Charpentier, Jean-Marie/ Gerald F. Moede (1992): Art. Pluralismus. In: EKL Bd. 3, Sp.1232- 1242.

Naveh, Joseph (1982): Early History of the Alphabet. Jerusalem, Leiden.

Nebe, Gerhard W. (1992): Art. Qumran. EKL Bd. 3, Sp. 1417-1420.

Negev, Avraham (Hrsg.) (1991): Archäologisches Bibel-Lexikon. Neuhausen-Stuttgart.

Niditch, Susan (1996): Oral World and Written Word. Ancient Israelite Literature. Louisville.

Niehr, Herbert (1996a): Das Buch der Richter. In: Zenger, Erich (Hrsg.): Die Tora als Kanon für Juden und Christen. Freiburg, Basel, Wien, S. 137-143.

- (1996b): Die Samuelbücher. In: Zenger, Erich (Hrsg.): Die Tora als Kanon für Juden und Christen. Freiburg, Basel, Wien, S. 151-157.

- (1996c): Das Buch Daniel. In: Zenger, Erich (Hrsg.): Die Tora als Kanon für Juden und Christen. Freiburg, Basel, Wien, S. 360-369.

Nielsen, Eduard (1995): Deuteronomium. HzAT, 1,6, Tübingen.

Niemann, Hermann M. (1998): Kein Ende des Büchermachens in Israel und in Juda (Koh 12,12) - Wann begann es? In: BiKi 53, S. 127-134.

Nipkow, Karl, Ernst (1998): Bildung in einer pluralen Welt. Band 2: Religionspädagogik im Pluralismus. Gütersloh.

- (2001): Art. Problemorientierter Religionsunterricht. LexRP Bd. 2, Sp. 1559-1565.

- (2002): Bildung und Protestantismus in der pluralen Gesellschaft. In: Schweitzer, Friedrich (Hrsg.): Der Bildungsauftrag des Protestantismus. Gütersloh, S.13-35.

Noth, Martin (1943): Überlieferungsgeschichtliche Studien. Die sammelnden und bearbeitenden Geschichtswerke im Alten Testament. Tübingen.

Oelkers, Jürgen (1990): Ist säkulare Pädagogik möglich? EvErz 42, 1, S. 23-31.

Oelkers, Jürgen/ Osterwalder, Fritz/ Tenorth, Heinz-Elmar (Hrsg.) (2003): Das verdrängte Erbe. Pädagogik im Kontext von Religion und Theologie. Weinheim, Basel.

Oeming, Manfred (1987): Gesamtbiblische Theologien der Gegenwart. Das Verhältnis von AT und NT in der hermeneutischen Diskussion seit Gerhard von Rad. Zweite Auflage, Stuttgart, Berlin, Köln.

- (1990): Das wahre Israel. Die „genealogische Vorhalle" 1 Chr 1-9. BWANT 7,8, Stuttgart, Berlin, Köln.

- (1995): Bibelkunde Altes Testament. Ein Arbeitsbuch zur Information, Repetition und Präparation. Stuttgart.

- (1998): Biblische Hermeneutik. Eine Einführung. Darmstadt.

- (2000): Lob der Viedeutigkeit. Erwägungen zur Erneuerung des Verhältnisses jüdischer und christlicher Hermeneutiken. In: Trumah. Zeitschrift der Hochschule für jüdische Studien, Heidelberg. Bibelwissenschaft und Jüdische Bibelauslegung Bd. 9, S. 125-145.

- (2001): Das Alte Testament als Teil des christlichen Kanons? Studien zu gesamtbiblischen Theologien der Gegenwart. Dritte Auflage, Zürich.

Oepke, Albrecht (1957): Art.: γυμνασία. ThWNT I, S. 775.

Olivier, J.P. (1975): Schools and Wisdom Literature. In: Journal of the Northwest Semitic Languages 4, S. 49-60.

Ong, Walter J. (1987): Oralität und Literalität. Die Technologisierung des Wortes. Opladen.

Oser, Fritz (1987): Grundformen biblischen Lernens. In: Paul, Eugen/ Stock, Alex (Hrsg.): Glauben ermöglichen. Zum gegenwärtigen Stand der Religionspädagogik. FS für Günter Stachel. Mainz, S. 213-246.

Osterwalder, Fritz (2002): Bildung, Schule und Protestantismus in der pluralen Demokratie. In: Schweitzer, Friedrich (Hrsg.): Der Bildungsauftrag des Protestantismus. Gütersloh, S. 54-77.

Otto, Gerd (2001): Art. Lernen. LexRP Bd. 2, Sp.1218-1222.

Pahnke, Donate (1991): Ethik und Geschlecht. Menschenbild und Religion in Patriarchat und Feminismus. Marburg.

Perlitt, Lothar (1985): Deuteronomium 1-3 im Streit der exegetischen Methoden. In: Lohfink, Norbert (Hrsg.): Das Deuteronomium. Entstehung, Gestalt und Botschaft. Leuven, S.149-163.

- (1986): Art. Deuteronomium. EKL Bd. 1, Sp. 823-825.

- (1990): Deuteronomium. BK V, Teilband 1, Neukirchen-Vluyn.

Petri, Dieter/ Thierfelder, Jörg (Hrsg.) (2002): Grundkurs Judentum. Materialien und Kopiervorlagen für Schule und Gemeinde. Teil 2, zweite Auflage, Stuttgart .

Petuchowski, Jakob J. (1982): Wie unsere Meister die Schrift erklärten. Beispielhafte Bibelauslegung aus dem Judentum. Freiburg.

Petuchowski, Jakob J./ Thoma, Clemens (1997): Lexikon der jüdischchristlichen Begegnung. Hintergründe, Klärungen, Perspektiven. Freiburg, Basel, Wien.

Pfister, Manfred (1985): Konzepte der Intertextualität. In: Broich, Ulrich /Pfister, Manfred (Hrsg.): Intertextualität. Formen, Funktionen, anglistische Fallstudien. Tübingen, S.1-30.

Philips, Gary A. (1995): What is written? How are you reading? Gospel, Intertextuality and doing Lukewise: Reading Lk 10:25-42 otherwise. In: Semeia 69/70, S. 111-147.

Pissarek-Hudelist, Herlinde (1990): Feministische Theologie und Religionspädagogik. In: Biehl, Peter/Bizer, Christoph/ Heimrock, Hans-Günter u.a. (Hrsg.): JBTh 6, Neukirchen-Vluyn, S. 153-173.

Pithan, Annebelle (1995): Die Stimmen von Mädchen hören und ihnen Gehör verschaffen. Geschlechtsspezifische Sozialisation im Religionsbuch. In: Becker, Sybille/ Nord, Ilona (Hrsg.): Religiöse Sozialisation von Mädchen und Frauen. Stuttgart, Berlin, Köln, S. 35-54.

Plöger, Otto (1984): Sprüche Salomos. BK XVII, Neukirchen-Vluyn.

Preuß, Horst Dietrich (1982): Deuteronomium. EdF 164, Darmstadt.

- (1987): Einführung in die alttestamentliche Weisheitsliteratur. UT 383, Stuttgart, Berlin, Köln u.a.

Puech, Emile (1988): Les écoles dans L'Israel préexilique: Données épigraphiques. VT.S 40, S. 189-203.

Quell, Gottfried (1950): Art. κύριος Der alttestamentliche Gottesname. ThWNT III, S. 1056-1080.

- (1957): Art. ἀγαπάω κτλ Die Liebe im AT. ThWNT I, S. 20-34.

Rad, Gerhard von (1948): Deuteronomium-Studien. Göttingen.

- (1964): Das fünfte Buch Mose. Deuteronomium. ATD 8, Göttingen.

- (1978): Theologie des Alten Testaments. Bd. I: Die Theologie der geschichtlichen Überlieferungen Israels. Siebte Auflage, München.

- (1992): Weisheit in Israel. ND, Gütersloh.

Rahner, Karl (1984): Grundkurs des Glaubens. Einführung in den Begriff des Christentums. Zweite Auflage der Sonderausgabe, Freiburg, Basel, Wien.

Rapp, Ursula (1998): Das Buch Numeri. Grenzwanderungen. In: Schottroff, Luise/ Wacker, Marie-Theres (Hrsg.): Kompendium. Feministische Bibelauslegung. Gütersloh, S. 54-66.

Reeg, Gottfried (1996): Art. Synagoge. EKL Bd. 4, Sp. 593-597.

Reents, Christine (1999): „Bibel weg - hat kein'n Zweck!"? In: Lämmermann, Godwin/ Morgenthaler, Christoph/ Schori, Kurt; u.a. (Hrsg.): Bibeldidaktik in der Postmoderne. FS für Klaus Wegenast. Stuttgart, Berlin, Köln. S. 337-345.

Reiterer, Friedrich V. (1987): Art. עצל `āsel. ThWAT VI, Sp. 305-310.

Rendtorff, Rolf (1988): Das Alte Testament. Eine Einführung. 3. Auflage, Neukirchen-Vluyn.

- (1991a): Rabbinische Exegese und moderne Bibelauslegung. In: Ders. (Hrsg.): Kanon und Theologie. Vorarbeiten zu einer Theologie des Alten Testaments. Neukirchen-Vluyn, S.15-22.

- (1991b): Zwischen historisch-kritischer Methode und holistischer Interpretation. In: Ders. (Hrsg.): Kanon und Theologie. Vorarbeiten zu einer Theologie des Alten Testaments. Neukirchen-Vluyn, S. 23-28.

- (1995): Die Bibel Israels als Buch der Christen. Aus: Dohmen, Christoph/ Söding, Thomas (Hrsg.): Eine Bibel - Zwei Testamente. Positionen Biblischer Theologie. Paderborn, München, Wien u.a., S. 97-113.

- (1998): Christen und Juden heute. Neue Einsichten und neue Aufgaben. Neukirchen-Vluyn.

Reventlow, Henning Graf von (1983): Hauptprobleme der Biblischen Theologie im 20. Jahrhundert. EdF 203, Darmstadt.

Richter, Wolfgang (1971): Exegese als Literaturwissenschaft. Entwurf einer alttestamentlichen Literaturtheorie und Methodologie. Göttingen.

Ricoeur, Paul (1974): Die Interpretation. Ein Versuch über Freud. Frankfurt am Main.

Riesner, Rainer (1983): Jüdische Elementarbildung und Evangelienüberlieferung. In: France, R.T./ Wenham, David (Hrsg.): Gospel Perspectives. Studies of History and Tradition in the Four Gospels. Vol 1, Sheffield, S. 209-223.

- (1988): Jesus als Lehrer. Eine Untersuchung zum Ursprung der Evangelien-Überlieferung. WUNT 2,7, Tübingen

Rießler, Paul (1909): Schulunterricht im A.T. ThQ 91, S. 606-607.

Ringgren, Helmer (1984): Art. בין bēn. ThWAT IV, Sp. 622-629.

Rödszus-Hecker, Marita (1992): Der buchstäbliche Zungensinn. Stimme und Schrift als Paradigmen der theologischen Hermeneutik. Waltrop.

Rose, Martin (1994): 5. Mose. ZBK.AT 5,1/2, Zürich.

Rüterswörden, Udo (1995): Art. שמע šāmaʽ. ThWAT VIII. Sp. 255-279.

- (1996): Das Böse in der deuteronomischen Schultheologie. In: Veijola, Timo (Hrsg.): Das Deuteronomium und seine Querbeziehungen. Göttingen, Helsinki, S. 223-241.

- (1996): Amt und Öffentlichkeit im Alten Testament. In: JBTh 11, Neukirchen-Vluyn, S. 55-63.

Sæbø, Magne (1988): Vom „Zusammen-Denken" zum Kanon. Aspekte der traditionsgeschichtlichen Endstadien des Alten Testaments. In: JBTh 3, Neukirchen-Vluyn, S. 115-133.

Sanders, James A. (1972): Torah and Canon. Philadelphia.

- (1984): Canon and Community. A Guide to Canonical Criticism. Philadelphia.

Sauer, Georg (2000): Jesus Sirach / Ben Sira. ATD, Apokryphen Bd 1, Göttingen.

Schams, Christine (1998): Jewish Scribes in the Second-Temple Period. Sheffield.

Scheller, Ingo (1987): Erfahrungsbezogener Unterricht. Praxis, Planung, Theorie. Zweite Auflage, Frankfurt a. M.

Scherer, Andreas (1999): Das weise Wort und seine Wirkung. Eine Untersuchung zur Komposition und Redaktion von Proverbia 10,1-22,16. WMANT 83, Neukirchen-Vluyn.

Schlüter, Margarete (1992): Art. Rabbiner, Rabbinismus. EKL Bd. 3, Göttingen, Sp. 1419-1425.

Schmeller, Thomas (2001): Schulen im Neuen Testament? Zur Stellung des Urchristentums in der Bildungswelt seiner Zeit. HBS Bd. 30, Freiburg, Basel, Wien.

Schmidt, Erwin (1953): Geist und Gestalt der Erziehung im Alten Testament. Dissertation, maschinenschriftliches Exemplar, Kiel.

Schmidt, Werner H. (1988): Exodus. BK II,1, Neukirchen-Vluyn.

Schmidt, Heinz (2000):„1000 Stunden Religion" - aus der Perspektive des Lehrplans. In: Kliemann, Peter/ Rupp, Hartmut (Hrsg.): 1000 Stunden Religion. Wie junge Erwachsene den Religionsunterricht erleben. Stuttgart, S. 31-39.

Scholem, Gershom (1975): Volk des Buches. In: Schultz, H. J. (Hrsg.): Sie werden lachen - die Bibel. Überraschungen mit dem Buch. Stuttgart, Berlin, S. 93-101.

- (1996): Offenbarung und Tradition als religiöse Kategorie im Judentum. In: Ders.: Über einige Grundbegriffe des Judentums. Frankfurt am Main, S. 90-120.

Schottroff, Willy: „Gedenken" im Alten Orient und im Alten Testament. Die Wurzel Zakar im semitischen Sprachkreis. WMANT 15, Neukirchen-Vluyn 1964.

Schreiner, Josef (1966): Die Entwicklung des israelitischen „Credo". In: Concilium 2, S. 757-762.

Schroer, Silvia/ Staubli, Thomas (1998): Die Körpersymbolik der Bibel. Darmstadt.

Schüngel-Straumann, Helen (1991): Weibliche Dimensionen in mesopotamischen und alttestamentlichen Schöpfungsaussagen und ihre feministische Kritik. In: Wacker, Marie-Theres/ Zenger, Erich (Hrsg.): Der eine Gott und die Göttin. Gottesvorstellungen des biblischen Israel im Horizont feministischer Theologie. Freiburg, Basel, Wien, S. 49-81.

Schüssler Fiorenza, Elisabeth (1988a): Brot statt Steine. Die Herausforderung einer feministischen Interpretation der Bibel. Freiburg.

- (1988b): Zu ihrem Gedächtnis... . Eine feministisch-theologische Rekonstruktion der christliche Unrsprünge. Mainz.

Schuster, Robert (1977): Didaktik des evangelischen Unterrichts. Vorbesinnung zu einem Lernen mit Anfängern im Glauben. Stuttgart.

- (Hrsg.) (1984): Was sie glauben. Texte von Jugendlichen. Stuttgart.

- (1995): Jugendliche auf dem Weg zu ihrer Humanität. In: Entwurf 1, S.11-16.

Schweitzer, Friedrich (1993): Religiöse Entwicklung und Sozialisation von Mädchen und Frauen. Auf der Suche nach empirischen Befunden und Erklärungsmodellen. In: EvErz 45, S. 411-421.

- (2000): „... jedem Einzelnen seine eigenen Gedanken und Ansichten zu lassen..." - Anmerkungen aus religionspädagogisch-entwicklungspsychologischer Sicht. In: Kliemann, Peter/ *Rupp, Hartmut* (Hrsg.): 1000 Stunden Religion. Wie junge Erwachsene den Religionsunterricht erleben. Stuttgart, S. 41-47.

Schwenk, Bernhard (1996): Geschichte der Bildung und Erziehung von der Antike bis zum Mittelalter. Aus dem Nachlass herausgegeben von Drewek, Peter/ Leschinsky, Achim. Weinheim.

Schwienhorst-Schönberger, Ludger (1996a): Das Buch Ijob. In: Zenger, Erich (Hrsg.): Die Tora als Kanon für Juden und Christen. Freiburg, Basel, Wien, S. 230-242.

- (1996b): Das Buch Kohelet. In: Zenger, Erich (Hrsg.): Die Tora als Kanon für Juden und Christen. Freiburg, Basel, Wien, S. 263-270.

Seeligmann, I. L. (1953): Voraussetzungen der Midraschexegese. VT, Suppl., S.150-181.

Seybold, Klaus (1996): Die Psalmen. HAT I/15, Tübingen.

Shupak, Nili (1987): The Sitz im Leben of the Book of Proverbs in the Light of a Comparison of Biblical and Aegyptian Wisdom Literature. In: RB 94, S. 98-119.

Smend, Rudolf (1981): Die Entstehung des Alten Testaments. Zweite Auflage, Stuttgart, Berlin, Köln u.a.

- (1986): Art. Deuteronomistisches Geschichtswerk. EKL Bd. 1, Sp. 821-823.

- (1986): Art. Bibelkanon. Alttestamentlicher Kanon. EKL Bd.1, Sp. 468-470.

Snyder, H. Gregory (2000): Naughts and Crosses. Pesher manuscripts and their significance for reading practices at Qumran. In: Dead Sea Discoveries 7, S. 26-48.

Soggin, Jan A. (1984): Art. שוב *šūb* zurückkehren. THAT II, Sp. 884-891.

- (1991): Einführung in die Geschichte Israels und Judas. Von den Ursprüngen bis zum Aufstand Bar Kochbas. Darmstadt.

Sonnet, Jean-Pierre (1997): The Book within the Book. Writing in Deuteronomy. Leiden, New York, Köln.

Stachel, Günter (1967): Der Bibelunterricht. Grundlagen und Beispiele. Einsiedeln, Zürich, Köln.

Stallmann, Martin (1963): Die biblische Geschichte im Unterricht. Katechetische Beiträge. Göttingen.

Steins, Georg (1996a): Die Bücher Esra und Nehemia. In: Zenger, Erich (Hrsg.): Die Tora als Kanon für Juden und Christen. Freiburg, Basel, Wien, S. 175-183.

- (1996b): Die Bücher der Chronik. In: Zenger, Erich (Hrsg.): Die Tora als Kanon für Juden und Christen. Freiburg, Basel, Wien. S. 165-174.

Stemberger, Günter (1982): Der Talmud. Einführung, Texte, Erläuterungen. München.

- (1989): Midrasch. Vom Umgang der Rabbinen mit der Bibel. Einführung, Texte, Erläuterungen. München.

- (1996): Hermeneutik der Jüdischen Bibel. In: Dohmen, Christoph/ Stemberger Günter (Hrsg.): Hermeneutik der Jüdischen Bibel und des Alten Testaments. Stuttgart, Berlin, Köln, S. 23-132.

Stemberger, Günter/ Baldermann, Ingo (1988): Vorwort. In: JBTh 3, Neukirchen-Vluyn, S. 5-7.

Stöhr, Martin (1989): Art. Gesetz und Evangelium. EKL Bd. 2, Sp. 149-153.

Stolz, Fritz (1978): Art. אות *'ōt* Zeichen. THAT I, Sp. 91-95.

- (1996): Einführung in den biblischen Monotheismus. Darmstadt.

Stoodt, Dieter (2001): Art. Evangelische Unterweisung. LexPR Bd.1, Sp. 521-526.

Stuhlmacher, Peter (1986): Vom Verstehen des Neuen Testaments. Eine Hermeneutik. NTD, Erg. 6, Göttingen.

Theißen, Gerd (2003): Zur Bibel motivieren. Aufgaben, Inhalte und Methoden einer offenen Bibeldidaktik. Gütersloh.

Trömel-Plötz, Senta (1984): Gewalt durch Sprache. In: Dies. (Hrsg.): Gewalt durch Sprache. Die Vergewaltigung von Frauen in Gesprächen. Frankfurt, S. 50-67.

van Dijk, Teun A. (1980): Textwissenschaft. Eine interdisziplinäre Einführung. Tübingen.

van Dijk-Hemmes, Fokkelien (1996): Traces of Women's Texts in the Hebrew Bible. In: Brenner, Athalya/ van Dijk-Hemmes, Fokkelien (Hrsg.): On Gendering Texts. Female and Male Voices in the Hebrew Bible. 2. Auflage, Leiden, New York, Köln, S. 17-109.

Veijola, Timo (2000): Moses Erben. Studien zum Dekalog, zum Deuteronomismus und zum Schriftgelehrtentum. BWANT 149, Stuttgart, Berlin, Köln.

Vetter, Dieter (1989): Lernen und Lehren. Skizze eines lebenswichtigen Vorgangs für das Volk Gottes. In: Albertz, Rainer/ Golka, Friedemann/ Kegler, Jürgen (Hrsg.): Schöpfung und Befreiung. FS Westermann, Claus. Stuttgart, S. 220-232.

Vieweger, Dieter (1999): Traditionskritik und Traditionsgeschichte. In: Kreuzer, Siegfried/ Vieweger, Dieter/ Hausmann, Jutta u.a. (Hrsg.): Proseminar I. Altes Testament. Ein Arbeitsbuch. Stuttgart, Berlin, Köln, S. 87-94.

Volkmann, Angela (1999): Mädchen und Frauen im Religionsunterricht. Impulse feministischer Theologie für die Schule. RPäB 43, S. 135-144.

Volz, Paul (1921): Hiob und Weisheit. Das Buch Hiob, Sprüche und Jesus Sirach, Prediger. Zweite, verbesserte und vermehrte Auflage, Göttingen.

Wacker, Marie-Theres (1991): Feministisch-theologische Blicke auf die neuere Monotheismus-Diskussion. Anstöße und Fragen. In: Wacker, Marie-Theres/ Zenger, Erich (Hrsg.): Der eine Gott und die Göttin. Gottesvorstellungen des biblischen Israel im Horizont feministischer Theologie. Freiburg, Basel, Wien, S. 17-48.

- (1998): Das Buch Amos. Die Wahrheit ist konkret. In: Schottroff, Luise/ Wacker, Marie-Theres (Hrsg.): Kompendium Feministische Bibelauslegung. Gütersloh, S. 320-326.

Wacker, Marie-Theres/ Zenger, Erich (Hrsg.) (1991): Der eine Gott und die Göttin. Gottesvorstellungen des biblischen Israel im Horizont feministischer Theologie. Freiburg, Basel, Wien.

Wagner, S. (1982): Art. ירה III. *jārāh*. ThWAT III, Sp. 920-930.

Wallis, Gerhard (1973): Art. אהב *ahāb*. ThWAT I, Sp. 105-128.

Wanke, Gunther (1989): Der Lehrer im alten Israel. In: Hohenzollern, Johannes G. Prinz von/ Liedtke, Max (Hrsg.): Schreiber, Magister, Lehrer. Bad Heilbrunn. S. 51-59.

Warner, Sean (1980): The Alphabet: An Innovation and its Diffusion. VT 30, S. 81-90.

Wegenast, Klaus (1974): Die Bedeutung biblischer Texte für den Religionsunterricht. KatBl 99, S. 751-762.

- (1991): Hermeneutik und Didaktik. Vorläufige Bemerkungen zu einem nach wie vor ungelösten Problem im Hause der Theologie. In: Zilleßen, Dietrich/ Alkier, Stefan/ Koerrenz, Ralf u.a. (Hrsg.): Praktisch-theologische Hermeneutik. Ansätze - Anregungen - Aufgaben. Rheinbach-Merzbach. S. 23-43.

- (2001): Art. Stallmann, Martin. LexRP Bd. 2, S. 2031-2034.

Weinfeld, Moshe (1992): Deuteronomy and the Deuteronomic School. Winona Lake, Indiana.

Weingreen, J. (1970),: A new Approach to Old Testament Studies. In: Proceedings of the Royal Irish Academy, Dublin PIA 70, S. 3-12.

Weinrich, Harald (1997): Lethe. Kunst und Kritik des Vergessens. München.

Westermann, Claus (1971): Weisheit im Sprichwort. In: Bernhardt, Karl-Heinz (Hrsg.): Schalom. Studien zu Glaube und Geschichte. Stuttgart, S. 73-85.

- (1981): Lob und Klage in den Psalmen. Fünfte, erweiterte Auflage, Göttingen 1977.

- (1981): Genesis. BK I/2, Neukirchen-Vluyn.

- (1982): Genesis. BK I/3, Neukirchen-Vluyn.

- (1990): Wurzeln der Weisheit. Die ältesten Sprüche Israels und anderer Völker. Göttingen.

Whybray, Norman R. (1965): Wisdom in Proverbs. The Concept of Wisdom in Proverbs 1-9. London.

- (1974): The Intellectual Tradition in the Old Testament. ZAW, Beih. 135. Berlin, New York.

- (1990a): Wealth and Poverty in the Books of Proverbs. JSOT 99, Sheffield 1990.

- (1990b): The Sage in the Israelite Royal Court. In: Gammie John, G./ Perdue, Leo G. (Hrsg): The Sage in Israel and the Ancient Near East. Winona Lake, S. 133-139.

Wildberger, Hans (1978): Jesaja. BK X,2, Neukirchen-Vluyn.

Willi, Thomas (1995): Juda - Jehud - Israel. Studien zum Selbstverständnis des Judentums in persischer Zeit. Tübingen.

Wink, Walter (1976): Bibelauslegung als Interaktion. Über die Grenzen historisch-kritischer Methode. Stuttgart, Berlin, Köln u.a..

Wohlmuth, Josef (1997): Jüdische Hermeneutik. In: JBTh 12, Neukirchen-Vluyn, S. 193-220.

Wolf, Hans Walter (1969): Dodekapropheton 2. Joel und Amos. BK XIV, 2, Neukirchen-Vluyn.

Wuckelt, Agnes (1991): Art. Erziehung/Sozialisation. In: Gössmann, Elisabeth/ Moltmann-Wendel, Elisabeth/ Pissarek-Hudelist, Herlinde (Hrsg.): Wörterbuch der Feministischen Theologie. Gütersloh, S. 80-86.

Würthwein, Ernst (1973): Der Text des Alten Testaments. Eine Einführung in die Biblia Hebraica. Vierte, erweiterte Auflage, Stuttgart.

- (1976): Die Josianische Reform und das Evangelium. ZTHK 73, S. 365-423.

- (1989): Art. Gesetz. EKL Bd. 2, Sp. 135-138.

Young, Norman H. (1990): The Figure of the Paidagōgos in Art and Literature. In: BA 53, 80-86.

Young, Ian M. (1998): Israelite Literacy. Interpreting the evidence. Part one and two. VT 48, S. 239-253; 408-422.

Zenger, Erich (1994): Am Fuß des Sinai. Gottesbilder des Ersten Testaments. Zweite Auflage, Düsseldorf.

- (1995): Das Erste Testament. Die jüdische Bibel und die Christen. Fünfte Auflage, Düsseldorf.

- (1996a): Heilige Schrift der Juden und der Christen. In: Zenger, Erich/ Braulik, Georg/ Niehr, Herbert u.a. (Hrsg.): Einleitung in das Alte Testament. Zweite Auflage, Stuttgart, Berlin, Köln, S. 11-32.

- (1996b): Die Entstehung des Pentateuch. In: Zenger, Erich/ Braulik, Georg/ Niehr, Herbert u.a. (Hrsg.): Einleitung in das Alte Testament. Zweite Auflage, Stuttgart, Berlin, Köln, S. 46-75.

Ziebertz, Hans-Georg (2002): Grenzen des Säkularisierungstheorems. In: Schweitzer, Friedrich/ Englert, Rudolf/ Schwab, Ulrich et al. (Hrsg.): Entwurf einer pluralitätsfähigen Religionspädagogik. RPG 1, Gütersloh, Freiburg, S. 51-74.

Zilleßen, Dietrich (1991): Religionspädagogische Lernwege der Wahrnehmung. In: Zilleßen, Dietrich/ Alkier, Stefan/ Koerrenz, Ralf u.a. (Hrsg.): Praktisch-theologische Hermeneutik. Ansätze - Anregungen - Aufgaben. Rheinbach-Merzbach, S. 59-85.

Wissenschaftliche Paperbacks
Theologie

Michael J. Rainer (Red.)
"Dominus Iesus" – Anstößige Wahrheit oder anstößige Kirche?
Dokumente, Hintergründe, Standpunkte und Folgerungen
Die römische Erklärung "Dominus Iesus" berührt den Nerv der aktuellen Diskussion über den Stellenwert der Religionen in der heutigen Gesellschaft. Angesichts der Pluralität der Bekenntnisse soll der Anspruch der Wahrheit festgehalten werden.
Bd. 9, 2. Aufl. 2001, 350 S., 20,90 €, br., ISBN 3-8258-5203-2

Rainer Bendel (Hrsg.)
Die katholische Schuld?
Katholizismus im Dritten Reich zwischen Arrangement und Widerstand
Die Frage nach der „Katholischen Schuld" ist spätestens seit Hochhuths „Stellvertreter" ein öffentliches Thema. Nun wird es von Goldhagen neu aufgeworfen, aufgeworfen als moralische Frage – ohne fundierte Antwort. Wer sich über den Zusammenhang von Katholizismus und Nationalsozialismus fundiert informieren will, wird zu diesem Band greifen müssen: mit Beiträgen u. a. von Gerhard Besier, E. W. Böckenförde, Heinz Hürten, Joachim Köhler, Johann Baptist Metz, Rudolf Morsey, Ludwig Volk, Ottmar Fuchs und Stephan Leimgruber.
Bd. 14, 2., durchges. Aufl. 2004, 400 S., 19,90 €, br., ISBN 3-8258-6334-4

Theologie: Forschung und Wissenschaft

Wolfgang W. Müller
Gnade in Welt
Eine symboltheologische Sakramentenskizze
Sakramente sind Erkennungszeichen für die Suche des Menschen nach Ganz-Sein und Heil als auch der Zu-Sage der Heilsgabe Gottes an uns Menschen. Sakramente werden in der Theologie bedacht, in der Liturgie gefeiert. Vorliegender symboltheologischer Entwurf folgt einer Einsicht moderner Theologie, Dogmatik und Liturgiewissenschaft aufeinander bezogen zu denken. Die symboltheologische Skizze eröffnet einen interdisziplinären Zugang zum Sakramentalen.
Bd. 2, 2002, 160 S., 17,90 €, br., ISBN 3-8258-6218-6

Gabriel Alexiev
Definition des Christentums
Ansätze für eine neue Synthese zwischen Naturwissenschaft und systematischer Theologie
Eine wesentliche Führungsgröße im zwischenmenschlichen Gespräch ist die Eindeutigkeit der einschlägigen Begrifflichkeit, die erfahrungsgemäß durch möglichst klare und gültige Begriffsbestimmungen, also durch „Definitionen", zustande kommt. Die vorliegende Arbeit bemüht sich unter Absehen konfessioneller Eigenheiten, wohl aber unter Einbezug naturwissenschaftlicher Ergebnisse (hier besonders der Biologie) um die Erarbeitung einer möglichst gültigen und klaren „Definition des Christentums".
Bd. 3, 2002, 112 S., 17,90 €, br., ISBN 3-8258-5896-0

Klaus Nürnberger
Theology of the Biblical Witness
An evolutionary approach
The "Word of God" emerged and evolved as divine responses to changing human needs in biblical history. By tracing the historical trajectories of six paradigms of salvation, such as ex-odus, kingship and sacrifice, through a millennium of biblical history, Nürnberger reveals a vibrant current of meaning underlying the texts which expresses growing insight into God's redeptive intentions and which can be extrapolated in to the present predicaments of humankind. Das Wort Gottes entstand und entfaltete sich als göttliche Antwort auf sich verändernde menschliche Notlagen. Indem Nürnberger die Bahn von sechs soteriologischen Paradigmen

L<small>IT</small> Verlag Münster – Berlin – Hamburg – London – Wien
Grevener Str./Fresnostr. 2 48159 Münster
Tel.: 0251 – 62 032 22 – Fax: 0251 – 23 19 72
e-Mail: vertrieb@lit-verlag.de – http://www.lit-verlag.de

wie Exodus, Königtum und Opfer durch ein Jahrtausend biblischer Geschichte verfolgt, zeigt er einen Bedeutungsstrom auf, der eine wachsende Einsicht in Gottes Heilswillen bloßlegt und den man in die gegenwärtigen Nöte der Menschheit fortschreiben kann.
vol. 5, 2003, 456 pp., 34,90 €, pb.,
ISBN 3-8258-7352-8

Herbert Ulonska; Michael J. Rainer (Hrsg.)
Sexualisierte Gewalt im Schutz von Kirchenmauern
Anstöße zur differenzierten (Selbst-)Wahrnehmung. Mit Beiträgen von Ursula Enders, Hubertus Lutterbach, Wunibald Müller, Michael J. Rainer, Werner Tzscheetzsch, Herbert Ulonska und Myriam Wijlens
Kirchen beanspruchen eine hohe moralische Autorität, wenn es um die Bewahrung der Würde des Menschen geht. Kirchen werden an den Pranger gestellt, wenn sexualisierte Gewalt gegen Kinder und Jugendliche durch ihre Amtsträger und Mitarbeitenden aufgedeckt wird. Angesichts des „Seelenmordes" dürfen Kirchenmauern das Unfaßbare nicht verschweigen und pädosexuellen Tätern keinen Schutz gewähren. Kirchen beginnen endlich zu handeln und das Schweigen zu brechen. Um aber präventiv handeln und konkret arbeiten zu können, ist vertiefendes Wissen dringend erforderlich. Anstöße für eine differenzierte Selbst-Wahrnehmung bieten die hier erstmalig zusammengeführten Perspektiven aus Kirchengeschichte und -recht, Religions-Pädagogik und Psychologie, Medien- und Multiplikatorenarbeit.
Bd. 6, 2003, 192 S., 17,90 €, br.,
ISBN 3-8258-6353-0

Wilhelm H. Neuser
Die Entstehung und theologische Formung der Leuenberger Konkordie 1971 bis 1973
Die Leuenbürger Konkordie (1973) hat sich als das große Einigungswerk zwischen den lutherischen und reformierten Kirchen Europas erwiesen. Sie ist Grundlage auch der erfolgreichen Konsensgespräche mit anderen Kirchen. Zum 30jährigen Jubiläum legt der Verfasser, der selbst Teilnehmer war, eine Textausgabe vor, die erstmals Tischvorlagen in den Arbeitsgruppen und die Vorlagen für das Plenum umfaßt. Die Entstehung des Entwurfs 1971 und die Revision 1973 erscheint nun als ein Prozeß, der die theologische Formung der Konkordie genau verfolgen läßt. Die Textausgabe wird so zum Kommentar der Konkordie. Der Verfasser gibt in der Einleitung eine erste Deutung. Im Anhang werden acht Begleittexte geboten.
Bd. 7, 2003, 136 S., 19,90 €, br.,
ISBN 3-8258-7233-5

Beiträge zum Verstehen der Bibel
hrsg. von Prof. Dr. Manfred Oeming und Prof. Dr. Dr. h. c. mult. Gerd Theißen (Heidelberg)

Manfred Oeming (Hrsg.)
Theologie des AT aus der Perspektive von Frauen
Sehen nicht zwei Augen mehr als eines? Vernehmen nicht die zwei Geschlechter mehr von dem einen Wort Gottes als eines? Vorliegender Band will den Nachweis erbringen, dass die hermeneutisch reflektierte Einbeziehung der Perspektive der Frauen zu einem tieferen Verstehen der Bibel führt. Die Beiträge von 16 WissenschaftlerInnen fügen sich zu einem Gang durch den hebräischen Kanon von der Genesis bis zur Chronik zusammen und eröffnen thematisch und methodisch originelle Zugänge zur Theologie des Alten Testaments. Vorliegender Band eröffnet eine neue Reihe, die ihr Schwergewicht auf dem theologischen Verstehen der als Ganzheit begriffenen Bibel hat.
Bd. 1, 2003, 328 S., 25,90 €, br.,
ISBN 3-8258-6386-7

Manfred Oeming
Claus Westermann: Leben – Werk – Wirkung
Claus Westermann war einer der weltweit bedeutendsten Alttestamentler seiner Zeit.

LIT Verlag Münster – Berlin – Hamburg – London – Wien
Grevener Str./Fresnostr. 2 48159 Münster
Tel.: 0251 – 62 032 22 – Fax: 0251 – 23 19 72
e-Mail: vertrieb@lit-verlag.de – http://www.lit-verlag.de

Seine breitgefächerten exegetischen Arbeiten etwa zur Genesis und zu Deuterojesaja, zu Hiob und den Psalmen hatten und haben weit über die Fachwissenschaft hinaus auf Theologie und Kirche insgesamt einen außerordentlich starken Einfluss. Zu Themen wie Ökologie, politischer Verantwortung der Theologie oder dem interreligiösen Dialog mit dem Islam hat er starke Impulse gegeben. Vorliegender Band bietet eine autobiographische Skizze von Claus Westermann selbst, ein Werkverzeichnis sowie Würdigungen seines Oeuvres durch Rainer Albertz, Hans-Peter Müller, Jürgen Kegler und Klaus Meyer zu Uptrup.
Bd. 2, 2003, 136 S., 15,90 €, br.,
ISBN 3-8258-6599-1

Petra v. Gemünden; Matthias Konradt; Gerd Theißen
Der Jakobusbrief
Beiträge zur Rehabilitierung der „strohernen Epistel"
Martin Luther hat das Verständnis des Jakobusbriefes durch dessen Abwertung als „stroherne Epistel" nachhaltig erschwert. Die Beiträge dieses Bandes sind sich darin einig, dass der Jakobusbrief als Entwurf christlicher Existenz zu rehabilitieren ist. Sie deuten ihn literaturgeschichtlich als *Jakobus*brief, der durch Wahl eines „falschen" Namens seinen Ort im Urchristentum bestimmt. Sie untersuchen seine Aussagen über Affekt und Einsicht als eigenständigen Beitrag zum frühchristlichen Menschenbild. Sie stellen sein Ethos sozialgeschichtlich als Höhepunkt neutestamentlicher Ethik dar. Dabei verbinden sie traditionelle historisch-kritische Methoden mit neuen Ansätzen der Pseudepigraphieforschung, der historischen Psychologie und der Sozialgeschichte.
Es entsteht so ein relativ einheitliches Bild vom Jakobusbrief: Im Jakobusbrief ist das „Wort der Wahrheit" Grundlage christlichen Lebens und ermöglicht sowohl Selbststeuerung gegenüber den Affekten als auch Selbstbestimmung der Gemeinde durch ihr eigenes Ethos.
Bd. 3, 2003, 200 S., 25,90 €, br.,
ISBN 3-8258-6860-5

Hans-Joachim Eckstein
Der aus Glauben Gerechte wird leben
Beiträge zur Theologie des Neuen Testaments
Mit dem Zitat aus Hab 2,4 werden die zentralen Motive benannt, mit deren Hilfe sich das in Christus geschenkte Heil als Evangelium begreifen lässt: „Glaube", „Gerechtigkeit" und „Leben". Die vorliegenden Beiträge zur Theologie des Neuen Testaments wollen das vielstimmige und differenzierte frühchristliche Zeugnis auf der Grundlage eines Paulusbriefes und der vier Evangelien exemplarisch nachzeichnen. Gemeinsam ist allen die Überzeugung, dass die Theologie als Christologie zu entfalten ist – und diese wiederum als Soteriologie. Aber welche Konsequenzen ergeben sich daraus jeweils für die Felder der Anthropologie und der Ekklesiologie, der Eschatologie und der Ethik?
Bd. 5, 2003, 288 S., 20,90 €, br.,
ISBN 3-8258-7036-7

Haringke Fugmann
Berge versetzen: Interkulturelle Hermeneutik von Mt 17, 14-21 und Gal 5, 2-6 in Papua-Neuguinea
„Berge versetzen" befaßt sich mit interkultureller Hermeneutik zwischen Missions-/Religionswissenschaft und neutestamentlicher Exegese. Haringke G. Fugmann befragt Pastoren und Kirchenmitarbeiter der ev.-luth. Kirche von Papua-Neuguinea zu ihrem Verständnis von Mt 17,14-21 und Gal 5,2-6 und entwickelt bei der Auswertung der Interviews eine neuartige Meta-Methode der Auslegung, die „hermeneutische Kritik". Bei der anschließenden wissenschaftlichen Exegese gelangt Fugmann zu neuen Einsichten über die Entstehungsverhältnisse und den ursprünglichen Sinn beider Texte.
Bd. 6, 2004, 320 S., 34,90 €, br.,
ISBN 3-8258-7482-6

LIT Verlag Münster – Berlin – Hamburg – London – Wien
Grevener Str./Fresnostr. 2 48159 Münster
Tel.: 0251 – 62 03 22 – Fax: 0251 – 23 19 72
e-Mail: vertrieb@lit-verlag.de – http://www.lit-verlag.de

Hanna Roose
Teilhabe an JHWHs Macht
Endzeitliche Hoffnungen in der Zeit des zweiten Tempels
Der Traum von Macht – wer hat ihn nicht schon einmal geträumt? Thema dieser Monographie ist die in alttestamentlich-jüdischen Traditionen bezeugte und bisher wenig beachtete Hoffnung, dass endzeitliches Heil in der Teilhabe an JHWHs Macht besteht. Erstmals werden hier die einschlägigen Belege im Zusammenhang gesichtet. Dabei wird deutlich, dass sich die Zusagen einer Teilhabe an göttlicher Macht an zwei unterschiedlichen Handlungsmodellen orientieren: Zum einen werden JHWH und den Seinen komplementäre Rollen zugeschrieben, zum anderen rückt das Gottesvolk – oder Teile aus ihm – in eine menschliche, institutionalisierte Herrschaftsrolle ein.
Bd. 7, 2004, 248 S., 24,90 €, br., ISBN 3-8258-7702-7

Salzburger Exegetische Theologische Vorträge
hrsg. von
Univ.-Prof. Dr. Friedrich V. Reiterer und Univ.-Prof. Dr. Marlis Gielen
(Universität Salzburg)

Ulrich Berges
Schweigen ist Silber – Klagen ist Gold
Das Drama der Gottesbeziehung aus alttestamentlicher Sicht mit einer Auslegung zu Ps 88
Der Autor – während seiner Lehrtätigkeit in Lima/Peru mit Leiden und den Schwierigkeiten der Leidensbewältigung bedrängend konfrontiert – bietet einen sehr engagierten Lösungsansatz zu dieser schwierigen Thematik. Er zeigt, wie ernsthaft sich die biblischen Autoren mit der Klage auseinandersetzen, wie intensiv der Einzelne und die Gemeinschaft in diesem Grenzbereich aufeinander angewiesen sind und welche Perspektiven sich für Menschen unserer Zeit eröffnen.
Bd. 1, 2003, 128 S., 12,90 €, br., ISBN 3-8258-6788-9

Friedrich Vinzenz Reiterer (Hrsg.)
„Reichtum ist gut, ist er ohne Schuld" (Sir 13,24)
Vorstellung eines Exegeten.
Ehrendoktorat für Otto Kaiser am 17. 11. 2002 in Salzburg
Das Ehrendoktorat für den renommierten Alttestamentler bietet Gelegenheit, in der Laudatio auf seine Verdienste zu verweisen, in der Bibliographie das umfassende Werk zu präsentieren und die Vita des Geehrten vorzustellen. – In seinem Vortrag behandelte Otto Kaiser Berührungspunkte der hellenistischen Welt mit der des Alten Testamentes, konkret dargestellt an den Eigentumsvorstellungen.
Bd. 2, 2003, 112 S., 12,90 €, br., ISBN 3-8258-6789-7

Exegese in unserer Zeit
Kontextuelle Bibelinterpretationen aus lateinamerikanischer und feministischer Sicht
hrsg. von Wanda Deifelt (São Leopoldo/Brasilien),
Irmtraud Fischer (Graz/Österreich),
Erhard S. Gerstenberger (Marburg/Deutschland),
Milton Schwantes (São Bernardo do Campo/Brasilien)

Erhard S. Gerstenberger; Ulrich Schoenborn (Hrsg.)
Hermeneutik – sozialgeschichtlich
Kontextualität in den Bibelwissenschaften aus der Sicht (latein)amerikanischer und europäischer Exegetinnen und Exegeten
Bd. 1, 1999, 264 S., 20,90 €, br., ISBN 3-8258-3139-6

LIT Verlag Münster – Berlin – Hamburg – London – Wien
Grevener Str./Fresnostr. 2 48159 Münster
Tel.: 0251 – 62 03 22 – Fax: 0251 – 23 19 72
e-Mail: vertrieb@lit-verlag.de – http://www.lit-verlag.de

Michael Fricke
Bibelauslegung in Nicaragua
Jorge Pixley im Spannungsfeld von Befreiungstheologie, historisch-kritischer Exegese und baptistischer Tradition
Bd. 2, 1997, 378 S., 25,90 €, br.,
ISBN 3-8258-3140-x

Rainer Kessler; Kerstin Ulrich; Milton Schwantes; Gary Stansell (Hrsg.)
"Ihr Völker alle, klatscht in die Hände!"
Festschrift für Erhard S. Gerstenberger zum 65. Geburtstag
Bd. 3, 1997, 428 S., 35,90 €, br.,
ISBN 3-8258-2937-5

Helen Schüngel-Straumann
Die Frau am Anfang
Eva und die Folgen
Eva, die erste Frau in der Bibel, ist in unserer westlichen Kultur zum Symbol für die Unzuverlässigkeit von Frauen geworden, zur Verführerin, zur Ursache allen Übels. Noch heute bekommen Frauen die negativen Folgen dieser Geschichte zu spüren. Diese lange frauenfeindliche Tradition hat aber ihre Wurzeln nicht in den biblischen Texten selbst, auf die sie sich beruft, sondern in deren spätantiker, frauen- und leibfeindlicher Interpretation. Aus diesem Grunde unterzieht diese Studie zunächst jene historischen Weichenstellungen einer kritischen Sichtung, die die Auslegung von Genesis 1-3 immer frauenfeindlicher werden ließen. Erst im Anschluß werden die Texte selbst analysiert. Zwar sind auch diese in einer patriarchalen Gesellschaft entstanden und müssen mit einem feministisch geschärften Auge gelesen werden. Die meisten jener für Frauen verheerenden Aussagen, die ihnen jahrhundertelang entnommen wurden, enthalten sie jedoch nicht. Erich Zenger betont in seiner Besprechung der 1. Auflage (ThRev 87, 1991, 371), daß dieses Buch "zur Pflichtlektüre zumindest aller Theologen gehören müßte". Es stelle ein für allemal klar, "daß die in feministischen Publikationen immer noch zu lesende These, das (jüdische) Alte Testament sei frauenfeindlich, viel zu pauschal ist."
Bd. 6, 3. Aufl. 1999, 160 S., 15,90 €, br.,
ISBN 3-8258-3525-1

Christina Spaller
"Die Geschichte des Buches ist die Geschichte seiner Auslöschung..."
Die Lektüre von Koh 1,3-11 in vier ausgewählten Kommentaren
Das vorliegende Buch analysiert vier Kommentare in ihrem Verhältnis zu Koh 1,3-11 und versucht eine Erklärung zu geben, wie im Ringen um Eindeutigkeit eine Vielfalt an Auslegungen entsteht, die einander widersprechen oder ergänzen. In den Auslegungen findet eine Vervielfältigung des Ausgangstextes statt, welche im Begriff einer *Auslöschung* thematisiert wird. Es handelt sich um eine Auslöschung durch Hinzufügung von Sinn. Das Entstehen neuer Texte wurzelt in der Mehrdeutigkeit der Sprache und der Zeitbedingtheit des Verstehens. Ihnen kommt, wie aus dem Koh-Text, gesellschaftspolitische Relevanz zu.
Bd. 7, 2001, 320 S., 25,90 €, br.,
ISBN 3-8258-5395-0

Helen Schüngel-Straumann
Anfänge feministischer Exegese
Gesammelte Beiträge, mit einem orientierenden Nachwort und einer Auswahlbibliographie
Nach einem Vierteljahrhundert feministischer Theologie werden hier aus den Anfängen feministischer Exegese in Deutschland ca. 20 Beiträge nachgedruckt, die überwiegend sehr zerstreut erschienen und z. T. nicht mehr zugänglich sind. Darunter sind „Klassiker" wie der Aufsatz über Tamar oder „Gott als Mutter in Hosea 11" sowie Vorarbeiten zu späteren Büchern wie „Die Frau am Anfang. Eva und die Folgen" oder „Rûah bewegt die Welt. Gottes schöpferische Lebenskraft in der Krisenzeit des Exils" u. a. Mit einer Bibliographie der Autorin und mit einem Nachwort werden Bezüge zur heutigen Situation hergestellt. Feministische Theologie

L IT Verlag Münster – Berlin – Hamburg – London – Wien
Grevener Str./Fresnostr. 2 48159 Münster
Tel.: 0251 – 62 03 22 – Fax: 0251 – 23 19 72
e-Mail: vertrieb@lit-verlag.de – http://www.lit-verlag.de

hat sich in den letzten Jahren nicht nur rasant weiter entwickelt, sondern auch verändert.
Bd. 8, 2002, 320 S., 20,90 €, br.,
ISBN 3-8258-5753-0

Susanne Gorges-Braunwarth
"Frauenbilder – Weisheitsbilder – Gottesbilder" in Spr 1–9
Die personifizierte Weisheit im Gottesbild der nachexilischen Zeit
Das vorliegende Buch widmet sich den Beziehungen von Frauen-, Weisheits- und Gottesbildern in Spr 1–9. Als "erzählende Bildbeschreibung" wird die schillernde Metaphorik der "Frau Weisheit" mit der sozialen Lebenswirklichkeit von Frauen in nachexilischer Zeit konfrontiert. Die personifizierte Weisheit, die gegenüber biblischen Frauenbildern provozierend und integrierend wirkt, verbindet menschliches und göttliches gleichermaßen. Aus bibeltheologischer Perspektive wird nach ihrer Einordnung ins religiöse Symbolsystem und in die neuere Monotheismusdebatte gefragt.
Bd. 9, 2002, 480 S., 25,90 €, br.,
ISBN 3-8258-5782-4

Regula Grünenfelder
Frauen an den Krisenherden
Eine rhetorisch-politische Deutung des Bellum Judaicum
Wissenschaftliche und populäre Bilder über jüdisches und christliches Leben im 1. Jh.u.Z. orientieren sich zumeist am Bellum Judaicum. Dieser Kriegsbericht wurde um das Jahr 76 von Josephus Flavius verfasst, einem Jerusalemer Aufständischen, Überläufer und schliesslich Schriftsteller mit römischer Pension. Erstmals werden in dieser Studie politische Absicht und Erzählprozess des Bellum Judaicum genauer untersucht. In der Arbeit am Bauplan des Werkes zeigen sich Mechanismen hellenistischer bis moderner Kriegserzählungen. Alternative feministisch-befreiungsorientierte Bauskizzen scheinen auf.
Bd. 10, 2003, 328 S., 25,90 €, br.,
ISBN 3-8258-5978-9

Graciela Chamorro
Auf dem Weg zur Vollkommenheit
Theologie des Wortes unter den Guaraní in Südamerika
Die Guaraní-Völker haben fünf Jahrhunderte lang die „Entdeckung" ihres Lebensraumes durch Europäer über sich ergehen lassen müssen. Sie haben jedoch ihre eigenen Überlieferungen gepflegt, durchdacht, neu formuliert und daraus Kraft gezogen. Aus der „westlichen" Perspektive kommt dennoch die Frage: Sollen ausgerechnet diese um Welten Entfernten uns theologisch etwas zu sagen haben? Die „Exegese in unserer Zeit" will sie zu Wort kommen lassen. Hier ist eine der seltenen Gelegenheiten, fremdartige und doch so frappierend aktuelle Theologie von sehr fernen Nächsten aufzunehmen und zu bedenken. Graciela Chamorros liebevolle Kartographie der Welt der Guaraní ist außerordentlich spannend. Sie führt uns in einen Dialog mit einer „archaischen" Heilkunst ein, sachkundig, klug, empathisch, herausfordernd. Dieses Buch soll das vielseitige, interkulturelle Gespräch über Gott und Mensch, Sprache und Leben, Kraft und Geist bereichern. Nicht zuletzt ist dieser umfassende Dialog für die innerkirchliche Suche nach zeitgemäßer Spiritualität außerordentlich fruchtbar.
Bd. 11, 2003, 400 S., 24,90 €, br.,
ISBN 3-8258-6278-x

Ulrich Schoenborn
Dem Glauben auf der Spur
Hermeneutische Streifzüge zwischen Rio de la Plata und Nemunas
Streifzüge vermitteln zahllose Momentaufnahmen. Im Rückblick darauf gewinnen Eindrücke und Einsichten erneut Bedeutung. Gegenwärtige Augen verorten die Spuren von einst. Fäden, die nicht abschliessend verknüpft wurden, werden wieder aufgenommen. So bewahren Rückblicke das Fragmentarische und geben Gelegenheit zur Korrektur, eben Re-Vision. Wer meint, hier gehe es um „Recht haben" oder „das letzte Wort behalten" wollen, der verwechselt Hermeneutik mit dem „Willen zur Macht" ... Der hermeneutische Prozess

LIT Verlag Münster – Berlin – Hamburg – London – Wien
Grevener Str./Fresnostr. 2 48159 Münster
Tel.: 0251 – 62 03 22 – Fax: 0251 – 23 19 72
e-Mail: vertrieb@lit-verlag.de – http://www.lit-verlag.de

setzt auf „Zweifel und Liebe", die dort, wo alles „zertrampelt und hart" ist, die Welt auflockern.
Bd. 12, 2003, 208 S., 17,90 €, br.,
ISBN 3-8258-6560-6

Irmtraud Fischer
Gender-faire Exegese
Gesammelte Beiträge zur Reflexion des Genderbias und seiner Auswirkungen in der Übersetzung und Auslegung von biblischen Texten
Für die historisch-kritische Exegese war das Geschlecht die längste Zeit keine reflektierte Kategorie der Textauslegung. Dies bedeutet jedoch nicht, daß Texte in bezug auf das Geschlecht wertneutral ausgelegt worden wären. Nicht nur die Subjekte der Exegese waren durch die Geschichte hindurch meist männlich, sondern auch das theologische Interesse war überwiegend auf männliche Erzählfiguren gerichtet. Die vorliegende Sammlung bearbeiteter und neuer Aufsätze stellt das Postulat einer geschlechtergerechten Exegese auf und erweist die Sinnhaftigkeit eines solchen Forschungsansatzes anhand von Beispielen aus allen drei Kanonteilen der Hebräischen Bibel.
Bd. 14, 2004, 224 S., 19,90 €, br.,
ISBN 3-8258-7244-0

Studien zum Neuen Testament und seiner Umwelt N.F.
hrsg. von Prof. em. Dr. Albert Fuchs
(Katholisch-Theologische Privatuniversität Linz)

Albert Fuchs
Spuren von Deuteromarkus I
Mit zwei Beiträgen von Hermann Aichinger
Bd. 1, 2004, 296 S., 34,90 €, br.,
ISBN 3-8258-7658-6

Albert Fuchs
Spuren von Deuteromarkus II
Bd. 2, 2004, 336 S., 39,90 €, br.,
ISBN 3-8258-7659-4

Albert Fuchs
Spuren von Deuteromarkus III
Bd. 3, 2004, 312 S., 34,90 €, br.,
ISBN 3-8258-7660-8

Albert Fuchs
Spuren von Deuteromarkus IV
Durch die genaue Untersuchung der agreements kommt ans Licht, dass sowohl Name wie Begriff der Zweiquellentheorie zur Lösung des synoptischen Problems unangemessen sind und teilweise sogar in die Irre führen. Durch die Berücksichtigung der minor agreements hat sich nämlich ergeben, dass nicht der kanonische Mk Grundlage für Mt und Lk ist, sondern eine inhaltlich wie sprachlich überarbeitete Zweitauflage. Die major agreements, d.h. die parallelen Einschübe von Logien in den Mk-Stoff, haben darüber hinaus gezeigt, dass auch die Q-Vorstellung der Zweiquellentheorie defekt ist, weil zumindest ein Teil des für gewöhnlich dieser Quelle zugerechneten Materials bereits von Deuteromarkus verwendet wurde, sodass sich die besonders in letzter Zeit vom International Q Project und anderen so stark propagierte Einheitlichkeit von Q als Fehlvorstellung herausstellt. Theoretisch ist sogar mit der Möglichkeit zu rechnen, dass dieses Material nie zu Q gehörte.
Bd. 4, 2004, 320 S., 34,90 €, br.,
ISBN 3-8258-7661-6

Theologie interaktiv
hrsg. von Prof. Dr. Ulrich Nembach
(Universität Göttingen)

Gertrud Yde Iversen
Epistolarität und Heilsgeschichte
Eine rezeptionsästhetische Auslegung des Römerbriefs
Bd. 2, 2003, 312 S., 25,90 €, br.,
ISBN 3-8258-4928-7

Axel Makowski
Diakonie als im Reich Gottes begründete Praxis unbedingter Liebe
Studien zum Diokonieverständnis bei Gerhard Uhlhorn
Bd. 3, 2001, 184 S., 20,90 €, br.,
ISBN 3-8258-4999-6

LIT Verlag Münster – Berlin – Hamburg – London – Wien
Grevener Str./Fresnostr. 2 48159 Münster
Tel.: 0251 – 62 032 22 – Fax: 0251 – 23 19 72
e-Mail: vertrieb@lit-verlag.de – http://www.lit-verlag.de